MW00825334

LAS MIL MEJORES POESÍAS DE LA LENGUA CASTELLANA

OCHO SIGLOS DE POESÍA ESPAÑOLA E HISPANOAMERICANA

Presentación del Arte Poética Castellana
y edición
del célebre crítico literario
Juan Bautista Bergua

Selección por los intelectuales y poetas del 27

Ordenación por José Bergua

Prólogo por Helios Bergua,
Editor de Ediciones Ibéricas 1991-2010

Introducción por el poeta Luis García Montero

Edición Platino
EDICIONES IBÉRICAS

Colección La Crítica Literaria
www.LaCriticaLiteraria.com

Copyright del texto: ©2014 Ediciones Ibéricas
Ediciones Ibéricas - Clásicos Bergua - Librería Editorial Bergua (España)

Copyright de esta edición: ©2014 LaCriticaLiteraria.com
Colección La Crítica Literaria
www.LaCriticaLiteraria.com
ISBN: 978-84-7083-967-2

Imagen de la portada: "El Parnaso" por Rafael Sanzio (1483-1520).
El Triunfo de la poesía. Apolo con poetas y musas.

Ediciones Ibéricas - LaCriticaLiteraria.com
C/ La Punta Del Cuerno 191, Cuchía, Cantabria 39318
www.EdicionesIbericas.es
www.LaCriticaLiteraria.com

Impreso por LSI (Internacional)

Todos los derechos reservados. Esta publicación no puede ser reproducida, ni en su totalidad ni en parte, ni ser registrada en, o transmitida por, un sistema de recuperación de información, en ninguna forma ni por ningún medio, sea mecánico, fotoquímico, electrónico, magnético, electroóptico, por fotocopia, o cualquier otro, sin el permiso previo por escrito de la editorial.

Cualquier forma de reproducción, distribución, comunicación pública o transformación de esta obra sólo puede ser realizada con la autorización de sus titulares, salvo excepción prevista por la ley. Diríjase a CEDRO (Centro Español de Derechos Reprográficos - www.cedro.org) para más información.

All rights reserved. No part of this book may be reproduced or transmitted in any form, by any means (digital, electronic, recording, photocopying or otherwise) without the prior permission of the publisher.

ÍNDICE

Las Mil Mejores Poesías de la Lengua Castellana

- "El Libro Del Mes...ya es un clásico de todas las bibliotecas"

Historia de Iberia Vieja, 2008

- "Esta selección implica un valor ponderativo palmario si recordamos la expresión «de antología», que usamos para referirnos a algo destacado, bueno, extraordinario; textos, en definitiva, que merecen ser leídos y recordados, que merecen quedar. Este valor sobresaliente es el criterio expuesto en títulos como *Las Mil Mejores Poesías de la Lengua Castellana.*"

INSULA: La Revista de Letras y Ciencias Humanas

- *Las Mil Mejores Poesías* para los encarcelados:
"Quiero hacer aquí un inciso para recordar el poema que Raúl Rivero envió a Jorge Moragas después de la visita fallida de éste a esa gran cárcel del Caribe. El diputado español le llevó nada menos que *Las Mil Mejores Poesías de la Lengua Castellana* y el libro ha sido para Rivero una llave con la que salir de la mazmorra en la que se le ha encadenado para torturar su razón. «Nena, no salgo del libro. No salgo porque estoy de viaje. Una incursión silenciosa y noble...El querido amigo que me lo regaló me envió un boleto hacia la felicidad y una oportunidad»."

El Diario de León

- *La Nación*: ¿Quién lo inició en la lectura?
Dramaturgo, novelista, poeta y ensayista Antonio Gala: Fue el libro como objeto el que me invitó a entrar. Tenía cinco años cuando compré con mis ahorros *Las Mil Mejores Poesías de la Lengua Castellana*. El libro siempre me ha consolado de todas las decepciones y me ha salvado de muy sombríos pozos.

- "*Las Mil Mejores Poesías de la Lengua Castellana* cumplieron conmigo el papel que suelen representar en otras infancias las novelas de aventuras. Cuando me fui de casa de mis padres, robé el ejemplar. Era una forma de ponerle casa a mi tiempo."

Extracto de "¿Qué libro se llevaría usted a una isla desierta?", un capítulo dedicado a Las Mil Mejores Poesías de la Lengua Castellana *en la nueva obra de Luis García Montero,* Una forma de resistencia *(Alfaguara, Madrid, 2014)*

INTRODUCCIÓN

Mis primeras excursiones literarias se deben a *Las Mil Mejores Poesías de la Lengua Castellana*, ocho siglos de poesía española e hispanoamericana antologados por J. Bergua. Todavía conservo el ejemplar en tela roja, muy achacoso y descompuesto por la guerra familiar.

Era costumbre de mi padre leernos en alto algunos poemas, y costumbre de mis hermanos escabullirse en el menor descuido, muy disimuladamente, poniendo distancia entre sus ganas de jugar y larguísimos poemas de Espronceda, Zorrilla o Campoamor que mi padre, desde su sillón con humo de tabaco después de la cena o en la cama dominical blanca y sin humo, intentaba leernos con una voz de ronquera algo teatral, sentida y profunda. A mí me daba vergüenza dejarlo solo: creo que ese es de verdad el motivo de mi afición a la poesía.

Las Mil Mejores Poesías desencadenaron en mí un modo de pensar y de imaginar, una manera de entender las relaciones entre la realidad y mi deseo.

Yo les aconsejo el mundo de los libros, por ejemplo, el mundo de los libros de poesía, porque son una buena provincia de libertad y un buen fuego para pasar el invierno.

Luis García Montero

Extracto de *Artes Poéticas*, 1992, "¿Por qué no sirve para nada la poesía?"
por Luis García Montero, Catedrático de Literatura Española, ganador del Premio Nacional de Literatura y merecedor del Premio Nacional de la Crítica.

Esta edición Platino de *Las Mil Mejores Poesías de la Lengua Castellana* contiene obras del propio Luis García Montero.

PRÓLOGO A LA EDICIÓN PLATINO

Cuando se gestaba la primera edición de *Las Mil Mejores Poesías de la Lengua Castellana* no existía más referencia que la selección del gran maestro[1] y el buen juicio poético de "los compiladores". La entonces Librería-Editorial Bergua, luego Ediciones Ibéricas, estaba en la calle Preciados, esquina a Mariana Pineda, ahora Maestro Vitoria, en lo que hoy es parte de unos grandes almacenes. Solían reunirse allí, a la caída de la tarde, escritores, poetas, intelectuales y amigos de Madrid o de paso por la capital. No era esto especial de la Librería-Editorial Bergua, sino costumbre muy extendida en todas las librerías, al menos las del centro, entonces la Puerta del Sol. Contribuía a ello sin duda en este caso, además de la simpatía personal de los anfitriones Juan Bautista y José Bergua, la gran estufa que en el centro de la librería hacía el ambiente agradable; la calefacción central era aún privilegio de los menos, y no existía la televisión; la tertulia y un ambiente agradable hacían de sustituto, probablemente menos alienante.

Comentó una tarde Juan Bautista Bergua que estaba trabajando en una antología de la mejor poesía castellana que, parafraseando la reducida selección de Menéndez y Pelayo[1], se llamaría *Las Mil Mejores Poesías de la Lengua Castellana*. La idea fue acogida con entusiasmo unánime por todos los visitantes habituales, escritores, poetas del 27 y los que por edad ya no podrían calificarse como tales. Todos se convirtieron en auténticos patrocinadores de la idea al ofrecer de forma graciosa su obra publicada e incluso aún sin publicar. Algunos, como Juan Ramón Jiménez, con tal entusiasmo que hasta se iba a la imprenta a revisar las galeradas. Antonio Machado, entonces en Segovia y que sólo venía a Madrid esporádicamente, no sólo ofreció toda su obra publicada, sino que envió un cuaderno cuadriculado, de los que se utilizaban en las escuelas, con poesías inéditas; perdido luego en la confusión de la posguerra, Juan Bautista Bergua nunca dejó de lamentarlo. La elección de las poesías a incluir se convirtió en el tema central de las tertulias y el intercambio de opiniones, si no violento, era sin duda vehemente. Que nadie se atreviera, por ejemplo, a decir delan-

---

[1] *Las Cien Mejores Poesías* de Menéndez y Pelayo.

te de Don Ramón María del Valle Inclán, que de Góngora se podía considerar otra cosa que no fueran los romances, el resto de su obra era simplemente producto de la envidia; Azorín, con voz pausada, siempre ecuánime, intervenía "pero Ramón, que Las Soledades son también grandes poemas". Don Ramón, el de las barbas de chivo, le fulminaba con la mirada, requería su mano al pecho, miraba al soslayo y se iba sin que hubiese nada. Por supuesto, al día siguiente volvía y continuaba la discusión sobre cuáles de los más de ocho mil sonetos de Lope de Vega había que seleccionar. Era la época de La Barraca, de los camiones librería que en verano recorrían los pueblos de España tratando de llevar la cultura a un pueblo que, con frecuencia, no sabía leer y, en fin, del descubrimiento de las tradiciones y arte populares. No es extraño que la publicación de una recopilación mayor de la poesía castellana levantara tanto entusiasmo. La frase de Pemán a Juan Bautista Bergua resume, quizá, la situación de forma perfecta: "Juan, a ver si consigues que la poesía sea como el vino de mi tierra, del que se ofrece una copa gratis y compran la botella".

Se encargó la realización material a José Bergua, a la sazón muy joven y luego muerto prematuramente en el 59, que firmó como autor por concesión graciosa de su hermano para darle ánimos, pero, aparte de su entrega y dedicación, en pura justicia, sería difícil decidir quienes fueron los compiladores reales, si todos aquellos poetas, escritores e intelectuales de la época, que con tanto entusiasmo aportaron sus ideas y patrocinaron graciosamente la primera edición, o Juan Bautista Bergua, que hacía de árbitro en las encendidas y entusiastas tertulias sobre lo que al final se debía incluir o no, aunque sólo fuera por aquello de que alguien tiene que decidir cuando son varios los que opinan. En cualquier caso, vaya a todos hoy el agradecimiento profundo de los editores.

A lo largo de estos años, y ésta es ya la trigésimo segunda edición, ha habido pocas variaciones, aparte de la inclusión natural de nuevos poetas, aunque a veces se ha cambiado el orden de aparición de las poesías entre la nota preliminar y el texto de la selección. Solamente durante la época triste, que hoy la mayoría de los españoles no ha conocido, hubo que suprimir, por ejemplo, la *Casada infiel* de García Lorca, poema que incitaba a la lujuria, se ignoraba a Neruda, autor del texto de las viñetas de Picasso[2], a Miguel Hernández.... y otros infantilismos por el estilo. Se insinuaba lo que en la nueva España *que amanecía* se debía añadir, pero la verdad es que el consejo desinteresado que el brazo secular trasmitía, nunca pasó de retrasar el *nihil obstat* de las sucesivas ediciones, excepto por las supresiones citadas. A partir de los cincuenta, en general, se acaban las sugerencias, aunque hasta la vigésimo segunda edición, a final de los sesenta, por ejemplo, no se pudo recuperar a Neruda.

Hoy, para esta Edición Platino, hemos recurrido para revisar la selección al sistema de recoger en una base de datos a todos los poetas y escritores, y las obras que de ellos se citan, en todos los textos de Lengua y Literatura Castellana que hemos podido encontrar desde 1929 a la fecha, 72 para ser más precisos. Pues bien, el resultado es increíble: hasta los poetas contemporáneos, muchos aún en vida, la coincidencia entre los libros de texto y la selección de las *Mil Mejores Poesías de la Lengua Castellana*, es superior al 91 por ciento. Déjanos la vanidad, querido lector, aunque sea injusta, de creer que *Las Mil Mejores Poesías* son, y han sido hasta hoy, el paradigma de la mejor poesía castellana. Respecto a los poetas actuales, no es que falle la comparación, sino que la estadística ya no es aplicable. Los libros de texto sólo citan, en general, poesias y poetas muy consagrados y no hay con que comparar. Además es comprensible. A partir del siglo pasado, con la popularización de la prensa se multiplicó de forma inusitada la publicación de poesias. Primero en las revistas periódicas y luego, en el último cuarto de siglo, al aparecer los diarios, incluso en éstos se solía incluir de forma habitual junto a poemas de autores ya famosos, los de las glorias locales. A esta costumbre hoy casi desaparecida, le ha sucedido la proliferación de premios y certámenes poético-literarios, lo que, unido al desarrollo de las artes gráficas, pone al alcance de cualquier autor hacer ediciones limitadas que siempre son un obsequio amable. Se hace ingente la sola labor de seguir lo publicado en castellano, por no hablar de su selección crítica. Además, generalmente es difícil que un poeta sea incluído en los libros de texto antes de alcanzar una edad avanzada y, lo más corrien-

---

[2] *"Los crímenes de Franco"*, viñetas ilustradas por Picasso sobre texto de Neruda.

te, sólo cuando ya no en vida. Antonio Machado o García Lorca fueron aceptados desde sus primeras obras, pero esto no es frecuente. A partir de la segunda mitad del siglo XX ¿qué ha ocurrido?

En primer lugar, por poetas de la segunda mitad del siglo XX se entiende aquellos que comienzan a difundir su obra en ese período. Nadie incluiría a Rafael Alberti o a Vicente Aleixandre, por ejemplo, entre estos poetas, aunque continuaran creando poesía durante este período. Por otra parte, es un hecho, al margen de cualquier juicio sobre su valía, que ningún poeta, ni poesía, de esta época ha alcanzado la popularidad que tuvieron muchos de los que les precedieron durante los cien años anteriores. Creemos que hay una explicación. En primer lugar, del 37 al 50 desaparece en España toda actividad intelectual y todo el esfuerzo se concentra en eliminar la ideología de los vencidos. Recuérdese, por ejemplo, a Miguel Hernández, a quien con goebbelsiana sabiduría se decidió que, como Mahler durante el nazismo, simplemente no había existido y es que, verdaderamente, qué se podía hacer con un poeta que había escrito:*"La Luna lo veía y se tapaba / por no fijar su mirada / en el libro, en la cruz / y en la Star ya descargada. / ¡Más negro, más, que la noche!, / menos negro que su alma, / el cura verdugo de Ocaña"*[3]. Durante la década 50-60 hay un atisbo de renacimiento. Son los últimos tiempos del existencialismo en Europa y en España, como en Francia, se pone de moda reunirse en cafés-cueva (los de la época, quizá, aún recuerden Sésamo, en la calle del Príncipe), para oír música, poesía o cualquier cosa que sonara a libertad en este caso. En el TEU se representaban las obras de Alfonso Sastre y se intentaba dar a conocer a Bertol Brecht de forma efímera. Apareció entonces la televisión –en Madrid con programación regular desde el 60 y, como el hombre es un animal óptico, la lectura cedió ante la imagen. La obra literaria, en general, necesita un autor y un ambiente. Los Ateneos, las sociedades de amigos de cualquier actividad cultural, incluso los casinos de ciudades y pueblos cambiaron sus actividades por la televisión, compatible con los juegos de mesa y que evitaba *la funesta manía de pensar* a los ahora se agrupadosban alrededor de la pan-

---

[3] El cura de Ocaña llevado de una santa ira no podía evitar tomar parte en los apaleamientos que el brazo secular infligía a los impíos recalcitrantes para salvar sus almas del error. A los poseídos, que no dejaban más alternativa que el fusilamiento, la hoguera ya no se usaba, el cura de Ocaña se reservaba el derecho a darles el tiro de gracia.

talla para ver el partido. Cualquier acto, cultural o no, fue desapareciendo paulatinamente. No son los poetas los culpables. La sociedad es un fenómeno dinámico y aunque la producción poética de los últimos 50 años haya sido mayor que nunca, quizá haya faltado quien la recoja. Se une a esto otro factor. Ya Quevedo se quejaba de los malos poetas que inundaban la Corte. Los ha habido siempre, pero mientras que entonces tenían que repartir sus engendros en copias hechas a mano, ahora es fácil hacer una pequeña edición, que incluso aceptan las librerías, siempre que sea en consignación, por supuesto. Además, en el último cuarto de siglo, las Auto-nomías son capaces de publicar cualquier cosa para mostrar su esfuerzo cultural. El resultado es una proliferación de basura que hace que el lector casual, que inocente hojea un libro pretendidamente de poesía, reaccione extendiendo su impresión a toda la poesía actual. Nada más injusto. En esta época hay grandes poetas pero, por supuesto, sólo unos cuantos de los cientos que aparecen, quizás porque la proliferación del verso libre se presta a creerse poeta. Desde la *Oda sáfica* de Esteban Manuel de Villegas, el verso libre no tenía presencia apenas en la poesía castellana hasta mediados del siglo XX.

Edición actual.- Desde el punto de vista tipográfico, en los poemas antiguos de la nota preliminar, se ha mantenido la letra gótica que subsistió hasta entrado el siglo XVI en que fue reemplazada definitivamente por tipos modernos. En el texto principal, sin embargo, se han utilizado sólo tipos actuales para facilitar la lectura y se han eliminado las letras que imitan las góticas desaparecidas, como usar una "f" por la "s" sorda o intermedia gótica. Excepto por estas letras desaparecidas, se ha mantenido la ortografía original. Por ejemplo, en la Edad Media no había un consenso general sobre cuando usar la "u" o la "v" escritas y, aunque no se pronunciaba, por ejemplo, *"auia"*, sino *"abía"* o *"avía"*, se ha mantenido el "auia" original de los códices. Esta indeterminación se mantiene hasta el siglo XVI, véanse, por ejemplo los *Ovillejos* de Cervantes en el texto de esta antología. Lo mismo ocurre con los signos iniciales de interrogación y exclamación, que no se imponen definitivamente hasta el XVII. Con anterioridad, como en la mayoría de los idiomas europeos, sólo se utilizaba el final siendo el inicial optativo del autor. La acentuación gráfica, tampoco estaba sistematizada y cada copista seguía las reglas que le parecían más oportunas, variando, en consecuencia, de unas copias a otras. En todo caso se ha respetado la acentuación original de la época en todas la poesias, aunque no coincida con la de hoy.

También se han recibido a lo largo de estos tres cuartos de siglo miles de cartas, que agradecemos, pero imposibles de contestar individualmente. Una de las preguntas más frecuentes concierne, en la poesía antigua, a la cronología citada y tipo de castellano utilizado. Aunque la datación de códices y fechas no es nuestra sino de los eruditos que los han estudiado, la aparente discrepancia de que se use un castellano más próximo al actual en poemas cronológicamente anteriores a otros de castellano aparentemente más antiguo, es debida fundamentalmente a la distinta difusión de esta lengua en las diferentes regiones de la península. España no existía aún como nación, estando el castellano más evolucionado en unas zonas que en otras y de ahí la aparente anomalía.

Otra pregunta frecuente es por qué no se cita ninguna "jarcha". Las jarchas , siglos XI al XIII, suelen estar escritas con métrica de romance en la lengua del autor, la mayoría en árabe, y esta antología es de la poesía en lengua castellana, no de la escrita a lo largo de los siglos en lo que hoy es España.

También pregunta frecuente ha sido por qué el célebre soneto *"No me mueve, mi Dios, para quererte",* aparece sólo como atribuído a Santa Teresa. La razón es que de la obra de Teresa de Cepeda y Ahumada se conserva la versión ológrafa. De este soneto, sin embargo, no se conserva el manuscrito. Se ha atribuído a San Juan de la Cruz y a Santa Teresa, habiéndose seguido la opinión más extendida, atribuirlo a la Santa de Avila.

Juan Bautista Bergua murió en 1991, tres meses antes de llegar a los cien años. Aunque nunca perdió la cabeza, ni el buen humor, su vista fue disminuyendo al final de sus años. Durante éstos, un querido y gran amigo, conciudadano de Baroja curiosamente, se encargaba de revisar notas y ediciones de *Las Mil Mejores Poesías,* poetas de la segunda mitad del siglo XX y de la Noticia Preliminar. Lo que le parecía mas anecdótico de las notas de Juan

Bautista Bergua lo incluía y a veces lo completaba con su imaginación. Unía este gran amigo, ya fallecido también, a su bondad y desinterés una cierta tendencia a definir lo bueno y lo malo en arte. En esta Edición Platino hemos vuelto a revisar la selección y notas originales y de Juan Bautista Bergua, cientos de folios, que, quizá sean menos anecdóticas y divertidas que las de otras ediciones anteriores, pero sí más fieles al original. Además para la revisión y selección de la poesía de la segunda mitad del XX hemos contado con la colaboración desinteresada de uno de los poetas actuales, cuya obra estaba incluída en esta selección antes de que se ofreciera a revisarla, y que ha pedido que no se cite su nombre. Su colaboración excluye cualquier afán de notoriedad.

En *Las Mil Mejores Poesías de la Lengua Castellana,* como en toda antología poética, lo que se intenta en realidad, es reflejar los mejores ambientes poéticos de cada época. Huelga decir, por ejemplo, que de los siglos XII al XIV, lo que se ofrece son fragmentos de lo mejor que está recogido en los códices que se conservan de la época. Por otra parte si la inspiración poética fuese susceptible de medición cuantitativa, tal vez sólo habría mil poesias de una docena de poetas de los últimos diez siglos. Espronceda, Zorrilla, Bécquer y Campoamor, por ejemplo, aunque de distintas generaciones, fueron coetáneos; todos tuvieron su ambiente, sus seguidores, su círculo de popularidad y sus detractores. Decía García Lorca, por ejemplo, que un poeta que había escrito: *"Pero, ¡ay!, al cazador desventurado/ que al gavilán hirió/ por cazar sin licencia y en vedado/ un guarda le mató"* y había logrado, sin embargo, ser con mucho el más leído, popular diríamos hoy, del último cuarto del siglo XIX y primeros años del XX, era algo tan absolutamente genial que no debía faltar en ninguna antología poética, se clasificara o no su poesía dentro del género jocoso. Juan Bautista Bergua le daba la razón y así se incluyó *"El gran festín"* entre las obras seleccionadas, poesía que, por otra parte, no desmerece del resto de la obra de Campoamor.

De una antología se espera que recoja la obra de todos, incluso la de aquellos que, aunque su obra completa pudo no ser continuamente genial, sí tuvieron momentos de inspiración afortunada. Cuáles, o quiénes, son los mejores de la selección que te ofrecemos, eso, querido lector, tendrás que decidirlo tú, pero desde el siglo XII hasta hoy, salvo obras recientes aún no incluídas, si fueron poéticamente buenas, están recogidos en esta nueva edición que te ofrecemos. Vaya con ella nuestro agradecimiento por la atención que nos dispensas.

HELIOS BERGUA

Editor Ediciones Ibéricas 1991-2010
y hijo de Juan Bautista Bergua

DEL ARTE POÉTICA CASTELLANA

«Todas las cosas de este mundo y de los otros mundos –decía el maestro Navarro Ledesma– pueden ser objeto de la Literatura: objeto literario es todo cuanto ha sido creado y todo cuanto han hecho, pensado e imaginado los hombres, y cuanto en adelante puedan hacer, pensar o imaginar». Ahora bien, cualquier obra literaria que se someta a nuestra consideración podrá ser catalogada, según la característica predominante en ella, en uno de los tres grupos siguientes: o como obra literaria *didáctica,* o como obra literaria *oratoria,* o como obra literaria *poética.* Los géneros literarios son, pues, esencialmente, tres: DIDACTICA, ORATORIA y POESIA.

La **Didáctica** tiene por objeto «enseñar» y su característica es la *verdad.*

La **Oratoria** tiene por objeto «persuadir» y su característica es la *elocuencia.*

La **Poesía** tiene por objeto «deleitar» y su característica es la *belleza.*

Esto no quiere decir que pueda establecerse entre estos tres géneros literarios una separación esencial, puesto que muchas obras literarias participan de dos de ellos y aun de los tres. Así, por ejemplo, las «Coplas» de Jorge Manrique son de carácter francamente didáctico (poesía didáctica); muchos sermones de fray Luis de Granada son de inspirada y elevada elocuencia (oratoria poética); obras como las de Melo, Solís y Gracián instruyen deleitando (didáctica poética); muchas obras de Quevedo y Saavedra Fajardo enseñan convenciendo (didáctica oratoria), y en fin, otras, a cuya cabeza está el «Quijote», entran por derecho propio en los tres géneros, puesto que en muchos trozos de incomparable elocuencia poética instruyen al tiempo que causan el mayor deleite.

Siendo este libro la antología poética castellana por antonomasia, empezaremos directamente por la *Poesía,* comenzando por analizar el Arte Poética castellana que, en realidad, podría llamarse española, que ambas lenguas sólo se diferencian en el acento de quien las habla y esto es un texto escrito, aunque minoritariamente se hablen otras lenguas en España. Difícilmente diría nadie de los sudamericanos, por ejemplo, que hablan el castellano en vez del español.

Poesía.–Poesía es aquel género literario cuyo objeto inmediato y perenne es la «belleza». Poesía es «crear»; es belleza en sí, y «poeta», el hombre que realiza la poesía. Es decir, el hombre que «crea», por antonomasia.

La «poesía» es, de entre lo más hermoso del mundo, quizá, la manifestación y forma más alta y noble de la estética y la espiritualidad. Ella, deleitándonos, llena los fines más preciados y útiles: nos enseña, nos conmueve, nos hace pensar y sentir, nos dignifica y nos vuelve mejores. Todo esto, claro, si su bondad y hermosura la hace digna del nombre de poesía. Pues sabido es que no todo lo que se pretende hacer pasar por poesía lo es y, desgraciadamente, las medianías en arte son insoportables. Ahora bien, todo cuanto existe, ha existido o se puede imaginar, puede ser concebido y expresado poéticamente; si, naturalmente, se es capaz de ello.

Quizá nadie ha hecho tanto por la humanidad como los poetas, y las épocas de los grandes poetas han sido siempre las épocas grandes de la historia. Porque ha habido épocas en la historia de los pueblos en las que una especie de venturosa y admirable casualidad acumuló una serie de altísimos vates, como en nuestro Siglo de Oro. Del mismo modo, las más puras y verdaderas glorias de los pueblos son aquellas que los poetas estamparon para siempre con su genio. Las militares suelen ir teñidas de dolor y de sangre, por lo que siempre serán discutibles. Las en otras artes (ingeniería, arquitectura, etc.) pueden ser repetidas. En filosofía y otras ramas del saber, si muy dignas de admiración sus glorias, siempre estarán en inferioridad respecto a las glorias poéticas a causa de su menor universalidad, es decir, de alcanzar a mucho menor número de personas, por ser su público más restringido. Por algo los hombres elevaron en todos los tiempos sus mejores estatuas, materiales o espirituales, a los poetas, reconociendo, al hacerlo así, que jamás la criatura humana está tan cerca de la Belleza absoluta de que habla Platón (grande entre los filósofos a causa de haber sido poeta al mismo tiempo) como cuando «crea» a favor de esa creación sublime que es la «poesía» digna de tal nombre. Y por ello también las creaciones de los verdaderos poetas son más sólidas e inmutables que las obras de los más grandes entre los grandes hombres. Y aun, que los hombres mismos. *Don Quijote, Sancho, Hamlet y Fausto* están más vivos, más cerca de nosotros, son en verdad más reales para los hombres que Alejandro, César, Napoleón e incluso que Cervantes, Shakespeare, Goethe o que cualquiera de cuantos con su vida y sus hechos hayan marcado una huella profunda en la marcha de la Humanidad.

Tan soberana e incomparable cosa es la poesía, de tal modo es apta para expresar la belleza, que, bien que pueda manifestarse también en prosa, pues hay trozos de ésta admirablemente poéticos, para ella y con objeto de que pudiese alcanzar el mayor esplendor y adornarse con las más ricas galas, nació un lenguaje especial: el VERSO. Verso es la palabra o conjunto de palabras sujetas a determinada medida y a una cadencia en cierto modo musical. Hay un arte y una ciencia al mismo tiempo que se ocupa de cuanto a la versificación se refiere, que es la«Métrica».

Los elementos esenciales de la versificación castellana son: el *acento* (diferencia de intensidad entre los sonidos fuertes y los débiles), el *número de sílabas,* la *cesura* (suspensión de la voz por descanso natural que divide el verso en dos partes, llamadas «hemistiquios»), el *ritmo* (orden y armonía en los movimientos y curso de toda cosa, aquí de los versos) y la *rima* (consonancia o asonancia en la terminación de los versos).

Se dice que la rima es CONSONANTE cuando la igualdad de las letras es total desde la última vocal acentuada. Ejemplo:

Guarneciendo de una ría (r-**IA**)
la entrada incierta y angosta (ang-**OSTA**)
sobre un peñón de la costa (c-**OSTA**)
que bate al mar noche y día (d-**IA**)
se alza gigante y sombría (sombr-**IA**)...

Se dice que la rima es ASONANTE cuando sólo ciertas vocales son las mismas a partir de la última acentuada. Ejemplo:

¡Qué hermoso es ver el día
coronado de fuego levantarse (**Ars-E**)
y a su beso de lumbre
brillar las olas y encenderse el aire! (**Air-E**).

Aunque menos perfecta que la «consonante», la rima «asonante» es la gloria de nuestra poesía, puesto que en ella están escritos los *romances*.

La «rima», si bien no es cualidad indispensable para el verso, es lo que más le caracteriza y hermosea. Pero es arma de dos filos, pues así como en los grandes prosistas se suelen encontrar a veces trozos en prosa admirablemente poéticos, como el «Discurso de las armas y las letras» (capítulo 38 de El Quijote), en cambio, en los malos poetas y en los mediocres cuanto suele haber es rima. Es decir, simple habilidad para acabar de un modo asonantado o aconsonantado sus pobres engendros.

Respecto a la «acentuación», sólo puede darse como regla general (bien que haya versos acabados en consonancia aguda) que todos los versos suelen ir acentuados en la «penúltima» sílaba. La falta de la debida acentuación puede anular el verso.

En lo que al número de sílabas afecta, preciso es hacer notar que no siempre las sílabas métricas de los versos coinciden con las gramaticales a causa de las licencias poéticas. Estas licencias son tres principalmente: *sinalefa, diéresis y sinéresis.*

La «sinalefa» se produce al unirse la sílaba acabada en vocal con la primera de la palabra siguiente si a su vez empieza también en vocal. El resultado es disminuir, fonéticamente, el número de sílabas de los versos afectados por ella. Ejemplo:

Ya dulce amigo, huyo y me retiro (13 sílabas gramaticales), que se leen y cuentan métricamente:

Ya-dul-cea-mi-go-hu-yoy-me-re-ti-ro   (sólo 11 sílabas métricas).

La «diéresis» se comete cuando se cuenta un diptongo rompiéndole, como dos sílabas. Ejemplo:

Del mundanal ruido   (que hay que leer: ru-i-do)

«Sinéresis», licencia contraria a la anterior, consistente en formar diptongos; es decir, pronunciar en una sola emisión de voz vocales que de otro modo irían separadas. Viene a ser como una especie de sinalefa en medio de palabra. Ejemplo:

Alza el león la cabeza poderosa.

Hay trece sílabas gramaticales pero sólo once métricas, que se leen así:

Al-zael-león-la-ca-be-za-po-de-ro-sa

Además de estas licencias que podríamos llamar normales, el poeta puede permitirse otras tales que prescindir de los artículos, cambiarlos, quitar sílabas a las palabras, aumentar o suprimir letras, omitir las preposiciones y mudar los acentos o los géneros gramaticales. Estas licencias se pueden usar, pero sin abusar de ellas, aunque lo mejor es no emplearlas.

Teniendo en cuenta el número de sílabas, existen en la métrica castellana versos de 2, 3, 4, 5, 6, 7, 8, 9, 10, 11, 12, 13, 14, 16, 18 y 20 sílabas. En versos de mayor extensión es difícil notar el ritmo y la armonía. De todas estas clases de versos, los más usados son los graciosos y ligeros hexasílabos, los heptasílabos, los dodecasílabos y los bellos y majestuosos alejandrinos (de catorce sílabas). Pero, sobre todo, los octosílabos, de recio abolengo castellano y popular raigambre, y los endecasílabos, italianos de origen, pero traídos por Boscán y muy bien aclimatados en España, y sin disputa los más bellos y artísticos de todos.

EL DESPERTAR DE LA POESÍA CASTELLANA

La métrica y la rima nacen, como la lengua misma, pobres y frías. Quizá la primitiva forma métrica fue el romance con el que por su sencillez y facilidad (asonancia y sólo en los versos pares) darían casi naturalmente los primeros poetas, los juglares, y del que se apartarían buscando metros más importantes, a su juicio, los rimadores del *mester de clerecía* (género poético usado por los hombres de letras de los siglos XII al XIV, opuesto al *mester de juglaría* propio de la poesía popular), y al que se volvió después cuando de nuevo imperaron las formas populares. Pero no han quedado documentos escritos que lo confirmen.

Los versos de las primeras canciones de «gesta» son desiguales y asonantados, dominando los de 14 y 16 sílabas. *El Cantar de mío Cid*, compuesto a mitad del siglo XII tampoco tiene regularidad en la métrica ni en la rima, puesto que unos versos asonantan y otros consonantan. Véase una muestra, el adiós del Cid a su familia:

La oración fecha, – la missa acabada la an:
salieron de la eglesia – ya quieren cavalgar.
El Cid a doña Ximena – ívala abraçar

doña Ximena al Cid – la manol va besar,
llorando de los ojos, – que non sabe que se far.
E él a las niñas, – tornolas a catar:
« a Dios vos encomiendo – e al Padre spirital,
agora nos partimos, – Dios sabe el ajuntar».
Llorando de los ojos, – que non vidiese atal,
asís parten unos d'otros – como la uña de la carn[e].

En las primeras manifestaciones de la lírica castellana (como «serranillas», «canciones de amor y de amigo», de «segadores» y de «espigadoras»), la rima es también muy pobre. Generalmente una sola repetida, o cuando más dos, alternadas caprichosamente a gusto del poeta:

Esta sí que es siega de vida,
esta sé que es siega de flor.
Hoy segadores de España
vení a ver la Moraña
trigo blanco y sin argaña
que de verlo es bendición.

Véase otra muestra, ésta de gesta, anónima, del siglo XII, relativa al relato legendario de *Los siete infantes de Lara:*

La cabeça de [don] Muñó – tornola en su lugar
e la de Diego Gonçalez – [en los braços] fue a tomar:
[e] mesando sus cabellos – e las barbas de su faz:
*Señero, so, e mezquino – para estas bodas bofordar!
Fijo Diago Gonçalez, – a vos amaba yo más,
facíalo con derecho – ca vos nacierades ante.
Grant bien vos quería el conde – ca vos erades su alcalle
también toviste su seña – en el vado de Cascajar.

En las primeras traducciones e imitaciones de los poemas franceses predominan los versos, como en los poemas originales, de nueve sílabas. Así acontece, por ejemplo, en el *Libro de Apolonio, Vida de*

Santa María Egipcíaca y el *Libre dels tres Reys d'Orient*, que se con-
servan, manuscritos y en el mismo códice, en la biblioteca de El
Escorial. Con los versos de nueve sílabas alternan otros de trece, por
ejemplo. Véase el empiece del *Libro de Apolonio:*

> En el nombre de Dios e de Santa María,
> Si ellos me guiassen estudiar querría.
> Componer un romance de nueua maestría,
> Del buen Rey Apolonio e de su cortesía.
> El Rey Apolonio de Tiro natural
> Que por las auenturas vistó grant temporal,
> Commo perdió la fija, e la muger capdal,
> Commo las cobró amas ca les fue muy leyal

Véase ahora el comienzo, esta vez, de la vida de *Madona Santa
María Egipcíaca:*

> Oyt varones huna razon
> En que non ha ssi verdat non:
> Escuchat de coraçon
> Si ayades de Dios perdon.
> Toda es ffecha de uerdat,
> Non ay ren de falssedat.
> Todos aquellos que a Dios amarán.

Principio asimismo, ahora, del *Libre dels tres Reys d'Orient:*

> Pues muchas vezes oyeste contar
> De los tres Reyes que vinieron buscar
> A Jhesuchristo, que era nado,
> Vna estrella los guiando;
> Et de la grant marauilla
> Que les auino en la villa
> Do Erodes era el traydor,
> Enemigo del Criador.

Alternan con versos de nueve sílabas otros de 13, 12, 10 y 8, y aun de menos sílabas. Su rima suele ser en pareados consonantes, que los diferencia de las formas métricas anteriores. En el *Libro de Apolonio* aparece ya el *tetrástrofo o cuaderna vía*, estrofas de cuatro versos «alejandrinos» (de catorce sílabas y alguna vez de dieciséis), igualmente rimados, lo que hace de él la primera muestra de este tipo de métrica, que fue la propia de los hombres de letras de los siglos XIII y XIV. «Fablar en cuento rimado», como decían entonces, era ya un gran progreso comparado con el pobre y sencillo arte de los juglares. En «cuaderna vía» escribió (salvo alguna cántica) Gonzalo de Berceo. Y en este tipo de métrica fueron escritos también el *Libro de Aleixandre* y el *Poema de Fernán González*. He aquí el comienzo de la *Vida de Sancto Domingo de Silos*, de Gonzalo de Berceo, monje de San Millán:

> *En el nombre del Padre, que fizo toda cosa.*
> *Et de don Jhesuchristo, fijo de la Gloriosa,*
> *Et del Spíritu Sancto, que egual dellos posa,*
> *De un confesor sancto quiero fer una prosa.*
> *Quiero fer una prosa en fablar paladino,*
> *En qual suele el pueblo fablar a su vecino,*
> *Ca non son tan letrado por fer otro latino*
> *Bien valdrá, commo creo, un vaso de bon vino.*

Que este monje que con tan poco se contentaba por sus versos, un vaso de buen vino, lo era de San Millán, lo dice él mismo en la última estrofa de la vida del santo de este nombre *(Vida de San Millán):*

> *Gonsalvo fue so nomme, que fizo est tractado*
> *En San Millan de Suso fue de ninnez criado,*
> *Natural de Berçeo, ond Sant Millan fue nado;*
> *Dios guarde la su alma del poder del pecado.*

Veamos ahora el comienzo del *Libro de Aleixandre:*

> *Sennores, se quisierdes mío seruiçio prender,*
> *Querríauos de grado seruir de mío menster.*
> *Deue de lo que sabe onme largo seer,*
> *Se non, podríe de culpa o de rieto caer.*
> *Mester trago fermoso, non es de ioglaría,*
> *Mester es sen peccado es de clerezía,*
> *Fablar curso rimado per la quaderna vía*
> *A síllauas cuntadas, ca es grant maestría.*

Como se ve, el poeta está orgulloso de no escribir como los juglares, sino valiéndose, como los poetas cultos, de la cuaderna vía. En este tipo de métrica fue escrito también el *Poema de Fernán González,* del que copio una estrofa –el fragmento completo se da en el texto–, es uno de los más interesantes: el relativo a la venta de cierto azor y cierto caballo cuyo precio originó, a causa de un olvido de don Sancho (el de pagar el precio convenido), la independencia del condado de Castilla (sobre el carácter legendario del relato no creo que haga falta insistir); véase:

> *Leuava don Fernando vn mudado açor,*
> *non auia en Castiella otro tal nin mejor,*
> *otrosy vn cauallo que fuera de Almançor*
> *auia de todo ello el Rey muy grant sabor.*

Sin duda para que fuese demostrado una vez más que nada hay nuevo bajo el Sol, un poeta de nuestros días, Francisco Fuentenebro, ha escrito un poema titulado *El viento te trajo...* que ofrece la curiosidad de, en poesía moderna, estar formado por tetrástrofos asonantados, precedidos del mismo estribillo Una vez más se demuestra que sólo los poetas son buenos o malos, no los estilos o la métrica:

El viento te trajo y el viento te llevó.
    Fuiste la más hermosa primavera en flor;
    Fuiste toda la sangre de mi corazón;
    Fuiste, guitarra mía, mi bordón.
    Fuiste, mujer de bronce, el Amor.
El viento te trajo y el viento te llevó.
    Fuiste la música dulce de una canción
    Que hemos cantado a dúo los dos.
    Tus ojos y tus labios tenían un son
    De zarabanda y de oración.
El viento te trajo y el viento te llevó.
    Fue un antiguo verano. Tuve la sensación
    De haber encontrado las raíces de Dios,
    Las raíces galáxicas y cósmicas del sol,
    El alma de esa frase: Tú y yo...
El viento te trajo y el viento te llevó.
    Pájaros de muerte picaron el fresón
    De tu boca de miel y me dijiste adiós.
    Dos ángeles de piedra guardan tu panteón
    Y tú, pura y fina, ya no tienes voz.
El viento te trajo y el viento te llevó.
    Ya no puedes quererme, haces expiación
    De la música dulce de aquella canción
    Que hemos cantado muchas veces los dos.
    Una música de salmodia y de pasión.
El viento te trajo y el viento te llevó.
    Cristo de los Milagros: Escucha mi oración
    Y ten piedad de mi amada muerta, que fue el bordón
    De toda la sangre de mi corazón.
    Señor de los señores: Escucha mi oración.
El viento te trajo y el viento te llevó

Fue Alfonso X quien en *Las Cántigas,* que ahora dicen *Cantigas,* escritas en lo que entonces constituía el galaico-portugués, empleó ya versos de cuatro, cinco o más sílabas, alternados con otros de arte mayor, usando, además, rimas correctas. Permítenos, lector amable, una pequeña incongruencia, intercalar en estas notas sobre la métrica castellana unos versos no castellanos. Se trata de una *Cántiga* de Alfonso X (1252-1284), rey de Castilla y Portugal y aspirante a Emperador del Sacro Imperio Romano Germánico. Juglares y trovadores se ponían el jubón amarillo y se desgañitaban cantándolas por aldeas, poblados y castillos. Por otra parte, en la segunda mitad del siglo XIII aún no estaba claro qué triunfaría en la península, si el galaico-portugués o el castellano. Veamos como ejemplo, la *Cántiga 207*

Se ome fezer de grado pola Uirgen algun ben,
demostrar ll'aurá ela sináes que lle praz én.
　D'esto uos direi miragre ond' auredes sabor,
que morou Sancta María con mercé' e con amor
o un mui bon caualeiro et seu quito seruidor
que en a seruir metía seu coraçón et seu sen.
Se ome fezer de grado pola Vírgen algun ben...
　El auia un seu fillo que sabía mais amar
ea ssi, et un caualeiro matou — ll' –o; et con pesar
do fillo, foi él prendel – o et quiséra – o matar
u él seu fillo matara, que et quis ualuesse ren.
Se ome fezer de grado pola Uirgen algun ben...
　E él leuando — o preso en ha eigreia' ntrou,
et o prest' entrou pos ele et él d' ál non sse nenbrou;
et pois que uiú a eigreia da Uirgen, y soltou,
et omildou — ss'a omagen et disso: "Graç porén."
Se ome fezer de grado pola Uirgen algun ben,
demostrar ll'auerá ela sináes que lle praz en.

Se dicen los versos de «arte mayor» si son mayores de ocho síla-
bas, y de «arte menor» si de ocho o de menos. Poco a poco, bajo la
influencia sobre todo de la lírica provenzal, fue enriqueciéndose la
métrica y es muy estimable ya en las redondillas del canciller
Ayala:

> *Sennor, si tú has dada*
> *Tu sentencia contra mí ,*
> *Por merçed te pido aquí*
> *Que me sea revocada.*

o aquel otro cantar que empieza:

> *Tristura e grant cuidado*
> *Son conmigo todavia*
> *Pues plaser e alegría*
> *Así man desamparado.*

Pero sobre todo en el Arcipreste de Hita (Juan Ruiz), que con tanta
frecuencia se aparta de la métrica y la rima de la ya poco deseada cle-
recía, para demostrar, sin duda, que si quiere le es fácil emplear esta
forma métrica, empieza con ella su *Libro de buen amor*:

> *Señor dios que alos jodios pueblo de perdiçion*
> *facafte de cabtiuo del poder de fa[raon]*
> *a Daniel facafte del poço de Babilon,*
> *faca ami coytado defta mala prefion.*

Empezando también de igual modo el prólogo en verso:

> *Dios padre, dios fijo, dios fpiritu fanto,*
> *el que nafçio de virgen effuerçe nos da tanto*
> *que fienpre lo leemos en profa E en canto,*
> *fea de nueftras almas cobertura e manto.*

Pero cuando se cansa de la "cuaderna vía" acude a metros más ligeros, incluso los inventa. Escúchesele en este *Gozo de Santa María:*

> o Santa maría
> luz del día, § toda vía,
> tú me guía
> gana me gracia e bendicion
> e de jhefu consolacion. § cantar de tu alegría,
> que pueda con devoçion
> El primer goso ques lea
> en çibdad de galilea, ...

O este otro:

> Tu, virgen, del çielo Reyna
> e del mundo melecina § por te feruir,
> quieras me oyr muy digna,
> que de tus gosos ayna
> efcriua yo profa digna,...

Vuelve a las cuatro rimas seguidas en *Declaración* y en varios *Enxiemplos,* y aun en algunas *Cántigas de serrana:*

> Cerca de Tablada,
> la fierra paffada,
> falle me con aldara,
> a la madrugada.
>
> En çima del puerto
> coyde fer muerto
> de nieue e de frio

> e dese rosio
> e de grand elada
>
> a la decida
> dy una corrida
> fallé vna fferrana
> fermofa, loçana
> e bien colorada

Poco más o menos por la misma época el rey Alfonso XI escribió una «trova» que se recuerda, sobre todo, a causa de ser la más antigua poesía trovadoresca de autor conocido. Véase:

En un tiempo cogí flores
Del muy noble paraíso,
Cuitado de mis amores
E d'el su fermoso riso!
E siempre vivo en dolor,
E ya lo non puedo sofrir,
Mais me valera la muerte
Que en el mundo vivir.

Yo con cuidado d'amores
Vol'o vengo ora dizer,
Que he d'aquesta mi senhora
Que mucho desejo aver.
En el tiempo en que solía
Yo coger d'aquestas flores,
D'al cuidado non avía
Desque vi los sus amores. ...

De por entonces también (principios del siglo XIV), bien que no de este rey, aunque lleve su nombre, es el Poema de *Alfonso onceno o Crónica rimada,* donde se encuentran ya versos octosílabos precursores, como los de la trova anterior, del «romance» que, o volvía, si es que antes había sido empleado, o se adivinaba, en todo caso, como forma ideal de nuestra métrica. Véase una muestra sacada del episodio llamado *Muerte de los Infantes:*

El rey moro de Granada
Mas quisiera la su fin,
Le su ssenna muy preçiada
Entregásela a Osmín.
E el poder le dio syn falla
A don Osmín su vasallo,
E guissose de batalla
Con çinco mil de a cauallo.

De pus la çaga venieron
Ricos omnes e arrases,
E todos luego ffesieron
Muy bien apostadas ases.
El infante, buen varon,
Que syempre fue bien fardido,
Fferçole et coraçon
E dio un ffuerte bramido. ...

Y lo mismo en la *Coronación del Rey* y demás cantos:

Yo non podría contar
Del amor la ssu noblesa
Agora quiero fablar
Del noble rey ssyn uileza.

En commo despues rregnó
Este rrey de grant bondat,
E como se coronó
En Burgos, noble çiudat. ...

De este mismo siglo son los tan celebrados *Proverbios morales* que Don Sem Tob, «judío de Carrión», dedicó a Don Pedro I de Castilla a principios de su reinado,

Sennor noble, rrey alto,
Oyd este sermon
Que vos dise don Santo
Judío de Carrión.
  Comunal-mente rrimado,
De glosas y moral-mente
De phylosophia sacado,
Es el desir syguiente.

El rrey Alfonso fynando,
Asy fyncó la gente,
Commo el pulso, quando
Fallesçe al doliente.
  Ca ninguno cuydaua
Que tan grande mejoría,
En el reyno fincaua:
Nin hombre lo creya. ...

De por entonces también es la *Revelación de un ermitaño*, nueva forma de la *Disputación del alma y del cuerpo* ya conocida por un texto del siglo XIII, y tema que aún volvería a aparecer en el siglo XVI, y asimismo en sentencias de arte mayor, en cierto poema de Antón de Meta titulado *Departimiento del cuerpo y del alma*. Veamos una muestra del que ahora nos interesa:

DISE EL CUERPO

Essa ora el cuerpo fiso movimiento
Alço la cabeça començo a fablar
E dixo: señora, ¿por qué tanto culpar
Me queres agora syn meresçimiento?
Que si dixe o fise fue por tu talento
Si non mira agora qual es mi poder,
Que estos gusanos non puedo toller,
Que comen las carnes de mi criamiento.

DISE EL ANIMA

o cuerpo maldito, vil, enconado
Leno de fedor e de grand calabrina,
Metieronte en joyo, cubrieronte ayna,
Dexaronte dentro amal de tu grado.
Por ende tu piensas que ya es librado
Primero serás delante el derecho,
Donde darás cuenta de todo tu fecho
Que en el mundo fesiste, do poco as durado.

O la muy gustada *Danza de la Muerte,* de métrica semejante:

Yo soy la muerte çierta a todas criaturas
Que son y serán en el mundo durante,
Demando e digo o omne por que curas
De vida tan breue en punto pasante,
Pues non ay tan fuerte ni resio gigante
Que deste mi arco se pueda anparar.
Conuiene que mueras quando lo tirar,
Con esta mi frecha cruel traspasarte.

Y se llega, al canciller Ayala, iniciador de la transición entre las antiguas formas y el esplendor literario de la corte de Don Juan II. Su *Rimado de Palacio* tiene ya versos de 16, 14, 13, 12, 8 y 7 sílabas. Véase una muestra de estrofas de versos de 16 sílabas:

AQUI FABLA DE LA GUERRA

Cobdician caualleros las guerras de cada día,
por leuar muy grandes sueldos e leuar la quantía;
e fuelgan quando vee la tierra en rrobería
de ladrones e cortones que ellos lleuan en compañía.

En seguida está el *Cancionero de Baena,* donde figuran poetas tan excelentes como Alvarez de Villasandino, que usaba ya versos de todos los metros, incluso los de once sílabas, y micer Francisco Imperial, poeta tan amante de la entonces floreciente métrica italiana en su *Desir de las Sete Virtudes:*

DESIR DE LAS SYETE VIRTUDES

Era çercado todo aquel jardín
de aquel arroyo a guissa de cava,
e por muro muy alto jazmín
que todo a la redonda la çercava:
el son del agua en dulçor pasava.
Harpa, dulçayna, vyhuela de arco,
e non me digan que mucho abarco
que non ssé sy dormía o velava...

Luego las «serranillas» del Marqués de Santillana y el *Laberinto* de Juan de Mena dan prueba de que sus autores eran ya maestros en la forma y en el lenguaje poético. Véase un fragmento de este último relativo a la muerte de Lorenzo de Dávalos, «aquel que era de todos amado»:

Aquel que allí vees al çerco trauado
que quiere subir e se falla en el ayre,
mostrando su rostro sobrado donayre
por dos desonestas feridas llagado,
aquel es el Daualos mal fortunado,
aquel es el limpio mançebo Lorenço,
que fizo en un día su fin, e comienço
aquel es el que era de todos amado...

Y ahora un fragmento de una graciosa y conocida «serranilla» del Marqués de Santillana:

Moça tan fermosa
non vi en la frontera,
como una vaquera
de la Finojosa.

Façiendo la vía
del Calatraveño
a Santa María
vencido del sueño

por tierra fragosa   *do vi la vaquera*
perdí la carrera,   *de la Finojosa*

En fin, los nombres de Alvarez del Gato y Jorge Manrique son heraldos ya de algo muy acabado y muy próximo a las perfecciones artísticas del Renacimiento y a los grandes poetas del «Siglo de Oro», en quienes fondo y forma unidos brillaron y brillarán siempre de modo incomparable. Las justamente conocidas «Coplas» de Jorge Manrique *A la muerte de mi padre,* sobre todo, son de tal modo notables, verdadero y admirable ejemplo de poesía didáctica. No cerraré estas notas sobre el desarrollo de la poesía y de la métrica castellana sin citar *El Cantar de Rodrigo o Crónica rimada del Cid,* esperpento en que degeneró el sencillo y encantador *Cantar de mío Cid,* y ciertas «Coplas» muy gustadas en su época, las *Coplas de la panadera,* de tipo satírico y por ello su éxito. Véase un fragmento del *Cantar de Rodrigo* relativo al desposorio de doña Ximena con el Cid:

Cuando Rodrigo boluio los ojos, todos yvan derramando.
Avien muy grant pauor del, e muy grande espanto.
Allego don Diego Laynez al rey bessarle la mano.
Quando esto vio Rodrigo, non le quiso bessar la mano.

Y ahora otro fragmento de las Coplas de la panadera, que luego se dan con más extensión en el texto de esta antología:

Di Panadera.   *a buscar algún buen pique*
Panadera soldadera   *para su espada ropera*
que vendes pan de barato   *saliera sin otra espera*
quentanos algún rebato   *de Olmedo tan gran compaña*
que te aconteció en la vera. *con muy fermosa maña*
Di Panadera.   *al Puerto se retrujera.*
Un miercoles que partiera   *Di Panadera...*
el Príncipe don Enrique   *... ... ...*

Estos inicios de la poesía castellana tienen de común con otras lenguas romances la adopción de la rima proviniente del verso en el bajo latín. Probablemente lo más original es que ya desde el principio no abusa del pareado tan usado en las otras lenguas mayores en las que recordemos, sin embargo, es frecuente el pareado de 16 sílabas que, si se escribe en versos de ocho, se convierte en el romance castellano en cuanto a número de sílabas, aunque no necesariamente en cuanto acentuación. En cualquier caso en el siglo XV aparece ya una métrica castellana completa, tanto en lo que pudiéramos llamar poesía "culta", por ejemplo, Jorge Manrique, como en los romances populares, aunque sin olvidar que cuando decimos siglo XV estamos hablando de cien años, tanto en lo que afecta al castellano de las distintas regiones, como al intervalo de tiempo en sí que puede separar un romance de otro. Veamos, por ejemplo, el *"Romance del infante vengador"*, uno de los más populares tanto, probablemente, en su época, como ahora. Obsérvese que está escrito como pareados de 15 sílabas, siguiendo la forma de la métrica provenzal:

> *Helo, helo por do viene–el infante vengador,*
> *caballero a la jineta–en caballo corredor,*
> *su manto revuelto al brazo,–demudada la color,*
> *y en la su mano derecha–un venablo cortador.*
> *Con la punta del venablo–sacaría un arador.*
> *Siete veces fue templado–en la sangre de un dragón,*
> *y otras tantas fue afilado–porque cortase mexor:*
> *el hierro fue hecho en Francia,–y el asta en Aragón:*
> *perfilándose lo yba–en las alas de su halcón.*
> *Yba a buscar a don Quadros,–a don Quadros el traydor*
> *allá le fuera a hallar–junto del Emperador.*
> *La vara tiene en la mano–que era justicia mayor.*
> *Siete veces lo pensaba–si le tiraría o no,*
> *y al cabo de las ocho–el venablo le arrojó.*
> *Por dar al dicho don Quadros–dado ha al Emperador:*
> *pasado le ha manto y sayo,–que era de un tornasol;*
> *por el suelo ladrillado–más de un palmo le metió.*

Allí le habló el rey–bien oiréis lo que habló:
–¿Por qué me tiraste, infante?–¿Por qué me tiras, traidor?
–Perdóneme tu Alteza,–que no tiraba a ti, no;
tiraba al traidor de Quadros,–ese falso engañador,
que siete hermanos tenía,–no ha dejado si a mí no,
por eso delante de ti,–buen rey, lo desafío yo–
Todos fían a don Quadros,–y al infante no fían, no.
Si no fuera una doncella,–hija es del Emperador,
que los tomó por la mano–y en el campo los metió.
A los primeros encuentros,–Quadros en tierra cayó,
apeárase el infante,–la cabeza le cortó
y tomárala en su lança–y al buen rey la presentó.
De que aquesto vido el rey,–con su hija le casó.

Pasemos ahora a repasar la métrica castellana, que ha dado a lo largo de los siglos a una poesía de belleza difícilmente igualable:

LA MÉTRICA CASTELLANA

Varios versos sujetos a un determinado orden de número y ritmo forman una estrofa. Muchas son las estrofas y casi innumerables podrían ser, sobre todo hoy día, dada la libertad y audacia de la métrica moderna; pero las «clásicas» son las siguientes:

Pareado.-Combinación de dos versos de cualquier metro consonantados o asonantados. Esta estrofa, tan empleada por los poetas franceses, lo es menos por los españoles. No obstante, algunos vates nuestros han escrito poemas en versos pareados, como por ejemplo Zorrilla en el llamado *La siesta,* que empieza:

Son las tres de la tarde, julio, Castilla.
El sol no alumbra, que arde; ciega, no brilla:
La luz es una llama que abrasa el cielo
ni una brisa una rama mueve en el suelo...

En lindos pareados está también *La mujer manchega:*

> La Mancha y sus mujeres... Argamasilla, Infantes,
> Esquivias, Valdepeñas. La novia de Cervantes,
> y del manchego heroico el ama y la sobrina,
> (el patio, la alacena, la cueva y la cocina...)

Otra muestra de poesía en pareados:

> Una gata sensible suspiraba
> por un hermoso gato a quien amaba.
> Mas al ver su desvío, con enojos,
> de una caricia le sacó los ojos.
> De ser galante trata,
> que en amor la mujer es cual la gata.

Terceto.—Lo forman tres versos asonantes o consonantes, que riman el primero con el tercero y queda libre el segundo. Además, en general, es distinta la terminación en cada terceto.

> Vente conmigo,   Este ya cadáver yerto
> vente a las retamitas   viviría todavía
> de los caminos.   si...el pobre no hubiera muerto.

> El aire lleva mentiras.
> El que diga que no miente
> que diga que no respira.

Del *Viaje al Parnaso,* de Cervantes, escrito en tercetos:

> Bien sé que en la naval dura palestra
> perdiste el movimiento de la mano
> izquierda, para gloria de la diestra.

Quevedo:

> Pues más me quieres cuervo que no cisne,
> conviértase en graznido el dulce arrullo,
> y mi nevada pluma en sucia tizne.

Martínez de la Rosa ha hecho tercetos epigramáticos con un verso
libre y un pareado:

Aquí yace un cortesano
que se quebró la cintura
un día de besamano.

Aquí yace un contador,
que jamás erró una cuenta
A no ser en su favor.

Eche una limosna, hermano,
y que no suene el dinero;
no reviva el usurero.

Una palma han colocado
En la tumba de Lucía
Es que dátiles vendía

Se quejan mis clientes
de que pierden sus pleitos; pero en vano,
¿A mí qué más me da si siempre gano?

En las composiciones clásicas, los versos riman: primero con ter-
cero y segundo con el primero del terceto siguiente, terminando en un
cuarteto. Véase el final de la *Epístola moral a Fabio*

La codicia en las manos de la suerte
Se arroja al mar; la ira, a las espaldas;
Y la ambición se ríe de la muerte.
¿Y no serán siquiera tan osadas
Las opuestas acciones si las miro
De más ilustres genios ayudadas?
Ya, dulce amigo, huyo y me retiro
De cuanto siempre amé; rompí los lazos;
Ven y verás el alto fin que aspiro
Antes que el tiempo muera en nuestros brazos.

Es potestativo del poeta empezar los versos, al escribirlos, con
mayúsculas o con minúsculas.

Cuarteto.–Cuatro versos de cualquier medida que riman, o bien
primero con tercero y segundo con cuarto, o bien primero con cuarto
y segundo con tercero:

> ¡Señor, yo te conozco! La noche azul serena
> dice desde lejos: «Tu Dios se esconde allí».
> Pero la noche oscura, la de tinieblas llena
> Me dice más pujante:«Tu Dios se acerca a ti» (Zorrilla)

Si son versos endecasílabos (de 11 sílabas), los cuartetos son denominados «serventesios»:

> ¡Oh dulces prendas por mi mal halladas
> Dulces y alegres cuanto Dios quería!
> Juntas estáis en la memoria mía
> Y con ella en mi mente conjuradas. (Garcilaso)

Si los versos son octosílabos, el cuarteto recibe el nombre de «cuarteta» o «redondilla»:

> Dichas que yo merecí
> en pago de amor sincero,
> por tan oscuro sendero
> ¡qué tristes llegáis a mí!
> No son todos los maridos
> de una suerte bien tratados;
> ni querría más ducados
> que los que hay arrepentidos.
> (Cristóbal de Castillejo)

> Si soy pobre en mi vivir,
> y de mil males cautivo,
> más pobre nací que vivo,
> y más pobre he de morir.
>
> (Quevedo)

> Aquel si viene o no viene,
> aquel si sale o no sale,
> en los amores no tiene
> contento que se le iguale. (Juan de Timoneda)

Ejemplo de estrofa de cuatro versos heptasílabos:

> Una obra ha dado Inés,
> os lo juro por la cruz,
> yo no sé qué obra es,
> mas sí sé que ha dado a luz. (Bretón de los Herreros)

> Agua me falta en el mar
> y la hallo en las tabernas
> Que mis contentos y el vino,
> son aguados donde quiera.   (Quevedo)

> Cuando pasas por mí lado
> sin echarme una mirada,
> ¿no te acuerdas de mí nada,
> o te acuerdas demasiado?   (Campoamor)

> Los golpes que el boticario
> da en su almirez o mortero,
> los dobles primeros son
> que anuncian cualquier entierro.   (Iriarte)

> A ser tan grandes mis deudos,
> como son grandes mis deudas,
> delante del rey, sin duda,
> cubrirme muy bien pudiera.   (Quevedo)

De tipo epigramático:

> Con una mujer bonita
> tiene un hombre el pan ganado,
> sin más trabajo que hacerse
> un poco el disimulado.

> Vuestro «don», señor hidalgo,
> es el «don» del «algodón»,
> el cual para tener «don»
> necesita tener «algo»

Diciéndolo no diré
lo que aquel pinar esconde,
allí, yo recuerdo donde
nos pasó, ya sabes qué.

De jorobas del cuerpo
todos se burlan.
¿Quién habrá que en el alma
no lleve alguna?

Aquí yacen cuatro socios,
que juntaron gran caudal:
un médico, un boticario,
un cura y un sacristán.   (Martínez de la Rosa)

Muchos vates castellanos cultivaron con éxito esta ligera y encantadora forma métrica. Entre ellos, Sor Juana Inés de la Cruz las hizo deliciosas. Véase en el texto principal de esta antología su composición titulada precisamente *Redondillas*.

Las «coplas» o «cantares» populares son cuartetos rimados en asonante de diverso metro y rima:

Donde hay rosas hay espinas,
lobos hay donde hay corderos,
donde hay palomas halcones,
y donde hay amor hay celos.

Ni contigo ni sin ti   La pena y la que no es pena
mis penas tienen remedio: todo es pena para mí.
Contigo porque me matas,   ayer penaba por verte
y sin ti porque me muero.   y hoy peno porque te vi.

El cristal de mi ventana
le empaño con el aliento:
En él escribo tu nombre
y luego le borro a besos.

Quinteto.–Estrofa de cinco versos de arte mayor aconsonantados a gusto del poeta, pero siempre que no coloque tres versos seguidos con el mismo consonante o rima. Si los versos son de arte menor, entonces la estrofa recibe el nombre de *«quintilla».* Las combinaciones más usadas en quintetos y quintillas son:

1. «Rimas cruzadas»: primero con tercero y quinto, y segundo con cuarto, por ejemplo, de Hurtado de Mendoza:

> Ved a lo que me ha traído
> la costumbre y sufrimiento;
> que de puro ser sufrido
> vengo a decir lo que siento
> cuando estoy ya sin sentido.

2. Primero con tercero y cuarto, y segundo con quinto:

> Tu crítica majadera
> de los versos que escribí,
> pedante, poco me altera.
> Mas pesadumbre tuviera
> si te gustasen a ti.   (L. Moratín)

> Y la muerte, según creo
> de razón, no tardará,
> que casi venir la veo
> mas en ver que la deseo
> quizá se encarecerá.   (Castillejo)

Obsérvese cómo dos de los quintetos el de Hurtado de Mendoza y el de Castillejo, terminan en cuartetas.

A veces los poetas, sin copiarse ni intención de ello, coinciden en ideas que a varios de ellos se les ocurren. La de que la «muerte» parece huir de aquel que la desea ha inspirado versos admirables.

Tales, por ejemplo, los famosos de Santa Teresa de Jesús «nacidos del fuego del amor de Dios que en sí tenía», que empiezan:

> Vivo sin vivir en mí,
> y tan alta vida espero,
> que muero porque no muero...

Y los muy conocidos también del comendador Escrivá:

> Ven muerte tan escondida
> que no te sienta venir,
> porque el placer de morir
> no me vuelva a dar la vida...

Idea semejante en la siguiente redondilla de Quevedo:

> Muerto estoy, no hay que dudar;
> que aunque ansí me ven vivir,
> es que el gusto del morir
> me vuelve a resucitar.

La misma combinación de versos, pero con el quinto truncado:

> Hay en mi tierra un árbol que el corazón venera;
> de cedro es su ramaje, de césped su verdor,
> anida entre sus hojas perenne primavera
> y arrostra los turbiones que azotan la ribera,
> añoso luchador.

de *El pino de Formentor* de Miguel Costa Llovera,

> Un año más en el hogar paterno
> celebramos la fiesta del Dios-niño,
> símbolo augusto del amor eterno,
> cuando cubre los montes el invierno
> con su manto de armiño.
>
> (Vicente W. Querol, de *En Nochebuena)*

3. Comienzo con un serventesio o una redondilla y entonces rima el primero con cuarto, y segundo con tercero y quinto:

> Marchando con su madre, Inés resbala,
> cae al suelo, se hiere y disputando
> se hablan así después las dos llorando:
> –¡Si no fueras tan mala!... –No soy mala.
> –¡Qué hacías al caer? –¡Iba rezando!   (Campoamor)

> Aquí la envidia y mentira
> me tuvieron encerrado.
> Dichoso el humilde estado
> del sabio que se retira
> de aqueste mundo malvado.
>   (Fray Luis de León)

> Contentos cuya memoria
> a cruel muerte condena:
> Idos de aquí en horabuena,
> y pues que no me dais gloria
> no vengáis a darme pena.
>   (Vicente Espinel)

4. Comienzo con un pareado: primero con segundo y cuarto, y tercero con quinto:

> En buen punto seáis venidas
> mis amados y queridas
> en cuyo amparo y favor
> y no en mis fuerzas crecidas
> espero ser vencedor.
>   *(Farsa del desafío del hombre)*

5. Dos pareados: primero y segundo, tercero y cuarto, y el quinto verso rimando con el primer pareado, o sea, con primero y segundo:

> Y volviendo la trasera
> respondió de esta manera:
> «Lámpara, ¡con qué deleite
> te chupara yo el aceite
> si tu luz no me ofendiera!»
>   (Iriarte)

> Diole en viéndole los brazos,
> y aliviando de embarazos,
> la pobre cena apercibe
> rica en casa que Dios vive
> y más con tales abrazos.

(Lope, del *Isidro*)

Sextina.—Estrofa de seis versos endecasílabos u octosílabos, formada con un serventesio o redondilla y un pareado. Pese a ser metro poco usado por nuestros poetas, la variedad de esta estrofa es grande. Véanse dos ejemplos del primer tipo, el primero con el pareado al principio y el segundo al final:

> La princesa está triste... ¿Qué tendrá la princesa?
> Los suspiros se escapan de su boca de fresa,
> que ha perdido la risa, que ha perdido el color.
> La princesa está pálida en su silla de oro,
> está mudo el teclado de su clave sonoro,
> y en un vaso, olvidada, se desmaya una flor.

(Rubén Darío, de *Sonatina*)

> Rayo de amor, celeste simpatía,
> fuego inmortal que abrasa sin dolor,
> llama feliz, que al de su amante envía
> un corazón con dividido ardor,
> tu lumbre fue la favorable estrella
> que me guió a los pies de Filis bella.

(Alberto Lista)

> Cuando tus huesos miro
> de piel tan flaca armados y cubiertos
> señora, no me admiro
> desa tu liviandad y desconcierto;
> que es fuerza ser liviana
> quien es en todo la flaqueza humana.

(Jáuregui)

Dulce señora mía,
norte de mi afligido pensamiento,
luz de mi fantasía,
principio, medio y fin de mi tormento,
pues es tuya mi vida,
no seas con desdenes su homicida.   (Quevedo)

¿Por qué te llaman coja, Dorotea?
¿Quién hay que tu figura
enhiesta y firme al caminar no vea?
Pues, ¿a qué tal censura?
¿Es porque suele tu virtud acaso
tropezar y caer a cada paso?   (Jovellanos)

Otras variedades de sextinas, empezando por aquellas de las que se sirvió Jorge Manrique, usando versos octosílabos y tetrasílabos para escribir las «Coplas» a la muerte de su padre:

Recuerde el alma dormida
Avive el seso y despierte
Contemplando,
Cómo se pasa la vida,
Cómo se viene la muerte
Tan callando.

La generosa musa de Quevedo
desbordóse una vez como un torrente
y exclamó llena de viril denuedo:
«No he de callar, por más que con el dedo,
ya tocando los labios, ya la frente,
silencio avises o amenaces miedo.»
          (Núñez de Arce, de *Estrofas*)

Me lo contó un piel roja cazando en la Luisiana:
Cuando el Señor los bosques de América pobló,
dejó un espacio estéril en la extensión lozana,

y en este espacio yermo, de arena seca y vana,
donde no nace el trébol ni crece la liana,
el Diablo plantó un árbol y luego... descansó.
                              (Manuel Curros Enríquez, de *El árbol maldito*)

Cuando recuerdo la piedad sincera
con que en la edad primera
entraba en nuestras viejas catedrales,
donde postrado ante la cruz, de hinojos,
alzaba a Dios los ojos
soñando en las venturas celestiales.
                              (Núñez de Arce, de *Tristezas*)

Abierto está el piano...
Ya no roza el marfil aquella mano
más blanca que el marfil,
la tierna melodía
que a media voz cantaba, todavía
descansa en el atril.   (R. Gil, de *Tristitia rerum*)

Septina.—Siete versos rimados a gusto del poeta. Si son todos de
arte menor, recibe el nombre de «seguidilla». Ejemplo de septina :

¡Santa la poesía
que a los parias anuncia el nuevo día
y es tan consoladora!
A tu ensueño de bardo el sol ya sube;
el astro por vecino enciende aurora,
y desde abajo del confín colora
de topacio la nube.   (Diaz Mirón, de *A un profeta*)

Que adore a Belisa un bruto,
y que ella olvide sus leyes,
si no es cual la de los reyes
adoración con tributo.
Que a todos les venda el fruto
cuya flor llevó el ausente,
mal haya quien lo consiente.   (Quevedo)

Otras tres de Quevedo también, pero con el último verso de pie quebrado: de cinco sílabas la primera y de dos las dos siguientes:

Es tu firmeza tan poca
que juzgo de tu rigor,
que de andar alrededor
te has vuelto, Fortuna, loca.
Mas si mi bien te provoca,
párate por mi consuelo;
si no, dirélo.
Que el hidalgo por grandeza
muestre cuando riñe a solas
en la multitud de olas
tormentas en la cabeza.
Que disfrace su pobreza
con rostro grave y sereno,
bueno.
Mas que haciendo tanta estima
de sus deudos principales,
como las ollas navales,
como batalla marina.
Que la haga cristalina,
a su capa el pelo ralo,
malo.

Ejemplo de *seguidillas:*

No me mires que miran
que nos miramos
y verán en tus ojos
que nos amamos.
No nos miremos
que cuando no nos miren
nos miraremos.

No quiero que te vayas
ni que te quedes
ni que me dejes sola
ni que me lleves.
Quiero tan sólo...
Pero no quiero nada
¡lo quiero todo!

Hay una clase de seguidillas para cantar llamadas *«seguidillas gitanas»*, que sólo tienen cuatro versos:

Madrecita mía,   A la sombra de un árbol
yo no sé por dónde   se sientan muchos,
al espejito en que me miraba   unos toman la sombra
se le fue el azogue.   y otros los frutos

Las hay también de tres versos tan sólo:

Voy como si fuera preso:
Detrás camina mi sombra;
delante, mí pensamiento.

Octavas.–Estrofas de ocho versos. Reciben diferentes nombres según la medida de estos versos. Así, «coplas de arte mayor o de Juan de Mena» (el primero que las empleó en su *Laberinto),* doce sílabas rimando los versos primero con cuarto, quinto y octavo, y segundo con tercero, sexto con séptimo:

Es fortaleza con muy gran denuedo
que sufre las prósperas y las molestas;
salvo aquellas cosas que son deshonestas,
otras ningunas no le hacen miedo;
huye, desdeña, depártase, cedo
de los que disformes por vicio me hacen,
las grandes virtudes inmenso le placen,
aplácele al ánimo firme ser quedo.   (Juan de Mena)

Son llamadas «octavas reales» si los versos son endecasílabos y riman primero con tercero y quinto, segundo con cuarto y sexto, y los dos últimos pareados.

Los blancos rostros más que flores bellos
Eran de crudos puños ofendidos,
Y manojos dorados de cabellos
Andaban por los suelos esparcidos;

Vieran pechos de nieve y tersos cuellos
De sangre y vivas lágrimas teñidos,
Y rotos por mil partes y arrojados
Ricos vestidos, joyas y tocados.

                                      (Ercilla, de *La Araucana)*

Canto los disparates, las locuras,
los furores de Orlando enamorado,
cuando el seso y razón le dejó a oscuras
el Dios injerto en Diablo y en pecado.
  Y las desventuradas aventuras
de Farragut, guerrero endemoniado:
Los embustes de Angélica y su amante,
niña buscona y doncellita amante.

                                      (Quevedo)

Y en agradable suspensión metidos,
al ruido de una fuente que murmura,
de los arpados cantos no aprendidos
que las aves le dan a su hermosura,
grande rumor se oyó, grandes ruidos
de cajas, grita y voces, que en la altura
y techos de oro del palacio suena,
retumba el bosque, y el jardín atruena.

                         (Valbuena, de *El Bernardo)*

En octavas de versos desiguales y rimados a su capricho, comienza Zorrilla *La leyenda de Al-hamar.* Véase una:

Lanzóse el fiero bruto con ímpetu salvaje,
ganando a saltos locos la tierra desigual,
salvando de los brezos el áspero ramaje,
a riesgo de la vida de su jinete real.
El, con entrambas manos, le recogió el rendaje
hasta que el rudo belfo tocó con el petral;
mas todo en vano; ciego, gimiendo de coraje,
indómito al escape, tendióse el animal

La octava real ha sido cultivada por grandes poetas, por ejemplo, Espronceda en el *Canto a Teresa*, y Zorrilla *Los cantos del trovador*. Las octavas son denominadas «octavas italianas» u «octavillas», si sus versos son de menos de once sílabas. En este caso el poeta puede rimarlos a su capricho con tal que los versos cuarto y octavo lo hagan en consonantes agudos. Ejemplos:

Vi desde encumbrada torre
antes de brillar la aurora
voraz llama abrasadora
reflejando el hondo mar;

mientras las esclavas mías
recorrían arpas de oro
y entonaban dulce coro
de himeneo en el altar.   (Arolas)

Hoy mi Dorina
se va a la aldea,
pues se recrea
viendo trillar.

Sígola aprisa;
cuantos placeres
Mantua tuviere
voy a olvidar   (N.F.Moratín)

Octavas de versos truncados:

Desde el primer latido de mi pecho,
condenado al amor y a la tristeza,
ni un eco a mi gemir, ni a la belleza
un suspiro alcancé,
Halló por fin mi fúnebre despecho
inmenso objeto a mi ilusión amante;
y de la luna el célico semblante,
¡y el triste mar amé!   (Pastor Díaz, *A la luna*)

Décimas.–Las décimas o «espinelas», se dicen inventadas por Vicente Espinel, tienen diez versos divididos en dos períodos, de cuatro y de seis versos; la rima es a gusto del poeta:

Bien pensará quien me oyere,
viendo que he llorado tanto,
que me alegro ahora y canto
como el cisne cuando muere.
Créame quien mal me quiere,

y sepa quien me lastima
de que el fiero mal me oprima,
que con este mismo son
puedo romper la prisión
y disimular la lima.   (Quevedo)

Guarneciendo de una ría
la entrada incierta y angosta,
sobre un peñón de la costa
que bate el mar noche y día,
se alza gigante y sombría

ancha torre secular
que un rey mandó edificar
a manera de atalaya
para defender la playa
contra las iras del mar.

(Núñez de Arce)

¡Pluma: cuando considero
los agravios y mercedes,
el bien y el mal que tú puedes
causar en el mundo entero;
que un rasgo tuyo severo

puede matar a un tirano,
y que otro torpe o liviano,
manchar puede un alma pura,
me estremezco de pavura
al alargarte la mano!

(A. López de Ayala)

¡Conciencia nunca dormida,
mudo y pertinaz testigo
que no dejas sin castigo
ningún crimen en la vida!
La ley calla, el mundo olvida

mas ¿quién sacude tu yugo?
Al Sumo Hacedor le plugo
que a solas con el pecado
fueses tú para el malvado
delator, juez y verdugo.

(Núñez de Arce)

Pues bien, yo necesito
decirte que te adoro,
decirte que te quiero
con todo el corazón;
que es mucho lo que sufro,

y es mucho lo que lloro,
que ya no puedo tanto,
y al grito que te imploro
te imploro y te hablo en nombre
de mi última ilusión.

(Manuel Acuña)

Forma esta última muy sencilla, en versos heptasílabos, de los cuales riman tan sólo el cuarto con el décimo, y el segundo con sexto y octavo, sonando el todo muy bien. Manuel Acuña fue el Bécquer mejicano.

Sonetos.—Estrofa de 14 versos endecasílabos, por lo general, distribuídos en dos cuartetos rimados primero con cuarto, quinto y octavo, y segundo con tercero, sexto y séptimo y dos tercetos aconsonantados a gusto del poeta con tal que no rimen tres versos seguidos. Los sonetos para ser perfectos han de encerrar en sus catorce versos una idea completa, y acabar, a ser posible, en un pensamiento brillante. No es fácil conseguir todo esto, pero aquellos en los que tal acontece constituyen verdaderos poemitas ora líricos, ora amorosos, ora dramáticos, ora satíricos. El soneto es, quizás, la más bella de todas las formas poéticas, y cuando son buenos tanto de fondo como de forma, su encanto es incomparable, pues, sobre todo si aciertan a encerrar en catorce versos cuanto quiere decir el que los hace de un modo conciso y bello, unen a todas sus demás excelencias la de la brevedad. No sin razón decía Boileau que un soneto sin defecto vale él solo lo que un largo poema («Un sonnet sans défaut vaut seul un long poème»). ¿Quién inventó esta forma de versificar? No se sabe con certeza. Unos dicen que los trovadores provenzales (que es como no decir nada), otros que Petrarca quien, sin duda, si no fue el primero, los llevó a la cumbre. Entre ellos José Fuentes Ruiz, que lo afirma lindamente del modo siguiente:

NACIMIENTO DEL SONETO

Nacía el numen de la fabla, al paso
que en sus forjas templábase el acero,
cuando al taller del recio Romancero
llegaron los tres Magos del Parnaso.
　　Dando rienda a los vuelos de Pegaso,
a la luz del mesiánico lucero,
lograron el celeste derrotero
Santillana, Boscán y Garcilaso.
　　Y queriendo rendir ante el Monarca,
en la ofrenda de un órfico amuleto,
todo el Oriente espléndido italiano,
　　enlazaron la lira de Petrarca,
con las catorce cuerdas del soneto,
a la cuna del Verso castellano.

Como estoy con Fuentes Ruiz daré otro suyo, que si se es gran poeta, no solamente se hacen bellos versos, sino que se dice algo con ellos:

ESPEJISMO

Ahora que ya la carne no turba mi sentido
y que de mis pasiones la paz he conquistado,
voy viendo la falacia de lo mucho que he amado
y, al cabo de la vida, lo poco que he vivido.
     Todas las ilusiones que me han alucinado
eran tan sólo niebla que se ha desvanecido,
y cuando veo claro, considero que has sido
tal vez el Amor único que me hubiera salvado.
     Pero ya no hay remedio. En mi sombrío huerto,
todo cuanto pudiera reflorecer ha muerto,
y sobre esta miseria carnal de mis despojos,
     de mis cinco sentidos con aversión reniego...
No supe conocerte, porque era un pobre ciego:
para ver bien quién eras me estorbaban los ojos.

En todo caso Petrarca los popularizó en su patria. De Italia pasaron a España y Europa. Nuestros grandes vates los hicieron magníficos, Shakespeare los hizo en Inglaterra y otros en las lenguas mayores europeas. Los tres que van a continuación son del propio autor de estas notas, pero mas adelante encontrará el lector varios de nuestros grandes poetas y luego en el texto de la antología.

EL POETA A UNA DE SUS HIJAS QUE SE CASABA LEJOS DE EL, EN ESPAÑA

Hija, tan triste estoy que estoy llorando.
Sí, mis lágrimas corren suavemente
mientras el tiempo va, lánguidamente,
mis horas solitarias devanando.
     Suspiro los recuerdos evocando
y te veo y te tengo tan presente
que tu imagen, maravillosamente,
en torno mío todo va llenando.
     Y ello me tiene el alma tan abierta
que por verte y tenerte cual te tengo,
pues hoy mi habitación la llenas toda,

He escrito en grandes letras en la puerta
por si a turbarnos viniera un imprudente:
«Es inútil llamar: estoy de boda»

ANIVERSARIO

Trabajo, amor, dolor. Dolor, amor, trabajo...
Cincuenta años de vida. De una vida cualquiera.
De una vida ignorada. ¡Agridulce quimera!
Para llegar a nada, bueno es cualquier atajo.
    Un día, entre los días, cuando lo que aquí abajo
bulle yazga olvidado. Cuando ni hombre ni fiera
den señales de vida. Cuando lo último muera
y el Mundo sólo sea yerto y mudo badajo,
    cuantos un día fueron: viles, héroes, santos,
habiendo ya pasado para no volver nunca
de un barro do hubo dioses serán como un rumor
    que llegará a otras chispas encendidas y bellas:
«¡Vano fulgor, oh soles! Mañana, ¡oh estrellas!,
seréis muerte. Habréis sido: trabajo, amor, dolor ...»

¿PARA QUE?

Empezar vacilantes (¿qué mañana?) el camino.
Ir a tientas subiendo en continuo esperar.
Tropezar. Levantarse. De nuevo tropezar.
Siempre por ruta incierta; con caminar mohíno.
    Ser víctima de todo. Ser juguete del sino.
Creer siempre, al principio, y siempre al fin dudar.
Luchar. ¡Luchar sin tregua y rara vez triunfar!
Esclavos del acaso, peleles del destino.
    Al fin, ya recorridos dos tercios de jornada,
ver que nada se puede, que no se sabe nada,
y cada vez más torpes continuar la ruta...
    Hasta que al fin vencidos, el débil como el fuerte
dar, tras inútil vida, en más inútil muerte...
Santo o demonio, al cabo ¡un vaso de cicuta!

Cuando el poeta no puede acabar en los catorce versos reglamentarios, puede añadir dos o tres suplementarios, que es lo que se llama «estrambote». Uno de estos versos puede, si se quiere, ser heptasílabo. Nunca mejor ocasión para recurrir a Cervantes, a quien por ser incomparable en prosa ha hecho que se olvide quizá un poco lo mucho que valía como poeta. Véase uno en el que no por recurrir a la sátira deja de ser magnífico:

A UN VALENTON

Un valentón de espátula y gregüesco
que a la muerte mil vidas sacrifica,
cansado del oficio de la pica,
mas no del ejercicio picaresco,
   retorciendo el mostacho soldadesco
por ver que ya su bolsa le repica,
a un corrillo llegó de gente rica
y en el nombre de Dios pidió refresco.
   «Den voacedes, por Dios, a mi pobreza
—les dice— donde no, por ocho santos
que haré lo que hacer suelo sin tardanza.»
   Mas uno que a sacar la espada empieza
«¿Con quién habla —le dijo— el tragacantos?
   Si limosna no alcanza,
¿qué es lo que suele hacer en tal querella?»
Respondió el bravonel: «Irme sin ella.»

Dos o tres versos bastaban a Cervantes y poetas clásicos para hacer un «estrambote». Ahora no se contentan con tan poco. Calle Iturrino necesita siete versos para completar su cosmológico estrambote:

SONETO ASTRONAUTICO

A la humana ambición ¿basta una esfera?
La redondez ¿no es la monotonía
del eterno retorno? Cansaría
vivir a cualquier hombre si supiera

que al emprender de nuevo su carrera
una vez y otra vez contemplaría
caminos y paisajes que veía
en su gozosa iniciación romera.
   ¿El límite?: jamás. Probar fortuna
del espacio a través; ¡que Ciencia y Arte
sirvan a mi satánico delirio!
   Hay que poner collares a la Luna,
hay que tirar de su mostacho a Marte
hay que encender nuestro cigarro en Sirio.
   Mas de nuestro martirio,
de vivir nuestra efímera existencia
con angustioso afán, con la conciencia
de nuestra triste suerte,
un satélite más no nos redime,
la conquista del cielo a nadie exime
de caminar sufriendo, hasta la muerte.

Pero, ¿no se podrán incluso hacer sonetos sin que los catorce versos tengan el mismo número de sílabas? Un gran poeta moderno, Manuel Machado, con el siguiente, nos dice que sí, que se puede.

SONETO HETEROSILABICO

   ¿Qué nuevo nombre a ti, creadora de poetas,
esencia de la juventud,
si todas las magníficas y todas las discretas
cosas se han dicho y hecho en tu virtud?
   ¿Qué madrigal a ti, compendio de hermosuras,
luz de la vida, si
mis pequeños poemas y mis grandes locuras
han sido siempre para ti?
   En la hora exaltada
de estos nuevos loores,
toda la gaya gesta de tu poeta es

tirar de la lazada
que ata el ramo de flores
y que las flores caigan a tus pies.

Pues ¿y qué decir de aquellos tan tremendamente poetas que jue-
gan con los versos (¡y muy bien!), repitiéndolos a su gusto con la gra-
cia y facilidad que los más hábiles de los niños con sus, bolitas de
barro pintado, piedra o cristal? Vaya como muestra, sin salirnos del
soneto, uno del incomparable Miguel Hernández:

FUERA MENOS PENADO

Fuera menos penado si no *fuera*
nardo tu tez para mi vista, *nardo*,
cardo tu piel para mi tacto, *cardo*,
tuera tu voz para mi oído, *tuera*.
  Tuera es tu voz para mi oído, *tuera*,
y *ardo* si te oigo y si te miro *ardo*,
y *tardo* a arder lo que a ofrecerte *tardo*
miera, mi voz para la tuya *miera*.
  Zarza es tu mano si la tiento, *zarza*,
ola tu cuerpo si lo alcanzo, *ola*,
cerca una vez, pero un millar no *cerca*.
  Garza es mi pena, esbelta y triste *garza*,
sola como un suspiro y un ay, *sola*,
terca en su error y en su desgracia *terca*.

Antes de seguir con otro poeta malabarista de palabras, oigamos a
uno que tampoco parece muy satisfecho. Pero que en todo caso canta
asimismo bien su desengaño, Rafael de Penagos:

TODO AL FIN...

Todo al fin se convierte en añoranza,
en nostalgia de huida melodía.
Se muere la pasión, se muere el día
en un ocaso de desesperanza.

Nos habla, en la lejana lontananza,
el eco de la voz de la alegría,
melancolía hoy, melancolía,
para el oído de la remembranza.
    Todo pasa, se torna aire de ausencia,
humo del corazón y la memoria,
flor del recuerdo, brisa fatigada:
    beso, pasión, latido y apetencia.
Y del paso – fugaz – de cada historia
sólo queda el aroma: todo y nada.

En todo caso debemos a esta hermosa que hizo tanto suspirar a
Rafael Penagos, el que éste lo haya hecho, como buen poeta, de tan
bello modo para los que le escuchan:

¿TE ACUERDAS ...?

¿Te acuerdas, di, te acuerdas aún de ello?
Yo tengo en la memoria, bien precisa,
aquella prisa mía, aquella prisa
por quemar con mi aliento tu cabello.
    Recuerdo aquel clarísimo destello,
las olas jubilosas de tu risa,
y aquella risa tuya, aquella risa,
que hacía bello y grácil todo aquello.
    ¡Cuánto y cuánto daría porque en todo
brillara aquel reír que se ha extinguido
y fuera tu mirar lo que antes fuera!
    ¡Cuánto por encontrar de nuevo el modo
de oponer a este invierno amortecido
aquella relumbrante primavera!

Enrique Domínguez Millán sabe suspirar también muy dulcemen-
te cuando se siente abeja de amor. Véase:

AQUI ESTOY, ANTE TI...

Aquí estoy, ante ti, barco varado,
casi inerte, en un éxtasis constante;
aquí estoy con mi muda interrogante
ciñéndome a tu rostro y tu costado.
Inmóvil de ansiedad, siempre a tu lado,
aquí estoy en espera vigilante.
Y tengo el alma, instante tras instante,
prisionera en un sueño enamorado.
No quiero que tu amor deje entreabierto
resquicio de distancia o lejanía,
incesante amenaza de mi puerto.
Quiero que en mí te fundas toda entera:
urdimbre de tu esencia con la mía
enlace de tu miel y de mi cera.

¡Qué suerte que otra abeja enamorada –su mujer, Acacia Uceta–,
además de poetisa asimismo delicada, acudiera a decirle que su cera
estaba ya fundida!

LA LLAMA DE TU AMOR

La llama de tu amor fundió mi cera.
Tus manos moldearon mi figura.
Por ti pude elevarme en mi estatura
y asomarme a tu huerto en primavera.
La llama de tu amor hizo que fuera
posible mi ilusión y mi ventura.
Aún me tiemblan tu brazo en la cintura
y el brillo suave de tu cabellera.
Yo sé que soy la luz que por ti luce:
tuya es la fuerza que me impulsa y hace
seguir la senda que hasta ti conduce.
Tú le diste a mi canto melodía.
He nacido a tu amor como se nace
al alba tras la noche, cada día.

Y si esto es Amor, y parece que lo es y dulce y fuerte, ¿qué decían de él nuestros clásicos? Oigamos a Quevedo, por ejemplo:

EL AMOR Y SUS TORMENTOS

Osar, temer, amar y aborrecerse,
alegre con la gloria, atormentarse;
de olvidar los trabajos olvidarse,
entre llamas arder sin encenderse;
  con soledad entre las gentes verse
y de la soledad acompañarse;
morir continuamente, no acabarse,
perderse por hallar con qué perderse;
  ser Fúcar de esperanzas sin ventura,
gastar todo el caudal en sufrimientos,
ser cera blanda ante la piedra dura,
  son efectos de amor en mis tormentos.
Nadie le llame dios, que es gran locura,
pues más son de verdugo sus tormentos.

Ahora, hablando de poetas hábiles en hacer juegos malabares con los vocablos, veamos dos ejemplos más. Primero, de Nazario Restrepo, quien, evidentemente, tenía sus dudas sobre la poesía contemporánea:

ATENCION A LOS FINALES

El que por musa delincuente *cuente*
la del pintor de pinc*elada helada,*
y por ser loca rem*atada... atada,*
diga que debe estar dur*miente, ¿miente?*
  No; no es poeta el decad*ente ente*
de cuya voz alambi*cada, cada*
forma de puro avin*agrada, agrada;*
mas no fascina a intelig*ente gente.*
  Haz que te inspire tu guar*diana, Diana,*
huelan tus versos a olo*rosa rosa,*
sea tu musa caste*llana llana.*

No sea nunca la insidiosa diosa
de la moderna caravana vana,
que el verso convirtió en leprosa prosa.

Y ahora el de Quevedo de cuatro siglos antes:

SONETO DIFÍCIL

Es el amor, según abrasa, brasa;
es nieve a veces, puro hielo, hielo;
es a quien yo pedir consuelo, suelo;
y saco poco de su escasa casa.
  Es un ardor que a quien traspasa, pasa,
y como a veces yo pasélo, sélo;
es un pleito do no hay apelo, pelo;
es del demonio que la amasa, masa.
  Tirano a quien el Cielo inspira ira
un ardor que si no se amata, mata;
gozo, primero que cumplido, ido.
  Flechero que al que se retira, tira;
cadena fuerte que aun de plata, ata;
y mal que a muchos ha tejido, nido

Y ahora uno aún más difícil del amable y fácil poeta Francisco
Rodríguez Marín, que solía firmarse Bachiller Francisco de Osuna:

CHISMOGRAFIA

Dícenme que decís, ex reina mía,
que os dicen que yo he dicho aquel secreto.
Y yo digo que os digo en un soneto
que es decir por decir tal tontería.
  ¡Que tal cosa digáis! ... ¡Quién lo diría!
¡Digo! ¿Iba yo a decir?... Digo y prometo
que digan lo que digan, yo respeto
lo que decís que os dije el otro día.
  No digo que no digan (y me aflige)
lo que decís que dicen, pues barrunto
que dicen que hay quien dice por capricho.

Mas decid vos que digo que no dije
lo que dicen que dije de este asunto:
ni dije, ni diré. ¡Lo dicho, dicho!

Y del también amable, fecundo y fácil poeta que fue Bretón de los Herreros:

A LA PEREZA

¡Qué dulce es una cama regalada!
Qué necio el que madruga con la aurora
aunque las musas digan que enamora
oír cantar a un ave en la alborada!
    ¡oh, qué lindo en poltrona dilatada
reposar una hora y otra hora!
Comer, holgar.... ¡qué vida encantadora,
sin ser de nadie y sin pensar en nada!
    ¡Salve, oh Pereza! En tu macizo templo
ya, tendido a la larga, me acomodo.
De tus graves alumnos el ejemplo
    arrastro, bostezando: y, en tal modo
tu apacible modorra a entrar me empieza,
que no acabo el soneto... de per... (eza).

Además, cuando se tiene un ingenio tan chispeante como el de Serafín Estébanez Calderón, nada es imposible mediante un soneto. Ni siquiera poner como hoja de perejil a un bibliófilo empedernido como era Bartolomé Gallardo. Véase:

Caco, cuco, faquín, bibliopirata,
tenaza de los libros, chuzo, púa
de papeles, aparte lo ganzúa, hurón,
carcoma, polilleja, rata.
    Uñilargo, garduña, garrapata;
para sacar los libros, cabria, grúa,
Argel de bibliotecas, gran falúa
armada en corso, haciendo cala y cata.

Empapas un archivo en la bragueta,
un Simancas te cabe en un bolsillo,
te pones por corbata una maleta
   con tal que encierre libros, ¡so gran pillo!
Y, en fin, te comerías como sopa,
llenas de libros, Africa y Europa.

¿A qué poetas no habrán pedido versos sus amadas o, quizá, simplemente curiosas de su musa? En todo caso a dos, al menos, a Hurtado de Mendoza y Lope de Vega. Al primero, Reina, mediante simple petición; al segundo y como orden, Violante. Veámoslo:

Pedís, Reina, un soneto, y os le hago:
ya el primer verso y el segundo es hecho;
si el tercero me sale de provecho,
   con otro más en un cuarteto acabo.
El quinto alcanzo: ¡España! ¡Santiago,
cierra! Y entro en el sexto: ¡Sus, buen pecho!
Si del séptimo libro, gran derecho
   tengo a salir con vida deste trago.
Ya tenemos a un cabo los cuartetos:
¿Qué me decís, señora? ¿No ando bravo?
Mas sabe Dios si temo los tercetos.
   ¡Ay! si con bien este segundo acabo,
¡nunca en toda mi vida más sonetos!
Mas deste, gloria a Dios, ya he visto el cabo.

A Lope, no obstante la conminación, parece haberle costado menos el suyo:

Un soneto me manda hacer Violante:
En mi vida me he visto en tal aprieto;
catorce versos dicen que es soneto;
   burla burlando van los tres delante.
Yo pensé que no hallara consonante,
y estoy a la mitad de otro cuarteto;
como me vea en el primer terceto,
   no hay cosa en los cuartetos que me espante.

> Por el primer terceto voy entrando,
> y parece que entré con pie derecho,
> pues fin con este verso le voy dando.
>   Ya estoy en el segundo. Es más, sospecho
> que voy los trece versos acabando.
> Contad si son catorce, y está hecho.

Se podría asegurar sin mentir que el objeto de la mayor parte de los sonetos (como de los versos en general), o el pretexto apoyándose en el cual se hicieron, fue el amor, pues, muchos poetas cantaron a las mujeres que se lo inspiraban, pensando en lo que tantos goces y pesares produce. Véanse dos sonetos ocupándose de ellas:

> De quince a veinte es niña; buena moza
> de veinte a veinticinco, y por la cuenta
> gentil mujer de veinticinco a treinta,
> ¡dichoso aquel que en tal edad las goza!
>   De treinta a treinta y cinco no alboroza,
> mas se puede comer con salpimienta,
> Pero de treinta y cinco hasta cuarenta,
> anda en vísperas ya de una coroza.
>   A los cuarenta y cinco es bachillera,
> gansea, pide y juega del vocablo.
> Cumplidos los cincuenta da en santera.
>   A los cincuenta y cinco hecha retablo,
> niña, moza, mujer, vieja, hechicera,
> bruja y santera, se la lleva el diablo.

Este, anónimo, del XVI, claro ejemplo de la zafiedad, mal gusto, y ejemplo de poesía mala, veámosle junto a otro de Lope de Vega, que para todo hombre, y más si es poeta, la mujer siempre es algo por lo que se da la vida y el alma, si la hubiere :

> Es la mujer del hombre lo más bueno,
> y locura decir que lo más malo;
> su vida suele ser y su regalo,
> su muerte suele ser y su veneno.

Cielo a los ojos cándido y sereno,
que muchas veces al infierno igualo,
por bueno, al Mundo, su valor señalo;
por malo, al hombre, su rigor condeno.
    Ella nos da su sangre, ella nos cría;
no ha hecho el Cielo cosa más ingrata;
es un ángel y a veces una harpía.
    Quiere, aborrece, trata bien, maltrata,
y es la mujer, en fin, como sangría,
que a veces da salud y a veces mata.

En 1945, cuando el exilio, ya largo, pensábamos que pronto sería corto, escribía:

Ocho años ha, cruzaba la frontera.
La tierra estaba igual, llena de flores.
Y una vez y otra vez vi sus colores
marchitarse y morir de igual manera.
    Ocho años que el invierno por doquiera
vino a llenarlo todo de rigores.
Ocho años que alivió muchos dolores
con su bálsamo azul, la primavera.
    Sólo mi corazón no ha variado,
ni mis firmes ideas han cambiado,
ni doblado los golpes mi entereza.
    Mi frente blanca está, mas no vencida.
Blanca, porque el camino de la vida,
ha llenado de polvo mi cabeza.

Con frecuencia el soneto es el medio ideal para expresar los sentimientos, ora amorosos, ora desengañados. Dos ejemplos muy buenos de cada clase. De los primeros, de los amorosos, uno de Bernardo de Balbuena y el otro de Quevedo. De Balbuena:

Perdido ando, señora, entre la gente
sin vos, sin mí, sin ser, sin Dios, sin vida:
sin vos porque de mí no sois servida,
sin mí porque sin vos no estoy presente;

sin ser porque del ser estando ausente
no hay cosa que del ser no me despida;
sin Dios porque mi alma a Dios olvida
por contemplar a vos continuamente;
   sin vida porque ausente de su alma
nadie vive, y si ya no estoy difunto
es en fe de esperar vuestra venida.
   ¡Oh vos por quien perdí alegría y calma
miradme amable y volveréisme al punto
a vos, a mí, a mi ser, mi Dios, mi vida!

Ahora un soneto amoroso de Quevedo:

   Tras arder siempre, nunca consumirme;
y tras siempre llorar, no consolarme;
tras tanto caminar, nunca cansarme;
y tras siempre vivir, jamás morirme.
   Después de tanto mal, no arrepentirme;
tras tanto engaño no desengañarme;
después de tantas penas, no alegrarme;
y tras tanto dolor, nunca reírme.
   En tanto laberinto no perderme,
ni haber tras tanto olvido recordado.
¿Qué fin alegre puedo prometerme?
   Antes muerto estaré que escarmentado:
Ya no pienso tratar de defenderme,
sino de ser de veras desdichado.

Y otro soneto amoroso de un poeta moderno, Francisco Morán,
que tras encontrar todas las perfecciones en su amada, le recuerda que
la belleza solo sirve para amar:

   Tu gracia toda gracia transfigura;
tu sonrisa cielo es que resplandece;
la noche con tus ojos se oscurece;
la nieve de ti toma su blancura.
   Se hace dulce en tus labios la dulzura;
la primavera para ti florece;

tu belleza las flores embellece,
y todo, en fin, proclama tu hermosura.
    No temas derrochar esta riqueza,
pues, volviendo al pasado la mirada,
pronto te enfrentarás con la certeza
    de que no te ha servido para nada
gracia, luz, ojos, labios y belleza
si no has sabido amar ni has sido amada.

Y ahora dos sobre la nostalgia de una juventud que fue y una vida que se va:

A LA BREVEDAD DE LA VIDA

    ¡Cómo de entre mis manos te resbalas!
¡Oh cómo te deslizas, vida mía!
¡Qué mudos pasos tras la muerte fría
pisando vanidad, soberbia y galas!
    Ya cuelga de mi muro sus escalas,
y es su fuerza mayor mi cobardía:
Por vida nueva tengo cada día
que el tiempo cano nace entre sus alas.
    ¡Oh mortal condición! ¡Oh dura suerte!
¡Que no puedo querer ver el mañana
sin temor de si quiero ver mi muerte!
    Cualquier instante de esta vida humana
es un nuevo argumento que me advierte
cuán frágil es, cuán mísera y cuán vana.   (Quevedo)

Otro, de Pilar de Valderrama, cuando ya sólo le importaba sentirse cerca de los que amaba es, como de mujer, más dulce, pero no más optimista.

LO UNICO QUE ME IMPORTA

    No me importa dejar un Mundo loco
que ha forjado una vida sin sentido.
El corazón parece está dormido.
Vale el dinero, lo demás muy poco.

Tampoco vale amar, buscar tampoco
silencio y soledad. Impera el ruido.
En este torbellino ¡cómo evoco
la juventud aquella que he vivido!
    Dejaré sin sufrir ningún quebranto
este anti-arte, anti-música, anti-todo
lo grato y bello. Sólo me conforta
    tener cerca los seres que amo tanto,
aunque sienta perderlos de tal modo,
que ya esto sólo de verdad me importa.

Y para que no quedemos con una impresión de melancolía y pesi-
mismo, encarguemos al propio Quevedo que nos lo disipe mediante
un soneto burlesco y otro un poquito más que burlesco. Vaya el pri-
mero:

Dícenme, don Gerónimo, que dices
que me pones los cuernos con Ginesa;
yo digo que me pones cama y mesa,
y en la mesa capones y perdices.
    Yo hallo que me pones los tapices
cuando el calor por el octubre cesa:
Por ti mi bolsa, no mi testa, pesa,
aunque con molde de oro me la rices.
    Este argumento es fuerte y es agudo;
tú imaginas ponerme cuernos; de obra
yo, por lo que imagino, te desnudo.
    Más cuerno es el que paga que el que cobra;
ergo, aquel que me paga es el cornudo
lo que de mi mujer a mí me sobra.

Y Quevedo, que como Aristófanes, descubrió que la gracia se
esconde tras esas necesidades íntimas que, si satisfechos, alivian el
cuerpo y descansan el alma y, si reprimidas, el carácter agrían y el
espíritu entristecen, escribía:

SONETO CASI COPROLOGICO

La voz del ojo que llamamos pedo,
ruiseñor de los presos, detenida,
da muerte a la salud más prevenida
y el mismo Preste Juan la tiene miedo.
    Mas pronunciada con el labio acedo
y del antro canoro despedida,
con risas y con pullas da la vida,
y con puf y con asco siendo quedo.
    Ríome del poder de los monarcas
que se precian, cercados de tudescos,
de dar la vida y dispensar las parcas.
    Pues en el tribunal de los gregüescos
con aflojar y reprimir las arcas
cualquier culo lo hace con dos cuescos.

Después de Cervantes a quien, su valor incomparable como prosista ha hecho, quizá, olvidar un poco su valía como poeta y de Lope y de Quevedo, trípode supremo, los tres, de las letras españolas en el Siglo de Oro y hasta ahora, cierro este breve homenaje a su majestad el soneto con seis de dos excelentes vates modernos que en el Parnaso, son los queseguramente deciden si los que llegan diciéndose poetas deben entrar o no: Federico García Lorca y Miguel Hernández.

De Federico

SONETO

Largo espectro de plata conmovida
el viento de la noche suspirando
abrió con mano gris mi vieja herida
y se alejó; yo estaba deseando.
    Llaga de amor que me dará la vida
perpetua sangre y pura luz brotando.
Grieta que en Filomena enmudecida
tendrá bosque, dolor y nido blando.

¡Ay qué dulce rumor en mi cabeza!
Me tenderé junto a la flor sencilla
donde flota sin alma tu belleza.

Y el agua errante se pondrá amarilla,
mientras corre mi sangre en la maleza
olorosa y mojada de la orilla.   (F. García Lorca)

SONETO

Tengo miedo a perder la maravilla
de tus ojos de estatua, y el acento
que de noche me pone en la mejilla
la solitaria rosa de tu aliento.

Tengo pena de ser en esta orilla
tronco sin ramas; y lo que más siento
es no tener la flor, pulpa o arcilla,
para el gusano de mí sufrimiento.

Si tú eres el tesoro oculto mío,
y eres mi cruz y mí dolor mojado,
si soy el perro de tu señorío,

no me dejes perder lo que he ganado
y decora las aguas de tu río
con joyas de mi otoño enajenado.   (F. García Lorca)

SONETO

Una viola de luz yerta y helada
eres ya por las rocas de la altura.
Una voz sin garganta, voz oscura
que suena en todo sin sonar en nada.

Tu pensamiento es nieve resbalada
en la gloria sin fin de la blancura.
Tu perfil es perenne quemadura,
tu corazón paloma desatada.

Canta ya por el aire sin cadena
la matinal fragante melodía,
monte de luz y llaga de azucena.

Que nosotros aquí de noche y día
haremos en la esquina de la pena
una guirnalda de melancolía.   (F. García Lorca)

De Miguel Hernández:

ECHA LA LUNA EN PANDOS AGUACEROS

Echa la Luna en pandos aguaceros
vahos de luz que los árboles azulan
desde el éter goteado de luceros...
En las eras los grillos estridulan.
   Con perfumes balsámicos, pululan
las brisas por el campo. En los senderos
los lagartos verdean, y se ondulan
los reptiles agudos y rastreros.
   Se oye rumor de pasos... ¿Quién se acerca?
¡Desnuda una mujer!... Su serenata
quiebra el grillo; el lagarto huye; se rolla
   el silbante reptil. Y en una alberca
—arcón donde la Luna es tul de plata—
se echa la Leda astral como una joya.

o este, sobre la bienhallada pena:

PENA – *bienhallada*

Ojinegra la oliva en tu mirada,
boquitierna la tórtola en tu risa,
en tu amor pechiabierta la granada,
—barbioscura en tu frente nieve y brisa.
   Rostriazul el clavel sobre tu vena,
malherido el jazmín desde tu planta,
cejijunta en tu cara la azucena,
dulciamarga la voz en tu garganta.
   Boquitierna, ojínegra, pechiabierta,
rostriazul, barbioscura, malherida,
cejijunta te quiero y dulciamarga.

Semiciego por ti llego a tu puerta,
boquiabierta la llaga de mi vida,
y agridulce la pena que me embarga.

A TI, LLAMADA IMPROPIAMENTE ROSA

A ti, llamada impropiamente Rosa,
impropiamente Rosa, impropiamente,
rosa desde los pies hasta la frente
que te deshojarás al ser esposa.
Propia de rosas es tu piel de rosa
de cáliz y de pétalos caliente.
Pero es tu piel de rosa indiferente
otra rosada y diferente cosa.
Te llamas Rosa: si lo eres, dime:
¿Dónde están las espinas, los dolores
con que todos las rosas se defienden?
Por ser esposo de una rosa gime
mi cuerpo de claveles labradores
y ansias de ser rosal de ti le encienden.

Silva.—Combinación de versos heptasílabos y endecasílabos aconsonantados y con libertad de lugar. Si está dividida en partes iguales se denomina «estancia». Como ejemplo de estancia véase en la antología la *Canción a las ruinas de Itálica*, de Caro. Otra muestra:

Iba cogiendo flores
y guardando en la falda
mi ninfa, para hacer una guirnalda.
Mas primero las toca
a los rosados labios de su boca
y les da de su aliento los olores.
Y estaba (por su bien) entre una rosa
una abeja escondida
su dulce amor hurtando;
y como en la hermosa
flor de los labios, se halló, atrevida,
la picó, sacó miel, fuese volando.

Lira.– Estrofas de cinco versos en las que el segundo y el quinto son endecasílabos, y heptasílabos el primero, tercero y cuarto. Riman primero con tercero y segundo con cuarto y quinto. Veamos un fragmento de una lira de Fray Luis de León, que encontrará completa en el texto de la selección y que estará siempre entre las mil mejores de la poesía universal:

AL SALIR DE LA PRISION

De nuevo, ¡oh Salamanca!,
estoy aquí, de la prisión salido.
La frente toda blanca,
el cuerpo envejecido.
¡Sí las canas me hiciesen más temido!

*Romance.–*El romance es una combinación métrica de origen genuinamente español, que se caracteriza por tener todos los versos pares asonantados, y los impares, libres. Hay romances formados con versos de cinco sílabas, de seis, de siete y de once. Pero el verdadero romance, el clásico, es el de versos octosílabos. Hasta tal punto, que cuando se habla simplemente de «romances» se sobrentienden éstos. Los otros reciben nombres especiales: «romances heroicos o endecasílabos», si de diez sílabas; «endechas o romances heptasílabos», los de versos de siete sílabas, y «romances cortos o romancillos», los de cinco y seis. Ejemplo, romance heroico:

Ante el soberbio pórtico anchuroso
un cuadrado jardín, al que cercaba
verja de limpio bronce, se extendía
todo alfombrado de olorosas plantas.

                                    (Duque de Rivas)

A título de ejemplo me atrevo a transcribir uno que escribí, ya hace mucho tiempo, para un periódico del exilio, cuando aún libertad y república formaban parte de la esperanza:

AÑO NUEVO

El mudo del brazo largo,
el que a todos nos alcanza
desespero del que espera
y enemigo del que ama,
lanzó lento doce flechas,
otros dirán campanadas,
de la Luna nocharniega
sobre el escudo de plata.
La última, rebotando
contra la redonda cara
rechazó contra el arquero
y le hirió como una lanza.
Y de su pecho implacable
salió un niño todo escarcha,
que apenas desperezado
tendió la vista con calma.
Y al ver a un viejo que huía
con clepsidra y con guadaña,
le grito fuerte –¡He! ¡Abuelo!
¿qué ocurre que así escapas?
El viejo, aflojando el paso,
pero sin dejar la marcha,
le replicó: –Tengo prisa

por dejarte a ti la carga.
–¿Tan mala es? –Abre los ojos.
El niño miró con ansia
y pronto sus ojos claros
cubrían de plata lágrimas.
–¡Mala es la cosecha, abuelo!
–¡Es que la semilla es mala!
Todo el grano es odio, luchas
codicia, envidias, venganzas,
ambiciones, villanías...
–¿Por qué no miras a España?
–¡España solar de odios!
(suspiró la voz cansada
perdiéndose entre la niebla
sábana de la mañana).
¿Mirar?... No me queda tiempo.
Mira tú si tienes ganas.
Volvió el niño la cabeza
mientras la voz se alejaba,
y vio algo que renacía:
Un pueblo que despertaba
sobre un lecho de rencores
buscando libertad al alba...

Y no puedo seguir porque no me acuerdo de más. Le publiqué hace muchos años (en Enero, creo, del 1942); no recuerdo dónde y mi retentiva, tan feliz entonces, con la edad, que no perdona, ha ido abandonándome. Bien me he dado cuenta al componer esta noticia preliminar que había pensado podría hacer enteramente de memoria, pero que me ha obligado, para muchas poesias, a tener que ir a buscarlas a los textos para no resultar, sin proponérmelo, coautor de ellas.

Romancillo:

El que inocente
La vida pasa
No necesita
Morisca lanza,

Fusco, ni corvos
Arcos; ni aljaba
Llena de flechas
Envenenadas.   (Moratín)

Endecha: de Lope de Vega

¡Pobre barquilla mía
Entre peñascos rota,
Sin velas, desvelada
Y entre las olas sola!

¿Adónde vas perdida?
¿Adónde, di, te engolfas?
Que no hay deseos cuerdos
con esperanzas locas.

Ovillejo.–Combinación métrica que consta de tres versos octosíla-
bos, seguido cada uno de otro de pie quebrado con el que forma con-
sonancia y de una redondilla cuyo verso final está compuesto de los
tres pies quebrados:

¿Quién menoscaba mis bienes?
     Desdenes!
¿Y quién aumenta mis duelos?
     Los celos!
¿Y quién prueba mi paciencia?
     Ausencia!

De este modo a mi dolencia
ningún remedio me alcanza,
pues me matan la esperanza,
desdenes, celos y ausencia.
        (Cervantes)

Aunque éste es el tipo clásico de ovillejo, Quevedo dio este nombre
a varias composiciones ligeras de versos heptasílabos y endecasílabos,
que pueden verse en *Urania* su novena musa. Véase el que titula:

A SAN PEDRO CUANDO NEGO A CRISTO
NUESTRO SEÑOR

¿Adónde, Pedro, están las valentías,
Que los pasados días
Dixiste al Señor? ¿Dónde los fuertes
Miembros para sufrir con él mil muertes?

¿Pues sola una mujer, una portera
Os hace acobardar de esa manera?
A Dios negaste; luego os cantó el gallo,
Y otro gallo os cantara a no negallo;
Pero que el gallo cante
Por vos, cobarde Pedro, no os espante
Que no es cosa muy nueva o peregrina
Ver el gallo cantar por la gallina

En estrofas como las enumeradas (que con razón se las puede lla-
mar «clásicas») está escrito lo mejor de nuestra lira. Pero aún quedan
los versos llamados «libres», «sueltos» o «blancos», que son aquellos
que no se ajustan ni sujetan a rima. La poesía evoca imágenes distin-
tas en cada persona que la lee o escucha. Se ayuda de la cadencia y de
la rima (esta última sólo se incorpora a la poesía al perderse la distin-
ción entre sílabas largas y breves en el bajo latín, hacia el siglo V) y
es básica en las lenguas romances, pero no indispensable. Al fin y al
cabo, no existía en la poesía griega y latina, donde el solo apoyo era
el ritmo y la cadencia que daba la alternancia de largas y breves, y la
belleza de las imágenes. Son por esto los versos libres los más difíci-
les de hacer por no tener la ayuda de la rima, que ésta, sobre no ser
esquiva a los verdaderos poetas (ni a los mediocres, de los que suele
constituir la única gala de sus versos), con la hermosura y encanto de
su cadencia y musicalidad hace, a veces, pasar por buenos, versos
medianos, mientras que el verso libre, como va desnudo, requiere de
mensaje de fondo cuanto de galas exteriores carece. De ahí su dificul-
tad. En castellano, los clásicos suelen ser endecasílabos lo que les da
un ritmo especial muy grato. Ejemplos:

Desde el oculto y venerable asilo
Do la virtud austera y penitente
Vive ignorada y, del liviano mundo
Huida, en santa soledad, se esconde.
El triste Fabio al venturoso Anfriso
Salud en versos flébiles le envía...

(Jovellanos)

ODA SAFICA

Dulce vecino de la verde selva,
huésped eterno del abril florido,
vital aliento de la madre Venus,
céfiro blando...

(Esteban Manuel de Villegas)

LA INDEPENDENCIA DE LA POESIA

Como una casta ruborosa virgen
se alza mi musa, y tímida de cuerdas
pulsándola de su arpa solitaria,
suelta la voz al canto...

(Manuel de Cabanyes)

El que la poesía se sirva preferentemente del verso para expresar sus creaciones no quiere decir que en pura y llana prosa no se pueda hacer poesía. Muchos libros hay en prosa que son totalmente poéticos (poesía pura son muchos trozos del «Quijote», y líricos e inspiradamente poéticos largos párrafos de los discursos de Castelar), por ejemplo, y ni que decir tiene, ese libro admirable que es *Platero y yo,* de Juan Ramón Jiménez. Sin embargo, hay muchas obras escritas totalmente en verso, en un tiempo fue moda, como acontece con la *Historia de España* del padre Isla y gran número de poesias del siglo XVIII, que son enteramente prosaicas. Tan erróneo es, pues, creer que un escritor no puede ser altísimo poeta, aunque no haya escrito en su vida un verso, como pensar que todos los versos son poéticos (muchas veces ni siquiera son tales versos), y poetas todos los que se sirven de «coplas» o de «aleluyas» más o menos pomposas y disfrazadas de aparente ropaje poético, para dar forma a sus desmedradas lucubraciones.

En la poesía ocurre en cierto modo como en la música: la rima es como la inspiración melódica. Si bien se puede hacer música combinando sólo sonidos, sin hilo melódico que los una, lograr una obra mayor de esta forma es empresa aún por demostrar. Por otra parte, si sólo se tiene una cierta habilidad melódica, se puede llamar la atención una vez, pero difícilmente se soporta la segunda. Nada más lejos de nuestra intención que entrar a definir lo que es bueno o malo en poesía, pero sí nos atreveríamos a dar una regla práctica: la poesía que se lee una y cien veces y sigue emocionando, es buena; la que difícilmente aguanta una segunda lectura, es dudoso que hubiera pasado la criba de aquellos maravillosos poetas, escritores e intelectuales amigos del 27 que tanto ayudaron a definir esta selección poética que ahora te ofrecemos.

La segunda mitad del siglo XX ha sido pródiga en verso libre, quizá porque se presta para la llamada poesía «social», que intenta denunciar los abusos de una sociedad injusta, aunque esto, a veces, cueste la vida al poeta. Recuérdese a García Lorca y a Miguel Hernández, o a León Felipe y Antonio Machado, que si escaparon vivos fue sólo para morir de tristeza en el exilio; el que no ocurra siempre (perdóname lector un recuerdo intimo, pero nunca podré olvidar el entierro de Antonio Machado, apenas éramos una docena en Colliure) es ya un logro social notable. El problema de la poesía social, como el de la epigramática, es que con frecuencia, no soporta el paso del tiempo. Igualmente que hoy nos resulta difícil reírnos con el humor de nuestros abuelos que, en el mejor de los casos, encontramos inocente, el poema social que pudo enardecer los ánimos en Mayo del 68, no es hoy, la mayoría de las veces, mas que una anécdota raramente recordada.

Bécquer, ese poeta excelso entre los grandes del romanticismo, decía *"... siempre habrá poesía"* y quisiéramos cerrar estas notas sobre el arte poética castellana con este poema de Bécquer y otros actuales en verso libre, donde por «libre» debemos entender libertad total del poeta para expresar sus ideas; unas veces habrá rima entre versos, o a mitad de uno, si conviene a la cadencia, otras simplemente una imagen bella, que en cada uno evocará una emoción distinta. En cualquier caso, lo único seguro es que *"... siempre habrá poesía"*.

No digáis que agotado su tesoro,
de asuntos falta, enmudeció la lira.
Podrá no haber poetas, pero siempre
    habrá poesía.
  Mientras las ondas de la luz al beso
    palpiten encendidas;
mientras el Sol las desgarradas nubes
    de fuego y oro vista;
mientras el aire en su regazo lleve
    perfumes y armonías;
mientras haya en el Mundo primavera,
    ¡habrá poesía!
  Mientras la ciencia a descubrir no alcance
    las fuentes de la vida,
Y en el mar o en el cielo haya un abismo
    que al cálculo resista;
  mientras la Humanidad, siempre avanzando,
    no sepa a do camina;
mientras haya un misterio para el hombre,
    ¡habrá poesía!
  Mientras sintamos que se alegra el alma
    sin que los labios rían;
mientras se llore sin que el llanto acuda
    a nublar la pupila;
  mientras el corazón y la cabeza
    batallando prosigan;
mientras haya esperanzas y recuerdos,
    ¡habrá poesía!
  Mientras haya unos ojos que reflejen
    los ojos que los miran;
mientras responda el labio suspirando
    al labio que suspira;
  mientras sentirse puedan en un beso
    dos almas confundidas;
mientras exista una mujer hermosa,
    ¡habrá poesía!

De Miguel Hernández, que probablemente nunca se paró a pensar si lo que creaba en su poesía era verso libre, o rimado, o soneto o, simplemente, qué métrica empleaba para describir sus imágenes:

CULEBRA

Aunque
se horroricen
los gitanos,
lógica consecuencia
de la vid
malabarista
del silbo,
angosta
como el mismo:
culebra, canta
y dame la manzana.
   Contra
tu abatida
posición
sublévate.
Esgrime
tu crespada
espada
sobre verde.

Eleva
tu cohete
permanente
a dogal
en mi garganta.
Y dame la manzana.
   Consejera
fatal
por dicha
mía,
de mi madre
toda pies:
pon pulseras
consecutivas
a mis brazos
aunque
se horroricen
los gitanos.
Y dame la manzana.

«Dame la manzana» era una expresión en griego clásico sinónima de «dame tu amor» ¿quien se la enseñaría a Miguel Hernández?

LIMON

Oh limón amarillo,
patria de mi calentura.
Si te suelto
en el aire
oh limón amarillo,
me darás
un relámpago

en resumen.
   Si te subo
a la punta
de mi índice,
oh limón
amarillo,
me darás

un chinito
coletudo,
y hasta toda
la China
aunque desde
los ángeles
contemplada.

Si te hundo
mis dientes
oh agrio
mi amigo,
me darás
un mínimo
de mar.

TORO

Insula de
bravura,
dorada
por exceso
de oscuridad.
   En la plaza
disparándose
siempre
por el arco
del cuerno.
Golpeando
el platillo
de la arena.

Enlazando
caballos
con vínculos
de hueso.
Elevando
toreros
a la gloria.
Realizando
con ellos
el mito
de Júpiter
y Europa.

Y ahora, para acabar estas notas, vayamos a Sudamérica para recordar a un gran poeta actual, Mario Benedetti:

EL HIJO

De haber tenido un hijo
no lo habría llamado
ni mario ni orlando ni hamlet
ni hardy ni brenno
como reza mi fardo onomástico
más bien le habría
colgado un monosílabo
algo así como luis o blas o juan

o paz o luz si era mujer
de manera que uno pudiera convocarlo
con sólo respirar
de haber tenido un hijo
le habría enseñado a leer
en los libros y muros
y en los ojos veraces
y también a escribir
pero sólo en las rocas
con un buril de fuego
de modo que las lluvias
limpiaran sus palabras
defendiéndolas
de la envidia y la roña
y eso aunque nadie nunca
se arrimara a leerlas
de haber tenido un hijo
acaso no sabría qué hacer con él
salvo decirle adiós
cuando se fuera
con mis heridos ojos
por la vida.

En Arte y en poesía en particular, las clasificaciones, los análisis, los estudios, en general, pueden ser entretenidos, aumentar en interés por lo que se lee o servir para enseñar, pero no valen ni para hacer poesías, ni poetas. Serlo es un don de los dioses con el que se nace o no. Solo la obra final tiene valor, sólo ella es buena o mala. Este es el castigo, o la gloria, del que se atreve a hacer algo en Arte. A veces el resultado ni siquiera es malo, sino sólo mediocre, y esto es aún más triste, no se perdona jamás; la poesía mala sirve, al menos, para citarla como ejemplo de vulgaridad. Si estas notas, que hemos reunido a modo de prólogo de esta antología, han servido para entretener o para despertar la curiosidad de un futuro poeta, aún niño, estamos pagados con creces.

JUAN BAUTISTA BERGUA

LAS MIL MEJORES POESÍAS
DE LA LENGUA CASTELLANA
ANTOLOGÍA POÉTICA

POEMA DE MIO CID
(Anónimo, Hacia 1140, Fragmento)

Adiós del Cid a su familia

La oraçion fecha,–la missa acabada la an,
salieron de la eglesia,–ya quieren cavalgar.
El Cid a doña Ximena–ivala abraçar;
doña Ximena al Cid–la manol va besar,
llorando de los ojos,–que non sabe qué se far.
E él a las niñas–tornólas a catar:
«a Dios vos acomiendo–e al Padre spiritual;
agora nos partimos,–Dios sabe el ajuntar»
Llorando de los ojos,–que non vidieste atal,
asis parten unos d'otros–commo la uña de la carn[e].
Myo Cid con los sos vassallos–pensó de cavalgar,
a todos esperando,–la cabeça tornando va.
A tan gran sabor–fabló Minaya Albar Fáñez:
«Cid, do son vuestros esfuerços?–en buena nasquiestes
[de madre;
pensemos de ir nuestra vía,–esto sea de vagar.
Aun todos estos duelos–en gozo se tornarán;
Dios que nos dió las almas,–consejo nos dará.»
Al abbat don Sancho–tornan de castigar,
commo sirva a doña Ximena–e a las fijas que ha,
e a todas sus dueñas–que con ellas están;
bien sepa el abbat–que buen galardón dello prendrá.
Ornado es don Sancho,–e fabló Albar Fáñez:
«Si viéredes yentes venir–por conusco ir, abbat,
dezildes que prendan el rastro–e pienssen de andar,
ca en lermo o en poblado–poder nos han alcançar.»

Soltaron las riendas–piensan de andar;
cerca viene el plazdo–por el reyno quitar.
Vino myo Cid yazer–a Spinoza de Can
... ...

LOS SIETE INFANTES DE LARA
(Anónimo, Siglo XII, Fragmento)

La cabeza de [don] Muño–tornola en su lugar
e la de Diago Gonçalez– [en los braços] fue a tomar;
[e] mesando sus cabellos–e las barbas de su faz:
«Señero, so, e mezquino,–para estas bodas bofordar!
Fijo Diago Gonçalez, –a vos amaba yo mas,
faciálo con derecho–ca vos nacierades antes.
Grant bien vos queria el conde–ca vos erades su alcalle
tambien toviesteis su seña,–en el vado de Cascajar.»
... ...

GONZALO DE BERCEO
(Siglo XII–XIII)

El labrador avaro

Era en una tierra un omme labrador,
que usava la reia más que otra lavor:
más amava la tierra que non al Criador,
era de muchas guisas ome revolvedor.

Fazie una nemiga, faziela por verdat,
cambiaba los mojones por ganar eredat;
façie a todas guisas tuerto e falsedat,
avíe mal testimonio entre su vecindat.

Querie, pero que malo, bien a Sancta María,
udie sus miraculos, davalis acogía;
saludávala siempre, dicíela cada día:
«Ave gracia plena que parist a Messía.»

Finó el rastrapaia de tierra bien cargado,
en soga de diablos fue luego cativado,
rastravando por tienllas, de cozes bien sovado,
pechavanli a duplo el pan que dió mudado.

Doliéranse los angeles desta alma mezquina,
por quanto la levaban diablos en rapina:
quisieron acorrelli, ganarla por vecina,
mas pora fer tal pasta menguabalis farina.

Si lis dizien los angeles de bien una razón,
ciento dicien los otros, malas que buenas non:
los malos a los bonos tenienlos en rencon,
la alma por peccados non issie de presson.

Levantosse un angel, disso: «Io so testigo,
verdat est, non mentira, esto que o vos digo;
el cuerpo, el que trasco esta alma consigo,
fué de Sancta María vassallo e amigo.

Siempre la ementava a iantar e a cena:
dizieli tres palabras: «Ave gracia plena»,
la boca por qui essie tan sancta cantilena,
non merecie iazer en tal mal cadena.

Luego que esti nomne de la Sancta Reina
udieron los diablos, cojieronse ad ahina,
derramaronse todos como una neblina,
desampararon todos a la alma mesquina.

Vidieronla los angeles seer desemparada,
de piedes e de manos con sogas bien atada,
sedie como oveia que íaze ensarzada,
fueron e adussíeronla pora la su maiada.

Nomne tan adonado e de vertut atanta
que a los enemigos seguda e espanta,
non nos deve doler nin lengua nin garganta,
que non digamos todos: «Salve Regina Sancta.»

POEMA DE FERNAN GONZALEZ
(Anónimo, 1250–1271, Fragmento)

Venta del azor y el caballo

Auía en estas cortes muy grand pueblo sobejo,
después quel conde vino duro los poquellejo
ca dióles el buen conde mucho de buen consejo,
dellos en poridad, dellos por buen concejo.

Leuava don Ferrando vn mudado açor,
non auía en Castiella otro tal nin mejor
otrosy vn cauallo que fuera de Almançor,
auía de todo ello el Rey muy grant sabor.

De grand sabor el Rey de a ellos lleuar,
luego dixo al Conde que los quería comprar.
«Non los vendería, sennor, mandedes los tomar,
vender non vos los quiero, mas quiero vos los dar».

El Rey dixo al Conde que non los tomaría,
mas açor e cavallo que se los compraría,
que d'aquella moneda mill marcos le daría,
por açor e cavallo sy dar se los quería.

Abenieronse ambos, fizieron su mercado,
puso quando lo diesse a día sennalado;
sy el auer non fuesse aquel dia pagado,
siempre fues cada día al gallarin doblado.

Cartas por ABC partydas y fizieron,
todos los juramentos allí los escriuieron,
en cabo de la carta los testigos pusieron
quantos a esta merca delante estouieron.

Assaz avía el Rey buen cauallo comprado,
mas saliól a tres annos muy caro el mercado,
con el auer de Francia nunca sería pagado,
por y perdió el Rey Castiella, su condado.

... ...

LIBRO DE ALIXANDRE
(Anónimo, Siglo XIII, Fragmento)

Los grifones amaestrados

Fizo prender dos grifos que son aves valientes,
abeçolos a carnes saladas e rezientes,
tovolos muy viçiosos de carnes convinientes
entro a que se ficieran gruesos e muy valientes.
Fizo fer una casa de cuero muy sobado
quanto cabrie un ome a anchura posado,
ligóla a los grifos con un firme filado
que non podrie falsar por un ome pesado.
Fizoles el comer por tres dias toller
por amor que oviesen talento de comer,
fizose el demientre en el cuero coser,
la cara descubierta, que pudiese veller.
Priso en una piertega la carne esfetada,
en medio de los grifos pero bien alongada;
cuydavanse cevar, mas noin les valió nada,
los grifos por prenderla dieron luego bolada.
... ...

LIBRO DE APOLONIO
(Anónimo, Siglo XIII, Fragmento)

Tarsiana, juglaresa

El sermón de la duenya fue tan bien adouado
que fué el coraçon del garçon amansando.
Diole plaço poco ha día senyalado,
mas que ella catase que hauie demandado.
Luego el otro día de buena madurguada
levanto se la duenya rica miente adobada;
priso huna viola buena e bien temprada,
e salio al mercado violar por soldada.

Començo hunos viesos e hunos sones tales
que trayen grant dulçor e eran naturales.
Finchien se de omnes a priesa los portales,
non les cabie en las plaças subien se a los poyales.

Quando con su viola houo bien solazado,
a ssabor de los pueblos houo asaz cantado,
torno les a rezar hun romançe bien rimado
de la su razon misma por ho hauia pasado.

Fizo bien a los pueblos su razon entender.
Mas valie de cient marquos ese dia el loguer.
Fue sse el traydor pagando del menester;
ganava por ello sobeiano grant auer.

... ...

POEMA DE ALFONSO ONCENO

(Anónimo, Siglos XII–XIV, Atribuído a Rodrigo Yannes, Fragmento)

El Infante Don Juan vence a los moros

Don Juan, con gran plaser,
quando ffue adelantado
ayuntó muy gran poder,
en Córdoba fue entrado.

Con grand poder de mesnada
commo caudillo ssotil,
entró en tierras de Granada,
passo aguas de Xinnyl.

Su camino luego andó,
e fué correr Antequera,
el con Don Osmin lidió
e con grant gente rrefartera.

Todo el poder de Granada
con Osmin ffueron venidos,
en gran lid aplasada
los moros ffueron vençidos,

Mal fueron desbaratados,
Dios quisso por ssu bondat,
en Guadalforçe arrancados,
e muerta grand potestad.

El Osmin escapó uil,
en que mató los infantes,
e dexó bien trece mill
muertos e mal andantes.

E entrado ffue por Granada
con muy gran pessar ssyn
Don Juan fiso tornada,   [tiento;
con la onrra del vençimiento.

Don Johan agora dexemos
que vençió aquesta lid
del muy noble rey fablemos
que está en Valladolid. ...

ALFONS0 XI
(1314 (?)–I350)

Cántiga

En un tiempo cogí flores
del muy noble paraiso,
cuitado de mis amores
e d'el su fremoso riso!
e siempre vivo en dolor
e ya lo non puedo sofrir,
mais me valera la muerte
que en el mundo vivir.

Yo con cuidado d'amores
vol' o vengo ora dizer,
que he d'aquesta mi senhora
que muicho desejo aver.

En el tiempo en que solía
yo coger d'aquestas flores,
d'al cuidado non avia
desde, vi los sus amores;
e non sen por qual ventura
me vino a defalir,
si lo fizo mi pecado,
si lo fizo el mal dicir.

Yo con cuidado d'amores...

No creades, mi senhora,
el mal dizer de las gentes,
ca la muerte m'es llegada
sy en ello parades mentes;
ay senhora, noble rosa,
mercede vos vengo pidir,
avede de mi dolor
e non me dexedes morir.

Yo con cuidado d'amores...

Yo cogí la flor das frores
de que tu coger solias,
cuitado de mis amores
bien se lo que tu querias;
Dios lo pues te por tal guisa
que te lo pueda fazer,
ant' yo quería mi muerte
que te asy veja a morrer.
Yo con cuidado d'amores...

RABI SEM TOB
(Siglo XIV, Fragmento)

Proverbios morales

    Sennor noble, rrey alto,
oyd este sermon
que vos dise don Santo,
judio de Carrion.
    Comunal-mente rrimado
de glosas y moral-mente
de philosophya sacado,
es el desir syguiente.
    El rrey Alfonso fynando,
asy fincó la gente,
commo el pulso, quando
fallesçe al doliente.
    Ca ninguno cuydaria
que tan grande mejoria,
en el reyno fyncaria:
nin hombre lo creya,
    quando es seca la rrosa
que ya su sason sale,
queda el agua olorosa,
rosada que mas vale.
    Asy quedastes vos dél
para mucho durar
y librar lo que de él
cobdiciaua librar.
    Commo la debda mía
que a vos muy poco monta,
con la cual yo podia
benir syn toda honta.

    Yo estando en afruenta.
por miedo de pecados,
muchos que fis syn cuenta
menudos y granados;
    tenia-me por muerto,
mas vino-me al talante
vn conorte muy çierto,
que me fiso bien andante.
    Honbre torpe syn seso,
seria a Dios baldón
la tu maldad en peso
poner con su perdon.
    El te fiso nasçer,
biues en merced suya,
¿commo podría vencer
a su obra la tuya?
    Pecar es la tu manna,
la suya perdonar,
y alongar la sanna
los yerros baldonar.
    Tanta ventaja quanto
ay del çielo a la tierra,
el su poder es tanto
mayor que la tu yerra.
    Segund el poder suyo
asy en todo te sobra,
qual es el poder tuyo
atal es la tu obra.
    ... ...

PEDRO LOPEZ DE AYALA
(1332–1407)

Aquí fabla de la guerra

Cobdician caualleros las guerras de cada día,
por leuar muy grandes sueldos e leuar la quantía;
e fuelgan quando vee la tierra en rrobería
de ladrones e cortones que ellos llieuan en conpañía.

Oluidado han a los moros las sus guerras fazer,
ca en otras tierras llanas osar fallan que comer;
vnos son ya capitanes, otros enbían a correr,
sobre los pobres syn culpa se acostumbran mantener.

Los cristianos han las guerras, los moros están folgados,
en todos los más rreynos ya tienen rreyes doblados;
e todo aquesto viene por los nuestros pecados,
ca somos contra Dios en todas cosas errados.

Los que con sus bueyes solian las sus tierras labrar,
todos toman ya armas e comiençan a trabar;
rroban la pobre gente e así la fajen hermar:
Dios solo es aquel que esto podría emendar.

Non pueden vsar justicia los rreyes en la su tierra,
ca dizen que lo non sufre el tal tiempo de guerra;
osar es engañado e contra Dios más yerra
quien el camino llano desanpara por la syerra.

EL CANTAR DE RODRIGO O CRONICA RIMADA DEL CID
(Anónimo, 1344, Fragmento)

Desposorio de Doña Ximena con el Cid

Cuando Rodrigo boluio los ojos, todos yvan derramando.
Avien muy grant pauor del, e muy grande espanto.
Allego don Diego Laynez al Rey besarle la mano.
Quando esto vió Rodrigo, non quisso bessar la mano

El espada traya luenga, el Rey fue mal espantado.
A grandes bozes dixo: tirat me alla esse peccado.
Dixo entoçe don Rodrigo: querría más un clauo,
que vos seades mi sennor, nin yo vuestro vassallo.
Porque uos la besso mi padre, soy yo mal amanzellado.

Essas oras dixo el Rey al conde don Ossorio su amo:
Dadme vos aca essa donçella, despossaremos este lozano.
Avn non lo creyó don Diego, tanto estaua espantado.
Salio la donçella, et traela el conde por la mano.
Ella tendió los ojos, et a Rodrigo comenzó de catarlo.

Dixo: Sennor, muchas merçedes ca este es el conde que
                                    [yo demando.
Ally despossauan a donna Ximena Gómez con rrodrigo el
                                    [Castellano.
Rodrigo respondió muy sannudo contra el Rey castellano:
Sennor, vos me dspossastes, mas a mi pesar que de grado.
Mas prometolo a Christus que a vos non besse la mano.

Nin me vea con ella en yermo nin en poblado,
ffasta que venza çincó lides con buena lid en canpo.
Quando esto oyo el Rey, fizose maravillado.
Dixo: Non es este omne, mas figura ha de peccado.
... ...

DANZA DE LA MUERTE
(Anónimo, Siglos XIV–XV, Fragmento)

(Primeramente llama a su danza a dos doncellas)

Está mí danza traye de presente
estas dos doncellas que vedes fermosas,
ellas vinieron de muy mala mente
a oír mis canciones, que son dolorosas;
mas non les valdrán flores e rosas,
nin las composturas que poner solían;

de mí, si pudiesen, partir se querrían,
mas non puede ser, que son mis esposas.
A estas e a todas por las aposturas
daré fealdad la vida partida,
e desnudedad por las vestiduras
por siempre jamás muy triste aborrida;
e por los palacios daré por medida
sepulcros escuros, de dentro fedientes,
e por los manjares gusanos royentes,
que coman de dentro su carne podrida
... ...

MARQUES DE SANTILLANA
(Iñigo López de Mendoza, 1398–1458)

Serranilla

Moça tan fermosa
non vi en la frontera
como una vaquera
de la Finojosa.
Façiendo la vía
del Calatraveño
a Sancta María
vençido del sueño
por tierra fragosa
perdí la carrera
do vi la vaquera
de la Finojosa.
En un verde prado
de rosas e flores
guardando ganado
con otros pastores
la vi tan grasiosa

que apenas creyera
que fuesse vaquera
de la Finojosa.
Non creo las rosas
de la primavera
sean tan fermosas
nin de tal manera,
fablando sin glosa
si antes sopiera
d'aquella vaquera
de la Finojosa.
Non tanto mirara
su mucha beldat,
porque me dejara
en mi libertat.
Mas dixe: «Donosa
(por saber quién era),

¿dónde es la vaquera
de la Finojosa?...»
Bien como riendo,
dixo: «Bien vengades
que ya bien entiendo

lo que, demandades:
non es deseosa
de amar, nin lo espera,
aquessa vaquera
de la Finojosa».

MICER FRANCISCO IMPERIAL
(Siglos XIV al XV, Fragmento)

Desir a las syete virtudes

... Era çercado todo aquel jardin
de aquel arroyo a guissa de cava,
e por muro muy alto jazmin
que todo a la redonda la çercava:
el son del agua en dulçor passava.
Harpa, duçayna, vyhuela de arco,
e non me digan que mucho abarco
que non ssé sy dormía o velava...
Des que bolví a man diestra el rrostro,
vi por la yerva pissadas de omme,
onde alegre fuime por rastro
el qual derecho a un rrosal llevome:
e commo quando entre árboles asome
alguno que ante los rramos mesçe,
tal vy un omme: muy cortés saluóme,
e poco a poco todo assy paresçe.
Era en vista benigno e suave,
e en color era la su vestidura
çeniza o tierra que seca se cave;
barva e cabello albo syn mesura:
traya un libro de poca escriptura,
escripto todo con oro muy fino,
e començaba: *En medio del camino,*
e del laurel corona e çentura ...

ARCIPRESTE DE HITA
(Juan Ruiz, Siglos XIV–XV)

Cántica de serrana

Cerca la Tablada
la sierra passada
falleme con Aldara
a la madrugada.

Ençima del puerto
coydé ser muerto
de nieve e de frio
e dese rosio
e de grand elada.

A la deçida
di una corrida
falle una serrana
fermosa, lozana,
e bien colorada.

Dixe yo a ella:
omillome al bella:
Dis: tu que bien corres,
aqui non te engorres,
anda tu jornada.

Yol dixe: frio tengo,
e por eso vengo
a vos, fermosura,
quered por mesura
hoy darme posada.

Dixome la moza:
Pariente, mi choza
el que en ella posa,
conmigo desposa
dam grand soldada.

Yol dixe: de grado,
mas soy casado
aqui en Ferreros;
mas de mis dineros
darvos he, amada.

Dis: trota conmigo;
levóme consigo
e diom buena lumbre,
como de costumbre
de sierra nevada.

Dióme pan de çenteno
tisnado moreno,
e diom vino malo
agrillo e ralo,
e carne salada.

Diom queso de cabras;
fidalgo, dis, abras
ese blazo, et toma
un tanto de soma,
que tengo goardada.

Dis: huesped, almuerza,
e bebe e esfuerza,
calientate e paga
de mal nons te faga
fasta la tornada.

Quien dones me diere,
quales yo pediere,
habra bien de çena,
et lechiga buena,
que nol coste nada.

Vos, que eso desides,
¿por qué non pedides
la cosa certera?
Ella dis: maguera
e sin será dada
    Pues dam una cinta
bermeja bien tinta,
et buena camisa
fecha a mi guisa
con su collarada.
    Et dam buenas sartas
de estanno e fartas,
et dame halia
de buena valia,
pelleja delgada.
    Et dam buena toca
listada de cota,
et dame zapatas
de cuello bien altas
de pieza labrada.
    Con aquestas joyas
quiero que lo oyas,
seras bien venido,

seras mi marido
e yo tu velada.
    Serrana señora
tanto algo agora
non tray por ventura,
mas faré fiadura
para la tornada.
    Dixome la heda:
do non hay moneda,
non hay merchandia,
nin hay tan buen día,
nin cara pagada.
    Non hay mercadero
bueno sin dinero,
et yo non me pago
del que non da algo,
nin le dó posada.
    Nunca de omenaje
pagan hostalaje,
por dineros fase
omen quanto plase,
cosa es probada.
... ...

JUAN DE MENA
(1411–1456, Laberinto, Fragmento)

Lorenzo Dávalos

Aquel que allí vees al çerco trauado
que quiere subir e se falla en el ayre,
mostrando su rostro sobado donayre
por dos desonestas feridas llagado,

aquel es el Daualos mal fortunado,
aquel es el limpio mançebo Lorenço,
que fizo en un dia su fin, e comienço,
aquel es el que era de todos amado...

Bien se mostraua ser madre en el duelo
que fizo la triste, despues que ya vido
el cuerpo en las andas sangriento tendido
de aquel que criara con tanto reçelo;
ofende con dichos crueles el çielo
con nueuos dolores su flaca salud,
e tantas angustias roban su virtud,
que cae por fuerça la triste en el suelo.

E rasga con uñas crueles su cara,
fiere sus pechos con mesura poca,
besando a su fijo la su fria boca
maldize las manos de quien lo matara,
maldize la guerra do se començara,
busca con yra crueles querellas,
niega a si mesma reparo de aquellas,
e tal como muerta biuiendo se para. ...

ANONIMO

Coplas de la panadera (Fragmentos)

Di Panadera.
Panadera soldadera
que vendes pan de barato
quentanos algun rebato
que te aconteció en la vera.
Di Panadera.
Un miercoles que partiera
el Principe don Enrique

a buscar algun buen pique
para su espada ropera
saliera sin otra espera
de Olmedo tan gran compaña
que con mui fermosa maña
al Puerto se retrujera.
Di Panadera.
... ...

Por mas seguro escogiera
el oBispo de siguença
estar aunque con berguença
junto con la cobijera
mas tan gran pabor cogiera
en ber fuir labradores
que a los sus paños menores
fue menester labandera.
    Di Panadera.

... ...

Salido como de osera
Rui dias el mayor domo
tan belloso bientre y lomo
como ossa colmenera,
si la fe que prometiera
la guardase segun fallo
no comiera su cauallo
en el Real la cibera.
    Di Panadera.

... ...

Amarillo como cera
estaua el conde de haro
bustando todo reparo
por no pasar la ribera
despues bido la manera
como el Sr. Rey pasaba
pedos tan grandes tiraba
que se oian en talabera.
    Di Panadera.

... ...

Tu señor q'eres minera
de toda virtud diuina
saca la tu medicina
de la tu santa atriaquera
porq yo señor siquiera
aya mas por algún rato
que del dicho disbarato
a muchos quede dentera
    Di Panadera.

... ...

MACIAS
(Siglo XV)

Cantiga en loores del Amor

Con tan alto poderyo
Amor nunca fué juntado,
nin con tal orgullo e brío
qual yo vy por mi pecado
contra mí que fuí sendío,
denodado en yr a ver
     su grant poder
e muy alto señoryo.

Con él venía Mesura,
e la noble Cortesya,
la poderosa Cordura,
la briosa Loçania:
rreglávalos Fermosura
que traya gran valor,
     porque Amor
vençió la mi grant locura.

El mi coraçón syn seso
desque las sus ases vydo,
fallesçiome e fuy preso,
e finqué muy mal ferido:
la mi vida es en pesso
sy acorro non me ven,
    ora de quen
el desir non era defeso.

Rendyme a su altesa
desque fuy desbaratado,
e priso me con cruesa
onde bivo encarçelado:
las mis guardas son Tristesa,
e Cuydado en que biví,
    despues que vy
la su muy gran rrealesa.

ANONIMO
(Siglo XIV–XV, Fragmento)

Jura en Santa Gadea

En Santa Gadea de Burgos
do juran los fijosdalgo,
allí le toma la jura
el Cid al rey castellano.
Las juras eran tan fuertes,
que a todos ponen espanto;
sobre un cerrojo de hierro
y una ballesta de palo:
–Villanos mátente Alfonso,
villanos, que non fidalgos,
de las Asturias de Oviedo,
que non sean castellanos.
Mátente con aguijadas,
non con lanzas ni con dardos;
con cuchillos cachicuernos,
non con puñales dorados;
abarcas traigan calçadas
que non zapatos con laços;
capas traigan aguaderas,
non de contray, ni frisado;

con camisones de estopa,
non de holanda, ni labrados;
vayan cabalgando en burras,
non en mulas ni caballos;
frenos traigan de cordel,
non de cueros fogueados;
mátente por las aradas,
non por villas ni poblados,
y sáquente el corazón
por el siniestro costado,
si non dijeres verdad
de lo que te es preguntado,
si fuiste, ni consentiste
en la muerte de tu hermano.
Jurado tiene el buen rey,
que en tal caso no es hallado;
pero con voz alterada
dijo muy mal enojado:
–Cid, hoy me tomas la jura,
después besarme has la mano.–

Respondiérale Rodrigo:
d'esta manera ha fablado:
–Por besar mano de rey
no me tengo por honrado;
porque la besó mi padre
me tengo por afrentado.
–Vete de mis tierras, Cid,
mal caballero probado,
y no me estés más en ellas
desde este día en un año–.

   –Pláçeme, dijo el buen Cid,
pláçeme, dijo, de grado,
por ser la primera cosa

que mandas en tu reinado:
tú me destierras por uno,
yo me destierro por cuatro.–
Ya se despide el buen Cid,
sin al rey besar la mano,
con trescientos caballeros,
esforçados fisjosdalgo;
todos son hombre mancebos,
ninguno hay viejo ni cano;
todos llevan lanza en puño
con el hierro acicalado
y llevan sendas adargas
con borlas de colorado.

JORGE MANRIQUE
(1440–1478)

A la muerte del maestre de Santiago don Rodrigo Manrique, su padre

   Recuerde el alma dormida
avive el seso y despierte
contemplando
cómo se pasa la vida,
cómo se viene la muerte
tan callando:
cuán presto se va el placer,
cómo después de acordado
da dolor,
cómo a nuestro parecer
cualquiera tiempo pasado
fue mejor.

Y pues vemos lo presente
cómo en un punto es ido
y acabado,
si juzgamos sabiamente,
daremos lo no venido
por pasado.
No se engañe nadie, no,
pensando que ha de durar
lo que espera
más que duró lo que vió,
porque todo ha de pasar
por tal manera.

Nuestras vidas son los ríos
que van a dar en la mar,
que es el morir:
allí van los señoríos
derechos a se acabar
y consumir;
allí los ríos caudales,
allí los otros medianos
y más chicos
allegados, son iguales
los que viven por sus manos
y los ricos.

INVOCACIÓN

Dexo las invocaciones
de los famosos poetas
y oradores;
no curo de sus ficciones,
que traen yerbas secretas
sus sabores.
A aquel sólo me encomiendo
a aquel sólo invoco yo
de verdad
que en este mundo viviendo,
el mundo no conoció
su deidad.

Este mundo es el camino
para el otro, qu'es morada
sin pesar;
más cumple tener buen tino
para andar esta jornada
sin errar.

Partimos cuando nascemos
andamos mientras vivimos,
y llegamos
al tiempo que fenescemos;
así que cuando morimos
descansamos.

Este mundo bueno fue
si bien usásemos dél,
como debemos,
porque, según nuestra fe,
es para ganar aquel
que atendemos.
Y aún el Hijo de Dios,
para subirnos al cielo,
descendió
a nascer acá entre nos
y vivir en este suelo
do murió.

Ved de cuan poco valor
son las cosas tras que andamos
y corremos;
que en este mundo traidor,
aun primero que muramos
las perdemos.
D'ellas deshace la edad,
d'ellas casos desastrados
que acaescen,
d'ellas por su calidad,
en los más altos estrados
desfallescen.

Decidme: la hermosura,
la gentil frescura y tez
de la cara,

la color y la blancura,
cuando viene la vejez
¿cuál se para?
Las mañas y ligereza
y la fuerza corporal
de juventud,
todo se torna graveza
cuando llega el arrabal
de senectud.

Pues la sangre de los godos,
el linaje y la nobleza
tan crecida,
¡por cuántas vías e modos
se pierde su gran alteza
en esta vida!
Unos por poco valer,
¡por cuán baxos y abatidos
que los tienen!
Otros que por no tener,
con oficios no debidos
se mantienen.

Los estados y riquezas
que nos dexan a deshora,
¿quién lo duda?,
no les pidamos firmeza,
pues que son de una señora
que se muda.
Que bienes son de Fortuna
que revuelve con su rueda
presurosa,
la cual no puede ser una
ni ser estable ni queda
en una cosa.

Pero digo que acompañen
y lleguen hasta la huesa
con su dueño;
por eso no nos engañen,
pues se va la vida apriesa
como sueño;
y los deleites de acá
son en que nos deleitamos
temporales,
y los tormentos de allá
que por ellos esperamos,
eternales.

Los placeres y dulçores
d'esta vida trabajada
que tenemos,
¿que son sino corredores,
y la muerte es la celada
en que caemos?
No mirando a nuestro daño,
corremos a rienda suelta
sin parar;
des' que vemos el engaño
y queremos dar la vuelta,
no hay lugar.

Si fuese en nuestro poder
tornar la cara fermosa
corporal,
como podemos hacer
el alma tan gloriosa
angelical,
¡qué diligencia tan viva
tuviéramos cada hora,

y tan presta,
en componer la cativa,
dexándonos la señora
descompuesta!

   Estos reyes poderosos
que vemos por escripturas
ya pasadas,
en casos tristes, llorosos,
fueron sus buenas venturas
trastornadas:
así que no hay cosa fuerte;
que a papas y emperadores
y prelados
así los trata la muerte
como a los pobres pastores
de ganados.

   Dexemos a los troyanos
que sus males no los vimos,
ni sus glorias;
dexemos a los romanos,
aunque oímos y leímos
sus historias.
No curemos de saber
lo de aquel siglo pasado
que fue d'ello;
vengamos a lo de ayer,
que también es olvidado
como aquello.

   ¿Qué se hizo el rey don Juan?
Los infantes de Aragón,
¿qué se hicieron?

¿Qué fue de tanto galán,
qué fue de tanta invención
como truxeron?
Las justas e los torneos,
paramentos, bordaduras
e cimeras
¿fueron sino devaneos?
¿Qué fueron sino verduras
de las eras?

   ¿Qué se hicieron las damas,
sus tocados, sus vestidos,
sus olores?
¿Qué se hicieron las llamas
de los fuegos encendidos
de amadores?
¿Qué se hizo aquel trovar,
las músicas acordadas
que tañían?
¿Qué se hizo aquel dançar
y aquellas ropas chapadas
que traían?

   Pues el otro su heredero.
don Enrique, ¡qué poderes
alcançava!
¡Cuán blando, cuán halaguero
el mundo con sus placeres
se le daba!
Mas verás cuán enemigo,
cuán contrario, cuán cruel
se le mostró,
habiéndole sido amigo,
¡cuán poco duró con él
lo que le dio!

Las dádivas desmedidas,
los edificios reales
llenos de oro,
las baxillas tan fabridas
los enriques y reales
del tesoro;
los jaeces y caballos
de su gente y atavíos
tan sobrados,
¿dónde iremos a buscallos?
¿Qué fueron sino rocíos
de los prados?

Pues su hermano el inocente,
que en su vida sucesor
se llamó,
¡qué corte tan excelente
tuvo y cuánto gran señor
que le siguió!
Mas como fuese mortal,
metióle la muerte luego
en su fragua.
¡Oh juïcio divinal!
Cuando más ardía el fuego
echaste agua.

Pues aquel gran Condestable
maestre que conocimos
tan privado,
no cumple que d'él se hable,
sino sólo que le vimos
degollado.
Sus infinitos tesoros,
sus villas y sus lugares,

su mandar,
¿qué le fueron sino lloros?
¿Qué fueron sino pesares
al dexar?

Pues los otros dos hermanos
Maestres tan prosperados
como reyes,
c'a los grandes y medianos
traxeron tan sojuzgados
a sus leyes;
aquella prosperidad
que tan alta fue subida
y ensalçada,
¿qué fue sino claridad
que cuando más encendida
fue amatada?

Tantos duques excelentes,
tantos marqueses y condes
y barones
como vimos tan potentes,
di, muerte, ¿do los escondes
y los pones?
Y sus muy claras hazañas
que hicieron en las guerras
y en las paces,
cuando tú, cruel, te ensañas
con tu fuerça los atierras
y deshaces.

Las huestes innumerables,
los pendones y estandartes
y banderas,

los castillos impunables,
los muros e baluartes
y barreras,
la cava honda chapada,
o cualquier otro reparo,
¿qué aprovecha?
Cuando tú vienes airada,
todo lo pasas de claro
con tu flecha.

Aquel de buenos abrigo
amado por virtuoso
de la gente,
el Maestre don Rodrigo
Manrique tan famoso
y tan valiente,
sus grandes hechos y claros
no cumple que los alabe,
pues los vieron,
ni los quiero hacer caros,
pues el mundo todo sabe
cuáles fueron.

¡Qué amigo de sus amigos!
¡Qué señor para criados
y parientes!
¡Qué enemigo de enemigos!
¡Qué maestro de esforçados
y valientes!
¡Qué seso para discretos!
¡Qué gracia para donosos!
¡Qué razón!
¡Cuán benino a los subjectos,
y a los bravos y dañosos
un león!

En ventura, Octavïano;
Julio César en vencer
y batallar;
en la virtud, Africano,
Aníbal en el saber,
y trabajar;
en la bondad, un Trajano:
Tito en liberalidad
con alegría;
en su braço, un Archidano:
Marco Tulio en la verdad
que prometía.

Antonio Pío en clemencia;
Marco Aurelio en igualdad
del semblante;
Adriano en elocuencia;
Teodosio en humanidad
y buen talante
Aurelio Alexandro fue
en disciplina y rigor
de la guerra;
un Constantino en la fe;
Gamelio en el gran amor
de su tierra.

No dexó grandes tesoros
ni alcançó muchas riquezas
ni baxillas,
mas hizo guerra a los moros,
ganando sus fortalezas
y sus villas;
y en las lides que venció
caballeros y caballos

se prendieron
y en este oficio ganó
las rentas e los vasallos
que le dieron.

    Pues por su honra y estado
en otros tiempos pasados,
¿cómo se hubo?
Quedando desamparado,
con hermanos y criados
se sostuvo.
Después que hechos famosos
hizo en esta dicha guerra
que hacía,
hizo tratos tan honrosos,
que le dieron muy más tierra
que tenía.

    Estas sus viejas historias
que con su brazo pintó
en la juventud
con otras nuevas victorias
agora las renovó
en la senectud.
Por su gran habilidad,
por méritos y ancianía
bien gastada
alcançó la dignidad
de la gran caballería
del Espada.

    E sus villas e sus tierras
ocupadas de tiranos
las halló;

mas por cercos e por guerras
y por fuerças de sus manos
las cobró.
Pues nuestro rey natural
si de las obras que obró
fue servido,
dígalo el de Portugal,
en Castilla quién siguió
su partido.

    Después de puesta la vida
tantas veces por su ley
al tablero;
después de tan bien servida
la corona de su Rey
verdadero;
después de tanta hazaña
a que no puede bastar
cuenta cierta,
en la su villa de Ocaña
vino la muerte a llamar
a su puerta.

(HABLA LA MUERTE)

    Diciendo: «Buen caballero,
dexad el mundo engañoso
y su halago;
vuestro coraçón de acero
muestre su esfuerço famoso
en este trago;
y pues de vida y salud
hiciste tan poca cuenta

por la fama,
esfuércese la virtud
para sufrir esta afrenta
que os llama.

»No se os haga tan amarga
la batalla temerosa
que esperáis,
pues otra vida más larga
de fama tan gloriosa
acá dexáis;
aunque esta vida de honor
tampoco no es eternal
ni verdadera,
mas con todo es muy mejor
que la otra temporal
perecedera.

»El vivir que es perdurable
no se gana con estados
mundanales,
ni con vida deleitable
en que moran los pecados
infernales;
mas los buenos religiosos
gánanlo con oraciones,
y con lloros;
los caballeros famosos,
con trabajos y aflicciones
contra moros.

»Y pues vos claro barón,
tanta sangre derramastes
de paganos,
esperad el galardón

que en este mundo ganastes
por las manos:
y con esta confiança
y con la fe tan entera
que teneis,
partid con buena esperança
que esta otra vida tercera
ganaréis.»

(RESPONDE EL MAESTRE)

«No gastemos tiempo ya
en esta vida mezquina
por tal modo,
que mi voluntad está
conforme con la divina
para todo;
y consiento en mi morir
con voluntad placentera,
clara, pura,
que querer hombre vivir
cuando Dios quiere que muera
es locura.»

ORACIÓN

Tú que por nuestra maldad
tomaste forma civil
y baxo nombre;
tú que en tu divinidad
juntaste cosa tan vil
como el hombre;
tú que tan grandes tormentos
sufriste sin resistencia
en tu persona,

no por mis merescimientos,
mas por tu sola clemencia,
me perdona.

CABO

  Así con tal entender
todos sentidos humanos
conservados,

cercado de su mujer,
de hijos y de hermanos
y criados,
dio el alma a quien se la dio
(el cual la ponga en el cielo
y en su gloria),
y aunque la vida perdió,
nos dexó harto consuelo
su memoria.

ANONIMO
(Siglo XV)
Coplas de Mingo Revulgo
(Fragmento)

GIL ARRIBATO

I

  ¡Ah Mingo Revulgo, Mingo,
ah Mingo Revulgo, hao!
¿Qués de tu sayo de blao?
¿Non lo vistes en domingo?
¿Qués de tu jubón bermejo?
¿Por qué traes tal sobrecejo?
Andas esta trasnochada
la cabeça desgreñada:
¿Non te llotras de buen rejo?

II

  La color tienes marrida
y el corpanço rechinado
andas de valle en collado
como res que anda perdida,
y no miras sy te vas
adelante o cara atras.
Çanqueando con los pies
dando trancos al traues
que non sabes do te estás.

MINGO REVULGO

III

  A la he, Gil Arribato,
sé que en fuerte ora allá echamos

quando a Candulo cobramos
por pastor de nuestro hato,
andase tras los zagales

por estos andurriales
todo el día enbeueçido
holgazando syn sentido,
que non mira nuestros males.

IV

Oja, oja los ganados
y la burra con los perros,
cuales andan por los çerros
perdidos, descarriados,
por los santos te prometo,
que este dañado baltrueto
(que nol medre Dios las çejas)
ha dexado las ouejas,
por folgar tras todo seto.

... ...

XIII

Está la perra Justilla,
que viste tan denodada,

muerta, flaca, trasyjada;
juro a diez que avries mançilla;
con su fuerça y coraçon
cometie al brauo leon
y mataua al lobo viejo;
ora vn triste de vn conejo
se la mete en vn rincon.

... ...

XXIX

Sy tú fueras sabidor,
entendieses la verdad
verías que por tu royndad
es avido mal pastor:
saca, saca de tu seno
la royndad de que estás lleno,
y verás como será
que éste se castigará,
o dará Dios otro bueno.

... ...

LOPEZ MALDONADO
(Siglo XV)

Al Amor

¡Ay amor,
perjuro, falso, traidor!
Enemigo
de todo lo que no es mal;
desleal
al que tiene ley contigo.

Falso amigo
al que te das por mayor,
¡ay amor,
perjuro, falso, traidor!
Tus daños
nos dan claro a entender

que un placer
es pesar de cien mil años,
y en mis daños

esto se prueba mejor.
¡Ay amor,
perjuro, falso, traidor!

ANONIMO
(Hacia el siglo XV)

Romance de doña Alda

En París está doña Alda,
la esposa de don Roldán,
trescientas damas con ella
para la acompañar;
todas visten un vestido,
todas calzan un calzar,
todas comen a una mesa,
todas comían de un pan,
si no era doña Alda,
que era la mayoral.
Las ciento hilaban oro,
las ciento tejen cendal,
las ciento instrumentos tañen
para doña Alda holgar.
Al son de los instrumentos
doña Alda dormido se ha;
ensoñando había un sueño,
un sueño de gran pesar.
Despertó despavorida
y con un pavor muy grand;
los gritos daba tan grandes
que se oían en la ciudad.
Allí hablaron sus doncellas,
bien oiréis lo que dirán:
–¿Qué es aquesto, mi señora?

¿Quién es el que os hizo mal?
–Un sueño soñé, doncellas,
que me ha dado gran pesar:
que me veía en un monte
en un desierto lugar:
do so los montes muy altos,
un azor vide volar,
tras dél viene una aguililla
que asín lo ahínca muy mal.
El azor con grande cuita
metióse so mi brial:
el águila con gran ira
de allí lo iba a sacar;
con las uñas lo despluma,
con el pico lo deshaz.
Allí habló su camarera,
bien oiréis lo que dirá:
–Aqueste sueño, señora,
bien os lo entiendo soltar:
el azor es vuestro esposo,
que viene de allen la mar:
el águila sedes vos,
con la cual ha de casar,
y aquel monte es la iglesia
donde os han de velar.

–Si así es, mi camarera,
bien te lo entiendo pagar
Otro día de mañana
cartas de fuera le tran:

tintas venían de dentro,
de fuera escritas con sangre
que su Roldán era muerto
en caza de Roncesvalles.

LOPE DE STUÑIGA
(Siglo XV)

Crueles penas que da amor

Llorad mí triste dolor
e cruel pena en que vivo,
pues de quien soy amador
non oso desir cativo.
    Mi coraçon quiso ser
causa de mi perdiçión

me fase padescer
donde tan grand perdiçion
amor me da et syn rason,
e cruel pena en que vivo,
pues de quien soy amador
non oso desir cativo.

ANONIMO
(Hacia cl siglo XV)

Romance del conde Arnaldos

¡Quién hubiese tal ventura
sobre las aguas del mar
como hubo el conde Arnaldos
la mañana de San Juan!
Con un falcón en la mano
la caza iba a cazar,
vio venir una galera
que a tierra quiere llegar.
Las velas traía de seda,
la jarcia de un cendal,

marinero que 1a manda
diciendo viene un cantar
que la mar facía en calma
los vientos hace amainar,
los peces que andan nel hondo
arriba los hace andar,
las aves que andan volando
nel mástil las faz posar.
Allí fabló el conde Arnaldos
bien oiréis lo que dirá:

–Por Dios te ruego, marinero,
dígasme ora ese cantar.
Respondióle el marinero,

tal respuesta le fué a dar:
–Yo no digo esa canción
sino a quien conmigo va.

ANONIMO
(Hacia el siglo XV)

Romance de la hija del rey de Francia

De Francia partió la niña,
de Francia la bien guarnida;
íbase para París,
do padre y madre tenía.
Errado lleva el camino,
errada lleva la vía;
arrimárase a un roble
por esperar compañía.
Vio venir a un caballero
que a París lleva la guía.
La niña desque lo vido
de esta suerte le decía:
–Si te place, caballero,
llévesme en tu compañía.
   –Pláceme, dijo, señora.
pláceme dijo, mi vida.
Apeóse del caballo
por hacelle cortesía;
puso la niña en las ancas
y él subiérase en la silla.
En el medio del camino
de amores la requería
La niña desque lo oyera

díjole con osadía:
–Tate, tate, caballero,
no hagáis tal villanía;
hija soy de un malato
y de una malatía;
el hombre que a mí llegase,
malato se tornaría.
Con temor el caballero
palabra no respondía.
A la entrada de París
la niña se sonreía.
   –¿De qué vos reís, mi señora?
¿De qué os reís, vida mía?
–Ríome del caballero
y de su gran cobardía;
¡tener la niña en el campo
y catarle cortesía!
Con vergüenza el caballero
estas palabras decía:
–Vuelta, vuelta, mi señora,
que una cosa se me olvida.
La niña, como discreta,
dijo: –Yo no volvería,

ni persona, aunque volviese,
en mi cuerpo tocaría;
hija soy del rey de Francia

y la reina Costantina;
el hombre que a mí llegase,
muy caro le costaría.

ANONIMO
(Hacia el siglo XV)

Romance de Fontefrida

Fonte-frida, fonte-frida
fonte-frida y con amor,
do todas las avecicas
van tomar consolación
si no es la tortolica,
que está viuda y con dolor.
Por allí fuera a pasar
el traidor del ruiseñor;
las palabras que le dice
llenas son de la traición:
–Si tú quisieses, señora,
yo sería tu servidor.
–Vete de ahí, enemigo,

malo, falso, engañador,
que ni poso en ramo verde,
ni en prado que tenga flor;
que si el agua hallo clara,
turbia la bebía yo;
que no quiero haber marido,
porque hijos no haya, no;
no quiero placer con ellos,
ni menos consolación.
¡Déjame, triste enemigo,
malo, falso, mal traidor,
que no quiero ser tu amiga,
ni casar contigo no!

ANONIMO
(Hacia el siglo XV)

Romance de Blanca–Niña

Blanca sois, señora mía,
más que no el rayo del sol,
¿si la dormiré esta noche
desarmado y sin pavor?
Que siete años había, siete.

que no me desarmo, no.
Más negras tengo mis carnes
que no un tiznado carbón.
–Dormilda, señor, dormilda
desarmado sin temor

que el conde es ido a la caza,
a los montes de León
–Rabia le mate los perros,
y águilas el su halcón,
y del monte hasta casa
a él arrastre el morón.–
Ellos en aquesto estando,
su marido que llegó:
–¿Qué hacéis la Blanca–Niña,
hija de padre traidor?
–Señor, peino mis cabellos
péinolos con gran dolor,
que me dejáis a mi sola
y a los montes os vais vos.
–Esas palabras, la niña,

no eran sino traición:
¿cuyo es aquel caballo
que allá bajo relinchó?
–Señor, era de mi padre,
y enviáoslo para vos.
–¿Cúyas son aquellas armas
que están en el corredor?
–Señor, eran de mi hermano
y hoy os las envió.
–¿Cúya es aquella lanza,
desde aquí la veo yo?
–Tomadla, conde, tomadla,
matadme con ella vos,
que aquesta muerte, buen conde,
bien os la merezco yo.

ANONIMO
(Hacia el siglo XV)

Romance de Rosa Fresca

Rosa Fresca, Rosa Fresca,
tan garrida y con amor,
cuando vos tuve en mis brazos,
no vos supe servir, no;
y agora que os serviría
no vos puedo yo haber, no.
–Vuestra fue la culpa, amigo;
vuestra fue, que mía, no;
enviásteme una carta
con un vuestro servidor,
y en lugar de recaudar

él dijera otra razón:
que érades casado, amigo,
allá en tierras de León;
que tenéis mujer hermosa
y hijos como una flor
–Quien vos lo dijo, señora,
no vos dijo verdad, no;
que yo nunca entré en Castilla
ni allá en tierras de León,
sino cuando era pequeño,
que no sabia de amor.

ANONIMO
(Hacia cl siglo XV)

Romance de Abenámar

–¡Abenámar, Abenámar
moro de la morería,
el día que tú naciste
grandes señales había!
Estaba la mar en calma,
la luna estaba crecida:
moro que en tal signo nace
no debe decir mentira–
Allí respondiera el moro,
bien oiréis lo que decía:
   –Yo te lo diré, señor,
aunque me cueste la vida;
porque soy hijo de un moro
y una cristiana cautiva;
siendo yo niño y muchacho,
mi madre me lo decía:
que mentira no dijese,
que era grande villanía:
por tanto, pregunta, rey,
que la verdad te diría.
–Yo agradezco, Abenámar,
aquesa tu cortesía.
¿Qué castillos son aquéllos?

¡Altos son y relucían!
–El Alhambra era, señor,
y la otra la Mezquita:
los otros los Alixares.
labrados a maravilla.
El moro que los labraba
cien doblas ganaba al día,
y el día que no los labra,
otras tantas se perdía.
El otro es Generalife,
huerta que par no tenía;
el otro Torres Bermejas,
castillo de gran valía. –
Allí habló el rey don Juan,
bien oiréis lo que decía:
–Si tu quisieses, Granada,
contigo me casaría:
daréte en arras y dote
a Córdoba y a Sevilla.
–Casada soy, rey don Juan,
casada soy, que no viuda:
el moro que a mi me tiene
muy grande bien me quería.

ANONIMO
(Hacia cl siglo XV)

Romance del rey moro que perdió Alhama

Paseábase el rey moro
por la ciudad de Granada
desde la puerta de Elvira

hasta la de Vivarrambla
«¡Ay de mi Alhama!»
Cartas le fueron venidas

que su Alhama era ganada:
las cartas echó en el fuego
y al mensajero matara.
«¡Ay de mi Alhama!»
Descabalga de una mula,
y en un caballo cabalga;
por el Zacatín arriba,
subido se había al Alhambra.
«¡Ay de mi Alhama!»
Como en el Alhambra estuvo
al mismo punto mandaba
que se toquen sus trompetas,
sus añafiles de plata.
«¡Ay de mi Alhama!»
Y que las cajas de guerra
apriesa toquen al arma,
porque lo oigan sus moros,
los de la Vega y Granada.
«¡Ay de mi Alhama!»
Los moros que el son oyeron
que al sangriento Marte llama,
uno a uno y dos a dos
juntado se ha gran batalla.
«¡Ay de mi Alhama!»
Allí fabló un moro viejo,

de esta manera fablara:
¿Para qué nos llamas, rey,
para qué es esta llamada?
«¡Ay de mi Alhama!»
—Habéis de saber, amigos,
una nueva desdichada:
que cristianos de braveza
ya nos han ganado Alhama.
«¡Ay de mi Alhama!»
Allí fabló un alfaquí
de barba crecida y cana:
—Bien se te emplea, buen rey,
buen rey, bien se te empleara.
«¡Ay de mi Alhama!»
Mataste los Bencerrajes,
que eran la flor de Granada:
cogiste los tornadizos
de Córdoba la nombrada.
«¡Ay de mi Alhama!»
Por eso mereces, rey,
una pena muy doblada:
que te pierdas tú y el reino,
y aquí se pierda Granada. —
«¡Ay de mi Alhama!»

ANONIMO
(Hacia el siglo XV)

Romance del rey moro que perdió Valencia

Helo helo por do viene – el moro por la calzada.
caballero a la jineta – encima una yegua baya;
borceguíes marroquíes – espuela de oro calzada:
una adarga ante los pechos – y en su mano una azagaya.
Mirando estaba Valencia, – como está tan bien cercada:

—Oh Valencia, oh Valencia, – de mal fuego seas quemada.
Primero fuiste de moros – que de cristianos ganada.
Si la lanza no me miente, – a moros serás tornada,
aquel perro de aquel Cid – prenderélo por la barba:
su mujer doña Jimena, – será de mí cautivada;
su hija Urraca Hernando – será mi enamorada;
después de yo harto de ella – la entregaré a mi compaña.
El buen Cid no está tan lejos – que todo bien lo escuchaba.
—Venid vos acá, mi hija – mi hija doña Urraca;
dejad las ropas continas, – y vestid ropas de Pascua.
Aquel moro hi-de-perro – detenémelo en palabras,
mientras yo ensillo a Babieca – y me ciño la mi espada.–
La doncella muy hermosa – se paró en una ventana:
el moro desque la vido, – de esta suerte le hablara:
—¡Alá te guarde, señora – mi señora doña Urraca!
—¡Así haga a vos, señor – buena sea vuestra llegada!
Siete años ha, rey, siete, – que soy vuestra enamorada–
Otros tantos ha, señora, – que os tengo dentro del alma.
Ellos estando en aquesto, – el buen Cid que se asomaba.
Adiós, adiós, mí señora, – la mi linda enamorada,
que del caballo Babieca – yo bien oigo la patada.–
Do la yegua pone el pie – Babieca pone la pata.
Allí hablará al caballo – bien oiréis lo que hablaba:
—¡Reventar debía la madre – que a su hijo no esperaba! –
Siete vueltas la rodea – alrededor de una jara;
la yegua que era ligera, – muy adelante pasaba,
fasta llegar cabe un río – adonde una barca estaba.
El moro, desque la vido, – con ella bien se holgaba;
grandes gritos da al barquero – que le allegase la barca:
el barquero es diligente, – túvosela aparejada,
embarcó muy presto en ella, – que no se detuvo nada.
Estando el moro embarcado, – el buen Cid, que llegó al agua
y por ver al moro en salvo, – de tristeza reventaba;
mas con la furia que tiene, – una lanza le arrojaba,
y dijo: –¡Recoged, yerno, – arrecogedme esa lanza,
que quizá tiempo vendrá – que os será bien demandada!

ANONIMO
(Siglo XV)

Romance de Bernardo del Carpio

Con cartas sus mensajeros – el rey al Carpio envió:
Bernardo como es discreto – de traición se receló:
las cartas echó en el suelo – y al mensajero así habló:
–Mensajero eres, amigo, – no mereces culpa, no;
mas al rey que acá te envía – dígasle tú esta razón:
que no le estimo yo a él – ni aun a cuantos con el son;
mas por ver lo que me quiere, – todavía allá iré yo.–
Y mandó juntar los suyos, – de esta suerte les habló:
–Cuatrocientos sois los míos, – los que comedes mi pan:
los ciento irán al Carpio – para el Carpio guardar;
los ciento por los caminos, – que a nadie dejen pasar,
doscientos iréis conmigo – para con el rey hablar;
si mala me la dijera, – peor se la he de tornar.–
Por sus jornadas contadas – a la corte fue a llegar.
–Mántengavos Dios, buen rey, – y a cuantos con vos están.
–Mal vengades vos, Bernardo, – traidor, hijo de mal padre;
dite yo el Carpio en tenencia, – tú tomarlo en heredad.
–Mentides, el rey, mentides, – que no dices la verdad;
que si yo fuese traidor – a vos os cabría en parte.
Acordásevos debía – de aquella del Encinal,
cuando gentes extranjeras – allí os trataron tan mal,
que os mataron el caballo – y aun a vos querían matar.
Bernardo, como traidor, – de entre ellos os fue a sacar;
allí me diste el Carpio – de juro y de heredad;
prometísteme a mi padre, – no me guardaste verdad.
–Prendedlo, mis caballeros, – que igualado se me ha,
–Aquí, aquí los mis doscientos, – los que comedes mi pan,
que hoy era venido el día – que honra habemos de ganar.–
El rey, de que aquesto viera, – de esta suerte fue a hablar:
–¿Qué ha sido aquesto, Bernardo; – que así enojado te has?

¿Lo que hombre dice de burla – de veras vas a tomar?
Yo te di el Carpio, Bernardo, – de juro y de heredad.
–Aquestas burlas, el rey – no son burlas de burlar;
llamásteme de traidor, – traidor, hijo de mal padre:
el Carpio yo no lo quiero, – bien lo podéis vos guardar,
que cuando yo lo quisiere, – muy bien lo sabré ganar.

JUAN ALVAREZ GATO
(¿1440–1515?)

Quita allá que no quiero...

Quita allá, que no quiero,
mundo enemigo;
quita allá que no quiero
pendencias contigo.
Ya sé lo que quieres,
ya sé tus dulzores;
prometes placeres,
das cien mil dolores;
los favorecidos,
de tus amadores,
el mejor librado
es el más perdido.

No quiero tus ligas
más en mi posada,
y aunque me persigas
no se me da nada;
que entonces se gana
la gloria doblada,
cuanto más te huyo
y menos te sigo.
Quita allá que no quiero
falso enemigo;
quita allá que no quiero
pendencias contigo.

Amor, no me dexes...

Amor, no me dexes
que me moriré.
Que en ti so yo bivo,
sin ti so cativo;
si m'eres esquivo
perdido seré.

Si algún mal me viene.
por ti se detiene;
en ti me sostiene
tu gracia y mi fe.
Que el que en ti se ceva,
que truene, que llueva,

no espera ya nueva
que pena le dé.
    Que aquel que tú tienes,
los males son bienes.

a él vas y vienes
muy cierto lo sé.
    Amor, no me dexes,
que me moriré.

Canción

    No le des prisa, dolor,
a mi tormento crecido,
que a las veces ell olvido
es un concierto d'amor.
    Que do más la pena hiere
allí está el querer callado,

y lo más disimulado
aquello es lo que se quiere
    Aunque's el daño mayor
del fuego no conoscido,
a las veces ell olvido
es un concierto d'amor.

JUAN DEL ENCINA
(1469–1529)

Villancico

No te tardes, que me muero,
    Carcelero,
¡no te tardes, que me muero!
    Apresura tu venida
porque no pierda la vida,
que la fe no está perdida
    Carcelero,
¡no te tardes, que me muero!
    Sácame desta cadena
que recibo muy gran pena,
pues tu tardar me condena:
    Carcelero,

¡no te tardes, que me muero!
    La primer vez que me viste
sin lo sentir me venciste:
suéltame, pues me prendiste.
    Carcelero,
¡no te tardes que me muero!
    La llave para soltarme
ha de ser galardonarme
prometiendo no olvidarme.
    Carcelero,
¡no te tardes, que me muero!

Ya cerradas son las puertas

Ya cerradas son las puertas
de mi vida,
y la llave es ya perdida.

Tiénelas por bien cerradas
el portero del Amor;
no tiene ningún temor
que de mí sean quebradas.
Son las puertas ya cerradas
de mi vida,
y la llave es ya perdida.

Las puertas son mis servi—
la cerradura es olvido,   [cios,
la llave que se ha perdido
es perder los beneficios.
Así que fuera de quicios
va mi vida,
y la llave es ya perdida.

Pues la vida está en poder
de aquella que siempre amo;
ahora triste, aunque llamo,
no me quiere responder.
Cerróme con su poder
la salida,
y la llave es ya perdida.

Servila con tanta fe,
con cuanta nadie sirvió;
el galardón que me dio
fue peor que nunca fue.
Cerróme no sé por qué
la salida,
y la llave es ya perdida.

GIL VICENTE
(1470 [?]–1539)

Canción

¡Dicen que me case yo!
¡no quiero marido, no!
Más quiero vivir segura
nesta sierra a mi soltura
que no estar en ventura
si casaré bien o no.
¡Dicen que me case yo!
¡No quiero marido, no!
Madre, no seré casada
por no ver vida cansada,

o quizá mal empleada
la gracia que Dios me dio
¡Dicen que me case yo!
¡No quiero casarme no!
No será ni es nacido
tal para ser mi marido,
y pues que tengo sabido
que la flor yo me la só.
¡Dicen que me case yo!
¡No quiero casarme, no!

Cántiga

¡Muv graciosa es la doncella
como es bella y hermosa!
    Digas tú, el marinero
que en las naves vivías
si la nave o la vela o la estrella
es tan bella.
    Digas tú, el caballero
que las armas vestías,
si el caballo o las armas o la guerra
es tan bella.
    Digas tú, el pastorcico
que el ganadico guardas,
si el ganado o los valles o la sierra
es tan bella.

COMENDADOR ESCRIVA
(Siglos XV y XVI)

A la muerte

1

Ven, muerte, tan escondida
que no te sienta conmigo,
porque el gozo de ir contigo
no me torne a dar la vida.
    Ven, como rayo que hiere,
que hasta que ha herido
no se siente su rüido,
por mejor herir do quiere:
así sea tu venida;
si no, desde aquí me obligo
que el gozo que habré contigo
me dará de nuevo vida.

2

Vos me matáis de tal suerte
y con pena tan gloriosa,
que no sé más dulce cosa
que los trances de mi muerte.
    Y de ella soy tan ufano,
tan penado y tan contento,
que no trocaré un tormento
por mil bienes de otra mano.
    Y pues que quiso mi suerte
darme pena tan gloriosa,
no quiero más dulce cosa
que los trances de mi muerte.

GARCI SANCHEZ DE BADAJOZ
(Siglos XV y XVI)

Lamentaciones de amores

Lágrimas de mi consuelo,
que habéis hecho maravillas
y hacéis,
salid, salid sin recelo
y regad estas mejillas
que soléis

Ansias y pasiones mías,
presto me habéis de acabar,
yo lo fío;
¡oh llanto de Jeremías,
vente ahora a cotejar
con el mío!

Animas del Purgatorio,
que en dos mil penas andáis
batallando,
si mi mal os es notorio,
bien veréis que en gloria estáis
descansando.

Y vosotras que quedáis
para perpetua memoria
en cadena,
cuando mis males sepáis,
pareceros ha que es gloria
vuestra pena.

¡Oh fortuna de la mar
que trastornas mil navíos
en que vengo,
si te quieres amansar
ven a ver los males míos
que sostengo!

Troya, tú que te perdiste
que solías ser la flor
en el Mundo,
gózate conmigo, triste,
que ya llegó mi clamor
al profundo.

Y vos, cisnes, que cantáis
junto con la cañavera
en par del río,
pues con el canto os matáis,
mirad si es razón que muera
con el mío.

Y tú, fénix que te quemas,
y con tus alas deshaces
por victoria,
y después que así te extremas,
otro de ti mismo haces
por memoria.

así yo triste, mezquino,
que muero por quien no espero
    galardón,
doyme la muerte contino,
y vuelvo como primero
    a mi pasión.

Mérida, que en las Españas
otro tiempo fuiste Roma.
    mira a mí,
y verás que en mis entrañas
hay mayor fuego y carcoma
    que no en ti.

CRISTOBAL DE CASTILLEJ0
(1490 [?]–1550)

Visita de amor

    Unas coplas muy cansadas,
con muchos pies arrastrando,
a lo toscano imitadas,
entró un amador cantando,
enojosas y pesadas.
    Cada pie con dos corcovas
y de paso doce arrobas,
trovadas al tiempo viejo.
Dios perdone a Castillejo,
que bien habló de estas trovas.
    Dijo Amor:«¿Dónde se aprende
este metro tan prolijo,
que las orejas ofende?
«Algarabía de allende»:
el sujeto frío y duro,
y el estilo, tan escuro,
que la dama en quien se emplea
duda, por sabia que sea,
si es requiebro o es conjuro»
    «Ved si la invención es basta;

pues Garcilaso y Boscán,
las plumas puestas por asta
cada uno es un Roldán,
y, con todo, no le basta;
yo no alcanzo, cual engaño
te hizo para tu daño,
con locura y desvarío,
meter en mi señorío
moneda de reino extraño.»

«Con dueñas y con doncellas
(dijo Venus), ¿que pretende
quien las dice sus querellas
en lenguaje que no entiende
él, ni yo, ni vos, ni ellas?
Sentencio al que tal hiciere
que la dama por quien muere
lo tenga por cascabel,
y que haga burla dél
y de cuanto le escribiere.»

JUAN BOSCAN
(†1542)

El ruiseñor que pierde sus hijuelos

Cual suele el ruiseñor entre las sombras
de las hojas del olmo o de la haya
la pérdida llorar de sus hijuelos,
a los cuales sin plumas aleando
el duro labrador tomó del nido;
llora la triste pajarilla entonces
la noche entera sin descanso alguno,
y desde allí, do está puesta en su ramo,
renovando su llanto dolorido,
de sus querellas hincha todo el campo.

A la Tristeza

Tristeza, pues yo soy tuyo,
tú no dexes de ser mía;
mira bien que me destruyo
solo en ver que el alegría
presume de hacerme suyo.
    ¡Oh tristeza!,
que apartarme de contigo
es la más alta crueza
que puedas usar conmigo
    No huyas ni seas tal
que me apartes de tu pena;
soy tu tierra natural,
no me dexes por la ajena
do quizá te querrán mal.
    Pero di:
ya que estó en tu compañía,
¿cómo gozaré de ti,
que no goce de alegría?

Que el placer de verte en mí,
no hay remedio para echallo,
¿quien jamás estuvo así?
Que de ver que en ti me hallo,
me hallo que estoy sin ti.
    ¡Oh ventura!
¡Oh amor que tú hiciste
que el placer de mi tristura
me quitase de ser triste!
    Pues me das, por mi dolor,
el placer que en ti no tienes,
porque te sienta mayor,
no vengas, que si no vienes,
entonces vendrás mejor.
    Pues me places
vete ya, que en tu ausencia
sentiré yo lo que haces.
mucho mas que en tu presencia.

GARCILASO DE LA VEGA
(1503–1536)

Egloga primera (Fragmentos)

A don Pedro de Toledo, marques de Villafranca,
virrey de Nápoles

SALICIO, NEMOROSO

El dulce lamentar de dos pastores
Salicio juntamente y Nemoroso,
he de cantar, sus quexas imitando;
cuyas ovejas al cantar sabroso
estaban muy atentas, los amores,
de pacer olvidadas, escuchando.
    Tú, que ganaste obrando
un nombre en todo el mundo,
y un grado sin segundo,
agora estés atento, solo y dado
al ínclito gobierno del Estado
albano; agora vuelto a la otra parte,
resplandeciente, armado,
representando en tierra al fiero Marte.
    Agora de cuidados enojosos
y de negocios libre, por ventura
andes a caza, el monte fatigando
el ardiente jinete, que apresura
el curso, tras los ciervos temerosos,
que en vano su morir, van dilatando:
espera, que en tornando
a ser restituido
al ocio ya perdido,

luego verás ejercitar mi pluma
por la infinita innumerable suma
de tus virtudes y famosas obras:
antes que me consuma,
faltando a ti, que a todo el mundo sobras.

En tanto que este tiempo que adivino
viene a sacarme de la deuda un día,
que se debe a tu fama y a tu gloria;
que es deuda general, no sólo mía,
mas de cualquier ingenio peregrino
que celebra lo digno de memoria:
el árbol de victoria
que ciñe estrechamente
tu gloriosa frente
dé lugar a la hiedra que se planta
debaxo de tu sombra, y se levanta
poco a poco, arrimada a tus loores:
y en tanto esto se canta,
escucha tú el cantar de mis pastores.

Saliendo de las ondas encendido
rayaba de los montes el altura
el sol, cuando Salicio, recostado
al pie de una alta haya, en la verdura,
por donde una agua clara con sonido
atravesara el fresco y verde prado;
él, con canto acordado
al rumor que sonaba
del agua que pasaba,
se quexaba tan dulce y blandamente
como si no estuviera de allí ausente
la que de su dolor culpa tenía;
y así, como presente,
razonando con ella, le decía:

SALICIO

¡Oh, más dura que mármol a mis quexas
y al encendido fuego en que me quemo,
más helada que nieve, Galatea!
Estoy muriendo, y aun la vida temo:
témola con razón, pues tú me dexas;
que no hay, sin ti, el vivir para qué sea.
Vergüenza he que me vea
ninguno en tal estado,
de ti desamparado,
y de mí mismo yo me corro agora.
¿De un alma te desdeñas ser señora,
donde siempre moraste, no pudiendo
della salir un hora?
Salid, sin duelo, lágrimas corriendo.

El sol tiende los rayos de su lumbre
por montes y por valles, despertando
las aves y animales y la gente;
cuál por el aire claro va volando,
cuál por el verde valle o alta cumbre
paciendo va segura y libremente,
cuál con el sol presente
va de nuevo al oficio
y al usado ejercicio
do su natura o menester le inclina.
Siempre está en llanto esta ánima mezquina
cuando la sombra el mundo va cubriendo
o la luz se avecina.
Salid sin duelo, lágrimas, corriendo.

¿Y tú, desta mi vida ya olvidada,
sin mostrar un pequeño sentimiento
de que por ti Salicio triste muera,
dexas llevar, desconocida, al viento

el amor y la fe que ser guardada
eternamente sólo a mi debiera?
¡Oh Dios! ¿Por qué siquiera,
pues ves desde tu altura
esta falsa perjura
causar la muerte de un estrecho amigo,
no recibe del cielo algún castigo?
Si en pago del amor yo estoy muriendo,
¿qué hará el enemigo?
Salid sin duelo, lágrimas, corriendo.

... ...

NEMOROSO

Corrientes aguas puras, cristalinas,
árboles que os estáis mirando en ellas,
verde prado de fresca sombra lleno,
aves que aquí sembráis vuestras querellas,
hiedra que por los árboles caminas,
torciendo el paso por su verde seno;
yo me vi tan ajeno
del grave mal que siento,
que de puro contento
con vuestra soledad me recreaba,
donde con dulce sueño reposaba,
o con el pensamiento discurría
por donde no hallaba
sino memorias llenas de alegría;
y en este mismo valle donde agora
me entristezco y me canso, en el reposo
estuve ya contento y descansado.
¡Oh bien caduco, vano y presuroso!
Acuérdome durmiendo aquí algún hora,
que despertando, a Elisa vi a mi lado.

¡Oh miserable hado!
¡Oh tela delicada,
antes de tiempo dada
a los agudos filos de la muerte!
Más convenible fuera aquesta suerte
a los cansados años de mi vida,
que es más que el hierro fuerte,
pues no la ha quebrantado tu partida.

   ¿Do están agora aquellos claros ojos
que llevaban tras si como colgada
mi ánima por doquier que se volvían?
¿Do está la blanca mano delicada,
llena de vencimientos y despojos
que de mí mis sentidos le ofrecían?
Los cabellos que vían
con gran desprecio al oro
como a menor tesoro,
¿adónde están? ¿Adónde el blanco pecho?
¿Do la columna que el dorado techo
con presunción graciosa sostenía?
Aquesto todo agora ya se encierra,
por desventura mía,
en la fría, desierta y dura tierra.

   ¿Quien me dixera, Elisa, vida mía,
cuando en aqueste valle al fresco viento
andábamos cogiendo tiernas flores,
que había de ver con largo apartamiento
venir el triste y solitario día
que diese amargo fin a mis amores?
... ...

A la flor de Gnido

Si de mi baxa lira
tanto pudiese el son, que en un momento
aplacase la ira del animoso viento
y la furia del mar y el movimiento;
    y en ásperas montañas
con el suave canto enterneciese
las fieras alimañas,
los árboles moviese,
y al son confusamente los traxese;
    no pienses que cantado
sería de mí, hermosa flor de Gnido,
el fiero Marte airado,
a muerte convertido,
de polvo y sangre y de sudor teñido;
    ni aquellos capitanes
en las sublimes ruedas colocados,
por quien los alemanes,
el fiero cuello atados,
y los franceses van domesticados.
    Mas solamente aquella
fuerza de tu beldad sería cantada,
y alguna vez con ella
también sería notada
el aspereza de que estás armada;
    y como por ti sola,
y por tu gran valor y hermosura,
convertido en viola
llora su desventura
el miserable amante en tu figura.
    Hablo de aquel cautivo,
de quien tener se debe más cuidado,
que está muriendo vivo,
al remo condenado,
en la concha de Venus amarrado.

Por ti, como solía,
del áspero caballo no corrige
la furia y gallardía,
ni con freno le rige,
ni con vivas espuelas ya le aflige.

Por ti, con diestra mano,
no revuelve la espada presurosa,
y en el dudoso llano
huye la polvorosa
palestra como sierpe ponzoñosa.

Por ti su blanda musa,
en lugar de la cítara sonante,
tristes querellas usa,
que con llanto abundante
hacen bañar el rostro del amante.

Por ti el mayor amigo
le es importuno, grave y enojoso;
yo puedo ser testigo
que ya del peligroso
naufragio fui su puerto y su reposo.

Y agora en tal manera
vence el dolor a la razón perdida,
que ponzoñosa fiera
nunca fue aborrecida
tanto como yo dél, ni tan temida.

No fuiste tu engendrada
ni producida de la dura tierra;
no debe ser notada
que ingratamente yerra
quien todo el otro error de sí destierra.

Hágate temerosa
el caso de Anaxárate, y cobarde,
que de ser desdeñosa
se arrepintió muy tarde;
y así su alma con su mármol arde.

Estábase alegrando
del mal ajeno el pecho empedernido,
cuando abaxo mirando
el cuerpo muerto vido
del miserable amante, allí tendido.
    Y al cuello el lazo atado
con que desenlazó de la cadena
el corazón cuitado,
que con su breve pena
compró la plena punición ajena.
    Sintió allí convertirse
en piedad amorosa el aspereza.
¡Oh tarde arrepentirse!
¡Oh última terneza!
¿Cómo te sucedió mayor dureza?
    Los ojos se enclavaron
en el tendido cuerpo que allí vieron;
los huesos se tornaron
más duros y crecieron,
y en sí toda la carne convirtieron;
    las entrañas heladas
tornaron poco a poco en piedra dura;
por las venas cuitadas
la sangre su figura
iba desconociendo y su natura;
    hasta que finalmente
en duro mármol vuelta y transformada,
hizo de sí la gente
no tan maravillada
cuanto de aquella ingratitud vengada.
    No quieras tú, señora,
de Némesis airada las saetas
probar, por Dios, agora;
baste que tus perfetas
obras y hermosura a los poetas

den inmortal materia,
sin que también en verso lamentable
celebren la miseria
de algún caso notable
que por ti pase triste y miserable.

DIEGO HURTADO DE MENDOZA
(1503–1575)

A una dama

Tu gracia, tu encanto, tu hermosura,
muestra todo del cielo, retirada,
como cosa que está sobre natura,
ni pudiera ser vista ni pintada.
Pero yo, que en el alma tu figura
tengo, en humana forma abreviada,
tal hice retratarte de pintura
que el amor te dejó en ella estampada.
No por ambición vana o por memoria,
o ya para manifestar mis males:
mas por verte más veces que te veo.
Y por solo gozar de tanta gloria,
señora, con los ojos corporales,
como con los del alma y del deseo.

SANTA TERESA DE JESUS
(1515–1582)

Versos nacidos del fuego del amor de Dios que en si tenía

Vivo sin vivir en mí,
y tan alta vida espero,
que muero porque no muero.

GLOSA

Aquesta divina unión,
del amor con que yo vivo,

hace a Dios ser mi cautivo,
y libre mi corazón;
mas causa en mí tal pasión
ver a Dios mi prisionero,
que muero porque no muero.

  ¡Ay! ¡Qué larga es esta vida!
¡Que duros estos destierros
esta cárcel y estos hierros
en que el alma está metida!
Sólo esperar la salida
me causa un dolor tan fiero,
que muero porque no muero.

  ¡Ay! ¡Qué vida tan amarga
do no se goza al Señor!
Y si es dulce el amor,
no lo es la esperanza larga;
quíteme Dios esta carga,
más pesada que el acero,
que muero porque no muero.

  Sólo con la confianza
vivo de que he de morir;
porque muriendo, el vivir
me asegura mi esperanza:
muerte do el vivir se alcanza
no te tardes que te espero,
que muero porque no muero.

  Mira que el amor es fuerte;

vida, no seas molesta;
mira que sólo te resta,
para ganarte, perderte;
venga ya la dulce muerte,
venga el morir muy ligero,
que muero porque no muero.

  Aquella vida de arriba
es la vida verdadera:
hasta que esta vida muera,
no se goza estando viva;
muerte no seas esquiva;
vivo muriendo primero,
que muero porque no muero.

  Vida, ¿qué puedo yo darle
a mi Dios que vive en mí,
si no es perderte a ti,
para mejor a El gozarle?
Quiero muriendo alcanzarle,
pues a El solo es al que quiero,
que muero porque no muero.

  Estando ausente de ti
¿qué vida puedo tener,
sino muerte padecer
la mayor que nunca vi?
Lástima tengo de mí,
por ser mi mal tan entero,
que muero porque no muero.

(Siglo XVI, Soneto anónimo atribuído a Santa Teresa de Jesús)

Soneto a Jesús crucificado

No me mueve, mi Dios, para quererte
el cielo que me tienes prometido,
ni me mueve el infierno tan temido
para dejar por eso de ofenderte.

Tú me mueves, Señor, muéveme el verte
clavado en una cruz y escarnecido,
muéveme ver tu cuerpo tan herido,
muévenme tus afrentas y tu muerte.

Muéveme, en fin, tu amor, y en tal manera,
que aunque no hubiera cielo, yo te amara,
y aunque no hubiera infierno, te temiera.

No me tienes que dar porque te quiera,
pues aunque lo que espero no esperara
lo mismo que te quiero te quisiera.

GUTIERRE DE CETINA
(1520–1560?)

Madrigal

Ojos claros, serenos,
si de un dulce mirar sois alabados,
¿por qué, si me miráis, miráis airados?
Si cuanto más piadosos
más bellos parecéis a aquel que os mira,
no me miréis con ira,
porque no parezcáis menos hermosos.
¡Ay, tormentos rabiosos!
Ojos claros, serenos,
ya que así me miráis, miradme al menos.

Soneto

Horas alegres que pasáis volando,
porque a vueltas del bien mayor mal sienta;
sabrosa noche que en tan dulce afrenta
el triste despedir me vas mostrando;

importuno reloj que, apresurando
tu curso, mi dolor me representa:
estrellas con quien nunca tuve cuenta
que mi partida vais acelerando:
   gallo que mi pesar has denunciado,
lucero que mi luz va oscureciendo,
y tú, mal sosegada y moza aurora,
   si en voz cabe dolor de mi cuidado,
id poco a poco el paso deteniendo,
si no puede ser más, siquiera un hora.

FRAY LUIS DE LEON
(1529–1591)

En la prisión

Aquí la envidia y mentira
me tuvieron encerrado.
¡Dichoso el humilde estado
del sabio que se retira
de aqueste mundo malvado!

Y con pobre mesa y casa
en el campo deleitoso
con sólo Dios se acompasa,
y a solas su vida pasa:
ni envidiado ni envidioso.

Vida retirada

   ¡Qué descansada vida
la del que huye el mundanal rüido
y sigue la escondida
senda por donde han ido
los pocos sabios que en el mundo han sido!
   Que no le enturbia el pecho
de los soberbios grandes el estado
ni del dorado techo

se admira fabricado
del sabio moro, en jaspes sustentado.
   No cura si la fama
canta con voz su nombre pregonera,
ni cura si encarama
la lengua lisonjera
lo que condena la verdad sincera.
   ¿Qué presta a mí contento
si soy del vano dedo señalado,
si en busca de este viento
ando desalentado
con ansias vivas, con mortal cuidado?
   ¡Oh campo, oh monte, oh río!
¡Oh secreto seguro deleitoso!
Roto casi el navío
a vuestro almo reposo,
huyo de aqueste mar tempestuoso.
   Un no rompido sueño,
un día puro, alegre, libre quiero;
no quiero ver el ceño
vanamente severo
de quien la sangre ensalza o el dinero.
   Despiértenme las aves
con su cantar süave no aprendido.
no los cuidados graves
de que es siempre seguido
quien al ajeno arbitrio está atenido.
   Vivir quiero conmigo,
gozar quiero del bien que debo al cielo,
a solas, sin testigo,
libre de amor, de celo,
de odio, de esperanza, de recelo.
   Del monte en la ladera
por mi mano plantado tengo un huerto,

que con la primavera
de bella flor cubierto
ya muestra en esperanza el fruto cierto.
   Y como codiciosa
do ver y acrecentar su hermosura,
desde la cumbre airosa
una fontana pura
hasta llegar corriendo se apresura.
   Y luego sosegada,
el paso entre los árboles torciendo,
el suelo de pasada
de verdura vistiendo,
y con diversas flores va esparciendo.
   El aire el huerto orea,
y ofrece mil olores al sentido,
los árboles menea
con un manso rüido
que del oro y del cetro pone olvido.
   Ténganse su tesoro
los que de un flaco leño se confían;
no es mío ver el lloro
de los que desconfían
cuando el cierzo y el ábrego porfían.
   La combatida antena
cruje, y en ciega noche el claro día
se torna, al cielo suena
confusa vocería,
y la mar enriquecen a porfía.
   A mí, una pobrecilla
mesa, de amable paz bien abastada,
me baste, y la baxilla
de fino oro labrada
sean de quien la mar no teme airada.

Y mientras miserablemente
se están los otros abrasando
en sed insaciable
del no durable mando,
tendido yo a la sombra esté cantando.
    A la sombra tendido,
de yedra y lauro eterno coronado,
puesto el atento oído
al son dulce acordado
del plectro sabiamente meneado.

A Francisco Salinas

El aire se serena
y viste de hermosura y luz no usada,
Salinas, cuando suena
la música extremada
por vuestra sabia mano gobernada.
    A cuyo son divino
mi alma, que en olvido está sumida,
torna a cobrar el tino
y memoria perdida
de su origen primera esclarecida.
    Y como se conoce,
en suerte y pensamiento se mejora;
el oro desconoce
que el vulgo ciego adora
la belleza caduca engañadora.
    Traspasa el aire todo
hasta llegar a la más alta esfera,
y oye allí otro modo
de no perecedera
música, que es de todas la primera.
    Ve cómo el gran maestro
a aquesta inmensa cítara aplicado,

con movimiento diestro
produce el son sagrado
con que este eterno templo es sustentado.
    Y como está compuesta
de números concordes, luego envía
consonante respuesta,
y entrambas a porfía
mezclan una dulcísima armonía.
    Aquí el alma navega
por un mar de dulzura, y finalmente
en él así se anega,
que ningún accidente
extraño o peregrino oye o siente.
    ¡Oh desmayo dichoso!
¡Oh muerte que das vida! ¡Oh dulce olvido!
¡Durase en tu reposo
sin ser restituído
jamás a aqueste baxo y vil sentido!
    A este bien os llamo,
gloria del apolíneo sacro coro,
amigos, a quien amo
sobre todo tesoro;
que todo lo demás es triste lloro.
    ¡Oh! Suene de contino,
Salinas, vuestro son en mis oídos,
por quien al bien divino
despiertan los sentidos,
quedando a lo demás adormecidos.

A Felipe Ruiz

    ¿Cuándo será que pueda,
libre de esta prisión, volar al cielo,
Felipe, y en la rueda

que huye más del suelo,
contemplar la verdad pura sin velo?
    Allí, a mi vida junto,
en luz resplandeciente convertido,
veré distinto y junto
lo que es y lo que ha sido,
y su principio propio y escondido.
    Entonces veré cómo
el divino poder echó el cimiento
tan a nivel y plomo,
do estable eterno asiento
posee el pesadísimo elemento.
    Veré las inmortales
columnas do la tierra esta fundada,
las lindes y señales
con que a la mar airada
la Providencia tiene aprisionada.
    Por qué tiembla la tierra,
por qué las hondas mares se embravecen,
dó sale a mover guerra
el cierzo, y por qué crecen
las aguas del Océano y decrecen.
    De dó manan las fuentes;
quién ceba y quién bastece de los ríos
las perpetuas corrientes;
de los helados fríos
veré las causas, y de los estíos.
    Las soberanas aguas
del aire en la región, quién las sostiene;
de los rayos las fraguas;
dó los tesoros tiene
de nieve Dios, y el trueno dónde viene.
    ¿No ves cuando acontece
turbarse el aire todo en el verano?

El día se ennegrece,
sopla el gállego insano,
y sube hasta el cielo el polvo vano;
    y entre las nubes mueve
su carro Dios ligero y reluciente
horrible son conmueve,
relumbra fuego ardiente,
treme la tierra, humíllase la gente.
    La lluvia baña el techo,
envían largos ríos los collados;
su trabajo deshecho,
los campos anegados
miran los labradores espantados.
    Y de allí levantado
veré los movimientos celestiales,
así el arrebatado
como los naturales,
las causas de los hados, las señales.
    Quien rige las estrellas
veré, y quien las enciende con hermosas
y eficaces centellas;
por qué están las dos osas,
de bañarse en el mar, siempre medrosas.
    Veré este fuego eterno
fuente de vida y luz do se mantiene;
y por qué en el invierno
tan presuroso viene,
por qué en las noches largas se detiene.
    Veré sin movimiento
en la más alta esfera las moradas
del gozo y del contento,
de oro y luz labradas,
de espíritus dichosos habitadas.

Noche serena

Cuando contemplo el cielo
de innumerables luces adornado,
y miro hacia el suelo
de noche rodeado,
en sueño y en olvido sepultado,
   el amor y la pena
despiertan en mi pecho una ansia ardiente;
despiden larga vena
los ojos hechos fuente;
la lengua dice al fin con voz doliente:
   «Morada de grandeza,
templo de caridad y hermosura,
mi alma, que a tu alteza
nació, ¿qué desventura
la tiene en esta cárcel baxa, escura?
   ¿Qué mortal desatino
de la verdad aleja así el sentido,
que de tu bien divino
olvidado, perdido
sigue la vana sombra, el bien fingido?»
   El hombre esta entregado
al sueño, de su suerte no cuidando,
y con paso callado
el cielo vueltas dando
las horas del vivir le va hurtando.
   ¡Ay! Despertad, mortales;
mirad con atención en vuestro daño;
¿las almas inmortales
hechas a bien tamaño,
podrán vivir de sombra y solo engaño?
   ¡Ay! Levantad los ojos
a aquesta celestial eterna esfera,

burlareis los antojos
de aquesa lisonjera
vida, con cuanto teme y cuanto espera.
   ¿Es más que un breve punto
el baxo y torpe suelo comparado
a aqueste gran trasumpto,
do vive mejorado
lo que es, lo que será, lo que ha pasado?
   Quien mira el gran concierto
de aquestos resplandores eternales,
su movimiento cierto,
sus pasos desiguales,
y en proporción concorde tan iguales;
   la luna como mueve
la plateada rueda, y va en pos de ella
la luz do el saber llueve,
y la graciosa estrella
de amor la sigue reluciente y bella;
   y cómo otro camino
prosigue el sanguinoso Marte airado,
y el Júpiter benino
de bienes mil cercado
serena el cielo con su rayo amado;
   rodéase en la cumbre
Saturno, padre de los siglos de oro;
tras él la muchedumbre
del reluciente coro
su luz va repartiendo y su tesoro.
   ¿Quién es el que esto mira,
y precia la baxeza de la tierra
y no gime y suspira
por romper lo que encierra
el alma, y de estos bienes la destierra?

Aquí vive el contento,
aquí reina la paz; aquí asentado
en rico y alto asiento
está el amor sagrado
de honra y de deleites rodeado.
    Inmensa hermosura
aquí se muestra toda; y resplandece
clarísima luz pura,
que jamás anochece;
eterna primavera aquí florece.
    ¡Oh campos verdaderos!
¡Oh prados con verdad frescos y amenos!
¡Riquísimos mineros!
¡Oh deleitosos senos!
¡Repuestos valles de mil bienes llenos!

Imitación a diversos

    Vuestra tirana exención
y ese vuestro cuello erguido
estoy cierto que Cupido
pondrá en dura sujeción.
Vivid esquiva y exenta;
que a mi cuenta
vos serviréis al amor
cuando de vuestro dolor
ninguno quiera hacer cuenta.
    Cuando la dorada cumbre
fuere de nieve esparcida
y las dos luces de vida
recogieren ya su lumbre;
cuando la arruga enojosa
en la hermosa
frente y cara se mostrare

y el tiempo que vuela helare
esa fresca y linda rosa.
    Cuando os viéredes perdida
os perderéis por querer,
sentiréis que es padecer,
querer y no ser querida.
Diréis con dolor, señora,
cada hora:
¡Quien tuviera, ay, sin ventura,
o agora aquella hermosura,
o antes el amor de agora!
    A mil gentes que agraviadas
tenéis con vuestra porfía
dexaréis en aquel día
alegres y bien vengadas.
Y por mil partes volando,

publicando
el amor irá este cuento,
para aviso y escarmiento
de quien huye de su bando.
 ¡Ay!, por Dios, señora bella,
mirad por vos, mientras dura
esa flor graciosa y pura,
que el no gozalla es perdella,
y pues no menos discreta
y perfeta
sois que bella y desdeñosa,
mirad que ninguna cosa
hay que a amor no esté sujeta.
 El amor gobierna el cielo
con ley dulce eternamente,
¿y pensáis vos ser valiente

contra él acá en el suelo?
Da movimiento y viveza
a belleza
el amor, y es dulce vida;
y la suerte más valida
sin él es triste pobreza.
 ¿Qué vale el beber en oro,
el vestir seda y brocado,
el techo rico labrado,
los montones de tesoro?
¿Y qué vale si a derecho
os da pecho
el mundo todo y adora,
si a la fin dormís, señora,
en el solo y frío lecho?

En la Ascensión

 ¡Y dexas, Pastor santo,
tu grey en este valle hondo, escuro,
con soledad y llanto;
y tú rompiendo el puro
aire, te vas al inmortal seguro!
 Los antes bienhadados
y los agora tristes afligidos
a tus pechos criados
de Ti desposeídos,
¿a dó convertirán ya sus sentidos?
 ¿Qué mirarán los ojos
que vieron de tu rostro la hermosura,
que no les sea enojos?
Quien oyó tu dulzura

¿qué no tendrá por sordo y desventura?
   Aquese mar turbado,
¿quién le pondrá ya freno? ¿quién concierto
al viento fiero airado?
Estando tú encubierto,
¿qué norte guiará la nave al puerto?
   ¡Ay! Nube envidiosa
aun de este breve gozo, ¿qué te aquexas?
¿Dó vuelas presurosa?
¡Cuán rica tú te alexas!
¡Cuán pobres y cuan ciegos ¡ay! nos dexas!

Soneto

   Agora con la aurora se levanta
mi luz, agora coge en rico ñudo
el hermoso cabello, agora el crudo
pecho ciñe con oro, y la garganta.
   Agora vuelta al cielo pura y santa
las manos y los ojos bellos alza, y pudo
dolerse agora de mi mal agudo;
agora incomparable tañe y canta.
   Ansí digo, y del dulce error llevado,
presente ante mis ojos la imagino,
y lleno de humildad y amor la adoro.
   Mas luego vuelve en sí el engañado
ánimo, y conociendo el desatino,
la rienda suelta largamente al lloro.

ALONSO DE ERCILLA

(1533–1594, de La Araucana, Fragmento)

Discurso de Colocolo, en la junta de los caciques araucanos

   Tomé y otros caciques se metieron
en medio de estos bárbaros de presto,

y con dificultad los departieron,
que no hicieron poco en hacer esto:
de herirse lugar aun no tuvieron,
y en voz airada, ya el temor pospuesto,
Colocolo, el cacique más anciano,
a razonar así tomó la mano:
    "Caciques, del estado defensores,
codicia del mandar no me convida,
a pesarme de veros pretensores
de cosa que a mí tanto era debida;
porque según mi edad, ya veis, señores,
que estoy al otro mundo de partida;
más el amor que siempre os he mostrado
a bien aconsejaros me ha incitado...
    ¿Qué furor es el vuestro, ¡oh araucanos!,
que a perdición os lleva sin sentillo?
¿Contra nuestras entrañas tenéis manos,
y no contra el tirano en resistillo?
Teniendo tan a golpe a los cristianos,
¿volvéis contra vosotros el cuchillo?
Si gana de morir os ha movido,
no sea en tan bajo estado y abatido.
    Volved las armas y ánimo furioso,
a los pechos de aquellos que os han puesto
en dura sujeción con afrentoso
partido, a todo el mundo manifiesto;
lanzad de vos el yugo vergonzoso;
mostrad vuestro valor y fuerza en esto:
no derraméis la sangre del estado,
que para redimir nos ha quedado...
    En la virtud de vuestro brazo espero
que puede en breve tiempo remediarse;
mas ha de haber un capitán primero,
que todas por él quieran gobernarse;

éste será quien más un gran madero
sustentare en el hombro sin pararse;
y pues que sois iguales en la suerte,
procure cada cual ser el más fuerte."
... ...

FERNANDO DE HERRERA
(1534–1597, Fragmentos)

Por la victoria de Lepanto

Cantemos al Señor, que en la llanura
venció del ancho mar al Trace fiero:
tú, Dios de las batallas, tú eres diestra
salud y gloria nuestra.
Tu rompiste las fuerzas y la dura
frente de Faraón, feroz guerrero:
sus escogidos príncipes cubrieron
los abismos del mar, y descendieron,
cual piedra en el profundo, y tu ira luego
los tragó, como arista seca el fuego.
El soberbio tirano, confiado
en el grande aparato de sus naves,
que de los nuestros la cerviz cautiva
y las manos aviva
al ministerio injusto de su estado,
derribó con los brazos suyos graves
los cedros mas excelsos de la cima
y el árbol que más yerto se sublima,
bebiendo ajenas aguas y atrevido
pisando el bando nuestro y defendido.
Temblaron los pequeños confundidos
del impío furor suyo; alzó la frente

contra ti, Señor Dios, y con semblante
y con pecho arrogante,
y los armados brazos extendidos,
movió el airado cuello aquel potente:
cercó su corazón de ardiente saña
contra las dos Hesperias, que el mar baña
porque en ti confiadas le resisten
y de armas de tu fe y amor se visten.
    Dixo aquel insolente y desdeñoso:
«¿No conocen mis iras estas tierras,
y de mis padres los ilustres hechos,
o valieron sus pechos
contra ellos con el húngaro medroso,
y de Dalmacia y Rodas en las guerras?
¿Quien las pudo librar? ¿Quien de sus manos
pudo salvar los de Austria y los germanos?
¿Podrá su Dios, podrán por suerte ahora
guardallas de mi diestra vencedora?
... ...

Tú, Señor, que no sufres que tu gloria
usurpe quien su fuerza osado estima,
prevaleciendo en vanidad y en ira,
este soberbio mira,
que tus aras afea en su vitoria.
No dexes que los tuyos así oprima,
y en su cuerpo, cruel, las fieras cebe,
y en su esparcida sangre el odio pruebe;
que hecho ya su oprobio dice: «¿Dónde
el Dios de estos está? ¿De quién se esconde?»
    Por la debida gloria de tu nombre,
por la justa venganza de tu gente,
por aquel de los míseros gemidos,
vuelve el brazo tendido

contra este que aborrece ya ser hombre;
y las honras que celas tú consiente;
y tres o cuatro veces el castigo
esfuerza con rigor a tu enemigo,
y la injuria a tu nombre cometida
sea el hierro contrario de su vida.
... ...

Cual león a la presa apercibido,
sin recelo los impíos esperaban
a los que tú, Señor, eras escudo;
que el corazón desnudo
de pavor, y de amor y fe vestido,
con celestial aliento confiaban.
Sus manos a la guerra compusiste,
y sus brazos fortísimos pusiste,
como arco acerado, y con la espada
vibraste en su favor la diestra armada.
Turbáronse los grandes, los robustos
rindiéronse temblando y desmayaron;
y tú entregaste, Dios, como la rueda,
como la arista queda
al ímpetu del viento, a estos injustos,
que mil huyendo de uno se pasmaron.
Cual fuego abrasa selvas, cuya llama
en las espesas cumbres se derrama,
tal en tu ira y tempestad seguiste
y su faz de ignominia convertiste.
Quebrantaste al cruel dragón, cortando
las alas de su cuerpo temerosas
y sus brazos terribles no vencidos;
que con hondos gemidos
se retira a su cueva, do silbando
tiembla con sus culebras venenosas,

lleno de miedo, torpe sus entrañas,
de tu león temiendo las hazañas;
que, saliendo de España, dio un rugido,
que lo dexó asombrado y aturdido.

... ...

Por la pérdida del rey Don Sebastián, (Fragmentos)

Voz de dolor y canto de gemido
y espíritu de miedo, envuelto en ira,
hagan principio acerbo a la memoria
de aquel día fatal, aborrecido,
que Lusitania mísera suspira,
desnuda de valor, falta de gloria;
y la llorosa historia
asombre con horror funesto y triste
donde el áfrico Atlante y seno ardiente
hasta do el mar de otro color se viste,
y do el límite rojo del Oriente
y todas sus vencidas gentes fieras
ven tremolar de Cristo las banderas.
¡Ay de los que pasaron confiados
en sus caballos y en la muchedumbre
de sus carros, en ti, Libia desierta,
y en su vigor y fuerzas engañados,
no alzaron su esperanza a aquella cumbre
de eterna luz, mas con soberbia cierta
se ofrecieron la incierta
victoria, y sin volver a Dios sus ojos,
con yerto cuello y corazón ufano
sólo atendieron siempre a los despojos!
Y el Santo de Israel abrió su mano,
y los dexó, y cayó en despeñadero
el carro, y el caballo y caballero.

Vino el día cruel, el día lleno
de indignación, de ira y furor, que puso
en soledad y en un profundo llanto,
de gente y de placer el reino ajeno.
El cielo no alumbró, quedó confuso
el nuevo sol, presagio de mal tanto,
y con terrible espanto
el Señor visitó sobre sus males
para humillar los fuertes arrogantes,
y levantó los bárbaros no iguales,
que con osados pechos y constantes
no busquen oro, mas con hierro airado
la ofensa venguen y el error culpado.

Los impíos y robustos, indinados,
las ardientes espadas desnudaron
sobre la claridad y hermosura
de tu gloria y valor, y no cansados
en tu muerte, tu honor todo afearon
mezquina Lusitania sin ventura;
y con frente segura
rompieron sin temor con fiero estrago
tus armadas escuadras y braveza.
La arena se tornó sangriento lago;
la llanura con muertos, aspereza;
cayó en unos vigor, cayó denuedo;
mas en otros desmayo y torpe miedo.
... ...

Soneto

Rojo sol, que con hacha luminosa
coloras el purpúreo y alto cielo,
¿hallaste tal belleza en todo el suelo
que iguale a mi serena luz dichosa?

Aura süave, blanda y amorosa,
que nos halagas con tú fresco vuelo.
cuando el oro descubre el rico velo
mi luz, ¿trenza tocaste más hermosa?
Luna, honor de la noche, ilustre coro
de los errantes astros y fijados.
¿consideraste tales dos estrellas?
Sol puro, aura, luna, luces de oro.
¿oísteis mis dolores nunca usados?
¿Visteis luz mas ingrata a mis querellas?

SAN JUAN DE LA CRUZ
(1542–1591)

Cántico espiritual entre el alma y Cristo su Esposo

ESPOSA

¿Adónde te escondiste,
Amado, y me dexaste con gemido?
Como el ciervo huiste,
habiéndome herido;
salí tras ti clamando, y ya eras ido.
Pastores, los que fuerdes
allá por las majadas al otero,
si por ventura vierdes
aquel que yo más quiero,
decidle que adolezco, peno y muero.
Buscando mis amores
iré por esos montes y riberas,
ni cogeré las flores
ni temeré las fieras,
y pasaré los fuertes y fronteras.

¡Oh bosques y espesuras,
plantados por la mano del Amado,
oh prado de verduras,
de flores esmaltado,
decid si por vosotros ha pasado!

RESPUESTA DE LAS CRIATURAS

Mil gracias derramando
pasó por estos sotos con presura,
y, yéndolos mirando,
con sola su figura
vestidos los dexó de su hermosura.

ESPOSA

¡Ay, quién podrá sanarme!
Acaba de entregarte ya de vero,
no quieras enviarme
de hoy más ya mensajero,
que no saben decirme lo que quiero.
Y todos cuantos vagan
de ti me van mil gracias refiriendo,
y todos más me llagan
y déxame muriendo
un no sé qué que quedan balbuciendo.
Mas, ¿cómo perseveras,
oh vida, no viviendo donde vives
y haciendo porque mueras
las flechas que recibes
de lo que del Amado en ti concibes?
¿Por qué, pues, has llagado
a aqueste corazón, no lo sanaste?
Y pues me lo has robado,

¿por qué así lo dexaste
y no tomas el robo que robaste?
   Apaga mis enojos,
pues que ninguno basta a deshacellos,
y véante mis ojos,
pues eres lumbre dellos
y solo para ti quiero tenellos.
   Descubre tu presencia
y máteme tu vista y hermosura:
mira que la dolencia
de amor, que no se cura
sino con la presencia y la figura.
   ¡Oh cristalina fuente,
si en esos tus semblantes plateados
formases de repente
los ojos deseados
que tengo en mis entrañas dibujados!
   Apártalos, Amado,
que voy de vuelo.

ESPOSO

   Vuélvete, paloma,
que el ciervo vulnerado
por el otero asoma,
al aire de tu vuelo, y fresco toma.

ESPOSA

   Mi Amado, las montañas,
los valles solitarios nemorosos,
las ínsulas extrañas,
los ríos sonorosos,
el silbo de los aires amorosos.

La noche sosegada,
en par de los levantes de la aurora,
la música callada,
la soledad sonora,
la cena, que recrea y enamora.

Cazadnos las raposas,
que está ya florecida nuestra viña,
en tanto que de rosas
hacemos una piña,
y no parezca nadie en la montiña.

Detente, Cierzo muerto;
ven, Austro, que recuerdas los amores;
aspira por mi huerto
y corran tus olores
y pacerá el Amado entre las flores.

¡Oh ninfas de Judea!
en tanto que en las flores y rosales
el ámbar perfumea,
mora en los arrabales,
y no queráis tocar nuestros umbrales.

Escóndete, Carillo,
y mira con tu haz a las montañas,
y no quieras decillo;
mas mira las compañas
de la que va por ínsulas extrañas.

ESPOSO

A las aves ligeras,
leones, ciervos, gamos saltadores,
montes, valles, riberas,
aguas, aires, ardores,
y miedos en las noches veladores,
por las amenas liras
y cantos de sirenas os conjuro,

que cesen vuestras iras,
y no toquéis al muro,
porque la Esposa duerma más seguro.
　　Entrádose ha la esposa
en el ameno huerto deseado,
y a su sabor reposa,
el cuello reclinado
sobre los dulces brazos del Amado.
　　Debajo del manzano,
allí conmigo fuiste desposada.
allí te di la mano,
y fuiste reparada
donde tu madre fuera violada.

ESPOSA

　　Nuestro lecho florido,
de cuevas de leones enlazado,
en púrpura teñido,
de paz edificado,
de mil escudos de oro coronado.
　　A zaga de tu huella
los jóvenes discurren el camino,
al toque de centella,
al adobado vino,
emisiones de bálsamo divino.
　　En la interior bodega
de mi Amado bebí, y cuando salía
por toda aquesta vega
ya cosa no sabía
y el ganado perdí que antes seguía.
　　Allí me dio su pecho,
allí me enseñó ciencia muy sabrosa,
y yo le di de hecho

a mí, sin dejar cosa,
allí le prometí de ser su esposa.
   Mi alma se ha empleado
y todo mi caudal en su servicio.
Ya no guardo ganado
ni ya tengo otro oficio;
que ya sólo en amar es mi exercicio.
   Pues ya si en el exido
de hoy más no fuere vista ni hallada,
diréis que me he perdido,
que andando enamorada
me hice perdidiza, y fui ganada.
   De flores y esmeraldas,
en las frescas mañanas escogidas,
haremos las guirnaldas,
en tu amor florecidas
y en un cabello mío entretejidas.
   En solo aquel cabello,
que en mi cuello volar consideraste,
mirástele en mi cuello
y en él preso quedaste,
y en uno de mis ojos te llagaste.
   Cuando tú me mirabas,
su gracia en mí tus ojos imprimían,
por eso me adamabas
y en eso merecían
los míos adorar lo que en ti vían.
   No quieras despreciarme,
que si color moreno en mí hallaste,
ya bien puedes mirarme
después que me miraste,
que gracia y hermosura en mí dexaste.

ESPOSO

La blanca palomica
al arca con el ramo se ha tornado,
y ya la tortolica
al socio deseado
en las riberas verdes ha hallado.
En soledad vivía,
y en soledad ha puesto ya su nido,
y en soledad la guía
a solas su querido,
también en soledad de amor herido.

ESPOSA

Gocémonos, Amado,
y vámonos a ver en su hermosura
al monte y al collado
do mana el agua pura;
entremos más adentro en la espesura.
Y luego, a las subidas
cavernas de las piedras nos iremos,
que están bien escondidas,
y allí nos entraremos
y el mosto de granadas gustaremos.
Allí me mostrarías
aquello que mi alma pretendía,
y luego me darías
allí tú, vida mía,
aquello que me diste el otro día.
El aspirar del aire,
el canto de la dulce Filomena,

el soto y su donaire,
en la noche serena,
con llama que consume y no da pena.
   Que nadie lo miraba,
Aminadab tampoco parecía,
y el cerco sosegaba,
y la caballería,
a vista de las aguas descendía.

Canciones del alma

En una noche escura,
con ansias en amores inflamada,
¡oh dichosa ventura!,
salí sin ser notada,
estando ya mi casa sosegada.
   A escuras y segura
por la secreta escala, disfrazada,
¡oh dichosa ventura!,
a escuras, en celada,
estando ya mi casa sosegada.
   En la noche dichosa,
en secreto, que nadie me veía,
ni yo miraba cosa,
sin otra luz ni guía,
sino la que en el corazón ardía.
   Aquesta me guiaba
mas cierto que la luz de mediodía,
adonde me esperaba
quien yo bien me sabía,
en parte donde nadie parecía.

   ¡Oh noche, que guiaste
oh amable más que el alborada,
Oh noche, que juntaste
Amado con amada,
amada en el Amado transforma-
   En mi pecho florido,   [da!
que entero para él solo se guar-
allí quedó dormido,   [daba,
y yo le regalaba
y el ventalle de cedros aire daba.
   El aire de la almena,
cuando ya sus cabellos esparcía,
con su mano serena
en mi cuello hería
y todos mis sentidos suspendía
   Quédeme y olvídeme,
el rostro recliné sobre el Amado,
cesó todo, y dejéme,
dejando mi cuidado
entre las azucenas olvidado.

FRANCISCO MEDRANO
(1545–1607)

No siempre fiero...

No siempre fiero el mar zahonda al barco,
ni acosa el galgo a la medrosa liebre,
ni sin que ella afloje o él se quiebre,
la cuerda siempre trae violento al arco.
    Lo que es rastrojos hoy, ayer fue charco,
frío dos horas antes lo que es fiebre;
tal vez al yugo el buey, tal al pesebre,
y no siempre severo está Aristarco.
    Todo es mudanza, y de mudanza vive
cuanto en el mar aumento de la Luna,
y en la Tierra, del Sol, vida recibe.
    Y sólo yo, sin que haya brisa alguna
con que del gozo al dulce puerto arribe,
prosigo el llanto que empecé en la cuna.

Yo vi romper...

Yo vi romper aquestas vegas llanas,
y crecer vi y romper en pocos meses
estas ayer, Sorino, rubias mieses,
breves manojos hoy de espigas canas.
    Estas vi, que hoy son pajas, más ufanas
sus hojas desplegar para que vieses
vencida la esmeralda en sus enveses,
las perlas en su haz por las mañanas.
    Nació, creció, espigó y granó en un día
lo que ves con la hoz hoy derrocado,
lo que entonces tan vivo parecía.
    ¿Qué somos pues, qué somos? Un traslado
desto, una mies, Sorino, más tardía;
y ¡a cuantos, sin granar, los ha segado!

JUAN DE TIMONEDA
(† 1583)

Canzoneta

Aquel si viene o no viene,
aquel si sale o no sale,
en los amores no tiene
contento que se le iguale.

Aquel pensar que es amado
el amante y venturoso
y tenerse por dudoso
de verse bien empleado,
si con esto se mantiene
y que el seso no resbale,
en los amores no tiene
contento que se le iguale.

Aquel mirarse de día
ella a él y él a ella,
y esperar la noche bella
y hablarle como solía;
aquel cuando se detiene
aguardando quien le vale,

en los amores no tiene
contento que se le iguale.

Aquel pensar si me ha oído,
si me ha visto por ventura,
si llegó la hora y postura
que se había constituido;
si en esperanzas se aviene
y el amor con esto sale,
todito el mundo no tiene
contento que se le iguale.

Aquellas señas que espere
que le señala la dama,
aquel ¡ce! con que le llama,
aquel decir que le quiere,
aquel sí cuando conviene
en cosa que poco vale,
en los amores no tiene
contento que se le iguale.

GASPAR GIL POLO
(† 1591)

Quien libre está

Quien libre está no viva descuidado,
que en un instante puede estar cautivo,
y el corazón helado y mas esquivo
tema de estar en llamas abrasado.
Con la alma del soberbio y elevado
tan áspero es Amor y vengativo,

LAS MIL MEJORES POESIAS DE LA LENGUA CASTELLANA

que quien sin él presume de estar vivo,
por él con muerte queda atormentado.
   Amor, que a ser cautivo me condenas,
Amor, que enciendes fuegos tan mortales,
tú que mi vida afliges y maltratas:
   maldigo desde ahora tus cadenas,
tus llamas y tus flechas, con las cuales
me prendes, me consumes y me matas.

No es ciego Amor...

   No es ciego Amor, mas yo lo soy, que guío
mi voluntad camino del tormento;
no es niño Amor, más yo que en un momento
espero y tengo miedo, lloro y río.
   Nombrar llamas de amor es desvarío,
su fuego es el ardiente y vivo intento,
sus alas son mi altivo pensamiento
y la esperanza vana en que me fío.
   No tiene Amor cadenas, ni saetas,
para aprehender y herir libres y sanos,
que en él no hay mas poder que el que le damos.
   Porque es Amor mentira de poetas,
sueño de locos, ídolo de vanos:
¡Mirad qué negro dios el que adoramos!

FERNANDEZ DE ANDRADA
(Siglo XVI)

Epístola moral a Fabio (Fragmentos)

   Fabio, las esperanzas cortesanas
prisiones son do el ambicioso muere
y donde al más astuto nacen canas.

El que no las limare o las rompiere,
ni el nombre de varón ha merecido,
ni subir al honor que pretendiere.
   El animo plebeyo y abatido
elija, en sus intentos temeroso,
primero estar suspenso que caído.
   Que el corazón entero y generoso
al caso adverso inclinara la frente
antes que la rodilla al poderoso.
   Más triunfos, más coronas dio al prudente
que supo retirarse, la fortuna,
que al que esperó obstinada y locamente.
   Esta invasión terrible e importuna
de contrarios sucesos nos espera
desde el primer sollozo de la cuna.
   Dexémosla pasar como a la fiera
corriente del gran Betis cuando airado
dilata hasta los montes su ribera.
   Aquel, entre los héroes es contado,
que el premio mereció, no quien le alcanza
por vanas consecuencias del Estado.
   Peculio propio es ya de la privanza
cuando de Astrea fue cuanto regía
con su temida espada y su balanza.
   El oro, la maldad, la tiranía
del inicuo procede y pasa al bueno.
¿Qué espera la virtud o qué confía?
... ...

   Mas precia el ruiseñor su pobre nido
de pluma y leves pajas, mas sus quejas
en el bosque repuesto y escondido,
   que halagar lisonjero las orejas
de algún príncipe insigne, aprisionado
en el metal de las doradas rejas.

Triste de aquel que vive destinado
a esa antigua colonia de los vicios,
augur de los semblantes del privado.

Cese el ansia y la sed de los oficios,
que acepta el don y burla del intento
el ídolo a quien haces sacrificios.

Iguala con la vida el pensamiento,
y no le pasarás de hoy a mañana,
ni quizá de un momento a otro momento.

... ...

¿Qué es nuestra vida más que un breve día
do apenas sale el sol cuando se pierde
en las tinieblas de la noche fría?

¿Qué más que el heno, a la mañana verde,
seco a la tarde? ¡Oh ciego desvarío!
¿Será que deste sueño me recuerde?

... ...

Pasáronse las flores del verano,
el otoño pasó con sus racimos,
pasó el invierno con sus nieves cano;

las hojas que en las altas selvas vimos
cayeron, ¡y nosotros a porfía
en nuestro engaño inmóviles vivimos!

Temamos al Señor, que nos envía
las espigas del año y la hartura
y la temprana pluvia y la tardía.

No imitemos la tierra siempre dura
a las aguas del cielo y al arado,
ni la vid cuyo fruto no madura.

¿Piensas acaso tú que fue criado
el varón para rayo de la guerra,
para surcar el piélago salado,

para medir el orbe de la tierra
y el cerco donde el sol siempre camina?
¡Oh, quien así lo entiende cuánto yerra!
... ...

Un ángulo me basta entre mis lares,
un libro y un amigo, un sueño breve,
que no perturben deudas ni pesares.
Esto tan solamente es cuanto debe
Naturaleza al simple y al discreto,
y algún manjar común, honesto y leve.
No porque así te escribo, hagas conceto
que ponga la virtud en ejercicio;
que aun esto fue difícil a Epicteto.
Basta al que empieza aborrecer el vicio
y el ánimo enseñar a ser modesto;
después le será el cielo mas propicio.
Despreciar el deleite no es supuesto
de sólida virtud, que aun el vicioso
en si propio le nota de molesto.
Mas no podrás negarme cuan forzoso
este camino sea el alto asiento,
morada de la paz y del reposo.
... ...

Quiero imitar al pueblo en el vestido,
en las costumbres sólo a los mejores,
sin presumir de roto y mal ceñido.
No resplandezca el oro y los colores
en nuestro traje, ni tampoco sea
igual al de los dóricos cantores.
... ...

Sin la templanza, ¿viste tu perfeta
alguna cosa? ¡Oh muerte!, ven callada,
como sueles venir en la saeta,

no en la tonante máquina preñada
de fuego y de rumor: que no es mi puerta
de doblados metales fabricada.

Así Fabio, me muestra descubierta
su esencia la verdad, y mi albedrío
con ella se compone y se concierta.

No te burles de ver cuanto confío
ni el arte de decir, vana y pomposa,
el ardor atribuyas de este brío.

¿Es, por ventura, menos poderosa
que el vicio la virtud? ¿Es menos fuerte?
No la arguyas de flaca y temerosa.

La codicia en las manos de la suerte
se arroja al mar, la ira a las espadas,
y la ambición se ríe de la muerte.

¿Y no serán siquiera tan osadas
las opuestas acciones si las miro
de mas ilustres genios ayudadas?

Ya, dulce amigo, huyo y me retiro
de cuanto simple amé: rompí los lazos.
Ven y veras al alto fin que aspiro
antes que el tiempo muera en nuestros brazos.

JUAN LOPEZ DE UBEDA
(† hacia 1596)

Romance de un alma que desea el perdón

Yo me iba, ¡ay Dios mío!,
a Ciudad Reale;
errara el camino
en fuerte lugare.

Salí zagaleja
de en cas de mi madre,
en la edad pequeña
y en la dicha grande.

Un galán hermoso
me topó en la calle,
y el cabello en grenchas
pude enamorarle.

Por ser él quien era
gustó de criarme,
porque yo de mío
no diz que era nadie.

Llevóme a su casa,
hizo que me laven
con agua de rostros,
que hermosos hacen.

Diome ropa limpia,
quedé como un ángel,
y tal gracia tuve,
que pude agradarle.

De palmilla verde,
me hiciera un briale,
paño de esperanza,
que gran precio vale.

Diome unos corpiños
de grana flamante,
porque en amor suyo
con ellos me inflame.

De fe unos zarcillos
porque se la guarde,
y en fe de su amor,
patena y corales.

De oro una sortija
y otra de azabache,
de amor y temor,
porque tema y ame.

Las jervillas justas,
porque justo calce,

porque en buenos pasos
y con gracia ande.

Hizo que a su lado
con él me sentase,
para que a su mesa
comiese y cenase.

Hizo que me sirvan
sus mismos manjares,
su plato y su copa,
su vino y su pane.

El mejor bocado
tal vez vi quitarse
de su misma boca
para regalarme.

Tal vez, ¡ay Dios mío!,
le vi, por amarme,
quedarse clavado,
y muerto quedarse.

Abrióme su pecho,
donde me asomase
al corazón suyo
adonde me atrae.

Dejóme un custodio
que me vele y guarde,
y me lleve en palmas
hasta Ciudad Reale.

Por pecados míos,
que deben ser graves,
yo errara el camino
en fuerte lugare.

Pienso, ausente hermoso,
si no es que me engañe,
que de nuevo el pecho
mi dolor os abre.

Galán de mi alma,
mi Dios perdonadme,
porque en vuestro nombre,
mi Jesús me salve.

Llevadme con vos
hasta Ciudad Reale;
no errare el camino
en fuerte lugare.

LUIS BARAHONA DE SOTO
(1548–1595)

Ve, suspiro caliente...

Ve, suspiro caliente, al pecho frío
de aquella viva piedra por quien muero;
cual libre va de culpa el mensajero,
aunque no sé a que parte, aun siendo mío.
Loarte has que en extraño señorío
entraste mis querellas tú el primero,
y que ablandaste un corazón de acero,
que se templó en mis ojos, hechos río.
Seguro vas, pues el amor te guía,
y más llevando nuevas de mi muerte
adonde buscan gloria con mis daños.
Quizá entrará el amor do no solía,
y con el fin de mis pasados años
comenzarán los buenos de mi suerte.

ALONSO DE BARROS
(1552–1604)

Proverbios morales (Fragmento)

Cuanto más lo considero,
más me lastima y congoja
ver que no se muda hoja
que no me cause algún daño;

aunque, si yo no me engaño,
todos jugamos un juego,
y un mismo desasosiego
padecemos sin reposo;

pues no tengo por dichoso
al que el vulgo se lo llama,
ni por verdadera fama
la voz de solos amigos.
   Ni por fieles testigos
los que son apasionados.
   Ni tampoco por honrados
los que no son virtuosos.
   Ni los que son envidiosos
por vecinos de codicia.
   Ni pienso que hará justicia
el que no tiene conciencia.
   Ni al que le falta experiencia
tendré por buen consejero.
   Ni capitán que presuma
de serlo, no estando alerta.
   Ni el cobarde hallará puerta
segura para escaparse.
   Ni acertará a disculparse
el que hiciere cosa fea.
   Ni tiene cebo el amor
como amar y ser amado.
   Ni más infelice estado
que es el falto de esperanza.
   Ni hay quien tenga vida larga

que no tenga larga pena.
   Ni es sabio el que se condena
por culpa que otro merece.
   Ni puede un engaño estar
por mucho tiempo ocultado.
   Ni hay hombre muy descuidado
que también no sea perdido.
  … … … … … … … … … … … …
   Ni más cierto y deleitoso
amigo que el libro bueno.
   Ni sabio que en vicio ajeno,
para el suyo no escarmiente.
   Ni falta jamás qué hacer
al que bien quiere ocuparse.
   Ni puede alguno librarse
de envidia o de menosprecio.
   Ni hay provecho cual gastar
bien el tiempo antes que acabe.
   Ni sabe poco el que sabe
vencer su dificultad.
   Ni tan ligera saeta
como el pensamiento humano.
   Ni más bárbaro tirano
que el que con muerte castiga.
  … … … … … … … … … … … … …

FRANCISCO DE LA TORRE
(Fines del siglo XVI)

Oda

Tirsis, ¡ah Tirsis!, vuelve y endereza
tu navecilla contrastada y frágil
a la seguridad del puerto; mira
que se te cierra el cielo.

El frío bóreas, y el ardiente Noto,
apoderados de la mar insana,
anegaron agora en este piélago
  una dichosa nave.
Clamó la gente mísera, y el cielo
escondió los clamores y gemidos
entre los rayos y espantosos truenos,
  de su turbada cara.
¡Ay!, que me dice tu animoso pecho
que tus atrevimientos mal regidos
te ordenan según caso desastrado
  al romper de tu Oriente.
No ves, cuitado, que el hinchado Noto
trae en sus remolinos polvorosos
las imitadas mal seguras alas
  de un atrevido mozo.
No ves que la tormenta rigurosa
viene del abrasado monte, donde
yace muriendo vivo el temerario
  Encélado y Tifeo.
Conoce, desdichado, tu fortuna,
Y prevén a tu mal, que la desdicha
revenida con tiempo no penetra
  tanto como la súbita.
¡Ay!, que te pierdes; vuelve, Tirsis, vuelve
tierra, tierra, que brama tu navío
hecho prisión, y cueva sonorosa
  de los hinchados vientos.
Allá se avenga el mar, allá se avengan
los mal regidos súbditos del fiero
Eolo, con soberbios navegantes
  que su furor desprecian.
Miremos la tormenta rigurosa
dende la playa, que el airado cielo
menos se encruelece de contino
  con quien se anima menos.

La cierva

Doliente cierva, que el herido lado
de ponzoñosa y cruda yerba lleno,
buscas el agua de la fuente pura,
con el cansado aliento y con el seno
bello de la corriente sangre hinchado,
débil y decaída tu hermosura:
¡ay!, que la mano dura
que tu nevado pecho
ha puesto en tal estrecho,
gozosa va con tu desdicha cuando
cierva mortal, viviendo, estás penando
tu desangrado y dulce compañero,
el regalado y blando
pecho pasado del veloz montero.

Vuelve, cuitada, vuelve al valle, donde
queda muerto tu amor, en vano dando
términos desdichados a tu suerte.
Morirás en su seno, reclinando
la beldad, que la cruda mano esconde
delante de la nube de la muerte.
Que el paso duro y fuerte,
ya forzoso y terrible,
no puede ser posible
que le excusen los cielos, permitiendo
crudos astros que muera padeciendo
las asechanzas de un montero crudo,
que te vino siguiendo
por los desiertos de este campo mudo.

Mas, ¡ay!, que no dilatas la inclemente
muerte, que en tu sangriento pecho llevas,
del crudo amor vencido y maltratado:
tú con el fatigado aliento pruebas

a rendir el espíritu doliente
en la corriente de este valle amado.
Que el ciervo desangrado,
que contigo la vida
tuvo por bien perdida,
no fué tan poco de tu amor querido,
que habiendo tan cruelmente padecido,
quieras vivir sin él, cuando pudieras
librar el pecho herido
de crudas llagas y memorias fieras.
   Cuando por la espesura deste prado
como tórtolas solas y queridas,
solos y acompañados anduvistes:
cuando de verde mirto y de floridas
violetas, tierno acanto y lauro amado,
vuestras frentes bellísimas ceñistes:
cuando las horas tristes,
ausentes y queridos,
con mil mustios bramidos
ensordecisteis la ribera umbrosa
del claro Tajo, rica y venturosa
con vuestro bien, con vuestro mal sentida,
cuya muerte penosa
no deja rastro de contenta vida.
   Agora el uno, cuerpo muerto lleno
de desdén y de espanto, quien solía
ser ornamento de la selva umbrosa:
tú, quebrantada y mustia, al agonía
de la muerte rendida, el bello seno
agonizando, el alma congojosa:
cuya muerte gloriosa,
ni los ojos de aquellos
cuyos despojos bellos
son victorias del crudo amor furioso,

martirio fué de amor, triunfo glorioso
con que corona y premia dos amantes
que del siempre rabioso
trance mortal salieron muy triunfantes.

Canción, fábula un tiempo, y acaso agora
de una cierva doliente, que la dura
flecha del cazador dejó sin vida,
errad por la espesura
del monte, que de gloria tan perdida
no hay sino lamentar su desventura.

BALTASAR DEL ALCAZAR
(1530–1606)

Una cena

En Jaén, donde resido,
vive don Lope de Sosa,
y diréte, Inés, la cosa,
más brava de él que has oído.

Tenía este caballero
un criado portugués...
Pero cenemos, Inés,
si te parece, primero.

La mesa tenemos puesta,
lo que se ha de cenar junto,
las tazas del vino a punto:
falta comenzar la fiesta.

Comience el vinillo nuevo
y échole la bendición;
yo tengo por devoción
de santiguar lo que bebo.

Franco, fue, Inés, este toque,
pero arrójame la bota;
vale un florín cada gota
de aqueste vinillo aloque.

¿De qué taberna se traxo?
Mas ya..., de la del Castillo
diez y seis vale el cuartillo
no tiene vino más baxo.

Por nuestro Señor, que es mi-
la taberna de Alcocer;   [na
grande consuelo es tener
la taberna por vecina.

Si es o no invención moderna,
vive Dios que no lo sé,
pero delicada fue
la invención de la taberna.

Porque allí llego sediento,
pido vino de lo nuevo,
mídenlo, dánmelo, bebo,
págolo y voyme contento.

Esto, Inés, ello se alaba
no es menester aballo;
solo una falta le hallo:
que con la priesa se acaba.
    La ensalada y salpicón
hizo fin: ¿qué viene ahora?
La morcilla, ¡oh gran señora,
digna de veneración!
    ¡Qué oronda viene y que bella!
¡Qué través y enjundia tiene!
Paréceme, Inés, que viene
para que demos en ella.
    Pues, sus, encójase y entre
que es algo estrecho el camino
No eches agua, Inés, al vino
no se escandalice el vientre.
    Echa de lo trasañejo,
porque con mas gusto comas,
Dios te guarde, que así tomas,
como sabia mi consejo.
    Mas di, ¿no adoras y aprecias
la morcilla ilustre y rica?
¡Cómo la traidora pica;
tal debe tener especias!
    ¡Qué llena está de piñones!
Morcilla de cortesanos,
y asada por esas manos
hechas a cebar lechones.
    El corazón me revienta
de placer; no sé de ti.
¿Cómo te va? Yo, por mí,
sospecho que estás contenta.
    Alegre estoy, vive Dios;
mas oye un punto sutil:

¿no pusiste allí un candil?
¿Cómo me parecen dos?
    Pero son preguntas viles;
ya sé lo que puede ser:
con este negro beber
se acrecientan los candiles.
    Probemos lo del pichel,
alto licor celestial
no es el aloquillo tal,
ni tiene que ver con él.
    ¡Qué suavidad! ¡Que clareza!
¡Qué rancio gusto y olor!
¡Qué paladar! ¡Qué color!
¡Todo con tanta fineza!
    Mas el queso sale a plaza
la moradilla va entrando,
y ambos vienen preguntando
por el pichel y la taza.
    Prueba el queso, que es extre-
el de Pinto no le iguala;   [mo,
pues la aceituna no es mala
bien puede bogar su remo.
    Haz, pues, Inés, lo que sueles
daca de la bota llena
seis tragos; hecha es la cena,
levántense los manteles.
    Ya que, Inés, hemos cenado
tan bien y con tanto gusto,
parece que será justo
volver al cuento pasado.
    Pues sabrás, Inés hermana,
que el portugués cayó enfermo.
Las once dan, yo me duermo:
quédese para mañana.

Su modo de vivir en la vejez

Deseáis, señor Sarmiento,
saber en estos mis años,
sujetos a tantos daños,
cómo me porto y sustento.

Yo os lo diré en brevedad,
porque la historia es bien breve,
y el daros gusto se os debe
con toda puntualidad.

Salido el sol por Oriente
de rayos acompañado,
me dan un huevo pasado
por agua, blando y caliente.

Con dos tragos del que suelo
llamar yo néctar divino,
y a quien otros llaman vino
porque nos vino del cielo.

Cuando el luminoso vaso
toca en la meridional,
distando por un igual
del Oriente y del Ocaso,

me dan asada y cocida
una gruesa y gentil ave,
con tres veces del suave
licor que alegra la vida.

Después que cayendo, viene
a dar en el mar Hesperio,
desamparado el imperio
que en este horizonte tiene,

me suelen dar a comer
tostadas en vino mulso,
que el enflaquecido pulso
restituyen a su ser.

Luego me cierran la puerta,
yo me entrego al dulce sueño,
dormido, soy de otro dueño:
no sé de mí nueva cierta.

Hasta que, habiendo sol nuevo
me cuentan cómo he dormido:
y así de nuevo les pido
que me den néctar y huevo.

Ser vieja la casa es esto:
veo que se va cayendo,
voile puntales poniendo
porque no caiga tan presto.

Mas todo es vano artificio;
presto me dicen mis males
que han de faltar los puntales
y allanarse el edificio.

Preso de amores

Tres cosas me tienen preso
de amores el corazón:
la bella Inés, el jamón
y berenjenas con queso.

Esta Inés, amante, es
quien tuvo en mí tal poder,
que me hizo aborrecer
todo lo que no era Inés,

Trájome un año sin seso,
hasta que en una ocasión
me dio a merendar jamón
y berenjenas con queso.
    Fue de Inés la primer palma,
pero ya juzgase mal
entre todos ellos cual
tiene mas parte en mi alma.
    En gusto, medida y peso
no le hallo distinción:

ya quiero Inés, ya jamón,
ya berenjenas con queso.
    Alega Inés su beldad,
el jamón que es de Aracena,
el queso y la berenjena
la española antigüedad.
    Y está tan fiel en el peso,
que, juzgando sin pasión,
todo es uno: Inés, jamón
y berenjenas con queso.

PABLO DE CESPEDES
(1538–1603)

Duración de la tinta (fragmento del «El arte de la pintura»)

Tiene la eternidad ilustre asiento,
en este humor, por siglos infinitos,
no el oro o el bronce, ni ornamento
vario, ni en los colores exquisitos:
la vaga fama con robusto aliento
en él esparce los canoros gritos
con que celebra las famosas lides,
desde la India a la ciudad de Alcides ...
Los soberbios alcázares alzados
en los latinos montes hasta el cielo,
anfiteatros y arcos levantados
de poderosa mano y noble celo,
por tierra desparcidos y asolados
son polvo ya que cubre el yermo suelo;
de su grandeza apenas la memoria
vive y el nombre de pasada gloria ...

Todo se anega en el Estigio lago:
oro esquivo, nobleza, ilustres hechos;
el ancho imperio de la gran Cartago
tuvo su fin con los soberbios techos:
sus fuertes muros de espantoso estrago
sepultados encierra en sí y deshechos
el espacioso puerto, donde suena
ahora el mar en la desierta arena ...

¡Cuantas obras la tierra avara esconde,
que ya ceniza y polvo las contemplo!
¿Dónde el bronce labrado y oro, y dónde
atrios y gradas del asirio templo,
al cual de otro gran rey nunca responde
de alta memoria peregrino ejemplo?
Solo el decoro que el ingenio adquiere
se libra de morir o se difiere.

No creo que otro fuese el sacro río
que al vencedor Aquiles y ligero
le hizo el cuerpo con fatal rocío
impenetrable al homicida acero,
que aquella trompa y sonoroso brío
del claro verso del eterno Homero,
que viviendo en la boca de la gente
ataja de los siglos la corriente. ...

MIGUEL DE CERVANTES SAAVEDRA
(1547–1616)

Viaje al Parnaso (Fragmento)

Arrojóse mi vista a la campaña
rasa del mar, que truxo a mi memoria
del heroyco Don Juan la heroyca hazaña,

donde con alta de soldados gloria,
y con propio valor y ayrado pecho
tuve, aunque humilde, parte en la victoria.
    Allí, con rabia y con mortal despecho,
el otomano orgullo vio su brío hollado
y reducido a pobre estrecho ...

(Mercurio a Cervantes)

Bien sé que en la Naval dura palestra
perdiste el movimiento de la mano
izquierda, para gloria de la diestra.
    Y sé que aquel instinto sobrehumano,
que de raro inventor tu pecho encierra,
no te la ha dado el padre Apolo en vano.
    Tus obras los rincones de la tierra,
llevándola[s] en grupa Rozinante
descubren, y en la enbidia mueuen guerra.
    Pasa, raro inuentor, passa adelante
con tu sotil desinio, y presta ayuda
a Apolo, que la tuya es importante,
    antes que el esquadrón vulgar acuda
de mas de veynte mil sietemesinos
poetas, que de serlo están en duda ...

(Elogio a Góngora)

Aquel que tiene de escribir la llaue,
con gracia y agudeza en tanto estremo,
que su ygual en el orbe no se sabe;
    es don Luis de Góngora, a quien temo
agrauiar en mis cortas alabanças,
aunque las suba al grado más supremo.

(Cervantes de sí mismo dice:)

Yo corté con mi ingenio aquel vestido
con que al mundo la hermosa *Galatea*
salió para librarse del oluido.
 Soy por quien *La Confusa,* nada fea,
pareció en los teatros admirable
si esto a su fama es justo se le crea.
 Yo, con mi estilo en parte razonable,
he compuesto comedias que, en su tiempo,
tuuieron de lo grave y de lo afable.
 Yo he dado en *Don Quixote* passatiempo
al pecho melancólico y mohíno,
en cualquiera sazón, en todo tiempo.
 Yo he abierto en mis *Nouelas* un camino
por do la lengua castellana puede
mostrar con propiedad vn desatino.
 Yo soy aquel que en la inuención excede
a muchos, y, al que falta en esta parte,
es fuerça que su fama falta quede.
 Desde mis tiernos años amé al arte
dulce de la agradable poesía,
y en ella procuré siempre agradarte.
 Nunca voló la humilde pluma mía
por la región satírica, baxeza
que a infames premios y desgracias guía.
 Yo el soneto compuse que assí empieça
por honra principal de mis escritos:
Boto a Dios que me espanta esta grandeza.
 Yo he compuesto romances infinitos,
y el *de los zelos* es aquel que estimo,
entre otros, que los tengo por malditos.
 Por esto me congoxo y me lastimo
de verme solo en pie, sin que se aplique
árbol que me conceda algún arrimo.

Yo estoy, cual decir suelen, puesto a pique
para dar a la estampa el gran Persiles
con que mi nombre y obras multiplique.
   Yo en pensamientos castos y sotiles,
dispuestos en sonetos de a dozena,
he honrado tres sugetos fregoniles.

Ovillejos (del «Quijote»)

   ¿Quién menoscaba mis bienes?
      Desdenes!
  ¿Y quién aumenta mis duelos?
      Los celos!
  ¿Y quien prueba mi paciencia?
      Ausencia!
De este modo en mi dolencia
ningún remedio me alcanza,
pues me matan la esperanza,
desdenes, celos y ausencia.
   ¿Quien me causa este dolor?
      Amor!
  ¿Y quién mi gloria repuna?
      Fortuna!
  ¿Y quien consiente mi duelo?
      El cielo!
De este modo yo recelo
morir deste mal extraño,
pues se aúnan en mi daño
amor, fortuna y el cielo.
   ¿Quién mejorara mi suerte?
      La muerte!
Y el bien de amor, ¿quién le alcanza?
      Mudanza!
Y sus males, ¿quien los cura?
      Locura!

De ese modo no es cordura
querer curar la pasión,
cuando los remedios son
muerte, mudanza y locura.

Al túmulo del rey Felipe II en Sevilla
Soneto

Voto a Dios que me espanta esta grandeza
y que diera un doblón por describilla;
porque ¿a quién no sorprende y maravilla
esta máquina insigne, esta riqueza?
Por Jesucristo vivo, cada pieza
vale más de un millón, y que es mancilla
que esto no dure un siglo, ¡oh gran Sevilla!
Roma triunfante en ánimo y nobleza
Apostaré que el ánima del muerto
por gozar este sitio hoy ha dejado
la gloria donde vive eternamente.
Esto oyó un valentón, y dijo: – Es cierto
cuanto dice voacé, señor soldado.
Y el que dijere lo contrario, miente.
Y luego incontinente
caló el chapeo, requirió la espada,
miró al soslayo, fuése, y no hubo nada.

Soneto–oración (de la «Gran Sultana»)

A ti me vuelvo, gran Señor, que alzaste,
a costa de tu sangre y de tu vida
la mísera de Adán primer caída
y adonde él nos perdió, Tú nos cobraste.
A Ti, Pastor bendito, que buscaste
de las cien ovejuelas la perdida,

y hallándola del lobo perseguida,
sobre tus hombros santos te la echaste.
   A ti me vuelvo en mi aflicción amarga
y a Ti toca, Señor, el darme ayuda
que soy cordera de tu aprisco ausente
   y temo que a carrera corta o larga
cuando a mi daño tu favor no acuda
me ha de alcanzar esta infernal serpiente.

VICENTE ESPINEL
(1550–1624)

Letrilla

   Contentamientos pasados,
¿qué queréis?
Dejadme, no me canséis.
   Contentos cuya memoria
a cruel muerte condena,
idos de mí enhorabuena,
y pues que no me dais gloria
no vengáis a darme pena.
   Ya están los tiempos trocados,
mi bien llevóselo el viento,
no me deis ya más cuidados,
que son para más tormentos,
contentamientos pasados.
No me os mostréis lisonjeros,
que no habéis de ser creídos,
ni me amenacéis con fieros,
porque el temor de perderos

le perdí en siendo perdidos,
y si acaso pretendéis
cumplir vuestra voluntad
con mi muerte bien podéis
matarme; y si no mirad
¿qué quereis?

   Si dar disgusto y desdén
es vuestro propio caudal,
sabed que he quedado tal
que aún no me ha dejado el bien
de suerte que sienta el mal;
mas con todo, pues me habéis
dejado y estoy sin vos,
¡paso!, ¡no me atormentéis!
Contentos, idos con Dios,
Dejadme, no me canséis.

LUPERCIO LEONARDO DE ARGENSOLA
(1559–1613)

A la esperanza (Fragmento)

Alivia sus fatigas
el labrador cansado
cuando su yerta barba escarcha cubre,
pensando en las espigas
del agosto abrasado
y en los lagares ricos del otubre;
la hoz se le descubre
cuando el arado apaña,
y con dulces memorias le acompaña.
    Carga de hierro duro
sus miembros, y se obliga
el joven al trabajo de la guerra.
Huye ocio seguro,
trueca por la enemiga
su dulce, natural y amiga tierra;
mas cuando se destierra
o al asalto acomete,
mil triunfos y mil glorias se promete.
    La vida al mar confía,
y a dos tablas delgadas,
el otro, que del oro está sediento.
Escóndesele el día
y las olas hinchadas
suben a combatir el firmamento;
él quita el pensamiento
de la muerte vecina
y el oro le pone y en la mina.
    Dexa el lecho caliente
con la esposa dormida
el cazador solícito y robusto.

Sufre el cierzo inclemente,
la nieve endurecida
y tiene en su afán, por premio justo,
interrumpir el gusto
y la paz de las fieras
en vano cautas, fuertes y ligeras.
 Premio y cierto fin tiene
cualquier trabajo humano,
y el uno llama al otro sin mudanza;
el invierno entretiene
la opinión del verano,
y un tiempo sirve al otro de templanza.
El bien de la esperanza
solo quedó en el suelo,
cuando todos huyeron para el cielo.
 Si la esperanza quitas,
¿qué le dejas al mundo?
Su máquina disuelves y destruyes;
todo lo precipitas
en olvido profundo,
y del fin natural, Flérida, huyes.
Si la cerviz rehuyes
de los brazos amados,
¿qué premio piensas dar a los cuidados?
 Amor, en diferentes
géneros dividido,
él publica su fin, y quien le admite.
Todos los accidentes
de un amante atrevido
(niéguelo o disimúlelo) permite.
Limite pues, limite
la vana resistencia;
que, dada la ocasión, todo es licencia.

Al Sueño

Imagen espantosa de la muerte,
sueño cruel, no turbes mas mi pecho,
mostrándome cortado el nudo estrecho,
consuelo sólo de mi adversa suerte.
    Busca de algún tirano el muro fuerte,
de jaspe las paredes, de oro el techo,
o el rico avaro en el angosto lecho,
haz que temblando con sudor despierte.
    El uno vea el popular tumulto
romper con furia las herradas puertas,
o al sobornado siervo el hierro oculto.
    El otro sus riquezas, descubiertas
con llave falsa o con violento insulto,
y déxale al amor sus glorias ciertas.

La vida en el campo

Llevó tras sí los pámpanos otubre
y con las grandes lluvias insolente,
no sufre Ibero márgenes ni puente,
mas antes los vecinos campos cubre.
    Moncayo, como suele, ya descubre
coronada de nieve la alta frente;
y el sol apenas vemos en Oriente,
cuando la opaca tierra nos lo encubre.
    Sienten el mar y selvas ya la saña
del Aquilón, y encierra su bramido
gente en el puerto y gente en la cabaña.
    Y Fabio, en el umbral de Tais tendido,
con vergonzosas lágrimas lo baña,
debiéndolas al tiempo que ha perdido.

JOSEPH DE VALDIVIELSO
(1560?–1638)

A una conversión

Lágrimas del alma
ya se despeñan
de las altas torres
de su dureza.
  Vila endurecida
mas que un mármol fuerte,
buscando su muerte
y huyendo su vida.
  Dios, que no la olvida,
llama a la puerta
de las altas rocas
de su dureza.
  A su puerta llama,
y dejando el lecho,
del mármol del pecho
dos fuentes derrama:
y Dios, que las ama,
llega a beberlas,

de las altas rocas
de su dureza.
  Entre el blanco velo,
Dios la viene a ver,
tráela de comer
el pan de su cielo,
convierte su hielo
en lágrimas tiernas,
de las altas rocas
de su dureza.
  Lágrimas descienden
sobre sus enojos,
y desde sus ojos
los de Dios encienden;
las manos le prenden,
porque hasta Dios llegan,
de las altas rocas
de su dureza.

LUIS DE GONGORA
(1561–1627)

Angélica y Medoro

En un pastoral albergue
que la guerra entre unos robles
lo dexó por escondido
o lo perdonó por pobre,

do la paz viste pellico
y conduce entre pastores
ovejas del monte al llano
y cabras del llano al monte,

mal herido y bien curado,
se alberga un dichoso joven,
que sin clavarle Amor flecha
le coronó de favores.

Las venas con poca sangre,
los ojos con mucha noche,
lo halló en el campo aquella
vida y muerte de los hombres.

Del palafrén se derriba,
no porque al moro conoce,
sino por ver que la yerba
tanta sangre paga en flores.

Límpiale el rostro, y la mano
siente al Amor que se esconde
tras las rosas, que la muerte
va violando sus colores.

Escondióse tras las rosas,
porque labren sus arpones
el diamante del Catay
con aquella sangre noble.

Ya la regala los ojos,
ya le entra, sin ver por dónde,
una piedad mal nacida
entre dulces escorpiones.

Ya es herido el pedernal,
ya despide al primer golpe
centellas de agua, ¡oh piedad,
hija de padres traidores!

Yerbas le aplica a sus llagas,
que si no sanan entonces
en virtud de tales manos
lisonjean los dolores.

Amor le ofrece su venda,
mas ella sus velos rompe

para ligar sus heridas;
los rayos del sol perdonen.

Los últimos nudos daba
cuando el cielo la socorre
de un villano en una yegua
que iba entrando en el bosque.

Enfrénanle de la bella
las tristes piadosas voces,
que los firmes troncos mueven
y las sordas piedras oyen;

y la que mejor se halla
en las selvas que en la corte
simple bondad, al pío ruego,
cortésmente corresponde.

Humilde se apea el villano
y sobre la yegua pone
un cuerpo con poca sangre,
pero con dos corazones.

A su cabaña los guía
que el sol deja su horizonte
y el humo de su cabaña
le va sirviendo de norte.

Llegaron temprano a ella
do una labradora acoge
un mal vivo con dos almas
una ciega con dos soles.

Blando heno en vez de pluma
para lecho les compone,
que será tálamo luego
do el garzón sus dichas logre.

Las manos, pues, cuyos dedos
desta vida fueron dioses
restituyen a Medoro
salud nueva, fuerzas dobles,

y le entregan, cuando menos,
su beldad y un reino en dote,
segunda envidia de Marte,
primera dicha de Adonis.

Corona un lascivo enjambre
de cupidillos menores
la choza, bien como abejas
hueco tronco de alcornoque.

¡Qué de nudos le está dando
a un áspid la envidia torpe,
contando de las palomas
los arrullos gemidores!

¡Qué bien la destierra Amor,
haciendo la cuerda azote,
porque el caso no se infame
y el lugar no se inficione!

Todo es gala el africano,
su vestido espira olores,
el lunado arco suspende
y el corvo alfange depone.

Tórtolas enamoradas
son sus roncos atambores
y los volantes de Venus
sus bien seguidos pendones.

Desnudo el pecho anda ella;
vuela el cabello sin orden;
si lo abrocha, es con claveles;
con jazmines, si le coge.

El pie calza en lazos de oro
porque la nieve se goce,
y no se vaya por pies
la hermosura del orbe.

Todo sirve a los amantes,
plumas les baten veloces,
airecillos lisonjeros,
si no son murmuradores.

Los campos les dan alfombras
los árboles pabellones,
la apacible fuente sueño,
música los ruiseñores.

Los troncos les dan cortezas
en que se guarden sus nombres
mejor que en tablas de mármol
o que en láminas de bronce.

No hay verde fresno sin letra,
ni blanco chopo sin mote;
si un valle *Angélica* suena,
otro, *Angélica* responde.

Cuevas do el silencio apenas
deja que sombras las moren,
profanan con sus abrazos
a pesar de sus horrores

Choza, pues tálamo y lecho,
contestes destos amores,
el cielo os guarde si puede,
de las locuras del Conde.

Romance

Servía en Orán al rey
un español con dos lanzas,
y con el alma y la vida
a una gallarda africana.

tan noble como hermosa,
tan amante como amada,
con quien estaba una noche
cuando tocaron la alarma.

Trescientos Zenetes eran
deste rebato la causa;
que los rayos de la luna
descubrieron las adargas;
  las adargas avisaron
a las mudas atalayas,
las atalayas los fuegos,
los fuegos a las campanas;
  y ellas al enamorado,
que en los brazos de su dama
oyó el militar estruendo
de las trompas y las cajas.
  Espuelas de honor le pican
y freno de amor le para;
no salir es cobardía,
ingratitud es dejalla.
  Del cuello pendiente ella,
viéndole tomar la espada,
con lágrimas y suspiros
le dice aquestas palabras:
  «Salid al campo señor
bañen mis ojos la cama,

que ella me será también,
sin vos, campo de batalla.
  »Vestíos y salid apriesa,
que el general os aguarda;
yo os hago a vos mucha sobra
y vos a él mucha falta.
  »Bien podéis salir desnudo,
pues mi llanto no os ablanda;
que tenéis de acero el pecho
y no habéis menester armas.
  Viendo el español brioso
cuánto le detiene y habla,
le dice así: «Mi señora
tan dulce como enojada,
  porque con honra y amor
yo me quede, cumpla y vaya;
vaya a los moros el cuerpo,
y quede con vos el alma.
  »Concededme, dueña mía,
licencia para que salga
al rebato en vuestro nombre,
y en vuestro nombre combata.»

«Entre los sueltos caballos...»

  Entre los sueltos caballos
de los vencidos Zenetes,
que por el campo buscaban,
entre lo rojo lo verde,
  aquel español de Orán
un suelto caballo prende,
por sus relinchos lozano
y por sus cernejas fuerte

  para que lo lleve a él
y a un moro cautivo lleve,
que es uno que ha cautivado,
capitán de cien Zenetes.
  En el ligero caballo
suben ambos, y él parece
de cuatro espuelas herido,
que cuatro vientos lo mueven.

Triste camina el alarbe,
y lo mas bajo que puede
ardientes suspiros lanza
y amargas lágrimas vierte.

Admirado el español
de ver cada vez que vuelve
que tan tiernamente llore
quien tan duramente hiere,
con razones le pregunta,
comedidas y corteses,
de sus suspiros la causa,
si la causa lo consiente.

El cautivo, como tal,
sin excusarlo, obedece,
y a su piadosa demanda
satisface desta suerte:

«Valiente eres, capitán,
y cortés como valiente,
por tu espada y por tu trato
me has cautivado dos veces.

«Preguntado me has la causa
de mis suspiros ardientes,
y débote la respuesta
por quien soy y por quien eres.

»Yo nací en Gelves el año
que os perdisteis en los Gelves,
de una berberisca noble
y de un turco mata-siete.

»En Tremecén me crié
con mi madre y mis parientes
después que murió mi padre,
corsario de tres bajeles.

Junto a mi casa vivía,
porque más cerca muriese,

una dama del linaje
de los nobles Melioneses.

»Extremo de las hermosas,
cuando no de las crueles,
hija al fin destas arenas
engendradoras de sierpes.

»Era tal la su hermosura,
que se hallarían claveles
más ciertos en sus dos labios
que en los dos floridos meses.

»Cada vez que la miraba
salía el sol por su frente,
de tantos rayos vestido
cuantos cabellos contiene.

»Juntos así nos criamos,
y Amor en nuestras niñeces
hirió nuestros corazones
con arpones diferentes.

»Labró el oro en mis entrañas
dulces lazos, tiernas redes,
mientras el plomo en las suyas
libertades y desdenes.

»Mas, ya la razón sujeta,
con palabras me requiere
que su crueldad perdone
y de su beldad me acuerde;

»y apenas vide trocada
la dureza de esta sierpe,
cuando tú me cautivaste:
mira si es bien que lamente.

Esta, español, es la causa
que a llanto pudo moverme;
mira si es razón que llore
tantos males juntamente.»

Conmovido el capitán
de las lágrimas que vierte,
parando el veloz caballo,
que paren sus males quiere.
»Gallardo moro, le dice,
si adoras como refieres,
y si como dices amas,
dichosamente padeces.
»¿Quién pudiera imaginar
viendo tus golpes crueles,
que cupiera alma tan tierna
en pecho tan duro y fuerte?
»Si eres del Amor cautivo,
desde aquí puedes volverte;
que me pedirán por robo
lo que entendí que era suerte.
»Y no quiero por rescate
que tu dama me presente

ni las alfombras más finas
ni las granas mas alegres.
»Anda con Dios, sufre y ama,
y vivirás si lo hicieres,
con tal que cuando la veas
pido que de mí te acuerdes.»
Apeóse del caballo,
y el moro tras él desciende,
y por el suelo postrado,
la boca a sus pies ofrece.
»Vivas mil años, le dice,
noble capitán valiente,
que ganas más con librarme
que ganaste con prenderme.
»Alá se quede contigo
y te dé victoria siempre
para que extiendas tu fama
con hechos tan excelentes.»

«Ande yo caliente...»

Ande yo caliente,
y ríase la gente.
Traten otros del gobierno
del mundo y sus monarquías,
mientras gobiernan mis días
mantequillas y pan tierno,
y las mañanas de invierno
naranjada y aguardiente,
y ríase la gente.
Coma en dorada vajilla
príncipe con mil cuidados
como píldoras dorados:
que yo en mi pobre mesilla

quiero mas una morcilla
que en el asador reviente,
y ríase la gente.
Cuando cubra las montañas
de blanca nieve el enero,
tenga yo lleno el brasero
de bellotas y castañas,
y quien las dulces patrañas
del rey que rabió me cuente,
y ríase la gente.
Busque muy enhorabuena
el mercader nuevos soles;
yo, conchas y caracoles

entre la menuda arena,
escuchando a Filomena
sobre el chopo de la fuente,
y ríase la gente.

Pase a medianoche el mar
y arda en amorosa llama
Leandro por ver su dama;
que yo más quiero pasar
del golfo de mi lagar

la blanca o roja corriente,
y ríase la gente.

Pues Amor es tan cruel
que de Píramo y su amada
hace tálamo una espada,
do se junten ella y él
sea mi Tisbe un pastel,
y la espada sea mi diente,
y ríase la gente.

«La más bella niña»

La más bella niña
de nuestro lugar,
hoy viuda y sola
y ayer por casar,
viendo que sus ojos
a la guerra van,
a su madre dice
que escucha su mal:
Dexadme llorar,
a orillas del mar.

Pues me diste, madre,
en tan tierna edad
tan corto el placer,
tan largo el penar,
y me cautivastes
de quien hoy se va
y lleva las llaves
de mi libertad.
Dexadme llorar,
a orillas del mar.

En llorar conviertan
mis ojos de hoy más
el sabroso oficio
del dulce mirar,

pues que no se pueden
mejor ocupar
yéndose a la guerra
quien era mi paz.
Dexadme llorar,
a orillas del mar.

No me pongáis freno
ni queráis culpar,
que lo uno es justo
lo otro por demás.
Si me queréis bien
no me hagáis el mal
harto peor fue
morir y callar.
Dexadme llorar,
a orillas del mar.

Dulce madre mía,
¿quien no llorará,
aunque tenga el pecho
como un pedernal,
y no dará voces
viendo marchitar
los más verdes años
de mi mocedad?

Dexadme llorar,
a orillas del mar.

Váyanse las noches,
pues ido se han
los ojos que hacían
los míos velar;

váyanse, y no vean
tanta soledad
después que en mi lecho
sobra la mitad.
Dexadme llorar,
a orillas del mar.

El forzado

Amarrado al duro banco
de una galera turquesca,
ambas manos en el remo
y ambos ojos en la tierra,
un forzado de Dragut
en la playa de Marbella
se quejaba al ronco son
del remo y de la cadena:
«¡Oh, sagrado mar de España;
famosa playa serena,
teatro donde se han hecho
cien mil navales tragedias!
Pues eres tú el mismo mar
que con sus crecientes besas
las murallas de mi patria,
coronadas y soberbias,
tráeme nuevas de mi esposa,
y dime si han sido ciertas
las lágrimas y suspiros
que dice por sus letras;

porque si es verdad que llora
mi cautiverio en su arena,
bien puedes al mar del Sur
vencer en lucientes perlas.
Dame ya, sagrado mar,
a mis demandas respuesta;
que bien puedes, si es verdad,
que las aguas tienen lengua;
pero, pues no me respondes,
sin duda alguna que es muerta,
aunque no lo debe ser,
pues que yo vivo en su ausencia;
pues he vivido diez años
sin libertad y sin ella,
siempre al remo condenado
a nadie matarán penas.»
En esto se descubrieron
de la religión seis velas
y el cómitre mandó usar
al forzado de su fuerza.

Soledades (Fragmento)

Era del año la estación florida
en que el mentido robador de Europa,
media luna las armas de su frente,
y el Sol todos los rayos de su pelo,

luciente honor del cielo,
en campos de zafiro pace estrellas,
cuando el que ministrar podía la copa
a Júpiter mejor que el garzón de Ida,
náufrago y desdeñado sobre ausente,
lagrimosas de amor dulces querellas
    da al mar; que condolido,
    fue a las ondas, fue al viento
    el mísero gemido,
segundo de Arión dulce instrumento.
Del siempre en la montaña opuesto pino
    al enemigo Noto,
    piadoso miembro roto,
breve tabla, delfín no fue pequeño
al inconsiderado peregrino
que a una Libia de ondas su camino
    fió, y su vida a un leño.
Del Océano, pues, antes sorbido,
    y luego vomitado
no lejos de un escollo coronado
de secos juncos, de calientes plumas,
    alga todo y espumas,
halló hospitalidad donde halló nido
    de Júpiter el ave.
Besa la arena, y de la rota nave
    aquella parte poca
que lo expuso en la playa dio a la roca,
    que aun se dejan las peñas
lisonjear de agradecidas señas.
Desnudo el joven, cuanto ya el vestido.
    Océano ha bebido,
restituir le hace a las arenas,
    y al sol lo extiende luego,
    que, lamiéndolo apenas

su dulce lengua de templado fuego,
lento lo embiste, y con suave estilo
la menor onda chupa al menor hilo.
No bien, pues, de su luz los horizontes
que hacían desigual, confusamente,
montes de agua y piélagos de montes,
　　desdorados los siente,
cuando, entregado el mísero extranjero
en lo que ya del mar redimió fiero,
entre espinas crepúsculos pisando,
riscos que aun igualara mal, volando,
　　veloz, intrépida ala,
menos cansado que confuso, escala.
　　Vencida al fin la cumbre,
　　del mar siempre sonante,
　　de la muda campaña
árbitro igual e inexpugnable muro,
　　con pie ya mas seguro
　　declina al vacilante
breve esplendor de mal distinta lumbre:
　　farol de un cabaña
que sobre el ferro está en aquel incierto
golfo de sombras anunciando el puerto.
　… … … … … … .. … … … … … … … …

«Hermana Marica,...»

　Hermana Marica,
mañana, que es fiesta,
no iras tú a la amiga
ni yo iré a la escuela.
　Pondráste el corpiño,
y la saya buena,

cabezón labrado,
toca y albanega;
　y a mi me pondrán
mi camisa nueva,
sayo de palmilla,
media de estameña.

Y si hace bueno,
traeré la montera,
que me dio, la Pascua,
mi señora agüela.
Y el estadal rojo,
con lo que le cuelga,
que trujo el vecino
cuando fue a la feria.
Iremos a misa,
veremos la iglesia,
darános un cuarto
mi tía la ollera.
Compraremos dél
(que nadie lo sepa)
chochos y garbanzos
para la merienda.
Y en la tardecica,
en nuestra plazuela,
jugaré yo al toro
y tú a las muñecas,
con las dos hermanas
Juana y Madalena,
y las dos primillas
Marica y la Tuerta.
Y si quiere madre
dar las castañetas,
podrás tanto dello
bailar en la puerta.
Y al son del adufe,
cantará Andregüela:
«No me aprovecharon,
mi madre, las yerbas»
Y yo, de papel,
haré una librea,

teñida de moras,
porque bien parezca.
Y una caperuza
con muchas almenas:
pondré por penacho
las dos plumas negras,
del rabo del gallo
que acullá en la huerta
anaranjeamos
las Carnestolendas.
Y en la caña larga
pondré una bandera,
con dos borlas blancas,
en sus trenzaderas.
Y en mi caballito
pondré una cabeza
de guadamecí;
dos hilos por riendas.
Y entraré en la calle
haciendo corvetas
yo y otros del barrio,
que son mas de treinta.
Jugaremos cañas
junto a la plazuela
porque Barbolilla
salga acá y nos vea.
Barbola, la hija
de la panadera,
la que suele darme
tortas con manteca,
porque algunas veces
hacemos, yo y ella,
las bellaquerías
detrás de la puerta.

Alegoría de la brevedad de las cosas humanas

Aprended, flores, en mí
lo que va de ayer a hoy,
que ayer maravilla fui,
y sombra mía aun no soy.

La Aurora ayer me dio cuna,
la noche ataúd me dio;
sin luz muriera, si no
me la prestara la Luna.
Pues de vosotras ninguna
deja de acabar así,
  aprended, flores, en mí
  lo que va de ayer a hoy,
  que ayer maravilla fui,
  y sombra mía aun no soy.

Consuelo dulce el clavel
es a la breve edad mía,
pues quien me concedió un día
dos apenas le dio a él;
efímeras del vergel,
yo cárdena, él carmesí,
  aprended, flores, en mí
  lo que va de ayer a hoy,
  que ayer maravilla fui,
  y sombra mía aun no soy.

Flor es el jazmín, si bella
no de las más vividoras,
pues dura pocas más horas
que rayos tiene de estrella;
si el ámbar florece, es ella
la flor que retiene en sí.
  Aprended, flores, en mí
  lo que va de ayer a hoy,
  que ayer maravilla fui,
  y sombra mía aun no soy.

Aunque el alhelí grosero
en fragancia y en color,
más día ve que otra flor,
pues ve los de un mayo entero,
morir maravilla quiero,
y no vivir alhelí.
  Aprended, flores, en mí
  lo que va de ayer a hoy,
  que ayer maravilla fui,
  y sombra mía aun no soy.

A ninguna al fin mayores
términos concede el sol
si no es al girasol,
Matusalén de las flores;
ojos son aduladores
cuantas en él hojas vi.
  Aprended, flores, en mí
  lo que va de ayer a hoy,
  que ayer maravilla fui,
  y sombra mía aun no soy.

BARTOLOME LEONARDO DE ARGENSOLA
(1562–1631)

A una mujer que usaba de afeites y estaba hermosa

Yo os quiero confesar, don Juan, primero:
que ese blanco y carmín de doña Elvira
no tiene de ella más, si bien se mira,
que el haberle costado su dinero,
    Pero tras eso confesaros quiero,
que es tanta la beldad de su mentira
que en vano a competir con ella aspira
belleza igual en rostro verdadero.
    Mas, ¿qué mucho que yo perdido ande
por un engaño tal, pues que sabemos
que nos engaña así Naturaleza?
    Porque ese cielo azul que todos vemos
ni es cielo ni es azul: ¡Lástima grande
que no sea verdad tanta belleza!

Soneto

«Dime, Padre común, pues eres justo,
¿por qué ha de permitir tu providencia
que, arrastrando prisiones la inocencia,
suba la fraude a tribunal augusto?
    ¿Quien da fuerzas al brazo que robusto
hace a tus leyes firme resistencia,
y que el celo, que más la reverencia,
gima a los pies del vencedor injusto?
    Vemos que vibran victoriosas palmas
manos inicuas, la virtud gimiendo
del triunfo en el injusto regocijo.»
    Esto decía yo, cuando riendo
celestial ninfa apareció, y me dijo:
«¡Ciego!, ¿es la tierra el centro de las almas?»

LOPE DE VEGA
(1562–1635)

Canción

¡Oh libertad preciosa,
no comparada al oro,
ni al bien mayor de la espaciosa Tierra,
más rica y más gozosa
que el precioso tesoro
que el mar del sur entre su nácar cierra;
con armas, sangre y guerra,
con las villas y famas,
conquistada en el mundo;
paz dulce, amor profundo,
que el mar apartas y a tu bien nos llamas;
en ti sola se anida
oro, tesoro, paz, bien, gloria y vida!
   Cuando de las humanas
tinieblas vi del cielo
la luz, principio de mis dulces días,
aquellas tres hermanas
que nuestro humano velo
texiendo, llevan por inciertas vías,
las duras penas mías
trocaron en la gloria
que en libertad poseo,
con siempre igual deseo,
donde verá por mi dichosa historia
quien mas leyere en ella
que es dulce libertad lo menos della.
   Yo, pues, Señor, exento
desta montaña y prado,
gozo la gloria y libertad que tengo.
Soberbio pensamiento

jamás ha derribado
la vida humilde y pobre que sostengo.
Cuando a las manos vengo
con el muchacho ciego,
haciendo rostro embisto,
venzo, triunfo y resisto
la flecha, el arco, la ponzoña, el fuego,
y con libre albedrío
lloro el ajeno mal y canto el mío.
  Cuando la aurora baña
con helado rocío
de aljófar celestial el monte y prado,
salgo de mi cabaña,
riberas de este río,
a dar el nuevo pasto a mi ganado,
y cuando el sol dorado
muestra sus fuerzas graves
al sueño el pecho inclino
debaxo un sauce o pino,
oyendo el son de las parleras aves
o ya gozando el aura
donde el perdido aliento se restaura.
  Cuando la noche oscura
con su estrellado manto
el claro día en su tiniebla encierra,
y suena en la espesura
el tenebroso canto
de los nocturnos hijos de la tierra,
al pie de aquesta sierra
con rústicas palabras
mi ganadillo cuento
y el corazón contento
del gobierno de ovejas y de cabras,
la temerosa cuenta
del cuidadoso rey me representa.

Aquí la verde pera
y la manzana hermosa,
de gualda y roja sangre matizada,
y de color de rosa
la cermeña olorosa
tengo, y la endrina de color morada;
aquí de la enramada
parra que al olmo enlaza,
melosas uvas cojo;
y en cantidad recojo,
al tiempo que las ramas desenlaza
el caluroso estío,
membrillos que coronan este río.
　　No me da descontento
el hábito costoso
que de lascivo el pecho noble infama;
es mi dulce sustento
del campo generoso
estas silvestres frutas que derrama;
mi regalada cama,
de blandas pieles y hojas,
que algún rey la envidiara,
y de ti, fuente clara,
que, bullendo, el arena y agua arrojas,
estos cristales puros,
sustentos pobres, pero bien seguros.
　　Estése el cortesano
procurando a su gusto
la blanda cama y el mejor sustento:
bese la ingrata mano
del poderoso injusto,
formando torres de esperanza al viento;
viva y muera sediento
por el honroso oficio,

y goce yo del suelo,
al aire, al sol y al hielo,
ocupado en mi rústico ejercicio;
que más vale pobreza
en paz que en guerra mísera riqueza.
   Ni temo al poderoso
ni al rico lisonjeo,
ni soy camaleón del que gobierna,
ni me tiene envidioso
la ambición y el deseo
de ajena gloria ni de fama eterna;
carne sabrosa y tierna,
vino aromatizado,
pan blanco de aquel día,
en prado, en fuente fría,
halla un pastor con hambre fatigado,
que el grande y el pequeño
somos iguales lo que dura el sueño.

«*A mis soledades voy...*» *(De La Dorotea)*

   A mis soledades voy,
de mis soledades vengo,
porque para andar conmigo
me bastan mis pensamientos.
   No sé que tiene la aldea
donde vivo y donde muero,
que con venir de mi mismo
no puedo venir mas lejos.
   Ni estoy bien ni mal conmigo;
mas dice mi entendimiento
que un hombre que todo es alma
está cautivo en su cuerpo.

   Entiendo lo que me basta,
y solamente no entiendo
como se sufre a si mismo
un ignorante soberbio.
   De cuantas cosas me cansan,
fácilmente me defiendo;
pero no puedo guardarme
de los peligros de un necio.
   El dirá que yo lo soy,
pero con falso argumento;
que humildad y necedad
no caben en un sujeto.

La diferencia conozco,
porque en él y en mí contemplo,
su locura en su arrogancia,
mi humildad en su desprecio.

O sabe naturaleza
más que supo en otro tiempo,
o tantos que nacen sabios
es porque lo dicen ellos.

Sólo sé que no sé nada,
dixo un filosofo, haciendo
la cuenta con su humildad,
adonde lo más es menos.

No me precio de entendido,
de desdichado me precio;
que los que no son dichosos,
¿cómo pueden ser discretos?

No puede durar el mundo,
porque dicen, y lo creo,
que suena a vidrio quebrado
y que ha de romperse presto.

Señales son del juicio
ver que todos le perdemos,
unos por carta de más
otros por carta de menos.

Dijeron que antiguamente
se fue la verdad al cielo;
tal la pusieron los hombres
que desde entonces no ha vuelto.

En dos edades vivimos
los propios y los ajenos:
la de plata los extraños
y la de cobre los nuestros.

¿A quien no dará cuidado
si es español verdadero,
ver los hombres a lo antiguo
y el valor a lo moderno?

Dixo Dios que comería
su pan el hombre primero
con el sudor de su cara
por quebrar su mandamiento.

Y algunos, inobedientes
a la vergüenza y al miedo,
con las prendas de su honor
han trocado los efectos.

Virtud y filosofía
peregrinan como ciegos;
el uno se lleva al otro,
llorando van y pidiendo.

Dos polos tiene la tierra,
universal movimiento;
la mejor vida el favor,
la mejor sangre el dinero.

Oigo tañer las campanas,
no me espanto, aunque puedo,
que en lugar de tantas cruces
haya tantos hombres muertos.

Mirando estoy los sepulcros,
cuyos mármoles eternos
están diciendo sin lengua
que no lo fueron sus dueños.

¡Oh, bien haya quien los hizo,
porque solamente en ellos
de los poderosos grandes
se vengaron los pequeños!

Fea pintan a la envidia,
yo confieso que la tengo
de unos hombres que no saben
quién vive pared en medio.

Sin libros y sin papeles,
sin tratos, cuentas ni cuentos,
cuando quieren escribir
piden prestado el tintero.
   Sin ser pobres ni ser ricos,
tienen chimenea y huerto;
no los despiertan cuidados,
ni pretensiones, ni pleitos.

Ni murmuraron del grande,
ni ofendieron al pequeño,
nunca, como yo, firmaron
parabién, ni pascua dieron.
   Con esta envidia que digo
y lo que paso en silencio,
a mis soledades voy,
de mis soledades vengo.

«Pobre barquilla mía...»

¡Pobre barquilla mía
entre peñascos rota,
sin velas desvelada,
y entre las olas sola!
   ¿Adónde vas perdida?
¿Adónde, di, te engolfas?
Que no hay deseos cuerdos
con esperanzas locas.
   Como las altas naves,
te apartas animosa
de la vecina tierra,
y al fiero mar te arrojas.
   Igual en las fortunas,
mayor en las congojas,
pequeña en las defensas,
incitas a las ondas.
   Advierte que te llevan
a dar entre las rocas
de la soberbia envidia,
naufragio de las honras.
   Cuando por las riberas
andabas costa a costa,

nunca del mar temiste
las iras procelosas.
   Segura navegabas;
que por la tierra propia
nunca el peligro es mucho
adonde el agua es poca.
   Verdad es que en la patria
no es la virtud dichosa,
ni se estima la perla
hasta dejar la concha.
   Dirás que muchas barcas
con el favor en popa,
saliendo desdichadas,
volvieron venturosas.
   No mires los ejemplos
de las que van y tornan,
que a muchas ha perdido
la dicha de las otras.
   Para los altos mares
no llevas, cautelosa,
ni velas de mentiras,
ni remos de lisonjas.

¿Quien te engañó, barquilla?
Vuelve, vuelve la proa:
que presumir de nave
fortunas ocasiona.
    ¿Qué jarcias te entretejen?
¿Qué ricas banderolas,
azote son del viento
y de las aguas sombra?
    ¿En qué gavia descubres
del árbol la alta copa,
la tierra en perspectiva,
del mar incultas olas?
    ¿En qué celajes fundas
que es bien echar la sonda
cuando, perdido el rumbo,
erraste la derrota?
    Si te sepulta arena,
¿que sirve fama heroica?
Qué nunca desdichados
sus pensamientos logran.
    ¿Qué importa que te ciñan
ramas verdes o rojas,
que en selvas de corales
salado césped brota?
    Laureles de la orilla
solamente coronan
navíos de alto bordo
que jarcias de oro adornan.
    No quieras que yo sea
por tu soberbia pompa,
faetonte de barqueros
que los laureles lloran.
    Pasaron ya los tiempos
cuando lamiendo rosas

el céfiro bullía
y suspiraba aromas.
    Ya fieros huracanes
tan arrogantes soplan,
que, salpicando estrellas,
del sol la frente mojan;
    ya los valientes rayos
de la vulcana forja,
en vez de torres altas,
abrasan pobres chozas.
    Contenta con tus redes,
a la playa arenosa
mojado me sacabas;
pero vivo, ¿qué importa?
    Cuando de rojo nácar
se anunciaba la aurora,
mas peces te llenaban
que ella lloraba aljófar.
    Al bello sol que adoro
enjuta ya la ropa,
nos daba una cabaña
la cama de sus hojas.
    Esposo me llamaba,
yo la llamaba esposa,
parándose de envidia
la celestial antorcha.
    Sin pleito, sin disgusto,
la muerte nos divorcia;
¡ay de la pobre barca
que en lágrimas se ahoga!
    Quedad sobre la arena,
inútiles escotas;
que no ha menester velas
quien a su bien no torna.

Si con eternas plantas
las fixas luces doras,
¡oh dueño de mi barca!,
y en dulce paz reposas,
   merezca que le pidas
al bien que eterno gozas
que adonde estás me lleve,
más pura y más hermosa.

Mi honesto amor te obligue,
que no es digna victoria
para quejas humanas
ser las deidades sordas.
   Mas, ¡ay!, que no me escuchas.
Pero la vida es corta:
viviendo, todo falta;
muriendo, todo sobra.

Judit

Cuelga sangriento de la cama al suelo
el hombro diestro del feroz tirano,
que opuesto al muro de Betulia en vano,
despidió contra sí rayos al cielo.
   Revuelto con el ansia el rojo velo
del pabellón a la siniestra mano,
descubre el espectáculo inhumano
del tronco horrible, convertido en hielo.
   Vertido Baco, el fuerte arnés afea
los vasos y la mesa derribada,
duermen las guardas, que tan mal emplea,
   y sobre la muralla, coronada
del pueblo de Israel, la casta hebrea
con la cabeza resplandece armada.

Lágrimas de mujer

Daba sustento a un pajarillo un día
Lucinda, y por los hierros del portillo
fuésele de la jaula el pajarillo
al dulce aire do vivir quería.
   Con un suspiro, a la ocasión, tardía
tendió la mano, y no pudiendo asillo

dijo, y de sus mejillas, amarillo
tornó el clavel que entre su nieve ardía:
«¿Adónde vas por escapar del nido
al peligro de ligas y de balas
y al dueño huyes que tu pico adora?»
Oyóla el pajarillo enternecido
y a la antigua prisión volvió sus alas.
¡que tanto puede una mujer que llora!

¡Duerme, mi niño!

Pues andáis en las palmas
Angeles santos,
que se duerme mi niño,
¡tened los ramos!
Palmas de Belén
que mueven airados
los furiosos vientos
que suenan tanto,
no le hagáis ruido,
corred más paso,
que se duerme mi niño,
¡tened los ramos!
El niño divino,
que esta cansado

de llorar en la tierra
por su descanso,
sosegar quiere un poco
del tierno llanto,
que se duerme mi niño,
¡tened los ramos!
Rigurosos hielos
le están cercando,
ya veis que no tengo
con que guardarlo:
Angeles divinos
que vais volando,
que se duerme mi niño,
¡tened los ramos!

Ausencia

Ir y quedarse, y con quedar partirse;
partir sin alma, e ir con alma ajena;
oír la dulce voz de una sirena
y no poder del árbol desasirse;
arder como la vela y consumirse
haciendo torres sobre tierna arena;

caer de un cielo, y ser demonio en pena,
y de serlo jamás arrepentirse;
   hablar entre las mudas soledades;
pedir prestada, sobre fe, paciencia,
y lo que es temporal llamar eterno;
   creer sospechas y negar verdades,
es lo que llaman en el mundo ausencia,
fuego en el alma y en la vida infierno.

¿Qué tengo yo, que mi amistad procuras?

   ¿Que tengo yo, que mi amistad procuras?
¿Qué interés se te sigue, Jesús mío,
que a mi puerta, cubierto de rocío,
pasas las noches del invierno escuras?
   ¡Oh, cuanto fueron mis entrañas duras,
pues no te abrí! ¡Qué extraño desvarío
si de mi ingratitud el hielo frío
secó las llagas de tus plantas puras!
   ¡Cuántas veces el ángel me decía:
«Alma, asómate agora a la ventana;
verás con cuanto amor llamar porfía!»
   ¡Y cuántas, hermosura soberana,
«Mañana le abriremos», respondía,
para lo mismo responder mañana !

Amor es esto

   Desmayarse, atreverse, estar furioso,
áspero, tierno, liberal, esquivo,
alentado, mortal, difunto, vivo,
leal, traidor, cobarde y animoso,
   no hallar, fuera del bien, centro y reposo;
mostrarse alegre, triste, humilde, altivo,
enojado, valiente, fugitivo,
satisfecho, ofendido, receloso.

huir el rostro al claro desengaño,
beber veneno por licor süave,
olvidar el provecho, amar el daño:
    creer que un cielo en un infierno cabe;
dar la vida y el alma a un desengaño;
esto es amor; quien lo probó lo sabe.

Cena de Isidro y María de la Cabeza
(del "Isidro", Fragmento)

Llegó a su casa contento,
donde esperaba María,
no desdeñosa y baldía,
sino alegre, el rostro atento
a ver si Isidro venía.
    Dióle en viéndole los brazos,
y aliviando de embarazos,
la pobre cena apercibe,
rica en casa que Dios vive,
y más con tales abrazos.
    Sonaba la olla al fuego
con la hortaliza y la vaca,
y mientras ella la saca,
Isidro a los bueyes luego
ata el sustento a una estaca.
    Como amigo y jornalero
pace el animal el yero
primero que su señor;

que en casa del labrador
quien sirve come primero...
    Salió, en fin, la pobre cena
de aquel rico labrador,
sabrosa por el sudor,
falta de regalo y llena
de conformidad y amor.
    Y cuando igualmente amados,
comen así dos casados,
la envidia, a quien todo pesa,
bien puede estar a su mesa,
contándoles los bocados.
    Y pues el contento importa,
¿cuanto mejor le va a quien
le dió el necesario bien
el cielo con mano corta,
que ésa fue larga también?
... ...

Canción de bodas

Dente parabienes
el mayo garrido,
los alegres campos,
las fuentes y ríos.

Alcen las cabezas
los verdes alisos
y con frutos nuevos
almendros floridos.

Echen las mañanas
después del rocío,
en espadas verdes
guarnición de lirios.
Suban los ganados
por el monte mismo
que cubrió la nieve
a pacer tomillos.
    Montañas heladas,
y soberbios riscos,
antiguas encinas
y robustos pinos,

dad paso a las aguas
en arroyos limpios
que a los valles bajan
de los hielos fríos.
Canten ruiseñores
y con dulces silbos
sus amores cuenten
a los verdes mirtos.
Fabriquen las aves
con nuevo artificio
para sus hijuelos
amorosos nidos.

Ruego a la Muerte

Enseñé, no me escucharon;
escribí, no me leyeron;
curé mal, no me prendieron;
maté, no me castigaron.
    Si con morir satisfice,
¡oh Muerte, quiero quejarme!
Bien pudieras perdonarme
por los servicios que hice.

Cancioncillas.

    Por los jardines de Chipre
andaba el niño Cupido
entre las flores y rosas
jugando con otros niños.
La aljaba tiene colgada
de las ramas de un aliso;
por jugar con ella el viento
volaba de amor herido.

Las aves que en él cantaban
los enamorados picos
trocaron, cuando la vieron,
en hacer casados nidos.
Por no hacer más desarreglos
y llegar a compungido
suspendiendo sus retozos
escapó el lindo Cupido.

* * *

No lloréis, ojuelos,
porque no es razón
que llore de celos
quien mata de amor.
Quien pueda matar
no intente morir
si hace con reír
más que con llorar.

Si queréis vengar
los muertos que habéis,
¿por qué no tenéis
de mí compasión?
No lloréis, ojuelos,
porque no es razón
que llore de celos
quien mata de amor.

Maya

I

En las mañanicas
del mes de mayo
cantan los ruiseñores
perfuma el campo.
En las mañanicas,
como son frescas,
cubren los ruiseñores
las alamedas.
Y ríense las fuentes
tirando perlas
a las florecillas
que están más cerca.
Vístense las plantas
de múltiples sedas
que sacar colores
muy poco les cuesta.
Los campos alegran
con tapetes varios,
cantan ruiseñores
perfuma el campo.

II

Sale mayo hermoso
con los frescos vientos

que le ha dado marzo
de céfiros bellos.
Las lluvias de abril
flores le trujeron:
púsose guirnaldas
en rojos cabellos.
Los que eran amantes
amaron de nuevo,
y los que no amaban
a buscarlo fueron.
Todo pues amores
cuando allá por mayo
cantan ruiseñores
y perfuma el campo.

III

Claros aires de Valencia
que dais a la mar embates,
a sus verdes plantas flores,
a sus naranjos azâres;
huéspedes frescos de abril,
instrumentos de sus aves,
campanitas del amor
que despertáis los amantes,
llevad mis suspiros,
aires suaves

al azâr de unas manos
que en ellas nacen.
    Si os partiéredes al alba,
quedito, pasito, amor,
no espantéis al ruiseñor.
Si os levantáis de mañana
de los brazos que os desean,
porque en los brazos no os vean

de alguna envidia liviana,
pisad con planta de lana,
quedito, pasito, amor,
no espantéis al ruiseñor.
    (Pájaro leve
y encantador,
puede encontrar huyendo quien
                [se le lleve.)

Seguidilla

    Apacibles prados
creced las hierbas,
que ganado de oro
pasa por ellas.
    Caminad suspiros
adonde soléis,
y si duerme mi niña
no la despertéis.
    No corráis, vientecillos
con tanta prisa
porque al son de las aguas
duerme la niña.
    En Santiago el Verde
me dieron celos,
noche tiene el día;
vengarme pienso.
    Alamos del seto,
¿dónde está mi amor?
Si se fue con otro
moriréme yo.
    Blancas coge Lucinda
las azucenas
y en llegando a sus manos
parecen negras.

    Cuando sale el alba,
Lucinda bella,
saliendo más hermosa
la tierra alegra.
    Con su sol enjuga
sus blancas perlas
si una flor le quita
dos mil engendra.
    Porque son sus plantas
de primavera
y como cristales
sus manos bellas.
    Y ansí, con ser bellas,
las azucenas,
en llegando a sus manos
parecen negras.
    Riberitas hermosas
del Darro y del Genil,
esforzad vuestros aires,
me abraso aquí.
    Hermosas riberas
donde yo nací
lo que fue mi muerte
en vosotras vi.

Orillas hermosas
que el cristal cubrís,
tened que me muero
lástima de mí.

En el fuego julio
y en la vista abril;
esforzad vuestros aires,
que me abraso aquí.

TIRSO DE MOLINA
(1583–1648)

Chispas

¿Cómo, amor, te llaman ciego,
si te engendras de mirar?
¿Por qué tiemblas al hablar
si te dan nombre de fuego?
¿Por que quitas el sosiego
si el mundo paz te ha llamado?
¿Cómo eres rey sin estado?
¿Cómo dios y estas desnudo?
¿Cómo elocuente, si mudo?
¿Cómo cobarde, si osado?

***

De burlas matarme esperas,
cuando de mi amor te burlas;
llégame el amor de burlas
y heme abrasado de veras.

Dos días tienen de gusto
las mujeres, si no yerran
los que sus acciones tasan,
y son: el en que se casan,
y el que a su marido entierran.

***

Calle el alma lo que siente
porque sienta lo que calla,
que amor que palabras halla,
tan falso es como elocuente.
Amante que fue querido
y ruega menospreciado,
muestras da de afeminado
cuando se humilla ofendido.
... ...

JUAN DE ARGUI JO
(1567–1623)

Al Guadalquivir, en una avenida

Tú, a quien ofrece el apartado polo,
hasta donde tu nombre se dilata,
preciosos dones de luciente plata,
que envidia el rico Tajo y el Pactolo;

para cuya corona, como a solo
rey de los ríos, entreteje y ata
Palas su oliva con la rama ingrata
que contempla en tus márgenes Apolo;
    claro Guadalquivir, si impetuoso
con crespas ondas y mayor corriente
cubrieres nuestros campos mal seguros,
    de la mejor ciudad, por quien famoso
alzas igual al mar la altiva frente,
respeta humilde los antiguos muros.

La tempestad y la calma

    Yo vi del rojo Sol la luz serena
turbarse, y que en un punto desparece
su alegre faz, y en torno se oscurece
el cielo con tiniebla de horror llena.
    El austro proceloso airado suena,
crece su furia, la tormenta crece,
y en los hombros de Atlante se estremece
el alto Olimpo y con espanto truena;
    mas luego vi romperse el negro velo
deshecho en agua, y a su luz primera
restituirse alegre el claro día,
    y de nuevo esplendor ornado el cielo
miré y dije: ¿Quien sabe si le espera
igual mudanza a la fortuna mía?

La avaricia

    Castiga el Cielo a Tántalo inhumano,
que en impía mesa su rigor provoca,
medir queriendo en competencia loca
saber divino con engaño humano.
    Agua en las aguas busca, y con la mano
el árbol fugitivo casi toca;

huye el copioso Eridano a su boca,
y en vez de fruta toca el aire vano.

Tú, que espantado de su pena admiras
que el cercano manjar en largo ayuno
al gusto falte y a la vista sobre,

¿cómo de muchos Tántalos no miras,
ejemplo igual? Y si codicias uno,
mira el avaro, en sus riquezas, pobre.

En segura pobreza vive Eumelo

En segura pobreza vive Eumelo
con dulce libertad, y le mantienen
las simples aves, que engañadas vienen
a los lazos y ligas sin recelo.

Por mejor suerte no importuna al cielo,
ni se muestra envidioso a la que tienen
los que con ansia de subir sostienen
en flacas alas el incierto vuelo.

Muerte tras luengos años no le espanta,
ni la recibe con indigna queja,
mas con sosiego grato y faz amiga.

Al fin, muriendo con pobreza tanta
ricos juzga a sus hijos, pues les deja
la libertad, las aves y la liga.

BERNARDO DE VALBUENA
(1568–1627)

Artificioso origen de la ciudad de Granada
(de «El Bernardo», Fragmento)

... ...

Galirtos, rey de Alora, que pretende
serlo también del campo granadino,
y de la árabe sangre real desciende,

que a Sulmán a pedirle ayuda vino,
por verdad éste así dicen que vende
de Estordian el suceso peregrino;
así su muerte cuenta, y deste modo
el origen también del reino todo.
　　Por festejar al bravo Ferraguto,
que a Doralice libertado había
de la infame prisión de un jayán bruto.
Granada en fiestas de placer ardía:
alegre el rey, la infanta ya sin luto,
del muerto Mandricardo, cuando un día...
¡Oh humanas vueltas! ¿Quién la inmortal rueda
de los hados hará constante y queda?
　　A hacer de su riqueza y reino alarde,
y dar al de Aragón su amada infanta,
de la Alhambra con él bajó una tarde
de un real jardín a la floresta planta;
por donde más fresco y menos arde
el sol, y más Generalife espanta,
a gozar fueron de las flores y aves,
suave olor y músicas süaves.
　　Cuando por arrayanes y laureles,
de un moral descendieron a la sombra,
donde, de rosas hecha y de claveles,
el suelo les prestó una fresca alfombra,
que, en blanda murta y blancos mirabeles,
entretejida, su belleza asombra,
convidando a quedarse por un rato
al gusto de aquel cielo o su retrato.
　　Y en agradable suspensión metidos,
al ruido de una fuente que murmura,
de los arpados cantos no aprendidos
que las aves le dan a su hermosura,

grande rumor se oyó, grandes rüidos:
de cajas, grita y voces, que en la altura
y techos de oro del palacio suena,
retumba el bosque y el jardín atruena.

... ...

GUILLEN DE CASTRO
(1569–1631)

Diálogo entre un galán y una dama embozada,
en un sarao

GALAN	Asegurándome voy,
	por lo que el talle señala,
	que es lo mejor de la sala
	esto que mirando estoy.
DAMA	Buena razón para mala,
	cordura será rogalle,
	pues tan bien habla, que calle.
GALAN	Quisiera en esta ocasión
	decir alguna razón
	que se pareciera al talle.
	Y, mirando, me destruyo,
	porque a contemplar me obliga
	lo que entre mí mismo arguyo.
DAMA	Mejor será que las diga
	que se parece el mal suyo;
	pero no me mire tanto,
	que, vista del todo, espanto.
GALAN	Si me espanta, pues procura,
	cubrir un sol de hermosura,
	con el nublado de un manto.
	Esto con razón me admira,
	mirando sus rayos bellos.

DAMA

Pues ¿por qué no se retira
si soy sol, huyendo de ellos?
¿Es águila que los mira
y resiste a sus rigores,
con la vista?

GALAN

Con mejores
ojos quisiera mirar;
mas, bien me puedo llamar
águila en cosas de amores...

DAMA

¿Qué espíritu le revela
lo que entre nosotros pasa?

GALAN

Porque ya el alma recela
que ese sol de nieve, abrasa,
y esta sombra ardiendo, hiela.

DAMA

En fin, que yo soy la fría,
¿y cómo sabe que cría
tanto hielo mi cuidado?

GALAN

Porque creo que me ha dado
todo el fuego que traía...

DAMA

Vuélvase, si quiere ver
doña Fulana, que danza
muy bien.

GALAN

Muy bien ha de ser
que es mujer, y una mudanza
hace bien una mujer.
Que es mudanzas su caudal,
aunque, según está fiera
y yo me siento mortal,
que vuesa merced la hiciera
no me estuviera a mí mal.
Mire si me paga bien,
pues adoro hasta el desdén.

DAMA

Ya la danza se acabó.

GALAN
Y porque me acabe yo,
se acabó el sarao también;
¡que aun agora se recata!
Muérome en fin, y así muero
por conocer quien me mata.

DAMA
Aunque sé que es lisonjero,
porque no me llame ingrata,
en esto gusto le doy   *(Descubrióse)*
y un desengaño verá.

GALAN
¡Que bien empleado estoy!

DAMA
¡Qué contento vivirá!

GALAN
Antes muero, pues me voy.

RODRIGO CARO
(1573–1647)

A las ruinas de Itálica

Estos, Fabio, ¡ay dolor!, que ves ahora
campos de soledad mustio collado,
fueron un tiempo Itálica famosa.
Aquí de Cipión la vencedora
colonia fue; por tierra derribado
yace el temido honor de la espantosa
muralla, y lastimosa
reliquia es solamente
de su invencible gente.
Sólo quedan memorias funerales
donde erraron ya sombras de alto ejemplo,
este llano fue plaza, allí fue templo;
de todo apenas quedan las señales.
Del gimnasio y las termas regaladas
leves vuelan cenizas desdichadas;
las torres que desprecio al aire fueron
a su gran pesadumbre se rindieron.

Este despedazado anfiteatro,
impío honor de los dioses, cuya afrenta
publica el amarillo jaramago,
ya reducido a trágico teatro,
¡oh fábula del tiempo!, representa
cuanta fue su grandeza y es su estrago.

¿Cómo en el cerco vago
de su desierta arena
el gran pueblo no suena?
¿Dónde, pues fieras? ¿Dónde el desnudo
luchador? ¿Dónde el atleta fuerte?
Todo despareció, cambió la suerte
voces alegres en silencio mudo;
mas aun el tiempo da en estos despojos
espectáculos fieros a los ojos,
y miran tan confusos lo presente
que voces de dolor el alma siente.
Aquí nació aquel rayo de la guerra,
gran padre de la patria, honor de España,
pío, felice, triunfador Trajano,
ante quien muda se postró la tierra
que ve del sol la cuna y la que baña
el mar, también vencido, gaditano.
Aquí de Elio Adriano,
de Teodosio divino,
de Silio peregrino,
rodaron de marfil y oro las cunas;
aquí, ya de laurel, ya de jazmines,
coronados los vieron los jardines,
que ahora son zarzales y lagunas.
La casa para el César fabricada,
¡ay!, yace de lagartos vil morada;
casas, jardines, césares murieron,
y aun las piedras que de ellos se escribieron.

Fabio, si tú no lloras, pon atenta
la vista en luengas calles destruidas;
mira mármoles y arcos destrozados,
mira estatuas soberbias que violenta
Némesis derribó, yacer tendidas,
y ya en alto silencio sepultados
sus dueños celebrados.
Así a Troya figuro,
así a su antiguo muro,
y a ti, Roma, a quien queda el nombre apenas,
¡oh patria de los dioses y los reyes!
Y a ti, a quien no valieron justas leyes;
fábrica de Minerva, sabia Atenas,
emulación ayer de las edades,
hoy cenizas, hoy vastas soledades,
que no os respetó el hado, no la muerte;
¡ay!, ni por sabia a ti, ni a ti por fuerte.

Mas ¿para qué la mente se derrama
en buscar al dolor nuevo argumento?
Basta ejemplo menor, basta el presente,
que aún se ve el humo aquí, se ve la llama,
aún se oyen llantos hoy, hoy ronco acento;
tal genio o religión fuerza la mente
de la vecina gente,
que refiere admirada
que en la noche callada
una voz triste se oye que llorando
Cayó Itálica, dice, lastimosa,
eco reclama Itálica en la hojosa
selva que se le opone, resonando
Itálica, y al claro nombre oído
de Itálica, renuevan el gemido
mil sombras nobles de su gran ruïna;
¡tanto aun la plebe a sentimiento inclina!

Esta corta piedad que, agradecido
huésped, a tus sagrados manes debo,
les dio y consagró, *Itálica* famosa.
Tú, si lloroso don han admitido
las ingratas cenizas, de que llevo
dulce noticia asaz, si lastimosa,
permíteme, piadosa
usura a tierno llanto,
que vea el cuerpo santo
de Geroncio, tu mártir y prelado.
Muestra de su sepulcro algunas señas,
y cavaré con lágrimas las peñas
que ocultan su sarcófago sagrado;
pero mal pido el único consuelo
de todo el bien que airado quitó el Cielo.
Goza en las tuyas sus reliquias bellas
para envidia del mundo y sus estrellas.

ANTONIO MIRA DE AMESCUA
(1577?–1644)

Canción

Ufano, alegre, altivo, enamorado,
rompiendo el aire el pardo jilguerillo,
se sentó en los pimpollos de una haya,
y con su pico de marfil nevado
de su pechuelo blanco y amarillo
la pluma concertó pajiza y baya;
y celoso se ensaya
a discantar en alto contrapunto
sus celos y amor junto,
y al ramillo, y al prado y a las flores
libre y ufano cuenta sus amores.

Mas, ¡ay!, que en este estado
el cazador cruel de astucia armado,
escondido le acecha,
y al tierno corazón aguda flecha
tira con mano esquiva
y envuelto en sangre en tierra lo derriba.
¡Ay, vida mal lograda,
retrato de mi suerte desdichada!

De la custodia del amor materno
el corderillo juguetón se aleja,
enamorado de la yerba y flores,
y por la libertad el pasto tierno
el cándido licor olvida y deja
por quien hizo a su madre mil amores;
sin conocer temores,
de la florida primavera bella
el vario manto huella
con retozos y brincos licenciosos,
y pace tallos tiernos y sabrosos.
Mas, ¡ay!, que en un otero
dio en la boca de un lobo carnicero,
que en partes diferentes
lo dividió con sus voraces dientes,
y a convertirse vino
en purpúreo el dorado vellocino.
¡Oh inocencia ofendida!
¡Breve bien, caro pasto, corta vida!

Rica con sus penachos y copetes,
ufana y loca, con ligero vuelo
se remonta la garza a las estrellas,
y, puliendo sus negros martinetes,
procura ser allá, cerca del cielo,

la reina sola de las aves bellas;
y por ser de ellas
la que más altanera se remonta,
ya se encubre y trasmonta,
a los ojos del lince mas atentos
y se contempla reina de los vientos;
mas, ¡ay!, que en la alta nube
el águila la vio y al cielo sube,
donde con pico y garra
el pecho candidísimo desgarra
del bello airón que quiso
volar tan alto con tan corto aviso.
¡Ay, pájaro altanero,
retrato de mi suerte verdadero!

Al son de las belísonas trompetas
y al retumbar del sonoroso parche,
formó escuadrón el capitán gallardo:
con relinchos, bufidos y corvetas
pidió el caballo que la gente marche
trocando en paso presuroso el tardo;
sonó el clarín bastardo
la esperada señal de arremetida,
y en batalla rompida,
teniendo cierta de vencer la gloria,
oyó a su gente que cantó victoria.
Mas, ¡ay!, que el desconcierto
del capitán bisoño y poco experto
por no observar el orden,
causó en su gente general desorden,
y, la ocasión perdida,
el vencedor perdió victoria y vida.
¡Ay, fortuna voltaria,
de mis prósperos fines siempre varia!

En cristalino mundo lisonjero
la bella dama en su beldad se goza,
contemplándose Venus en la tierra,
y al más rebelde corazón de acero
con su vista enternece y alboroza,
y es de las libertades dulce guerra;
el desamor destierra
de donde pone sus divinos ojos,
y de ellos son despojos
los purísimos castos de Diana,
y en su belleza se contempla ufana.
Mas, ¡ay!, que un accidente,
apenas puso el pulso intercadente,
cuando cubrió de manchas,
cárdenas ronchas y viruelas anchas
el bello rostro hermoso
y lo trocó en horrible y asqueroso.
¡Ay, beldad malograda,
muerta luz, turbio sol y flor pisada!

Sobre frágiles leños, que con alas
de lienzo débil de la mar son carros,
el mercader surcó sus claras olas;
llegó a la India, y, rico de bengalas,
perlas, aromas, nácares bizarros,
volvió a ver las riberas españolas.
Tremoló banderolas,
flámulas, estandartes, gallardetes;
dio premio a los grumetes
por haber descubierto
de la querida patria el dulce puerto.
Mas, ¡ay!, que estaba ignoto
a la experiencia y ciencia del piloto

en la barra un peñasco,
donde, tocando de la nave el casco,
dio a fondo, hecho mil piezas,
mercader, esperanzas y riquezas.
¡Pobre bajel, figura
del que anegó mi próspera ventura!

Mi pensamiento con ligero vuelo,
ufano, alegre, altivo, enamorado,
sin conocer temores la memoria,
se remontó, señora, hasta tu cielo,
y contrastando tu desdén airado,
triunfó mi amor, cantó mi fe victoria;
y en la sublime gloria
de esa beldad se contempló mi alma,
y el mar de amor sin calma
mi navecilla con su viento en popa
llevaba navegando a toda ropa.
Mas, ¡ay!, que mi contento
fue pajarillo y corderillo exento,
fue la garza altanera,
fue el capitán que la victoria espera,
fue la Venus del mundo,
fue la nave del piélago profundo,
pues por diversos modos
todos los males padecí de todos.

Canción, ve a la coluna
que sustentó mi próspera fortuna,
y verás que si entonces
te pareció de mármoles y bronces,
hoy es mujer; y en suma,
breve bien, fácil viento, leve espuma.

FRANCISCO DE QUEVEDO Y VILLEGAS
(1580–1645)

El sueño

¿Con qué culpa tan grave,
sueño blando y suave,
pude en largo destierro merecerte
que se aparte de mí tu olvido manso?
Pues no lo busco yo por ser descanso,
sino por muda imagen de la muerte.
Cuidados veladores
hacen inobedientes mis dos ojos
a la ley de las horas;
no han podido vencer a mis dolores
las noches, ni dar paz a mis enojos.
Madrugan más en mí que en las auroras
lágrimas a este llano,
que amanece a mi mal siempre temprano;
y tanto, que persuade la tristeza
a mis dos ojos, que nacieron antes
para llorar que para ver. Tú, sueño,
de sosiego los tienes ignorantes,
de tal manera, que al morir el día
con luz enferma vi que permitía
el sol que le mirasen en Poniente.

Con pies torpes al punto, ciega y fría,
cayó de las estrellas blandamente
la noche, tras las pardas sombras mudas,
que el sueño persuadieron a la gente.
Escondieron las galas a los prados
y quedaron desnudas
estas laderas y sus peñas solas;

duermen ya entre sus montes recostados
los mares y las olas.
Si con algún acento
ofenden las orejas,
es que entre sueños dan al cielo quejas
del yerto lecho y duro acogimiento,
que blandos hallan en los cerros duros.
Los arroyuelos puros
se adormecen al son del llanto mío,
y a su modo también se duerme el río.
  Con sosiego agradable
se dejan poseer de ti las flores,
mudos están los males,
no hay cuidado que hable,
faltan lenguas y voz a los dolores,
y en todos los mortales
yace la vida envuelta en alto olvido.
Tan solo mi gemido
pierde el respeto a tu silencio santo,
yo tu quietud molesto con mi llanto,
y te desacredito
el nombre de callado, con mi grito.
Dame, cortés mancebo, algún reposo,
no seas digno del nombre de avariento
en el más desdichado y firme amante
que lo merece ser por dueño hermoso.
Débate alguna pausa en mi tormento.
Gózante en las cabañas,
y debajo del cielo
los ásperos villanos;
hállate en el rigor de los pantanos
y encuéntrate en las nieves y en el hielo
el soldado valiente,

yo no puedo hallarte, aunque lo intente,
entre mi pensamiento y mi deseo.
Ya, pues, con dolor creo
que eres más riguroso que la tierra,
más duro que la roca,
pues te alcanza el soldado envuelto en guerra,
y en ella mi alma por jamás te toca.
Mira que es un gran rigor: dame siquiera
lo que de ti desprecia tanto avaro,
por el oro en que alegre considera,
hasta que da la vuelta el tiempo claro;
lo que había de dormir en blando lecho
y da el enamorado a su señora,
y a ti se te debía de derecho.
Dame lo que desprecia de ti agora
por robar el ladrón; lo que desecha
el que envidiosos celos tuvo y llora.
Quede en parte mi queja satisfecha,
tócame con el cuento de tu vara:
oirán siquiera el ruido de tus plumas
mis desventuras sumas;
que yo no quiero verte cara a cara,
ni que hagas más caso
de mí, que hasta pasar por mí de paso;
o que a tu sombra negra por lo menos,
si fueses a otra parte peregrino,
se le haga camino
por estos ojos de sosiego ajenos;
quítame, blando sueño, este desvelo,
o de él alguna parte,
y te prometo, mientras viere el cielo,
de desvelarme sólo en celebrarte.

Epístola satírica y censoria contra las costumbres presentes, escrita al Conde-Duque de Olivares (Fragmentos)

No he de callar, por mas que con el dedo,
ya tocando la boca, o ya la frente,
silencio avises o amenaces miedo.
   ¿No ha de haber un espíritu valiente?
¿Siempre se ha de sentir lo que se dice?
¿Nunca se ha de decir lo que se siente?
   Hoy sin miedo que libre escandalice
puede hablar el ingenio, asegurado
de que mayor poder le atemorice.
   En otros siglos pudo ser pecado
severo estudio y la verdad desnuda,
y romper el silencio el bien hablado.
   Pues sepa quien lo niega y quien lo duda
que es lengua la verdad de Dios severo
y la lengua de Dios nunca fue muda.
   Son la verdad y Dios, Dios verdadero:
ni eternidad divina los separa,
ni de los dos alguno fue primero.
   Si Dios a la verdad se adelantara,
siendo verdad, implicación hubiera
en ser y en que verdad de ser dejara.
   La justicia de Dios es verdadera,
y la misericordia, y todo cuanto
es Dios todo ha de ser verdad entera.
   Señor Excelentísimo, mi llanto
ya no consiente márgenes ni orillas;
inundación será la de mi canto.
   Ya sumergirse miro mis mejillas,
la vista por dos urnas derramada
sobre las aras de las dos Castillas.

Yace aquella virtud desaliñada
que fue, si rica menos, más temida,
en vanidad y en sueños sepultada.
　　Y aquella libertad esclarecida
que en donde supo hallar honrada muerte
nunca quiso tener más larga vida.
　　Y pródiga del alma, nación fuerte,
contaba por afrentas de los años
envejecer en manos de la suerte.
... ...

Memoria inmortal de don Pedro Girón, Duque de Osuna, muerto en la prisión

Faltar pudo su patria al grande Osuna,
pero no a su defensa sus hazañas;
diéronle muerte y cárcel las Españas,
de quien él hizo esclava la fortuna.
　　Lloraron sus envidias una a una
con las propias naciones las extrañas;
su tumba son de Flandes las campañas,
y su epitafio la sangrienta luna.
　　En sus exequias encendió al Vesubio
Parténope, y Trinacria el Mongibelo;
el llanto militar creció en diluvio.
　　Dióle el mejor lugar Marte en su cielo;
la Mosa, el Rin, el Tajo y el Danubio
murmuran con dolor su desconsuelo.

«Ya formidable y espantoso suena»

Ya formidable y espantoso suena
dentro del corazón el postrer día,
y la última hora, negra y fría,
se acerca, de temor y sombras llena.

Si agradable descanso, paz serena,
la muerte en traje de dolor envía,
señas de su desdén de cortesía:
más tiene de caricia que de pena.

¿Qué pretende el temor desacordado
de la que a rescatar piadosa viene
espíritu en miserias añudado?

Llegue rogada, pues mi bien previene;
hálleme agradecido, no asustado;
mi vida acabe y mi vivir ordene.

«Miré los muros de la patria mía»

Miré los muros de la patria mía,
si un tiempo fuertes, ya desmoronados,
de la carrera de la edad cansados,
por quien caduca ya su valentía.

Salíme al campo, vi que el sol bebía
los arroyos del hielo desatados,
y del monte quejosos los ganados,
que con sombras hurtó su luz al día.

Entré en mi casa, vi que amancillada
de anciana habitación era despojos;
mi báculo mas corvo y menos fuerte.

Vencida de la edad sentí mi espada,
y no hallé cosa en que poner los ojos
que no fuese recuerdo de la muerte.

A una nariz

Erase un hombre a una nariz pegado;
érase una nariz superlativa;
érase una nariz sayón y escriba;
érase un pez espada muy barbado.

Era un reloj de sol mal encarado;
érase una alquitara pensativa;
érase un elefante boca arriba;
era Ovidio Nasón más naridado.
    Erase el espolón de una galera;
érase una pirámide de Egipto;
las doce tribus de narices era.
    Erase un naricísimo infinito,
muchísima nariz, nariz tan fiera
que en la cara de Anás fuera delito.

Letrilla satírica

Poderoso caballero
es don Dinero.
    Madre, yo al oro me humillo;
él es mi amante y mi amado,
pues de puro enamorado,
de continuo anda amarillo;
que, pues doblón o sencillo,
hace todo cuanto quiero,
poderoso caballero
es don Dinero.
    Nace en las Indias honrado,
donde el mundo le acompaña;
viene a morir en España
y es en Génova enterrado.
Y pues quien le trae al lado
es hermoso, aunque sea fiero,
poderoso caballero
es don Dinero.
    Es galán y es como un oro,
tiene quebrado el color,
persona de gran valor,
tan cristiano como moro;

pues que da y quita el decoro
y quebranta cualquier fuero,
poderoso caballero
es don Dinero.
    Son sus padres principales
y es de nobles descendiente,
porque en las venas de Oriente
todas las sangres son reales;
y pues es quien hace iguales
al duque y al ganadero,
poderoso caballero
es don Dinero.
    Mas, ¿a quién no maravilla
ver en su gloria sin tasa
que es lo menos de su casa
doña Blanca de Castilla?
Pero pues da al bajo silla
y al cobarde hace guerrero,
poderoso caballero
es don Dinero.
    Sus escudos de armas nobles
son siempre tan principales,

que sin sus escudos reales
no hay escudos de armas dobles;
y pues a los mismos robles
da codicia su minero,
poderoso caballero
es don Dinero.
   Por importar en los tratos
y dar tan buenos consejos,
en las casas de los viejos
gatos le guardan de gatos.
Y pues él rompe recatos
y ablanda al juez más severo,
poderoso caballero
es don Dinero.
   Y es tanta su majestad
(aunque son sus duelos hartos),
que con haberle hecho cuartos
no pierde su autoridad:
pero pues da calidad

al noble y al pordiosero,
poderoso caballero
es don Dinero.
   Nunca vi damas ingratas
a su gusto y afición,
que las caras de un doblón
hacen sus caras baratas.
Y pues las hace bravatas
desde una bolsa de cuero,
poderoso caballero
es don Dinero.
   Más valen en cualquier tierra,
(mirad, si es harto sagaz),
sus escudos en la paz,
que rodelas en la guerra.
Y pues al pobre lo entierra
y hace propio al forastero;
poderoso caballero
es don Dinero.

Romance del Cid, en un lenguaje antiguo

   Estando en cuita y en duelo,
denostado de zofrir,
el Cid al rey don Alfonso
fabló de esta guisa; oíd:
   Si como atendéis los chismes
de los que fablan de mí,
atendiérades mis quejas,
mi sandez toviera fin.
   No supe vencer la invidia,
sí supe vencer la lid,
pues hoy desfacen mis fechos
los dichos de algún malsín.

   Mil banderas vos he dado,
esclavos más de cien mil;
y esos que de mí murmuran,
sólo a vos dan que reír.
   Yo, que supe daros reinos,
yago desterrado aquí,
y con mucha yanta al lado
quien los sabe destroir.
   Menguas ponen en mi honra,
que las estodian en sí:
traidor me llaman a voces,
a vos os toca el mentir.

Quando fuían de Tizona,
por ser canalla tan vil;
todo saldrá en la colada;
de Colada no hay fuir.
    En mataros tantos moros
cuido que los ofendí,

dexando huérfanos todos
los que caboñan al Cid.
    Faced que juzgue mi causa
el valiente, no el dotil:
que entre plumas y tinteros
aun Christo vino a morir.

JUAN DE TASSIS
CONDE DE VILLAMEDIANA
(1582–1622)

Defiéndeme de este mal

Defiéndeme de este mal
lo que el mismo mal me niega,
pues es tal que al alma llega,
y en ella queda inmortal.
    Entiérrese mi querella
de su secreto vencida,
que no es bien que tenga vida
quien busca cómo perdella.
    En los peligros buscados
se pierden los prevenidos,
remedios siempre perdidos
es muerte de desdichados.

    Secreto yo te guardara
porque Amor manda guardarte,
si decirte y si callarte
la vida no me costara.
    Quien sólo supo vivir
en desdichas confirmado,
podrá morir confesado,
y confesado, morir.
    Una verdad por castigo,
pudiera decir, señora,
mas es ya muy tarde agora,
y habrá de morir conmigo.

Llegar, ver y entregarme...

Llegar, ver y entregarme ha sido junto,
la deuda general pagada os tengo,
y a ser de vos injustamente vengo
condenado sin culpa en sólo un punto.
    Padezco el mal, la causa no barrunto,
que yo, sin esperanza, me entretengo,

y sólo de adoraros me mantengo
vivo al servir, y al merecer difunto.
   Quien sabe tanto y claramente entiende
que esperar algo es yerro sin disculpa
con la intención no puede haber errado.
   Miro y no hallo en mí de qué me enmiende;
mas si desdichas las tenéis por culpa,
¿cómo estará sin ella un desdichado?

Nadie escuche mi voz

   Nadie escuche mi voz y triste acento,
de suspiros y lágrimas mezclado,
si no es que tenga el pecho lastimado
de dolor semejante al que yo siento.
   Que no pretendo ejemplo ni escarmiento
que rescate a los otros de mi estado,
sino mostrar creído, y no aliviado
de un firme amor el justo sentimiento.
   Juntóse con el cielo a perseguirme
la que tuvo mi vida en opiniones,
y de mí mismo a mí como en destierro.
   Quisieron persuadirme las razones,
hasta que en el propósito más firme
fue disculpa del yerro el mismo yerro.

JUAN DE JAUREGUI
(1583–1641)

Afecto amoroso comunicado en silencio

   Deja tu albergue oculto,
mudo silencio; que en el margen frío,
deste sagrado río

y en este valle solitario inculto,
te aguarda el pecho mío.
    Entra en mi pecho, y te diré medroso
lo que a ninguno digo,
de que es amor testigo,
y aun a ti revelarlo apenas oso.
Ven, ¡oh silencio fiel!, y escucha atento
tú sólo, y mi callado pensamiento.
    Sabrás (mas no querría
me oyese el blando céfiro, y al eco
en algún tronco hueco
comunicase la palabra mía,
o que en el agua fría
el Betis escondido me escuchase);
sabrás que el cielo ordena
que con alegre pena
en dulces llamas el amor me abrase,
y que su fuego, el corazón deshecho,
de sus tormentos viva satisfecho...
    No quiera el cielo que a la dulce calma
de tu beldad serena
turbe una breve pena,
aunque mil siglos la padezca el alma;
dile, silencio, tú, con señas mudas,
lo que ha ignorado siempre y tu no dudas.
    Mas ¡ay! no se lo digas,
que es forzoso decirlo en mi presencia;
y bien que la decencia
de tu recato advierto, al fin me obligas
que espere su sentencia,
y el temor ya me dice en voz expresa:
"No has sido poco osado
sólo en haberla amado:
no te abalances a mayor empresa
basta que sepan tu amorosa historia
el secreto silencio y tu memoria"

A un navío destrozado

Este bajel inútil, seco y roto,
tan despreciado ya del agua y viento,
vio indiferente el vasto movimiento
del proceloso mar, del Euro y Noto.
    Soberbio al golfo, humilde a su piloto,
y del rico metal siempre sediento,
trajo sus minas al ibero asiento,
habidas en el índice remoto.
    Ausente yace de la selva cara,
do el verde ornato conservar pudiera,
mejor que pudo cargas de tesoro.
    Así quien sigue la codicia avara,
tal vez mezquino muere en extranjera
provincia, falto de consuelo y oro.

FRANCISCO DE RIOJA
(1583–1659)

A la rosa

Pura, encendida rosa,
émula de la llama
que sale con el día,
¿cómo naces tan llena de alegría
si sabes que la edad que te da el cielo
es apenas un breve y veloz vuelo?
Y no valdrán las puntas de tu llama
ni tu púrpura hermosa
a detener un punto
la ejecución del hado presurosa.
El mismo cerco alado,
que estoy viendo riente,

ya temo amortiguado,
presto despojo de la llama ardiente.
Para las hojas de tu crespo seno
te dio Amor de sus alas blancas plumas,
y oro de su cabello dio a tu frente.
¡Oh fiel imagen suya peregrina!
Bañóte en su color sangre divina
de la deidad que dieron las espumas,
y esto, purpúrea flor, y esto, ¿no pudo
hacer menos violento el rayo agudo?
Róbate en una hora,
róbate silencioso su ardimiento
el color y el aliento;
tiendes aún no las alas abrasadas,
y ya vuelan al suelo desmayadas.
Tan cerca, tan unida
está al morir tu vida,
que dudo si en sus lágrimas la aurora
mustia, tu nacimiento o muerte llora.

ESTEBAN MANUEL DE VILLEGAS
(1596–1669)

Oda sáfica

Dulce vecino de la verde selva
huésped eterno del abril florido,
vital aliento de la madre Venus,
    céfiro blando;
si de mis ansias el amor supiste,
tú, que las quejas de mi voz llevaste,
oye, no temas, y a mi ninfa dile,
    dile que muero.

Filis un tiempo mi dolor sabía;
Filis un tiempo mi dolor lloraba;
quísome un tiempo, mas agora temo,
      temo sus iras.
Así los dioses con amor paterno,
así los cielos con amor benigno,
nieguen al tiempo que feliz volares
      nieve en la tierra.
Jamás el peso de la nube parda,
cuando amanece en la elevada cumbre,
toque tus hombros, ni su mal granizo
      hiera tus alas.

El pajarillo

Yo vi sobre un tomillo
quejarse a un pajarillo,
viendo su nido amado,
de quien era caudillo,
de un labrador robado.
Vile tan congojado
por tal atrevimiento,
dar mil quejas al viento
para que al cielo santo
llegue su tierno llanto,
llegue su tierno acento.
Ya con triste armonía,
esforzando el intento,
más sonoro volvía;
ya circular volaba;
ya rastrero corría;
ya, pues, de rama en rama
al rústico seguía,
y saltando en la grama
parece que decía:
«Dame, rústico fiero,
mi dulce compañía.»
Y que le respondía
el rústico: «No quiero.»

PEDRO CALDERON DE LA BARCA
(1600–1681)

Cantarcillo

Ruiseñor que volando vas,
cantando finezas, cantando favores,
¡oh, cuanta pena y envidia me das!

Pero no, que si hoy cantas amores,
tú tendrás celos y tú llorarás.
   ¡Qué alegre y desvanecido
cantas, dulce ruiseñor,
las venturas de tu amor
olvidado de tu olvido!
   En ti, de ti entretenido
al ver cuan ufano estás,
¡oh, cuanta envidia me das
publicando tus favores!
Pero no, que si hoy cantas amores,
tú tendrás celos y tú llorarás.

A las flores (de «El príncipe constante»)

   Estas que fueron pompa y alegría
despertando al albor de la mañana,
a la tarde serán lástima vana
durmiendo en brazos de la noche fría.
   Este matiz que al cielo desafía,
iris listado de oro, nieve y grana,
será escarmiento de la vida humana:
¡tanto se aprende en término de un día!
   A florecer las rosas madrugaron
y para envejecerse florecieron:
cuna y sepulcro en un botón hallaron.
   Tales los hombres sus fortunas vieron:
en un día nacieron y expiraron;
que pasados los siglos horas fueron.

   «La vida es sueño», (Fragmento)

¡Ay mísero de mí! ¡Ay infelice!
Apurar, cielos, pretendo,
ya que me tratáis así,
qué delito cometí

contra vosotros naciendo;
aunque si nací, ya entiendo
qué delito he cometido:
bastante causa ha tenido

vuestra justicia y rigor,
pues el delito mayor
del hombre es haber nacido.

Sólo quisiera saber,
para apurar mis desvelos
(dejando a una parte, cielos,
el delito de nacer),
¿qué más os pude ofender,
para castigarme más?
¿No nacieron los demás?
Pues si los demás nacieron
¿qué privilegios tuvieron
que yo no gocé jamás?

Nace el ave, y con las galas
que la dan belleza suma,
apenas es flor de pluma
o ramillete con alas,
cuando las etéreas salas
corta con velocidad,
negándose a la piedad
del nido que deja en calma:
y teniendo yo mas alma
¿tengo menos libertad?

Nace el bruto, y con la piel
que dibujan manchas bellas,
apenas signo es de estrellas
gracias al docto pincel,
cuando atrevido y cruel,
la humana necesidad
le enseña a tener crueldad,
monstruo de su laberinto:
¿y yo con mejor instinto
tengo menos libertad?

Nace el pez, que no respira,
aborto de ovas y lamas,
y apenas bajel de escamas
sobre las ondas se mira,
midiendo la inmensidad
de tanta capacidad
como le da el centro frío:
¿y yo con mas albedrío
tengo menos libertad?

Nace el arroyo, culebra
que entre las flores repta
y apenas, sierpe de plata,
entre las flores se quiebra
cuando músico celebra
de las flores la piedad
que le da la majestad
del campo abierto a su huida:
y teniendo yo más vida
¿tengo menos libertad?

En llegando a esta pasión
un volcán, un Etna hecho,
quisiera arrancar del pecho
pedazos del corazón.
¿Qué ley, justicia o razón
negar a los hombres sabe
privilegio tan süave
exención tan principal,
que Dios le ha dado a un cristal,
a un pez, a un bruto y a un ave?
... ...

Es verdad. Pues reprimamos
esta fiera condición,
esta furia, esta ambición,
por si alguna vez soñamos:
y sí haremos, porque estamos
en mundo tan singular,
que vivir sólo es soñar;

y la experiencia me enseña
que el hombre que vive, sueña
lo que es hasta despertar.
Sueña el Rey que es Rey, y vive
con este engaño mandando,
disponiendo y gobernando;
y este aplauso, que recibe
prestado, en el viento escribe
y en cenizas le convierte
la muerte: ¡desdicha fuerte!
  ¡Que hay quien intente reinar,
viendo que ha de despertar
en el sueño de la muerte!
Sueña el rico en su riqueza,
que más cuidados le ofrece;
sueña el pobre que padece
su miseria y su pobreza;

sueña el que a medrar empieza;
sueña el que afana y pretende;
sueña el que agravia y ofende;
y en el mundo, en conclusión,
todos sueñan lo que son,
aunque ninguno lo entiende.
  Yo sueño que estoy aquí
destas prisiones cargado,
y soñé que en otro estado
más lisonjero me vi.
¿Qué es la vida? Un frenesí,
¿Qué es la vida? Una ilusión,
una sombra, una ficción,
y el mayor bien es pequeño;
que toda la vida es sueño,
y los sueños, sueños son.
... ...

SOR JUANA INES DE LA CRUZ
(1651–1691)

Redondillas

  Hombres necios que acusáis
a la mujer sin razón,
sin ver que sois la ocasión
de lo mismo que culpáis.
  Si con ansia sin igual
solicitáis su desdén,
¿por qué queréis que obren bien
si las incitáis al mal?
  Combatís su resistencia,
y luego, con gravedad,
decís que fue liviandad
lo que hizo la diligencia.

  Parecer quiere el denuedo
de vuestro proceder loco
al niño que pone el coco
y luego le tiene miedo.
  Queréis con presunción necia
hallar a la que buscáis,
para pretendida, Thais,
y en la posesión, Lucrecia.
  ¿Qué humor puede ser más raro
que el que, falto de consejo,
él mismo empaña el espejo
y siente que no esté claro?

Con el favor y el desdén
tenéis condición igual
quejándoos, si os tratan mal;
burlándoos, si os quieren bien.

Opinión ninguna gana,
pues la que más se recata,
si no os admite, es ingrata
y si os admite, es liviana.

Siempre tan necios andáis,
que con desigual nivel
a una culpáis de cruel
y a otra por frágil culpáis. [plada

Pues ¿cómo ha de estar tem-
la que vuestro amor pretende
si la que es ingrata ofende
y la que es fácil enfada?

Mas entre el enfado y pena
que vuestro gusto refiere,
bien haya la que no os quiere
y quejaos en hora buena.

Dan vuestras amantes penas
a sus libertades alas,

y después de hacerlas malas
las queréis hallar muy buenas.

¿Cuál mayor culpa ha tenido
en una pasión errada:
la que cae de rogada,
o el que ruega de caído?

¿O cual es más de culpar,
aunque cualquiera mal haga,
la que peca por la paga
o el que paga por pecar?

Pues ¿para qué os espantáis
de la culpa que tenéis?
Queredlas cual las hacéis
o hacedlas cual las buscáis.

Dejad de solicitar
y después con mas razón
acusaréis la afición
de la que os fuere a rogar.

Bien con muchas armas fundo
que lidia vuestra arrogancia,
pues en promesa e instancia
juntáis diablo, carne y mundo.

«Al que, ingrato, me deja, busco amante...»

Al que, ingrato, me deja, busco amante;
al que amante me sigue, dejo, ingrata;
constante adoro a quien mi amor maltrata,
maltrato a quien mi amor busca constante.

Al que trato de amor hallo diamante,
y soy diamante al que de amor me trata,
triunfante quiero ver al que me mata
y mato al que me quiere ver triunfante.

Si a éste pago, padece mi deseo;
si ruego a aquel, mi pundonor enojo;
de entrambos modos infeliz me veo.

Pero yo, por mejor partido, escojo:
de quien no quiero, ser violento empleo;
que de quien no me quiere, vil despojo.

Fantasía contenta con amor decente

Detente, sombra de mi bien esquivo,
imagen del hechizo que más quiero,
bella ilusión por quien alegre muero,
dulce ficción por quien penosa vivo.
Si al imán de tus gracias atractivo
sirve mi pecho de obediente acero,
¿para qué me enamoras lisonjero,
si has de burlarme luego fugitivo?
Mas blasonar no puedes satisfecho
de que triunfa de mi tu tiranía;
que aunque dejas burlado el lazo estrecho
que tu forma fantástica ceñía,
poco importa burlar brazos y pecho
si te labra prisión mi fantasía.

DIEGO DE TORRES Y VILLARROEL
(1693–1770)

Pago que da el Mundo a los poetas

Dícese de Quevedo que fue claro,
y que en algunas coplas está obsceno;
Góngora puede ser que fuese bueno,
pero ya sus comentos le hacen raro.
El Calderón, que nos lo venden caro,
sólo de lo amatorio fue muy lleno
y nos dejó en la cómica un veneno
que nos hemos bebido sin reparo.

La idea de Juan Pérez fue abatida,
de Solís intrincada, ¡infeliz suerte!
¡Oh, ciencia pobre! ¡Facultad perdida!
    ¡Mundo borracho, que al varón más fuerte
después de ajarlo, miserable, en vida,
predicas estas honras en su muerte!

A otro perro con ese hueso

Albricias, que el Mundo
sin duda esta cuerdo,
pues da con justicia
castigos y premios.
    Vaya usted a otro perro
con aquese hueso.
    Humildes ensalza,
abate soberbios,
liberales premia,
castiga avarientos.
    Socorre las viudas
y guía a los ciegos,
los huérfanos cría
cura a los enfermos.
    Limosna da al pobre,
al triste consuelo,
cautivos desata,
y redime presos.
    Ahorca asesinos,
azota rateros,
empalma alcahuetas,
y empala adulterios.
    Mancebas recoge,
encierra mancebos,
niños adoctrina,
y respeta viejos.

    Ya las injusticias
están por el suelo,
y Dios sea bendito,
porque ya era tiempo.
    Ya los sabios tienen
ventura y respeto,
y el ocioso vano
desgracia y desprecio.
    Ya no tiene fuerza
alguna el dinero,
y el mérito sólo
consigue los puestos.
    Ya nadie pondera
delitos ajenos,
y todos conocen
sus menores yerros.
    Nadie se maltrata
por lograr ascensos,
que en su estado todos
están muy contentos.
    No hay interesados,
ni avaros logreros;
sólo se procura
el bien de los pueblos.
    No corre el engaño,
la mentira menos,

y así no hay motivos
para sentimientos.
   Hay paz octaviana
en todo el congreso,
porque todo el mundo
castiga su genio.
   Ya en los pleitos nada
compone el empeño;
todo va arreglado
a ley y derecho.
   Ya no hay robo alguno
en cortes ni puertos;

que todos son fieles,
hasta los venteros.
   Ya son en la tierra
puros los contentos,
y así tiene el Mundo
remedios del Cielo.
   Todo es muy posible,
así lo concedo;
mas perdone el Mundo,
que yo no lo creo.
   *Vaya usted a otro perro
con aquese hueso.*

ANONIMO
(Siglos XVII–XVIII)

Romance de don Alvaro de Luna

–Hagan bien para hacer bien
por el alma de este hombre.
Al son de las campanillas
van diciendo en altas voces:
   –Den para enterrar el cuerpo
del rico ayer, y hoy tan pobre,
que si no le dan mortaja,
no la tiene, ni hay de dónde;
mueva a compasión su muerte;
socorredle, pretensores,
pues que tanto dio y dar pudo
a tantos de los que oyen.
El que daba dignidades
haciendo duques y condes
grandes, marqueses, prelados,
maestres, comendadores;

el que con la voluntad
pudo hacer e hizo hombres,
como delincuente muere;
dadle limosna, señores.
   Ayer el mundo mandó;
hoy de un bochín sucio y torpe
se sujeta al proceder,
y humilde a sus pies se pone.
Por esas calles que hoy pasa,
entre confusos pregones,
le vimos acompañado
del mismo rey y su corte,
¡y dichoso el que alcanzaba
su lado, a ponerse adonde
con su vista le alcanzase,
ya que no con sus razones!

Hoy a este mismo acompañan
mil populares montones
de gente ociosa, perdida,
vagabundos, mahechores.
El que pudo lo que quiso
con los dados por tutores,
como delincuente hoy muere;
dadle limosna, señores.
    ¡Oh mundo vano, caduco,
como pagas a quien pone
sus esperanzas en ti!
¡Y cuan pocos te conocen!
    Esto un cofrade decía
de la Caridad a voces,
cuando por la Costanilla
un tropel de gente rompe;
la guardia del rey don Juan
se divide en escuadrones
para que de su justicia
la ejecución no se estorbe.
Gran cantidad de alguaciles,
dos alcaldes de su corte,
tres capitanes con gente
por las calles y cantones.

    —Plaza aparte, aparte, claman
diciendo los muñidores.
    —Hagan bien para hacer bien
por el alma de este hombre.
    En medio viene el de Luna
rompiendo los corazones
en una mula enlutada,
capuz hasta los talones,
una caperuza negra,
agravado con prisiones,
a los lados uno y otro
un par de predicadores.
Todos se conmueven dél,
no hay quien de vello no llore,
y al preguntar por qué muere
todos los hombros encogen
los pregoneros lo dicen,
unos a otros lo responden.
    Llegan hasta un cadalso,
encima del cual le ponen,
teatro de su tragedia,
donde lo que dicen oye.
    —Hagan bien para hacer bien
por el alma deste pobre.

ANONIMO
(Siglos XVII–XVIII)

Romance del caballero

Madre, un caballero
que a las fiestas sale,
que mata los toros
sin que ellos le maten,
mas de cuatro veces
pasó por mi calle,
mirando mis ojos,
porque le mirase.

¡Rabia le dé, madre,
rabia que le mate!

Música me daba
para enamorarme,
papeles y cosas
que las lleva el aire;
siguióme a la iglesia,
siguióme en el baile,
de día y de noche,
sin querer dejarme.

¡Rabia le dé, madre,
rabia que le mate!

Viéndome tan dura,
procuró ablandarme
por otro camino
más dulce y más suave.
Diome unos anillos
con unos corales,
zarzillos de plata,
botillas y guantes.
Diome unos corpiños
con unos cristales.
¡Negros fueron ellos,
pues negros me salen!

¡Rabia le dé, madre,
rabia que le mate!

Perdí el desamor
con las libertades,
quísele bien luego
bien le quise, madre.
Empecé a quererle,
empezó a olvidarme,
muérome por él,
no quiere él mirarme.

¡Rabia le dé, madre,
rabia que le mate!

Pensé enternecerle,
¡mejor mala landre!
¡Halléle mas duro
que unos pedernales!
Anda enamorado
de otra de buen talle,
que al primer billete
le quiso de balde.

¡Rabia le dé, madre,
rabia que le mate!

¡Nunca yo lo fuera,
madre, miserable,
pues no hay interés
que al fin no se pague!
¡Mal haya el presente
que tan caro sale!
¡Y mal haya él,
que tanto mal sabe!

¡Rabia le dé, madre,
rabia que le mate!

Y al correr la plaza
con otros galanes,
caída dé él solo
que no se levante;
salga de las fiestas
tal, que otros le saquen,
y cuando estas cosas
madre, no le alcancen.

¡Rabia le dé, madre,
rabia que le mate!

ANONIMO

(Siglos XVII–XVII)

Romance de la muerte del rey don Pedro

A los pies de don Enrique
yace muerto el rey don Pedro,
más que por su valentía,
por voluntad de los cielos.
Al envainar el puñal,
el pie le puso en el cuello,
que aun allí no está seguro
de aquel invencible cuerpo.
Riñeron los dos hermanos,
y de tal suerte riñeron,
que fuera Caín el vivo
a no haberlo sido el muerto.
Los ejércitos movidos,
a compasión y contento,
mezclados unos con otros
corren a ver el suceso,
    y los de Enrique
cantan, repican y gritan:
«¡Viva Enrique!»,y los de Pedro
clamorean, doblan, lloran
    su rey muerto.
Unos dicen que fue justo,
otros dicen que mal hecho,
que el rey no es cruel si nace
en tiempo que importa serlo,
y que no es razón que el vulgo
con el rey entre a consejo,
a ver si casos tan graves
han sido bien o mal hechos;

y que los yerros de amor
son tan dorados y bellos
cuanto la hermosa Padilla
ha quedado por ejemplo,
que nadie verá sus ojos
que no tenga al rey por cuerdo,
mientras como otro Rodrigo
no puso fuego a su reino.
    Y los de Enrique
cantan, repican y gritan:
«¡Viva Enrique!», y los de Pedro
clamorean, doblan, lloran
    su rey muerto.
Los que con ánimos viles,
o por lisonja o por miedo,
siendo del bando vencido
al vencedor siguen luego,
valiente llaman a Enrique
y a Pedro, tirano y ciego,
porque amistad y justicia
siempre mueren con el muerto.
La tragedia del Maestre,
la muerte del hijo tierno,
la prisión de doña Blanca,
sirven de infame proceso.
Algunos pocos leales,
dan voces pidiendo al Cielo
justicia, pidiendo al rey,
y mientras que dicen esto

los de Enrique
cantan, repican y gritan:
«¡Viva Enrique!», y los de Pe-
clamorean, doblan, lloran [dro
    su rey muerto.
  Llora la hermosa Padilla:
el desdichado suceso,
como esclava del rey vivo
y como viuda del muerto.
«¡Ay, Pedro, qué muerte infame
te han dado malos consejos,
confianzas engañosas
y atrevidos pensamientos!»
Salió corriendo a la tienda,
y vio con triste silencio
llevar cubierto a su esposo
de sangre y de paños negros;
y que en otra parte a Enrique
le dan con aplauso el cetro.
Campanas tocan los unos
y los otros instrumentos;
    y los de Enrique
cantan, repican y gritan:
«¡Viva Enrique!»,y los de Pedro
clamorean, doblan, lloran
    su rey muerto.
  Como acrecienta el dolor
la envidia del bien ajeno,
y el ver a los enemigos
con favorable suceso,
así la triste señora
llora y se deshace viendo
cubierto a Pedro de sangre
y a Enrique de oro cubierto,

Echó al cabello la mano,
sin tener culpa el cabello,
y mezclando perlas y oro,
de oro y perlas cubrió el cuello,
quiso decir «Pedro» a voces,
«¡villanos, vive en mi pecho!»,
mas poco le aprovechó;
y mientras lo está diciendo
    los de Enrique
cantan, repican y gritan:
«¡Viva Enrique!», y los de Pe-
clamorean, doblan, lloran   [dro
    su rey muerto.
  Rasgó las tocas mostrando
el blanco pecho encubierto
como si fuera cristal
por donde se viera Pedro.
No la vieron los contrarios,
y viola envidioso el cielo
de ver en tan poca nieve
un elemento de fuego;
desmayóse ya vencida
del poderoso tormento,
cubriendo los bellos ojos,
muerte, amor, silencio y sueño.
Entretanto, el campo todo
aquí y allá van corriendo
vencedores y vencidos,
soldados y caballeros:
    y los de Enrique
cantan, repican y gritan:
«¡Viva Enrique!»,y los de Pedro
clamorean, doblan, lloran
    su rey muerto.

NICOLAS FERNANDEZ DE MORATIN
(1737–1780)

Fiesta de toros en Madrid

Madrid, Castillo famoso
que al rey moro alivia el miedo,
arde en fiestas en su coso
por ser el natal dichoso
de Alimenón de Toledo.

Su bravo alcaide Aliatar,
de la hermosa Zaida amante,
las ordena celebrar
por si la puede ablandar
el corazón de diamante.

Pasó, vencida a sus ruegos,
desde Aravaca a Madrid;
hubo pandorgas y fuegos
con otros nocturnos juegos
que dispuso el adalid.

Y en adargas y colores
en las cifras y libreas,
mostraron los amadores,
y en pendones y preseas,
la dicha de sus amores.

Vinieron las moras bellas
de toda la cercanía,
y de lejos muchas de ellas;
las más apuestas doncellas
que España entonces tenía.

Aja de Jetafe vino,
y Zahara la de Alcorcón,
en cuyo obsequio muy fino
corrió de un vuelo el camino
el moraicel de Alcabón.

Jarifa de Almonacid,
que de la Alcarria en que habita
llevó a asombrar a Madrid
su amante Audalla, adalid
del castillo de Zorita.

De Adamuz y la famosa
Meco llegaron allí
dos, cada cual más hermosa,
y Fátima la preciosa,
hija de Alí el alcadí.

El ancho circo se llena
de multitud clamorosa,
que atiende a ver en arena
la sangrienta lid dudosa
y todo en torno resuena.

La bella Zaida ocupó
sus dorados miradores
que el arte afiligranó,
y con espejos y flores,
y damascos adornó.

Añafiles y atabales
con militar armonía,
hicieron salva, y señales
de mostrar su valentía
los moros más principales.

No en las vegas de Jarama
pacieron la verde grama
nunca animales tan fieros,
junto al pueblo que se llama,
por sus peces, de Viveros.

Como los que el vulgo vio
ser lidiados aquel día;
y en la fiesta que gozó
la popular alegría
muchas heridas costó.

Salió un toro del toril
y a Tarfe tiró por tierra,
y luego a Benalguacil;
después con Hamete cierra
el temerón de Conil.

Traía un ancho listón
con uno y otro matiz
hecho un lazo por airón,
sobre la inhiesta cerviz
clavado con un arpón.

Todo galán pretendía
ofrecerle vencedor
a la dama que servía:
por eso perdió Almanzor
el potro que más quería.

El alcaide, muy zambrero,
de Guadalajara, huyó,
malherido al golpe fiero,
y desde un caballo overo
el moro de Horche cayó.

Todos miran a Aliatar,
que, aunque tres toros ha muer-
no se quiere aventurar   [to,
porque en lance tan incierto
el caudillo no ha de entrar.

Mas viendo se culparía
va a ponérsele delante;
la fiera le acometía,
y sin que el rejón le plante
le mató una yegua pía.

Otra monta acelerado:
le embiste el toro en un vuelo
acogiéndole entablerado;
rodó el bonete encarnado
con las plumas por el suelo.

Dio vuelta hiriendo y matando
a los de a pie que encontrara,
el circo desocupando,
y emplazándose, se para,
con la vista amenazando.

Nadie se atreve a salir;
la plebe grita indignada,
las damas se quieren ir,
porque la fiesta empezada
no puede ya proseguir.

Ninguno al riesgo se entrega
y está en medio el toro fijo,
cuando un portero que llega
de la puerta de la Vega
hincó la rodilla y dijo:

«Sobre un caballo alazano
cubierto de galas y oro,
demanda licencia urbano
para alancear un toro
un caballero cristiano»

Mucho le pesa a Aliatar;
pero Zaida dio respuesta,
diciendo que puede entrar,
porque en tan solemne fiesta
nada se debe negar.

Suspenso el concurso entero
entre dudas se embaraza,
cuando en un potro ligero,
vieron entrar en la plaza
un bizarro caballero.

Sonrosado, albo color,
belfo labio, juveniles
alientos, inquieto ardor,
en el florido verdor
de sus lozanos abriles.

Cuelga la rubia guedeja
por donde el almete sube,
cual mirarse tal vez deja
del sol la ardiente madeja
entre cenicienta nube.

Gorguera de anchos follajes,
de una cristiana primores
en el yelmo los plumajes,
por los visos y celajes,
vergel de diversas flores.

En la cuja gruesa lanza,
con recamado pendón,
y una cifra a ver se alcanza
que es de desesperación,
o a lo menos de venganza.

En el arzón de la silla
ancho escudo reverbera
con blasones de Castilla,
y el mote dice a la orilla:
Nadie mi espada venciera.

Era el caballo galán,
el bruto más generoso,
de más gallardo ademán:
cabos negros, y brioso,
muy tostado y alazán.

Larga cola recogida
en las piernas descarnadas,
cabeza pequeña, erguida,
las narices dilatadas,
vista feroz y encendida.

Nunca en el ancho rodeo
que da Betis con tal fruto
pudo fingir el deseo
más bella estampa de bruto,
ni más hermoso paseo.

Dio la vuelta alrededor;
los ojos que le veían
lleva prendados de amor:
«¡Alah te salve decían,
déte el profeta favor!»

Causaba lástima y grima
su tierna edad floreciente;
todos quieren que se exima
del riesgo, y él solamente
ni recela ni se estima.

Las doncellas, al pasar,
hacen de ámbar y alcanfor
pebeteros exhalar,
vertiendo pomos de olor,
de jazmines y de azahar.

Mas cuando en medio se para,
y de más cerca le mira
la cristiana esclava Aldara,
con su señora se encara,
y así la dice, y suspira:

«Señora sueños no son,
así los cielos, vencidos
de mi ruego y aflicción,
acerquen a mis oídos
las campanas de León,

como ese doncel, que ufano
tanto asombro viene a dar
a todo el pueblo africano,
es Rodrigo de Vivar,
el soberbio Castellano.»

Sin descubrirle quien era,
la Zaida desde una almena
le habló una noche cortés,
por donde se abrió después
el cubo de la Almudena.

Y supo que, fugitivo
de la corte de Fernando,
el cristiano, apenas vivo,
está a Jimena adorando
y en su memoria cautivo.

Tal vez a Madrid se acerca
con frecuentes correrías
y todo en torno la cerca;
observa sus saetías,
arroyadas, y ancha alberca.

Por eso le ha conocido,
que en medio de aclamaciones
el caballo ha detenido
delante de sus balcones
y la saluda rendido.

La mora se pone en pie
y sus doncellas detrás;
el alcaide que lo ve,
enfurecido además,
muestra cuán celoso esté.

Suena un rumor placentero
entre el vulgo de Madrid:
«No habrá mejor caballero,
dicen, en el mundo entero»,
y algunos le llaman Cid.

Crece la algazara, y él,
torciendo las riendas de oro,
marcha al combate cruel;
alza el galope, y al toro
busca en sonoro tropel.

El bruto se le ha encarado
desde que le vio llegar,
de tanta gala asombrado,
y alrededor ha observado
sin moverse de un lugar.

Cual flecha se disparó
despedida de la cuerda
de tal suerte le embistió:
detrás de la oreja izquierda
la aguda lanza le hirió.

Brama la fiera burlada;
segunda vez acomete,
de espuma y sudor bañada,
y segunda vez le mete
sutil la punta acerada.

Pero ya Rodrigo espera,
con heroico atrevimiento,
el pueblo, mudo y atento;
se engalla el toro y altera,
y finge acometimiento.

La arena escarba ofendido,
sobre la espalda la arroja
con el hueso retorcido;
el suelo huele y le moja
en ardiente resoplido.

La cola inquieto menea,
la diestra oreja mosquea,
vase retirando atrás
para que la fuerza sea
mayor y el ímpetu más.

El que en esta ocasión viera
de Zaida el rostro alterado,
claramente conociera
cuánto le cuesta cuidado
el que tanto riesgo espera.

Mas, ¡ay, que le embiste ho-
el animal espantoso!   [rrendo
Jamás peñasco tremendo
del Cáucaso cavernoso,
se desgaja estrago haciendo,
    ni llama así fulminante
cruza en negra oscuridad
con relámpagos delante,
al estrépito tronante
de sonora tempestad,
    como el bruto se abalanza
con terrible ligereza;
mas rota con gran pujanza
la alta nuca, la fiereza
y el ultimo aliento lanza.
    La confusa vocería
que en tal instante se oyó
fue tanta, que parecía
que honda mina reventó.
o el monte y valle se hundía.
    A caballo como estaba
Rodrigo, el lazo alcanzó
con que el toro se adornaba:
en su lanza le clavó
y a los balcones llegaba.
    Y alzándose en los estribos
le, alarga a Zaida, diciendo:
«Sultana, aunque bien entiendo
ser favores excesivos,
mi corto don admitiendo:
    »si no os dignárades ser
con él benigna, advertid
que a mí me basta saber
que no lo debo ofrecer
a otra persona en Madrid.»

    Ella, el rostro placentero,
dijo, turbada: «Señor,
yo le admito y le venero,
por conservar el favor
de tan gentil caballero.»
    Y besando el rico don,
para agradar al doncel,
le prende con afición
al lado del corazón
por brinquillo y por joyel.
    Pero Aliatar el caudillo,
de envidia ardiendo se ve,
y, trémulo y amarillo,
sobre un tremecén rosillo
lozaneándose fue.
    Y en ronca voz: «Castellano,
le dice, con mas decoros
suelo yo dar de mi mano,
si no penachos de toros,
las cabezas del cristiano.
    Y si vinieras de guerra
cual vienes de fiesta y gala,
vieras que en toda la tierra
al valor que dentro encierra
Madrid, ninguno se iguala.»
    Así dijo. El de Vivar
responde, y la lanza al ristre
pone, y espera a Aliatar;
mas sin que nadie administre
orden, tocaron a armar.
    Ya fiero bando con gritos
su muerte o prisión pedía,
cuando se oyó en los distritos
del monte de Leganitos
del Cid la trompetería.

Entre la Monclova y Soto
tercio escogido emboscó,
que, viendo como tardó,
se acerca, oyó el alborozo,
y al muro se abalanzó.

Y si no vieran salir
por la puerta a su señor,
y Zaida a le despedir,
iban la fuerza a embestir:
tal era ya su furor.

El alcaide, recelando
que en Madrid tenga partido,
se templó disimulando,
y por el parque florido
salió con él razonando.

Y es fama que, a la bajada,
juró por la cruz el Cid
de su vencedora espada
de no quitar la celada
hasta que gane Madrid.

JOSE CADALSO
(1741–1782)

A Venus

Madre divina del alado niño,
oye mis ruegos, que jamas oíste
otra tan triste lastimosa pena
    como la mía.
Baje tu carro desde el alto Olimpo
entre las nubes del sereno cielo,
rápido vuelo traiga tu querida
    blanca paloma.
No te detenga con amantes brazos
Marte, que deja su rigor al verte,
ni el que por suerte se llamó tu esposo
    sin merecerlo.
Ni las delicias de las sacras mesas;
cuando a los dioses, llenos de ambrosía,
alegre brinda Jove con la copa
    de Ganímedes.
Ya el eco suena por los altos techos
del noble alcázar, cuyo piso huellas,
lleno de estrellas, de luceros lleno
    y tachonado.

Cerca del ara de tu templo, en Pafos,
entre los himnos que tu pueblo dice,
este infelice tu venida aguarda;
    baja volando.
Sobre tus aras mis ofrendas pongo,
testigo el pueblo, por mi voz llamado,
y concertado con mi tono el suyo
    te llaman madre.
Alzo los ojos al verter el vaso
de leche blanca y el de miel sabrosa;
ciño con rosas, mirtos y jazmines
    esta mi frente...
Ya, Venus, miro resplandor celeste
bajar al templo; tu belleza veo;
ya mi deseo coronaste, ¡oh madre,
    madre de amores!
Vírgenes tiernas, niños y matronas,
ya Venus llega, vuestra diosa viene;
el aire suene con alegres himnos,
    júbilo santo...

GASPAR M. DE JOVELLANOS
(1744–1811)

Epístola de Fabio a Anfriso (Fragmentos)

DESCRIPCION DEL PAULAR

> *Credibile est illi numen inesse loco.*
> OVIDIO

Desde el oculto y venerable asilo
do la virtud austera y penitente
vive ignorada y, del liviano mundo
huida, en santa soledad se esconde,

el triste Fabio al venturoso Anfriso
salud en versos flébiles envía.
Salud le envía a Anfriso, al que inspirado
de las mantuanas musas, tal vez suele,
al grave son de su celeste canto,
precipitar del viejo Manzanares
el curso perezoso; tal, süave
suele ablandar con amorosa lira
la altiva condición de sus zagalas.
¡Pluguiera a Dios, oh Anfriso, que el cuitado
a quien no dio la suerte tal ventura
pudiese huir del mundo y sus peligros!
¡Pluguiera a Dios, pues ya con su barquilla
logró arribar a puerto tan seguro,
que esconderla supiera en este abrigo,
a tanta luz y ejemplos enseñado!
Huyera así la furia tempestuosa
de los contrarios vientos, los escollos,
y las fieras borrascas tantas veces
entre sustos y lágrimas corridas.
Así también del mundanal tumulto
lejos, y en estos montes guarecido,
alguna vez gozara del reposo
que hoy desterrado de su pecho vive.
    Mas ¡ay de aquel que hasta en el santo asilo
de la virtud arrastra la cadena,
la pesada cadena con que el mundo
oprime a sus esclavos! ¡Ay del triste
en cuyo oído suena con espanto,
por esta oculta soledad rompiendo,
de su señor el imperioso grito!
    Busco en estas moradas silenciosas
el reposo y la paz que aquí se esconden,
y solo encuentro la inquietud funesta

que mis sentidos y razón conturba.
Busco paz y reposo, pero en vano
lo busco, ¡oh caro Anfriso!, que estos dones,
herencia santa que al partir del mundo
dejó Bruno en sus hijos vinculada,
nunca en profano corazón entraron
ni a los parciales del placer se dieron.
... ...

¡Ay, Anfriso, qué escenas a mis ojos,
cansados de llorar, presenta el cielo!
Rodeado de frondosos y altos montes
se extiende un valle, que de mil delicias
con sabia mano ornó Naturaleza.
Pártele en dos mitades, despeñado
de las vecinas rocas, el Lozoya,
por su pesca famoso y dulces aguas.
Del claro río sobre el verde margen
crecen frondosos álamos, que al cielo
ya erguidos alzan las plateadas copas,
o ya, sobre las aguas encorvados,
en mil figuras miran con asombro
su forma en los cristales retratada.
De la siniestra orilla un bosque umbrío
hasta la falda del vecino monte
se extiende; tan ameno y delicioso
que le hubiera juzgado el gentilismo
morada de algún dios, o a los misterios
de las silvanas Dríadas guardado.
Aquí encamino mis inciertos pasos,
y en su recinto umbrío y silencioso,
mansión la más conforme para un triste,
entro a pensar en mi cruel destino.
La grata soledad, la dulce sombra,
el aire blando y el silencio mudo,

mi desventura y mi dolor adulan.
No alcanza aquí del padre de las luces
el rayo acechador, ni su reflejo
viene a cubrir de confusión el rostro
de un infeliz en su dolor sumido.
El canto de las aves no interrumpe
aquí tampoco la quietud de un triste,
pues sólo de la viuda tortolilla
se oye tal vez el lastimero arrullo,
tal vez el melancólico trinado
de la angustiada y dulce Filomena.
Con blando impulso el céfiro süave,
las copas de los árboles moviendo,
recrea el alma con el manso ruido,
mientras al dulce soplo desprendidas
las agostadas hojas revolando,
bajan en lentos círculos al suelo,
cúbrenle en torno, y la frondosa pompa,
que al árbol adornara en primavera,
yace marchita y muestra los rigores
del abrasado estío y seco otoño.
... ...

Tales cosas revuelvo en mi memoria
en esta triste soledad sumido.
Llega en tanto la noche, y con su manto
cobija al ancho mundo. Vuelvo entonces
a los medrosos claustros. De una escasa
luz el distante y pálido reflejo,
guía por ellos mis inciertos pasos;
y en medio del horror y del silencio,
¡oh, fuerza del ejemplo portentosa!,
mi corazón palpita, en mi cabeza
se erizan los cabellos, se estremecen
mis carnes, y discurre por mis nervios

un súbito rigor que los embarga.
Parece que oigo que del centro oscuro
sale una voz tremenda que, rompiendo
el eterno silencio, así me dice:
»Huye de aquí, profano; tú, que llevas
»de ideas mundanales lleno el pecho,
»huye de esta morada, do se albergan
»con la virtud humilde y silenciosa
»sus escogidos; huye, y no profanes
»con tú planta sacrílega este asilo.»
De aviso tal al golpe confundido,
con paso vacilante voy cruzando
los pavorosos tránsitos, y llego
por fin a mi morada, donde ni hallo
el ansiado reposo, ni recobran
la suspirada calma mis sentidos.
Lleno de congojosos pensamientos
paso la triste y perezosa noche
en molesta vigilia, sin que llegue
a mis ojos el sueño, ni interrumpan
sus regalados bálsamos mi pena.
Vuelve, por fin, con la rosada aurora
la luz aborrecida, y en pos de ella
el claro día a publicar mi llanto
y dar nueva materia al dolor mío.

Epigrama

Dijiste contra el peinado
mil cosas enardecido,
contra las de ancho vestido
y las de estrecho calzado.
  Por eso alguien ha tachado
tu sermón de muy severo;
pero que se engaña infiero,
porque olvidando tu oficio,
sólo la virtud y el vicio
te dejaste en el tintero.

FELIX MARIA SAMANIEGO
(1745–1801)

Fábulas

El perro y el cocodrilo

Bebiendo un perro en el Nilo,
al mismo tiempo corría
–Bebe quieto–le decía
un taimado cocodrilo.
Díjole el perro prudente:
–Dañoso es beber y andar,
pero ¿es sano el aguardar
a que me claves el diente?
¡Oh, qué docto perro viejo!
Yo venero tu sentir
en esto de no seguir
del enemigo el consejo.

La serpiente y la lima

En casa de un cerrajero
entró la serpiente un día
y la insensata mordía
en una lima de acero.
Díjole la lima: –El mal,
necia, será para ti,
¿Cómo has de hacer mella en mi
que hago polvos el metal?
Quien pretende sin razón
al mas fuerte derribar,
no consigue sino dar
coces contra el aguijón.

La alforja

En una alforja al hombro
llevo los vicios;
los ajenos delante,
detrás los míos.
Esto hacen todos;
así ven los ajenos,
mas no los propios.

La zorra y el busto

Dijo la zorra al busto
después de olerlo:
–Tu cabeza es hermosa,
pero... sin seso.
Como éste hay muchos,
que aunque parecen hombres
sólo son bustos.

TOMAS DE IRIARTE
(1750–1791)

El burro flautista (Fábula)

Cerca de unos prados
que hay en mi lugar
pasaba un borrico
por casualidad

Una flauta en ellos
halló, que un zagal
dejó olvidada
por casualidad

Acercóse a olerla
el dicho animal
y dio un resoplido
por casualidad
    En la flauta el aire
se hubo de colar,
y sonó la flauta
por casualidad.

«¡Oh!, dijo el borrico,
¡qué bien se tocar!
¿y dirán que es mala
la música asnal?»
    Sin reglas del arte,
borriquitos hay
que una vez aciertan
por casualidad.

JUAN MELENDEZ VALDES
(1754–1817)

Rosana en los fuegos

    Del sol llevaba la lumbre,
y la alegría del alba,
en sus celestiales ojos
la hermosísima Rosana,
una noche que a los fuegos
salió, la fiesta de Pascua,
para abrasar todo el valle
en mil amorosas ansias.
Por doquiera que camina
lleva tras sí la mañana,
y donde se vuelve rinde
la libertad de mil almas.
El Céfiro la acaricia
y mansamente la halaga,
los Amores la rodean
y las Gracias la acompañan.
Y ella, así como en el valle
descuella la altiva palma
cuando sus verdes pimpollos
hasta las nubes levanta;

o cual vid de fruto llena
que con el olmo se abraza,
y sus vástagos extiende
al arbitrio de las ramas;
así entre sus compañeras
el nevado cuello alza,
sobresaliendo entre todas
cual fresca rosa entre zarzas.
Todos los ojos se lleva
tras sí, todo lo avasalla;
de amor mata a los pastores
y de envidia a las zagalas.
Ni las músicas se entienden,
ni se gozan las lumbradas;
que todos corren por verla
y al verla todos se abrasan.
¡Qué de suspiros se escuchan!
¡Qué de vivas y de salvas!
No hay zagal que no la admire
y no se esmere en loarla.

Cuál, absorto la contempla
y a la aurora la compara
cuando más alegre sale
y el cielo de su albor baña;
cuál, al fresco y verde aliso
que crece al margen del agua
cuando más pomposo en hojas
en su cristal se retrata;
cual, a la luna, si muestra
llena su esfera de plata,
y asoma por los collados
de luceros coronada.
Otros pasmados la miran
y mudamente la alaban,
y cuanto más la contemplan,
muy más hermosa la hallan.
Que es como el cielo su rostro
cuando en la noche callada
brilla con todas sus luces den
y los ojos embaraza.
¡Ay, qué de envidias se encien-
¡Ay, qué de celos que causa
en las serranas del Tormes
su perfección sobrehumana!
Las mas hermosas la temen,
mas, sin osar murmurarla;
que como el oro mas puro
no sufre una leve mancha.
«Bien haya tu gentileza,
una y mil veces bien haya,
y abrase la envidia al pueblo
hermosísima aldeana.
Toda, toda eres perfecta,
toda eres donaire y gracia,
el amor vive en tus ojos

y la gloria está en tu cara.
La libertad me has robado,
yo la doy por bien robada;
mas recibe el don benigna
que mi humildad te consagra.»
Esto un zagal la decía
con razones mal formadas;
que salió libre a los fuegos
y volvió cautivo a casa.
Y desde entonces perdido
el día a sus puertas le halla;
ayer le cantó esta letra
echándole la alborada:

«Linda zagaleja
de cuerpo gentil,
*muérome de amores
desde que te vi.»*

Tu talle, tu aseo,
tu gala y donaire,
no tienen, serrana,
igual en el valle.
Del cielo son ellos
y tú un serafín
*muérome de amores
desde que te vi.*

De amores me muero,
sin que nada baste
a darme la vida
que allá te llevaste,
si ya no te dueles
benigna de mi:
*que muero de amores
desde que te vi.*

LEANDRO FERNANDEZ DE MORATIN
(1760–1828)

A don Francisco de Goya, insigne pintor

Quise aspirar a la segunda vida,
que agradecido el Mundo
al eminente mérito reserva:
de pocos adquirida,
entre los que siguieron
la inspiración de Apolo y de Minerva.
Vanos mis votos fueron,
vano el estudio, y siempre deseada
la perfección; siempre la vi distante.
Mas la amistad sagrada
quiso dar premio a mi tesón constante,
y a ti, sublime artífice, destina
a ilustrar mi memoria,
dándola duración con tus pinceles:
émulos de la fama y de la historia.
A tanto la divina
arte que sabes poderosa alcanza,
a la muerte quitándola trofeos.
Si en dudosa esperanza
culpé de temerosos mis deseos
tú me los cumples, en la edad futura,
al mirar de tu mano los primores
y en ellos mi semblante,
voz sonará que al cielo se levante
con debidos honores;
venciendo de los años al desvío,
y asociando a tu gloria el nombre mío.

Elegía a las musas (Fragmento)

Esta corona, adorno de mi frente,
esta sonante lira y flautas de oro
y máscaras alegres que algún día
me disteis, sacras Musas, de mis manos
trémulas recibid, y el canto acabe,
que fuera osado intento repetirle.
He visto ya como la edad ligera,
apresurando a no volver las horas,
robo con ellas su vigor al numen.
Sé que negáis vuestro favor divino
a la cansada senectud, y en vano
fuera implorarle; pero en tanto, bellas
ninfas del verde Pindo habitadoras,
no me neguéis que os agradezca humilde
los bienes que os debí. Si pude un día,
no indigno sucesor de nombre ilustre,
dilatarle famoso, a vos fue dado
llevar al fin mi atrevimiento. Sólo
pudo bastar vuestro amoroso anhelo
a prestarme constancia en los afanes
que turbaron mi paz, cuando insolente
vano saber, enconos y venganzas,
codicia y ambición, la patria mía
abandonaron a civil discordia.
... ...

A Flérida, poetisa

Basta Cupido ya, que a la divina
ninfa del Turia reverente adoro:
ni espero libertad, ni alivio imploro,
y cedo alegre al astro que me inclina.

¿Que nuevas armas tu rigor destina
contra mi vida, si defensa ignoro?
Sí, ya la admiro entre el castalio coro
la cítara pulsar griega y latina.
   Ya, coronada del laurel febeo,
en altos versos llenos de dulzura,
oigo su voz, su número elegante.
   Para tanto poder débil trofeo
adquieres tú; si sólo su hermosura
bastó a rendir mi corazón amante.

La noche de Montiel

   ¿Adónde, adónde está, dice el infante
ese feroz tirano de Castilla?
Pedro al verle, desnuda la cuchilla,
y se presenta a su rival delante.
   Cierra con él, y en lucha vacilante
le postra, y pone al pecho la rodilla:
Beltrán (aunque sus glorias amancilla)
trueca a los hados el temido instante.
   Herido el rey por la fraterna mano,
joven expira con horrenda muerte,
y el trono y los rencores abandona.
   No aguante premios en el Mundo vano
la inocente virtud; si das la suerte
por un delito atroz, una corona.

La despedida

   Nací de honesta madre: diome el Cielo
fácil ingenio en gracias, afluente:
dirigir supo el animo inocente
a la virtud, el paternal desvelo.

Con sabio estudio, infatigable anhelo,
pude adquirir coronas a mi frente:
la corva escena resonó en frecuente
aplauso, alzando de mi nombre el vuelo.
Dócil, veraz: de muchos ofendido,
de ninguno ofensor, las Musas bellas
mi pasión fueron, el honor mi guía.
Pero si así las leyes atropellas,
si para ti los méritos han sido
culpas; adiós, ingrata patria mía.

MANUEL MARIA DE ARJONA
(1771–1820)

La diosa del bosque

¡Oh, si bajo estos árboles frondosos
se mostrare la célica hermosura
que vi algún día en inmortal dulzura
este bosque bañar!
Del cielo tu benéfico descenso
sin duda ha sido, lúcida belleza;
deja, pues, diosa, que mi ingrato incienso
arda sobre tu altar.
Que no es amor mi tímido alborozo,
y me acobarda el rígido escarmiento,
que, ¡oh, Piritoo!, condenó su intento
y tu intento, Ixión.
Lejos de mi sacrílega osadía;
bástame que con plácido semblante
aceptes, diosa, a mis anhelos pía,
mi ardiente adoración.
Mi adoración y el cántico de gloria

que de mí el Pindo atónito ya espera;
baja tú a oírme de la sacra esfera,
    ¡oh, radiante deidad!
Y tu mirar más nítido y süave
he de cantar que fúlgido lucero;
y el limpio encanto que infundirle sabe
    tu dulce majestad.
De pureza jactándose Natura,
te ha formado del cándido rocío
que sobre el nardo al apuntar de estío
    la aurora derramó.
Y excelsamente lánguida retrata
el rosicler pacífico de Mayo
tu alma: Favonio su frescura grata,
    a tu hablar trasladó.
¡Oh, imagen perfectísima del orden
que liga en lazos fáciles el mundo,
sólo en los brazos de la paz fecundo,
    sólo amable en la paz!
En vano con espléndido aparato
finge el arte solícito grandezas;
Natura vence con sencillo ornato
    tan altivo disfraz.
Monarcas que los pérsicos tesoros
ostentáis con magnífica porfía,
copiad el brillo de un sereno día
    sobre el azul del mar.
O copie estudio de émula hermosura
de mi deidad el mágico descuido;
antes veremos la estrellada altura
    los hombres escalar.
Tú, mi verso, en magnánimo ardimiento
ya las alas del céfiro recibe,

y al pecho ilustre en que tú numen vive
vuela, vuela, veloz;
y en los erguidos álamos ufana
penda siempre esta cítara aunque nueva
que ya a sus ecos hermosura humana
no ha de ensalzar mi voz.

JUAN MARIA MAURI
(1772–1845)

La timidez

A las márgenes alegres
que el Guadalquivir fecunda,
y adonde ostenta pomposo
el orgullo de su cuna,
vino Rosalba, sirena
de los mares que tributan
a España entre perlas y oro,
peregrinas hermosuras.
Más festiva que las auras,
más ligera que la espuma,
hermosa como los cielos,
gallarda como ninguna,
con el hechicero adorno
de tantas bellezas juntas,
no hay corazón que no robe
ni quietud que no destruya.
Así Rosalba se goza,
mas la que tanto procura
avasallar libertades,
al cabo empeña la suya.
Lisardo, joven amable,

sobresale entre la turba
de esclavos que por Rosalba
sufren de amor la coyunda.
Tal vez sus floridos años
no bien de la edad adulta
acaban de ver cumplida
la primavera segunda.
Aventajado en ingenio,
rico en bienes de fortuna,
dichoso, en fin, si supiera
que audacias amor indulta.
Idólatra más que amante,
con adoración profunda,
a Rosalba reverencia,
y deidad se la figura.
Un día alcanza otro día
sin que su amor le descubra;
el respeto le encadena
y ella su respeto culpa.
Bien a Lisardo sus ojos.
dijeran que mas premura;

pero él, comedido amante,
o los huye o no los busca.
  Perdido y desconsolado,
una noche en que Natura
a meditación convida
con su pompa taciturna,
  mientras el disco mudable
en que ceñirse acostumbra
entre celajes de nácar
esconde tímida Luna,
  al margen del sacro río
la inocente suerte acusa,
y así fatiga a los aires
con endechas importunas.
  «Baja tu vuelo,
amor altivo,
mira que al cielo
osada va;
buscas en vano
correspondencia:
amor insano,
déjame ya.
  »Déjame el alma
que otra vez libre
plácida calma
vuelva a tener;
¡qué digo, necio!,
el cielo sabe
si más aprecio
mi padecer.
  »Gima y padezca,
una esperanza
sin que merezca
a mi deidad;
sin que le pida

jamás el precio
de mi perdida
felicidad.
  »Tímida boca,
nunca le digas
la pasión loca
del corazón,
adonde oculto
está su templo
y ofrenda y culto
lágrimas son.»
  Mas dijera: pero el llanto,
en que sus ojos abundan,
le interrumpe, y las palabras
en la garganta se anudan.
  Cuando junto a la ribera
en un valle donde muchas
del árbol grato a Minerva
óptimas ramas se cruzan,
  süave cuanto sonora,
Lisardo otra voz escucha,
que, enamorando, los ecos
tales acentos modula:
  «Prepara el ensayo
de más atractivos
la rosa en los vivos
albores de mayo.
  »Si al férvido rayo
su cáliz expone,
que el sol la corone
en premio ha logrado,
y es reina del prado
y amor de Diöne
  »¡Oh, fuente! En eterno
olvido quedaras

si no te lanzaras
del seno materno.
  »Tal vez el invierno
tu curso demora;
más tú, vencedora,
burlando las nieves,
a tu ímpetu debes
los besos de Flora.
  »Y tú, que en dolores
consumes los años,
autor de tus daños
por vanos temores
en pago de amores
no temas enojos,
enjuga los ojos;
que el dios que te hiere
más culto no quiere
que audacias y arrojos.»
  Rayos son estas palabras

que al ciego joven alumbran,
quien su engaño reconoce
y la voz que las pronuncia.
  Y al valle se arroja, adonde
testigos de su ventura
fueron las amigas sombras
de la noche y selva mucha;
  mas muda la selva en vano
y en vano la sombra oscura,
no sufre, orgullosa, Venus
que sus victorias se encubran.
  Lo que celaron los ramos
las cortezas lo divulgan,
que en ellas dulces memorias
con emblemas perpetúan.
  Las Náyades en los troncos
la fe y amor que se juran
leyeron, y ruborosas
se volvieron a sus urnas.

La ramilletera ciega

  Caballeros, aquí vendo rosas;
frescas son y fragantes a fe;
oigo mucho alabarlas de hermosas;
eso yo, pobre ciega, no sé.
  Para mí ni belleza ni gala
tiene el mundo, ni luz ni color;
mas la rosa del cáliz exhala
dulce un hálito aroma de amor.
  Cierra, cierra tu cerco oloroso,
tierna flor, y te duele de mí:
no en quitarme tasado reposo
seas cándida cómplice así.

Me revelas el bien de quien ama,
otra dicha negada a mi ser:
debe el pecho apagar una llama
que no puede en los ojos arder.
 Tú que dices la flor de las flores,
sin igual en fragancia y matiz,
tú la vida has vivido de amores,
del Favonio halagada feliz.
 Caballero, compradle a la ciega
esa flor que podéis admirar:
la infeliz con su llanto la riega:
ojos hay para sólo llorar.

MANUEL JOSE QUINTANA
(1772–1857)

A España, después de la revolución de marzo (Fragmentos)

 ¿Qué era, decidme, la nación que un día
reina del mundo proclamó el Destino,
la que a todas las zonas extendía
su cetro de oro y su blasón divino?
Volábase a Occidente,
y el vasto mar Atlántico sembrado
se hallaba de su gloria y su fortuna.
Doquiera España; en el preciado seno
de América, en el Asia, en los confines
del Africa, allí España. El soberano
vuelo de la atrevida fantasía
para abarcarla se cansaba en vano;
la tierra sus mineros le rendía,
sus perlas y coral el Oceano.
Y donde quier que revolver sus olas

él intentase, a quebrantar su furia
siempre encontraba costas españolas.
   Ora en el cieno del oprobio hundida,
abandonada a la insolencia ajena,
como esclava en mercado, ya aguardaba
la ruda argolla y la servil cadena.
¡Que de plagas, oh Dios! Su aliento impuro
la pestilente fiebre respirando,
infestó el aire, emponzoñó la vida;
la hambre enflaquecida
tendió los brazos lívidos, ahogando
cuanto el contagio perdonó; tres veces
de Jano el templo abrimos,
y a la trompa de Marte aliento dimos;
tres veces, ¡ay!, los dioses tutelares
su escudo nos negaron, y nos vimos
rotos en tierra y rotos en los mares.
¿Qué en tanto tiempo viste
por tus inmensos términos, oh, Iberia?
¿Que viste ya, sino funesto luto,
honda tristeza, sin igual miseria,
de tu vil servidumbre acerbo fruto?
... ...

   Estremecióse España
del indigno rumor que cerca oía,
y al gran impulso de su justa saña
rompió el volcán que en su interior hervía.
Sus déspotas antiguos,
consternados y pálidos se esconden;
resuena el eco de venganza en torno,
y del Tajo las márgenes responden:
«¡Venganza!» ¿Dónde están, sagrado río,
los colosos de oprobio y de vergüenza
que nuestro bien en su insolencia ahogaban?

Su gloria fue, nuestro esplendor comienza;
y tú, orgulloso y fiero,
viendo que aún hay Castilla y castellanos,
precipitas al mar tus rubias ondas,
diciendo: «Ya acabaron los tiranos.»
... ...

¡Pues qué! ¿Con faz serena
viérais los campos devastar opimos,
eterno objeto de ambición ajena,
herencia inmensa que afanando os dimos?
Despertad; raza de héroes; el momento
llegó ya de arrojarse a la victoria;
que vuestro nombre eclipse nuestro nombre,
que vuestra gloria humille nuestra gloria.
No ha sido en el gran día
el altar de la patria alzado en vano
por vuestra mano fuerte.
Juradlo, ella os lo manda: «¡Antes, la muerte
que consentir jamás ningún tirano!»
    Si, yo lo juro, venerables sombras;
yo lo juro también, y en este instante
ya me siento mayor. Dadme una lanza,
ceñidme el casco fiero y refulgente;
volemos al combate, a la venganza;
y el que niegue su pecho a la esperanza,
hunda en el polvo la cobarde frente.
Tal vez el gran torrente
de la devastación en su carrera
me llevará. ¿Que importa? ¿Por ventura
no se muere una vez? ¿No iré, expirando,
a encontrar nuestros ínclitos mayores?
«¡Salud, oh padres de la patria mía,
yo les diré, salud! La heroica España
de entre el estrago universal y horrores

levanta la cabeza ensangrentada,
y vencedora de su mal destino,
vuelve a dar a la tierra amedrentada
su cetro de oro y su blasón divino.»

ALBERTO LISTA
(1775–1848)

Al sueño

> *«El grande y el pequeño,*
> *iguales son lo que les dura el sueño»*

Desciende a mí consolador Morfeo,
único Dios que imploro,
antes que muera el esplendor febeo
sobre las playas del adusto moro.
Y en tu regazo el importuno día
me encuentre aletargado,
cuando triunfante de la niebla umbría
ascienda al trono del cenit dorado.
Pierda en la noche y pierda en la mañana
tu calma silenciosa
aquel feliz que en lecho de oro y grana
estrecha el seno la adorada esposa.
Y el que halagado con los dulces dones
de Pluto y de Citeres,
las que a la tarde fueron ilusiones,
a la aurora verá ciertos placeres.
No halle jamas la matutina estrella
en tus brazos rendido
al que bebió en los labios de su bella
el suspiro de amor correspondido.
¡Ah!, déjalos que gocen. Tu presencia
no turbe su contento;

que es perpetua delicia su existencia
y un siglo de placer cada momento.

Para ellos nace, el orbe colorando,
la sonrosada aurora,
y el ave sus amores va cantando
y la copa de abril derrama Flora.

Para ellos tiende su brillante velo
la noche sosegada,
y de trémula luz esmalta el cielo,
y da al amor la sombra deseada.

Si el tiempo del placer para el dichoso
huye en veloz carrera,
une con breve y plácido reposo
las dichas que ha gozado a las que espera.

Mas, ¡ay!, a un alma del dolor guarida
desciende ya propicio;
cuanto me quites de la odiosa vida,
me quitarás de mi inmortal suplicio.

¿De qué me sirve el súbito alborozo
que a la aurora resuena,
si al despertar el mundo para el gozo,
sólo despierto yo para la pena?

¿De qué el ave canora, o la verdura
del prado que florece,
si mis ojos no miran su hermosura,
y el universo para mí enmudece?

El ámbar de la vega, el blando ruido
con que el raudal se lanza,
¿qué son, ¡ay!, para el triste que ha perdido,
último bien del hombre, la esperanza?

Girará en vano, cuando el sol se ausente,
la esfera luminosa;
en vano, de almas tiernas confidente,
los campos bañará la luna hermosa.

Esa blanda tristeza que derrama
a un pecho enamorado,
si su tranquila amortiguada llama
resbala por las faldas del collado
　no es para un corazón de quien ha huído
la ilusión lisonjera,
cuando pidió, del desengaño herido,
su triste antorcha a la razón severa.
　Corta el hilo a mi acerba desventura,
¡oh tú!, sueño piadoso;
que aquellas horas que tu imperio dura
se iguala el infeliz con el dichoso.
　Ignorada de sí yazga mi mente,
y muerto mi sentido
empapa el ramo, para herir mi frente,
en las tranquilas aguas del olvido.
　De la tumba me iguale tu beleño
a la ceniza yerta,
sólo, ¡ay de mi!, que del eterno sueño,
más felice que yo, nunca despierta.
　Ni aviven mi existencia interrumpida
fantasmas voladores
ni los sucesos de mi amarga vida
con tus pinceles lánguidos colores.
　No me acuerdes cruel de mi tormento
la triste imagen fiera;
bástale su malicia al pensamiento,
sin darle tú el puñal para que hiera.
　Ni me halagues con pérfidos placeres,
que volarán contigo;
y el dolor de perderlos cuando huyeres
de atreverme a gozar será el castigo.
　Deslízate callado, y encadena
mi ardiente fantasía;

que asaz libre será para la pena
cuando me entregues a la luz del día.
Ven, termina la mísera querella
de un pecho acongojado.
¡Imagen de la muerte! Después de ella
eres el bien mayor del desgraciado.

BARTOLOME JOSE GALLARDO
(1776–1852)

Blanca flor (Canción romántica)

¿A qué puertas y ventanas
clavar con tanto rigor,
si de par en par abiertas
tengo las del corazón?
  Así, con su madre a solas,
lamenta su reclusión
la bella niña cenceña,
la del quebrado color,
el pecho lleno de amor,
de amargo llanto los ojos,
y de par en par abiertas
las puertas del corazón.
  ¡Madre, la mi madre, dice,
madre de mi corazón,
nunca yo al mundo naciera,
pues tan sin ventura soy!
Atended a las mi cuitas,
habed de mi compasión,
y de par en par abridme
las puertas del corazón.
  Yo me levantara un día
cuando canta el ruiseñor,

el mes era de las flores,
a regar las del balcón.
Un caballero pasara
y me dijo: «¡Blanca Flor!»
y de par en par abrióme
las puertas del corazón.
  Si blanca, su decir dulce
colorada me paró;
yo callé, pero miréle,
¡nunca le mirara yo!,
que de aquel negro mirar
me abraso en llama de amor,
y de par en par le abrí
las puertas del corazón.
  Otro día, a la alborada,
me cantara esta canción:
«¿Dónde estás, la blanca niña,
blanco de mi corazón?»
en laúd con cuerdas de oro
y de regalado son,
que de par en par me abriera
las puertas del corazón.

El es gallardo y gentil,
gala de la discreción;
si parla, encantan sus labios;
si mira, mata de amor;
y, cual si yo su sol fuera,
es mi amante girasol;
y abrióme de par en par
las puertas del corazón.

Yo le quiero bien, mi madre
(¡no me lo demande Dios!)
Quiérole de buen querer,
que de otra manera no.
Si el querer bien es delito,
muchas las culpadas son,
que de par en par abrieron
las puertas del corazón.

Vos, madre, mal advertida
me claváis reja y balcón:
clavad, madre, norabuena,
más de esto os aviso yo;

cada clavo que claváis
es una flecha de amor
que de par en par me pasa
las puertas del corazón.

Yo os obedezco sumisa,
y no me asomo al balcón:
«¿Que no hable?» –Yo no hablo.
«¿Que no mire?»– ¿Miro yo?
Pero «que le olvide», madre...,
madre mía, olvidar no,
que de par en par le he abierto
las puertas del corazón.

En fin, vos amasteis, madre;
señora abuela riñó;
mas por fin vos os velasteis,
y a la fin nací yo.
Si vos reñís como abuela,
yo amo cual amasteis vos
al que abrí de par en par
las puertas del corazón.

JUAN NICASIO GALLEGO
(1777–1853)

Elegía a la muerte de la duquesa de Frías
(Fragmentos)

Al sonante bramido
del piélago feroz que el viento ensaña
lanzando atrás del Turia la corriente;
en medio al denegrido
cerco de nubes que de Sirio empaña
cual velo funeral la roja frente;
cuando el cárabo oscuro

ayes despide entre la breña inculta,
y a tardo paso soñoliento, Arturo,
en el mar de Occidente se sepulta;
a los mustios reflejos
con que en las ondas alteradas tiembla
de moribunda luna al rayo frío,
daré del mundo y de los hombres lejos
libre rienda al dolor del pecho mío.
   Sí, que al mortal a quien del hado el ceño
a infortunios sin término condena,
sobre su cuello mísero cargando
de uno en otro eslabón larga cadena,
no en jardín halagüeño,
ni al puro ambiente de apacible aurora
soltar conviene el lastimero canto
con que al cielo importuna.
Solitario arenal, sangrienta luna
y embravecidas olas acompañen
sus lamentos fatídicos. ¡Oh, lira,
que escenas sólo de aflicción recuerdas;
lira que ven mis ojos con espanto
y a recorrer tus cuerdas
mi ya trémula mano se resiste!
Ven, lira del dolor, ¡*Piedad* no existe!
   !No existe, y vivo yo! ¡No existe aquella
gentil, discreta, incomparable amiga,
cuya presencia sola
el tropel de mis penas disipaba!
¿Cuándo en tal hermosura alma tan bella
de la corte española
más digno fue y espléndido ornamento?
   ¡Y aquel mágico acento
enmudeció por siempre, que llenaba
de inefable dulzura el alma mía!

Y ¡qué!, fortuna impía,
¿ni su postrer adiós oír me dejas?
¿Ni de su esposo amado
templar el llanto y las amargas quejas?
¿Ni el estéril consuelo
de acompañar hasta el sepulcro helado
sus pálidos despojos?
¡Ay! Derramen sin duelo
sangre mi corazón, llanto mis ojos.
    ¿Por qué, por qué a la tumba,
insaciable de víctimas, tu amigo
antes que tú no descendió, señora?
¿Por qué al menos contigo
la memoria fatal no me llevaste,
que es un tormento irresistible ahora?
¿Qué mármol hay que pueda
en tan acerba angustia los aciagos
recuerdos resistir del bien perdido?
Aún resuena en mi oído
el espantoso obús lanzando estragos,
cuando mis ojos ávidos te vieron
por la primera vez. Cien bombas fueron
a tu arribo marcial salva triunfante.
... ...

    A mas alto poder, mísero amigo,
los ojos torna y el clamor dirige
que entre sollozos lúgubres exhalas,
al Ser inmenso que los orbes rige,
en las rápidas alas
de ferviente oración remonta el vuelo.
Yo elevaré contigo
mis tiernos votos, y al gemir de aquella
que en mis brazos creció, cándida niña,
trasunto vivo de tu esposa bella,

dará, benigno, el cielo
paz a su madre, a tu aflicción consuelo.
Sí; que hasta el solio del Eterno llega
el ardiente suspiro
de quien con puro corazón le ruega,
como en su templo santo el humo sube
del balsámico incienso en vaga nube.

ANDRES BELLO
(1780–1865)

La agricultura de la zona tórrida (Fragmentos)

¡Salve, fecunda zona
que al sol enamorado circunscribes,
el vago curso, y cuanto ser se anima
en cada vario clima,
acariciada de su luz, concibes!
Tú tejes al verano su guirnalda
de granadas espigas; tú la uva
das a la hirviente cuba;
no de purpúrea flor, o roja, o gualda
a tus florestas bellas
falta matiz alguno; y bebe en ellas
aromas mil el viento;
y greyes van sin cuento
paciendo tu verdura, desde el llano
que tiene por lindero el horizonte,
hasta el erguido monte,
de inaccesible nieve siempre cano.
Tú das la caña hermosa,
de do la miel se acendra,
por quien desdeña el mundo los panales;

tú en urnas de coral cuajas la almendra
que en la espumante jícara rebosa;
bulle carmín viviente en tus nopales
que afrenta fuera al múrice de Tiro;
y de tu añil la tinta generosa
émula es de la lumbre del zafiro;
el vino es tuyo, que la herida agrave
para los hijos vierte
del Anáhuac feliz; y la hoja es tuya,
que cuando de süave
humo en espiras vagorosas huya,
solazará el fastidio al ocio inerte.
Tu vistes de jazmines
el arbusto sabeo,
y el perfume le das que en los festines
la fiebre insana templará a Lineo.
Para tus hijos la prócera palma
su vario feudo cría,
y el ananás sazona su ambrosía,
su blanco pan la yuca,
sus rubias pomas la patata educa,
y el algodón despliega al aura leve
las rosas de oro y el vellón de nieve.
Tendida para ti la fresca parcha
en enramadas de verdor lozano
cuelga de sus sarmientos trepadores
nectáreos globos y franjadas flores.
... ...

¡Oh jóvenes naciones, que ceñida
alzáis sobre el atónito Occidente
de tempranos laureles la cabeza!
Honrad el campo, honrad la simple vida
del labrador y su frugal llaneza.

Así tendrán en vos perpetuamente
la libertad, morada,
y freno la ambición, y la ley templo.
Las gentes a la senda
de la inmortalidad, ardua y fragosa,
se animarán, citando vuestro ejemplo.
Lo emulará celosa
vuestra posteridad, y nuevos nombres
añadiendo la fama
a los que ahora aclama.
«Hijos son estos hijos
(pregonará a los hombres)
de los que vencedores superaron
de los Andes la cima;
de los que en Bocayá, los que en la arena
de Maipo y de Junín, y en la campaña
gloriosa de Apurima,
postrar supieron al león de España.»

JOSE JOAQUIN DE MORA
(1780–1864)

El estío

Hermosa fuente que al vecino río
sonora envías tu cristal undoso,
y tu blanda, cual sueño venturoso,
yerba empapada en matinal rocío.
Augusta soledad del bosque umbrío
que da y protege el álamo frondoso,
amparad de verano riguroso
al inocente y fiel rebaño mío.

Que ya el suelo feraz de la campiña
selló julio con planta abrasadora
y su verdura a marchitar empieza;
　y alegre ve la pampanosa viña
en sus venas la savia bienhechora,
nuncio feliz de la otoñal riqueza.

JOSE SOMOZA
(1781–1852)

Soneto

La Luna, mientras duermes, te acompaña,
tiende su luz por tu cabello y frente,
va del semblante al cuello y lentamente
cumbres y valles de tu seno baña.
　Yo, Lesbia, que al umbral de tu cabaña
hoy velo, lloro y ruego inútilmente,
el curso de la Luna refulgente
dichoso he de seguir o Amor me engaña.
　He de entrar, cual la Luna, en tu aposento,
cual ella al lecho en que tu faz reposa
y cual ella a tus labios acercarme.
　Cual ella respirar tu dulce aliento,
y, cual el disco de la casta diosa,
puro, trémulo, mudo, retirarme.

FRANCISCO MARTINEZ DE LA ROSA
(1787–1862)

La aparición de Venus

De pompa ceñida bajó del Olimpo
la Diosa que en fuego mi pecho encendió;
sus ojos azules, de azul de los cielos,
su rubio cabello de rayos de sol.

Al labio y mejilla carmín dio la aurora;
dio el alba a la frente su blanco color;
y al pecho de nieve su brillo argentado
la cándida senda que Juno formó.
En trono de nácar la luna de Agosto,
el iris de Mayo tras nube veloz,
y en fértil otoño la lluvia primera,
tan gratas al alma, tan dulces no son.
No tanto me asombra del mar el bramido,
de horrísonos truenos el ronco fragor,
y el rayo rasgando la cóncava nube,
cual temo sus iras, su adusto rigor...
Mas, ¡ay!, que los vientos ya baten las alas,
ya el carro de nubes apresta el Amor;
ya Céfiro riza la pluma a los cisnes,
y en coro levantan las Gracias su voz.
Cual rápida estrella que cruza los aires,
cual fúlgida aurora que el polo alumbró,
fugaz desparece la plácida Diosa
y el orbe se cubre de luto y dolor.

Epístola al señor duque de Frías con motivo
de la muerte de su esposa

Desde las tristes márgenes del Sena,
cubierto el cielo de apiñadas nubes,
de nieve el suelo, y de tristeza el alma,
salud te envía tu infeliz amigo,
a ti, ¡más infeliz!..., y ni le arredra
el temor de tocar la cruda llaga,
que aún brota sangre, y de mirar tus ojos
bañarse en nuevas lágrimas... ¿Qué fuera
si no llorara el hombre?... Yo mil veces
he bendecido a Dios, que nos dio el llanto

para aliviar el corazón, cual vemos
calmar la lluvia al mar tempestuoso.

Llora, pues, llora; otros amigos fieles,
de más saber y de mayor ventura,
de la estoica virtud en tus oídos
harán sonar la voz; yo, que en el mundo
del cáliz de amargura una vez y otra
apuré hasta las heces, no hallé nunca
mas alivio al dolor que el dolor mismo
hasta que ya cansado, sin aliento,
luchando el alma y reluchando en vano,
bajo el inmenso peso se rendía...

¿Lo creerás, caro amigo? ... Llega un tiempo
en que, gastados del dolor los filos,
ese afán, esa angustia, esa congoja,
truécase al fin en plácida tristeza;
y en ella absorta, embebecida el alma,
repliégase en si misma silenciosa,
y ni la dicha ni el placer envidia.

Tú dudas que así sea, y yo otras veces
lo dudé como tú; juzgaba eterna
mi profunda aflicción, y grave insulto
anunciarme que un tiempo fin tendría...
Y le tuvo: de Dios a los mortales
es esta otra merced; que así tan sólo,
entre tantas desdichas y miserias,
sufrir pudieran la cansada vida.

Espera, pues; da crédito a mis voces,
y fíate de mi... ¿Quién en el mundo
compró tan caro el triste privilegio
de hablar de la desdicha?... En tantos años,
¿viste un día siquiera, un solo día,
en que no me mirases vil juguete

de un destino fatal, cual débil rama
que el huracán arranca, y por los aires
la remonta un instante y contra el suelo
la arroja luego y la revuelca impío?...

MARIANO MELGAR
(1790–1815)

Yarabí

Vuelve, que ya no puedo
vivir sin tus cariños;
vuelve, mi palomita,
vuelve a tu dulce nido.
   Mira que hay cazadores
que con afán maligno
te pondrán en sus redes
mortales atractivos;
y cuando te hayan preso,
te darán cruel martirio;
no sea que te cacen:
huye tanto peligro.
   Ninguno ha de quererte
como yo te he querido,
te engañas si pretendes
hallar amor más fino.
Habrá otros nidos de oro,
pero no como el mío:
por ti vertió mi pecho
sus primeros gemidos.
   Bien sabes que yo siempre
en tu amor embebido,
jamás toqué tus plumas
ni ajé tu albor divino;

si otro puede tocarlas
y disipar su brillo,
salva tu mejor prenda:
ven al seguro asilo.
   No pienses que haya entrado
aquí otro pajarillo:
no, palomita mía,
nadie toca este sitio.
Tuyo es mi pecho entero,
tuyo es este albedrío,
y por ti sola clamo
con amantes suspiros.
   No seas, pues, tirana;
haz la paces conmigo;
ya de llorar cansado
me tiene tu capricho.
No vueles más, no sigas
tus desviados giros;
tus alitas doradas
vuelve a mi, que ya expiro.
Vuelve, que ya no puedo
vivir sin tus cariños;
vuelve, mi palomita,
vuelve a tu dulce nido.

FRANCISCO ACUÑA FIGUEROA
(1791–1862)

¿Por qué su odio?

De que es un ingrato sois testigos,
pero ese odio que me tiene
quisiera saber de dónde viene,
si sólo le hice bien cuando aún amigos.
¿será que siempre el mal se olvida,
mas ¡ay! que el bien, nunca se perdona
en esta vida?

ANGEL SAAVEDRA
(Duque de Rivas, 1791–1865)

Un castellano leal

ROMANCE PRIMERO

«Hola, hidalgos y escuderos
de mi alcurnia y mi blasón,
mirad como bien nacidos
de mi sangre y casa en pro.
»Esas puertas se defiendan;
que no ha de entrar, vive Dios,
por ellas quien no estuviere
mas limpio que lo está el sol.
»No profane mi palacio
un fementido traidor
que contra su Rey combate
y que a su patria vendió.
»Pues si él es de Reyes primo,
primo de Reyes soy yo,
y conde de Benavente
si el es duque de Borbón,
»llevándole de ventaja
que nunca jamás manchó
la traición mi noble sangre
y haber nacido español.»
Así atronaba la calle
una ya cascada voz,
que de un palacio salía
cuya puerta se cerró;
y a la que estaba a caballo
sobre un negro pisador,
siendo en su escudo las lises,
más bien que timbre, baldón;

y de pajes y escuderos
llevando un tropel en pos
cubierto de ricas galas,
al gran duque de Borbón,

el que lidiando en Pavía,
mas que valiente, feroz,
gozóse en ver prisionero
a su natural señor;

y que a Toledo ha venido,
ufano de su traición,
para recibir mercedes
y ver al Emperador.

ROMANCE SEGUNDO

En una anchurosa cuadra
del Alcázar de Toledo,
cuyas paredes adornan
ricos tapices flamencos,

al lado de una gran mesa,
que cubre de terciopelo
napolitano tapete
con borlones de oro y flecos,

ante un sillón de respaldo
que entre bordado arabesco
los timbres de España ostenta
y el águila del Imperio,

en pie estaba Carlos Quinto,
que en España era primero,
con gallardo y noble talle,
con noble y tranquilo aspecto.

De brocado de oro y blanco
viste tabardo tudesco,
de rubias martas orlado
y desabrochado y suelto,

dejando ver un justillo
de raso jalde, cubierto
con primorosos bordados
y costosos sobrepuestos,

y la excelsa y noble insignia
del Toisón de Oro, pendiendo
de una preciosa cadena,
en la mitad de su pecho.

Un birrete de velludo
con un blanco airón, sujeto
por un joyel de diamantes
y un antiguo camafeo,

descubre por ambos lados
tanta majestad, cubriendo,
rubio, cual barba y bigote,
bien atusado el cabello.

Apoyada en la cadera
la potente diestra ha puesto,
que aprieta dos guantes de ámbar
y un primoroso mosquero,

y con la siniestra halaga
de un mastín muy corpulento,
blanco y las orejas rubias,
el ancho y carnoso cuello.

Con el Condestable insigne,
apaciguador del reino,
de los pasados disturbios
acaso está discurriendo;

o del trato que dispone
con el Rey de Francia preso,
o de asuntos de Alemania,
agitada por Lutero,

cuando un tropel de caballos
oye venir a lo lejos

y ante el alcázar pararse,
quedando todo en silencio.
En la antecámara suena
rumor impensado luego,
ábrese al fin la mampara
y entra el de Borbón soberbio,
con el semblante de azufre
y con los ojos de fuego,
bramando de ira y de rabia
que enfrena mal el respeto,
y con balbuciente lengua,
y con mal borrado ceño,
acusa al de Benavente
un desagravio pidiendo.
Del español Condestable
latió con orgullo el pecho,
ufano de la entereza
de su esclarecido deudo.
Y aunque, advertido, procura
disimular cual discreto,
a su noble rostro asoman
la aprobación y el contento.
El Emperador un punto
quedó indeciso y suspenso,
sin saber qué responder
al francés de enojo ciego.
Y aunque en su interior se goza
con el proceder violento
del conde de Benavente,
de altas esperanzas lleno,
por tener tales vasallos,
de noble lealtad modelos,

y con los que el ancho mundo
será a sus glorias estrecho,
mucho al de Borbón le debe
y es fuerza satisfacerlo;
le ofrece para calmarlo
un desagravio completo.
Y llamando a un gentilhombre
con el semblante severo,
manda que el de Benavente
venga a su presencia presto.

ROMANCE TERCERO

Sostenido por sus pajes
desciende de su litera
el conde de Benavente
del alcázar a la puerta.
Era un viejo respetable,
cuerpo enjuto, cara seca,
con dos ojos como chispas,
cargados de largas cejas,
y con semblante muy noble,
mas de gravedad tan seria,
que veneración de lejos
y miedo causa de cerca.
Era su traje unas calzas
de púrpura de Valencia,
y de recamado ante
coleto a la leonesa.
De fino lienzo gallego
los puños y la gorguera,
unos y otra guarnecidos
con randas barcelonesas.

Un birretón de velludo
con un cintillo de perlas,
y el gabán de paño verde
con alamares de seda.

Tan sólo de Calatrava
la insignia española lleva;
que el Toisón ha despreciado
por ser Orden extranjera.

Con paso tardo, aunque firme,
sube por las escaleras,
y al verle, las alabardas
un golpe dan en la tierra.

Golpe de honor y de aviso
de que en el alcázar entra
un Grande, a quien se le debe
todo honor y reverencia.

Al llegar a la antesala,
los pajes que están en ella
con respeto le saludan
abriendo las anchas puertas.

Con grave paso entra el conde
sin que otro aviso preceda,
salones atravesando
hasta la cámara regia.

Pensativo está el Monarca,
discurriendo cómo pueda
componer aquel disturbio
sin hacer a nadie ofensa.

Mucho al de Borbón le debe,
aun mucho más de él espera,
y al de Benavente mucho
considerar le interesa.

Dilación no admite el caso,
no hay quien dar consejo pueda,
y Villalar y Pavía
a un tiempo se le recuerdan.

En el sillón asentado
y el codo sobre la mesa,
al personaje recibe,
que comedido se acerca.

Grave el conde le saluda
con una rodilla en tierra,
mas como Grande del reino
sin descubrir la cabeza.

El Emperador, benigno,
que alce del suelo le ordena,
y la plática difícil
con sagacidad empieza.

Y entre severo y afable
al cabo le manifiesta
que es el que al Borbón aloje
voluntad suya resuelta.

Con respeto muy profundo,
pero con la voz entera,
respóndele Benavente,
destocando la cabeza:

«Soy, señor, vuestro vasallo,
vos sois mi rey en la tierra;
a vos ordenar os cumple
de mi vida y de mi hacienda.

»Vuestro soy, vuestra mi casa;
de mi disponed y de ella;
pero no toquéis mi honra
y respetad mi conciencia.

»Mi casa Borbón ocupe,
puesto que es voluntad vuestra;
contamine sus paredes,
sus blasones envilezca;
    »que a mi me sobra en Toledo
donde vivir, sin que tenga
que rozarme con traidores,
cuyo solo aliento infesta.
    »Y en cuanto él deje mi casa,
antes de tornar yo a ella,
purificaré con fuego
sus paredes y sus puertas.»
    Dijo el conde, la real mano
besó, cubrió su cabeza
y retiróse bajando
a do estaba su litera.
    Y a casa de un su pariente
mandó que le condujeran,
abandonando la suya
con cuanto dentro se encierra.
    Quedó absorto Carlos Quinto
de ver tan noble firmeza
estimando la de España
más que la imperial diadema.

ROMANCE CUARTO

    Muy pocos días el duque
hizo mansión en Toledo
del noble conde ocupando
los honrados aposentos.
    Y la noche en que el palacio
dejó vacío, partiendo
con su séquito y sus pajes

orgulloso y satisfecho,
    turbó la apacible luna
un vapor blanco y espeso
que de las altas techumbres
se iba elevando y creciendo.
    A poco rato tornóse
en humo confuso y denso,
que en nubarrones oscuros
ofuscaba el claro cielo.
    Después, en ardientes chispas
y en un resplandor horrendo
que iluminaba los valles,
dando en el Tajo reflejos,
    y al fin su furor mostrando
en embravecido incendio
que devoraba altas torres
y derrumbaba altos techos.
    Resonaron las campanas,
conmovióse todo el pueblo,
de Benavente el palacio
presa de las llamas viendo.
    El Emperador, confuso,
corre a procurar remedio,
en atajar tanto daño
mostrando tenaz empeño.
    En vano todo; tragóse
tantas riquezas el fuego,
a la lealtad castellana
levantando un monumento.
    Aun hoy unos viejos muros,
del humo y las llamas negros
recuerdan acción tan grande
en la famosa Toledo.

El faro de Malta

Envuelve al mundo extenso triste noche,
ronco huracán y borrascosas nubes
confunden y tinieblas impalpables
    el cielo, el mar, la tierra.
Y tú invisible te alzas, en tu frente
ostentando de fuego una corona,
cual rey del caos, que refleja y arde
    con luz de paz y vida.
En vano ronco el mar alza sus montes
y revienta a tus pies, do rebramante,
creciendo en blanca espuma, esconde y borra
    el abrigo del puerto.
Tú, con lengua de fuego *aquí está*, dices,
sin voz hablando al tímido piloto,
que como a numen bienhechor te adora,
    y en ti los ojos clava.
Tiende apacible noche el manto rico,
que céfiro amoroso desenrolla,
recamado de estrellas y luceros;
    por él rueda la luna.
Y entonces tú, de niebla vaporosa
vestido, dejas ver en formas vagas
tu cuerpo colosal, y tu diadema
    arde al par de los astros.
Duerme tranquilo el mar, pérfido esconde
rocas aleves, áridos escollos;
falso señuelo son, lejanas cumbres
    engañan a las naves.
Mas tú, cuyo esplendor todo lo ofusca;
tú, cuya inmoble posición indica
el trono de un monarca, eres su norte,
    les adviertes su engaño.

Así de la razón arde la antorcha,
en medio del fulgor de las pasiones
o de aleves halagos de fortuna,
    a los ojos del alma.
Desque refugio de la airada suerte
en esta escasa tierra que presides,
y grato albergue el cielo bondadoso
    me concedió propicio,
ni una vez sólo a mis pesares busco
dulce olvido del sueño entre los brazos
sin saludarte y sin tornar los ojos
    a tu espléndida frente.
¡Cuántos, ay, desde el seno de los mares
al par los tornarán!... Tras larga ausencia
unos, que vuelven a su patria amada,
    a sus hijos y esposa;
otros, prófugos, pobres, perseguidos,
que, asilo buscan, cual busqué, lejano,
y a quienes que lo hallaron tu luz dice
    hospitalaria estrella.
Arde, y sirve de norte a los bajeles
que de mi patria, aunque de tarde en tarde,
me traen nuevas amargas y renglones
    con lágrimas escritos.
Cuando la vez primera deslumbraste
mis afligidos ojos, ¡cuál mi pecho,
destrozado y hundido en amargura,
    palpitó venturoso!
Del Lacio moribundo las riberas
huyendo inhospitables, contrastado
del viento y mar entre ásperos bajíos,
    vi tu lumbre divina.
Viéronla como yo los marineros,
y, olvidando los votos y plegarias,

que en las sordas tinieblas se perdían.
¡¡Malta!! ¡¡Malta!!, gritaron:
y fuiste a nuestros ojos la aureola
que orna la frente de la santa imagen
en quien busca afanoso peregrino
la salud y el consuelo.
Jamás te olvidaré, jamás... Tan sólo
trocara tu esplendor, sin olvidarlo,
rey de la noche y de tu excelsa cumbre
la benéfica llama,
por la llama y los fúlgidos destellos
que lanza, reflejando al sol naciente,
el arcángel dorado que corona
de Córdoba la torre.

MANUEL BRETON DE LOS HERREROS
(1796–1873)

Letrilla satírica

Tanta es, niña mi ternura,
que no reconoce igual.
Si tuvieras un caudal
comparable a la hermosura
de ese rostro que bendigo,
me casaría contigo.
Eres mi bien y mi norte,
graciosa y tierna Clarisa,
y a tener tú menos prisa
de llamarme tu consorte
pongo al cielo por testigo,
me casaría contigo.

¿Tú me idolatras? Convengo.
Y yo, que al verte me encanto,
si no te afanaras tanto
por saber que sueldo tengo
y si cojo aceite o trigo,
me casaría contigo.
A no ser porque tus dengues
ceden sólo a mi porfía
cuando, necio en demasía,
para dijes y merengues
mi dinero te prodigo,
me casaría contigo.

A no ser porque recibes
instrucciones de tu madre,
y es forzoso que la cuadre
cuando me hablas y me escribes
o me citas al postigo,
me casaría contigo.

Si cuando sólo al bandullo
regalas tosco gazpacho,
haciendo de todo empacho,
no tuvieras mas orgullo
que en la horca don Rodrigo,
me casaría contigo.

Si, después de estar casados,
en lugar de rica hacienda,
no esperase la prebenda

de tres voraces cuñados
y una suegra por castigo,
me casaría contigo.

Si conjurando la peste
que llorar a tantos veo,
virtudes que en ti no creo
de cierto signo celeste
me pusieran al abrigo,
me casaría contigo.

Prende a otro novio en tu jaula
y Dios te dé mil placeres;
porque yo, que sé quien eres
y he conocido la maula,
sin rebozo te lo digo:
No me casaré contigo.

Dios me libre y me defienda

De una mujer zalamera
que su amor quiera probar
diciéndome sin cesar
«consuelo mío, mi prenda»
Dios me libre y me defienda.

De escuchar a un majadero
mientras le dan de cenar,
deletreando asesinar
de Cervantes la leyenda
Dios me libre y me defienda.

De esos que apuestan por todo,
y escupen por el colmillo,
y hablan de onzas a porrillo
con insolente fachenda,
Dios me libre y me defienda.

De creer que un palaciego
más que a la viuda llorosa,
si es oji-negra y hermosa,
el pobre inválido atienda,
Dios me libre y me defienda.

De querer enemistar
jamás con un escribano,
o con alguacil villano
que por vengarse me prenda,
Dios me libre y me defienda.

Aunque mi padre le abone
y un santo me lo aconseje,
de que otro me la maneje,
si Dios me la da, mi hacienda,
Dios me libre y me defienda.

De fiarme de un chismoso
que, si hoy lo es en mi servicio,
mañana su mismo vicio
le hará también que me venda,
Dios me libre y me defienda.

De creer yo que en la corte
aunque allí todo es error,
de la pobreza el olor
a cien varas no trascienda,
Dios me libre y me defienda.

De dudar yo que en la guerra
ganan muchos un balazo
que les troncha pierna o brazo
y pocos una encomienda,
Dios me libre y me defienda.

Aunque sean más hermosas
que la diosa de Citeres,
de acompañar a mujeres
cuando van a alguna tienda,
Dios me libre y me defienda.

De imaginar que Tiburcio
con leer sólo el *Rengifo,*
como a hacer un logogrifo
a hacer poemas aprenda,
Dios me libre y me defienda.

De criticón cuya envidia
contra mis versos la arme,
y se empeñe en censurarme,
tal vez porque no me entienda,
Dios me libre y me defienda.

De creer que un jugador
deje las cartas traidoras,
aunque me haga a todas horas,
mil propósitos de enmienda,
Dios me libre y me defienda.

De dudar yo que es muy raro
y merece eterna palma
el que tiene bella el alma
teniendo la cara horrenda,
Dios me libre y me defienda.

De aprisionar el dinero
por temor de infausta suerte
a riesgo de que la muerte
sin gastarlo me sorprenda,
Dios me libre y me defienda.

De médico y boticario,
de hombre cominero y ruin,
de mujer que hable latín
y de caballo sin rienda,
Dios me libre y me defienda.

SERAFIN ESTEBANEZ CALDERON
(1799–1867)

La tarde

¡Qué fresco delicioso
correr por la marina,
y el pecho, al blando influjo,
con qué placer respira!

Sobre las claras aguas
salta la afable brisa,
y en soplos apacibles
el verde azul agita.

El mar, al fausto beso,
en olas mil se riza,
y con leve murmullo
lame la hermosa orilla.

El Sol, ya trasponiendo
por las opuestas cimas,
hiere con tibios rayos
las aguas cristalinas.

La luz se desvanece
en el movible prisma,
y entre hermosos colores,
que su perfil matizan,

los africanos montes,
con rosadas neblinas,
en la región del Moro
se roban a mi vista.

La alegre gaviota
allá en los aires gira,
y tras el pez dorado,
veloz, al mar se libra.

Zambúllese, trazando
mil ruedas cristalinas,
que entre insensibles sombras
se apagan cual la vida.

El ave sale ilesa
sobre las tersas linfas,
meciéndose entre espuma
como una pomposa isla.

El marinero canta,
remando en su barquilla,
sus sencillos amores,
sus redes y fatigas.

El ave de la noche
en las rocas vecinas
se angustia y se lamenta
con voces doloridas.

Del Norte las tinieblas
a descender principian,
y entre pardos celajes
la Luna se divisa.

En tanto, errante, vaga
mi mente embebecida
tras la imagen incierta
de mi esperada dicha:

¡Dicha infiel e inconstante.
cual del abril los días,
engañosa cual sombra,
cual viento fugitiva!

ANTONIO ROS DE OLANO
(1802–1887)

Sin hijo

Era la madre de un niño,
de un niño que deliraba;
eran sus ojos dos fuentes
y los del hijo dos llamas.

« No rías, hijo, no rías,
¡que me partes las entrañas!
Llora para que se enjuguen,
al verte llorar, mis lágrimas!...»

« Aquel pajarito, madre,
que tiene el pico de plata,
el cuerpo de azul de cielo,
y de oro fino las alas... »

Calló el niño, y quedó quieto,
las pupilas apagadas:
como quedan en el nido
polluelos que el cierzo mata.

Y dudando si dormía,
viendo que ya no lloraba,
besó la madre la boca
de un cuerpecito sin alma.

Desde entonces, cuando trinan
las aves en la alborada,
mientras que cantar las oye,
ella ríe, llora y canta:

«Aquel pajarito, madre,
que tiene el pico de plata,
y el cuerpo de azul de cielo,
y de oro fino las alas...»

JOSE MARIA DE HEREDIA
(1803–1839)

Niágara (Fragmento)

Dadme mi lira, dádmela, que siento
en mi alma estremecida y agitada
arder la inspiración. ¡Oh! ¡Cuanto tiempo
en tinieblas pasó, sin que mi frente
brillase con su luz! ... Niágara undoso,
solo tu faz sublime ya podría
tornarme el don divino que ensañada
me robó del dolor la mano impía.
Torrente prodigioso, calma, acalla
tu trueno aterrador; disipa un tanto
las tinieblas que en torno te circundan,
y déjame mirar tu faz serena,
y de entusiasmo ardiente mi alma llena,
Yo digno soy de contemplarte; siempre,
lo común y mezquino desdeñando,

ansié por lo terrífico y sublime.
Al despeñarse el huracán furioso,
al retumbar sobre mi frente el rayo,
palpitando gocé; vi el Oceano
azotado del austro proceloso
combatir mi bajel, y ante mis plantas
sus abismos abrir, y amé el peligro
y sus iras amé; mas su fiereza
en mi alma no dejara
la profunda impresión de tu grandeza.
   Corres sereno y majestuoso, y luego
en ásperos peñascos quebrantado,
te abalanzas violento, arrebatado,
como el destino irresistible y ciego.
... ...

JUAN AROLAS
(1805–1849)

Sé más feliz que yo

   Sobre pupila azul, con sueño leve,
tu párpado cayendo amortecido,
se parece a la pura y blanca nieve
que sobre las violetas reposó.
Yo el sueño del placer nunca he dormido:
     Sé más feliz que yo.
   Se asemeja tu voz en la plegaria
al canto del zorzal de indiano suelo
que sobre la pagoda solitaria
los himnos de la tarde suspiró.
Yo sólo esta oración dirijo al cielo:
     Sé más feliz que yo.

Es tu aliento la esencia más fragante
de los lirios del Arno caudaloso
que brotan sobre un junco vacilante
cuando el céfiro blando los meció.
Yo no gozo su aroma delicioso:
  Sé más feliz que yo.

El amor, que es espíritu de fuego,
que de callada noche se aconseja
y se nutre con lágrimas y ruego,
en tus purpúreos labios se escondió.
El te guarde el placer y a mí la queja:
  Sé más feliz que yo.

Bella es tu juventud en sus albores,
como un campo de rosas del Oriente;
al ángel del recuerdo pedí flores
para adornar tu sien, y me las dio.
Yo decía al ponerlas en tu frente:
  Sé más feliz que yo.

Tu mirada vivaz es de paloma;
como la adormidera del desierto,
causas dulce embriaguez, hurí de aroma
que el cielo de topacio abandonó.
Mi suerte es dura, mi destino incierto:
  Sé más feliz que yo.

La odalisca

¿De qué sirve a mi belleza
  la riqueza,
pompa, honor y majestad,
si en poder de adusto Moro
  gimo y lloro
por la dulce libertad?

Luenga barba y torvo ceño
  tiene el dueño
que con oro me compró;
y al ver la fatal gumía
  que ceñía,
de sus besos temblé yo.

¡Oh, bien hayan los cristianos
más humanos
que veneran una cruz
y dan a sus nazarenas
por cadenas
auras libres, clara luz!
Ellas, al festín de amores,
llevan flores;
sin velo se dejan ver,
y en cálices cristalinos
beben vinos
que aconsejan el placer.
Tienen zambras con orquestas
y a sus fiestas
ricas en adornos van,
con el seno delicado,
mal guardado
de los ojos del galán.
Más valiera ser cristiana
que sultana
con pena en el corazón,
con un eunuco atezado
siempre al lado
como negra maldición.
Dime, mar, que me aseguras
brisas puras,
perlas y coral también,
si hay linfa en tu extensión larga
más amarga
que mi lloro en el harén.
Dime, selva, si una esposa
cariñosa
tiene el dulce ruiseñor,
¿por qué para sus placeres

cien mujeres
tiene y guarda mi señor?
Decid, libres mariposas,
que entre rosas
vagáis al amanecer,
¿por qué bajo llave dura
sin ventura
gime esclava la mujer?
Dime, flor, siempre besada
y halagada
del céfiro encantador,
¿por qué ha de pasar un día
de agonía
sin un beso del amor?
Yo era niña, y a mis solas
en las olas
mis delicias encontré;
de la espuma que avanzaba,
retiraba
con temor nevado pie.
Del mar el sordo murmullo
fue mi arrullo
y el aura me adormeció.
¡Triste la que duerme y sueña
sobre peña
que la espuma salpicó!
De la playa que cercaron
me robaron
los piratas de la mar;
¡ay de la que en dura peña
duerme y sueña,
si es cautiva al despertar!
Crudos son con las mujeres
esos seres

que adoran el interés,
y tendidos sobre un leño
        toman sueño
con abismos a sus pies.
    Conducida en su galera,
        prisionera
fui cruzando el mar azul;
mucho lloré; sordos fueron,
        me vendieron
al sultán en Estambul.
    El me llamó hurí de aroma
        que Mahoma
destinaba a su vergel;
de Alá gloria y alegría,
        luz del día,
paloma constante y fiel.
    Vi en un murallado suelo,
        como un cielo
de hermosuras de jazmín,
cubiertas de ricas sedas,

    auras Ledas
disfrutaban del jardín.
    Unas padecían celos
        y desvelos;
lograban otras favor;
quién por un desdén gemía,
        quién vivía
sin un goce del amor.
Mil esclavas me sirvieron,
        y pusieron
rico alfareme en mi sien;
pero yo siempre lloraba,
        y exclamaba
con voz triste en el harén:
    ¿De que sirve a mi belleza
        la riqueza,
pompa, honor y majestad,
si en poder de adusto moro
        gimo y lloro
mi perdida libertad?

JUAN EUGENIO HARTZENBUSCH
(1806–1880)

Los viajes

    Un pescador, vecino de Bilbao,
cogió, yo no se dónde, un bacalao.
    –¿Que vas a hacer conmigo?
(el pez le preguntó con voz llorosa).
    El respondió: –Te llevaré a mi esposa;
ella, con pulcritud y ligereza,
te cortara del cuerpo la cabeza;

negociaré después con un amigo,
y si me da por ti maravedises,
irás con él a recorrer países.
– ¡Sin cabeza! ¡Ay de mí! (gritó el pescado).
Y replicó discreto el vascongado:
– ¿Por esa pequeñez te desazonas?
Pues hoy viajan así muchas personas.

El último olvido

Dio Perico en olvidar
hasta el comer, a veces, y el dormir;
sólo una vez se le olvidó el vivir,
y nunca más lo pudo recordar.

La vida del hombre

Hoja en que estampo mi nombre;
tú me sobrevivirás.
¿Qué vale, ¡ay!, el ser del hombre
cuando un papel dura más?

VENTURA DE LA VEGA
(1807–1865)

A la Reina Gobernadora

Cuando la griega juventud volaba
al campo de la gloria
y al macedón guerrero arrebataba
el sangriento laurel de la victoria,
¿quién a blandir la fulminante lanza
robusteció su brazo?
En el estrago de feroz matanza,

¿quien su pecho alentó, quien, sino el fuego
del entusiasmo ardiente
que corrió en viva llama por sus venas
cuando escuchó elocuente
tronar la voz del orador de Atenas?
   Tú fuiste, oh sacro fuego,
tú quien el duro mármol animaba
bajo el cincel del inspirado griego;
tú quien la trompa de Marón sonaba;
en cuanto el mundo a la memoria ofrece
de eterno, de elevado,
tu creador espíritu aparece;
tú ante el funesto vaso envenenado,
en el alma de Sócrates brillaba;
tú la mano de Apeles dirigías;
en la lira de Píndaro sonabas,
y la lanza de Arístides blandías.
   Más, ¡oh!, ¿por qué ofuscada
a tan remota edad vuela mi mente?
La centella sagrada,
de la aureola de Dios destello ardiente,
que de la antigua Grecia derruída,
el canto melodioso
eternizó y el brazo belicoso,
¿yace entre sus escombros extinguida?
   No. Como chispa eléctrica impaciente
que presa en frío pedernal, no pudo
brillar, hasta que siente
de acerado eslabón el golpe rudo,
así en medroso pasmo
en tu pecho dormía,
juventud española, el entusiasmo;
mas cuando el recio acento generoso
retumbó por los ámbitos de España,

del Pirene riscoso
al confín andaluz que Atlante baña,
estalla, al fin, la mágica centella
las almas conmoviendo,
y el abatido pueblo se levanta,
y en sed de gloria ardiendo,
lidia el guerrero y el poeta canta...

PATRICIO DE LA ESCOSURA
(1807–1878)

El bulto vestido de negro capuz

Simancas, 1521

El caminante

El sol a Occidente su luz ocultaba,
de nubes el cielo cubierto se vía;
furioso en los pinos el viento bramaba,
rugiendo agitado Pisuerga corría.
   Soberbia Simancas sus muros ostenta,
burlando la saña del fiero huracán.
Mas, ¡ay del cautivo, que mísero cuenta
las horas de vida por siglos de afán!
   Por medio del monte veloz cual la brisa
cual sombra medrosa, cual pálida luz,
un bulto que apenas la vista divisa,
camina encubierto con negro capuz.
   Mudado el semblante, la vista azorada,
sollozos amargos lanzando sin fin,
la madre invocando de Dios adorada,
de hinojos se postra del río al confín.
   Del ave nocturna la voz agorera
de encima el castillo se deja escuchar;

relámpago rojo, con luz pasajera,
las densas tinieblas haciendo cesar.
    «¡Dichoso mil veces el mísero exclama!
¡Dichoso, murallas, que en fin os miré!»
Y al punto, inflamado de súbita llama,
el rezo dejando se pone de pie.

La prisión

    «Muchos, repetidos, muy graves pecados
los hombres hicieron y Dios se enojó;
en pena, de libres que fueron creados,
esclavos los hizo, tiranos les dio.»
    «¡Tiranos!, con ellos, cadenas, prisiones,
castillos y guerras y el potro cruel.
¡Tiranos!, con ellos, rencor, disensiones...
Tremenda es la ira del Dios de Israel!»
    «Castilla, hijo mío, sintió el torpe yugo,
y a fuer de briosa lo quiso arrojar.
En vano: ayudarnos al cielo no plugo;
Padilla el valiente cayó en Villalar.»
    «Nosotros, Alfonso, también moriremos;
también nuestra sangre vertida será.
¡Que importa! Muriendo felices rompemos
las férreas cadenas que el mundo nos da.»
    Acuña, el obispo, patriota esforzado,
aquel que al tirano no quiso acatar,
el cuerpo de indignas cadenas cargado,
cual cumple a los libres acaba de hablar.
    En pie, silencioso, con aire abatido,
mancebo que apenas seis lustros cumplió,
le escucha, y responde con hondo gemido,
que el eco en la torre fugaz repitió:

«¡Tan bravo en las lides!» Acuña le dice:
«¡Tan bravo y cobarde tembláis al morir!...»
«Teneos, obispo; muriendo es felice
quien sólo en cadenas espera vivir.»
   «Morir es mas dulce que ver, como he visto,
caer, a *Padilla* y a ciento con él.»
«Yo burlo la muerte, mas, ¡ay!, no resisto
de amor, a los otros, fortuna cruel.»
   Oyóle el obispo con pena y callóse;
maguer que ordenado, tenia razón:
lágrima furtiva al ojo asomóse;
el joven su mano besó con pasión.

El soldado

   La noche era entrada, lluviosa y oscura;
un trueno a otro trueno continuo seguía;
velando, cubierto de fuerte armadura,
la noche, un soldado, feroz, maldecía.
   El puente guardaba, la puerta y rastrillo
con fuego y espada y agudo puñal;
ninguno a llegarse se atreve al castillo,
o tema aquel brazo probar en su mal.
   Con planta ligera el puente atraviesa;
el bulto vestido del negro capuz;
«Detente», el soldado gritándole apriesa,
le pone a los pechos su enorme arcabuz.
   Mas él, sin turbarse, «Soldado, replica,
¿que gloria matando pensáis conseguir
a un mozo perdido que asilo suplica
do pueda esta noche tan sólo dormir?»
   «Mancebo, ¿quién eres?» «Un huérfano soy,
guardián del castillo, yo soy trovador.»
«Tal casta de gentes de sobra anda hoy;
marchad, noramala, maldito cantor.»

Lloraba el mancebo; dolor era oílle;
votaba el soldado, que hacía temblar.
El uno: «Doleos», tornaba a decille;
él otro: «¡Demonio!, ¿te quieres marchar?»

En tanto, a torrentes el cielo llovía,
y un rayo no lejos del puente cayó;
invoca el soldado temblando a María;
inerte a sus plantas al huérfano vio.

«¡Mal hora los diablos que aquí te trajeron,!...
Apenas respira... ¡Cuidado, rapaz!
Muy tierna crianza tus padres te dieron;
más horas tuviste que yo de solaz.»

La trova

En sucio y estrecho paraje y oscuro
ardiendo en el centro su medio pinar,
sentados en torno del fétido muro,
como diez soldados se pueden contar.

Un hombre con ellos de pardo vestido,
hercúleas las formas, de rostro brutal,
los ojos de tigre, mirando torcido
parece ministro del genio del mal.

A1 par de aquel hombre, se ve suspirando
el rostro de un niño, de un ángel de luz;
verdugo el primero que estamos mirando,
el otro es el bulto del negro capuz.

«¡Que cante, que cante!», le mandan a coro
las férreas figuras que en torno se ven;
lanzando un bramido terrible, cual toro,
«¡que cante, que cante!» el verdugo repite también.

Quisiera el mancebo primero que el canto
dar rienda a la pena, que muere de afán;
más fuerza le manda, y enjuga su llanto,
y canta, y de muerte sus cantos serán.

Trova

En medio de un monte fragoso,
entre encinas colosales
de años ciento,
templo antiguo ya ruinoso,
cercado de matorrales
tiene asiento.

Aquí con su canto llegaba el mancebo,
un fraile que pasa le manda callar.
«¿Cantáis, y no lejos tenéis al que debo
por la vez postrera, triste, confesar?»
El fraile, acabando, siguió su camino:
callóse el mancebo, y el tigre exclamó:
«Razón tiene el padre; sin ser adivino,
estoy persuadido de lo mismo yo.»
«Cualquiera al mirarte, responde un soldado,
llegar a Simancas, pensara algún mal.»
«!Un mal!, por mi vida, Fortún que has errado;
mañana a mis manos muere un desleal.»
«Alfonso García, famoso caudillo
que de Comuneros en Toledo fue,
mañana en los filos de aqueste cuchillo
por sus buenas obras hallara mercé.»
«¿Mañana le matan?, con ansia pregunta,
¡mañana!, el que el canto festivo entonó:
¡Mañana! ¡Es posible!, y el alba despunta...
Verdad es; entonces hoy mismo murió.»

El beso

Levantan en medio del patio espacioso
cadalso enlutado, que causa pavor;
un Cristo, dos velas, un tajo asqueroso
encima, y con ellos el ejecutor.

En torno al cadalso se ven los soldados,
que fieros empuñan terrible arcabuz,
a par del verdugo, mirando asombrados
al bulto vestido del negro capuz.
  «¿Qué tiemblas, muchacho, cobarde alimaña?
Bien puedes marcharte, y presto, a mi fe.
Te faltan las fuerzas, si sobra la saña;
por Cristo bendito, que ya lo pensé.»
  «Diez doblas pediste, sayón mercenario:
diez doblas cabales al punto te di.
¿Pretendes ahora negarme, falsario,
la gracia que en cambio tan sólo pedí?»
  «Rapaz, no por cierto, ¡creí que temblabas!
Bien presto al que odias verásle morir»,
y en esto cerrojos se escuchan y aldabas,
y puertas herradas se sienten abrir.
  Salió el comunero gallardo, contrito,
oyendo al buen fraile que hablándole va.
Enfrente el cadalso miró de hito en hito,
mas no de turbarse señales dará.
  Encima subido, de hinojos postrado,
al *Mártir por todos* oró con fervor;
después, sobre el tajo grosero inclinado:
¡El golpe de muerte!, clamó con valor.
  Alzada en el aire su fiera cuchilla,
volviéndose un tanto con ira el sayón,
al triste que en vano lidió por Castilla
prepara en la muerte cruel galardón.
  Mas antes que el golpe descargue tremendo,
veloz cual pelota que lanza arcabuz,
se arroja al cautivo, a «¡García!», diciendo,
el bulto vestido del negro capuz.
  «¡Mi Blanca!» responde; y un beso, el postrero
se dan, y en el punto la espada cayó.
Terror invencible sintió el sayón fiero
cuando ambas cabezas cortadas miró.

MANUEL DE CABANYES
(1808–1833)

La independencia de la poesía
(Fragmento)

Como una casta ruborosa virgen
se alza mi Musa, y tímida, las cuerdas
pulsando de su arpa solitaria,
      suelta la voz del canto.
¡Lejos, profanas gentes! No su acento
del placer muelle, corruptor del alma,
el ritmo cadencioso hará süave
      la funesta ponzoña.
¡Lejos, esclavos, lejos! No sus gracias
cual vuestro honor, trafícanse y se venden;
no sangrisalpicados techos de oro
      resonarán sus versos.
En pobre independencia ni las iras
de los verdugos del pensar la espantan
de sierva a fuer; ni meretriz impura,
      vil metal la corrompe.
Fiera como los montes de su patria.
galas desecha que maldad cobijan:
las cumbres vaga en desnudez honesta;
      mas ¡guay de quien la ultraje!
Sobre sus cantos la expresión del alma
vuela sin arte; números sonoros
desdeña y rima acorde; son sus versos,
      cual su espíritu, libres.
Duros son; mas son fuertes, son hidalgos
cual la espada del bueno; y nunca, nunca
tu noble faz con el rubor de oprobio
      cubrirán, madre España,
cual del cisne de Ofanto los cantares

a la reina del mundo avergonzaron,
de su opresor con el infame elogio
　　　sus cuitas acreciendo.
¡Hijo cruel, cantor ingrato! El cielo
le dio una lira mágica y el arte
de arrebatar a su placer las almas
　　　y arder los corazones;
le dio a los héroes celebrar mortales
y a las deidades del Olimpo... El eco
del Capitolio altivo aún los nombres
　　　que él despertó, tornaba.

JOSE DE ESPRONCEDA
(1808–1842)

Canto a Teresa (Fragmentos)
Descansa en paz

Bueno es el mundo, ¡bueno!, ¡bueno!, ¡bueno!
Como de Dios, al fin, obra maestra,
por todas partes de delicias lleno,
de que Dios ama al hombre hermosa muestra.
Salga la voz alegre de mi seno
a celebrar esta vivencia nuestra.
¡Paz a los hombres! ¡Gloria en las alturas!,
¡Cantad en vuestra jaula, criaturas!
(María, por don Miguel de los Santos Alvarez.)

¿Por qué volvéis a la memoria mía,
tristes recuerdos del placer perdido
a aumentar la ansiedad y la agonía
de este desierto corazón herido?
¡Ay!, que de aquellas horas de alegría
le quedó al corazón sólo un gemido,
el llanto que al dolor los ojos niegan
lágrimas son de hiel que el alma anegan.

¿Dónde volaron, ¡ay!, aquellas horas
de juventud, de amor y de ventura,
regaladas de músicas sonoras,
adornadas de luz y de hermosura?
Imágenes de oro bullidoras,
sus alas de carmín y nieve pura,
al son de mi esperanza desplegando,
pasaban, ¡ay!, en derredor cantando.
　　Gorjeaban los dulces ruiseñores,
el sol iluminaba mi alegría,
el aura susurraba entre las flores,
el bosque mansamente respondía,
las fuentes murmuraban sus amores...
¡Ilusiones que llora el alma mía!;
¡Oh! ¡Cuán süave resonó en mi oído
el bullicio del mundo y su rüido!
　　... ... ...

　　Yo, desterrado en extranjera playa,
con los ojos estáticos seguía
la nave audaz que en argentada raya
volaba al puerto de la patria mía;
yo, cuando en Occidente el sol desmaya,
solo y perdido en la arboleda umbría,
oír pensaba el armonioso acento
de una mujer al suspirar del viento.
　　¡Una mujer! En el templado rayo
de la mágica luna se colora,
del sol poniente al lánguido desmayo,
lejos entre las nubes se evapora;
sobre las cumbres que florece mayo,
brilla fugaz al despuntar la aurora,
cruza tal vez por entre el bosque umbrío,
juega en las aguas del sereno río.

¡Ay!, aquella mujer, tan sólo aquella,
tanto delirio a realizar alcanza,
y esa mujer, tan cándida y tan bella,
es mentida ilusión de la esperanza;
es el alma que vívida destella
su luz al mundo cuando en él se lanza,
y el mundo con su magia y galanura,
es espejo no más de su hermosura .
... ...

¡Oh, Teresa! ¡Oh, dolor! Lágrimas mías
¡ah!, ¿dónde estáis, que no corréis a mares?
¿Por qué, por qué como en mejores días
no consoláis vosotras mis pesares?
¡Oh!, los que no sabéis las agonías
de un corazón que penas a millares,
¡ay!, desgarraron y que ya no llora,
¡piedad tened de mi tormento ahora!

¡Oh!, dichosos mil veces, sí, dichosos
los que podéis llorar, y, ¡ay!, sin ventura
de mí, que entre suspiros angustiosos
ahogar me siento en infernal tortura!
¡Retuércese entre nudos dolorosos
mi corazón, gimiendo de amargura!
También tu corazón, hecho pavesa,
¡ay!, llegó a no llorar, ¡pobre Teresa!

¿Quién pensara jamás, Teresa mía,
que fuera eterno manantial de llanto
tanto inocente amor, tanta alegría,
tantas delicias y delirio tanto?
¿Quién pensara jamás llegase un día
en que perdido el celestial encanto
y caída la venda de los ojos,
cuanto diera placer causara enojos?
... ...

¡Pobre Teresa! Cuando ya tus ojos
áridos ni una lagrima brotaban;
cuando ya su color tus labios rojos
en cárdenos matices se cambiaban;
cuando de tu dolor tristes despojos
la vida y su ilusión te abandonaban,
y consumía lenta calentura
tu corazón al par que tu amargura;
    si en tu penosa y última agonía
volviste a tu pasado el pensamiento;
si comparaste a tu existencia un día
tu triste soledad y tu aislamiento;
si arrojó a tu dolor tu fantasía
tus hijos, ¡ay!, en tu postrer momento
a otra mujer tal vez acariciando,
madre tal vez a otra mujer llamando;
    ¡oh!, ¡cruel!, ¡muy cruel!, ¡martirio horrendo!,
¡espantosa expiación de tu pecado!
¡Sobre un lecho de espinas maldiciendo,
morir, el corazón desesperado!
Tus mismas manos de dolor mordiendo,
presente a su conciencia lo pasado,
buscando en vano, con los ojos fijos
y extendiendo tus brazos, a tus hijos.
    ¡Oh!, ¡cruel!, ¡muy cruel!... ¡Ay! Yo, entre tanto
dentro del pecho mi dolor oculto,
enjugo de mis párpados el llanto
y doy al mundo el exigido culto;
yo escondo con vergüenza mi quebranto,
mi propia pena con mi risa insulto,
y me divierto en arrancar del pecho
mi mismo corazón, pedazos hecho.
    Gocemos, si; la cristalina esfera
gira bañada en luz; ¡bella es la vida!

¿Quién a parar alcanza la carrera
del mundo hermoso que al placer convida?
Brilla radiante el sol, la primavera
los campos pinta en la estación florida;
truéquese en risa mi dolor profundo...
Que haya un cadáver más, ¿que importa al mundo?

Canción del pirata

Con diez cañones por banda,
viento en popa a toda vela,
no corta el mar, sino vuela,
un velero bergantín:
bajel pirata que llaman
por su bravura el *Temido,*
en todo el mar conocido
del uno al otro confín.

La luna en el mar riela,
en la lona gime el viento,
alza en blando movimiento
olas de plata y azul;
y ve el capitán pirata,
cantando alegre en la popa,
Asia a un lado, al otro Europa,
allá a su frente Estambul.

«Navega, velero mío,
sin temor;
que ni enemigo navío,
ni tormenta, ni bonanza,
tu rumbo a torcer alcanza,
ni a sujetar tu valor.

»Veinte presas
hemos hecho
a despecho
del inglés,
y han rendido
sus pendones
cien naciones
a mis pies.»

*Que es mi barco mi tesoro,
que es mi Dios la libertad,
mi ley la fuerza y el viento,
mi única patria la mar.*

«Allá muevan feroz guerra
ciegos reyes
por un palmo mas de tierra;
que yo tengo aquí por mío
cuanto abarca el mar bravío,
a quien nadie impuso leyes.

»Y no hay playa
sea cualquiera,
ni bandera
de esplendor
que no sienta
mi derecho
y dé pecho
a mi valor.»

Que es mi barco mi tesoro...

«A la voz de «¡Barco viene!»
    es de ver
como vira y se previene
a todo trapo a escapar;
que yo soy el rey del mar,
y mi furia es de temer.

    »En las presas
    yo divido
    lo cogido
    por igual;
    sólo quiero
    por riqueza
    la belleza
    sin rival.»

Que es mi barco mi tesoro...

«¡Sentenciado estoy a muerte!
    Yo me río;
no me abandone la suerte
y al mismo que me condena
colgaré de alguna antena,
quizá en su propio navío.

    Y si caigo,
    ¿qué es la vida?

    Por perdida
    ya la di,
    cuando el yugo
    del esclavo
    como un bravo
    sacudí.»

Que es mi barco mi tesoro...

«Son mi música mejor
    aquilones;
el estrépito y temblor
de los cables sacudidos,
del negro mar los bramidos
y el rugir de mis cañones.

    »Y del trueno
    al son violento
    y del viento
    al rebramar
    yo me duermo
    sosegado
    arrullado
    por el mar.»

*Que es mi barco mi tesoro,
que es mi Dios la libertad,
mi ley la fuerza y el viento,
mi única patria la mar.*

Himno a la Inmortalidad

¡Salve, llama creadora del mundo
lengua ardiente de eterno saber,
puro germen, principio fecundo
que encadenas la muerte a tus pies!

Tú la inerte materia espoleas,
tú la ordenas juntarse y vivir,
tú su lodo modelas, y creas
miles seres de formas sin fin.

Desbarata tus obras en vano
vencedora la muerte tal vez;
de sus restos levanta tu mano
nuevas obras triunfante otra vez.

Tú la hoguera del sol alimentas,
tú revistes los cielos de azul,
tú la luna en las sombras argentas,
tú coronas la aurora de luz.

Gratos ecos al bosque sombrío,
verde pompa a los árboles das,
melancólica música al río,
ronco grito a las olas del mar.

Tú el aroma en las flores exhalas,
en los valles suspiras de amor,
tú murmuras del aura en las alas,
en el Bóreas retumba tu voz.

Tú derramas el oro en la tierra
en arroyos de hirviente metal;
tú abrillantas la perla que encierra
en su abismo profundo la mar.

Tú las cárdenas nubes extiendes,
negro manto que agita Aquilón;
con tu aliento los aires enciendes,
tus rugidos infunden pavor.

Tú eres pura simiente de vida,
manantial sempiterno del bien;
luz del mismo Hacedor desprendida,
juventud y hermosura es tu ser.

Tú eres fuerza secreta que al mundo
en sus ejes impulsa a rodar;

sentimiento armonioso y profundo
de los orbes que animan tú faz.
De tus obras los siglos que vuelan
incansables artífices son,
del espíritu ardiente cincelan
y embellecen la estrecha prisión.
Tú, en violento, veloz torbellino,
los empujas enérgica, y van;
y adelante en tu raudo camino
a otros siglos ordenas llegar.
Y otros siglos ansiosos se lanzan,
desparecen y llegan sin fin
y en su eterno trabajo se alcanzan,
y se arrancan sin tregua el buril.
Y afanosos sus fuerzas emplean
en tú inmenso taller sin cesar,
y en la tosca materia golpean,
y redobla el trabajo su afán.
De la vida en el hondo Oceano
flota el hombre en perpetuo vaivén,
y derrama abundante tu mano
la creadora semilla en su ser.
Hombre débil, levanta la frente,
pon tu labio en su eterno raudal;
tú serás como el sol en Oriente;
tú serás, como el mundo, inmortal.

El estudiante de Salamanca (Fragmento)

Segundo don Juan Tenorio,
alma fiera e insolente,
irreligioso y valiente,
altanero y reñidor:
siembre el insulto en los ojos,
en los labios la ironía,
nada teme y todo fía
en su espada y su valor.
Corazón gastado, mofa
de la mujer que corteja,
y hoy despreciándola, deja
la que ayer se le rindió.

Ni el porvenir temió nunca,
ni recuerda en lo pasado
la mujer que ha abandonado,
ni el dinero que perdió.

Ni vio el fantasma entre sueños
del que mató en desafío,
ni turbó jamás su brío
recelosa previsión.

Siempre en lances y en amores
siempre en báquicas orgías,
mezcla en palabras impías
un chiste a una maldición.

En Salamanca famoso
por su vida y buen talante,

al atrevido estudiante
le señalan entre mil.

Fueros le da su osadía,
le disculpa su riqueza,
su generosa nobleza,
su hermosura varonil.

Que su arrogancia y sus vicios
caballeresca apostura,
agilidad y bravura
ninguno alcanza a igualar;

Que hasta en sus crímenes mismos,
en su impiedad y altiveza,
pone un sello de grandeza
don Félix de Montemar. ...

Elvira

Bella y mas pura que el azul del cielo,
con dulces ojos lánguidos y hermosos
donde acaso el amor brilló entre el velo
del pudor que los cubre candorosos;
tímida estrella que refleja al suelo
rayos de luz brillantes y dudosos,
ángel puro de amor que amor inspira,
fue la inocente y desdichada Elvira.

Elvira, amor del estudiante un día,
tierna, feliz y de su amante ufana,
cuando al placer su corazón se abría,
como al rayo del Sol rosa temprana;
del fingido amador que la mentía,
la miel falaz que de sus labios mana
bebe en su ardiente sed, el pecho ajeno
de que oculto en la miel hierve el veneno.

Que no descansa de su madre en brazos,
más descuidado el candoroso infante,

que ella en los falsos lisonjeros lazos,
que teje astuto el seductor amante;
dulces caricias, lánguidos abrazos,
placeres, ¡ay!, que duran un instante
que habrán de ser eternos imagina
la triste Elvira en su ilusión divina.
    Cifró en don Félix la infeliz doncella
toda su dicha, de su amor perdida,
fueron sus ojos a los ojos de ella
astros de gloria, manantial de vida.
Cuando sus labios con sus labios sella,
cuando su voz escucha embebecida
embriagada del dios que la enamora,
dulce le mira, extática le adora. ...

El poema sigue relatando la muerte de Elvira, de pena, al ser abandonada por don Félix, que incluso mata a su hermano, don Diego, en desafío, y cómo al punto se le aparece una visión, con los rasgos de Elvira, a la que sigue.

    Cruzan tristes calles,
plazas solitarias,
arruinados muros,
donde sus plegarias
y falsos conjuros
en la misteriosa
noche borrascosa
maldecida bruja
con ronca voz canta,
y de los sepulcros
los muertos levanta;
y suenan los ecos
de sus pasos huecos
en la soledad,
mientras en silencio
yace la ciudad,
y en lúgubre son
arrulla su sueño
bramando Aquilón.
    Y una calle y otra cruzan,
y más allá y más allá;
no tiene término el viaje,
ni nunca dejan de andar.
    Distingue los edificios,
reconoce donde está,
y en su delirante vértigo
al vino vuelve a culpar,
y jura, y siguen andando
ella delante, el detrás.
    "¡Vive Dios!", dice entre sí;
¡o Satanás se chancea,
o no debo estar en mí,
o el málaga que bebí
en mi cabeza aún humea!" ...

Siguiendo siempre a la blanca visión acaba por encontrar un entierro doble: En uno de los féretros va don Diego de Pastrana, al que ha matado; en el otro, ¡él! La visión vuelve a ponerse en movimiento y don Félix la sigue siempre hasta que harto, la conjura a que al fin se descubra, y acaba el poema:

> Y entonces la visión del blanco velo
> al fiero Montemar tendió una mano,
> y era su tacto de crispado hielo,
> y resistirlo audaz intentó en vano.
> Y a su despecho y maldiciendo al cielo,
> de ella apartó su mano Montemar
> y temerario alzándola su velo,
> tirando de él la descubrió la faz.
> «¡Es su esposo!» , los ecos retumbaron,
> «¡la esposa al fin que su consorte halló!»;
> los espectros con júbilo gritaron:
> «¡Es el esposo de su eterno amor!»
> Y ella entonces gritó: «¡Mi esposo!» Y era
> (¡desengaño fatal! ¡Triste verdad!)
> una sórdida, horrible calavera,
> ¡la blanca dama del gallardo andar!...

JUAN RICO Y AMAT
(1821–1870)

La desesperación
(Largamente atribuído a Espronceda)

Me gusta ver el cielo
con negros nubarrones
y oír los aquilones
horrísonos bramar;
me gusta ver la noche
sin luna y sin estrellas,
y sólo las centellas
la tierra iluminar.
Me agrada un cementerio
de muertos bien relleno,

manando sangre y cieno
que impida el respirar,
y allí un sepulturero
de tétrica mirada
con mano despiadada
los cráneos machacar.

Me alegra ver la bomba
caer mansa del cielo,
e inmóvil en el suelo,
sin mecha al parecer,
y luego embravecida
que estalla y que se agita
y rayos mil vomita
y muertos por doquier.

Que el trueno me despierte
con su ronco estampido,
y al mundo adormecido
le haga estremecer;
que rayos cada instante
caigan sobre él sin cuento,
que se hunda el firmamento
me agrada mucho ver.

La llama de un incendio
que corra devorando
y muertos apilando
quisiera yo encender;
tostarse allí un anciano,
volverse todo tea,
oír como vocea,
¡qué gusto!, ¡qué placer!

Me gusta una campiña
de nieve tapizada,
de flores despojada,
sin fruto, sin verdor,

ni pájaros que canten,
ni sol haya que alumbre
y sólo se vislumbre
la muerte en derredor.

Allí, en sombrío monte,
solar desmantelado,
me place en sumo grado
la luna al reflejar,
moverse las veletas
con áspero chirrido
igual al alarido
que anuncia el expirar.

Me gusta que al Averno
lleven a los mortales
y allí todos los males
les hagan padecer;
les abran las entrañas,
les rasguen los tendones,
rompan los corazones
sin de ayes caso hacer.

Insólita avenida
que inunda fértil vega,
de cumbre en cumbre llega,
y arrasa por doquier;
se lleva los ganados
y las vides sin pausa,
y estragos miles causa.
¡que gusto!, ¡qué placer!

Las voces y las risas,
el juego, las botellas,
en torno de las bellas
alegres apurar;
y en sus lascivas bocas,
con voluptuoso halago,

un beso a cada trago
alegres estampar.

Romper después las copas,
los platos, las barajas,
y abiertas las navajas,
buscando el corazón;
oír luego los brindis
mezclados con quejidos
que lanzan los heridos
en llanto y confusión.

Me alegra oír al uno
pedir a voces vino,
mientras que su vecino

se cae en un rincón;
y que otros ya borrachos,
en trino desusado,
canten al dios vendado
impúdica canción.

Me agradan las queridas
tendidas en los lechos,
sin chales en los pechos
y flojo el cinturón,
mostrando sus encantos,
sin orden el cabello,
al aire el muslo bello...
¡Qué gozo!, ¡qué ilusión!

JOSE BATRES MONTUFAR
(1809–1844)

Yo pienso en ti...

Yo pienso en ti; tú vives en mi mente
sola, fija, sin tregua, a toda hora,
aunque tal vez el rostro indiferente
no debe reflejar sobre mi frente
la llama que en silencio me devora.

En mi lóbrega y yerta fantasía
brilla tu imagen apacible y pura,
como el rayo de luz que el sol envía
al través de una bóveda sombría
al roto mármol de una sepultura.

Callado, inerte, en estupor profundo,
mi corazón se embarga y se enajena;
y allá en su centro vibra moribundo
cuando entre el vano estrépito del mundo
la melodía de tu nombre suena.

Sin lucha, sin afán y sin lamento,
sin agitarme en ciego frenesí,
sin proferir un solo, un leve acento,
las largas horas de la noche cuento,
¡y pienso en ti!

NICOMEDES PASTOR DIAZ
(1811–1863)

A la luna (Fragmentos)

Desde el primer latido de mi pecho
condenado al amor y a la tristeza,
ni un eco a mi gemir, ni a la belleza
un suspiro alcancé;
halló por fin mi fúnebre despecho,
inmenso objeto a mi ilusión amante;
y de la luna el célico semblante,
¡y el triste mar amé!
El mar quedóse allá por su ribera;
sus olas no treparon las montañas;
nunca llega a estas márgenes extrañas
su solemne rugir.
Tú, empero, que mi amor sigues doquiera,
cándida luna, en tu amoroso vuelo,
tú eres la misma que miré en el cielo
de mi patria lucir.
Tú sola mi beldad, sola mi amante,
única antorcha que mis pasos guía,
tú sola enciendes en el alma fría
una sombra de amor.
Sólo el blando lucir de tu semblante
mis ya cansados párpados resisten;

sólo tus formas inconstantes visten
bello, grato color.

... ...

Mas,¡ay!, que en vano en tu esplendor encantas
ese hechizo falaz no es de alegría;
y huyen tu luz y triste compañía
los astros con temor.
Sola por el vacío te adelantas,
y en vano en derredor tus rayos tiendes;
que sólo al mundo en tu dolor desciendes,
cual sube a ti mi amor.
Y en esta tierra, de aflicción guarida,
¿quien goza en tu fulgor blandos placeres?
Del nocturno reposo de los seres
no turbas la quietud.
No cantarán las aves tu venida
ni abren su cáliz las dormidas flores;
solo un ser... de desvelos y dolores,
¡ama tu yerta luz!...

... ...

ANTONIO GARCIA GUTIERREZ
(1813–1884)

Recuerdos

Volved, alegres sueños,
que de mi edad primera
las gratas ilusiones
besábais con amor.

¿Por qué sin vuestro encanto
en mi desdicha fiera,
ensueños dolorosos
me asaltan con horror?

¿Por qué la paz tranquila
de mi tranquilo pecho
cual disipada niebla
huyó de mí fugaz?

¿Por qué desde que gimo
en triste amor deshecho
no hay para mí ventura,
ni hay para mi alma paz?

¡Oh! ¡Nunca por mi daño
tus límites pisara,
infierno de la vida,
inquieta juventud!

Y antes que mi inocencia
veloz se disipara,
durmiera yo en la tumba
con eterna quietud.

Volad, mis pensamientos,
en alas de la mente,
y mis recuerdos vagos
de Elisa acariciad.

Y como luz hermosa
del ampo refulgente,
mostradme los hechizos
de su infeliz beldad.

Aquel amor sin celos,
sin penas ni amargura,
aquel afán sencillo
del blando corazón.

Todo era en ella dulce,
perfecta su hermosura,
sus ojos apacibles,
tranquila su pasión.

Pero murió, y yo ciego,
en tempestad violenta,

maldigo ya la vida
sin mi perdido bien.

Y en procelosa noche
la bárbara tormenta
con honda furia estalla
sobre mi helada sien.

¿Por qué, ¡oh verdad!, rasgaste
los misteriosos velos
de aquellas ilusiones
de plácida ficción?

Mentidos paraísos
y nacarados cielos,
¿era mentira y humo
vuestra feliz mansión?

Aquellas esperanzas
que el alma concebía
al penetrar del mundo
por el fatal dintel,

todo desvanecido
con el dolor de un día,
irrita los tormentos
de mi pasión cruel.

El corazón gastado
de dulces sensaciones,
sus férvidas tormentas
se goza en arrostrar.

Y para más congoja,
mis blandas ilusiones
la realidad horrible
se afana en desgarrar.

Huyéronse livianas
las nubes vaporosas
que el claro sol cubrían
de purpurado tul.

Y ya negras tinieblas
de sombras temerosas
del limpio cielo empañan
el transparente azul.

Y pasa un día y otro,
y sin cesar me pierdo
por la gastada senda
de lo que ya no es.

Y voy, arrebatado,
en su inmortal recuerdo,
sus huellas deliciosas
borrando con mis pies.

Sin porvenir, sin gloria,
desesperado gimo,
esclavo de la vida
en la prisión servil.

Mis días se resbalan,
y solo y sin arrimo,

la muerte pido al cielo
con ansiedad febril.

¡Adiós, recuerdos tristes
de mi fugaz ventura;
adiós, afán sencillo
del blando corazón!

Perdílo todo a un tiempo;
su cándida hermosura,
sus ojos apacibles,
su tímida pasión.

Murió, murió, y sin calma
en tempestad violenta
maldigo ya la vida
sin mi perdido bien.

Y en procelosa noche,
la bárbara tormenta
con honda furia estalla
sobre mi helada sien.

JOSE JACINTO MILANES
(1814–1863)

La fuga de la tórtola

¡Tórtola mía! Sin estar presa,
hecha a mi cama y hecha a mi mesa,
a un beso ahora y otro después
¿Por qué te has ido? ¿Qué fuga es esa,
cimarronzuela de rojos pies?
    ¿Ver hojas verdes sólo te incita?
¿El fresco arroyo tu pico invita?
¿Te llama el aire que susurró?
¡Ay de mi tórtola, mi tortolita,
que al monte ha ido y allá quedó!

Oye mi ruego, que el miedo exhala.
¿De qué te sirve batir el ala,
si te amenazan con muerte igual
la astuta liga, la ardiente bala
y el canto *jubo* del *manigual*?
　　Pero, ¡ay!, tu fuga ya me acredita
que ansías ser libre, pasión bendita,
que aunque la lloro, la apruebo yo.
¡Ay de mi tórtola, mi tortolita,
que al monte ha ido y allá quedó!
　　Si ya no vuelves, ¿a quién confío
mi amor oculto, mi desvarío,
mis ilusiones que vierten miel,
cuando me quede mirando al río,
y a la alta luna que brilla en el?
　　Inconsolable, triste y marchita
me iré muriendo, pues en mi cuita
mi confidenta me abandonó.
¡Ay de mi tórtola, mi tortolita,
que al monte ha ido y allá quedó!

GERTRUDIS GOMEZ DE AVELLANEDA
(1814–1873)

Soledad del alma

　La flor delicada, que apenas existe una aurora,
tal vez largo tiempo al ambiente le deja su olor...
Mas, ¡ay!, que del alma las flores, que un día atesora,
muriendo marchitas no dejan perfume en redor.
　La luz esplendente del astro fecundo del día
se apaga, y sus huellas aún forman hermoso arrebol...
Mas, ¡ay!, cuando al alma le llega la noche sombría,
¿qué guarda del fuego sagrado que ha sido su sol?

Se rompe, gastada, la cuerda del arpa armoniosa,
y aún su eco difunde en los aires fugaz vibración...
Mas todo es silencio profundo, de muerte espantosa,
si da un pecho amante el postrero tristísimo son...
Mas nada, ni noche, ni aurora, ni tarde indecisa
cambian del alma desierta la lúgubre faz...
A ella no llegan crepúsculo, aroma ni brisa...;
a ella no brindan las sombras ensueños de paz.
Vista los campos de flores gentil primavera,
doren las mieses los besos del cielo estival,
pámpanos ornen de otoño la faz placentera,
lance el invierno brumoso su aliento glacial.
Siempre perdidas, vagando en su estéril desierto,
siempre abrumadas de peso de vil nulidad,
gimen las almas do el fuego de amor esta muerto...
Nada hay que pueble o anime su gran soledad.

Amor y orgullo (Fragmentos)

Un tiempo hollaba por alfombra rosas;
y nobles vates, de mentidas diosas
prodigábanme nombres;
mas yo, altanera, con orgullo vano,
cual águila real a vil gusano
contemplaba a los hombres.
... ...

Hoy, despeñada de la excelsa cumbre
do osé mirar del sol la ardiente lumbre
que fascinó mis ojos,
cual hoja seca al raudo torbellino,
cedo al poder del áspero destino...
¡Me entrego a sus antojos!

Cobarde corazón, que el nudo estrecho
gimiendo sufres, dime: ¿qué se ha hecho
tú presunción altiva?
¿Qué mágico poder, en tal bajeza
trocando ya tu indómita fiereza,
de libertad te priva?
  ¡Mísero esclavo de tirano dueño,
tu gloria fue cual mentiroso sueño,
que con las sombras huye!
Di, ¿qué se hicieron ilusiones tantas
de necia vanidad, débiles plantas
que el aquilón destruye?
... ...

  ¿Qué esperaste, ¡ay de ti!, de un pecho helado
de inmenso orgullo y presunción hinchado,
de víboras nutrido?
Tú – que anhelabas tan sublime objeto–,
¿cómo al capricho de un mortal sujeto
te arrastras abatido?
  ¿Con qué velo tu amor cubrió mis ojos,
que por flores tomé duros abrojos,
y por oro la arcilla?...
... ...

  Nombre que un alma lleva por despojo,
nombre que excita con placer enojo,
y con ira ternura;
nombre más dulce que el primer cariño
de joven madre al inocente niño,
copia de su hermosura;
  y más amargo que el adiós postrero
que al suelo damos, donde el sol primero
alumbró nuestra vida,
nombre que halaga y halagando mata;

nombre que hiere –como sierpe ingrata–
al pecho que le anida.
   ¡No, no lo envíes, corazón, al labio!
¡Guarda tu lengua con silencio sabio!
¡Guarda, guarda tu lengua!
¡Callad también vosotras, auras, fuente,
trémulas hojas, tórtola doliente,
como calla mi lengua!

SALVADOR BERMUDEZ DE CASTRO
(1814–1883)

A los astros

   Romped las nieblas que ocultando el cielo
corren los aires en flotante giro,
y derramad sobre el dormido suelo
vuestros lucientes rayos de zafiro.
   ¡Brillad! ¡Brillad! El ánima afligida
siente sed de ilusión, sed de esperanza,
ya que preside a mi angustiosa vida
negro fantasma de eternal venganza.
   ¡Ay!, yo no sé de mí; no me comprendo.
Ardiente el alma en su ambición desea
otros fatales gozos que no entiendo,
que cruzan como sombras por mi idea.
   Vil juguete tal vez de la fortuna,
cansado siempre y solitario vago,
cual cisne que por lóbrega laguna
trocó las aguas del nativo lago.
   ¡Quién me volviera las fugaces horas,
ay, tan fugaces cuanto fueron bellas,
cuando en las playas de la mar sonoras
contemplaba la luz de las estrellas!

Sólo el rugir del piélago escuchando,
embriagado en la atmósfera marina
volaba el pensamiento arrebatando
el alma ardiente a la región divina.

De la fe entre las alas sostenido,
cruzaba por la bóveda ondeante,
en la sublime inmensidad mecido,
navegando entre globos de diamante.

Y siempre, siempre me humillé postrado
ante las puertas del eterno imperio;
y nunca pude penetrar osado
de esa esfera clarísima el misterio.

¿Sois las mansiones en que aguarda el alma,
libre ya de esta mísera existencia,
a recibir en expiatoria calma
esa que implora angelical esencia?

¿Sois tal vez los magníficos palacios,
trono inmortal de fúlgidos querubes,
cortando en su carrera los espacios,
rompiendo escollos de doradas nubes?

¿Sois los fanales que en su vago vuelo
guiarán al hombre en las etéreas salas.
cuando triunfante y justo alcance el cielo,
de la oración sobre las blancas alas?

Cuando extasiado en lánguida tristura,
llega a mis ojos vuestra luz serena,
quiébranse mis recuerdos de amargura,
cual la espuma del mar sobre la arena.

No sé que acentos de entusiasmo y gloria,
blancos fantasmas que en silencio giran,
despiertan al pasar en mi memoria,
con las mágicas voces que suspiran.

Mi existencia está aquí. Yo tengo un alma
que no abate contraria la fortuna;

capaz de hallar, como Endimión, la calma
en los trémulos rayos de la luna.
 ¡El sol! El sol magnífico, luciente,
me agobia con el peso de su lumbre.
¡Oh! Nunca llegue el astro del Oriente
a traspasar del monte la alta cumbre!
 Quede en las nubes de su triste ocaso
el eje ardiente de su carro roto,
o arrastre triste el moribundo paso
por otro suelo frígido y remoto.
 Su luz pesada como el plomo oprime;
ya no quiero su luz, amo la sombra;
que este retiro lóbrego, sublime,
ni espanta el alma, ni la mente asombra.
 Bajo la copa del ciprés doliente,
en mi pereza muelle descansado,
dejo el triste vaivén de lo presente,
busco el dulce solaz de lo pasado.
 Bellas venís, visiones de placeres,
gratos recuerdos, sombras amorosas,
bellas venís, dulcísimas mujeres,
verdes praderas, flores olorosas.
 Con el nocturno céfiro os respiro,
de las estrellas con la luz os veo;
y con sed ardentísima os aspiro,
con pasión vehementísima os deseo.
 Mas no, volad, espíritus amantes,
respetad, ¡ay!, de un mísero la calma;
pasaréis caprichosas, inconstantes;
y luego inquieta dejaréis mi alma.
 Sólo en vosotros fijaré mis ojos,
astros brillantes, admirables faros,
que en la triste ansiedad de mis enojos
sólo me queda fe para admiraros.

Derramad blanca luz sobre mi frente,
y cuando el aire se colore en grana,
viéndoos morir sobre el purpúreo Oriente,
me hallará solitario la mañana.

ENRIQUE GIL Y CARRASCO
(1815–1846)

La violeta (Fragmentos)

Flor deliciosa en la memoria mía,
ven mi triste laúd a coronar,
y volverán las trovas de alegría
en sus ecos tal vez a resonar.
Mezcla tu aroma a sus cansadas cuerdas;
yo sobre ti no inclinaré mi sien,
de miedo, pura flor, que entonces pierdas
tu tesoro de olores y de bien.
Yo, sin embargo, coroné mi frente
con tu gala en las tardes del abril.
yo te buscaba a orillas de la fuente,
yo te adoraba tímida y gentil.
... ...

Yo busqué la hermandad de la desdicha
en tu cáliz de aroma y soledad,
y a tu ventura asemejé mi dicha,
y a tu prisión mi antigua libertad.
¡Que de consuelos a mi pena diste
con tu calma y tu dulce lobreguez,
cuando la mente imaginaba triste
el negro porvenir de la vejez!
... ...

Heme hoy aquí: ¡cuán otros mis cantares!;
¡cuán otro mi pensar, mi porvenir!

Ya no hay flores que escuchen mis pesares,
ni soledad donde poder gemir.
Lo secó todo el soplo de mi aliento
y naufragué con mi doliente amor;
lejos ya de la paz y del contento,
mírame aquí en el valle del dolor.

... ...

Hoy vuelvo a ti, cual pobre viajero
vuelve al hogar que niño le acogió;
pero mis glorias recobrar no espero;
sólo a buscar la huesa vengo yo.
Ven mi tumba a adornar, triste viola,
y embalsama mi oscura soledad;
sé de su pobre césped la aureola
con tu vaga y poética beldad.
Quizá al pasar la virgen de los valles,
enamorada y rica en juventud,
por las umbrosas y desiertas calles
do yacerá escondido mi ataúd,
irá a cortar la humilde violeta
y la pondrá en su seno con dolor,
y llorando dirá: «¡Pobre poeta!
¡Ya está callada el arpa del amor!»

JUAN MARTINEZ VILLERGAS
(1816–1849)

El águila y la bala

Dicen que apostó una bala
con un águila a volar,
y ésta dijo sin tardar:
—Vete, plomo, noramala.

¿Quién a estas plumas iguala
con que hasta los vientos domo?
Mi cuerpo de tomo y lomo
verás donde tú no subes,

que esto de andar por las nubes
no es para un ave de plomo.
  Despreció la bobería,
siempre la bala en sus trece,
diciendo: –¿A quién se le ofrece
negarme la primacía?
¿Pues no es mas claro que el día
que nunca mi vuelo igualas?
En mal camino resbalas,
ave infeliz, porque, en suma,
si son tus alas de pluma,
de pólvora son mis alas.
  Ni el ave la lucha esquiva,
ni la bala se convence.
¿Probamos a ver quién vence?
– Arriba. Vamos arriba.

Subió la bala tan viva,
que dio a su rival antojos,
pues fue para darle enojos
y centuplicar sus quejas,
un estruendo a sus orejas
y un relámpago a sus ojos.
Subió el águila con calma
cuando la bala caía,
y le dijo: –Amiga mía,
¿quién se llevará la palma?
Si te hundes en cuerpo y alma,
paciencia, yo no desmayo,
harás de tu capa un sayo,
pero que sepas es bueno
que el que sube como un trueno
suele bajar como un rayo.

GABRIEL GARCIA TASSARA
(1817–1875)

Himno al Mesías (Fragmentos)

  Baja otra vez al mundo,
¡baja otra vez, Mesías!
De nuevo son los días
de tu alta vocación;
y en su dolor profundo
la Humanidad entera
el nuevo oriente espera
de un sol de redención.
... ...
  Sereno está en la esfera
el sol del firmamento;

la tierra en su cimiento,
inconmovible está;
la blanca primavera,
con su gentil abrazo,
fecunda el gran regazo
que flor y fruto da.
Mas, ¡ay!, que de las almas
el sol yace eclipsado;
mas, ¡ay!, que ha vacilado
el polo de la fe;
mas, ¡ay!, que ya tus palmas

se vuelven al desierto;
no crecen, no, en el huerto
del que tu pueblo fue.
    Tiniebla es ya la Europa,
ella agotó la ciencia,
maldijo su creencia,
se apacentó con hiel;
y rota ya la copa
en que su fe bebía.
se alzaba y te decía:
–¡Señor!, yo soy Luzbel.
    Mas, ¡ay!, que contra el cielo
no tiene el hombre rayo,
y en súbito desmayo
cayó de ayer a hoy;
y en son de desconsuelo,
y en llanto de impotencia,
hoy clama en tu presencia:
–Señor, tu pueblo soy.
... ...

Todo, Señor, diciendo
está los grandes días
de luto y agonías,
de muerte y orfandad
que, del pecado horrendo
envuelta en el sudario,
pasa por un calvario
la ciega humanidad.
... ...

    Toda la historia humana,
¡Señor!, está en tu nombre;
tu fuiste Dios del hombre,
Dios de la Humanidad.
Tu sangre soberana

es un Calvario eterno;
tu triunfo del infierno
es su inmortalidad.
    ¿Quién dijo, Dios, clemente
que tú no volverías,
y a horribles gemonías,
y a eterna perdición,
condena a esta doliente
raza del ser humano
que espera de tu mano
su nueva salvación?
    Sí, tú vendrás. Vencidos
serán con nuevo ejemplo,
los que del santo templo
apartan a tu grey.
Vendrás, y confundidos
caerán con los ateos
los nuevos fariseos
de la caduca ley.
    ¿Quien sabe si ahora mismo
entre alaridos tantos
de tus profetas santos,
la voz no suena ya?
Ven, saca del abismo
a un pueblo moribundo;
Luzbel ha vuelto al mundo,
y Dios, ¿no volverá?
    ¡Señor! En tus jüicios
la comprensión se abisma;
mas es siempre la misma
del Gólgota la voz.
Fatídicos auspicios
resonarán en vano;
no es el destino humano
la humanidad sin Dios

Ya pasarán los siglos
de la tremenda prueba;
¡ya nacerás, luz nueva
de la futura edad!

Ya huiréis, ¡negros vestigios
de los antiguos días!
Ya volverás, ¡Mesías!,
en gloria y majestad.

JOSE ZORRILLA
(1817–1893)

La carrera de Al-hamar (Fragmento)

Lanzóse el fiero bruto con ímpetu salvaje,
ganando a saltos locos la tierra desigual,
salvando de los brezos el áspero ramaje,
a riesgo de la vida de su jinete real.
El con entrambas manos le recogió el rendaje
hasta que el rudo belfo tocó con el pretal:
mas todo en vano: ciego, gimiendo de coraje,
indómito al escape tendióse el animal.

Las matas, los vallados, las peñas, los arroyos,
las zarzas y los troncos que el viento descuajó,
los calvos pedregales, los cenagosos hoyos,
que el paso de las aguas del temporal formó,
sin aflojar un punto ni tropezar incierto,
cual si escapara en circo a la carrera abierto,
cual hoja que arrebatan los vientos del desierto,
el desbocado potro veloz atravesó.

Y matas y peñas, vallados y troncos
en rápida, loca, confusa ilusión,
del viento a los silbos, ya agudos, ya roncos,
pasaban al lado del suelto bridón.
Pasaban huyendo, cual vagas quimeras
que forja el delirio, febriles, ligeras,
risueñas o torvas, mohinas o fieras,
girando, bullendo, rodando en montón.

Del álamo blanco las ramas tendidas,
las copas ligeras de palmas y pinos,
las varas revueltas de zarzas y espinos,
las yedras colgadas del brusco peñón,
medrosas fingiendo visiones perdidas,
gigantes y monstruos de colas torcidas,
de crespas melenas al viento tendidas,
pasaban en larga, fatal procesión.
Pasaban, sueños pálidos, antojos
de la ilusión: fantásticos e informes
abortos del pavor: mudas y enormes
masas de sombra sin color ni faz.
Pasaban de Al-hamar ante los ojos,
pasaban aturdiendo su cabeza
con diabólico impulso y ligereza,
en fatigosa hilera pertinaz...
... ...

Oriental

Corriendo van por la vega
a las puertas de Granada
hasta cuarenta gomeles
y el capitán que los manda.
   Al entrar en la ciudad,
parando su yegua blanca,
le dijo éste a una mujer
que entre sus brazos lloraba.
   —Enjuga el llanto, cristiana,
no me atormentes así,
que tengo yo, mi sultana,
un nuevo Edén para ti.
   Tengo un palacio en Granada,
tengo jardines y flores,
tengo una fuente dorada
con más de cien surtidores,
   y en la vega del Genil
tengo parda fortaleza,
que será reina entre mil
cuando encierre tu belleza.
   Y sobre toda una orilla
extiendo mi señorío;
ni en Córdoba ni en Sevilla
hay un parque como el mío.
   Allí la altiva palmera
y el encendido granado,
junto a la frondosa higuera,
cubren el valle y collado.

Allí el robusto nogal,
allí el nópalo amarillo,
allí el sombrío moral
crecen al pie del castillo.

Y olmos tengo en mi alameda
que hasta el cielo se levantan,
y en redes de plata y seda
tengo pájaros que cantan.

Y tú mi sultana eres,
que desiertos mis salones
están, mí harén sin mujeres,
mis oídos sin canciones.

Yo te daré terciopelos
y perfumes orientales;
de Grecia te traeré velos
y de Cachemira chales.

Y te daré blancas plumas
para que adornes tu frente,
mas blancas que las espumas,
de nuestros mares de Oriente,

Y perlas para el cabello,
y baños para el calor,
y collares para el cuello;
para los labios...¡amor!

–¿Que me valen tus riquezas
–respondióle la cristiana–,
si me quitas a mi padre,
mis amigos y mis damas?

Vuélveme, vuélveme, moro
a mi padre y a mi patria,
que mis torres de León
valen más que tu Granada.

Escuchóla en paz el moro
y manoseando su barba,
dijo como quien medita,
en la mejilla una lágrima:

–Si tus castillos mejores
que nuestros jardines son,
y son mas bellas tus flores,
por ser tuyas, en León,

y tu diste tus amores
a alguno de tus guerreros,
hurí del Edén, no llores;
vete con tus caballeros.

Y dándole su caballo
y la mitad de su guardia,
el capitán de los moros
volvió en silencio la espalda.

La tempestad

(Fragmentos del poema «Las Píldoras de Salomón»)

¿Qué quieren esas nubes que con furor se agrupan
del aire transparente por la región azul?
¿Qué quieren cuando el paso de su vacío ocupan
del cenit suspendiendo su tenebroso tul?

¿Qué instinto las arrastra? ¿Qué esencia las mantiene?
¿Con qué secreto impulso por el espacio van?
¿Qué ser velado en ellas atravesando viene
sus cóncavas llanuras que sin lumbrera están?

¡Cuán rápidas se agolpan! ¡Cuán ruedan y se ensanchan
y al firmamento trepan en lóbrego montón,
y el puro azul alegre del firmamento manchan
sus misteriosos grupos en torva confusión!

Resbalan lentamente por cima de los montes
avanzan en silencio sobre el rugiente mar;
los huecos oscurecen de entrambos horizontes;
el orbe y las tinieblas bajo ellas va a quedar.

La luna huyó al mirarlas; huyeron las estrellas;
su claridad escasa la inmensidad sorbió;
ya reinan solamente por los espacios ellas,
doquier se ven tinieblas, mas firmamento no...

¡Señor, yo te conozco! La noche azul, serena,
me dice desde lejos: «Tu Dios se esconde allí»
pero la noche oscura, la de nublados llena,
me dice mas pujante: «Tu Dios se acerca a ti»

Conozco, sí, tu sombra que pasa sin colores
detrás de esos nublados que bogan en tropel;
conozco en esos grupos de lóbregos vapores
los pálidos fantasmas, los sueños de Daniel.

... ...

A buen juez, mejor testigo

Tradición de Toledo

I

Entre pardos nubarrones
pasando, la blanca luna,
con resplandor fugitivo,
la baja tierra no alumbra.
La brisa con frescas alas
juguetona no murmura,

y las veletas no giran
entre la cruz y la cúpula.
Tal vez un pálido rayo
la opaca atmósfera cruza
y unas en otras las sombras
confundidas se dibujan.
Las almenas de las torres
un momento se columbran,
como lanzas de soldados
apostados en la altura.
Reverbera en los cristales
la trémula llama turbia,
y un instante entre las rocas
riela la fuente oculta.
Los álamos de la Vega
parecen en la espesura
de fantasmas apiñados
medrosa y gigante turba;
y alguna vez desprendida
gotea pesada lluvia,
que no despierta a quien duerme
ni a quien medita importuna.
Yace Toledo en el sueño
entre las sombras confusa,
y el Tajo a sus pies pasando
con pardas ondas le arrulla.
El monótono murmullo
sonar perdido se escucha,
cual si por las hondas calles
hirviera del mar la espuma.
¡Qué dulce es dormir en calma
cuando a lo lejos susurran
los álamos que se mecen,
las aguas que se derrumban!
Se sueñan bellos fantasmas
que el sueño del triste endulzan,

y en tanto que sueña el triste,
no le aqueja su amargura.
    Tan en calma y tan sombría
como la noche que enluta
la esquina en que desemboca
una callejuela oculta,
se ve de un hombre que aguarda,
la vigilante figura,
y tan a la sombra vela
que entre las sombras se ofusca.
Frente por frente a sus ojos,
un balcón a poca altura
deja escapar por los vidrios
la luz que dentro le alumbra;
mas ni en el claro aposento,
ni en la callejuela oscura
el silencio de la noche
rumor sospechoso turba.
Pasó así tan largo tiempo,
que pudiera haberse duda
de si es hombre, o solamente
mentida ilusión nocturna;
pero es hombre, y bien se ve,
porque con planta segura,
ganando el centro a la calle
resuelto y audaz pregunta:
    —¿Quién va?—y a corta distancia
el igual compás se escucha
de un caballo que sacude
las sonoras herraduras.
    —¿Quién va?—repite, y cercana
otra voz menos robusta
responde: —Un hidalgo, ¡calle!
Y el paso el bulto apresura.
—Téngase el hidalgo — el hombre
replica, y la espada empuña.

–Ved más bien si me haréis calle
(repitieron con mesura),
que hasta hoy a nadie se tuvo
Iván de Vargas y Acuña.
–Pase el Acuña y perdone–
dijo el mozo en faz de fuga,
pues teniéndose el embozo
sopla un silbato y se oculta.
Paró el jinete a una puerta,
y con precaución difusa
salió una niña al balcón
que llama interior alumbra:
–¡Mi padre!–clamó en voz baja,
y el viejo en la cerradura
metió la llave pidiendo
a sus gentes que le acudan.
Un negro por ambas bridas
tomó la cabalgadura,
cerróse detrás la puerta
y quedó la calle muda.
En esto desde el balcón,
como quien tal acostumbra,
un mancebo por las rejas
de la calle se asegura.
Asió el brazo al que apostado
hizo cara a Iván de Acuña,
y huyeron en el embozo
velando la catadura.

II

Clara, apacible y serena
pasa la siguiente tarde,
y el sol tocando su ocaso
apaga su luz gigante;
se ve la imperial Toledo
dorada por los remates,
como una ciudad de grana
coronada de cristales.
El Tajo por entre rocas
sus anchos cimientos lame,
dibujando en las arenas
las ondas con que las bate.
Y la ciudad se retrata
en las ondas desiguales,
como en prenda de que el río
tan afanoso la bañe.
A lo lejos en la Vega,
tiende galán por sus márgenes
de sus álamos y huertos
el pintoresco ropaje;
y porque su altiva gala
más a los ojos halague
la salpica con escombros
de castillos y de alcázares.
Un recuerdo es cada piedra
que toda una historia vale,
cada colina un secreto
de príncipes o galanes.
Aquí se bañó la hermosa
por quien dejó un rey culpable
amor, fama, reino y vida
en manos de musulmanes.
Allí recibió Galiana
a su receloso amante,
en esa cuesta que entonces
era un plantel de azahares.
Allá por aquella torre,

que hicieron puerta los árabes,
subió el Cid sobre Babieca
con su gente y su estandarte.
Más lejos se ve el castillo
de San Servando, o Cervanrtes,
donde nada se hizo nunca
y nada al presente se hace.
A este lado está la almena
por do sacó vigilante
el conde don Peranzules
al rey, que supo una tarde
fingir tan tenaz modorra,
que político y constante,
tuvo siempre el brazo quedo
las palmas al horadarle.
Allí está el circo romano,
gran cifra de un pueblo grande,
y aquí la antigua basílica
de bizantinos pilares,
que oyó en el primer Concilio
las palabras de los Padres
que velaron por la Iglesia
perseguida o vacilante.
La sombra en este momento
tiende sus turbios cendales
por todas esas memorias
de las pasadas edades;
y del Cambrón y Visagra
los caminos desiguales,
camino a los toledanos
hacia las murallas abren.
Los labradores se acercan
al fuego de sus hogares,
cargados con sus aperos,

cansados con sus afanes.
Los ricos y sedentarios
se tornan con paso grave,
calado el ancho sombrero,
abrochados los gabanes:
y los clérigos y monjes
y los prelados y abades,
sacudiendo el leve polvo
de capelos y sayales.
Quédase solo un mancebo
de impetuosos ademanes,
que se pasea ocultando
entre la capa el semblante.
Los que pasan le contemplan
con decisión de evitarle,
y él contempla a los que pasan
como si a alguien aguardase.
Los tímidos aceleran
los pasos al divisarle,
cual temiendo de seguro
que les proponga un combate;
y los valientes le miran
cual si sintieran dejarle
sin que libres sus estoques
en riña sonora dancen.
Una mujer, también sola,
se viene el llano adelante,
la luz del rostro escondida
en tocas y tafetanes.
Mas en lo leve del paso
y en lo flexible del talle
puede a través de los velos
una hermosa adivinarse.
Vase derecha al que aguarda

y él al encuentro la sale
diciendo... cuanto se dicen
en las citas los amantes.
Mas ella, galanterías
dejando severa aparte,
así al mancebo interrumpe
con voz decisiva y grave
—Abreviemos de razones,
Diego Martínez; mi padre,
que un hombre ha entrado en su
[ausencia
dentro mi aposento sabe,
y así quien mancha mi honra
con la suya me la lave;
o dadme mano de esposo,
o libre de vos dejadme.
Miróla Diego Martínez
atentamente un instante,
y echando a un lado el embozo
repuso palabras tales:
—Dentro de un mes, Inés mía,
parto a la guerra de Flandes;
al año estaré de vuelta
y contigo en los altares.
Honra que yo te desluzca,
con honra mía se lave,
que por honra vuelven honra
hidalgos que en honra nacen.
—Júralo— exclama la niña.
—Más que mi palabra vale
no te valdrá un juramento.
—Diego, la palabra es aire.
—¡Vive Dios, que estás tenaz!
Dalo por jurado y baste.
  —No me basta, que olvidar

puedes la palabra en Flandes.
—¡Voto a Dios! ¿Que más pretendes?
—Que a los pies de aquella imagen
lo jures como cristiano
del Santo Cristo delante.
Vaciló un punto Martínez.
Mas porfiando que jurase,
llevóle Inés hasta el templo
que en medio la Vega yace.
Enclavado en un madero,
en duro y postrero trance
ceñida la sien de espinas,
descolorido el semblante,
víase allí un crucifijo
teñido de negra sangre
a quien Toledo devota
acude hoy en sus azares.
Ante sus plantas divinas
llegaron ambos amantes,
y haciendo Inés que Martínez
los sagrados pies tocase
preguntóle:
          —Diego, ¿juras
a tu vuelta desposarme?
Contestó el mozo:
          —¡Si, juro!
y ambos del templo se salen.

III

Pasó un día y otro día,
un mes y otro mes pasó,
y un año pasado había,

mas de Flandes no volvía,
Diego, que a Flandes partió.
Lloraba la bella Inés,
oraba un mes y otro mes
su vuelta aguardando en vano,
del crucifijo a los pies
do puso el galán su mano.

    Todas las tardes venía
después de traspuesto el sol,
y a Dios llorando pedía
la vuelta del español,
y el español no volvía.

    Y siempre al anochecer,
sin dueño y sin escudero,
en un manto una mujer
el campo salía a ver
al alto del *Miradero.*

    ¡Ay del triste que consume
su existencia en esperar!
¡Ay del triste que presume
que el duelo con que él se abrume
al ausente ha de pesar!

    La esperanza es de los cielos
precioso y funesto don,
pues los amantes desvelos
cambian la esperanza en celos,
que abrasan el corazón.

    Si es cierto lo que se espera
es un consuelo en verdad;
pero siendo una quimera,
en tan frágil realidad
quien espera desespera.

    Así Inés desesperaba
sin acabar de esperar,

y su tez se marchitaba,
y su llanto se secaba
para volver a brotar.

    En vano a su confesor
pidió remedio o consejo
para aliviar su dolor;
que mal se cura el amor
con las palabras de un viejo.

    En vano a Iván acudía
llorosa y desconsolada;
el padre no respondía
que la lengua le tenía
su propia deshonra atada.

    Y ambos maldicen su estrella,
callando el padre severo
y suspirando la bella
porque nació mujer ella,
y el viejo nació altanero.

    Dos años al fin pasaron
en esperar y gemir,
y las guerras acabaron
y los de Flandes tornaron
a sus tierras a vivir.

    Pasó un día y otro día
un mes y otro mes pasó,
y el tercer año corría:
Diego a Flandes se partió,
mas de Flandes no volvía.

    Era una tarde serena,
doraba el sol de Occidente
del Tajo la vega amena,
y apoyada en una almena
miraba Inés la corriente.

Iban las tranquilas olas
las riberas azotando
bajo las murallas solas,
musgo, espigas y amapolas
ligeramente doblando.

Algún olmo que escondido
creció entre la hierba blanda
sobre las aguas tendido
se reflejaba perdido
en su cristalina banda.

Y algún ruiseñor colgado
entre su fresca espesura
daba al aire embalsamado
su cántico regalado
desde la enramada oscura.

Y algún pez con cien colores,
tornasolada la escama,
saltaba a besar las flores,
que exhalan gratos olores
a las puntas de una rama.

Y allá, en el trémulo fondo,
el torreón se dibuja
como el contorno redondo
del hueco sombrío y hondo
que habita nocturna bruja.

Así la niña lloraba
el rigor de su fortuna,
y así la tarde pasaba
y al horizonte trepaba
la consoladora luna.

A lo lejos, por el llano,
en confuso remolino,
vio de hombres tropel lejano

que en pardo polvo liviano
dejan envuelto el camino.

Bajó Inés del torreón,
y llegando recelosa
a las puertas del Cambrón,
sintió latir zozobrosa
más inquieto el corazón.

Tan galán como altanero
dejó ver la escasa luz
por bajo el arco primero
un hidalgo caballero
en un caballo andaluz.

Jubón negro acuchillado
banda azul, lazo en la hombrera
y sin pluma, al diestro lado,
el sombrero derribado
tocando con la gorguera.

Bombacho gris guarnecido
bota de ante, espuela de oro,
hierro al cinto suspendido
y a una cadena prendido
agudo cuchillo moro.

Vienen tras este jinete
sobre potros jerezanos
de lanceros hasta siete,
y en adarga y coselete
diez peones castellanos.

Asióse a su estribo Inés
gritando:–¡Diego, eres tú!
Y él viéndola de través,
dijo: –¡Voto a Belcebú,
que no me acuerdo quién es!

Dio la triste un alarido

tal respuesta al escuchar,
y a poco perdió el sentido,
sin que más voz ni gemido
volviera en tierra a exhalar.

Frunciendo ambas a dos cejas
encomendóla a su gente
diciendo: –¡Malditas viejas,
que a las mozas malamente
enloquecen con consejas!

Y aplicando el capitán
a su potro las espuelas,
el rostro a Toledo dan,
y a trote cruzando van
las oscuras callejuelas.

IV

Así por sus altos fines
dispone y permite el cielo
que puedan mudar al hombre
fortuna, poder y tiempo.

A Flandes partió Martínez
de soldado aventurero,
y por su suerte y hazañas
allí capitán le hicieron.

Según alzaba en honores
alzábase en pensamientos,
y tanto ayudó en la guerra
con su valor y altos hechos,
que el mismo rey a su vuelta
le armó en Madrid caballero,
tomándole a su servicio
por capitán de lanceros.

Y otro no fue que Martínez
quien a poco entró en Toledo,
tan orgulloso y ufano
cual salió humilde y pequeño.

Ni es otro a quien se dirige,
cobrando el conocimiento,
la amorosa Inés de Vargas
que vive por él muriendo.

Mas él, que olvidando todo
olvidó su nombre mesmo,
puesto que Diego Martínez
es el capitán don Diego,
ni se ablanda a sus caricias,
ni cura de sus lamentos,
diciendo que son locuras
de gentes de poco seso;
que ni él prometió casarse
ni pensó jamás en ello.
¡Tanto mudan a los hombres
fortuna, poder y tiempo!

En vano porfía Inés
con amenazas y ruegos,
cuanto más ella importuna
está Martínez severo.

Abrazada a sus rodillas,
enmarañado el cabello,
la hermosa niña lloraba
prosternada por el suelo.

Mas todo empeño es inútil
porque el capitán don Diego
no ha de ser Diego Martínez
como lo era en otro tiempo.

Y así, llamando a su gente
de amor y piedad ajeno,

mandóles que a Inés llevaran
de grado o de valimiento.
　Mas ella, antes que la asieran,
cesando un punto en su duelo
así habló, el rostro lloroso
hacia Martínez volviendo:
　—Contigo se fue mi honra
conmigo tu juramento;
pues buenas prendas son ambas
en buen fiel las pesaremos. –
　Y la faz descolorida
en la mantilla envolviendo,
a pasos desatentados
salióse del aposento.

V

　Era entonces de Toledo
por el rey, gobernador,
el justiciero y valiente
don Pedro Ruiz de Alarcón.
　Muchos años por su patria
el buen viejo peleó;
cercenado tiene un brazo,
mas entero el corazón.
　La mesa tiene delante,
los jueces en derredor,
los corchetes a la puerta
y en la derecha el bastón.
　Está, como presidente
del tribunal superior,
entre un dosel y una alfombra,
reclinado en un sillón,

escuchando con paciencia
la casi asmática voz
con que un tétrico escribano
solfea una apelación.
　Los asistentes bostezan
al murmullo arrullador;
los jueces, medio dormidos,
hacen pliegues al ropón;
los escribanos repasan
sus pergaminos al sol,
los corchetes a una moza
guiñan en un corredor,
y abajo, en Zocodover,
gritan en discorde son
los que en el mercado venden
lo vendido y el valor.
　Una mujer en tal punto,
en faz de grande aflicción,
rojos de llorar los ojos,
ronca de gemir la voz,
suelto el cabello y el manto
tomó plaza en el salón
diciendo a gritos: «¡Justicia,
jueces; justicia, señor!»:
　Y a los pies se arroja humilde
de don Pedro de Alarcón,
en tanto que los curiosos
se agitan alrededor.
　Alzóla cortés don Pedro,
calmando la confusión
y el tumultuoso murmullo
que esta escena ocasionó,
diciendo:
　　　　—Mujer, ¿qué quieres?

–Quiero justicia, señor.
¿De qué?

  De una prenda hurtada
–¿Qué prenda?

   –Mi corazón.
–¿Tu lo diste?

    –Lo presté.
–¿Y no te le han vuelto?

     –No.
–¿Tienes testigos?

    –Ninguno.
–¿Y promesas?

   –¡Sí, por Dios!
Que al partirse de Toledo
un juramento empeñó.
–¿Quién es él?

   –Diego Martínez.
–¿Noble?

   –Y capitán, señor.
–Presentadme al capitán,
que cumplirá si juró.
Quedó en silencio la sala,
y a poco en el corredor
se oyó de botas y espuelas
el acompasado son.
Un portero, levantando
el tapiz, en alta voz
dijo: – El capitán don Diego.
Y entró luego en el salón
Diego Martínez, los ojos
llenos de orgullo y furor.
–¿Sois el capitán don Diego
–díjole don Pedro–vos?
Contestó altivo y sereno

Diego Martínez:

    –Yo soy.
–¿Conocéis a esta muchacha?
–Ha tres años, salvo error.
–¿Hicísteisla juramento
de ser su marido?

     –No.–
–¿Juráis no haberlo jurado?
–Si, juro.

   –Pues id con Dios.–
–¡Miente!–exclamó Inés llorando
de despecho y de rubor.
–Mujer, ¡piensa lo que dices!...
–Digo que miente; juró.
–¿Tienes testigos?

    –Ninguno.
–Capitán, idos con Dios,
y dispensad que acusado
dudara de vuestro honor.
Tornó Martínez la espalda
con brusca satisfacción,
e Inés, que le vio partirse,
resuelta y firme gritó:
–Llamadle, tengo un testigo;
llamadle otra vez, señor.
Volvió el capitán don Diego,
sentóse Ruiz de Alarcón,
la multitud aquietóse
y la de Vargas siguió:
–Tengo un testigo a quien nunca
faltó verdad ni razón.
–¿Quien?

  –Un hombre que de lejos
nuestras palabras oyó,

mirándonos desde arriba.
—¿Estaba en algún balcón?
—No, que estaba en un suplicio
donde ha tiempo que expiró.
¿Luego es muerto?
          —No, que vive.
—Estáis loca, ¡vive Dios!
—¿Quien fue?
          —El Cristo de la Vega,
a cuya faz perjuró.

Pusiéronse en pie los jueces
al nombre del Redentor,
escuchando con asombro
tan excelsa apelación.

Reinó un profundo silencio
de sorpresa y de pavor
y Diego bajó los ojos
de vergüenza y confusión.
Un instante con los jueces,
don Pedro en secreto habló
y levantóse diciendo
con respetuosa voz:
—La ley es ley para todos,
tu testigo es el mejor,
mas para tales testigos
no hay más tribunal que Dios.
Haremos... lo que sepamos;
escribano, al caer el sol,
al Cristo que esta en la Vega
tomaréis declaración.

VI

Es una tarde serena
cuya luz tornasolada
del purpurino horizonte
blandamente se derrama.
Plácido aroma de flores,
sus hojas plegando exhalan
y el céfiro entre perfumes
mece las trémulas alas.
Brillan abajo en el valle
con suave rumor las aguas;
y las aves en la orilla
despidiendo al día cantan.

Allá por el *Miradero*
por el Cambrón y Visagra,
confuso tropel de gente
del Tajo a la Vega baja.
Vienen delante don Pedro
de Alarcón, Ivan de Vargas,
su hija Inés, los escribanos,
los corchetes y los guardias;
y detrás, monjes, hidalgos,
mozas, chicos y canalla.
Otra turba de curiosos
en la Vega les aguarda,
cada cual comentariando
el caso según les cuadra.
Entre ellos está Martínez
en apostura bizarra,
calzadas espuelas de oro,
valona de encaje blanca,
bigote a la borgoñesa,
melena desmelenada,
el sombrero guarnecido
con cuatro lazos de plata,
un pie delante del otro,
y el puño en el de la espada.

Los plebeyos, de reojo,
le miran de entre las capas,
los chicos al uniforme
y las mozas a la cara.
Llegado el gobernador
y gente que le acompaña,
entraron todos al claustro
que iglesia y patio separa.
Encendieron ante el Cristo
cuatro cirios y una lámpara
y de hinojos un momento
le rezaron en voz baja.
Está el Cristo de la Vega
la cruz en tierra posada
los pies alzados del suelo
poco menos de una vara;
hacia la severa imagen
un notario se adelanta
de modo que con el rostro
al pecho santo llegaba.
A un lado tiene a Martínez,
a otro lado a Inés de Vargas,
detrás al gobernador
con sus jueces y sus guardias.
Después de leer dos veces
la acusación entablada,
el notario a Jesucristo,
así demandó en voz alta:
«Jesús, Hijo de María,
ante nos esta mañana,
citado como testigo
por boca de Inés de Vargas,
¿Juráis ser cierto que un día

a vuestras divinas plantas
juró a Inés Diego Martínez
por su mujer desposarla?»
Asida a un brazo desnudo
una mano atarazada
vino a posar en los autos
la seca y hendida palma,
y en los en los aires: «¡Si, juro!»
clamó una voz más que humana.
Alzó la turba medrosa
la vista a la imagen santa...
Los labios tenia abiertos
y una mano desclavada.

CONCLUSION

Las vanidades del mundo
renunció allí mismo Inés,
y espantado de si propio
Diego Martínez también.
Los escribanos, temblando,
dieron de esta escena fe,
firmando como testigos
cuantos hubieron poder.
Fundóse un aniversario
y una capilla con él,
y don Pedro de Alarcón
el altar ordenó hacer,
donde hasta el tiempo que co-
y en cada año una vez,   [rre,
con la mano desclavada
el crucifijo se ve.

La Siesta (Fragmentos)

Son las tres de la tarde, julio, Castilla.
El sol no alumbra, que arde; ciega, no brilla;
la luz es una llama que abrasa el cielo;
ni una brisa una rama mueve en el suelo.
Desde el hombre a la mosca todo se enerva,
la culebra se enrosca bajo la hierba;
la perdiz por la siembra suelta no corre,
y el cigüeño a la hembra deja en la torre.
Ni el topo de galvana se asoma a su hoyo,
ni el mosco pez se afana contra el arroyo,
ni hoza la comadreja por la montaña,
ni labra miel la abeja, ni hila la araña.
El agua el aire no arruga, la mies no ondea,
ni las flores la oruga torpe babea;
todo al fuego se agosta del seco estío;
duerme hasta la langosta sobre el plantío.
Sólo yo velo y gozo fresco y sereno;
solo yo de alborozo me siento lleno

porque mi Rosa
reclinada en mi seno
duerme y reposa.

Voraz la tierra tuesta sol del estío;
más el bosque nos presta su toldo umbrío.
Donde Rosa se acuesta brota el rocío,
susurra la floresta, murmura el río.
¡Duerme en calma tu siesta, dulce bien mío!

¡Duerme entretanto,
que yo te velo: duerme,
que yo te canto!
... ...

Mis ojos no se sacian de verte y admirarte.
¡Cuán bella estas dormida! ¡Qué hermosa te hizo Dios!
No hay nada con que pueda mi idea compararte.
Dios te hizo así, y no quiso Dios como tú hacer dos.

¡Que hermosa eres, Rosa! Naciste en Sevilla;
la gracia lo revela de tu incopiable faz;
tu cuerpo fue amasado con rosas de la orilla
de la campiña que hace Guad-al-kebir feraz.

Sus árboles han dado su sombra a tus pestañas,
tus párpados se han hecho con hojas de su azahar;
la esencia de sus nardos se encierra en tus entrañas,
porque trasciende a ello tu aliento al respirar .

... ...

Duerme: el bosque nos presta su toldo umbrío
susurra la floresta, murmura el río;
duerme en calma tu siesta, que el duelo es mío.

¡Duerme entretanto,
que yo te velo: duerme,
que yo te canto!

Introducción a «Los Cantos del Trovador» (Fragmentos)

¿Qué se hicieron las auras deliciosas
que henchidas de perfume se perdían
entre los lirios y las frescas rosas
que el huerto ameno en derredor ceñían?
Las brisas del otoño revoltosas
en rápido tropel las impelían,
y ahogaron la estación de los amores
entre las hojas de sus yertas flores.
Hoy al fuego de un tronco nos sentamos
en torno de la antigua chimenea,

y acaso la ancha sombra recordamos
de aquel tizón que a nuestros pies humea,
y hora tras hora tristes esperamos
que pase la estación adusta y fea,
en pereza febril adormecidos,
y en las propias memorias embebidos.
... ...

Yo soy el trovador que vaga errante;
si son de vuestro parque estos linderos,
no me dejéis pasar, mandad que cante;
que yo sé de los bravos caballeros,
la dama ingrata y la cautiva amante,
la cita oculta y los combates fieros
con que a cabo llevaron sus empresas
por hermosas esclavas y princesas.
Venid a mi, yo canto los amores,
yo soy el trovador de los festines;
yo ciño el arpa con vistosas flores,
guirnaldas que recojo en mis jardines;
yo tengo el tulipán de cien colores
que adoran de Stambul en los confines,
y el lirio azul incógnito y campestre
que nace y muere en el peñón silvestre.
¡Ven a mis manos, ven, arpa sonora!
¡Baja a mi mente, inspiración cristiana,
y enciende en mí la llama creadora
que del aliento del Querube mana!
¡Lejos de mí la historia tentadora
de ajena tierra y religión profana!
Mi voz, mi corazón, mi fantasía
la gloria cantan de la patria mía.
Venid, yo no hollaré con mis cantares
del pueblo en que he nacido la creencia,

respetaré su ley y sus altares;
en su desgracia, a par que en su opulencia,
celebraré su fuerza y sus azares,
y, fiel ministro de la gaya ciencia,
levantaré mi voz consoladora
sobre las ruinas en que España llora.
    ¡Tierra de amor! ¡Tesoro de memorias,
grande, opulenta y vencedora un día,
sembrada de recuerdos y de historias
y hollada asaz por la fortuna impía!
Yo cantaré tus olvidadas glorias;
que en alas de la ardiente poesía
no aspiro a más laurel ni a más hazaña
que a una sonrisa de mi dulce España.

«Don Juan Tenorio» (Fragmentos)
Don Luis relata sus hazañas en la hostería del Laurel

Buscando yo como vos
a mi aliento empresas grandes,
dije: «¿Do iré, ¡vive Dios!,
de amor y lides en pos
que vaya mejor que a Flandes?
Allí, puesto que empeñadas
guerras hay, a mis deseos
habrá al par centuplicadas
ocasiones extremadas
de riñas y galanteos.»
Y en Flandes conmigo di;
mas con tan mala fortuna
que al mes de encontrarme allí
todo mi caudal perdí,
dobla a dobla, una por una.

En tan total carestía,
mirándome sin dineros,
de mí todo el mundo huía;
mas yo busqué compañía
y me uní a unos bandoleros.
Lo hicimos bien, ¡voto a tal!,
y fuimos tan adelante,
con suerte tan colosal
que entramos a saco en Gante
el palacio episcopal.
¡Qué noche! Por el decoro
de la Pascua, el buen obispo
bajó a presidir el coro
y aún de alegría me crispo
al recordar su tesoro.

Todo cayó en poder nuestro,
mas mi capitán, avaro,
puso mi parte en secuestro;
reñimos, fui yo mas diestro
y le crucé sin reparo.
Juróme al punto la gente,
capitán por mas valiente;
juréles yo amistad franca;
pero a la noche siguiente
huí y les dejé sin blanca.
Yo me acordé del refrán,
de que quien roba al ladrón
ha cien años de perdón,
y me arroje a tal desmán
mirando a mi salvación.
Pasé a Alemania opulento:
mas un provincial jerónimo,
hombre de mucho talento,
me conoció, y al momento
me delató en un anónimo.
Compré a fuerza de dinero
la libertad y el papel,
y topando en un sendero
al fraile, le envié certero
una bala envuelta en él.
Salté a Francia, ¡buen país!,
y como en Nápoles vos,
puse un cartel en París
diciendo: *Aquí hay un don Luis*
que vale lo menos dos.
Parará aquí algunos meses,
y no trae más intereses
ni se aviene a más empresas,
que adorar a las francesas,
y reñir con los franceses.
Esto escribí; y en medio año
que mi presencia gozó
París, no hubo lance extraño,
no hubo escándalo ni daño
donde no me hallara yo.
Mas, como don Juan, mi historia
también a alargar renuncio,
que baste para mi gloria
la magnifica memoria
que allí dejé con mi anuncio.
Y cual vos, por donde fui
la razón atropellé,
la virtud escarnecí,
a la justicia burlé
y a las mujeres vendí.
Mi hacienda llevo perdida
tres veces; mas se me antoja
reponerla, y me convida
mi boda comprometida
con doña Ana de Pantoja.
Mujer muy rica me dan,
y mañana hay que cumplir
los tratos que hechos están;
lo que os advierto, don Juan,
por si queréis asistir.
A esto don Luis se arrojó,
y escrito en este papel
está lo que consiguió;
y lo que él aquí escribió
mantenido está por él.

Carta de don Juan a doña Inés

Inés, alma de mi alma,
perpetuo imán de mi vida,
perla sin concha escondida
entre las algas del mar;
garza que nunca del nido
tender osastes el vuelo
al diáfano azul del cielo
para aprenderle a cruzar;
si es que a través de esos muros
el Mundo apenada miras,
y por el Mundo suspiras,
de libertad con afán,
acuérdate que al pie mismo
de esos muros que te guardan,
para salvarte te aguardan
los brazos de tu don Juan.

Acuérdate de quien llora
al pie de tu celosía,
y allí le sorprende el día
y le halla la noche allí;
acuérdate de quien vive
sólo por ti ¡vida mía!,
y que a tus pies volaría
si me llamaras a ti.
Adiós, ¡oh luz de mis ojos!;
adiós, Inés de mi alma;
medita, por Dios, en calma
las palabras que aquí van;
y si odias esa clausura
que ser tu sepulcro debe,
manda, que a todo se atreve,
por tu hermosura, don Juan.

Palabras de amor de don Juan a doña Inés

(Le he dicho) que os hallabais
bajo mi amparo segura,
y el aura del campo, pura,
libre por fin respirabais.
Cálmate, pues, vida mía;
reposa aquí, y un momento
olvida de tu convento
la triste cárcel sombría.
¡Ah! ¿No es cierto, ángel de amor,
que en esta apartada orilla
más pura la Luna brilla
y se respira mejor?

Esta aura que vaga, llena
de los sencillos olores
de las campesinas flores
que brota esa orilla amena;
esa agua limpia y serena
que atraviesa sin temor
la barca del pescador
que espera cantando el día,
¿no es cierto, paloma mía,
que están respirando amor?
Esa armonía que el viento
recoge entre esos millares

de floridos olivares
que agita con manso aliento;
ese dulcísimo acento
con que trina el ruiseñor
de sus copas morador,
llamando al cercano día,
¿no es verdad, gacela mía,
que están respirando amor?
Y estas palabras que están
filtrando insensiblemente
tu corazón ya pendiente
de los labios de don Juan,
y cuyas ideas van
inflamando en su interior
un fuego germinador
no encendido todavía,
¿no es verdad, estrella mía,
que están respirando amor?
  Y esas dos líquidas perlas
que se desprenden tranquilas
de tus radiantes pupilas
convidándome a beberlas,
evaporarse a no verlas
de sí mismas al calor;
y ese encendido color
que en tu semblante no había,
¿no es verdad, hermosa mía,
que están respirando amor?
¡Oh! Sí, bellísima Inés,
espejo y luz de mis ojos;
escucharme sin enojos
como lo haces, amor es;

mira aquí a tus plantas, pues,
todo el altivo rigor
de este corazón traidor
que rendirse no creía,
adorando, vida mía,
la esclavitud de tu amor.

... ...

  ¡Alma mía! Esa palabra
cambia de modo mi ser,
que alcanzo que puede hacer
hasta que el Edén se me abra.
No es, doña Inés, Satanás
quien pone este amor en mí;
es Dios, que quiere por ti,
ganarme para El quizá.
No; el amor que hoy se atesora
en mi corazón mortal,
no es un amor terrenal
como el que sentí hasta ahora;
no es esa chispa fugaz
que cualquier ráfaga apaga;
es incendio que se traga
cuanto ve, inmenso, voraz.
Desecha, pues, tu inquietud,
bellísima doña Inés,
porque me siento a tus pies
capaz aun de la virtud.
Sí; iré mi orgullo a postrar
ante el buen Comendador
y o habrá de darme tu amor,
o me tendrá que matar.

Palabras de don Juan a don Gonzalo, por amor a doña Inés

(Escuchad), Comendador,
yo idolatro a doña Inés,
persuadido de que el Cielo
me la quiso conceder
para enderezar mis pasos
por el sendero del bien.
No amé la hermosura en ella,
ni sus gracias adoré;
lo que adoro es la virtud,
don Gonzalo, en doña Inés.
Lo que justicias ni obispos
no pudieron de mí hacer
con cárceles y sermones,
lo pudo su candidez.
Su amor me torna otro hombre,
regenerando mi ser,
y ella puede hacer un ángel
de quien un demonio fue.

Escucha, pues, don Gonzalo
lo que te puede ofrecer
el audaz don Juan Tenorio
de rodillas y a tus pies.
Yo seré esclavo de tu hija;
en tu casa viviré;
tú gobernarás mi hacienda,
diciéndome *esto ha de ser.*
El tiempo que señalares,
en reclusión estaré;
cuantas pruebas exigieres
de mi audacia o mi altivez,
del modo que me ordenares
con sumisión cumpliré.
Y cuando estime tu juicio
que la puedo merecer,
yo la daré un buen esposo
y ella me dará el Edén.

Palabras de don Juan a las estatuas, en el cementerio

Mi buen padre empleó en esto
entera la hacienda mía;
hizo bien; yo al otro día
la hubiera a una carta puesto.
No os podéis quejar de mí,
vosotros a quien maté;
si buena vida os quité,
buena sepultura os di.
¡Magnífica es en verdad
la idea de tal panteón!
Y... siento que al corazón
le halaga esta soledad.

¡Hermosa noche!... ¡Ay de mí!
¡Cuantas como ésta tan puras
en infames aventuras
desatinado perdí!
¡Cuantas al mismo fulgor
de esa Luna transparente
arranqué a algún inocente
la existencia o el honor!
Sí; después de tantos años
cuyos recuerdos espantan
siento que aquí se levantan
pensamientos en mí extraños.

¡Oh! Acaso me los inspira
desde el Cielo, en donde mora
esa sombra protectora
que por mi mal no respira.
Mármol en quien doña Inés
en cuerpo sin alma existe,
deja que el alma de un triste
llore un momento a tus pies.
De azares mil a través
conserve tu imagen pura;
y pues la mala ventura
te separó de don Juan,
contempla con cuanto afán
vuelve hoy a tu sepultura.
En ti nada más pensó
desde que se fue de ti
y desde que huyó de aquí
sólo en volver meditó.
Don Juan tan sólo esperó
de doña Inés su ventura,
y hoy que en pos de su hermo-
vuelve el infeliz don Juan, [sura
mira cuál será su afán
al dar con tu sepultura.
Inocente doña Inés
cuya hermosa juventud
encerró en el ataúd

quien llorando está a tus pies;
si de esta piedra a través
puedes mirar mi amargura
del alma que tu hermosura
adoró con tanto afán,
prepara un lado a don Juan
en tu misma sepultura.
Dios te crió por mi bien,
por ti pensó en la virtud,
adoró su excelsitud
y anhelé su santo edén.
Si, aun hoy mismo en ti también
mi esperanza se asegura
y oigo una voz que murmura
en derredor de don Juan
palabras que con su afán
se calma en la sepultura.
¡Oh doña Inés de mi vida!
Si esa voz con quien deliro
es el postrimer suspiro
de tu eterna despedida;
si es que de ti desprendida
llega esa voz de la altura,
y hay un Dios tras esa anchura
por donde los astros van,
dile que mire a don Juan
llorando en tu sepultura.

Oriental

Dueña de la negra toca,
la del morado monjil,
por un beso de tu boca
diera a Granada Boabdil.

Diera la lanza mejor
del Zenete mas bizarro,
y con su fresco verdor
toda una orilla del Darro.

Diera las fiestas de toros,
y si fueran en sus manos,
con las zambras de los moros
el valor de los cristianos.

Diera alfombras orientales,
y armaduras y pebetes,
y diera..., ¡que tanto vales!,
hasta cuarenta jinetes.

Porque tus ojos son bellos,
porque la luz de la aurora
sube al Oriente desde ellos
y el mundo su lumbre dora.

Tus labios son un rubí
partido por gala en dos...
Le arrancaron para ti
de la corona de Dios.

De tus labios, la sonrisa,
la paz de tu lengua mana...
leve, aérea, como brisa
de purpurina mañana.

¡Oh, que hermosa nazarena

para un harén oriental,
suelta la negra melena
sobre el cuello de cristal,

en lecho de terciopelo,
entre una nube de aroma
y envuelta en el blanco velo
de las hijas de Mahoma!

Ven a Córdoba, cristiana,
sultana serás allí,
y el sultán será, ¡oh sultana!
un esclavo para ti.

Te dará tanta riqueza,
tanta gala tunecina,
que has de juzgar tu belleza,
para pagarle, mezquina.

Dueña de la negra toca
por un beso de tu boca
diera su reino Boabdil;
y yo por ello, cristiana,
te diera de buena gana
mil cielos, si fueran mil.

JOSE EUSEBIO CARO
(1817–1853)

En alta mar

¡Céfiro!, ¡Rápido lánzate! ¡Rápido empújame y vivo!
Más redondas mis velas pon; del proscrito a los lados,
¡haz que tus silbos susurren dulces y dulces suspiren!
¡Haz que pronto del patrio suelo se aleje mi barco!
¡Mar eterno! ¡Por fin te miro, te oigo, te tengo!
¡Antes de verte hoy te había ya adivinado!

¡Hoy en torno mío tu cerco por fin desenvuelves!
¡Cerco fatal! ¡Maravilla en que centro siempre yo hago!
  ¡Ah! ¡Que esta gran maravilla conmigo forma armonía!
¡Yo, proscrito, prófugo, infeliz, desterrado,
lejos voy a morir del caro techo paterno;
lejos, ¡ay!, de aquellas prendas que amé, que me amaron!
  ¡Tanto infortunio sólo debe llorarse en tu seno;
quien de su amor arrancado, y de Patria, y de hogar, y de hermanos
solo en el mundo se mira, debe, primero que muera,
darte su adiós, y, por última vez, contemplarte, Oceano!
  ¡Yo por la tarde así, y en pie de mi nave en la popa,
alzo los ojos, ¡miro!, solo tú y el espacio!
¡Miro al sol que, rojo, ya medio hundido en tus aguas,
tiende, rozando tus crespas olas, el ultimo rayo!
  ¡Y un pensamiento de luz entonces llena mi mente:
pienso que tú, tan largo, y tan ancho, y tan hondo y tan vasto,
eres con toda tu mole, tus playas, tu inmenso horizonte,
sólo una gota de agua, que rueda de Dios en la mano!
  Luego, cuando en hosca noche, al son de la lluvia,
poco a poco me voy durmiendo, en mi Patria pensando,
sueño correr en el campo do niño corrí tantas veces,
ver a mi madre que llora a su hijo, lanzarme a sus brazos...
  ¡Y oigo justo entonces bramar tu voz incesante!
¡oigo bramar tu voz, de muerte vago presagio;
oigo las lonas que crujen, siento el barco que vuela!
Dejo entonces mis dulces sueños y a morir me preparo.
  ¡Oh! ¡Morir en el mar! ¡Morir terrible y solemne,
digno del hombre! ¡Por tumba el abismo, el cielo por palio!
¡Nadie que sepa donde nuestro cadáver se halla!
Que eche encima el mar sus olas, y el tiempo sus años.

RAMON DE CAMPOAMOR
(1817–1901)

El tren expreso

CANTO PRIMERO

LA NOCHE

I

Habiéndome robado el albedrío
un amor tan infausto como el mío,
ya recobrados la quietud y el seso,
volvía de Paris en tren expreso.
Y cuando estaba ajeno de cuidado,
como un pobre viajero fatigado,
para pasar bien cómoda la noche,
muellemente acostado,
al arrancar el tren subió a mi coche,
seguida de una anciana,
una joven hermosa,
alta, rubia, delgada y muy graciosa
digna de ser morena y sevillana.

II

Luego, a una voz de mando,
por algún héroe de las artes dada,
empezó el tren a trepidar, andando
con un trajín de fiera encadenada.
Al dejar la estación lanzó un gemido,
la máquina, que libre se veía,
y corriendo al principio solapada
cual la sierpe que sale de su nido,
ya, al claro resplandor de las estrellas

por los campos, rugiendo, parecía
un león con melena de centellas.

III

Cuando miraba atento
aquel tren que corría como el viento
con sonrisa impregnada de amargura
me preguntó la joven con dulzura:
—¿Sois español?—Y a su armonioso acento,
tan armonioso y puro que aun ahora
el recordarlo sólo me embelesa,
—Soy español—le dije–. ¿Y vos, señora?
Yo–dijo–soy francesa.
—Podéis–la repliqué con arrogancia–
la hermosura alabar de vuestro suelo;
pues, creo, como hay Dios, que es vuestra Francia
un país tan hermoso como el cielo.
—Verdad que es el país de mis amores,
el país del ingenio y de la guerra;
pero, en cambio–me dijo–, es vuestra tierra
la patria del honor y de las flores.
No os podéis figurar cuanto me extraña
que, al ver sus resplandores,
el sol de vuestra España
no tenga, como el de Asia, adoradores–.
Y después de halagarnos, obsequiosos,
del patrio amor el puro sentimiento,
entrambos nos quedamos silenciosos,
como heridos de un mismo pensamiento.

IV

Caminar entre sombras es lo mismo
que dar vueltas por sendas mal seguras,
en el fondo sin fondo de un abismo.

Juntando a la verdad mil conjeturas,
veía allá a lo lejos, desde el coche,
agitarse sin fin, cosas oscuras,
y en torno cien especies de negruras
tomadas de cien partes de la noche.
Calor de fragua a un lado; al otro, frío.
¡Lamentos de la máquina espantosos,
que agregan el terror y el desvarío
a todos estos limbos misteriosos! ...
¡Las rocas, que parecen esqueletos! ...
¡Las nubes con entrañas abrasadas!...
¡Luces tristes! ¡Tinieblas alumbradas! ...
¡El horror que hace grandes los objetos!...
¡Claridad espectral de la neblina!...
¡Juegos de llama y humo indescriptibles!...
¡Unos grupos de bruma blanquecina
esparcidos por dedos invisibles!
¡Masas informes!... ¡Límites inciertos,!
¡Montes que se hunden! ¡Arboles que crecen!
¡Horizontes lejanos que parecen
vagas costas del reino de los muertos!
¡Sombra, humareda, confusión y nieblas!...
¡Acá lo turbio..., allí lo indiscernible!...
Y entre el humo del tren y las tinieblas,
aquí una cosa negra, allí otra horrible.

V

¡Cosa rara! Entretanto,
al lado de mujer tan seductora
no podía dormir, siendo yo un santo
que duerme, cuando no ama, a cualquier hora.
Mil veces intenté quedar dormido,
mas fue inútil empeño;

admiraba a la joven, y es sabido
que a mí la admiración me quita el sueño.
Yo estaba inquieto, y ella,
sin echar sobre mí mirada alguna,
abrió la ventanilla de su lado,
y como un ser prendado de la luna,
mira al cielo azulado,
preguntó, por hablar, qué hora sería,
y al ver correr cada fugaz estrella.
—¡Ved un alma que pasa! —me decía.

VI

 —¿Vais muy lejos?— con voz ya conmovida.
le pregunté a mi joven compañera.
—¡Muy lejos—contestó—; voy decidida
a morir a un lugar de la frontera!—
y se quedó pensando en lo futuro,
su mirada en el aire distraída,
cual se mira en la noche un sitio oscuro
donde fue una visión desvanecida.
 —¿No os habrá divertido
—la repliqué galante—
la ciudad seductora,
en donde todo amante
deja recuerdos y se trae olvido?
—¿Lo traéis vos?—me dijo con tristeza.
—Todo en Paris te hace olvidar, señora
—la contesté—: la moda y la riqueza.
Yo me vine a París desesperado,
por no ver en Madrid a cierta ingrata.
—Pues yo vine—exclamó—, y hallé casado
a un hombre ingrato a quien amé soltero.
—Tengo un rencor—le dije—que me mata.

–Yo una pena–me dijo–que me muero,
y al recuerdo infeliz de aquel ingrato,
siendo su mente espejo de mi mente,
quedándose en silencio un grande rato,
pasó una larga historia por su frente.

VII

Como el tren no corría, que volaba,
era tan vivo el viento, era tan frío,
que el aire parecía que cortaba;
así el lector no extrañara que, tierno,
cuidase de su bien más que del mío;
pues hacía un gran frío, tan gran frío
que echó al lobo del bosque aquel invierno;
y cuando ella, doliente,
con el cuerpo aterido,
–¡Tengo frío!–me dijo dulcemente,
con voz que, más que voz, era un balido,
me acerqué a contemplar su hermosa frente
y os juro por el cielo
que a aquel reflejo de la luz, escaso,
la joven parecía hecha de raso
de nácar, de jazmín y terciopelo.
Y creyendo invadidos por el hielo
aquellos pies tan lindos,
desdoblando mi manta zamorana,
que tenía más borlas verde y grana
que todos los cerezos y los guindos
que en Zamora se crían,
cual si fuese una madre cuidadosa,
con la cabeza ya vertiginosa,
la tape aquellos pies, que bien podrían
ocultarse en el cáliz de una rosa.

VIII

¡De la sombra y el fuego al claroscuro
brotaban perspectivas espantosas,
y me hacía el efecto de un conjuro
al ver reverberar en cada muro
de la sombra la danza misteriosa!
¡La joven, que acostada traslucía,
con su aspecto ideal, su aire sencillo,
y que, mas que mujer, me parecía
un ángel de Rafael o de Murillo!
¡Sus manos, por las venas serpenteadas
que la fiebre abultaba y encendía,
hermosas manos, que a tener cruzadas
por la oración habitual tendía!...
¡Sus ojos, siempre abiertos, aunque a oscuras,
mirando al mundo de las cosas puras!
¡Su blanca faz, de palidez cubierta!
¡Aquel cuerpo a que daban sus posturas
la celeste fijeza de una muerta!...
¡Las fajas tenebrosas
del techo, que irradiaba tristemente
aquella luz de cueva submarina,
y esa continua sucesión de cosas,
que así en el corazón como en la mente,
acaban por formar una neblina!...
¡Del tren expreso la infernal balumba!...
¡La claridad de cueva que salía
del techo de aquel coche, que tenía
la forma de la tapa de una tumba!...
¡La visión triste y bella
del sublime concierto
de todo aquel horrible desconcierto,
me hacían traslucir en torno de ella
algo vivo rondando un algo muerto!

IX

De pronto, atronadora,
entre un humo que surcan llamaradas,
despide la feroz locomotora
un torrente de notas aflautadas,
para anunciar, al despertar la aurora,
una estación, que en feria convertía
el vulgo con su eterna gritería,
la cual, susurradora y esplendente,
con las luces de gas brillaba enfrente,
y al llegar, un gemido
lanzando, prolongado y lastimero,
el tren en la estación entró seguido,
cual si entrase un reptil en su agujero.

CANTO SEGUNDO

EL DIA

I

Y continuando la infeliz historia
que aún vaga como un sueño en mi memoria,
veo, al fin, a la luz de la alborada,
que el rubio de oro de su pelo brilla
cual la paja de trigo calcinada
por agosto en los campos de Castilla,
y con semblante cariñoso y serio,
y una expresión del todo religiosa,
como llevando a cabo algún misterio,
después de un −¡ Ay, Dios mío!,
me dijo señalando un cementerio:
−¡Los que duermen allí no tienen frío!

II

El humo, en ondulante movimiento,
dividiéndose a un lado y a otro lado,
se tiende por el viento
cual la crin de un caballo desbocado.
Ayer era otra fauna, hoy otra flora;
verdura y aridez, calor y frío;
andar tantos kilómetros por hora
causa al alma el mareo del vacío;
pues salvando el abismo, el llano, el monte,
con un ciego correr que al rayo excede,
en loco desvarío,
sucede un horizonte a otro horizonte,
y una estación a otra estación sucede.

III

Más ciego cada vez por la hermosura
de la mujer aquella,
al fin la hablé con la mayor ternura,
a pesar de mis muchos desengaños;
porque al viajar en tren con una bella
va, aunque un poco al azar y a la ventura,
muy de prisa el amor a los treinta años.
—¿Y dónde vais ahora?
—pregunté a la viajera.
—Marcho, olvidada de mi amor primero
—me respondió sincera—
a esperar el olvido un año entero.
—Pero.. ¿y después—le pregunté–, señora?
—Después...—me contestó–, lo que Dios quiera.

IV

Y porque así sus penas distraía
las mías le conté con alegría,
y un cuento amontoné sobre otro cuento,
mientras ella, abstrayéndose, veía
las gradaciones de color que hacía
la luz descomponiéndose en el viento.
Y haciendo yo castillos en el aire,
o, como dicen ellos, en España,
la referí, no sé si con donaire,
los cuentos que contó Mari-Castaña.
En mis cuadros risueños,
pintando mucho amor y mucha pena,
como el que tiene la cabeza llena
de heroínas francesas y de ensueños,
había cada llama
capaz de poner fuego al mundo entero;
y no faltaba nunca un caballero
que, por gustar solícito a su dama,
la sirviese, siendo héroe, de escudero.
Y ya de un nuevo amor en los umbrales,
cual si fuese el aliento nuestro idioma,
más bien que con la voz, con las señales,
esta verdad tan grande como un templo
la convertí en axioma;
que para dos que se aman tiernamente,
ella y yo, por ejemplo,
es cosa ya olvidada, por sabida,
que un árbol, una piedra y una fuente
pueden ser el edén de nuestra vida.

V

Como en amor es credo
o articulo de fe que yo proclamo,

que en este mundo de pasión y olvido,
o se oye conjugar el verbo *te amo,*
o la vida mejor no importa un bledo,
aunque entonces, como a hombre arrepentido,
el ver a una mujer me daba miedo,
más bien desesperado que atrevido.
Y un nuevo amor–la pregunté amoroso–,
¿no os haría olvidar viejos amores?
–Mas ella, sin dar tregua a sus dolores,
contestó con acento cariñoso:
–La tierra está cansada de dar flores;
necesito algún año de reposo.

VI

Marcha el tren tan seguido, tan seguido,
como aquel que patina por el hielo,
y en confusión extraña
parecen confundidos tierra y cielo
monte la nube, y la nube montaña,
pues cruza de horizonte en horizonte
por la cumbre y el llano,
ya la cresta granítica de un monte,
ya la elástica curva de un pantano,
ya entrando por el hueco
de algún túnel que horada las montañas,
a cada horrible grito
que lanzando va el tren, responde el eco,
y hace vibrar los muros de granito,
estremeciendo al mundo en sus entrañas
y dejando aquí un pozo, allí una sierra,
nubes arriba, movimiento abajo,
en laberinto tal, cuesta trabajo
creer en la existencia de la tierra.

VII

Las cosas que miramos
se vuelven hacia atrás en el instante
que nosotros pasamos,
y conforme va el tren hacia adelante,
parece que desandan lo que andamos
y, a sus puestos volviéndose, huyen y huyen
en raudo movimiento
los postes del telégrafo, clavados
en fila a los costados del camino,
y como gota a gota, fluyen, fluyen,
uno, dos, tres, y cuatro, veinte y ciento,
y formando confuso y ceniciento
el humo con la luz un remolino
no distinguen los ojos deslumbrados
si aquello es sueño, tromba o torbellino.

VIII

¡Oh, mil veces bendita
la inmensa fuerza de la mente humana,
que así el ramblizo como el monte allana,
y al mundo echando su nivel, lo mismo
los picos de las rocas decapita,
que levanta la tierra,
formando un terraplén sobre un abismo
que llena con pedazos de una sierra!
¡Dignas son, vive Dios, estas hazañas,
no conocidas antes,
del poderoso anhelo
de los grandes gigantes
que, en su ambición, para escalar el cielo,
un tiempo amontonaron las montañas!

IX

Corría en tanto el tren con tal premura,
que el monte abandonó por la ladera,
la colina dejó por la llanura,
y la llanura, al fin, por la ribera;
y al descender a un llano,
sitio infeliz de la estación postrera,
le dije con amor: –¿Sería en vano
que amaros pretendiera?
¿Sería como un niño que quisiera
alcanzar a la luna con la mano?
Y contestó con lívido semblante:
–No sé lo que será mas adelante,
cuando ya soy vuestra mejor amiga.
Yo me llamo Constancia, y soy constante;
¿qué más queréis–me preguntó–que os diga?
Y, bajando al andén, de angustia llena,
con prudencia fingió que distraía
su inconsolable pena
con la gente que entraba y que salía;
pues la estación del pueblo parecía
la loca dispersión de una colmena.

X

Y, con dolor profundo,
mirándome a la faz desencajada,
cual mira a su doctor un moribundo,
siguió: –Yo os juro, cual mujer honrada,
que el hombre que me dio con tanto celo
un poco de valor contra el engaño,
o aquí me encontrará dentro de un año,
o allí...–me dijo señalando al cielo,

y enjugando después con el pañuelo
algo de espuma de color de rosa
que asomaba a sus labios amarillos.
El tren (cual la serpiente que escamosa,
queriendo hacer que marcha y no marchando,
ni marcha ni reposa),
mueve y remueve, ondeando y más ondeando
de su cuerpo flexible los anillos;
y al tiempo en que ella y yo la mano alzando,
volvimos, saludando, la cabeza,
la maquina un incendio vomitando,
grande en su horror y horrible en su belleza,
el tren llevó hacia sí, pieza tras pieza;
vibró con furia y lo arrastró silbando.

CANTO TERCERO

EL CREPUSCULO

I

Cuando un año después, hora por hora,
hacia Francia, volvía,
echando alegre sobre el cuerpo mío
mi manta de alamares de Zamora,
porque a un tiempo sentía,
como el año anterior, día por día,
mucho amor, mucho viento y mucho frío,
al minuto final del año entero
a la cita acudí, cual caballero
que va alumbrado por su buena estrella;
mas al llegar a la estación aquella,
que no quiero nombrar... porque no quiero,
una tos de ataúd sonó a mi lado,
que salía del pecho de la anciana,

con cara de dolor y negro traje.
Me vio, gimió, lloró, corrió a mi lado,
y echándome un papel por la ventana,
—¡Tomad–me dijo–, y continuad el viaje!
Y cual si fuera una hechicera vana,
que, después de un conjuro en alta noche,
quedase entre la sombra confundida,
la mujer, más que vieja, envejecida,
de mi presencia huyó con ligereza,
cual niebla entre la luz desvanecida,
al punto en que, llegando con presteza,
echó por la ventana de mi coche
esta carta, tan llena de tristeza,
que he leído más veces en mi vida
que cabellos contiene mi cabeza.

II

»Mi carta, que es feliz, pues va a buscaros,
cuenta os dará de la memoria mía.
Aquel fantasma soy que, por gustaros,
jugó a estar viva a vuestro lado un día.
»Cuando lleve esta carta a vuestro oído
el eco de mi amor y mis dolores,
el cuerpo en que mi espíritu ha vivido,
ya durmiendo estará bajo unas flores.
»¡Por no dar fin a la ventura mía
la escribo larga..., casi interminable!
¡Mi agonía es la bárbara agonía
del que quiere evitar lo inevitable! ...
»Hundiéndose, al morir, sobre mi frente
el palacio ideal de mi quimera,
de todo mi pasado, solamente
esta pena que os doy borrar quisiera.

»Me rebelo a morir, pero es preciso...
¡El triste vive y el dichoso muere!...
¡Cuando quise morir, Dios no lo quiso;
hoy, que quiero vivir, Dios no lo quiere!

»¡Os amo, sí! Dejadme que, habladora,
me repita esta voz tan repetida:
que las cosas más íntimas ahora
se escapen de mis labios con mi vida.

»Hasta furiosa, a mí, que ya no existo,
la idea de los celos importuna:
¡Juradme que esos ojos que me han visto
nunca el rostro verán de otra ninguna!

»Y si aquella mujer de aquella historia
vuelve a formar de nuevo vuestro encanto,
aunque os ame, gemid en mi memoria:
¡yo os hubiera también amado tanto! ...

»Mas tal vez allá arriba nos veremos,
después de esta existencia pasajera,
cuando los dos, como en el tren, lleguemos
de nuestra vida a la estación postrera.

¡Ya me siento morir! ... ¡El cielo os guarde!
Cuidad, siempre que nazca o muera el día,
de mirar al lucero de la tarde,
esa estrella que siempre ha sido mía.

»Pues yo desde ella os estaré mirando,
y como el bien con la virtud se labra,
para verme mejor, yo haré rezando,
que Dios de par en par el cielo os abra.

¡Nunca olvidéis a esta infeliz amante
que os cita, cuando os deja, para el cielo!
¡Si es verdad que me amasteis un instante,
llorad, porque eso sirve de consuelo!...

»¡Oh, Padre de las almas pecadoras,
conceded el perdón al alma mía!

¡Amé mucho, Señor, y muchas horas:
mas sufrí por mas tiempo todavía!
    ¡Adiós, adiós! ¡Como hablo delirando,
no sé decir lo que deciros quiero!
¡Yo sólo sé de mí que estoy llorando,
que sufro, que os amaba..., y que me muero!

III

    Al ver de esta manera
trocado el curso de mi vida entera
en un sueño tan breve,
de pronto se quedó de negro que era,
mi cabello mas blanco que la nieve.
De dolor traspasado
por la más grande herida
que a un corazón jamás ha destrozado
en la inmensa batalla de la vida,
ahogado de tristeza,
busqué a la mensajera envejecida;
mas fue esperanza vana,
pues lo mismo que un ciego deslumbrado,
ni pude ver la anciana,
ni respirar del aire la pureza,
por más que abrí cien veces la ventana,
decidido a tirarme de cabeza.
Cuando, por fin, sintiéndome agobiado
de mi desdicha al peso,
y encerrado en el coche maldecía
como si fuese en el infierno preso,
al año de venir, día por día,
con mi grande inquietud y poco seso,
sin alma y como inútil mercancía,
me volvió hasta París, el tren expreso,

¡Quién supiera escribir!

I

—Escribirme una carta, señor cura.
   —Ya sé para quien es.
—¿Sabéis quien es porque una noche oscura
   nos visteis juntos? —Pues...
—Perdonad; mas... —No es extraño ese tropiezo.
   La noche... la ocasión...
Dadme pluma y papel. Gracias. Empiezo:
   Mi querido Ramón:
—¿Querido?... Pero, en fin, ya lo habéis puesto...
   Si no queréis... —¡Sí, sí!
—*¡Que triste estoy!* ¿No es eso? — Por supuesto.
   ¡Que triste estoy sin ti!
Una congoja, al empezar, me viene.
   —¿Como sabéis mi mal?
—Para un viejo, una niña siempre tiene
   el pecho de cristal.
¿Que es sin ti el mundo? Un valle de amarguras.
   ¿Y contigo? Un edén.
—Haced la letra clara, señor cura,
   que lo entienda eso bien.
—*El beso aquel que de marchar a punto*
   te di... —¿Cómo sabéis?...
—Cuando se va y se viene y se está junto
   siempre..., no os afrentéis.
Y si volver tu afecto no procura,
   tanto me harás sufrir...
—¿Sufrir y nada mas? No, señor cura,
   ¡que me voy a morir!
—¿Morir? ¿Sabéis que es ofender al cielo?...
   —Pues si, señor:¡morir!
—Yo no pongo *morir* —¡Qué hombre de hielo!
   ¡Quién supiera escribir!

II

—¡Señor Rector, señor Rector, en vano
    me queréis complacer,
si no encarnan los signos de la mano
    todo el ser de mi ser.
Escribirle, por Dios, que el alma mía
    ya en mí no quiere estar;
que la pena no me ahoga cada día...,
    porque puedo llorar.
Que en mis labios, las rosas de su aliento
    no se saben abrir;
que olvidan de la risa el movimiento
    a fuerza de sentir.
Que mis ojos, que el tiene por tan bellos
    cargados con mi afán,
como no tienen quien se mire en ellos
    cerrados siempre están.
Que es, de cuantos tormentos he sufrido,
    la ausencia el más atroz;
que es un perpetuo sueño de mi oído
    el eco de su voz...
Que, siendo por su causa, el alma mía
    ¡goza tanto en sufrir!...
Dios mío, ¡cuántas cosas le diría
    si supiera escribir!...

III

EPILOGO

—Pues, señor, ¡bravo amor! Copio y concluyo:
    A don Ramón... En fin,
que es inútil saber para esto, arguyo,
    ni el griego ni el latín.

Murió por ti

Murió por ti; su entierro al otro día
pasar desde el balcón juntos miramos,
y, espantados tal vez de tu falsía,
en tu alcoba los dos nos refugiamos,
    Cerrabas con terror los ojos bellos;
el *requiescat* se oía. Al verte triste,
yo la trenza besé de tus cabellos,
y –¡Traición! ¡Sacrilegio!– me dijiste.
    Seguía el *de profundis,* y gemimos...
El muerto y el terror fueron pasando...
y al ver luego la luz cuando salimos,
–¡Qué vergüenza! – exclamaste suspirando.
    Decías la verdad. ¡Aquel entierro!...
¡El beso aquel sobre la negra trenza!...
¡Después la oscuridad de aquel encierro!
¡Sacrilegio! ¡Traición! ¡Miedo! ¡Vergüenza!

El gran festín

De un junco desprendido, a una corriente
    un gusano cayó,
y una trucha, saltando de repente,
    voraz se lo tragó.
Un martín-pescador cogió a la trucha
    con carnívoro afán;
y al pájaro después, tras fiera lucha,
    lo apresó un gavilán.
Vengando esta cruel carnicería,
    un diestro cazador
dio un tiro al gavilán, que se comía
    al martín-pescador.
Pero, ¡ay!, al cazador desventurado

que al gavilán hirió,
por cazar sin licencia y en vedado,
un guarda le mató.
A otros nuevos gusanos dará vida
del muerto la hediondez,
para volver, la rueda concluida,
a empezar otra vez.
¿Y el amor? ¿Y la dicha? Los nacidos
¿no han de tener más fin
que el de ser comedores y comidos
del Universo en el atroz festín?...

PABLO PIFERRER
(1818–1848)

Canción de la primavera

Ya vuelve la primavera:
suene la gaita,–ruede la danza.
Tiende sobre la pradera
el verde manto–de su esperanza,

Sopla caliente la brisa:
suene la gaita,–ruede la danza.
Las nubes pasan aprisa,
y el azul muestran–de la esperanza.

La flor ríe en su capullo:
suene la gaita,–ruede la danza.
Canta el agua en su murmullo
el poder santo–de la esperanza.

¿La oís que en los aires trina?
Suene la gaita,–ruede la danza:

—«Abrid a la golondrina,
que vuelve en alas–de la esperanza.»

Niña, la niña modesta:
suene la gaita,–ruede la danza.
El Mayo trae tu fiesta
que el logro trae–de tu esperanza.

Cubre la tierra el amor:
suene la gaita–ruede la danza.
El perfume engendrador
al seno sube–de la esperanza.

Todo zumba y reverdece:
suene la gaita,–ruede la danza.
Cuando el son y el verdor crece,
tanto más crece–toda esperanza.

Sonido, aroma y color:
suene la gaita,–ruede la danza,
únense en himnos de amor,
que engendra el himno–de la esperanza.

Morirá la primavera;
suene la gaita,–ruede la danza.
Mas cada año en la pradera
tornará el manto–de la esperanza.

La inocencia de la vida:
calle la gaita,–pare la danza,
no torna una vez perdida:
Perdí la mía–¡Ay mi esperanza!

VENTURA RUIZ AGUILERA
(1820–1881)

Epístola (Fragmentos)

(A don Damián Menéndez Rayón
y a don Francisco Giner de los Ríos.)

No arrojará cobarde el limpio acero
mientras oiga el clarín de la pelea
soldado que su honor conserve entero;
　　ni del piloto el ánimo flaquea
porque rayos alumbren su camino
y el golfo inmenso alborotarse vea.
　　¡Siempre luchar!... del hombre es el destino
y al que impávido lucha, con fe ardiente,
le da la gloria su laurel divino.
　　Por sosiego suspira eternamente;
pero ¿dónde se oculta, dónde mana
de esta sed inmortal la ansiada fuente?...
　　En el profundo valle, que se afana
cuando del año la estación florida
lo viste de verdura y luz temprana;
　　en las cumbres salvajes, donde anida
el águila que pone junto al cielo
su mansión de huracanes combatida,
　　el límite no encuentra de su anhelo;
ni porque esclava suya haga la suerte,
tras íntima inquietud y estéril duelo.
　　Aquel sólo, el varón dichoso y fuerte
será que viva en paz con su conciencia
hasta el sueño apacible de la muerte.
　　... ... ...

Cayó; y entre los bárbaros peñones
de su destierro, en las nocturnas horas
le acosaron fatídicas visiones;
    y diéronle tristeza las auroras,
y en el manso murmullo de la brisa
voces oyó gemir acusadoras.
    Más conforme recibe y más sumisa,
la voluntad de Dios el alma bella
que abrojos siempre lacerada pisa.
    Francisco, así pasar vimos aquella
que te arrulló en sus brazos maternales,
y hoy, vestida de luz, los astros huella:
    que al tocar del sepulcro los umbrales,
bañó su dulce faz con dulce rayo,
la alborada de goces inmortales.
    Y así, Damián, en el risueño mayo
de una vida sin mancha, como arbusto
que el aquilón derriba en el Moncayo,
    pasó también tu hermano, y la del justo
severa majestad brilló en su frente,
de un alma religiosa templo augusto.

... ...

Caminar hacia el bien con firme planta,
a la edad consolando que agoniza,
apóstol de otra edad que se adelanta,
    es empresa que al vulgo escandaliza;
por loco siempre o necio fue tenido
quien lanzas en su pro rompe en la liza.

... ...

MARIA JOSEFA MUJIA
(1820–1888)

La ciega

¡Todo es noche, noche oscura!
Ya no veo la hermosura
de la luna refulgente;
del astro resplandeciente
tan sólo siento calor.
No hay nubes que el cielo dora:
ya no hay alba, no hay aurora
de blanco y rojo color.

Ya no es bello el firmamento
ya no tienen lucimiento
las estrellas en el cielo
–todo cubre un negro velo–,
ni el día tiene esplendor.
No hay matices, no hay colores;
ya no hay plantas, ya no hay flores
ni el campo tiene verdor.

Ya no gozo la belleza
que ofrece Naturaleza,
lo que al mundo adorna y viste;
todo es noche, noche triste
de confusión y pavor.
Doquier miro, doquier piso,
nada encuentro, y no diviso
más que lobreguez y horror.

Pobre ciega, desgraciada,
flor en su abril marchitada,
¿qué soy yo sobre la tierra?
Arca do tristeza encierra
su más tremendo amargor;

y mi corazón enjuto
cubierto de negro luto,
es el trono del dolor.

En mitad de su carrera,
cuando mas luciente era,
de mi vida el astro hermoso,
en eclipse tenebroso
por siempre se oscureció.
De mi juventud lozana
la primavera temprana
en invierno se trocó.

Mil placeres halagüeños,
bellos días y risueños,
el porvenir me pintaba,
y seductor me mostraba
por un prisma encantador.
Las ilusiones volaron,
y en mi alma sólo quedaron
la amargura y el dolor.

Cual cautivo desgraciado
que se mira condenado
en su juventud florida
a pasar toda su vida
en una horrenda prisión;
tal me veo; de igual suerte,
sólo espero que la muerte
de mi tendrá compasión.

Agotada mi esperanza,
ya ningún remedio alcanza

ni una sombra de delicia
ya mi existencia acaricia;
mis goces son el sufrir;

y, en medio de esta desdicha
sólo me queda una dicha
y es la dicha de morir.

MANUEL FERNANDEZ Y GONZALEZ
(1821–1888)

A Carlos Latorre

Elegía

Helo sin voz, el que arrancó al pasado
cien héroes y otros cien y les dio aliento
helo cadáver; aún ayer sonaban
entusiastas aplausos en su oído,
y hoy polvo y corrupción. La musa hispana
su postrer homenaje le tributa,
y no ya al gozo del ansiado triunfo
responde el noble corazón latiendo.
La mentira pasó, pasó la vida
y la verdad eterna, incomprensible,
la tremenda verdad, para él descorre
su negro velo que rasgó la muerte.
¡Carlos! Si de ese abismo inmensurable
do gira la creación, tras la grandeza
tu espíritu me escucha, oye propicio
el postrimer adiós que desde el fondo
de un corazón leal a ti se eleva.
Digno de lo que fuiste, yo no puedo
consagrarte un gemido de mi lira,
mas a do eterno vives y no alcanza
la mortal vanidad, mi afecto sube.
Otros, de gloria, en inspirado plectro,

a tu genio inmortal egregio canto
entonen mas dichosos; yo tan sólo
cuanto tu muerte de dolor me inspira
decirte quiero, y añadir, inculta,
una pálida flor a la corona
del auro divo que tu sien rodea.
Fuérame, en vez de lamentar tu muerte,
de un Dios dado el poder, y «Alza, cadáver,
del polvo de la fosa», te diría.
    «¡Alza! ¡Torna! ¡El atónito concurso
vuelva a escuchar tu voz! ¡Zumbe en tu oído
una vez y otra vez el alto aplauso,
y una vez y otra vez deba el poeta
a tu gigante inspiración su fama!...»
Mas sueños, sueños son; que la inflexible
sentencia del Eterno nadie borra.
Quien nace ha de morir; así está escrito.
¡Carlos, adiós, hasta el incierto día!
Tal vez el sol, al fulgurar mañana,
aquí en reposo me verá contigo.
Hasta entonces, ¡adiós! ¡En paz, pues, queda!

ANTONIO DE TRUEBA
(1821–1889)

A la orilla del arroyo

I

Una mañana de mayo,
una mañana muy fresca
entréme por estos valles,
entréme por estas Vegas.
Cantaban los pajaritos,
olían las azucenas,
eran azules los cielos
y claras las fuentes eran.
Cabe un arroyo más claro
que un espejo de Venecia,
hallara una pastorcica,
una pastorcica bella.

Azules eran sus ojos,
dorada su cabellera,
sus mejillas como rosas
y sus dientes como perlas.
Quince años no más tendría
y daba placer el verla,
«lavándose las sus manos,
peinándose las sus trenzas».

II

—Pastorcica de mis ojos
—admirado la dijera–,
Dios te guarde por hermosa;
bien te lavas, bien te peinas.
Aquí te traigo estas flores
cogidas en la pradera;
sin ellas estás hermosa
y estaráslo más con ellas.
—No me placen, mancebico
—respondióme la doncella–;
no me placen, que me bastan
las flores que Dios me diera.
—¿Quien te dice que las tienes?
—¿Quien te dice que eres bella?
—Me lo dicen los zagales
y las fuentes de estas vegas.
Así habló la pastorcica
entre enojada y risueña,
«lavándose las sus manos,
peinándose las sus trenzas».

III

—Si no te placen las flores,
vente conmigo siquiera,

y allá, bajo las encinas,
sentadicos en la hierba,
contaréte muchos cuentos,
contaréte cosas buenas.
—Pues eso menos me place,
porque el cura de la aldea
no quiere que con mancebos
vayan al campo doncellas.
Tal dijo la pastorcica
y no pude convencerla
con esta y otras razones,
con esta y otras promesas.
Partíme desconsolado,
y prorrumpiendo en querellas,
lloré por la pastorcica,
que, sin darme otra respuesta,
siguió cabe el arroyuelo
entre enojada y contenta,
«lavándose las sus manos,
peinándose las sus trenzas».

IV

Entréme por estos valles,
entréme por estas vegas,
mas... ¡mi corazón estaba
muriéndose de tristeza,
que odiosas me eran las flores
y odiosas las fuentes me eran!
Torné cabe el arroyuelo
donde a la doncella viera...
el arroyo encontré al punto,
¡mas no encontré la doncella!
Pasaron días y días,

y hasta semanas enteras,
y yo no paso ninguna
sin que al arroyo no vuelva;
pero, ¡ay!, que la pastorcica

mis ojos aquí no encuentran,
«lavándose las sus manos,
peinándose las sus trenzas».

CAROLINA CORONADO
(1823–1911)

El amor de mis amores (Fragmento)

¿Cómo te llamaré para que entiendas
que me dirijo a ti, ¡dulce amor mío!,
cuando lleguen al mundo las ofrendas
que desde oculta soledad te envío?...
... ...
Aquí tu barca está sobre la arena;
desierta miro la extensión marina;
te llamo sin cesar con tu bocina,
y no pareces a calmar mi pena.

Aquí estoy en la barca triste y sola,
aguardando a mi amado noche y día;
llega a mis pies la espuma de la ola,
y huye otra vez, cual la esperanza mía.

¡Blanca y ligera espuma transparente,
ilusión, esperanza, desvarío,
como hielas mis pies con tu rocío
el desencanto hiela nuestra mente!

Tampoco es en el mar adonde él mora;
ni en la tierra ni en el mar mi amor existe.
¡Ay!, dime si en la tierra te escondiste,
o si dentro del mar estás ahora.

Porque es mucho dolor que siempre ignores
que yo te quiero ver, que yo te llamo,

sólo para decirte que te amo,
que eres siempre *el amor de mis amores.*

... ...

JOSE SELGAS
(1824–1882)

La cuna vacía

Bajaron los ángeles,
besaron su rostro,
y cantando a su oído, dijeron:
«Vente con nosotros.»
Vio el niño a los ángeles,
de su cuna en torno,
y agitando los brazos, les dijo:
«Me voy con vosotros»

Batieron los ángeles
sus alas de oro,
suspendieron al niño en sus brazos,
y se fueron todos.
De la aurora pálida
la luz fugitiva,
alumbró a la mañana siguiente
la cuna vacía.

El sauce y el ciprés

Cuando a las puertas de la noche umbría,
dejando el prado y la floresta amena,
la tarde melancólica y serena
su misterioso manto recogía,
un macilento sauce se mecía
por dar alivio a su constante pena,
y en voz suave y de suspiros llena,
al son del viento murmurar se oía:
—«¡Triste nací! ... mas en el mundo moran
seres felices, que en el penoso duelo,
el llanto oculto, la tristeza ignoran.»
Dijo y sus ramas esparció en el suelo.
—«Dichosos, ¡ay!, los que en la tierra lloran!»,
le contestó un ciprés, mirando al cielo.

FRANCISCO CEA

(1825–1857)

Al embestir

Cuando suelto la rienda a mi caballo
y alas le pido al viento,
salta la lumbre y bajo el férreo callo
retiembla el pavimento.
He roto ya una lanza en la muralla;
con sangre el campo humea.
Ante el solemne horror de la batalla
mi espada centellea.
¡Ladrad, canes, ladrad! –Yo, en vuestra frente
clavando el ancho escudo,
al son del trueno, en mi alazán valiente
caeré con golpe rudo.
¡Paso! ¡Yo soy! –¡Ensordeciendo el monte,
retumbe mi amenaza!
¿Veis?... Ese sol, sangriento en su horizonte,
relumbra en mi coraza.
¡Ay del que al aguijón de su ardimiento
el hierro, audaz, blandea,
y, en pos del rayo, en su furor violento,
se lanza a la pelea!
¡Yo basto a hundir la colosal muralla
do su pendón tremola! ...
¿No ha de ceñirse el triunfo en la batalla
con su brillante aureola?
La extensa faz, con los escombros rota,
recruje el ancha tierra...
¡Guay! –¡Ya a los vientos deslumbrando flota
mi pabellón de guerra!

EULOGIO FLORENTINO SANZ
(1825–1881)

Epístola a Pedro (Fragmentos)

Quiero que sepas, aunque bien lo sabes,
que a orillas del Spree (ya que del río
se hace mención en circunstancias graves)
    mora un semi-alemán, muy señor mío,
que entre los rudos témpanos del Norte
recuerda la amistad y olvida el frío.
    Lejos de mi Madrid, la villa y corte;
ni de ella falto yo porque esté lejos,
ni hay una piedra allí que no me importe;
    pues sueña con la patria, a los reflejos
de su distante sol, el desterrado,
como con su niñez sueñan los viejos.
    Ver quisiera un momento, y a tu lado,
cual por ese aire azul nuestra Cibeles
en carroza triunfal rompe hacia el Prado...
    ¿Ríes?... Juzga el volar cuando no vueles...
¡Atomo harás del mundo que poseas
y mundo harás del átomo que anheles!
    Al sentir *coram vulgo* no te creas,
al pensar *coram vulgo* no te olvides
de compulsar a solas tus ideas.
    Como dejes la España en que resides,
dondequiera que estés, ya echarás menos
esa patria de Dolfos y de Cides;
    que obeliscos y pórticos ajenos
nunca valdrán los patrios palomares
con la memoria de la infancia llenos.
    Por eso, aunque dan son a mis cantares
Elba, Danubio y Rin, yo los olvido
recordando a mi pobre Manzanares.
    ¡Allí mi juventud!... ¡Ay!, ¿quien no ha oído

desde cualquier región, ecos de aquella
donde niñez y juventud han sido?
    Hoy mi vida de ayer, pálida o bella,
múltiple se repite en mis memorias,
como lágrimas mil, única estrella...
    Que quedan en el alma las historias
de dolor o placer, y allí se hacinan,
del fundido metal, muertas escorias.
    Y, aunque ya no calientan ni iluminan,
si al soplo de un suspiro se estremecen,
¡aún consuelan el alma!..., ¡o la asesinan!
    Cuando al partir del sol las sombras crecen
y, entre sombras y sol, tibios instantes
en torno del horario se adormecen,
    el dolor y el placer, férvidos antes,
se pierden ya en el alma indefinidos,
a la luz y a la sombra semejantes.
    Y en esta languidez de los sentidos,
crepúsculo moral en que indolente
se arrulla el corazón con sus latidos,
    pláceme contemplar indiferente
cual del dormido Spree sobre la espalda
y en lúbrico chapín sesga la gente.
    O recordar el toldo de esmeralda
que antes bordó el abril en donde ahora
nieve septentrional tiende su falda;
    mientras la luz del Héspero, incolora
baña el campo sin fin que Norte rudo
salpicó de brillantes a la aurora.
... ...

    Recibe con mi adiós *tu violeta;*
la tumba de la virgen te la envía...
¡Y al unirse la flor con su poeta,
ya en el ocaso agonizaba el día!

CARLOS GUIDO Y SPANO
(1827–1918)

Nenia

En idioma guaraní,
una joven paraguaya
tiernas endechas ensaya,
cantando en el arpa así,
en idioma guaraní:

«¡Llora, llora, urutaú,
en las ramas del yatay;
ya no existe el Paraguay,
donde nací, como tú!
¡Llora, llora, urutaú!»

En el dulce Lambaré
feliz era en mi cabaña;
vino la guerra y su saña
no ha dejado nada en pie
en el dulce Lambaré.

Padre, madre, hermanos, ¡ay!,
todo en el mundo he perdido:
en mi corazón partido
sólo amargas penas hay;
padre, madre, hermanos, ¡ay!

De un verde ubirapitá,
mi novio, que combatió
como un héroe en el Timbó,
al pie sepultado está:
de un verde ubirapitá.

Rasgado el blanco tipoy
tengo en señal de mi duelo,
¡y en aquel sagrado suelo
de rodillas siempre estoy,
rasgado el blanco tipoy!

Le mataron los cambá,
no pudiéndole rendir;
el fue el ultimo en salir
de Curuzú y Humaitá;
¡le mataron los cambá!

¿Por qué, cielos, no morí
cuando me estrechó triunfante
entre sus brazos mi amante
después de Curapaití?
¿Por qué, cielos, no morí?

«¡Llora, llora, urutaú,
en las ramas del yatay;
ya no existe el Paraguay
donde nací como tú!
¡Llora, llora, urutaú!»

ADELARDO LOPEZ DE AYALA
(1828–1879)

Epístola a Emiliano Arrieta (Fragmentos)

De nuestra gran virtud y fortaleza
al mundo hacemos con placer testigo;
las ruindades del alma y su flaqueza
sólo se cuentan al secreto amigo.
De mi ardiente ansiedad y mi tristeza
a solas quiero razonar contigo:
rasgue a su alma sin pudor el velo
quien busque admiración y no consuelo.

No quiera Dios que en rimas indolentes
de mi pesar al mundo le dé indicios,
imitando a esos genios imprudentes
que alzan la voz para cantar sus vicios.
Yo busco, retirado de las gentes,
de la amistad los dulces beneficios:
ni hay causa ni razón que me convenza
de que es genio la falta de vergüenza.

En esta humilde y escondida estancia,
donde aún resuenan con medroso acento
los primeros sollozos de mi infancia
y de mi padre el postrimer lamento,
esclarecido el mundo a la distancia
a que de aquí le mira el pensamiento,
se eleva la verdad que amaba tanto;
y, antes que afecto, me produce espanto.
... ...

Y estos salvajes montes corpulentos,
fieles amigos de la infancia mía,
que con la voz de los airados vientos
me hablaban de virtud y de energía,
hoy con duros semblantes macilentos
contemplan mi abandono y cobardía,

y gimen de dolor, y cuando braman,
ingrato, y débil, y traidor me llaman.

... ...

Inquieto, vacilante, confundido
con la múltiple forma del deseo,
impávido una vez, otra corrido,
del vergonzoso estado en que me veo,
al mismo Dios contemplo arrepentido
de darme un alma que tan mal empleo;
la hacienda que he perdido no era mía,
y el deshonor los tuétanos me enfría.
Aquí, revuelto en la fatal madeja
del torpe amor, disipador cansado
del tiempo, que al pasar sólo me deja
el disgusto de haberlo malgastado;
si el hondo afán con que de mí se queja
todo mi ser me tiene desvelado,
¿por qué no es antes noble impedimento
lo que es después atroz remordimiento?
¡Valor!, y que resulte de mi daño
fecundo el bien; que de la edad perdida
brote la clara luz del desengaño
iluminando mi razón dormida;
para vivir me basta con un año,
que envejecer no es alargar la vida;
¡joven murió tal vez que eterno ha sido,
y viejos mueren sin haber vivido!
Que tu voz queridísimo Emiliano,
me mantenga seguro en mi porfía;
y el Creador, que con tan larga mano
te regaló fecunda fantasía,
te enriquezca, mostrándote el arcano
de su eterna y espléndida armonía;
tanto, que el hombre, en su placer o duelo
tu canto elija para hablar al cielo.

Los ecos de la cándida alborada,
que al mundo anima en blando movimiento
te demuestran del alma enamorada
el dulce anhelo y el primer acento;
el rumor de la noche sosegada,
la noble gravedad del pensamiento;
y las quejas del ábrego sombrío,
la ronca voz del corazón impío.
   Y el gran torrente que, con pena tanta
por las quiebras del hondo precipicio,
rugiendo de amargura se quebranta,
deje en tu alma verdadero indicio
de la virtud, que gime y se abrillanta
en las quiebras del duro sacrificio,
y en tu canto resuenen juntamente
el bien futuro y el dolor presente.
   Y en las férvidas olas impelidas
del huracán, que asalta las estrellas
y rebraman, mostrando embravecidas
que el aliento de Dios se encierra en ellas,
aprendas las canciones dirigidas
al que para en su curso las centellas,
y resuene tu voz de polo a polo,
de su grandeza intérprete tú solo.

ANTONIO ARNAO
(1828–1889)

Barcarola

   Brillan las nubes en nácar y en oro;
sol esplendente se ve despuntar...
Leda conmigo, que ciego te adoro,
surca las ondas que rizan la mar.
Ella te brinda con plácido acento

puro contento,
venturas sin par.
Aves marinas de cándida pluma
vuelan en torno con vivo placer;
peces dorados, hendiendo la espuma,
siguen la barca, tus ojos por ver.
Brisa ligera tu labio acaricia,
casta delicia
queriendo tener.
Lejos del mundo que llora sus penas
hondo silencio reinando en derredor,
tornen al alma las horas serenas,
libre pudiendo vivir sin dolor.
Hoy ante el cielo que grato sonríe
clara nos guíe
la fe del amor.

FRANCISCO GUAYCAYPURU PARDO
(1829–1882)

Soledad

¿A qué tan dulces horas
traer al corazón, Leonor altiva,
si el sol de esas auroras
ya pasó como lumbre fugitiva?
Callada está la ola
del blando río; el aura no despierta;
y mi alma esta sola;
y la tuya, Leonor, la tuya, muerta.
Mira el bosque, sombrío;
mustio el ciprés, fatídica la nube;
y tu suspiro frío,

como esa niebla que del lago sube.
De tanto amor abrigo,
allí está–¿no la ves? –seca la palma
que fue mudo testigo
del amor de tu alma y de mi alma.
¡Iris de mil colores,
que espléndido brillaste una mañana!
Te fuiste con sus flores
y entre sus orlas de zafiro y grana.
Todo sobre la ola
pasó, del tiempo, con tu amor y el mío;
y mi alma está sola;
y está, sin ti, mi corazón vacío.

AMOS DE ESCALANTE
(1851–1902)

Caligo

Cierra la noche lóbrega; a lo lejos
se oyen, roncas, rugir las ondas bravas
en cuyos senos cóncavos se agita
el viento precursor de las borrascas.
¡Ay! ¡Pobre marinero a quien sorprenda
el huracán soberbio!; ¡ay de la barca
lejos del puerto amigo, ciega y sola
sobre el espacio inmenso de las aguas!
Sin una estrella en los cerrados cielos,
ni una luz en las desiertas playas,
¿dónde poner la descarriada proa
y con certero rumbo encaminarla?
Sólo la densa oscuridad rompiendo
traidoras brillan las espumas blancas
que hirviendo en torno al sumergido escollo
al engañado náufrago amenazan.

¿Por qué su riesgo en evitar porfías,
alma que en noche oscura, solitaria,
a merced de los vientos y las olas
entre el fragor de la tormenta vagas?
Seguro es el naufragio, ¿a que resistes
y tu agonía y padecer dilatas?
No ofrece el mundo a tu miseria amparo,
ni el cielo a tu dolor una esperanza.

FEDERICO BALART
(1831–1905)

Restitución

Estas pobres canciones que te consagro,
en mi mente han nacido por un milagro.
Desnudas de las galas que presta el arte,
mi voluntad en ellas no tiene parte;
yo no sé resistirlas ni suscitarlas;
yo ni aun sé comprenderlas al formularlas;
y es en mí su lamento, sentido y grave,
natural como el trino que lanza el ave,
santas inspiraciones que tú me envías
puedo decir, esposa, que no son mías;
pensamiento y palabras de ti recibo;
tú en silencio las dictas; yo las escribo.

* * *

Desde que abandonaste nuestra morada,
de la mortal escoria purificada,
transformado está el fondo del alma mía,
y voces oigo en ella que antes no oía.
Todo cuanto en la tierra y el mar y el viento

tiene matiz, aroma, forma o acento,
de mi ánimo abatido turba la calma
y en canción se convierte dentro del alma.
Y es que, en estas tinieblas donde me pierdo,
todo está confundido con tú recuerdo:
¡Sin él todo es silencio, sombra y vacío
en la tierra y el viento y el mar bravío!

* * *

Revueltos peñascales, áspera breña
donde salta el torrente de peña en peña;
corrientes bullidoras del claro río;
religiosos murmullos del bosque umbrío;
tórtola que en sus frondas une sus quejas
al calmante zumbido de las abejas;
águila que levantas el corvo vuelo
por el azul espacio que cubre el cielo;
golondrina que emigras cuando el octubre,
con sus pálidas hojas el suelo cubre,
y al amor de tu nido tornas ligera
cuando esparce sus flores la primavera;
aura mansa que llevas, en vuelo tardo,
efluvios de azucena, jazmín y nardo:
brisas que en el desierto sois mensajeras
de los tiernos amores de las palmeras
—(¡de las pobres palmeras que, separadas,
se miran silenciosas y enamoradas!);
pardas nieblas del valle, nieves del monte,
cambiantes y vislumbres del horizonte;
tempestad que bramando con ronco acento
tus cabellos de lluvia tiendes al viento;
solitaria ensenada, restinga ignota
donde su nido oculta la gaviota;
olas embravecidas que pone a raya

con sus rubias arenas la corva playa;
grutas donde repiten con sordo acento
sus querellas y halagos la mar y el viento;
velas desconocidas que en lontananza
pasáis como los sueños de la esperanza;
nebuloso horizonte, tras cuyo velo
sus límites confunden la mar y el cielo;
rayo de sol poniente que te abres paso
por los rotos celajes del triste ocaso;
melancólico rayo de blanca luna
reflejado en la cresta de escueta duna;
negra noche que dejas de monte a monte
granizado de estrellas el horizonte;
lamento misterioso de la campana
que en la nocturna sombra suena lejana,
pidiendo por ciudades y por desiertos
la oración de los vivos para los muertos;
plegaria que te elevas entre la nube
del incienso que en ondas al cielo sube
cuando al Señor dirigen himnos fervientes
santos anacoretas y penitentes;
catedrales ruinosas mudas y muertas,
cuyas góticas naves hallo desiertas,
cuyas leves agujas, al cielo alzadas,
parecen oraciones petrificadas;
torres donde, por cima de la veleta
que a merced de los vientos se agita inquieta
señalando regiones que nadie ha visto,
tiende inmóvil sus brazos la fe de Cristo;
luces, sombras, murmullos, flores, espumas,
transparentes neblinas, espesas brumas,
valles, montes, abismos, tormentas, mares,
auras, brisas, aromas, nidos y altares,
vosotros en el fondo del alma mía

despertáis siempre un eco de poesía;
y es que siempre a vosotros encuentro unido
el recuerdo doliente del bien perdido.
Sin él ¿qué es la grandeza, qué es el tesoro
de la tierra y el viento y el mar sonoro?

* * *

Ya lo ves, las canciones que te consagro
en mi mente han nacido por un milagro.
Nada en ellas es mío, todo es don tuyo;
por eso a ti, de hinojos, las restituyo.
¡Pobres hojas caídas de la arboleda,
sin su verdor el alma desnuda queda!
Pero no, que aun te deben mis desventuras
otras más delicadas, otras más puras;
canciones que, por miedo de profanarlas,
en el alma conservo sin pronunciarlas;
recuerdos de las horas que, embelesado,
en nuestro pobre albergue pasé a tu lado
cuando al alma y al cuerpo daban pujanza,
juventud y cariño, fe y esperanza;
cuando, lejos del mundo parlero y vano,
íbamos por la vida mano con mano;
cuando húmedos los ojos, juntas las palmas,
en una se fundían nuestras dos almas;
canciones silenciosas que el alma hieren,
canciones que en mí nacen y que en mí mueren;
¡hechizadas canciones, con cuyo encanto
en mis áridos ojos se agolpa el llanto!
Y aun a veces aplacan mis amarguras
otras más misteriosas, otras más puras;
canciones sin palabra, sin pensamiento,
vagas emanaciones del sentimiento,
silencioso gemido de amor y pena

que, en el fondo del pecho, callado suena;
aspiración confusa que, en vivo anhelo,
ya es canción, ya es plegaria que sube al cielo;
inquietudes del alma, de amor herida;
vagos presentimientos de la otra vida;
éxtasis de la mente que a Dios se lanza;
luminosos destellos de la esperanza;
voces que me aseguran que podré verte
cuando al mundo mis ojos cierre la muerte.
¡Canciones que, por santas, no tienen nombres
en la lengua grosera que hablan los hombres!
Esas son las que endulzan mi amargo duelo;
ésas son las que al alma llaman al cielo;
ésas de mi esperanza fijan el polo,
¡y esas son las que guardo para mi solo!

MANUEL DEL PALACIO
(1832–1906)

Amor oculto

Ya de mi amor la confesión sincera
oyeron tus calladas celosías,
y fue testigo de las ansias mías
la luna, de los tristes compañera.
   Tu nombre dice el ave placentera
a quien visito yo todos los días,
y alegran mis soñadas alegrías
el valle, el monte, la comarca entera.
   Solo tú mi secreto no conoces,
por más que el alma con latido ardiente,
sin yo quererlo, te lo diga a voces
   y acaso has de ignorarlo eternamente,
como las ondas de la mar veloces
la ofrenda ignoran que les da la fuente.

Ayer y hoy

Niña que está enamorada
y después de mucho afán,
de su amor al dulce objeto
consigue a solas hablar,
al ver que de su partida
el instante llega ya,
le dice, siempre llorando:
«¿Cuándo vendrás?»

Casada de un año, o menos,
que ve a su cara mitad
dormirse a la chimenea
en noche de carnaval,
después de mirar la calle
y acariciar el gabán,
le dice, siempre riendo:
«¿Cuando te vas?»

A la memoria de un ángel

Con lento paso me acerqué a la puerta
oprimiendo mi frente enardecida:
sobre su lecho cándido tendida
la prenda de mi amor estaba muerta.

De cuatro cirios a la llama incierta
aquel espectro vi que era mi vida,
aún cerca de la almohada hallé caída
la humilde rosa que la di entreabierta.

Me pareció que de sus negros ojos
una celeste claridad brotaba,
que otra vez animados sus despojos
para decirme: –tuya–, me llamaba.
Besé sus labios, se tornaron rojos...
¡Era el beso primero que la daba!

Canciones

Dos almas en una sola
nuestras dos almas serán;
así me dijiste un día
en vísperas de marchar.

No te he visto desde entonces
ni de ti supe jamás,
ni pensando en nuestras almas
puedo ya vivir en paz.

Si tú las dos te llevaste
debes pasarlo muy mal,
si sólo la tuya tienes
la mía, ¿dónde estará?
Por si muy extraviada
más vale no averiguar.

Hay gentes muy convencidas,
de que uno y uno son dos,
pero una mujer y un hombre
o son uno o nada son.

El amigo verdadero
debe ser como la sangre,

que acude siempre a la herida
sin esperar que la llamen.

Corazón no te humilles
al verte herido,
es mas noble ser carne
que ser cuchillo.

Toda la vida corriendo
tras de la felicidad
¡y a fuerza de correr tanto
nos la dejamos atrás!.

JOSE ECHEGARAY
(1832–1916)

Los tres encuentros

I

Un niño de tersa frente
y la Muerte carcomida,
en la senda de la vida
y en el borde de una fuente,
  por su bien o por su mal
una mañana se hallaron
y sedientos se inclinaron
sobre el líquido cristal.
  Se inclinaron, y en la esfera
cristalina viose al punto
de un niño el rostro muy junto
a una seca calavera.
  La Muerte dijo: «¡Qué hermoso!»

«¡Que horrible!» —el niño pensó:
bebió aprisa y se escapó
por el bosque presuroso.

II

  Pasó el tiempo, y cierto día
ya el sol en toda su altura,
en la misma fuente pura
bebieron en compañía,
  por su bien o por su daño,
la Muerte y un hombre fuerte;
la de siempre era la Muerte;
el hombre, el niño de antaño.
  Como viose de los dos
la imagen en el cristal,

con la luz matutinal
que manda a los mundos Dios,
   la del hombre áspera tez
y la imagen hosca y fiera
de su helada compañera,
se pintaron esta vez.
   Bajo el agua limpia y fría:
sus reflejos observaron;
como entonces se miraron,
se miraron todavía.
   Ella dijo no sé qué
señalando hacia el espejo.
El murmuró «¡Pobre viejo!»
bebió despacio y se fue.

III
   Cae la tarde; el sol anega
en pardas nubes su luz;
envuelta en negro capuz
medrosa la noche llega.
   Dos sombras van a la fuente,
las dos beben a porfía,

y aun no sacia el agua fría
sed atrasada y ardiente.
   Se miran y no se ven;
pero pronto, por fortuna,
subirá al cielo la luna
y podrán mirarse bien.
   Al fin su luz transparente
el espacio iluminó,
y en espejo convirtió
los cristales de la fuente.
   Y eran las sombras ideales,
bajo el agua sumergidas,
de tal modo parecidas,
que al partir las sombras reales
   de sus destinos en pos,
o por darse mala maña,
o por confusión extraña,
cada sombra de las dos
   tomó en el líquido espejo
lo primero que encontróse,
y sin notarlo, llevóse
de la otra sombra el reflejo.

JUAN LEON MERA
(1832–1894)

Indiana

Indica bella, Corí adorada,
el astro sumo tu tez morena
te dio, y la luna, la luz serena
de tu mirar.

Tiñó tu trenza noche atezada;
pintó tus labios la rósea aurora;
te dio tu talle la cimbradora
    palma real.

Las tiernas aves de la montaña
te han enseñado gratos cantares;
gracias te han dado los tutelares
    genios del bien.

Miel en tu lengua la dulce caña
vertió, y la brisa, que entre las flores
vuela, a tu aliento dio los olores
    de algún clavel.

Pero, ¡ay!, los Andes, cuando naciste,
alma de crudo hielo te han dado,
y de sus rocas, ¡ay!, han formado
    tu corazón.

Pues no te inflamas al ver al triste
yupanqui en llanto por ti deshecho
ni su gemido hiere tu pecho,
    que nunca amó.

PEDRO ANTONIO DE ALARCON
(1833–1891)

El amanecer

(Crescendo)

Blando céfiro mueve sus alas
empapadas de fresco rocío...
De la noche el alcázar sombrío
dulce alondra se atreve a turbar...

Las estrellas, cual sueños, se borran...
Sólo brilla magnifica una...
¡Es el astro del alba! La luna
ya desciende, durmiéndose, al mar.
    Amanece: en la raya del cielo
luce trémula cinta de plata que,
trocada en fulgente escarlata,
esclarece la bóveda azul;
y montañas, y selvas, y ríos,
y del campo la mágica alfombra,
roto el negro capuz de la sombra,
muestran nieblas de cándido tul.
    ¡Es de día! Los pájaros todos
te saludan con arpa sonora,
y arboledas y cúspides dora
el intenso lejano arrebol.
El Oriente se incendia en colores...;
los colores en vívida lumbre...,
¡y por cima del áspera cumbre
sale el disco inflamado del sol!

JOSE HERNANDEZ
(1834–1886)

Martín Fierro (Fragmento)

VIII

Otra vez en un boliche
estaba haciendo la tarde;
cayó un gaucho que hacía alarde
de guapo y de peliador.

A la llegada metió
el pingo hasta la ramada,
y yo sin decirle nada
me quedé en el mostrador.

Era un terne de aquel pago
que nadies lo reprendía,
que sus enriedos tenía
con el señor comendante;
y como era protegido,
andaba muy entonao,
y a cualquiera desgraciao
lo llevaba por delante.

¡Ah, pobre!, si él mismo creiba
que la vida le sobraba.
Ninguno diría que andaba
aguaitándole la muerte.
Pero ansí pasa en el mundo,
es ansí la triste vida;
pa todos está escondida
la güena o la mala suerte.

Se tiró al suelo: al dentrar
le dio un empellón a un vasco,
y me alargó un medio frasco,
diciendo : "Beba, cuñao."
"Por su hermana, contesté,
que por la mía no hay cuidao."

"¡Ah, gaucho!", me respondió;
¿de qué pago será crioyo?
¿Lo andará buscando el hoyo?
¿Deberá tener güen cuero?
"Pero ande bala este toro
no bala ningún ternero."

Y ya salimos trenzaos.
porque el hombre no era lerdo;
mas como el tino no pierdo
y soy medio ligerón,
le dejé mostrando el sebo
de un revés con el facón.

Y como con la justicia
no andaba bien por allí,
cuando pataliar lo vi
y el pulpero pegó el grito,
ya pa el palenque salí,
como haciéndome chiquito.

Monté y me encomendé a Dios
rumbiando para otro pago;
que el gaucho que llaman vago,
no puede tener querencia,
y ansí de estrago en estrago,
vive llorando la ausencia.

El anda siempre juyendo,
siempre pobre y perseguido;
no tiene cueva ni nido,
como si juera maldito;
porque el ser gaucho ...¡barajo!,
el ser gaucho es un delito.

Es como el patrio de posta:
lo larga éste, aquel lo toma;
nunca se acaba la broma.
Dende chico se parece
al arbolito que crece
desamparao en la loma.

Le echan la agua del bautismo
aquel que nació en la selva;
"Buscá madre que te envuelva",
le dice el fraile y lo larga,
y dentra a cruzar el mundo
como burro con la carga.

Y se cría viviendo al viento
como oveja sin trasquila,
mientras su padre en las filas
anda sirviendo al Gobierno.

Aunque tirite en invierno,
naide lo ampara ni asila.
Le llaman gaucho mamao
si lo pillan divertido,
y que es mal entretenido
si en un baile lo sorprienden;
hace mal si se defiende,
y si no, se ve... fundido.
No tiene hijos, ni mujer,
ni amigos, ni protetores;
pues todos son sus señores,
sin que ninguno lo ampare.
Tiene la suerte del güey,
¿y dónde ira el güey que no are?
Su casa es el panojal,
su guarida es el desierto;
y si de hambre medio muerto
le echa el lazo a algún mamón,
le persiguen como a plaito
porque es un gaucho ladrón.
Y si de un golpe por ay
lo dan güelta panza arriba,
no hay un alma compasiva
que le rece una oración;
tal vez como cimarrón

en una cueva lo tiran.
El nada gana en la paz
y es el primero en la guerra;
no le perdonan si yerra,
que no saben perdonar,
porque el gaucho en esta tierra
solo sirve pa votar.
Para él son los calabozos,
para él las duras prisiones,
en su boca no hay razones
aunque la razón le sobre;
que son campanas de palo
las razones de los pobres.
Si uno aguanta, es gaucho bruto
si no aguanta, es gaucho malo.
¡Dele azote, dele palo!
Porque es lo que él necesita.
De todo el que nació gaucho
ésta es la suerte maldita.
Vamos, suerte, vamos juntos
dende que juntos nacimos;
y ya que juntos vivimos,
sin podernos dividir,
yo abriré con mi cuchillo
el camino pa seguir. ...

GASPAR NUÑEZ DE ARCE
(1834–1903)

Tristezas

Cuando recuerdo la piedad sincera
con que en mi edad primera
entraba en nuestras viejas catedrales,

donde postrado ante la cruz de hinojos,
alzaba a Dios mis ojos,
soñando en las venturas celestiales;
hoy que mi frente atónito golpeo,
y con febril deseo
busco los restos de mi fe perdida,
por hallarla otra vez, radiante y bella,
como en la edad aquella,
¡desgraciado de mí!, diera la vida.
¡Con qué cándido amor, niño inocente,
prosternaba mi frente
en las losas del templo sacrosanto!
Llenábase mi joven fantasía
de luz, de poesía,
de mudo asombro, de terrible espanto.
Aquellas altas bóvedas que al cielo
levantaban mi anhelo;
aquella majestad solemne y grave;
aquel pausado canto, parecido
a un doliente gemido,
que retumbaba en la espaciosa nave;
las marmóreas y austeras esculturas
de antiguas sepulturas,
aspiración del arte a lo infinito;
la luz que por los vidrios de colores
sus tibios resplandores
quebraba en los pilares de granito:
haces de donde en curva fugitiva.
para formar la ojiva,
cada ramal subiendo se separa,
cual del rumor de multitud que ruega,
cuando a los cielos llega,
surge cada oración distinta y clara,
en el gótico altar inmoble y fijo

el santo crucifijo,
que extiende sin vigor sus brazos yertos,
siempre en la sorda lucha de la vida,
tan áspera y reñida,
para el dolor y la humildad abiertos;
el místico clamor de la campana
que sobre el alma humana
de las caladas torres se despeña,
y anuncia y lleva en sus aladas notas
mil promesas ignotas
al triste corazón que sufre y sueña;
todo eleva mi ánimo intranquilo
a más sereno asilo;
religión, arte, soledad, misterio...,
todo en el templo secular hacía
vibrar el alma mía,
como vibran las cuerdas de un salterio.
Y a esta voz interior que sólo entiende
quien crédulo se enciende
en fervoroso y celestial cariño,
envuelta en sus flotantes vestiduras
volaba a las alturas
virgen sin mancha, mi oración de niño.
Su rauda, viva y luminosa huella
como fugaz centella
traspasaba el espacio, y ante el puro
resplandor de sus alas de querube,
rasgábase la nube
que me ocultaba el inmortal seguro.
¡Oh anhelo de esta vida transitoria!
¡Oh perdurable gloria!
¡Oh sed inextinguible del deseo!
¡Oh cielo, que antes para mi tenías
fulgores y armonías,

y hoy tan oscuro y desolado veo!
   Ya no templas mis íntimos pesares,
      ya al pie de tus altares
como en mis años de candor no acudo.
Para llegar a Ti perdí el camino,
      y errante peregrino
entre tinieblas desespero y dudo.
   Voy espantado sin saber por donde;
      grito y nadie responde
a mi angustiada voz; alzo los ojos
y a penetrar la lobreguez no alcanzo:
      medrosamente avanzo,
y me hieren el alma los abrojos.
   Hijo del siglo, en vano me resisto
a su impiedad. ¡Oh Cristo!
Su grandeza satánica me oprime.
Siglo de maravillas y de asombros,
      levanta sobre escombros,
un Dios sin esperanza, un Dios que gime.
   ¡Y ese Dios no eres Tú! No Tu serena
      faz de consuelos llena,
alumbra y guía nuestro incierto paso.
Es otro Dios incógnito y sombrío:
      su cielo es el vacío;
sacerdote, el Error; ley, el Acaso.
   ¡Ay! No recuerda el ánimo suspenso
      un siglo mas inmenso,
más rebelde a tu voz, más atrevido;
entre nubes de fuego alza su frente,
      como Luzbel potente;
pero también, como Luzbel, caído.
   A medida que marcha y que investiga
      es mayor su fatiga,
es su noche más honda y más oscura,

y pasma, al ver lo que padece y sabe,
cómo en su seno cabe
tanta grandeza y tanta desventura.
Como la nave sin timón y rota
que el ronco mar azota,
incendia el rayo y la borrasca mece
el piélago ignorado y proceloso,
nuestro siglo coloso
con la luz que le abrasa, resplandece.
¡Y está la playa mística tan lejos!...
A los tristes reflejos
del sol poniente se colora y brilla.
El huracán arrecia, el bajel arde,
y es tarde; es, ¡ay!, muy tarde
para alcanzar la sosegada orilla.
¿Qué es la ciencia sin fe? Corcel sin freno,
a todo yugo ajeno,
que al impulso del vértigo se entrega,
y a través de intrincadas espesuras,
desbocado y a oscuras
avanza sin cesar y nunca llega.
¡Llegar! ¿Adónde?... El pensamiento humano
en vano lucha, en vano
su ley oculta y misteriosa infringe.
En la lumbre del sol sus alas quema,
y no aclara el problema,
ni penetra el enigma de la Esfinge.
¡Sálvanos, Cristo, sálvanos, si es cierto
que tu poder no ha muerto!
Salva a esta sociedad desventurada,
que bajo el peso de su orgullo mismo
rueda al profundo abismo
acaso más enferma que culpada.
La ciencia audaz, cuando de ti se aleja,

en nuestras almas deja
el germen de recónditos dolores.
Como al tender el vuelo hacia la altura
deja su larva impura
el insecto en el cáliz de las flores.
Si en esta confusión honda y sombría
es, Señor, todavía
raudal de vida tu palabra santa,
di a nuestra fe desalentada y yerta:
—¡Anímate y despierta!,
como dijiste a Lázaro: —¡Levanta!

Estrofas

I

La generosa musa de Quevedo
desbordóse una vez como un torrente
y exclamó llena de viril denuedo:
«No he de callar, por más que con el dedo,
ya tocando los labios, ya la frente,
silencio avises o amenaces miedo.»

II

Y al estampar sobre la herida abierta
el hierro de su cólera encendido,
tembló la confusión que siempre alerta,
incansable y voraz, labra su nido,
como gusano ruin en carne muerta,
en todo Estado exánime y podrido.

III

Arranque de dolor, de ese profundo
dolor que se concentra en el misterio
y huye amargado del rumor del mundo,

fue su sangrienta sátira cauterio,
que aplicó sollozando al patrio imperio,
mísero, gangrenado y moribundo.

IV

¡Ah, si hoy pudiera resonar la lira
que con Quevedo descendió a la tumba,
en medio de esta universal mentira,
de este viento de escándalo que zumba,
de este fétido hedor que se respira,
de esta España moral que se derrumba!

V

De la viva y creciente incertidumbre
que en lucha estéril nuestra fuerza agota;
del huracán de sangre que alborota
el mar de la revuelta muchedumbre;
de la insaciable y honda podredumbre
que el rostro y la conciencia nos azota.

VI

De este horror, de este ciego desvarío
que cubre nuestras almas con un velo,
como el sepulcro, impenetrable y frío,
de este insensato pensamiento impío,
que destituye a Dios, despuebla el cielo
y precipita el mundo en el vacío.

VII

Si en medio de esta borrascosa orgía
que infunde repugnancia al par que aterra,
esa lira estallara, ¿qué sería?
Grito de indignación, canto de guerra,

que en las entrañas mismas de la tierra
la muerta humanidad conmovería.

VIII

Mas ¿porque el gran satírico no aliente
ha de haber quien contemple y autorice
tanta degradación, indiferente?
«¿No ha de haber un espíritu valiente?
¿Siempre se ha de sentir lo que se dice?
¿Nunca se ha de decir lo que se siente?»

IX

¡Cuántos sueños de gloria evaporados
como las leves gotas de rocío,
que apenas mojan los sedientos prados!
¡Cuánta ilusión perdida en el vacío
y cuántos corazones anegados
en la amarga corriente del hastío!

X

No es la revolución raudal de plata
que fertiliza la extendida vega;
es sorda inundación que se desata.
No es viva luz que se difunde grata
sino confuso resplandor que ciega
y tormentoso vértigo que mata.

XI

Al menos en el siglo desdichado
que aquel ilustre y vigoroso vate
con el rayo marcó de su censura

podía el corazón atribulado
salir ileso del mortal combate
en alas de la fe radiante y pura.

XII

Y apartando la vista de aquel cieno
social, de aquellos fétidos despojos
de aquel lúbrico y torpe desenfreno,
fijar llorando los ardientes ojos
en ese cielo azul, limpio y sereno,
de santa paz y de esperanza lleno.

XIII

Pero hoy, ¿dónde mirar? Un golpe mismo
hiere al César y a Dios. Sorda carcoma
prepara el misterioso cataclismo,
y como en tiempo de la antigua Roma,
todo cruje, vacila y se desploma
en el cielo, en la tierra, en el abismo.

XIV

Perdida en tanta soledad la calma,
de noche eterna el corazón cubierto
la gloria muda, desolada el alma,
en este pavoroso desconcierto
se eleva la Razón, como la palma
que crece triste y sola en el desierto.

XV

¡Triste y sola, es verdad! ¿Dónde hay miseria
mayor? ¿Dónde más hondo desconsuelo?
¿De qué le sirve desgarrar el velo

que envuelve y cubre la vivaz materia,
y con profundo, inextinguible anhelo,
sondar la tierra, escudriñar el cielo;

XVI

entregarse a merced del torbellino
y en la duda incesante que le aqueja
el secreto inquirir de su destino,
si a cada paso que adelanta deja
su fe inmortal, como el vellón la oveja,
enredado en las zarzas del camino?

XVII

¿Si a su culpada humillación se adhiere
con la constancia infame del beodo,
que goza en su abyección y en ella muere?
¿Si ciega, y torpe, y degradada en todo,
desconoce su origen y prefiere
a descender de Dios surgir del lodo?

XVIII

¡Libertad, libertad! No es aquella
virgen, de blanca túnica ceñida,
que vi en mis sueños, pudibunda y bella.
No eres, no, la deidad esclarecida
que alumbra con su luz como una estrella
los oscuros abismos de la vida.

XIX

No eres la fuente de perenne gloria
que dignifica el corazón humano

y engrandece esta vida transitoria.
¡No el ángel vengador que con su mano
imprime en las espaldas del tirano
el hierro enrojecido de la Historia!

XX

No eres la vaga aparición que sigo
con hondo afán desde mi edad primera,
sin alcanzarla nunca... Mas, ¿qué digo?
¡No eres la libertad; disfraces fuera,
licencia desgreñada, vil ramera
del motín, te conozco y te maldigo!

XXI

¡Ah! No es extraño que sin luz ni guía
los humanos instintos se desborden
con el rugido del volcán que estalla,
y en medio del tumulto y la anarquía,
como corcel indómito, el desorden
no respete ni látigo ni valla.

XXII

¿Quien podrá detenerle en su carrera?
¿Quien templar los impulsos de la fiera
y loca multitud enardecida,
que principia a dudar y ya no espera
hallar en otra luminosa esfera
bálsamo a los dolores de esta vida?

XXIII

Como Cristo en la cúspide del monte,
rotas ya sus mortales ligaduras,

mira doquier con ojos espantados
por toda la extensión del horizonte
dilatarse a sus pies vastas llanuras,
ricas ciudades, fértiles collados.

XXIV

Y excitando su afán calenturiento
tanta grandeza y tanto poderío
de la codicia el persuasivo acento
grítale audaz:–¡El cielo esta vacío!
¿A quien temer?–Y ronca y sin aliento
la muchedumbre grita: –¡Todo es mío!

XXV

Y en el tumulto su puñal afila,
y en la enconada cólera que encierra
enturbia y enardece su pupila,
y ensordeciendo el aire en son de guerra
hace temblar bajo sus pies la tierra,
como las hordas bárbaras de Atila.

XXVI

No esperéis que esa turba alborotada
infunda nueva sangre generosa
en las venas de Europa desmayada;
ni que termine su fatal jornada,
sobre el ara desierta y polvorosa
otro Dios levantando con su espada.

XXVII

No esperéis, no, que la confusa plebe,
como santo depósito en su pecho

nobles instintos y virtudes lleve.
Hallará el mundo a su codicia estrecho,
que es la fuerza, es el número, es el hecho
brutal, ¡es la materia que se mueve!

XXVIII

Y buscará la libertad en vano,
que no arraiga en los crímenes la idea
ni entre las olas fructifica el grano.
Su castigo en sus iras centellea
pronto a estallar; que el rayo y el tirano
hermanos son. ¡La tempestad los crea!

GUSTAVO ADOLFO BECQUER
(1836–1870)

Rimas

Del salón en el ángulo oscuro,
de su dueño tal vez olvidada,
silenciosa y cubierta de polvo
    veíase el arpa.
¡Cuanta nota dormía en sus cuerdas,
como el pájaro duerme en las ramas,
esperando la mano de nieve
    que sabe arrancarlas!
¡Ay!, pensé; cuántas veces el genio
así duerme en el fondo del alma,
y una voz, como Lázaro, espera
que le diga: «¡Levántate y anda! »

* * *

Como se arranca el hierro de una herida
su amor de las entrañas me arranqué,

aunque sentí al hacerlo que la vida
me arrancaba con él.
Del altar que la alcé en el alma mía
la voluntad su imagen arrojó,
y la luz de la fe que en ella ardía
ante el ara desierta se apagó.
Aún, para combatir mi firme empeño
viene a mi mente su visión tenaz...
¡Cuándo podré dormir con ese sueño
en que se acaba el soñar!

* * *

Volverán las oscuras golondrinas
en tu balcón sus nidos a colgar
y otra vez con el ala a sus cristales
jugando llamarán.
Pero aquellas que el vuelo refrenaban
tu hermosura y mi dicha al contemplar,
aquellas que aprendieron nuestros nombres...,
ésas... ¡no volverán!
Volverán las tupidas madreselvas
de tu jardín las tapias a escalar,
y otra vez a la tarde, aún más hermosas,
sus flores se abrirán.
Pero aquellas cuajadas de rocío,
cuyas gotas mirábamos temblar
y caer como lágrimas del día...
ésas... ¡no volverán!
Volverán del amor en tus oídos
las palabras ardientes a sonar;
tu corazón de su profundo sueño
tal vez despertará.
Pero mudo y absorto y de rodillas,
como se adora a Dios ante su altar,
como yo te he querido..., desengáñate,
¡así no te querrán!

* * *

Cuando en la noche te envuelven
las alas de tul del sueño,
y tus curvadas pestañas
semejan arcos de ébano,
por escuchar los latidos
de tu corazón inquieto
y reclinar tu dormida
cabeza sobre mi pecho,

diera, alma mía,
cuanto poseo;
¡la luz, el aire
y el pensamiento!

Cuando se clavan tus ojos
en un invisible objeto
y tus labios ilumina
de una sonrisa el reflejo,
por leer sobre tu frente
el callado pensamiento
que pasa como la nube
del mar sobre el ancho espejo,

diera, alma mía,
cuanto deseo:
¡la fama, el oro,
la gloria, el genio!

Cuando enmudece tu lengua,
y se apresura tu aliento
y tus mejillas se encienden,
y entornas tus ojos negros,
por ver entre tus pestañas
brillar con húmedo fuego

la ardiente chispa que brota
del volcán de los deseos,

diera, alma mía,
por cuanto espero:
¡la fe, el espíritu,
la tierra, el cielo!

* * *

Cerraron sus ojos,
que aún tenía abiertos;
taparon su cara
con un blanco lienzo;
y unos sollozando,
otros en silencio,
de la triste alcoba
todos se salieron.
La luz, que en un vaso
ardía en el suelo,
al muro arrojaba
la sombra del lecho;
entre aquella sombra
veíase a intérvalos
dibujarse rígida
la forma del cuerpo.
Despertaba el día,
y a su albor primero,
con sus mil rüidos
despertaba el pueblo
Ante aquel contraste
de vida y misterios,
de luz y tinieblas,
medité un momento.

¡Dios mío, qué solos
se quedan los muertos!
De la casa en hombros
lleváronla al templo
y en una capilla
dejaron el féretro.
Allí rodearon
sus pálidos restos
de amarillas velas
y de paños negros.
Al dar de las ánimas
el toque postrero,
acabó una vieja
sus últimos rezos;
cruzó la ancha nave,
las puertas gimieron,
y el santo recinto
quedóse desierto.
De un reloj se oía
acompasado el péndulo,
y de algunos cirios
el chisporroteo.
Tan medroso y triste,
tan oscuro y yerto

todo se encontraba...
que pensé un momento:
¡Dios mío, qué solos
se quedan los muertos!

De la alta campana
la lengua de hierro,
le dio, volteando,
su adiós lastimero.
El luto en las ropas,
amigos y deudos
cruzaron en fila
formando el cortejo.

Del último asilo
oscuro y estrecho,
abrió la piqueta.
el nicho a un extremo.
Allí la acostaron,
tapiáronla luego,
y con un saludo
despidióse el duelo.

La piqueta al hombro
el sepulturero,
cantando entre dientes,
se perdió a lo lejos.
La noche se entraba,
reinaba el silencio;
perdido en las sombras
medité un momento:

¡Dios mío, qué solos
se quedan los muertos!

En las largas noches
del helado invierno,
cuando las maderas
crujir hace el viento
y azota los vidrios
el fuerte aguacero,
de la pobre niña
a solas me acuerdo.

Allí cae la lluvia
con un son eterno;
allí la combate
el soplo del cierzo.
Del húmedo muro
tendida en el hueco,
acaso de frío
se hielan sus huesos.

... ...

¿Vuelve el polvo al polvo?
¿Vuela el alma al cielo?
¿Todo es vil materia,
podredumbre y cieno?
No sé; pero hay algo
que explicar no puedo,
que al par nos infunde
repugnancia y duelo,
al dejar tan tristes,
tan solos, los muertos!

* * *

Las ropas desceñidas,
desnudas las espadas,
en el dintel de oro de la puerta
dos ángeles velaban.

Me aproximé a los hierros
que defienden la entrada,
y de las dobles rejas en el fondo
la vi confusa y blanca.

La vi como la imagen
que en el ensueño pasa,
como un rayo de luz tenue y di-
que entre tinieblas nada. [fuso
  Me sentí de un ardiente
deseo llena el alma;

como atrae un abismo, aquel
hacia sí me arrastraba. [misterio
  Mas, ¡ay!, que de los ángeles
parecían decirme las miradas:
—El umbral de esta puerta
sólo Dios lo traspasa.

AUGUSTO FERRAN
(1836–1880)

«¡Qué a gusto sería...!»

  ¡Qué a gusto sería
sombra de tu cuerpo!
¡Todas las horas del día de cerca
te iría siguiendo!
  Y mientras la noche
reinara en silencio,
toda la noche mi sombra estaría
pegada a tu cuerpo.
  Y cuando la muerte
llegara a vencerlo,
solo una sombra por siempre serían
mi sombra y tu cuerpo.

TEODORO LLORENTE
(1836–1911)

La melancolía

  A la luz tibia de otoñal ocaso
entre marchitos árboles torcía
mi errante senda el caprichoso ocaso;
deidad hermosa y triste hallé a mi paso
y eras tú esa deidad, Melancolía.

De derribado muro rotas piedras
eran tu trono, al que mullida alfombra
las enlazadas hiedras
daban, y un sauce vacilante sombra;
allí sentada, al cielo transparente
levantabas, marcada con el sello
de tranquilo dolor, la augusta frente;
y brillaba en tus ojos seductores
el que nos dejan pálido destello
los perdidos amores.
Me miraste llegar, y sonreíste
con la incierta sonrisa
que deja al alma triste
entre el dolor y el júbilo indecisa;
y a mi viniendo con semblante amigo,
me asiste de la diestra, y apartando
las mustias ramas, con acento blando
cariñosa exclamaste: «Ven conmigo.»
Y contigo crucé la selva umbrosa,
y vi morir las luces de la tarde,
y vi nacer la estrella esplendorosa
que la primera en las tinieblas arde,
y respire feliz el triste encanto
que, halagándonos más que la alegría,
los ojos baña en delicioso llanto.
Y desde entonces, al morir el día,
escalo audaz las pardas
rocas del monte, y a la oscura umbría
voy, donde fiel a tu amador aguardas;
y de tu mano asido
la senda busco del oculto nido;
y donde el breve espacio el bosque cierra,
nuestro horizonte con sus verdes velos,
evoco los recuerdos de la tierra
y tú las esperanzas de los cielos.

VICENTE W. QUEROL
(1836–1889)

En Nochebuena

A mis ancianos padres.

I

Un año mas en el hogar paterno
celebramos la fiesta del Dios-Niño,
símbolo augusto del amor eterno
cuando cubre los montes el invierno
con su manto de armiño.

II

Como en el día de la fausta boda
o en el que el santo de los padres llega,
la turba alegre de los niños juega,
y en la ancha sala la familia toda
de noche se congrega.

III

La roja lumbre de los troncos brilla
del pequeño dormido en la mejilla
que con tímido afán su madre besa;
y se refleja alegre en la vajilla
de la dispuesta mesa.

IV

A su sobrino, que lo escucha atento,
mi hermana dice el pavoroso cuento,
y mi otra hermana la canción modula que,
o bien surge vibrante, o bien ondula
prolongada en el viento.

V

Mi madre tiende las rugosas manos
al nieto que huye por la blanda alfombra;
hablan de pie mi padre y mis hermanos,
mientras yo, recatándome en la sombra,
pienso en hondos arcanos.

VI

Pienso que de los días de ventura
las horas van apresurando el paso,
y que empaña el Oriente niebla oscura,
cuando aún el rayo trémolo fulgura,
último del ocaso.

VII

¡Padres míos, mi amor! ¡Como envenena
las breves dichas el temor del daño!
Hoy presidís nuestra modesta cena,
pero en el porvenir... yo sé que un año
vendrá sin Nochebuena.

VIII

Vendrá, y las que hoy son risas y alborozo
serán muda aflicción y hondo sollozo.
No cantará mi hermana, y mi sobrina
no escuchará la historia peregrina
que le da miedo y gozo.

IX

No dará nuestro hogar rojos destellos
sobre el limpio cristal de la vajilla,

y, si alguien osa hablar, será de aquellos
que hoy honran nuestra fiesta tan sencilla
con sus blancos cabellos.

X

Blancos cabellos cuya amada hebra,
es cual corona de laurel de plata,
mejor que esas coronas que celebra
la vil lisonja, la ignorancia acata,
y el infortunio quiebra.

XI

¡Padres míos, mi amor! Cuando contemplo
la sublime bondad de vuestro rostro,
mi alma a los trances de la vida templo,
y ante esa imagen para orar me postro,
cual me postro en el templo.

XII

Cada arruga que surca ese semblante
es del trabajo la profunda huella,
o fue un dolor de vuestro pecho amante.
La historia fiel de una época distante
puedo leer yo en ella.

XIII

La historia do los tiempos sin ventura
en que luchasteis con la adversa suerte,
y en que, tras negras horas de amargura,
mi madre se sintió más noble y pura
y mi padre más fuerte.

XIV

Cuando la noche toda en la cansada
labor tuvisteis vuestros ojos fijos,
y, al venceros el sueño a la alborada,
fuerzas os dio posar vuestra mirada
en los dormidos hijos.

XV

Las lágrimas correr una tras una
con noble orgullo, por mi faz yo siento,
pensando que hayan sido, por fortuna,
esas honradas manos mi sustento
y esos brazos mi cuna.

XVI

¡Padres míos, mi amor! Mi alma quisiera
pagaros hoy lo que en mi edad primera
sufristeis sin gemir, lenta agonía,
y que cada dolor de entonces fuera
germen de una alegría.

XVII

Entonces vuestro mal curaba el gozo
de ver al hijo convertirse en mozo,
mientras que al verme yo en vuestra presencia
siento mi dicha ahogada en el sollozo
de una temida ausencia.

XVIII

Si el vigor juvenil volver de nuevo
pudiese a vuestra edad, ¿por qué estas penas?

Yo os daría mi sangre de mancebo,
tornando así con ella a vuestras venas
esta vida que os debo.

XIX

Que de tal modo la aflicción me embarga
pensando en la posible despedida,
que imagino ha de ser tarea amarga
llevar la vida, como inútil carga
después de vuestra vida.

XX

Ese plazo fatal, sordo, inflexible,
miro acercarse con profundo espanto,
y en dudas grita el corazón sensible:
«Si aplacar al destino es imposible,
¿para que amaros tanto?»

XXI

Para estar juntos en la vida eterna
cuando acabe esta vida transitoria;
si Dios, que el curso universal gobierna,
nos devuelve en el cielo esta unión tierna,
yo no aspiro a más gloria.

XXII

Pero en tanto, buen Dios, mi mejor palma
será que prolonguéis la dulce calma
que hoy nuestro hogar en su recinto encierra;
para marchar yo solo por la tierra
no hay fuerzas en mi alma,

JOSE MARTINEZ MONROY
(1837–1861)

Cruzando el Mediterráneo

¡Hermosa noche! Por Oriente asoma
de bruma envuelta en anchurosa franja,
y cruzando sus velos en la altura,
doquiera tibia oscuridad derrama.
Huye la luz bordando las esferas
con ricas orlas de colores varias,
y en los mares revueltos del ocaso
la refulgente cabellera baña.
Teñida en rayos de ilusión, desea
flotar ligera en la extensión del alma
rasgar los tules y aspirar los gratos
frescos aromas que suspende el aura.
Tiembla la brisa de placer, meciendo
los blandos pliegues de ondulantes gasas
partiendo sombras, las espesas nubes
el aire en cintas de arrebol desgarra;
y el cielo por encima de los orbes
corona de diamantes, se destaca.
¡Hermosa noche! Las estrellas brotan
cual copos de zafir, rosas de nácar
que al perfumado ambiente de los cielos
sus pétalos de chispas abrillantan.
La luna, su fulgor plácido y triste
rompiendo, bellos tornasoles lanza,
florón do cuelgan los perdidos paños
que en la bóveda inmensa se desatan,
encantada azucena, sol de nieve,
globo de luz de rutilante plata,
águila de la noche, que tendiendo
allá, en lo azul, con majestad las alas

reposa sus miradas sobre el mundo,
que entre velos de lumbre pura y blanca
y en los brazos mecida del espacio,
con sueño arrobador, muda descansa
y sus rayos, en hilos destilados
por el tenue vapor rielando pasan,
y mil plumas fantásticas dibujan
del mar tranquilo en las azules aguas.
El mar, undoso ceñidor celeste,
que con sus lazos a la tierra abarca,
y colgada, en los cielos la suspende,
con un jirón del firmamento atada;
el mar, la losa del sepulcro inmenso
que el cadáver del mundo encierra y guarda
do sus copas altísimas cimbrean,
cual sauces de la muerte, las montañas
el mar, que empaña su cristal bramando
al aliento que el aire desparrama,
sepultando una ola en otra ola
que se pierden gimiendo en sus entrañas,
cual del triste los míseros gemidos
se pierden en el mar de la esperanza.
Allá, extendida en la dudosa línea
que en el vasto horizonte se señala,
donde las ondas apacibles mueren,
donde se besan con amor las aguas,
cual tierno corazón que infunde vida
en el gigante mundo, late Italia.
Pedazo de la lumbre de la gloria
que las cenizas de la tierra inflama;
mentira hermosa, del Edén caída;
de una bella ilusión sagrada estatua,
que yace sepultada entre ilusiones,
lira doliente, melodiosa arpa

que del cielo en la crespa cabellera
sus cuerdas de marfil y oro enredaba,
hasta tanto que al mundo desprendida
osaron los tiranos desgarrarla,
para tejer con ellas sus coronas,
para cubrir de su borrón la infamia.
Y hoy sus tonos armónicos anega
entre el llanto inmensísimo que abrasa
los senos de la mar, como los mártires
anegan sus quejidos entre lágrimas;
y hoy descansa en monótona agonía
con laureles de espuma coronada,
blancas flores del campo de los mares
que su perfume de murmullo exhalan;
y al aire de su llanto dolorido,
y al aura dice, si la besa el aura,
que pida al cielo libertad y vida
¡ay!, porque vida y libertad le faltan.

ROSALIA DE CASTRO
(1837–1885)

Las campanas

Yo las amo, yo las oigo,
cual oigo el rumor del viento
el murmurar de la fuente,
o el balido del cordero.
    Como los pájaros, ellas,
tan pronto asoma en los cielos
el primer rayo del alba,
le saludan con sus ecos.
    Y en sus notas, que van prolongándose
por los llanos y los cerros,

hay algo de candoroso,
de apacible y de halagüeño.
  Si por siempre enmudecieran,
¡qué tristeza en el aire y en el cielo!
¡Qué silencio en las iglesias!
¡Qué extrañeza entre los muertos!

Tiempos que fueron

  Hora tras hora, día tras día,
entre el cielo y la tierra que quedan
eternos vigías,
como torrente que se despeña
pasa la vida.
  Devolvedle a la flor su perfume
después de marchita;
de las ondas que besan la playa
y que una tras otra besándola expiran,
recoged los rumores, las quejas
y en planchas de bronce grabad su armonía.
  Tiempos que fueron llantos y risas,
negros tormentos, dulces mentiras,
¡ay!, ¿en dónde su rastro dejaron,
en dónde, alma mía?

BERNARDO LOPEZ GARCIA
(1840–1877)

Dos de Mayo

ELEGIA HEROICA

  Oigo patria, tu aflicción,
y escucho el triste concierto
que forman, tocando a muerto,
la campana y el cañón.

Sobre tu invicto pendón
miro flotantes crespones,
y oigo alzarse a otras regiones
en estrofas funerarias,

de la Iglesia las plegarias,
y del Arte las canciones.

* * *

Lloras porque te insultaron
los que su amor te ofrecieron...
¡A ti, a quien siempre temieron
porque tu gloria admiraron:
a ti, por quien se inclinaron
los mundos de zona a zona
a ti, soberbia matrona,
que, libre de extraño yugo,
no has tenido más verdugo
que el peso de tu corona!...

* * *

Doquiera la mente mía
sus alas rápida lleva,
allí un sepulcro se eleva
cantando tu valentía;
desde la cumbre bravía
que el sol indio tornasola
hasta el Africa, que inmola
sus hijos en torpe guerra,
¡no hay un puñado de tierra
sin una tumba española!...

* * *

Tembló el orbe a tus legiones
y de la espantada esfera
sujetaron la carrera
las garras de tus leones;
nadie humilló tus pendones
ni te arrancó la victoria,
pues de tu gigante gloria
no cabe el rayo fecundo

ni en los ámbitos del mundo
ni en el libro de la Historia.

* * *

Siempre en lucha desigual
cantan su invicta arrogancia
Sagunto, Cádiz, Numancia,
Zaragoza y San Marcial;
en tu seno virginal
no arraigan extraños fueros,
porque indómitos y fieros
saben hacer tus vasallos
frenos para sus caballos
con los cetros extranjeros...

* * *

Y hubo en la tierra un hombre
que osó profanar tu manto...
¡Espacio falta a mi canto
para maldecir su nombre! ...
Sin que el recuerdo me asombre,
con ansia abriré la Historia;
presta luz a mi memoria,
y el mundo y la patria a coro
oirán el himno sonoro
de tus recuerdos de gloria.

* * *

Aquel genio de ambición
que, en su delirio profundo,
cantando guerra hizo al mundo
sepulcro de su nación,
hirió al ibero león,
ansiando a España regir;
y no llegó a percibir,
ebrio de orgullo y poder

que no puede esclavo ser
pueblo que sabe morir.

* * *

¡Guerra!, clamó ante el altar
el sacerdote con ira;
¡guerra!, repitió la lira
con indómito cantar;
¡guerra! gritó al despertar
el pueblo que al mundo aterra
cuando en hispana tierra
pasos extraños se oyeron,
hasta las tumbas se abrieron
gritando: ¡Venganza y guerra!

* * *

La virgen con patrio ardor
ansiosa salta del lecho;
el niño bebe en el pecho
odio a muerte al invasor;
la madre mata su amor,
y cuando calmada está,
grita al hijo que se va:
«¡Pues que la patria lo quiere
lánzate al combate y muere;
tu madre te vengará...»

* * *

Y suenan patrias canciones
cantando santos deberes,
y van roncas las mujeres
empujando los cañones,
al pie de libres pendones,
el grito de patria zumba.
Y el rudo cañón retumba,
y el vil invasor se aterra,
y al suelo le falta tierra
para cubrir tanta tumba...

* * *

Mártires de la lealtad,
que del honor al arrullo
fuisteis de la patria orgullo
y honra de la Humanidad...
En la tumba descansad,
que el valiente pueblo ibero
jura con rostro altanero
que, hasta que España sucumba
no pisará vuestra tumba
la planta del extranjero.

EVARISTO SILIO
(1841–1874)

Una tarde

¡Tarde horrible! ¡Del horizonte
la alta esfera, negro velo
recubrió;
triste, oscuro estaba el monte,

triste el valle, triste el cielo,
triste yo!
En medio al cuadro sombrío
de pavura todo acento

feneció;
mudo estaba el manso río,
muda el ave, mudo el viento,
mudo yo.
De la aldea la cabaña
buscó un ser mi vista; en vano
le buscó;
sola estaba la montaña,
solo el bosque, solo el llano,
¡solo yo!
Y tras el negro horizonte

solo el poder soberano
que hoy logró
que ni una flor guarde el monte,
ni una el bosque, ni una el llano,
¡ni una yo!
¡Ah! Del tiempo la honda saña
seremos en este arcano
que él formó,
polvo estéril la montaña,
polvo el bosque, polvo el llano,
¡polvo yo!

EUSEBIO BLASCO
(1844–1903)

«Explicando una tarde Anatomía...»

Explicando una tarde Anatomía
un sabio profesor
del corazón a sus alumnos daba
perfecta descripción.
Anonadado por sus propias penas,
la cátedra olvidó;
y a riesgo de que loco le creyeran,
con alterada voz:
«Dicen, señores, exclamaba pálido,
que nadie consiguió
vivir sin esa víscera preciosa.
¡Error, extraño error!
Hay un ser de mi ser, una hija mía,
que ayer me abandonó;
¡las hijas que abandonan a sus padres
no tienen corazón!»
Un estudiante que del aula oscura
se oculta en un rincón,

mientras los otros, asombrados, oyen
tan público dolor,
sonriendo a un amigo y compañero
le dijo a media voz:
«¡Piensa que a su hija el corazón le falta...
y es que le tengo yo!»

ANTONIO FERNANDEZ GRILO
(1845–1906)

Las ermitas de Córdoba

Hay de mi alegre sierra
sobre las lomas
unas casitas blancas
como palomas.
Les dan dulces esencias
los limoneros,
los verdes naranjales
y los romeros.
¡Allí junto a las nubes
la alondra trina,
allí tiende sus brazos
la cruz divina!
¡La vista arrebatada
vuela en su anhelo
del llano a las ermitas;
de ellas, al cielo!
Allí olvidan las almas
sus desengaños;
allí cantan y rezan
los ermitaños.
¡El agua que allí oculta
se precipita,

dicen los cordobeses
que está bendita!
¡Prestan a aquellos nidos
luz los querubes,
guirnaldas las estrellas,
mantos las nubes!
¡Muy alta está la cumbre!
¡La cruz muy alta!
Para llegar al cielo,
¡cuán poco falta!
¡Puso Dios en los mares
flores de perlas;
en las conchas, joyeros
donde esconderlas;
en el agua del bosque,
frescos murmullos:
de abril en las auroras,
rojos capullos;
arpas de paraíso
puso en las aves;
en las húmedas áureas,
himnos süaves,

y para dirigirle
preces benditas,
puso altares y flores
en las ermitas!
　　¡Las cuestas por el mundo
dan pesadumbre
a los que desde el suelo
buscan la cumbre!
　　Subid adonde el monje
reza y trabaja:
¡más larga es la vereda
cuando se baja!
　　¡Ya la envuelva la noche,
ya el sol alumbre,
buscad a los que rezan
sobre la cumbre!
　　¡Ellos de santos mares
van tras el puerto;
caravana bendita
de aquel desierto!
　　Forman música blanda
de un campanario;
de semillas campestres
santo rosario;
　　de una gruta en el monte,
plácido asilo;
de una tabla olvidada,
lecho tranquilo;
　　de legumbres y frutas
pobres manjares,
parten con los mendigos
en sus altares.
　　¡Allí la cruz consuela,
la tumba advierte,
allí pasa la vida

junto a la muerte!
　　Por los ojos que finge
la calavera,
ven el mundo... y su vana
pompa altanera.
　　¡Calavera sombría
que en bucles bellos
adornaron un día
ricos cabellos!
　　Esos huecos oscuros
que se ensancharon,
fueron ojos que vieron
y que lloraron.
　　¡Por esas agrietadas
formas vacías,
penetraron del mundo
las armonías!
　　¿Qué resta ya del libre,
mágico anhelo,
con que esa frente altiva
se alzaba al cielo?
　　¡La huella polvorosa
de un ser extraño
adornando la mesa
de un ermitaño!
　　Aquí en la solitaria
celda escondida,
un cráneo dice: ¡Muerte!
Y una cruz : ¡Vida!

... ...

　　¡Muy alta está la cumbre!
¡La cruz muy alta!
¡Para llegar al cielo
cuán poco falta!

MARCOS ZAPATA
(1845–1913)

Ladrar a la luna

¡No desmayes jamás ante una guerra
de torpe envidia y miserables celos!
¿Qué le importa a la luna, allá en los cielos,
que le ladren los perros de la tierra?

Si alguien aspira a derribarte, yerra
y puede ahorrarse inútiles desvelos;
no tan pronto se abate por los suelos
el Escorial que tu talento encierra.

¿Que no cede el ataque ni un minuto?
¿Que a todo trance buscan tu fracaso?
¿Que te cansa el luchar...? ¡No lo disputo!

Mas oye, amigo, este refrán de paso:
¡Se apedrean las plantas que dan fruto!
¿Quién del árbol estéril hace caso?

MANUEL GONZALEZ PRADA
(1848–1918)

El mitayo

–Hijo, parto: la mañana
reverbera en el volcán.
Dame el báculo de chonta,
las sandalias de jaguar.

–Padre, tienes las sandalias,
tienes el báculo ya,
mas ¿por qué me ves y lloras?
¿A qué región, dime, vas?

–La injusta ley de los blancos
me arrebata del hogar.
Voy al trabajo y al hambre,
voy a la mina fatal.

–Tú, que partes hoy en día,
¿cuándo, cuándo volverás?
–Cuando el llama de las punas
ame el desierto arenal.

–¿Cuándo el llama de las punas
las arenas amará?
–Cuando el tigre de los bosques
beba las aguas del mar.

–¿Cuándo el tigre de los bosques
en los mares beberá?
Cuando del huevo de un cóndor
nazca la sierpe mortal.

–¿Cuándo del huevo de un cóndor
una sierpe nacerá?
–Cuando el pecho de los blancos
se conmueva de piedad.

–¿Cuándo el pecho de los blancos
piadoso y tierno será?
–Hijo, el pecho de los blancos
no se conmueve jamás.

MANUEL ACUÑA
(1849–1873)

Nocturno a Rosario

Pues bien, yo necesito
decirte que te adoro,
decirte que te quiero
con todo el corazón
que es mucho lo que sufro,
que es mucho lo que lloro,
que ya no puedo tanto,
y al grito que te imploro
te imploro y te hablo en nombre
de mi última ilusión.

Yo quiero que tú sepas
que ya hace muchos días
estoy enfermo y pálido
de tanto no dormir;
que ya se han muerto todas
las esperanzas mías;
que están mis noches negras,
tan negras y sombrías,
que ya no sé ni donde
se alzaba el porvenir

De noche, cuando pongo
mis sienes en la almohada
y hacia otro mundo quiero
mi espíritu volver,
camino mucho, mucho
y al fin de la jornada

las formas de mi madre
se pierden en la nada,
y tú de nuevo vuelves
en mi alma a aparecer.

Comprendo que tus besos
jamás han de ser míos;
comprendo que en tus ojos
no me he de ver jamás;
y te amo, y en mis locos
y ardientes desvaríos
bendigo tus desdenes,
adoro tus desvíos,
y en vez de amarte menos
te quiero mucho más.

A veces pienso en darte,
mi eterna despedida,
borrarte en mis recuerdos
y huir de esta pasión;
mas si es en vano todo
y mi alma no te olvida,
¡qué quieres tú que yo haga
pedazo de mi vida;
qué quieres tú que yo haga
con este corazón!

Y luego que ya estaba,
concluido el santuario,

la lámpara encendida
tu velo en el altar,
el sol de la mañana
detrás del campanario,
chispeando las antorchas,
humeando el incensario,
y abierta allí a lo lejos
la puerta del hogar...
   ¡Qué hermoso hubiera sido
vivir bajo aquel techo,
los dos unidos siempre
y amándonos los dos;
tú siempre enamorada,
yo siempre satisfecho,
los dos, una sola alma,
los dos, un solo pecho,
y en medio de nosotros
mi madre como un Dios!
   ¡Figúrate que hermosas
las horas de la vida!
¡Qué dulce y bello el viaje
por una tierra así!
Y yo soñaba en eso,
mi santa prometida,

y al delirar en eso
con alma estremecida,
pensaba yo en ser bueno
por ti, no más por ti.
   Bien sabe Dios que ése era
mi más hermoso sueño,
mi afán y mi esperanza,
mi dicha y mi placer;
¡bien sabe Dios que en nada
cifraba yo mi empeño,
sino en amarte mucho
en el hogar risueño
que me envolvió en sus besos
cuando me vio nacer!
   Esa era mi esperanza...
mas ya que a sus fulgores
se opone el hondo abismo
que existe entre los dos,
¡adiós por la vez última,
amor de mis amores;
la luz de mis tinieblas,
la esencia de mis flores;
mi lira de poeta,
mi juventud, adiós!

JOSE VELARDE
(1849–1892)

Tempestades

I

Como produce estancamiento insano,
si es duradera, la apacible calma
amo la tempestad embravecida
que esparce los efluvios de la vida,
al romper en los cielos o en el alma.

II

El rugiente Oceano
cuando lo azotan roncos vendavales,
se corona magnífico de espumas,
cuaja en su seno perlas y corales
y vida emana levantando brumas;
y el pantano sereno,
traidor oculto bajo verde lama,
asilo es de reptil y forma el cieno,
que implacable, mortífero veneno
por la tranquila atmósfera derrama.

III

Cuando se tiende, como negro manto,
en el azul fluido,
espesa nube produciendo espanto,
súbito el rayo rásgala encendido,
resuena conmoción atronadora,
y el nublado espantoso, estremecido,
en lluvia se deshace bienhechora.

IV

Cuando chocan las nubes, en la mente
vibra y relampaguea,
como rayo fulgente,
la luminosa idea;
con voz de trueno la palabra brota,
y el nublado iracundo
va cayendo deshecho gota a gota,
en lluvia de verdades sobre el mundo.

V

En el fondo del alma el bien palpita;
el ánimo, enervado en los placeres,
cobra en la adversidad fuerza infinita,
y en el laboratorio de los seres,
todo aquello que ha muerto, resucita.
La tormenta es presagio de bonanza;
del desengaño nace la experiencia;
de la duda, la ciencia,
y del triste infortunio, la esperanza.
Un espinoso arbusto da la rosa;
sale volando de la larva inerte,
como una alada flor, la mariposa;
brilla el iris en nube ennegrecida.
y bullen en el seno de la muerte
los gérmenes fecundos de la vida.

VI

La gloria es grande, si la lucha es fuerte;
la estatua a golpes de cincel se labra;
la tierra, con el hierro del arado,
y el error de su altar cae desplomado
al golpe inmaterial de la palabra.
El seno se desgarra al nacimiento;
la religión se prueba en el martirio;
la virtud es combate turbulento;
el genio, tempestad, fiebre, delirio.
Al soplo del simún crecen las palmas;
surgen de las borrascas las centellas;
del incendio del caos, las estrellas,
¡y el amor, del incendio de las almas!

VII

El vértigo en el caos se desata;
a una explosión de vaporosas moles,
el espacio se forma y se dilata,
y lo surcan estrellas, mundos, soles,
volteando en hirviente catarata,
entre nubes y truenos y arreboles:
llena el *fiat* de luz toda la esfera,
y es la creación la tempestad primera.

VIII

La negra sombra se condensa, crece,
y el espléndido azul del cielo empaña;
mas súbito lo alumbra y lo enrojece
vivo incendio que brota en la montaña.
El Sinaí gigante se estremece;
derriba el cedro el aquilón con saña;
rueda el trueno en los aires retemblando;
brama la tempestad... ¡Dios está hablando!

IX

Se eclipsa el claro sol y zumba el noto;
se abre en curvo zig-zag la roca dura;
sacude mar y tierra el terremoto;
sale de la volcada sepultura
el esqueleto carcomido y roto,
y oyen los hombres con mortal pavura
la borrasca, que entona el miserere,
¡ay!, a Jesús, que por salvarnos muere.

SALOME UREÑA DE ENRIQUEZ
(1850–1897)

Sombras

Alzad del polvo inerte,
del polvo arrebatad el arpa mía,
melancólicos genios de mi suerte.
Buscad una armonía
triste como el afán que me tortura,
que me cercan doquier sombras de muerte
y rebosa en mi pecho la amargura.
    Venid, que el alma siente
morir la fe que al porvenir aguarda
venid, que se acobarda
fatigado el espíritu doliente
mirando alzar con ímpetu sañudo
su torva faz el desencanto rudo,
y al entusiasmo ardiente
plegar las alas y abatir la frente.
    ¿No veis? Allá, a lo lejos,
nube de tempestad siniestra avanza
que oscurece a su paso los reflejos
del espléndido sol de la esperanza.
Mirad cual fugitivas
las ilusiones van, del alma orgullo
no como ayer, altivas,
hasta el éter azul tienden el vuelo,
si a recibirlas, con piadoso arrullo,
sus pórticos de luz entreabre el cielo.
    ¿Cual será su destino?
Proscritas, desoladas, sin encanto,
en el vértigo van del torbellino,
y al divisarlas, con pavor y espanto,
sobre mi pecho la cabeza inclino.

¡Se estremece el alcázar opulento,
de bien, de gloria, de grandeza suma,
que fabrica tenaz el pensamiento;
bajo el peso se rinde que le abruma!
Conmuévese entre asombros,
de la suerte a los ímpetus terribles;
y se apresta a llorar en sus escombros
el ángel de los sueños imposibles.
Venid, genios, venid, y al blando halago,
de vuestros himnos de inmortal tristeza,
para olvidar el porvenir aciago
se aduerma fatigada mi cabeza.
Del arpa abandonada,
al viento dad la gemebunda nota,
mientras que ruge la tormenta airada
y el infortunio azota
la ilusión por el bien acariciada,
y huye la luz de inspiración fecunda
y la noche del alma me circunda.
Mas, ¡ah!, venid en tanto
y adormeced el pensamiento mío
al sonoro compás de vuestro canto.
¡Meced con vuestro arrullo el alma sola!
Dejad que pase el huracán bravío,
y que pasen del negro desencanto
las horas en empuje turbulento,
como pasa la ola,
como pasa la ráfaga del viento.
Dejad que pase, y luego,
a la vida volvedme, a la esperanza,
al entusiasmo en fuego;
que es grato tras la ruda
borrasca de la duda,
despertar a la fe y la confianza,
y tras la noche de dolor, sombría,
cantar la luz y saludar el día.

EMILIO FERRARI
(1850–1907)

¡Semper!

Arrojada en los escarpes
de la costa en que halló abrigo,
inválida del naufragio,
veterana del peligro,
    la vieja barca se pudre
sobre los ásperos guijos
crujiendo al viento que azota
sus tablones carcomidos.
    Al ascender la marea,
el mar, su señor antiguo,
en los brazos de sus olas
la levanta convulsivo,
    y entre impetuosas caricias
la habla, rugiendo y magnífico,
de combates y aventuras,
de escollos y torbellinos.
    Declina el sol; de la tarde
se aspira el ósculo tibio;
sus penetrantes aromas
confunden brea y marisco;
    delante está lo insondable
más allá está lo infinito,
mas allá... más allá el mundo
poblado por el delirio.
... ...
    Columpiada en la rompiente,
sin velas, jarcias ni rizos,
aún siente la vieja barca
la tentación del abismo.

MANUEL CURROS ENRÍQUEZ
(1851–1908)

El árbol maldito

Me lo contó un piel roja cazando en la Luisiana.
Cuando el Señor los montes de América pobló,
dejó un espacio estéril en la extensión lozana,
y en ese espacio yermo, de arena seca y vana,
donde no nace el trébol ni crece la liana,
el diablo plantó su árbol y luego... descansó.
    El suelo en que brotara, de savia y jugos falto,
que interiormente cruzan en direcciones mil

volcánicas corrientes de liquido basalto,
de su raíz opúsose al invasor asalto,
mientras su copa hiere, perdida allá en lo alto,
el rayo tempestuoso, colérico y hostil.

Así, por tierra y cielo sin tregua combatido,
el árbol sus antenas tendió en oscura red
por la ancha superficie del páramo abatido,
y allí donde el cadáver hallaba de un vencido,
de las salvajes hordas al ímpetu caído,
bebiéndole la sangre calmó su ardiente sed.

El llanto de las tribus guerreras, derrotadas,
nutrió su tronco débil prestándole vigor;
y en misteriosa química, las savias combinadas
de lágrimas y sangre por él asimiladas,
pobláronse de vástagos punzantes como espadas
y de hojas le cubrieron de cárdeno color.

Sus ramas, por el viento del septentrión mecidas,
sonaban tristemente con canto funeral,
y, de la luna al beso lascivo estremecidas,
en flores reventaron que, al aire suspendidas,
vertían de sus cálices esencias corrompidas,
la atmósfera impregnando de un hálito mortal.

Leones y elefantes, su sombra pestilente
temiendo, nunca osaron llegar en torno de él:
sobre él desliza el ave sus alas raudamente,
torció el jaguar su senda, si le encontró de frente,
y el oso sibarita, que sus aromas siente,
contémplale de lejos, soñando, con su miel.

Mas solamente es grata la pulpa que destila
a insectos y reptiles, del silfo al caracol,
por ella, en torno al árbol, tenaz la mosca oscila,
la araña encuentra en ellas las gomas con que hila,
y viene a saborearla, candente la pupila,
el saurio, que dilata sus vértebras al Sol.

Por respirar sus densos efluvios penetrantes,
la víbora abandona su rústico dosel,
los pútridos pantanos, los cínifes vibrantes,
sus hoyos las serpientes de escamas repugnantes,
sus matas las luciérnagas policromo-cambiantes,
su hogar la salamandra de jaspeada piel.
La oruga su capullo, que rompe con trabajo,
su celda arquitectónica la abeja monacal,
su limo la babosa perdida en el atajo,
su lecho de detritus el sucio escarabajo,
su llano la langosta, su charca el renacuajo,
su huevo el infusorio, la larva su cendal.
Y de esa fauna exótica la multitud bravía,
de entrambos hemisferios monstruosa producción,
se cobijaba al árbol o nido en él hacía,
en tanto que en su fronda magnífica y sombría
los genios de los bosques, al fenecer el día,
celebran conciliábulos de muerte y destrucción.

JOSE ESTREMERA
(1852–1895)

¡Victoria!

I

—Tranquilo ve, mi hermoso caballero;
vence, humilla, derrota al moro fiero,
que, pues vas a la guerra, yo deploro
no poder ir contigo contra el moro.
Pero..., si, que mudando nombre y traje,
a tu lado estaré; seré tu paje.
Es vano que te opongas; yo te sigo,
para, si has de morir, morir contigo;
y por si tienes de vencer la gloria,
a tu lado gozar de la victoria.

II

—Ya sé, moro traidor, mi triste suerte.
En tu poder estoy; dame la muerte,
Matarme, a tu valor será un ultraje;
¡gran victoria es vencer a un pobre paje!
  —Paje, no tal, hermosa castellana.
  —¡Qué!
  —Te he visto bañarte esta mañana,
y eres, ¡fingido paje!, una doncella,
y me has enamorado por lo bella.
Si lograra gozar de tus favores,
fueran tus castellanos vencedores,
porque yo con mis huestes, niña hermosa,
emprendiera una fuga vergonzosa;
mas, logrando tu amor, niña hechicera,
¡que me juzgue la Historia como quiera!

III

Clarines y añafiles y atabales
hacen en la ciudad salva y señales
de que viene el ejército cristiano
victorioso del fiero mahometano.
Vedlos; se acercan ya. Viene el primero
con su paje el hermoso caballero,
coronado de lauros y de gloria,
tremolando el pendón de la victoria.

SALVADOR DIAZ MIRON
(1853–1926)

Cintas de sol

I

La joven madre perdió a su hijo,
se ha vuelto loca y está en su lecho.

Eleva un brazo, descubre un pecho,
suma las líneas de un enredijo.
    El dedo en alto y el ojo fijo
cuenta las curvas que ornan el techo
y muestra un rubio pezón, derecho,
como en espasmo y ardor de rijo;
    En la vidriera, cortina rala,
tensa y purpúrea cierne curiosa;
lumbre, que tiñe su tenue gala.
    ¡Y roja lengua cae y se posa,
y con delicia treme y resbala
en el erecto botón de rosa!

II

    Cerca, el marido forma concierto
¡ofrece el torpe fulgor del día
desesperada melancolía
y en la cintura prueba el desierto!
    ¡Ah! Los olivos del sacro huerto
guardan congoja ligera y pía.
El hombre sufre doble agonía:
¡la esposa insana y el niño muerto!
    Y no concibe suerte más dura;
y con el puño crispado azota
la sien, y plañe su desventura.
    ¡Llora en un lampo la dicha rota;
y el rayo juega con la tortura
y enciende un iris en cada gota!

III

    Así la lira. ¿Qué grave duelo
rima el sollozo y enjoya el luto
y a la insolencia paga tributo
y en la jactancia procura vuelo?

¿Que mano digna recama el velo
y la ponzoña del triste fruto,
y al egoísmo del verso bruto
inmola el alma que mira al cielo?
¡La poesía canta la historia;
y pone fértil en pompa espuria;
a mal de infierno burla de gloria!
¡Es implacable como una furia,
y pegadiza como una escoria,
e irreverente como una injuria!

JOSE MARTI
(1853–1896)

«*Cultivo una rosa blanca...* »

Cultivo una rosa blanca,
en mayo como en enero,
para el amigo sincero
que me da su mano franca.

Y para el cruel que arranca
el corazón con que vivo,
cardo ni ortiga cultivo;
cultivo la rosa blanca.

«*¿Del tirano? Del tirano...* »

¿Del tirano? Del tirano
di todo, di más, y clava
con furia de mano esclava
sobre su oprobio al tirano.
¿Del error? Pues del error
di los antros, las veredas

oscuras, di cuanto puedas
del tirano y del error.
¿De mujer? Bien puede ser
que mueras de su mordida,
pero no manches tu vida
diciendo mal de mujer.

Quiero a la sombra de un ala

Quiero, a la sombra de un ala,
contar este cuento en flor:

la niña de Guatemala,
la que se murió de amor.

Eran de lirio los ramos,
y las orlas de reseda
y de jazmín; la enterramos
en una caja de seda.
   ...Ella dio al desmemoriado
una almohadilla de olor;
el volvió, volvió casado;
ella se murió de amor.
   ...Ella, por volverle a ver,
salió a verle al mirador:
el volvió con su mujer:
ella se murió de amor.
   Como de bronce candente
al beso de despedida,
era su frente: ¡la frente
que más he amado en mi vida!
...Se entró de tarde en el río,
la sacó muerta el doctor;
dicen que murió de frío;
yo sé que murió de amor.
   Allí, en la bóveda helada,
la pusieron en dos bancos;
besé su mano afilada,
besé sus zapatos blancos.
   Callado, al oscurecer,
me llamó el enterrador:
¡nunca más he vuelto a ver
a la que murió de amor!

Versos sencillos

   Si ves un monte de espumas,
es mi verso lo que ves;
mi verso es un monte,
y es abanico de plumas.
   Mi verso es como un puñal
que por el puño echa flor:
mi verso es un surtidor
que da un agua de coral.
   Mi verso es de un verde claro
y de un carmín encendido:
mi verso es un ciervo herido
que busca en el monte amparo.
   Mi verso al valiente agrada:
mi verso breve y sincero,
es del vigor del acero
con que se funde la espada.

Mi caballero

   Por las mañanas
mi pequeñuelo
me despertaba
con un gran beso.
Puesto a horcajadas
sobre mi pecho,
bridas forjaba
con mis cabellos;
ebrio él de gozo,
de gozo yo ebrio,
me espoleaba
mi caballero.

¡Qué suave espuela
los dos pies frescos!
¡Como reía
mi jinetuelo,

y yo besaba
sus pies pequeños
dos pies que entraban
en sólo un beso!

PEDRO B. PALACIOS (ALMAFUERTE)
(1854–1917)

Dios te salve

I

Cuando se haga en ti la sombra;
cuando apagues tus estrellas;
cuando abismes en el fango más hediondo, más infecto,
más maligno, más innoble, más macabro –más de muerte,
más de bestia, más de cárcel–,
tu divina majestad:
no has caído todavía
no has rodado a lo mas hondo...
si en la cueva de tu pecho más ignara, más vacía,
más ruin, más secundaria,
canta salmos la Tristeza,
muerde angustias el Despecho,
vibra un punto, gime un ángel, pía un nido de sonrojos
se hace un nudo de ansiedad.

II

Los que nacen tenebrosos;
los que son y serán larvas;
los estorbos, los peligros, los contagios, los satanes,
los malditos, los que nunca–nunca en seco, nunca, siempre,
nunca misma, nunca, nunca–
se podrán regenerar;
no se auscultan en sus noches,
no se lloran a si propios...;

se producen imperantes, satisfechos–como normas,
como moldes, como pernos, como pesas controlarias,
como básicos puntales–,
y no sienten el deseo
de lo Sano y de lo Puro
ni siquiera un vil momento, ni siquiera un vil instante
de su arcano cerebral.

III

Al que tasca sus tinieblas;
al que ambula, taciturno;
al que aguanta en sus dos lomos–como el peso indeclinable,
como el peso punitorio de cien urbes, de cien siglos,
de cien razas delincuentes
su tenaz obcecación;
al que sufre noche y día
–y en la noche hasta durmiendo–,
como el roce de un cilicio, como un hueso en la garganta,
como un clavo en el cerebro, como un ruido en los oídos,
la noción de sus miserias,
la gran cruz de su pasión;
yo le agacho mi cabeza; yo le doblo mis rodillas;
yo le beso las dos plantas; yo le digo: «–Dios te salve...
¡Cristo negro, santo hediondo, Job por dentro,
vaso infame del dolor!»

MIGUEL COSTA LLOBERA
(1854–1923)

El pino de Formentor

Hay en mi tierra un árbol que el corazón venera;
de cedro es su ramaje, de césped su verdor,

anida entre sus hojas perenne primavera
y arrostra los turbiones que azotan la ribera,
añoso luchador.
No asoma por sus ramos la flor enamorada,
no va la fuentecilla sus plantas a besar;
más báñase en aromas su frente consagrada
y tiene por terreno la costa acantilada,
por fuente el hondo mar.
Al ver sobre las olas rayar la luz divina,
no escucha débil trino que al hombre da placer,
el grito oye salvaje del águila marina,
y siente el ala enorme que el vendaval domina
su copa estremecer.
Del limo de la tierra no toma vil sustento;
retuerce sus raíces en fuerte peñascal.
Bebe rocío y lluvias, radiosa luz y viento;
y cual viejo profeta recibe el alimento
de efluvio celestial.
¡Arbol sublime! Enseña de vida que adivino,
la inmensidad augusta domina por doquier.
Si dura le es la tierra, celeste es su destino;
le encanta y aun le sirve el trueno y torbellino
de gloria y de placer.
¡Oh!, sí; que cuando asaltan furiosos la ribera
los vientos y las olas con hórrido fragor,
entonces ríe y canta con la borrasca fiera,
y sobre rotas nubes la augusta cabellera
sacude triunfador.
¡Arbol, tu suerte envidio! Sobre la tierra impura
de un ideal sagrado la cifra en ti he de ver.
Luchar, vencer constante, mirar desde la altura,
vivir y alimentarse de cielo y de luz pura...
¡Oh vida, oh noble ser!

¡Arriba, oh alma fuerte! Desdeña el lodo inmundo,
y en las austeras cumbres arraiga con afán.
Verás al pie estrellarse las olas de este mundo,
y libres como alciones sobre ese mar profundo
tus cantos volarán.

JUAN ALCOVER
(1854–1926)

Sed

Es de noche, Israel tiende su hueste
en Odollan agreste.
David en la caverna se encastilla;
la flor de sus guerreros le rodea,
y por el ancho Raphain acampa
la hueste filistea.
Al otro lado, Bethlehen vigila;
su muro se perfila
coronado de arqueros enemigos;
y el fresco aliento de su gloria abierta
ofrece la cisterna, junto al hueco
de la murada puerta.
Codiciando, sin sueño ni reposo,
el líquido precioso,
David tenía sed.–¡Ah, quién me diera
sólo un sorbo del agua betlemita,
para templar el hálito de fuego
que mi garganta irrita!
En medio de la flor de sus valientes
descuellan, eminentes,
Sema, Jesbánm y Eleazar. Se miran
y, velando su oculto pensamiento,
cruzan, entre las tiendas enemigas,

el vasto campamento.
Saltan reflejos pálidos, fugaces,
de las revueltas haces
y sienten, al pasar, sordo crujido
de quienes rumian o degluten,
y las voces de alerta que a lo largo
del valle repercuten.
Llegan a la cisterna. Ven echados
en tierra tres soldados.
El uno duerme en posición supina,
el otro palpa el puño del acero,
el otro a las imágenes sonríe
de un sueño lisonjero.
Tres para tres–Eleazar murmura;
entre la sombra, oscura,
sin que exhalen un grito, los degüellan;
y en la cisterna al pórtico vecina,
los héroes de David llenan el casco
del agua cristalina.
De nuevo emprenden a la fuerte gruta
la temeraria ruta;
y al trasponer los términos del valle,
suenan voces, tañidos de trompetas,
y en torno de sus cráneos indefensos
silbidos de saetas.
A la presencia de su rey sediento
llegan en salvamento,
y le ofrecen el agua que en el casco
brilla al reflejo de la luz nocturna.
Respóndeles David y el casco toma
como sagrada urna.
«Mal hice en revelar un vil deseo.
Al odio filisteo
expuse las columnas de mi trono,

el precioso licor de vuestras venas,
que apetece la chusma incircuncisa
con avidez de hienas.
»Süave es el olor del incensario,
süave, en el santuario,
el humo de las víctimas ardientes;
empero mas süave es el perfume
del deseo que a Dios sacrificamos
y oculto se consume.
»Gloria al Dios de Israel, que os vuelve ilesos,
si como ardor de huesos
me abrasara la sed, no bebería.
También está sediento el pueblo mío.
¿Por qué yo solo regalar mi boca
en el fresco rocío?
»Sabor de vuestra sangre, oh, mis leales,
hallará en sus raudales
mi labio pecador...» Dice el caudillo,
alza los ojos de vidente al cielo,
y en libación pacífica derrama
el agua por el suelo.

RICARDO GIL
(1855–1908)

Tristitia rerum

Abierto esta el piano...
Ya no roza el marfil aquella mano
mas blanca que el marfil.
La tierna melodía
que a media voz cantaba, todavía
descansa en el atril.

En el salón desierto
el polvo ha penetrado y ha cubierto
los muebles que ella usó:
y de la chimenea
sobre el rojo tapiz no balancea
su péndola el reloj.
La aguja detenida
en la hora cruel de su partida
otra no marcará.
Junto al lugar, ya frío,
tiende sus brazos el sillón vacío
que esperándola está.
El comenzado encaje,
en un rincón espera quien trabaje
su delicada red...
La mustia enredadera
se asoma por los vidrios y la espera
moribunda de sed.
De su autor preferido,
la obra, en el pasaje interrumpido
conserva la señal...
Aparece un instante
del espejo en el fondo su semblante...
Ha mentido el cristal.
En pavorosa calma
creciendo van las sombras... En mi alma
van creciendo también.
Por el combate rudo
vencido al fin, sobre el piano mudo
vengo a apoyar mi sien.
Al golpear mi frente
la madera, sus cuerdas tristemente
comienzan a vibrar...
En la caja sonora

brota un sordo rumor... Alguien que llora
al verme a mi llorar...
Es un largo lamento
al que se suma conocido acento
que se aleja veloz...
En la estancia sombría
suena otra vez la tierna melodía
que ella cantaba siempre a media voz.

Duda

Desierto está el jardín. De su tardanza
no adivino el motivo. El tiempo avanza.
Duda cruel, no turbes mi reposo;
empieza a vacilar mi confianza,
el miedo me hace ser supersticioso.
Si aparece, al llegar, en la cancela,
será que es fiel; si acude a nuestra cita
por el postigo..., entonces no recela
mi amor en vano. ¡Dios no lo permita!
Huye, duda, del alma te destierro.
Por la cancela del dorado hierro
vendrá. Pero, Señor, ¿qué la detiene?...
Sus pasos oiga ya. ¡Los ojos cierro,
que no quiero saber por dónde viene!

JUAN ZORRILLA DE SAN MARTIN
(1855–1931)

Tabaré (Fragmento)

¡Héroes sin redención y sin historia,
sin tumbas y sin lágrimas!
¡Estirpe lentamente sumergida
en la infinita soledad arcana!

¡Lumbre expirante, que apagó la aurora!
¡Sombra desnuda, muerta entre las zarzas!
Ni las manchas siquiera
de vuestra sangre nuestra tierra guarda.
¡Y aún viven los jaguares amarillos!
¡Y aún sus cachorros maman!
¡Y aún brotan las espinas que mordieron
la piel cobriza de la extinta raza!
¡Héroes sin redención y sin historia,
sin tumbas y sin lágrimas!
Indómitos luchasteis... ¿Qué habéis sido?
¿Héroes o tigres? ¿Pensamiento o rabia?
Como el pájaro canta en una ruina,
el trovador levanta
la trémula elegía indescifrable
que a través de los árboles resbala,
cuando os siente pasar en las tinieblas
y tocar con las alas
su cabeza, que entrega a los embates
del viento secular de las montañas.
Sombras desnudas, que pasáis de noche
en pálidas bandadas,
goteando sangre que, al tocar el suelo,
como salvaje imprecación estalla.
Yo os saludo al pasar. ¿Fuisteis, acaso,
mártires de una patria;
monstruoso engendro a quien, feroz, la gloria
para besarlo, el corazón le arranca?
Sois del abismo en que la mente se hunde
confusa resonancia;
un grito articulado en el vacío,
que muere sin nacer, que a nadie llama.
Pero algo sois. El trovador cristiano
arroja, húmedo en lágrimas.
un ramo de laurel en vuestro abismo ...,
¡por si mártires fuisteis de una patria!

FRANCISCO RODRIGUEZ MARIN
(1855–1943)

Anhelos

Agua quisiera ser, luz y alma mía,
que con su transparencia te brindara;
porque tu dulce boca me gustara,
no apagara tu sed, la encendería.
 Viento quisiera ser; en noche umbría,
callado hasta tu lecho penetrara,
y aspirar por tus labios me dejara,
y mi vida en la tuya infundiría.
 Fuego quisiera ser para abrasarte
en un volcán de amor. ¡Oh estatua inerte,
sorda a las quejas de quien supo amarte!
 Y después para siempre poseerte,
tierra quisiera ser y disputarte
celoso a la codicia de la muerte.

Madrigal

 ¡Cuanto tiempo ha pasado,
oh cristalina fuente, oh bosque, oh prado,
oh mis fieles amigos,
desde los breves días
en que erais testigos
de aquellas juveniles alegrías!
Se heló cual flor de almendro mi esperanza;
fue mi dicha humo vano,
que miré dispersarse en lontananza,
o hierbecilla que agostó el verano.
Ya que sólo en vosotros no hay mudanza
benigno el cielo quiera
que aquí, en vuestra compañía, viva y muera.
Tú, fuente rumorosa,

siempre mi muerte llorarás piadosa:
tú, espeso bosque umbrío,
prestarás fresca sombra al cuerpo mío,
y tú, prado, en abril lleno de flores,
bañarás mi sepulcro en tus olores.
¡Cuán sosegadamente
dormiré el largo sueño entre vosotros,
¡oh prado, oh bosque, oh fuente!

A un bien efímero

¡Oh inesperado bien que a mí viniste!
Cómo en mi corazón te aposentaste,
y en célicos efluvios lo inundaste,
y en un mar de delicias lo meciste!
    Pues en tu fuego el alma me encendiste
¿por qué al irte, encendida la dejaste?
Para durar tan poco, ¿a qué llegaste?
Y si llegar te plugo, ¿por qué huiste?
    Relámpago fugaz, ¡oh bien!, has sido,
que aún no del todo el fulgurar se advierte,
cuando ya es apagado y fenecido.
    Pero aún así, bendeciré mi suerte,
¡oh bien!, porque, perdiéndote, he perdido
el receloso miedo de perderte.

MANUEL REINA
(1856–1905)

Jorge Manrique

Nave de mi fantasía,
tu casco por cristalino
mar resbala
y al soplo de la poesía

despliega tu blanco lino
como un ala.
¡Nave azul, boga ligera
y condúceme al vergel

de la Historia;
a la mágica ribera
donde florece el laurel
     de la gloria!
     Allí de torres feudales
al pie de los cincelados
     miradores,
cantan hazañas triunfales
y el amor los afamados
     trovadores.
     Entre todos allí brilla
el vate Jorge Manrique,
     gran guerrero,
luz y espada de Castilla
que venciera al cuarto Enrique
     con su acero.
     Manrique, mozo gallardo,
arrogante defensor
     de Isabel
paladín, como Bayardo,
a su reina y a su honor
     siempre fiel,
     espejo es de la bravura,
del asalto en los furores
     y en torneos,
y consagra a una hermosura
sus endechas, sus amores
     y trofeos.
     El lauro de Jorge ufana
la ancianidad de su noble
     padre amado,
como la hiedra engalana
el tronco de un viejo roble
     deshojado

     Muere el héroe don Rodrigo
el que a insignes campeones
     humilló;
aquel de buenos abrigo
que villas y corazones
     conquistó,
     y Jorge al ver apagado
sol tan hermoso y luciente
     de virtud
besa al muerto adorado
y baña con lloro ardiente
     su ataúd.
     Y ante el palacio deshecho
de su ilusión, su alegría
     y esperanza,
el bardo siente en su pecho
la afilada punta fría
     de una lanza.
     Después su estro volador
de tinieblas y congojas
     al través
gime como un ruiseñor
que se queja entre las hojas
     de un ciprés.
     Y canta en bella elegía
la inconstancia y los rigores
     de la suerte:
¡profunda, excelsa poesía
que orlan las pálidas flores
     de la muerte!

... ...

     ¡Nave azul, boga ligera
y condúceme al vergel

de la Historia:
a la mágica ribera
donde fulgura el laurel
de la gloria!
Allí en la noche estival,

de la luna al argentado
resplandor,
vibra en arpa de cristal
el canto más inspirado
del dolor...

MARCELINO MENENDEZ PELAYO
(1856–1912)

Epístola a Horacio (Fragmentos)

... ¡Cuanta imagen fugaz y halagadora
al armónico son de tus canciones,
brotando de la tierra y del Olimpo,
del escolar en torno revolaban,
que ante la dura faz de su maestro
de largas vestimentas adornado,
absorto contemplaba sucederse
del mundo antiguo los prestigios todos;
clámides ricas y patricias togas,
quirites y plebeyos, senadores,
filósofos, augures, cortesanas,
matronas de severo continente,
esclavas griegas de ligera estola,
sagaces y bellísimas libertas,
aroma y flor en lechos y triclinios,
múrrimos vasos, ánforas etruscas;
en Olimpia, cien carros voladores;
en las ondas del Adria, la tormenta;
en el cielo, de Júpiter la mano;
la Náyade en las aguas de la fuente,
y allá en el bosque tiburtino oculta
la dulce granja del cantor de Ofanto,
por quien los áureos venusinos metros

en copioso raudal se precipitan
al ancho mar de Píndaro y de Safo...
... ...

Helenos y latinos agrupados,
una sola familia, un pueblo solo,
por los lazos del arte y de la lengua,
unidos, formarán. Pero otra lumbre,
antes encienda el ánimo del vate;
él vierta añejo vino en odres nuevos,
y esa forma purísima pagana
labre con mano y corazón cristianos...

GONZALO DE CASTRO
(1858–1905)

Dos templos

I

Allí la catedral, santa, imponente
que lanza por las góticas ojivas
de música y aromas un torrente,
como el río sus ondas fugitivas
por los ojos inmóviles del puente.

Mirad la aguja esbelta y fulgurante,
¡índice que señala el infinito!,
y debajo la cúpula gigante
como un inmenso palio de granito.
Rompen los muros góticas ventanas,
por donde el claro sol filtra sus luces,
y se yerguen las torres soberanas
volteando entre nubes sus campanas

y rasgando los cielos con sus cruces.
Dentro, en las amplias naves,
vibran los grandes órganos dorados
desde los cuales canta himnos sagrados
una bandada de invisibles aves.
Pueblan las hornacinas
inmóviles mujeres peregrinas
en mármoles talladas,
con las manos cruzadas
sobre sus senos mórbidos de hielo,
y se ven en las sombras perfumadas
ángeles con las alas desplegadas
en actitud de misterioso vuelo.
Encima de marmóreos pedestales,
santos de talla con sus miembros de oro
reciben todo el sol que entra a raudales
por el calado ventanal del coro,
cubierto de polícromos cristales.
Entre la sombra oscura
se adivina la trágica escultura
que representa a Cristo agonizante.
Lívido el rostro, el pecho jadeante,
fijos los mustios ojos en el cielo,
mientras, al pie, su Madre acongojada
clava en El la mirada
con expresión de horrible desconsuelo.

   Y allá, al fondo, en la sombra silenciosa,
miran a la afligida Dolorosa,
cuyo semblante arredra,
pues que delata formidables luchas,
blancos monjes, caladas las capuchas
sobre sus frentes rígidas de piedra.

¡Y debajo, en las criptas solitarias,
encima de las urnas cinerarias,
en las tinieblas mudas e imponentes,
duermen sobre sus lechos de granito
las estatuas yacentes,
acostadas de cara al infinito!

II

Ved la fábrica allí ¡Cómo levanta
en sus espaldas el terrible peso
de la ciencia del hombre, mientras canta
sus victoriosos himnos el progreso!
Entremos. ¿Qué escucháis? Sordos rumores
de negros automáticos motores,
trepidación de máquinas vibrantes,
silbidos de vapores
y estrépitos de ruedas jadeantes.
Mirad. ¿Qué veis? Eléctricos carretes,
verdes bobinas, finos estiletes,
laberintos de férreos engranajes,
poderosos montajes,
provistos de acerados cojinetes;
densos vapores que furiosos rugen,
encendidos hogares que llamean,
hélices que voltean
y automáticos émbolos que crujen;
vapores que las válvulas despiden,
calderas imponentes,
ruedas veloces que el vapor impulsa,
sensibles galvanómetros que miden
la varia intensidad de las corrientes
con su flecha convulsa;

ferrados cinturones
que a los tubos metálicos abarcan
para evitar terribles explosiones
y obedientes manómetros que marcan
con su aguja de hierro, las presiones;
vigorosas correas,
moviendo a un tiempo miles de poleas;
hercúleos cabrestantes
y prensas giganteas
movidas por titánicos volantes,
vertiendo luz y eternizando ideas...

III

En ambos templos, se tributa culto
a ese ser misterioso,
presente siempre..., ¡pero siempre oculto!
Por El, en las mañanas,
cuando el sol baña cumbres y praderas,
repican en las torres las campanas
y en las fábricas silban las calderas.
Por El encienden los humanos seres
sus dos únicos santos luminares:
¡el humeante hachón de los altares
y la eléctrica luz de los talleres!

... ...

Mas... ¡de qué sentimientos tan contrarios,
de qué opuestas ideas
se hablarán en los cielos solitarios
las cruces de los blancos campanarios
y el humo de las rojas chimeneas!

MANUEL JOSE OTHON
(1858–1906)

Dos sonetos

¿Por qué a mi helada soledad viniste
cubierta con el último celaje
de un crepúsculo gris?... Mira el paisaje,
árido y triste, inmensamente triste.
    Si vienes del dolor y en él nutriste
tu corazón, bien vengas al salvaje
desierto donde apenas un miraje
de lo que fue mi juventud existe.
    Mas si acaso no vienes de tan lejos
y en tu alma aún del placer quedan los dejos,
puedes tornar a tu revuelto mundo.
    Si no, ven a lavar tu ciprio manto
en el mar amarguísimo y profundo
de un triste amor o de un inmenso llanto.

* * *

En la estepa maldita bajo el peso
de sibilante brisa que asesina
yergues tu talla escultural y fina
como un relieve en el confín impreso.
    El viento, entre los médanos opreso,
canta cual una música divina
y finge bajo la húmeda neblina
un infinito y solitario beso.
    Vibran en el crepúsculo tus ojos
un dardo negro de pasión y enojos
que en mi carne y mi espíritu se clava
    y, destacada con el sol muriente,
como un airón flotando inmensamente
tu bruna cabellera de india brava.

MANUEL GUTIERREZ NAJERA
(1859–1895)

Mis enlutadas

Descienden taciturnas las tristezas
al fondo de mi alma,
y entumecidas, haraposas brujas,
con uñas negras
mi vida escarban.
De sangre es el color de sus pupilas,
de nieve son sus lágrimas;
hondo pavor infunden...; yo las amo
por ser las solas
que me acompañan.
Aguárdolas ansioso, si el trabajo
de ellas me separa,
y búscolas en medio del bullicio,
y son constantes
y nunca tardan.
En las fiestas, a ratos se me pierden
o se ponen la máscara
pero las hallo, y así dicen:
–¡Ven con nosotras!
¡Vamos a casa!
Suelen dejarme cuando, sonriendo
mis pobres esperanzas,
como enfermitas, ya convalecientes
salen alegres
a la ventana.
Corridas huyen, pero vuelven luego,
y por la puerta falsa
entran trayendo como nuevo huésped
alguna triste
lívida hermana.

Abrese a recibirlas la infinita
tiniebla de mi alma
y van prendiendo en ella mis recuerdos
cual tristes cirios
de cera pálida.
Entre esas luces, rígido, tendido,
mi espíritu descansa;
y las tristezas, revolando en torno,
lentas salmodias
rezan y cantan.
Escudriñan del húmedo aposento
rincones y covachas,
el escondrijo do guardé cuitado
todas mis culpas,
todas mis faltas.
Y hurgando mudas, como hambrientas lobas
las encuentran, las sacan,
y volviendo a mi lecho mortuorio
me las enseñan
y dicen: —Habla.
En lo profundo de mi ser buscan,
pescadoras de lágrimas,
y vuelven mudas con las negras conchas
en donde brillan
gotas heladas.
A veces me revuelvo contra ellas
y las muerdo con rabia,
como la niña desvalida y mártir
muerde a la arpía
que la maltrata.
Pero, en seguida, viéndose impotente,
mi cólera se aplaca.
¡Qué culpa tienen, pobres hijas mías,
si yo las hice
con sangre y alma!

Venid, tristezas de pupila turbia,
venid, mis enlutadas,
las que viajáis por la infinita sombra,
donde está todo
lo que se ama.
Vosotras no engañáis; venid, tristezas.
¡Oh mis criaturas blancas,
abandonadas por la madre impía
tan embustera,
por la esperanza!
Venid y habladme de las cosas idas,
de las tumbas que callan,
de muertos buenos y de ingratos vivos...
Voy con vosotras,
vamos a casa.

Para entonces

Quiero morir cuando decline el día,
en alta mar y con la cara al cielo;
donde parezca sueño la agonía,
y el alma un ave que remonta el vuelo.

No escuchar en los últimos instantes,
ya con el cielo y con el mar a solas,
más voces ni plegarias sollozantes
que el tumbo majestuoso de las olas.

Morir cuando la luz triste retira
sus áureas redes de la onda verde,
y ser como ese sol que lento expira:
algo muy luminoso que se pierde.

Morir, y joven: antes que destruya
el tiempo aleve la gentil corona;
cuando la vida dice aún: soy tuya,
aunque sepamos bien que nos traiciona.

CARLOS ROXLO
(1860–1926)

Andresillo

I

«¡La Libertad! ¡El Pueblo!», iba gritando
      por calles y por plazas,
cuando el jardín se viste de heliotropos,
de azules lirios y de rosas pálidas.
«¡La Libertad! ¡El Pueblo!», repetía
      sobre el fango y la escarcha,
cuando tiemblan los árboles desnudos
      y se encorvan las ramas.
Descalzo; el cuello al aire; mal prendido
el pantalón, que a la rodilla alcanza;
sobre el cabello inculto, vieja boina,
de dudoso color y rota malla;
trigueño, endeble, sin descanso y ágil,
      por calles y por plazas
      a la lluvia y al viento,
      sobre el lodo y la escarcha,
iba gritando con su voz ya ronca:
«¡La Igualdad! ¡La República! ¡La Patria!»
  Se llamaba Andresillo, y contaría
diez primaveras a lo más. Su infancia
fue una penumbra dolorosa y triste.
el despuntar de un día de borrasca,
un pasaje del Dante, una tragedia
escondida en la bolsa de una larva.
Huérfano desde el punto en que sus ojos
se abrieron a la luz, por mano extraña
recogido del suelo del suburbio,
hijo de la embriaguez y de la infamia,

creció entre golpes y denuestos, solo,
sin escuchar jamás esas palabras
que parecen el salmo de las cunas
y que las madres verdaderas cantan.
No le vieron jamás sus compañeros
en los alegres corros de la playa;
ni merodeó tampoco en los frutales
que la ciudad circunda; ni su charla
hizo sonreír al viejo transeunte
que junto al grupo de chicuelos pasa;
ni precedió a las tropas en revista,
al vivo son de la marcial charanga.
   Creció en un antro, conociendo el hambre,
          junto a un hogar sin llamas;
y apenas supo andar, sus manecitas
—sus manecitas por el frío cárdenas—
ofrecieron temblando al pasajero
esas hojas inmensas en que vagan
          en orden apiñado,
las líneas negras y las líneas blancas.
Vendiese poco o mucho, eran los golpes
          su recompensa diaria;
y fuerza era agotar la mercancía,
gritar: «¡El Porvenir! ¡La Democracia!
¡El Combate! ¡La Idea!», con voz ronca,
          bien estridente y alta,
para aplacar la furia del verdugo,
de la mujer salvaje y sin entraña,
que amparó, porque sí, por hacer algo,
al hijo del misterio y de la crápula.
Si el niño—«¡Perdón, madre!» le decía,
          entre un turbión de lágrimas,
aquella loca contestaba alzando
su diestra de gigante y descargándola:

—«¡Tu madre fue una horrible mujerzuela!...
¡Un aborto del mal!... ¡No llores!... ¡Calla!»
En tanto, un hombre que paseaba ebrio
    por la mísera estancia
azuzaba a la bruja, murmurando:
    «¡Haces bien. ¡Que se calle o que se vaya!»
Así, entre el vicio, el odio y la miseria,
    junto a un hogar sin llamas,
    pasó el pobre huérfano
    la tenebrosa infancia:
¡la infancia de Andresillo, un condenado
    del que Dante no habla!

II

    Una noche de invierno, triste y fría
—noche de lluvia, sepulcral y opaca—
Andrés, enfermo, pero casi alegre
y sin números ya, cruza la plaza,
pensando en lo sabroso de su cena
y en lo caliente del jergón de paja.
No es fácil que le peguen; ha vendido
todo lo que gritó; y, aunque se halla
quebrantado y con fiebre, sólo el frío
de la lluviosa noche le acobarda.
De pronto oye un sollozo; es una niña
huérfana como él, como él sacada
del fango de la sombra, y compañera
de oficio y correrías—«¿Qué te pasa?
¿Qué tienes?», le pregunta. Y suspirando
    dice la niña pálida:
—«¡Que no puedo vender todos los números!»
—«¡También a ti te pegan! ¡Pobre Paula!»
—«¡Me castigan de un modo!... ¡Si da miedo!»

la hermosa niña exclama:
—«Cuántos números tienes?», Andrés dijo:
—«¡Ocho!», responde la pequeña. ¡Oh santa
compasión del insecto por el átomo!
Andresillo, infeliz, la frente baja;
compra los ocho números y sigue
el camino que lleva a su covacha,
calculando los golpes que le esperan,
llena de angustia el alma;
mientras que de rodillas, en la noche
sobre las nubes pardas,
¡la madre de la niña sin amparo,
de gratitud y compasión lloraba!
Llegó Andrés a su cueva. Vio en lo oscuro
el gastado jergón de húmeda paja,
y sobre tosca fuente, junto al fuego,
el humo de las viandas.
«¡Si te quedó algún número, a la calle!»,
la mujer le gritó. —«¡La noche es mala...
y no pasaba gente! ¡Estoy enfermo!»,
del niño balbucea la garganta,
ya llena de sollozos. —«... ¡A la calle!
¡A dormir en los bancos de la plaza!
¡A cenar con los perros sin arrimo!»,
contesta la mujer. Y, con la rabia
que ahoga la voz de la piedad bendita,
dejó al niño y la sombra cara a cara.
Lo que el niño y la sombra se dijeron
es un misterio aún. ¡Tal vez el alma
enternecida de la pobre madre,
sobre el niño tendió las leves alas!...
Lo cierto es que al venir el nuevo día,
los quinteros que entraban
en la ciudad, rigiendo adormecidos

con mano floja, las carretas tardas,
le vieron con asombro
sobre el umbral oscuro de la casa,
rígido, inmóvil, azulado, muerto,
a la confusa claridad del alba.

BONIFACIO BYRNE
(1861–1936)

Analogías

Existe un misterioso sacramento
entre la mano, el bálsamo y la herida,
entre el lúgubre adiós de la partida
y las secretas ráfagas del viento.
Hay un lazo entre el sol y el firmamento;
e igual excelsitud, indefinida,
entre el ave, en el aire suspendida,
y el acto de nacer el pensamiento.
Hay un nexo entre el ósculo y el trino,
entre la copa, el labio y la fragancia
que se desprende de un licor divino.
Y hay una milagrosa consonancia
entre el árbol y el surco del camino
y el mensaje de amor y la distancia.

SALVADOR RUEDA
(1857–1933)

La sandia

Cual si de pronto se entreabriera el día
despidiendo una intensa llamarada,
por el acero fúlgido rasgada
mostró su carne roja la sandía.

Carmín incandescente parecía
la larga y deslumbrante cuchillada,
como boca encendida y desatada
en frescos borbotones de alegría.
　　Tajada tras tajada señalando
las fue el hábil cuchillo separando,
vivas a la ilusión como ningunas.
　　Las separó la mano de repente,
y de improviso decoró la fuente
un círculo de rojas medias lunas.

El ave del paraiso

Ved el ave inmortal, es su figura;
la antigüedad un silfo la creía,
y la vio su extasiada fantasía
cual hada, genio, flor o llama pura.
　　Su plumaje es la luz hecha locura,
un brillante hervidero de alegría
donde tiembla la ardiente sinfonía
de cuantos tonos casa la hermosura.
　　Su cola real, colgando en catarata
y dirigida al sol, haz que desata
vivo penacho de arcos cimbradores.
　　Curvas suelta la cola sorprendente,
y al aire lanza cual tazón de fuente
un surtidor de plumas de colores.

La cigarra

Canta tu estrofa, cálida cigarra,
y baile al son de tu cantar la mosca,
que ya la sierpe en el zarzal se enrosca
y lacia extiende su verdor la parra.
　　Desde la yedra que a la vid se agarra
y en su cortina espléndida te embosca,

recuerda el caño de la fuente tosca
y el fresco muro de la blanca jarra.
No consientan tus élitros fatiga,
canta del campo el providucto costo,
ebria de sol y del trabajo amiga.
Canta, y excita al inflamado agosto
a dar el grano de la rubia espiga
y el chorro turbio del ardiente mosto.

El cohete

Lanzóse audaz a la extensión sombría
y era al hender el céfiro sonante,
un surtidor de fuego palpitante
que en las ondas del aire se envolvía.
Viva su luz como la luz del día,
resplandeció en los cielos fulgurante
cuando la Luna en el azul radiante
como rosa de nieve se entreabría.
Perdióse luego su esplendor rojizo;
siguió fugaz cual raudo meteoro
y al fin surgió como candente rizo.
Paró de pronto su silbar sonoro;
y tronando potente, se deshizo
en un raudal de lágrimas de oro.

JOSE RIZAL
(1861 –1896)

Despedida

Escrita estando en capilla,
horas antes de ser fusilado.

¡Adiós, Patria adorada, región del Sol querida,
perla del mar de Oriente, nuestro perdido edén!
A darte voy, alegre, la triste, mustia vida:

si fuera más brillante, más fresca, más florida,
también por ti la diera, la diera por tu bien.
   En campos de batalla, luchando con delirio,
otros te dan sus vidas, sin dudas, sin pesar.
El sitio nada importa: ciprés, laurel o lirio,
cadalso o campo abierto, combate o cruel martirio,
lo mismo es, si lo piden la Patria y el hogar.
   Yo muero cuando veo que el cielo se colora
y al fin anuncia el día tras lóbrego capuz:
si grana necesitas para teñir la aurora,
vierte la sangre mía, derrámala en buen hora,
y dórela un reflejo de su naciente luz!
   Mis sueños cuando apenas niño o adolescente,
mis sueños cuando joven, ya lleno de vigor,
fueron el verte un día, ¡joya del mar de Oriente!,
secos los ojos negros, alta la tersa frente,
sin ceño, sin arrugas, sin manchas de rubor.
   Ensueño de mi vida, mi ardiente vivo anhelo,
¡salud!, te grita el alma que pronto va a partir.
¡Salud...! Oh, que es hermoso caer por darte vuelo,
morir por darte vida, morir bajo tu cielo,
y en tu fecunda tierra la eternidad dormir!
   Si sobre mi sepulcro vieres brotar un día,
entre la espesa hierba, sencilla, humilde flor,
acércala a tus labios y besa el alma mía,
y sienta yo en mi frente, bajo la tumba fría,
de tu ternura el soplo, de tu hálito el calor.
   Deja a la Luna verme con luz tranquila y suave,
deja que el alba envíe su resplandor fugaz,
deja gemir al viento con su murmullo grave:
y si desciende y posa sobre mi cruz un ave,
deja que el ave entone su cántico de paz.
   Deja que el Sol ardiendo las lluvias evapore,
y al cielo tornen puras con mi clamor en pos;

deja que un ser amigo mi fin temprano llore,
y en las serenas tardes, cuando por mí alguien ore,
ora también, ¡oh Patria!, por mi descanso, a Dios.

Ora por todos cuantos murieron sin ventura,
por cuantos padecieron tormentos sin igual,
por nuestras pobres madres que gimen su amargura,
por huérfanos y viudas, por presos en tortura,
y ora por ti, que veas su redención final.

Y cuando en noche oscura se envuelva el cementerio
y sólo, sólo muertos queden velando allí,
no turbes su reposo, no turbes el misterio:
tal vez acordes oigas de cítara o salterio:
soy yo, querida Patria; yo que te canto a ti.

Y cuando ya mi tumba, de todos olvidada,
no tenga cruz ni piedra que marquen su lugar,
deja que la are el hombre, la esparza con la azada,
y mis cenizas, antes que vuelvan a la nada,
el polvo de tu alfombra que vayan a formar.

Entonces nada importa me pongas en olvido:
tu atmósfera, tu espacio, tus valles cruzaré;
vibrante y limpia nota será para tu oído;
aroma, luz, colores, rumor, canto, gemido
constante repitiendo la esencia de mi fe.

¡Mi patria idolatrada, dolor de mis dolores,
amada tierra mía, oye el postrer adiós!
Ahí te lo dejo todo: mis padres, mis amores:
voy donde no hay esclavos, verdugos ni opresores;
donde la fe no mata, ¡donde el que reina es Dios!

¡Adiós, padres, hermanos, trozos del alma mía,
amigos de la infancia en el perdido hogar!
¡Dad gracias, que descanso del fatigoso día!...
¡Adiós, dulce extranjera, mi amiga, mi alegría!
¡Adiós, queridos seres!... ¡Morir es descansar!

LEOPOLDO DIAZ
(1862–1947)

El ánfora

Cincela, orfebre amigo, un ánfora de oro
para encerrar la roja púrpura de la viña,
que posea la gracia de un dáctilo sonoro
que el alegre pámpano de Anacreonte ciña.
Un ánfora que tenga las curvas de una niña
y evoque del ensueño el singular tesoro.
Cincela, orfebre, el ánfora con la doble ansa de oro,
para encerrar la roja sangre que da la viña...
Despertará la flauta viejas mitologías,
y bajo los laureles, en blancas teorías,
desfilarán las vírgenes de la tierra de Paros;
¡y junto al mar de Myrtos, bajo el azur del cielo,
como un alción, el himno levantará su vuelo
en alas de los versos magníficos y raros!

ANGEL GANIVET
(1862–1898)

Sueños

Vida y muerte sueños son,
todo en el Mundo sueña...
Sueño es la vida del hombre,
sueño es la muerte en la piedra.
En esos ojos cerrados
quedó grabada una idea:

«Más que ver lo que ve el hombre
vale estar ciego en la piedra»
En esos rígidos labios
quedó una palabra yerta:
«Más que hablar lo que habla el hombre
vale estar mudo en la piedra»
Y de este pecho en el fondo
hay una esperanza muerta:
«Más que la vida del hombre
vale la muerte en la piedra»
Si vida y muerte son sueño...
Si todo en el Mundo sueña...
¡Yo doy mi vida de hombre
por soñar muerto en la piedra!

Un bautizo

Allá va la ronda
de las chicas guapas;
dicen que hay bautizo
en la Plaza Larga.
Cuatro farolillos
a la veneciana
alumbran, bailando,
la puerta de entrada.
Angosta escalera
nos lleva a una sala
de negra techumbre,
de paredes blancas.
Hay cuadros de santos
y escenas de caza

y sobre la cómoda
herencia sagrada,
un espejo que hace
la cara achatada;
los que en él se miran
se ríen sin ganas.
Llena de confites
la bandeja pasa,
los vasos de vino,
la sangría helada:
copas de aguardiente
que saltan las lágrimas
y para calmarse
la fresca alcarraza.

JULIAN DEL CASAL
(1863–1893)

Dolorosa

I

Brilló el puñal en la sombra
como una lengua de plata
y bañó al que nadie nombra
onda de sangre escarlata.
Tu traje de terciopelo
espejeaba en la penumbra
cual la bóveda del cielo,
si el astro nocturno alumbra.
Tendía la lamparilla
en el verde cortinaje
franjas de seda amarilla
con trasparencias de encaje.
Fuera la lluvia caía
y en los vidrios del balcón
cada estrella relucía
como fúnebre blandón.
Del parque entre los laureles
se oía el viento ladrar,
cual jauría de lebreles
que ve la presa avanzar.
Y sonaban de la alcoba
en el silencio profundo
pasos de alguno que roba,
estertor de moribundo.

II

Brilló el puñal en la sombra
como una lengua de plata,
y bañó al que nadie nombra
onda de sangre escarlata.
Como la oveja que siente
inflamado su vellón
corre a echarse en una fuente
buscando consolación,
llevada por el arranque
de tu conciencia oprimida,
quisiste en sombrío estanque
despojarte de la vida;
pero saliéndote al paso,
como genio bienhechor,
hice llegar a su ocaso
el astro de tu dolor.
¡Cómo en la sombra glacial
tus ojos fosforecían
y de palidez mortal
tus mejillas se cubrían!
¡Cómo tus manos heladas
asíanse de mi cuello
o esparcían levantadas
las ondas de tu cabello!
Arrojándote a mis pies,
con la voz de los que gimen,
me confesaste después
todo el horror de tu crimen,
y mi alma, vaso lleno
de cristiana caridad,
esparció sobre tu seno
el óleo de su piedad.

LUIS RUIZ CONTRERAS
(1863–1953)

Lamentación

Pensamiento acongojado,
¿por qué agravas mi tormento
con las dichas que han pasado?
¿Quién te las ha recordado,
pensamiento?

Esperanza que sentí
como un iris de bonanza
cuando perdido me vi,
¿por qué no me guías, di,
esperanza?

Juventud muerta en mi pecho,
¿por qué siembras de inquietud
el descanso de mi lecho?
¿Qué has hecho de mí, qué has hecho,
juventud?

Corazón que nada espera,
¿por qué sientes emoción
ante un engaño cualquiera?

¿Quién mantiene tu quimera,
corazón?

Voluntad que yo he fraguado
en mi dura soledad
para huir lo deseado;
¿por qué me has abandonado,
voluntad?

Alma mía, ¿qué pretendes
al provocar alegría,
con que mi espíritu enciendes?
¡Ya es tarde! ¿No lo comprendes
alma mía?

La mujer oscureció
mi gozoso amanecer...
Mi vida se disipó...
¡Y mi ocaso iluminó
la mujer!

MANUEL PASO
(1864–1901)

Nieblas

¡Ya pronto anochece!
¡Qué triste está el cielo!
El aire cimbrea
los álamos secos;
ya hay nieve en la cumbre del monte;
la luna amarilla

se refleja en los campos desiertos.
Ya tienden las aves
medrosas cl vuelo,
ya chillan los búhos,
¡ya viene el invierno!
Ya empiezan las noches lluviosas,

¡qué largas, qué frías!
Las noches del mes de los muertos
　Me abrasan tus manos,
me hielan los besos
que brotan tus labios
violados y secos.
¡Qué pálida estás, vida mía!
¡Qué aprisa respiras!
No tan cerca.., me quema tu aliento
　¡No llores! ¡No llores!
Por Dios te lo ruego;
clava en mí tus ojos,
que miren serenos;
no me mires así... de ese modo;
te flota en la vista
algo vago que luce siniestro.
　Ven a la ventana:
ya el aire sereno
sacude la lluvia en las hojas,
la palma vacila
a los dulces embates del viento.
　¡No llores, mi vida!
Por Dios te lo ruego;
viviremos juntos
bajo el mismo techo;
¡tengo sangre y es tuya, no llores!
... ...
¡Qué aprisa respiras!
No tan cerca.., me quema tu aliento
¿Lo dudas? Recuerda...
¡Maldito recuerdo!
Cuando te aguardaba,
vergonzoso y trémulo,
tantas horas al pie de la reja,

inquieto, apoyado
en las tapias musgosas del huerto.
　Y cuando salías
feliz a mi encuentro,
alegre mezclabas
sonrisas y besos;
y al sonar la campana del alba,
¿qué triste veías
la luz en los bordes del cielo!
　¡Si hubiera podido
sujetar el tiempo
y parar los astros
en el firmamento,
y quedar en eterno reposo,
hubiera vivido
en un beso constante y eterno!
　¡Ya todo ha pasado
como pasa un sueño!
Ya chillan los búhos,
¡ya viene el invierno!
Ya hay nieve en la cumbre del monte;
la luna amarilla
se refleja en los campos desiertos.
　Aún llevo en el alma
perdidos reflejos,
crepúsculos vagos
del sol de otro tiempo.
También en las tardes de otoño
retiene el espacio
del sol los fulgores postreros.
　Ya pronto se acerca
el fatal momento:
¿tranquila lo esperas?
¡Temblando lo espero!

Acércate, ven a mi lado;
la pálida frente
reclina amorosa en mi pecho.
  ¡No importa! Tus labios,
si palidecieron,
si ya están marchitos,
¡aún puedo encenderlos!
¡Ya son lirios que adornan las ruinas!
Tus ojos azules
me parecen dormidos luceros.
  Si es cierto que nada
se pierde; si es cierto
que el cuerpo en la tierra
y el alma en el cielo,
una flota en la luz increada
y el otro se esparce
flotando en los pliegues del viento
  cuando ya estés cerca
del reposo eterno,
y tengas los ojos

velados y quietos,
en un punto en la esfera vacía
mirando espantada
¡esas cosas que miran los muertos!
  cuando broten del labio
los quejidos lentos,
y la sangre apenas
circule en tu cuerpo,
y penetre la luz en tu alma,
al par que los cirios
alumbren tu pálido cuerpo,
  allí iré a buscarte
¡con amores nuevos!
¡Cómo te esperaba
vergonzoso y trémulo
tantas horas al pie de la reja!

... ...

¡Iré por si aspiro
tu ceniza mezclada en el viento!

MIGUEL DE UNAMUNO
(1865–1937)

Leer

Leer, leer, leer, vivir la vida
  que otros soñaron.
Leer, leer, leer, el alma olvida
  las cosas que pasaron.
Se quedan las que quedan, las
              [ficciones,
  las flores de la pluma,

las olas, las humanas creaciones
  el poso de la espuma.
Leer, leer, leer; ¿seré lectura
  mañana también yo?
¿Seré mi creador, mi criatura,
  seré lo que pasó?

Tántalo (A mi buitre)

Este buitre voraz de ceño torvo
que me devora las entrañas fiero
y es mi único constante compañero
labra mis penas con su pico corvo.
    El día en que le toque el postrer sorbo
apurar de mi negra sangre quiero
que me dejéis con él solo y señero
un momento, sin nadie como estorbo.
    Pues quiero, triunfo haciendo mi agonía,
mientras él mi último despojo traga,
sorprender en sus ojos la sombría
    mirada al ver la suerte que le amaga
sin esta presa en que satisfacía
el hambre atroz que nunca se le apaga.

En un cementerio de lugar castellano

Corral de muertos, entre pobres tapias,
        hechas también de barro,
pobre corral donde la hoz no siega,
sólo una cruz en el desierto campo
        señala tu destino.
    Junto a esas tapias buscan el amparo
del hostigo del cierzo las ovejas
al pasar trashumantes en rebaño,
y en ellas rompen de la vana historia,
como las olas, los rumores vanos.
        Como un islote en junio,
        te ciñe el mar dorado
de las espigas que a la brisa ondean,
y canta sobre ti la alondra el canto
        de la cosecha.

Cuando baja en la lluvia el cielo al campo
baja también sobre la santa hierba
    donde la hoz no corta,
de tu rincón, ¡pobre corral de muertos!,
y sienten en sus huesos el reclamo
    del riego de la vida.
Salvan tus cercas de mampuesto y barro
    las aladas semillas,
o te las llevan con piedad los pájaros,
y crecen escondidas amapolas,
clavelinas, magarzas, brezos, cardos,
    entre arrumbadas cruces,
no más que de las aves libre pasto.
Cavan tan sólo en tu maleza brava,
    corral sagrado,
para de un alma que sufrió en el mundo
    sembrar el grano;
    luego sobre esa siembra
    ¡barbecho largo!
Cerca de ti el camino de los vivos,
no como tú, con tapias, no cercado,
    por donde van y vienen,
    ya riendo o llorando,
¡rompiendo con sus risas o sus lloros
el silencio inmortal de tu cercado!
Después que lento el sol tomó ya tierra,
    y sube al cielo el páramo
a la hora del recuerdo,
al toque de oraciones y descanso,
    la tosca Cruz de piedra
    de tus tapias de barro
queda, como un guardián que nunca duerme,
de la campiña el sueño vigilando.
No hay cruz sobre la iglesia de los vivos,

en torno de la cual duerme el poblado;
la cruz, cual perro fiel, ampara el sueño
de los muertos al cielo acorralados.
¡Y desde el cielo de la noche, Cristo,
    el Pastor Soberano,
con infinitos ojos centelleantes,
recuenta las ovejas del rebaño!
¡Pobre corral de muertos entre tapias
    hechas del mismo barro,
sólo una cruz distingue tu destino
en la desierta soledad del campo!

JOSE ASUNCION SILVA
(1865–1896)

Nocturno

Una noche
una noche toda llena de murmullos, de perfumes y de músicas de alas;
    una noche
en que ardían en la sombra nupcial y húmeda las luciérnagas fantásticas
a mi lado lentamente, contra mí ceñida toda, muda y pálida,
como si un presentimiento de amarguras infinitas
hasta el más secreto fondo de las fibras se agitara,
por la senda florecida que atraviesa la llanura
    caminabas;
    y la luna llena
por los cielos azulosos, infinitos y profundos, esparcía su luz blanca;
    y tu sombra
    fina y lánguida,
    y mi sombra
por los rayos de la luna proyectadas,
    sobre las arenas tristes
    de la senda se juntaban
    y eran una,
      y eran una

y eran una sombra larga,
 y eran una sombra larga,
  y eran una sombra larga...
                    Esta noche
                    solo; el alma
llena de las infinitas amarguras y agonías de tu muerte,
separado de ti misma por el tiempo, por la tumba y la distancia,
                    por el infinito negro
                    donde nuestra voz no alcanza
                    mudo y solo
                    por la senda caminaba...
Y se oían los ladridos de los perros a la luna,
                    a la luna pálida,
                    y el chirrido
                    de las ranas...
Sentí frío. Era el frío que tenían en tu alcoba
tus mejillas y tus sienes y tus manos adoradas,
                    entre las blancuras níveas
                    de las mortuorias sábanas.
Era el frío del sepulcro, era el hielo de la muerte,
                    era el frío de la nada.
                    Y mi sombra,
por los rayos de la luna proyectada,
                    iba sola,
                    iba sola,
iba sola por la estepa solitaria;
                    y tu sombra esbelta y ágil,
                    fina y lánguida,
como en esa noche tibia de la muerte en primavera,
como en esa noche llena de murmullos, de perfumes y de músicas de alas,
                    se acercó y marchó con ella,
                    se acercó y marchó con ella,
se acercó y marchó con ella... ¡Oh las sombras enlazadas!
¡Oh las sombras de los cuerpos que se juntan con las sombras de las almas!
¡Oh las sombras que se buscan en las noches de tristezas y de lágrimas!

CARLOS FERNANDEZ SHAW
(1865–1911)

¿Volverán?

...Ya se van acortando las tardes, bien mío;
ya más pronto las gotas del fresco rocío
descienden al cáliz gentil de la flor.
¡Ya se van deshojando las rosas!
¡Por lo mismo que son tan hermosas,
se van para siempre!... ¡Con ellas, mi amor!
    Cuántas veces al ver los fulgores
del sol, que sus hilos de ardientes colores
quebraba en las hojas del seco rosal,
he mirado con pena sus hojas marchitas:
y he gemido con ansias de amor infinitas:
«¡Huyeron! ¡Huyeron! Mas, ¡ay!, ¿volverán?»
    Cuando el sol oscurezca sus rayos sangrientos,
y lloren las lluvias, y giman los vientos,
cual notas perdidas de un triste laúd
que pulsa un anciano que, trémulo, marcha
entre lluvias y vientos y escarcha,
morirá, como muere la sombra en la luz...

FRANCISCO A. DE ICAZA
(1865–1925)

Madrigal de la muerte

Tú no fuiste una flor, porque tu cuerpo era
todas las flores juntas en una primavera.
Rojo y fresco clavel fueron tus labios rojos,
azules nomeolvides aquellos claros ojos,
    y con venas y tez de lirio y de azucena
aquella frente pura, aquella frente buena,
y, como respondías a todo ruborosa,
tomaron tus mejillas el color de la rosa.

Hoy, que bajo el ciprés cercado de laureles,
rosas y nomeolvides, y lirios y claveles,
brotando de la tierra confunden sus colores,
parece que tu cuerpo nos lo devuelve en flores.

ISMAEL ENRIQIIE ARCINIEGAS
(1865–1938)

En Colonia

En la vieja Colonia, en el oscuro
    rincón de una taberna,
tres estudiantes de Alemania un día
    bebíamos cerveza.
Cerca, el Rhin murmuraba entre la bruma,
    evocando leyendas,
y sobre el muerto campo y en las almas
    flotaba la tristeza.
Hablamos del amor, y Franck, el triste
    el soñador poeta,
de versos enfermizos cual las hadas
    de sus vagos poemas,
«Yo brindo–dijo–por la amada mía.
    la que vive en las nieblas,
en los viejos castillos y en las sombras
    de las mudas iglesias;
por mi pálida Musa de ojos castos,
    y rubia cabellera,
que cuando entro de noche en mi buhardilla
    en la frente me besa.»
Y Kari, el de las rimas aceradas,
    el de la lira enérgica,
cantor del Sol, de los azules cielos
    y de las hondas selvas:
el poeta del pueblo, el que ha narrado
    sus campestres faenas,

el de los versos que en las almas vibran
cual músicas guerreras:
«Yo brindo–dijo–por la Musa mía,
la hermosa lorenesa
de ojos ardientes, de encendidos labios
y de rizada cabellera;
por la mujer de besos ardorosos,
que espera ya mi vuelta
en los verdes viñedos donde arrastra
sus aguas el Mosela,
«–Brinda tú»–me dijeron–. Yo callaba,
de codos en la mesa,
y ocultando una lágrima alcé el vaso
y dije con voz trémula:
«¡Brindo por el amor que nunca acaba!»,
y apuré la cerveza;
y entre risas y gritos exclamamos:
«¡Por la pasión eterna!»,
y seguimos risueños, charladores,
en nuestra alegre fiesta..
Y allí mi corazón se me moría,
se moría de frío y de tristeza.

JOSE DE DIEGO
(1866–1918)

«Ultima actio»

Colgadme al pecho, después que muera,
mi verde escudo en un relicario;
cubridme todo con el sudario,
con el sudario de tres colores de mi bandera.
Sentada y triste habrá una Quimera
sobre mi túmulo funerario...
Será un espíritu solitario
en larga espera, en larga espera, en larga espera.

Llegará un día tumultuario,
y la Quimera, en el silenciario
sepulcro, erguida, lanzará un grito...
¡Buscaré entonces entre mis huesos mi relicario!
¡Me alzaré entonces con la bandera de mi sudario
a desplegarla sobre los mundos desde las cumbres del infinito!

VICENTE MEDINA
(1866–1937)

Cansera

−¿Pa qué quiés que vaya? Pa ver cuatro espigas
arrollás y pegás a la tierra;
pa ver los sarmientos ruines y mustios
y esnúas las cepas
sin un grano d'uva,
ni tampoco, siquiá, sombra de ella...
pa ver el barranco,
pa ver la laera,
sin una matuja... ¡Pa ver que se embisten
de pelás, las peñas! ...
Anda tú, si quieres,
que a mí no me quea
ni un soplo d'aliento
ni una onza de juerza,
ni ganas de verme,
ni de que me mienten siquiá la cosecha...
Anda tú, si quieres, que yo pué que nunca
pise más la senda,
ni pué que la pase, si no es que entre cuatro
ya muerto me llevan...
Anda tú, si quieres...

No he d'ir, por mi gusto, si en crus me lo ruegas,
por esa sendica por ande se jueron,
pa no golver nunca, tantas cosas güenas...
Esperanzas, quereres, suores...
  ¡To se jué por ella! ...
Por esa sendica se marchó aquel hijo
  que murió en la guerra...
Por esa sendica se jué la alegría...
¡Por esa sendica vinieron las penas! ...
No te canses, que no me remuevo;
anda tú, si quieres, y éjame que duerma.
¡A ver si es pa siempre! ... ¡Si no m'espertara!
  ¡Tengo una cansera!..

JACINTO BENAVENTE
(1866–1954)

En el «meeting» de la humanidad

  En el «meeting» de la Humanidad
millones de hombres gritan lo mismo:
¡Yo, yo, yo, yo, yo, yo!...
¡Yo, yo, yo, yo, yo, yo! ...
  ¡Cu, cu, cantaba la rana;
cu, cu, debajo del agua!...
  ¡Qué monótona es la rana humana!
¡Qué monótono es el hombre mono!
¡Yo, yo, yo, yo, yo, yo!
  Y luego: A mí, para mí;
en mi opinión, a mi entender.
¡Mi, mi, mi, mi!
Y en francés hay un ¡ « Moi »!
¡Oh! , el « Moi » francés, ¡ése sí que es grande!
«¡Monsieur le Moi!»

La rana es mejor.
¡Cu, cu, cu, cu, cu!
Sólo los que aman saben decir ¡Tú!

El reino de las almas («Los intereses creados»)

SILVIA

La noche amorosa, sobre los amantes
tiende de su cielo el dosel nupcial.
La noche ha prendido sus claros diamantes
en el terciopelo de un cielo estival.
El jardín en sombra no tiene colores,
y es, en el misterio de su oscuridad,
susurro el follaje, aroma las flores
y amor... un deseo dulce de llorar.
La voz que suspira, y la voz que canta,
y la voz que dice palabras de amor,
impiedad parecen en la noche santa
como una blasfemia entre una oración.
¡Alma del silencio, que yo reverencio,
tiene tu silencio la inefable voz
de los que murieron amando en silencio;
de los que callaron muriendo de amor;
de los que en la vida, por amarnos mucho,
tal vez no supieron su amor expresar!
¿No es la voz, acaso, que en la noche escucho
y cuando amor dice, dice eternidad?
¡Madre de mi alma! ¿No es luz de tus ojos
    la luz de esa estrella
que como una lágrima de amor infinito
    en la noche tiembla?
¡Dile a la que hoy amo que yo no amé nunca
    más que a ti en la tierra,
y desde que has muerto sólo me ha besado
    la luz de esa estrella!

LEANDRO

¡Madre de mi alma! No he amado nunca
más que a ti en la tierra,
y desde que has muerto sólo me ha besado
la luz de esa estrella.

CRISPIN

¡Noche, poesía, locuras de amante! ...
¡Todo ha de servirnos en esta ocasión!
¡El triunfo es seguro! ¡Valor y adelante!
¿Quién podrá vencernos si es nuestro el amor?

RUBEN DARIO
(1867–1916)

Canción de otoño en primavera

¡Juventud, divino tesoro,
ya te vas para no volver!
Cuando quiero llorar, no lloro,
y a veces lloro sin querer...
Plural ha sido la celeste
historia de mi corazón.
Era una dulce niña en este
mundo de duelo y de aflicción.
Miraba como el alba pura,
sonreía como una flor.
Era su cabellera oscura,
hecha de noche y de dolor.
Yo era tímido como un niño.
Ella, naturalmente, fue

para mi amor hecho de armiño,
Herodías y Salomé...
¡Juventud, divino tesoro,
ya te vas para no volver!
Cuando quiero llorar, no lloro,
y a veces lloro sin querer...
La otra fue más sensitiva,
y más consoladora y más
halagadora y expresiva,
cual no pensé encontrar jamás.
Pues a su continua ternura
una pasión violenta unía.
En un peplo de gasa pura
una bacante se envolvía...

En sus brazos tomó mi ensueño
y lo arrulló como a un bebé...
y le mató, triste y pequeño,
falto de luz, falto de fe...
    ¡Juventud, divino tesoro,
ya te fuiste para no volver!
Cuando quiero llorar, no lloro,
y a veces lloro sin querer...
    Otra juzgó que era mi boca
el estuche de su pasión;
y que me roería, loca,
con sus dientes el corazón,
    poniendo en un amor de exce-
la mira de su voluntad,   [so
mientras eran abrazo y beso
síntesis de la eternidad;
    y de nuestra carne ligera
imaginar siempre un Edén,
sin pensar que la Primavera
y la carne acaban también...

    ¡Juventud, divino tesoro,
ya te vas para no volver!
Cuando quiero llorar, no lloro,
y a veces lloro sin querer...
    ¡Y las demás! En tantos climas
en tantas tierras, siempre son,
si no pretextos de mis rimas,
fantasmas del corazón.
    En vano busqué a la princesa
que estaba triste de esperar.
La vida es dura. Amarga y pesa
¡Ya no hay princesa que cantar!
    Mas, a pesar del tiempo terco
mi sed de amor no tiene fin;
con el cabello gris me acerco
a los rosales del jardín...
    ¡Juventud, divino tesoro,
ya te vas para no volver!
Cuando quiero llorar, no lloro,
y a veces lloro sin querer.

Sonatina

    La princesa está triste... ¿qué tendrá la princesa?
los suspiros se escapan de su boca de fresa,
que ha perdido la risa, que ha perdido el color,
La princesa está pálida en su silla de oro,
está mudo el teclado de su clave sonoro;
y en un vaso, olvidada, se desmaya una flor.
    El jardín puebla el triunfo de los pavos reales,
parlanchina, la dueña, dice cosas banales,
y vestido de rojo, piruetea el bufón.
La princesa no ríe, la princesa no siente;

La princesa persigue por el cielo de Oriente
la libélula vaga de una vaga ilusión.
   ¿Piensa acaso en el príncipe de Golconda o de China,
o en el que ha detenido su carroza argentina
para ver de sus ojos la dulzura de luz,
o en el rey de las islas de las rosas fragantes,
o en el que es soberano de los claros diamantes,
o en el dueño orgulloso de las perlas de Ormuz?
   ¡Ay, la pobre princesa de la boca de rosa,
quiere ser golondrina, quiere ser mariposa,
tener alas ligeras, bajo el cielo volar;
ir al sol por la escala luminosa de un rayo,
saludar a los lirios con los versos de mayo,
o perderse en el viento sobre el trueno del mar.
   Ya no quiere el palacio, ni la rueca de plata,
ni el halcón encantado, ni el bufón escarlata,
ni los cisnes unánimes en el lago de azur.
Y están tristes las flores por la flor de la corte;
los jazmines de Oriente, los nelumbos del Norte,
de Occidente las dalias y las rosas del Sur.
   ¡Pobrecita princesa de los ojos azules!
Está presa en sus oros, está presa en sus tules,
en la jaula de mármol del palacio real;
el palacio soberbio que vigilan los guardas,
que custodian cien negros con sus cien alabardas,
un lebrel que no duerme y un dragón colosal.
   ¡Oh, quién fuera hipsipila que dejó la crisálida!
(La princesa está triste, la princesa está pálida.)
¡Oh visión adorada de oro, rosa y marfil!
   ¡Quién volara a la tierra donde un príncipe existe
(la princesa está pálida, la princesa está triste)
más brillante que el alba, más hermoso que Abril!
   —¡Calla, calla, princesa —dice el hada madrina—,
en caballo con alas hacia acá se encamina
en el cinto la espada y en la mano el azor,

el feliz caballero que te adore sin verte,
y que llega de lejos, vencedor de la Muerte,
a encenderte los labios con un beso de amor!

Marcha triunfal

¡Ya viene el cortejo!
¡Ya viene el cortejo! Ya se oyen los claros clarines.
La espada se anuncia con vivo reflejo;
ya viene, oro y hierro, el cortejo de los paladines.
Ya pasa debajo los arcos ornados de blancas Minervas y Martes,
los arcos triunfales en donde las Famas erigen sus largas trompetas
la gloria solemne de los estandartes,
llevados por manos robustas de heroicos atletas.
Se escucha el ruido que forman las armas de los caballeros,
los frenos que mascan los fuertes caballos de guerra,
los cascos que hieren la tierra,
y los timbaleros,
que el paso acompasan con ritmos marciales.
¡Tal pasan los fieros guerreros
debajo los arcos triunfales!
Los claros clarines de pronto levantan sus sones,
su canto sonoro,
su cálido coro,
que envuelve en su trueno de oro
la augusta soberbia de los pabellones.
El dice la lucha, la herida venganza,
las ásperas crines,
los rudos penachos, la pica, la lanza,
la que riega de heroicos carmines
la tierra;
de negros mastines
que azuza la muerte, que rige la guerra.
Los áureos sonidos
anuncian el advenimiento

triunfal de la Gloria;
dejando el picacho que guarda sus nidos,
tendiendo sus alas enormes al viento,
los cóndores llegan. ¡Llegó la victoria!
   Ya pasa el cortejo.
Señala el abuelo los héroes al niño
–ved cómo la barba del viejo
sus bucles de oro circundan de armiño–.
Las bellas mujeres aprestan coronas de flores,
y bajo los pórticos vense sus rostros de rosa;
y la más hermosa
sonríe al más fiero de los vencedores.
¡Honor al que trae cautiva la extraña bandera!
¡Honor al herido y honor a los fieles
soldados que muerte encontraron por mano extranjera!
¡Clarines! ¡Laureles!
   Las nobles espadas de tiempos gloriosos
desde sus panoplias saludan las nuevas coronas y lauros
–las viejas espadas de los granaderos, más fuertes que osos,
hermanos de aquellos lanceros que fueron centauros–.
Las trompas guerreras resuenan,
de voces los aires se llenan...
A aquellas antiguas espadas,
a aquellos ilustres aceros,
que encarnan las glorias pasadas...
Y al sol que hoy alumbra las nuevas victorias ganadas,
y al héroe que guía su grupo de jóvenes fieros;
al que ama la insignia del suelo materno;
al que ha desafiado, ceñido el acero y el arma en la mano,
los soles del rojo verano,
las nieves y vientos del gélido invierno,
la noche, la escarcha,
y el odio y la muerte, por ser por la patria inmortal,
¡saludan con voces de bronce las trompas de guerra que tocan la
               [marcha triunfal!...

Cosas del Cid

Cuenta Barbey, en versos que valen bien su prosa,
una hazaña del Cid, fresca como una rosa,
pura como una perla. No se oyen en la hazaña
resonar en el viento las trompetas de España,
ni el azorado moro las tiendas abandona
al ver al sol el alma de acero de Tizona.
Babieca, descansando del huracán guerrero,
tranquilo pace, mientras el bravo caballero
sale a gozar del aire de la estación florida.
Ríe la primavera, y el vuelo de la vida
abre lirios y sueños en el jardín del mundo.
Rodrigo de Vivar pasa, meditabundo,
por una senda en donde, bajo el sol glorioso,
tendiéndole la mano, le detiene un leproso.
Frente a frente, el soberbio príncipe del estrago
y la victoria, joven, bello como Santiago,
y el horror animado, la viviente carroña
que infecta los suburbios de hedor y de ponzoña.
Y al Cid tiende la mano el siniestro mendigo,
y su escarcela busca y no encuentra Rodrigo.
— ¡Oh, Cid, una limosna! –dice el precito.
                                              —¡Hermano,
te ofrezco la desnuda limosna de mi mano! –
dice el Cid; y quitando su férreo guante, extiende
la diestra al miserable, que llora y que comprende.
Tal es el sucedido que el Condestable escancia
como un vino precioso en su copa de Francia.
Yo agregaré este sorbo de licor castellano:
Cuando su guantelete hubo vuelto a la mano
el Cid siguió su rumbo por la primaveral
senda. Un pájaro daba su nota de cristal
en un árbol. El cielo profundo desleía

un perfume de gracia en la gloria del día
Las ermitas lanzaban en el aire sonoro
su melodiosa lluvia de tórtolas de oro;
el alma de las flores iba por los caminos
a unirse a la piadosa voz de los peregrinos,
y el gran Rodrigo Díaz de Vivar, satisfecho,
iba cual si llevase una estrella en el pecho.
Cuando de la campiña aromada de esencia
sutil, salió una niña vestida de inocencia,
una niña que fuera una mujer, de franca
y angélica pupila, y muy dulce y muy blanca.
una niña que fuera un hada, o que surgiera
encarnación de la divina Primavera.

Y fue al Cid y le dijo: «Alma de amor y fuego,
por Jimena y por Dios un regalo te entrego;
esta rosa naciente y este fresco laurel».

Y el Cid sobre su yelmo las frescas hojas siente;
en su guante de hierro hay una flor naciente,
y en lo íntimo del alma como un dulzor de miel.

Los motivos del lobo

El varón que tiene corazón de lis,
alma de querube, lengua celestial,
el mínimo y dulce Francisco de Asís,
está con un rudo y torvo animal,
bestia temerosa, de sangre y de robo,
las fauces de furia, los ojos de mal;
el lobo de Gubia, el terrible lobo.
Rabioso, ha asolado los alrededores;
cruel, ha deshecho todos los rebaños;
devoró corderos, devoró pastores,
y son incontables sus muertes y daños.

Fuertes cazadores armados de hierros
fueron destrozados. Los duros colmillos
dieron cuenta de los más bravos perros,
como de cabritos o de corderillos.
    Francisco salió:
al lobo buscó
en su madriguera.
Cerca de la cueva encontró a la fiera
enorme, que al verle se lanzó feroz
contra él. Francisco, con su dulce voz,
alzando la mano,
al lobo furioso dijo: –¡*Paz, hermano
lobo!* El animal
contempló al varón de tosco sayal,
dejó su aire arisco,
cerró las abiertas fauces agresivas,
y dijo: –¡*Está bien, hermano Francisco!* –
–¡*Cómo!*–exclamó el Santo–. *¿Es ley que tu vivas
de horror y de muerte?*
La sangre que vierte
tu hocico diabólico, el duelo y espanto
que esparces, el llanto
de los campesinos, el grito, el dolor,
de tanta criatura de Nuestro Señor,
¿no ha de contener tu encono infernal?
¿Vienes del infierno?
¿Te ha infundido acaso su rencor eterno
Luzbel o Belial?
    El gran lobo, humilde: –¡*Es duro el invierno*
y es horrible el hambre! En el bosque helado
no hallé qué comer; y busqué el ganado,
y en veces comí ganado y pastor.
¿La sangre? Yo vi más de un cazador
sobre su caballo llevando el azor

al puño; o correr tras el jabalí,
el oso o el ciervo; y a más de uno vi
mancharse de sangre, herir, torturar,
de las roncas trompas al sordo clamor,
a los animales de Nuestro Señor.
Y no era por hambre, que iban a cazar.
Francisco responde: *—En el hombre existe*
mala levadura.
Cuando nace viene con pecado. Es triste.
Más el alma simple de la bestia es pura.
Tú vas a tener
desde hoy qué comer.
Dejarás en paz
rebaños y gentes en este país.
¡Que Dios melifique tu ser montaraz!
—Está bien, hermano Francisco de Asís.
—Ante el Señor, que todo ata y desata,
en fe de promesa, tiéndeme la pata.
El lobo tendió la pata al hermano
de Asís, que a su vez le alargó la mano.
Fueron a la aldea. La gente veía
y lo que miraba casi no creía.
Tras el religioso iba el lobo fiero,
y, baja la testa, quieto le seguía
como un can de casa, o como un cordero.
Francisco llamó la gente a la plaza
y allí predicó,
y dijo: *—He aquí una amable caza.*
El hermano lobo se viene conmigo;
me juró no ser ya nuestro enemigo
y no repetir su ataque sangriento.
Vosotros, en cambio, daréis su alimento
a la pobre bestia de Dios. —¡Así sea!,
contestó la gente toda de la aldea.

Y luego, en señal
de contentamiento,
movió testa y cola el buen animal,
y entró con Francisco de Asís al convento.
    Algún tiempo estuvo el lobo tranquilo
en el Santo asilo.
Sus bastas orejas los salmos oían
y los claros ojos se le humedecían.
Aprendió mil gracias y hacía mil juegos
cuando a la cocina iba con los legos.
Y cuando Francisco su oración hacía
el lobo las pobres sandalias lamía.
Salía a la calle,
iba por los montes, descendía al valle,
entraba a las casas y le daban algo
de comer. Mirábanle como a un manso galgo.
Un día, Francisco se ausentó. Y el lobo
dulce, el lobo manso y bueno, el lobo probo,
desapareció, tornó a la montaña,
y recomenzaron su aullido y su saña.
    Otra vez sintióse el terror, la alarma,
entre los vecinos y entre los pastores;
colmaba el espanto los alrededores;
de nada servían el valor y el arma,
pues la bestia fiera
no dio tregua a su furor jamás,
como si tuviera
fuego de Moloch y de Satanás.
    Cuando volvió al pueblo el divino Santo,
todos le buscaron con quejas y llanto,
y con mil querellas dieron testimonio
de los que sufrían y perdían tanto
por aquel infame lobo del demonio.

Francisco de Asís se puso severo.
Se fue a la montaña
a buscar al falso lobo carnicero.
Y junto a su cueva halló a la alimaña.
–En nombre del Padre del sacro universo,
conjúrote–dijo–, ¡oh lobo perverso!,
a que me respondas: ¿Por qué has vuelto al mal?
Contesta. Te escucho.
Como en sorda lucha habló el animal,
la boca espumosa y el ojo fatal:
–Hermano Francisco, no te acerques mucho.
Yo estaba tranquilo allá, en el convento;
al pueblo salía
y si algo me daban estaba contento
y manso comía.
Mas empecé a ver que en todas las casas
estaba la Envidia, la Saña, la Ira,
y en todos los rostros ardían las brasas
de odio, de lujuria, de infamia y mentira.
Hermanos a hermanos se hacían la guerra,
perdían los débiles, ganaban los malos,
hembra y macho eran como perro y perra,
y un buen día todos me dieron de palos.
Me vieron humilde, lamía las manos
y los pies. Seguía tus sagradas leyes,
todas las criaturas eran mis hermanos
los hermanos hombres, los hermanos bueyes,
hermanas estrellas y hermanos gusanos.
Y así me apalearon y me echaron fuera,
y su risa fue como un agua hirviente,
y entre mis entrañas revivió la fiera,
y me sentí lobo malo de repente,

mas siempre mejor que esa mala gente.
Y recomencé a luchar aquí,
a me defender y a me alimentar,
como el oso hace, como el jabalí,
que para vivir tienen que matar.
Déjame en el monte, déjame en el risco,
déjame existir en mi libertad,
vete a tu convento, hermano Francisco,
sigue tu camino y tu santidad.
El santo de Asís no le dijo nada.
Le miró con una profunda mirada,
y partió con lágrimas y con desconsuelos,
y habló al Dios eterno con su corazón.
El viento del bosque llevó su oración,
que era: *Padre nuestro, que estás en los cielos...*

JOSE SANTOS CHOCANO
(1867–1935)

¡Quién sabe!

Indio que asomas a la puerta
de esa tu rústica mansión,
¿para mi sed no tienes agua?,
¿para mi frío, cobertor?,
¿parco maíz para mi hambre?,
¿para mi sueño, mal rincón?,
¿breve quietud para mi andanza?...
–¿Quién sabe, señor!
Indio que labras con fatiga
tierras que de otro dueño son,

¿Ignoras tú que deben tuyas
ser, por tu sangre y tu sudor?
¿Ignoras tú que audaz codicia,
siglos atrás, te las quitó?
¿Ignoras tú que eres el amo?
  –¡Quién sabe, señor!
Indio de frente taciturna
y de pupilas sin fulgor,
¿qué pensamiento es el que escondes
en tu enigmática expresión?
¿Qué es lo que buscas en tu vida?,
¿qué es lo que imploras a tu Dios?,
¿qué es lo que sueña tu silencio?
  –¡Quién sabe, señor!
¡Oh raza antigua y misteriosa
de impenetrable corazón,
que sin gozar ves la alegría
y sin sufrir ves el dolor;
eres augusta como el Ande,
el Grande Océano y el Sol!
Ese tu gesto, que parece
como de vil resignación,
es de una sabia indiferencia
y de un orgullo sin rencor...
  Corre en mis venas sangre tuya,
y, por tal sangre, si mi Dios
me interrogase qué prefiero
–cruz o laurel, espina o flor,
beso que apague mis suspiros
o hiel que colme mi canción–
responderíale dudando:
  –¡Quién sabe, Señor!

Nostalgia

Hace ya diez años
que recorro el mundo.
¡He vivido poco!
¡Me he cansado mucho!

Quien vive de prisa no vive de veras,
quien no echa raíces no puede dar frutos.
　Ser río que corre, ser nube que pasa,
sin dejar recuerdo ni rastro ninguno,
es triste y más triste para quien se siente
nube en lo elevado, río en lo profundo.
　Quisiera ser árbol mejor que ser ave,
quisiera ser leño mejor que ser humo;
　　y al viaje que cansa
　　prefiero el terruño;
la ciudad nativa con sus campesinos,
arcaicos balcones, portales vetustos
y calles estrechas, como si las casas
tampoco quisieran separarse mucho...
　　Estoy en la orilla
　　de un sendero abrupto.
Miro la serpiente de la carretera
que en cada montaña da vueltas a un nudo;
y entonces comprendo que el camino es largo,
　　que el terreno es brusco,
　　que la cuesta es ardua,
　　que el paisaje es mustio...
¡Señor! ¡Ya me canso de viajar! ¡Ya siento
nostalgia, ya ansío descansar muy junto
de los míos!... Todos rodearán mi asiento
para que les diga mis penas y triunfos;
y yo, a la manera del que recorriera

un álbum de cromos, contaré con gusto
las mil y una noches de mis aventuras
acabaré en esta frase de infortunio,
  −¡He vivido poco!
¡Me he cansado mucho!

El sueño del caimán

Como enorme tronco que arrastró la ola,
yace el caimán varado en la ribera;
espinazo de abrupta cordillera,
fauces de abismo y formidable cola.
El sol le envuelve en fúlgida aureola
y parece lucir cota y cimera,
cual monstruo de metal que reverbera
y que al reverberar se tornasola.
Inmóvil como un ídolo sagrado,
ceñido en mallas de compacto acero
está ante el agua estático y sombrío,
a manera de un príncipe encantado
que vive eternamente prisionero
en el palacio de cristal de un río...

Caupolicán

Ya todos los caciques probaron el madero
«¿Quién falta? », y la respuesta fue un arrogante: «¡Yo!»
«¡Yo!», dijo; y, en la forma de una visión de Homero,
del fondo de los bosques Caupolicán surgió.
Echóse el tronco encima, con ademán ligero,
y estremecerse pudo, pero doblarse no.
Bajo sus pies, tres días crujir hizo el sendero,
y estuvo andando... andando... y andando se durmió,
Anduvo, así, dormido, vio en sueños al verdugo:
él muerto sobre un tronco, su raza con el yugo,
inútil todo esfuerzo y el mundo siempre igual.

Por eso, al tercer día de andar por valle y sierra,
el tronco alzó en los aires y lo clavó en la tierra
¡como si el tronco fuese su propio pedestal!

LUIS G. URBINA
(1869–1936)

Metamorfosis

Era un cautivo beso enamorado
de una mano de nieve, que tenía
la apariencia de un lirio desmayado
y el palpitar de un ave en la agonía.
Y sucedió que un día
aquella mano suave
de languidez de cirio,
de palpitar de ave,
se acercó tanto a la prisión del beso,
que ya no pudo más el pobre preso
y se escapó; mas, con un voluble giro
huyó la mano hasta el confín lejano,
y el beso que volaba tras la mano,
rompiendo el aire, se volvió suspiro.

RAMON DEL VALLE INCLAN
(1869–1936)

Garrote vil

¡Tan! ¡Tan! ¡Tan!, canta el
El garrote alzando están, [martillo!
canta en el campo un cuclillo
y las estrellas se van
al compás del estribillo

con que repica el martillo
¡Tan! ¡Tan! ¡Tan!
El patíbulo destaca
trágico, nocturno, gris;
la ronda de la petaca

sigue a la ronda de anís;
pica tabaco la faca,
y el patíbulo destaca
sobre el alba flor de lis.
    Aspera copla remota
que rasguea un guitarrón
se escucha. Grito de jota
del morapio peleón.
El cabileño patriota
canta la canción remota
de las glorias de Aragón.
    Apicarada pelambre
al pie del garrote vil
se solaza muerta de hambre.
Da vayas al alguacil,
y con un rumor de enjambre
acoge hostil la pelambre
a la hostil Guardia Civil.
    Un gitano vende churros
al socaire de un corral;

asoman flautistas burros
las orejas al bardal;
y en el corro de baturros
el gitano de los churros
beatifica al criminal.
    El reo espera en capilla,
reza un clérigo en latín,
llora una vela amarilla
y el sentenciado da fin
a la amarilla tortilla
de yerbas. Fue a la capilla
la cena del cafetín.
    Canta en la plaza el martillo
el verdugo gana el pan.
Un paño enluta el banquillo;
como el paño es catalán,
se está volviendo amarillo,
al son que canta el martillo
¡Tan ! ¡Tan! ¡Tan!

Ave Serafín

...Bajo la bendición de aquel Santo ermitaño
el lobo pace humilde en medio del rebaño
y la ubre de la loba da su leche al cordero,
y el gusano de luz alumbra al hormiguero.
y hay virtud en la baba que deja al caracol,
cuando va entre la yerba con sus cuernos al sol.
    La alondra y el milano tienen la misma rama
para dormir. El búho siente que ama la llama,
del sol. El alacrán tiene el candor que aroma,
el símbolo de amor que porta la paloma.
La salamandra cobra virtudes misteriosas

en el fuego que hace puras todas las cosas,
es amor la ponzoña que lleva por estigma.
Toda vida es amor. El mal es el Enigma.
  Arde la zarza adusta en hoguera de amor,
y entre la zarza eleva su canto el ruiseñor,
voz de cristal que asciende en la paz del sendero
como el airón de plata de un arcángel guerrero,
dulce canto de encanto en jardín abrileño,
que hace entreabrirse la flor azul del ensueño,
la flor azul y mística del alma visionaria
que del ave celeste, la celeste plegaria
oyó trescientos años al borde de la fuente,
donde daba el bautismo a un fauno adolescente,
que ríe todavía con su reír pagano,
bajo el agua que vierte el Santo con la mano.
  El alma de la tarde se deshoja en el viento,
que murmura el milagro con murmullo de cuento.
El ingenuo milagro al pie de la cisterna...
donde el pájaro, el alma de la tarde hace eterna...
En la noche estrellada cantó trescientos
años con su hermana la fuente, y hubo otros ermitaños,
en la ermita, y el Santo moraba en aquel bien,
que es la gracia de Cristo Nuestro Señor. Amén.
  En la luz de su canto alzó el pájaro el vuelo
y voló hacia su nido: una estrella del cielo.
En los ojos del Santo resplandecía la estrella,
se apagó al apagarse la celestial querella.
Lloró al sentir la vida: era un viejo muy viejo
y no se conoció al verse en el espejo
de la fuente; su barba, igual que una oración,
al pecho dábale albura de comunión.
En la noche nubaba el Divino Camino,
el camino que enseña su ruta al peregrino.
Volaba hacia el Oriente la barca de cristal

de la luna, alma en pena pálida de ideal,
y para el Santo aún era la luna de aquel día
remoto, cuando al fauno el bautismo ofrecía.
   Fueran como un instante, al pasar, las centurias...
El pecado es el tiempo; las furias y lujurias
son las horas del tiempo que teje nuestra vida
hasta morir. La muerte ya no tiene medida:
es noche, toda noche, o amanecer divino
con aromas de nardo y músicas de trino;
un perfume de gracia y luz ardiente y mística,
eternidad sin horas y ventura eucarística.
   Una llama en el pecho del monje visionario
ardía y aromaba como en un incensario;
un fulgor que el recuerdo de la celeste ofrenda,
estelaba como una estela de leyenda.
Y el milagro decía otro fulgor extraño
sobre la ermita donde morara el ermitaño...
   El céfiro, que vuela como un ángel nocturno,
da el amor de sus alas al monte taciturno,
y blanca como un sueño, en la cumbre del monte,
el ave de la luz entreabre el horizonte.
Toca al alba en la ermita un fauno la campana.
Una pastora canta en medio del rebaño,
y siente en el jardín del alma el ermitaño
abrirse la primera rosa de la mañana.

CONCHA ESPINA
(1869–1955)

Lejos...

Entre la noche que está dormida
y el mar dormido que sueña y lucha
tengo enhebrada mi ardiente vida,
alma que alerta ronda y escucha.

Para mi frente, clara diadema,
los astros hilan vivo reflejo;
para mis ojos, triste poema,
las aguas mullen un blando espejo.
    Calman las olas sus paroxismos
llenas de lumbres y de estupores
y entre las fauces de dos abismos
hago la siembra de mis amores.
    Aquí las mieses y las derrotas
son infinitos que yo paseo;
haces de vida, ansias remotas,
vasto refugio para el deseo.
    Y las criaturas de mi paisaje,
bestias menores, nunca son malas;
con la inocencia de lo salvaje
de los querubes tienen las alas.
    Aves y peces, sordo murmullo,
alible fauna reclamadora
cuando la noche lanza su aúllo
del mar dormido que sueña y llora.
    Nada me hiere donde yo habito;
mis daños, todos, son de la orilla.
Aquí se esconde mi ronco grito
en el manojo de mi gavilla.
    Ramos de espuma, leves corolas,
plantel de soles y de luceros;
para mí el baño de frescas olas
y la ardentía de los senderos.
    Para mí todas las noches gayas;
para mí todos los océanos;
lejos de la tierra, lejos de las playas;
ningún anillo para mis manos.
    No quiero engarces prometedores
con el mezquino polvo sediento

donde el gusano vive en las flores
y la veleta gira en el viento.
  Ninguna gracia de la ribera
donde se miente lo que se jura;
es más benigna la mar señera;
es más piadosa la noche oscura...

JOSE MARIA GABRIEL Y GALAN
(1870–1905)

El embargo

Señol jues, pasi usté más alanti
y que entrin tós esos,
no le dé a usté ansia,
no le dé a usté mieo...
Si venís antiyel a afligila,
sos tumbo a la puerta. ¡Pero ya s'a muerto!
  ¡Embargal, embargal los avíos,
  que aquí no hay dinero;
lo he gastao en comías pa ella
y en boticas que no la sirvieron;
  y eso que me quea,
porque no me dio tiempo a vendello,
  ya me está sobrando,
  ya me está gediendo!
  Embargal esi sacho de pico
y esas jocis clavás en el techo,
  y esa segureja
  y esi cacho e liendro...
  ¡Jerramientas, que no quedi una!
  ¿Ya pa qué las quiero?
Si tuviá que ganalo pa ella,
¡qualisquiá me quitaba a mi eso!

Pero ya no quió vel esi sacho,
ni esas jocis clavás en el techo,
  ni esa segureja
  ni esi cacho e liendro...
  ¡Pero a vel, señol jues: cuidaito
  si alguno de ésos
es osao de tocali a esa cama
  ondi ella s'a muerto;
la camita ondi yo la he querío
cuando dambos estábamos güenos,
la camita ondi yo la he cuidiao,
la camita ondi estuvo su cuerpo
  cuatro mesis vivo
  y una nochi muerto!
  ¡Señol jues, que nenguno sea osao
de tocali a esa cama ni un pelo,
  porque aquí lo jinco
  delanti usté mesmo!
  Lleváisoslo todu,
  todu, menos eso,
  que esas mantas tienin
  suol de su cuerpo...
¡y me güelin, me güelin a ella
  ca ves que las güelo! ...

El ama (Fragmentos)

I

Yo aprendí en el hogar en que se funda
la dicha más perfecta,
y para hacerla mía
quise yo ser como mi padre era,
y busqué una mujer como mi madre

entre las hijas de mi hidalga tierra.
Y fui como mi padre, y fue mi esposa
viviente imagen de la madre muerta.
¡un milagro de Dios, que ver me hizo
otra mujer como la santa aquella!
  Compartían mis únicos amores
la amante compañera,
la patria idolatrada,
la casa solariega,
con la heredada historia,
con la heredada hacienda.
¡Qué buena era la esposa
qué feraz la tierra!
  ¡Qué alegre era mi casa,
y qué sana mi hacienda,
y con qué solidez estaba unida
la tradición de la honradez a ellas!
  Una sencilla labradora, humilde,
hija de oscura castellana aldea;
una mujer trabajadora, honrada,
cristiana, amable, cariñosa y seria,
trocó mi casa en adorable idilio
que no pudo soñar ningún poeta.
  ¡Oh, cómo se suaviza
el penoso trajín de las faenas
cuando hay amor en casa
y con él mucho pan se amasa en ella
para los pobres que a su sombra viven,
para los pobres que por ella bregan!
¡Y cuánto lo agradecen, sin decirlo,
y cuánto por la casa se interesan,
y cómo ellos la cuidan,
y cómo Dios la aumenta!
Todo lo pudo la mujer cristiana,
logrólo todo la mujer discreta.

La vida en la alquería
giraba en torno a ella
pacífica y amable,
monótona y serena...
    ¡Y cómo la alegría y el trabajo
donde está la virtud se compenetran!
... ...

II

Pero bien se conoce
que ya no vive en ella;
el corazón, la vida de la casa
que alegraba el trajín de las tareas;
la mano bienhechora
que con las sales de enseñanzas buenas
amasó tanto pan para los pobres
que regaban, sudando, nuestra hacienda.
    ¡La vida en la alquería
se tiñó para siempre de tristeza!
Ya no alegran los mozos la besana
con las dulces tonadas de la tierra,
que al paso perezoso de las yuntas
ajustaban sus lánguidas cadencias.
    Mudos de casa salen,
mudos pasan el día en sus faenas,
tristes y mudos vuelven;
y sin decirse una palabra cenan;
que está el aire de casa
cargado de tristeza
y palabras y ruidos importunan
la rumia sosegada de las penas.
    Y rezamos, reunidos, el Rosario,
sin decirnos por quién... pero es por ella.

Que aunque ya no su voz a orar nos llama
su recuerdo querido nos congrega,
y nos pone el Rosario entre los dedos
y las santas plegarias en la lengua.

... ...

Y ya mover no pueden
mi alma de poeta,
ni las de mayo auroras nacarinas
con húmedos vapores en las vegas,
con cánticos de alondra y con efluvios
de rociadas frescas,
ni estos de otoño atardeceres dulces
de manso resbalar, pura tristeza
de la luz que se muere
y el paisaje borroso que se queja...,
ni las noches románticas de julio,
magníficas, espléndidas,
cargadas de silencios rumorosos
y de sanos perfumes de las eras;
noches para el amor, para la rumia
de las grandes ideas,
que a la cumbre al llegar de las alturas
se hermanan y se besan...
¡Cómo tendré yo el alma,
que resbala sobre ella
la dulce poesía de mis campos
como el agua resbala por la piedra!
Vuestra paz era imagen de mi vida,
¡oh, campos de mi tierra!
Pero la vida se me puso triste
y su imagen de ahora ya no es ésa;
en mi casa, es el frío de mi alcoba,
es el llanto vertido en sus tinieblas;

en el campo, es el árido camino
del barbecho sin fin que amarillea.
... ...

Pero yo ya sé hablar como mi madre,
y digo como ella
cuando la vida se le puso triste:
«¡Dios lo ha querido así! ¡Bendito sea!»

¿Qué tendrá?

¿Qué tendrá la hija
del sepulturero,
que con asco la miran los mozos,
que las mozas la miran con miedo?
    Cuando llega el domingo a la plaza
y está el bailoteo
como el Sol de alegre,
vivo como el fuego,
no parece si no que una nube
se atraviesa delante del cielo;
no parece sino que se anuncia
que se acerca, que pasa un entierro . . .
    una ola de opacos rumores
sustituye el febril charloteo,
se cambian miradas
que expresan recelos,
el ritmo del baile
se torna más lento
y hasta los repiques
alegres y secos
de las castañuelas
callan un momento...
    Un momento no más dura todo;
mas ¿qué será aquello

que hasta da falsas notas la gaita
por hacer un gesto
con sus gruesos labios
el tamborilero?
No hay memoria de amores manchados,
porque nunca, a pesar de ser bellos,
«Buenos ojos tienes»
le ha dicho un mancebo.
Y ella sigue desdenes rumiando,
y ella sigue rumiando desprecios,
pero siempre acercándose a todos,
siempre sonriendo,
presentándose en fiestas y bailes
y estrenando más ricos pañuelos
¿Qué tendrá la hija
del sepulturero?
... ...

Me lo dijo un mozo:
«¿Ve usted esos pañuelos?
Pues se cuenta que son de otras mozas...,
¡de otras mozas que están ya pudriendo!..»
Y es verdá que paece que güelen,
que güelen a muerto...

AMADO NERVO
(1870–1919)

A Kempis

> *Sicut nubes, quasi*
> *naves, velut umbras.*

Ha muchos años que busco el yermo,
ha muchos años que vivo triste;
ha muchos años que estoy enfermo,
¡y es por el libro que tú escribiste!

¡Oh, Kempis, antes de leerte, amaba
la luz, las vegas, el mar Oceano;
mas tú dijiste que todo acaba,
que todo muere, que todo es vano!

Antes, llevado de mis antojos,
besé los labios que al beso invitan
las rubias trenzas, los grandes ojos,
¡sin acordarme que se marchitan!

Mas como afirman doctores graves
que tú, maestro, citas y nombras,
que el hombre *pasa como las naves,*
como las nubes, como las sombras,

huyo de todo terreno lazo,
ningún cariño mi mente alegra
y con tu libro bajo del brazo
voy recorriendo la noche negra...

¡Oh Kempis, Kempis, asceta yermo,
pálido asceta, qué mal me hiciste!
Ha muchos años que estoy enfermo,
¡y es por el libro que tú escribiste!

«Gratia plena»

Todo en ella encantaba, todo en ella atraía:
su mirada, su gesto, su sonrisa, su andar...
El ingenio de Francia de su boca fluía.
Era *llena de gracia,* como el Avemaría;
¡quien la vio no la pudo ya jamás olvidar!

Ingenua como el agua, diáfana como el día,
rubia y nevada como Margarita sin par,
al influjo de su alma celeste amanecía...
Era *llena de gracia,* como el Avemaría;
¡quien la vio no la pudo ya jamás olvidar!

Cierta dulce y amable dignidad la investía
de no sé qué prestigio lejano y singular.

Más que muchas princesas, princesa parecía.
Era *llena de gracia*, como el Avemaría;
¡quien la vio no la pudo ya jamás olvidar!
    Yo gocé el privilegio de encontrarla en mi vía
dolorosa; por ella tuvo fin mi anhelar,
y cadencias arcanas halló mi poesía.
Era *llena de gracia*, como el Avemaría;
¡quien la vio no la pudo ya jamás olvidar!
    ¡Cuánto, cuánto la quise! Por diez años fue mía,
¡pero flores tan bellas nunca pueden durar!
Era *llena de gracia*, como el Avemaría;
y a la Fuente de gracia, de donde procedía,
se volvió... ¡como gota que se vuelve a la mar!

Viejo estribillo

    ¿Quién es esa sirena de la voz tan doliente,
de las carnes tan blancas, de la trenza tan bruna?
–Es un rayo de luna que se baña en la fuente,
            es un rayo de luna...
    ¿Quién gritando mi nombre la morada recorre?
¿Quién me llama en las noches con tan trémulo acento?
–Es un soplo de viento que solloza en la torre,
            es un soplo de viento.
    Di, ¿quién eres, arcángel, cuyas alas se abrasan
en el fuego divino de la tarde, y que subes
por la gloria del éter?
                –Son las nubes que pasan,
            mira bien; son las nubes...
    ¿Quién regó sus collares en el agua, Dios mío?
Lluvia son de diamantes en azul terciopelo.
–Es la imagen del cielo que palpita en el río,
            es la imagen del cielo...

¡Oh, Señor, la belleza sólo es, pues, espejismo!
Nada más Tú eres cierto: sé Tú mi último Dueño.
¿Dónde hallarte: en el éter, en la tierra, en mí mismo?
–Un poquito de ensueño te guiará en cada abismo,
un poquito de ensueño...

SERAFIN Y JOAQUIN ALVAREZ QUINTERO
(1871–1938) (1873–1944)

Era un jardín sonriente

Era un jardín sonriente;
era un tranquila fuente
de cristal;
era a su borde asomada,
una rosa inmaculada
de un rosal.
Era un viejo jardinero
que cuidaba con esmero
del vergel,
y era la rosa un tesoro
de más quilates que el oro
para él
A la orilla de la fuente
un caballero pasó,
y la rosa dulcemente
de su tallo separó.
Y al notar el jardinero
que faltaba en el rosal,
cantaba así, plañidero,
receloso de su mal:
–Rosa, la más delicada,
que por mi amor cultivada
nunca fue;

rosa, la más encendida
la más fragante y pulida
que cuidé;
blanca estrella que del cielo
curiosa de ver el suelo
resbaló;
a la que una mariposa
de mancharla temerosa
no llegó.
¿Quién te quiere? ¿Quién te llama,
por tu bien o por tu mal?
¿Quién te llevó de la rama
que no estás en tu rosal?
¿Tú no sabes que es grosero
el mundo? ¿Qué es traicionero
el amor?
¿Que no se aprecia en la vida
la pura miel escondida
en la flor?
¿Bajo qué cielo caíste?
¿A quién tu tesoro diste
virginal?
¿En qué manos te deshojas?

¿Qué aliento quema tus hojas
infernal?
¿Quién te cuida con esmero
como el viejo jardinero
te cuidó?
¿Quién por ti sólo suspira?
¿Quién te quiere? ¿Quién te mira
como yo?
¿Quién te miente que te ama
con fe y con ternura igual?
¿Quién te llevó de la rama,
que no estás en tu rosal?

¿Por qué te fuiste tan pura
de otra vida a la ventura
o al dolor?
¿Qué faltaba a tu recreo?
¿Qué a tu inocente deseo
soñador?
En la fuente limpia y clara
espejo que te copiara
¿no te di?

Los pájaros escondidos,
¿no cantaban en sus nidos
para ti?
Cuando era el aire de fuego,
¿no refresqué con mi riego
tu calor?
¿No te dio mi trato amigo
en las heladas abrigo
protector?
Quien para sí te reclama,
¿te hará bien o te hará mal?
¿Quién te llevó de la rama
que no estás en tu rosal?

Así, un día y otro día,
entre espinas y entre flores,
el jardinero plañía
imaginando dolores,
desde aquel en que a la fuente
un caballero llegó
y la rosa dulcemente
de su tallo separó.

ENRIQUE GONZALEZ MARTINEZ
(1871–1952)

Irás sobre la vida de las cosas

Irás sobre la vida de las cosas
con noble lentitud; que todo lleve
a tu sensorio luz, blancor de nieve,
azul de linfas o rubor de rosas.
Que todo deje en ti como una huella
misteriosa grabada intensamente;

lo mismo el soliloquio de la fuente
que el flébil parpadeo de la estrella.

Que asciendas a las cumbres solitarias,
y allí como arpa eólica, te azoten
los borrascosos vientos, y que broten
de tus cuerdas rugidos y plegarias.

Que esquives lo que ofusca y lo que asombra
al humano redil que abajo queda,
y que afines tu alma hasta que pueda
escuchar el silencio y ver la sombra.

Que te ames en ti mismo, y de tal modo
compendiando tu ser, cielo y abismo,
que sin desviar los ojos de ti mismo
puedan tus ojos contemplarlo todo.

Y que llegues, por fin, a la escondida
playa de tu minúsculo universo,
y que logres oír tu propio verso
en que palpita el alma de la vida.

Parábola de los ojos

Iba toda desnuda la visión estupenda
con blancores de nardo, atrayente y fatal,
y su voz era flama, y su vientre era ofrenda
en que el sexo fulgía como un áureo trigal.

En unánime angustia se apiñaba en la senda
el humano deseo con rugidos de mal,
y los ojos, puñales de lasciva contienda,
dardeaban sus puntas como un solo puñal.

Era un coro de aullidos, era un lúbrico asalto.
y los ojos en fiebre y las manos en alto
eran siervos sumisos de la extraña visión;

y la forma desnuda, bajo el fiero destino
que ni escucha ni aguarda, prosiguió su camino
de cometa que arrastra una estela de horror.

Sólo un hombre pugnaba por asirse a la vida
ante el hondo presagio de la noche estelar,
y quedarse a la zaga, mientras era impelida
la fantástica turba por el viento del mar.
Mas sintió que era inútil. Un afán sin medida
empujaba al espectro... ¡Y era noble cegar
las pupilas obsesas a la luz maldecida
por no ser el esclavo de su propio mirar!
Y en las pávidas cuencas que albergaban sus ojos
sepultó las diez uñas, y cayeron dos rojos
y sangrientos claveles de la turba a los pies...
Y sumido en su noche, emblemático y fuerte,
como el ángel que triunfa del amor y la muerte,
le miraron los hombres que pasaron después.

Tuércele el cuello al cisne

Tuércele el cuello al cisne de engañoso plumaje,
que da su nota blanca al azul de la fuente;
él pasea su gracia no más, y nada siente
del alma de las cosas y la voz del paisaje.
Huye de toda forma y de todo lenguaje
que no vayan acordes con el ritmo latente
de la vida profunda... y adora intensamente
la vida, y que la vida comprenda tu homenaje.
Mira el búho sapiente... Ese tiende sus alas
desde el Olimpo, deja el regazo de Palas
y posa en aquel árbol su vuelo taciturno...
El no tiene la gracia del cisne; mas su inquieta
pupila, que se clava en la sombra, interpreta
el misterioso libro del silencio nocturno.

Péndulo fiel

El antiguo reloj cuelga del muro;
oculta mano rige el movimiento;

ochenta años ha oído mi aposento
su timbre claro, su tic-tac seguro.
   En el rodar del mecanismo oscuro
trabajan corazón y pensamiento;
en su vaivén tenaz repaso y cuento
mi loco ayer, y atisbo mi futuro.
   Con una precisión aterradora,
la negra aguja señaló la hora
de la mortal y doble despedida;
   mas la flecha también dejó marcada
la hora que me dio, con su llegada,
una nueva razón de amar la vida.

Persecución

   Cómplice mía, nos persiguen:
arroja tu espejo, y se formará el mar...
Si lo cruzan echa tu peine de oro
y sobre la arena crecerá un breñal...
Y si el breñal trasponen, suspira tres veces
y una niebla los cegará...
   Si a pesar de la niebla siguen
y sus pasos se oyen detrás,
juntemos nuestras manos trémulas
y sentémonos a esperar...

JOSE JUAN TABLADA
(1871–1928)

Onix

   Torvo fraile del templo solitario
que al fulgor de nocturno lampadario
o a la pálida luz de las auroras
desgranas de tus culpas el rosario...
   –¡Yo quisiera llorar como tú lloras!
   Porque la fe en mi pecho solitario
se extinguió como el turbio lampadario

entre la roja luz de las auroras,
y mi vida es un fúnebre rosario
más triste que las lágrimas que lloras.

Casto amador de pálida hermosura
o torpe amante de sensual impura
que vas —novio feliz o amante ciego—
llena el alma de amor o de amargura...
—¡Yo quisiera abrasarme con tu fuego!

Porque no me seduce la hermosura,
ni el casto amor, ni la pasión impura;
porque en mi corazón dormido y ciego
ha caído un gran soplo de amargura,
que también pudo ser lluvia de fuego.

¡Oh, guerrero de lírica memoria
que al asir el laurel de la victoria
caíste herido con el pecho abierto
para vivir la vida de la Gloria...!
—¡Yo quisiera morir como tú has muerto!

Porque el templo sin luz de mi memoria,
sus escudos triunfales la victoria
no ha llegado a colgar, porque no ha abierto
el relámpago de oro de la Gloria
mi corazón oscurecido y muerto.

Fraile, amante, guerrero, yo quisiera
saber qué oscuro advenimiento espera
el amor infinito de mi alma,
si de mi vida en la tediosa calma
no hay un Dios, ni un amor, ni una bandera.

RICARDO JAIMES FREYRE
(1872–1933)

Aeternum vale

Un Dios misterioso y extraño visita la selva.
Es un Dios silencioso que tiene los brazos abiertos.
Cuando la hija de Thor espoleaba su negro caballo,
le vio erguirse, de pronto, a la sombra de un añoso fresno.

Y sintió que se helaba su sangre
ante el Dios silencioso que tiene los brazos abiertos.
De la fuente de Imer, en los bordes sagrados, más tarde
la Noche a los dioses absortos reveló el secreto;
el Aguila y los Cuervos de Odín escuchaban,
y los Cisnes que esperan la hora del canto postrero;
y a los dioses mordía el espanto
de ese Dios silencioso que tiene los brazos abiertos.
En la selva agitada se oían extrañas salmodias;
mecía la encina y el sauce quejumbroso viento;
el bisonte y el alce rompían las ramas espesas,
y través de las ramas espesas huían mugiendo.
En la lengua sagrada de Orga
despertaban del canto los divinos versos.
Thor, el rudo, terrible guerrero que blande la maza
—en sus manos es arma la negra montaña de hierro—
va a aplastar en la selva, a la sombra del árbol sagrado,
a ese Dios silencioso que tiene los brazos abiertos,
y los dioses contemplan la maza rugiente,
que gira en los aires y nubla la lumbre del cielo.
… … … … … … … … … … … … … … … … … …

Ya en la selva sagrada no se oyen las viejas salmodias,
ni la voz amorosa de Freya cantando a lo lejos;
agonizan los dioses que pueblan la selva sagrada,
y en la lengua de Orga se extinguen los divinos versos.
Solo, erguido a la sombra de un árbol,
hay un Dios silencioso que tiene los brazos abiertos.

PIO BAROJA
(1872–1955)

Prólogo un poco fantástico

Locura, humor, fantasía,
ideas crepusculares,
versos tristes y vulgares,
eterna melancolía,

angustias de hipocondría,
soledad de la vejez,
alardes de insensatez,
arlequinada, zozobra,

rapsodias en donde sobra
y falta mucho a la vez.
   Viviendo en tiempo brutal,
sin gracia y sin esplendor,
no supe darles mejor
contextura espiritual.

Es un pobre Carnaval
de traza un tanto harapienta
que se alegra y se impacienta
con murmurar y gruñir,
con el llorar y reír
de su musa turbulenta.

Y como no hay más recurso
que escuchar a esta barroca
furia, que siga su curso
y que lance en su discurso
la amargura de su boca.

Despedida

Adiós, amiga mía,
no nos veremos más;
el sino nos arrastra
a cambiar sin cesar.
No hay quien pueda oponerse
al destino fatal,
y es más cuerdo entregarse
a la casualidad.
Yo tengo que ausentarme.
Usted se casará.
La suerte y la distancia
nos van a separar,
impidiendo que siga
nuestra dulce amistad.

Es posible, sin duda,
que algún fortuito azar
nuevamente nos junte
en un punto crucial.
Usted, si está casada
y con hijos, tendrá
otras ocupaciones
y otra mentalidad
Yo estaré ya tan viejo
tan poco locuaz,
con tan pobre memoria
y tan poco jovial,
que usted me oirá con pena
o no me escuchará.

GUILLERMO VALENCIA
(1873–1943)

Los camellos

Dos lánguidos camellos, de elásticas cervices,
de verdes ojos claros y piel sedosa y rubia,

los cuellos recogidos, hinchadas las narices,
a grandes pasos miden un arenal de Nubia.
   Alzaron la cabeza para orientarse, y luego
el soñoliento avance de sus vellosas piernas
—bajo el rojizo dombo de aquel cenit de fuego—
pararon silenciosos, al pie de las cisternas...
   Un lustro apenas cargan bajo el azul magnífico,
y ya sus ojos quema la fiebre del tormento
tal vez leyeron, sabios, borroso jeroglífico
perdido entre las ruinas de infausto monumento.
   Vagando taciturnos por la dormida alfombra,
cuando cierra los ojos el moribundo día,
bajo la virgen negra que los llevó en la sombra,
copiaron el desfile de la Melancolía...
   Son hijos del desierto: prestóles la palmera
un largo cuello móvil que sus vaivenes finge,
y en sus marchitos rostros que esculpe la Quimera
¡sopló cansancio eterno la boca de la Esfinge!
   Dijeron las Pirámides que el viejo sol rescalda:
«Amamos la fatiga con inquietud secreta...»
y vieron desde entonces correr sobre su espalda,
tallada en carne viva, su triangular silueta.
   Los átomos de oro que el torbellino esparce
quisieron con sus giros ser grácil vestidura,
y unidos en collares por invisible engarce
vistieron del giboso la escuálida figura...
   Todo el fastidio, toda la fiebre, toda el hambre,
la sed sin agua, el yermo sin hembras, los despojos
de caravanas... huesos en blanquecino enjambre...
todo en el cerco bulle de sus dolientes ojos.
   Ni las sutiles mirras, ni las leonadas pieles,
ni las volubles palmas que riegan sombra amiga,
ni el ruido sonoroso de claros cascabeles
alegran la mirada del rey de la fatiga.

¡Bebed dolor en ellas, flautistas de Bizancio,
que amáis pulir el dáctilo al son de las cadenas;
sólo esos ojos pueden deciros el cansancio
de un mundo que agoniza sin sangre entre las venas!
  ¡Oh, artistas! ¡Oh, camellos de la llanura vasta
que vais llevando a cuestas el sacro monolito!
¡Tristes de esfinge! ¡Novios de la palmera casta!
¡Sólo calmáis vosotros la sed de lo infinito!
  ¿Qué pueden los ceñudos? ¿Qué logran las melenas
de las zarpadas tribus cuando la sed oprime?
Sólo el poeta es lago sobre este mar de arenas,
sólo su arteria rota la Humanidad redime.
  Se pierde ya a lo lejos la errante caravana
dejándome –camello que cabalgó el Excidio...–
¡cómo buscar sus huellas al sol de la mañana,
entre las ondas grises del lóbrego fastidio!
  ¡No! Buscaré dos ojos que he visto, fuente pura
hoy a mi labio exhausta, y aguardaré paciente
hasta que suelta en hilos de mística dulzura
refresque las entrañas del lírico doliente.
  Y si a mi lado cruza la sorda muchedumbre
mientras el vago fondo de esas pupilas miro,
dirá que vio un camello con honda pesadumbre
mirando, silencioso, dos fuentes de zafiro.

LEOPOLDO LUGONES
(1874–1938)

A ti, única
(Quinteto de la luna y del mar)

PIANO

Un poco de cielo y un poco de lago
donde pesca estrellas el grácil bambú,
y al fondo del parque, como íntimo halago,
la noche que mira como miras tú.

Florece en los lirios de tu poesía
la cándida luna que sale del mar,
y en flébil delirio de azul melodía,
te infunde una vaga congoja de amar.
Los dulces suspiros que tu alma perfuman
te dan, como a ella, celeste ascensión.
La noche..., tus ojos..., un poco de Schuman...
y mis manos llenas de tu corazón.

PRIMER VIOLIN

Largamente, hasta tu pie
se azula el mar ya desierto,
y la luna es de oro muerto
en la tarde rosa té.
Al soslayo de la luna
recio el gigante trabaja,
susurrándote en voz baja
los ensueños de la luna.
Y en lenta palpitación,
más grave ya con la sombra,
viene a tenderte de alfombra
su melena de león.

SEGUNDO VIOLIN

La luna te desampara
y hunde en el confín remoto
su punto de huevo roto
que vierte en el mar su clara.
Medianoche van a dar,
y al gemido de la ola,
te angustias, trémula y sola,
entre mi alma y el mar.

CONTRABAJO

Dulce luna del mar que alargas la hora
de los sueños de amor; plácida perla
que el corazón en lágrima atesora
y no quiere llorar por no perderla.
Así el fiel corazón se queda grave,
y por eso el amor, áspero o blando,
trae un deseo de llorar, tan suave,
que sólo amarás bien si amas llorando.

VIOLONCELO

Divina calma del mar
donde la luna dilata
largo reguero de plata
que induce a peregrinar.
En la pureza infinita
en que se ha abismado el cielo,
un ilusorio pañuelo
tus adioses solicita.
Y ante la excelsa quietud,
cuando en mis brazos te estrecho
es tu alma, sobre mi pecho,
melancólico laúd.

Oceánida

El mar, lleno de urgencias masculinas,
bramaba en derredor de tu cintura,
y como un brazo colosal, la oscura
ribera te amparaba. En tus retinas,
y en tus cabellos, y en tu astral blancura
rieló con decadencias opalinas

esa luz de las tardes mortecinas
que en el agua pacífica perdura.
    Palpitando a los ritmos de tu seno
hinchóse en una ola el mar sereno;
para hundirte en sus vértigos felinos
    su voz te dijo una caricia vaga,
y al penetrar entre tus muslos finos
la onda se aguzó como una daga.

Salmo pluvial

Tormenta

    Erase una caverna de agua sombría del cielo;
el trueno, a la distancia, rodaba su peñón;
y una remota brisa de conturbado vuelo
se acidulaba en tenue frescura de limón.
    Como caliente polen exhaló el campo seco
un relente de trébol lo que empezó a llover.
Bajo la lenta sombra, colgada en denso fleco,
se vio el caudal con vívidos azules florecer.
    Una fulmínea verga rompió el aire al soslayo;
sobre la tierra atónita cruzó un pavor mortal;
y el firmamento entero se derrumbó en un rayo,
como un inmenso techo de hierro y de cristal.

Lluvia

    Y un mimbreral vibrante fue el chubasco resuelto
que plantaba sus líquidas varillas al trasluz,
o en pajonales de agua se espesaba revuelto,
descerrajando al paso su pródigo arcabuz.
    Saltó la alegre lluvia por taludes y cauces,
descolgó del tejado sonoro caracol;

y luego allá a lo lejos se desnudó en los sauces,
transparente y dorada bajo un rayo de sol.

Calma

Delicia de los árboles que abrevó el aguacero.
Delicia de los gárrulos raudales en desliz.
Cristalina delicia de trino del jilguero.
Delicia serenísima de la tarde feliz.

Plenitud

El cerro azul estaba fragante de romero,
y en los profundos campos silbaba la perdiz.

RUFINO BLANCO–FOMBONA
(1874–1948)

Corazón adentro

Llamé a mi corazón. Nadie repuso.
Nadie adentro. ¡Qué trance tan amargo!
El bosque era profuso,
negra la noche y el camino largo.
Llamé, llamé. Ninguno respondía.
Y el murado castillo, taciturno,
único albergue en el horror nocturno,
era mi corazón. ¡Y no me abría!
¡Iba tan fatigado! ¡Casi muerto,
rendido por la áspera subida,
por el hostil desierto
y las fuentes saladas de la vida!
Al sol de fuego y pulmonar garúa
ya me atería o transpiraba a chorros;

empurpuré las piedras y los cardos;
y, a encuentro por segundos topé zorros,
búhos, cerdos, panteras y leopardos.
   Y en un prado inocente: malabares,
anémonas, begonias y diamelas
vi dos chatas cabezas triangulares
derribar muchas ágiles gacelas.
¡Qué hórrido viaje y bosque tan ceñudo!
La noche, negra; mi cabeza, loca;
mis pies, cansados; el castillo, mudo,
y yo, toca que toca.
   ¡Por fin se abrió una puerta!
Todo era sombra aquella casa muerta.
Tres viejecitos de cabello cano
y pardas vestiduras de estameña
me recibieron: –adelante, hermano–.
Parecidos los tres. La blanca greña
nevaba sobre el hombro a cada anciano.
   Al fondo, en una esquina,
luchaba con la sombra un reverbero
de lumbre vacilante y mortecina.
–Somos felices –dijo el uno. El otro:
–Resignados. –Aquí –dijo el tercero–,
sin amigos, sin amos y sin émulos,
esperamos el tránsito postrero.
   Eran recuerdos los ancianos trémulos.
   –No es posible, pensaba. ¿Es cuanto queda
de este palacio que vivieron hadas?
¿Dónde está la magnífica arboleda,
en dónde las cascadas,
los altos miradores,
las salas deslumbrantes
y las bellas queridas suspirantes
muriéndose de amores?

Y me lancé a los negros corredores.
Llegué a las cuatro conocidas puertas
por nadie nunca abiertas.
Entré al rojo recinto: una fontana
de sangre siempre vívida y ardiente
corría de la noche a la mañana
y de mañana a noche, eternamente.
Yo había hecho brotar aquella fuente.
Entré al recinto gris donde surtía
otra fontana en quejumbroso canto:
¡el canto de las lágrimas! Yo había
hecho verter tan generoso llanto.
Entré al recinto gualda; siete luces,
siete cruces de llama fulgecían,
y los Siete Pecados se morían
crucificados en las siete cruces.
Y a Psiquis alas nuevas le nacían.
—Rememoré las voces del Misterio:
—Cuando sea tu alma
de las Desilusiones el imperio;
cuando el sufrir tus lágrimas agote;
cuando inmisericorde su cauterio
te aplique el Mundo, y el Dolor te azote,
puedes salvar la puerta tentadora,
la puerta blanca, la Thulé postrera...
—Entonces, dije, es hora.
Y entré con paso firme y alma entera.
Quedé atónito. Hallábame en un campo
de nieve, de impoluta perspectiva;
cada llanura, un ampo;
cada montaña, un irisado bloque;
cada picacho, una blancura viva.
Y de la luz al toque
eran los farallones albicantes,
chorreras de diamantes.

–¿En dónde estoy? –me dije tremulento...
y un soplo de dulzuras teologales
trajo a mi oído regalado acento:
–Estás lejos de aquellos arenales
ardientes, donde surgen tus pasiones
y te devoran como cien chacales.
Lejos de las extrañas agresiones,
a estas cimas no alcanza
ni el ojo inquisidor de la asechanza
ni el florido puñal de las traiciones.
Son ignorado asilo
al tigre humano y a la humana hiena;
a los pérfidos cantos de sirena
y al aleve llorar del cocodrilo.
Llegas a tierra incógnita;
a tierra de simbólicas alburas,
todo misterio y calma.
Estás en las serenas, en las puras
e ignoradas regiones de tu alma...
   Y me quedé mirando las alturas.

MANUEL MACHADO
(1874–1947)

Castilla

   El ciego sol se estrella
en las duras aristas de las armas,
llaga de luz los petos y espaldares
y flamea en las puntas de las lanzas.
   El ciego sol, la sed y la fatiga.
Por la terrible estepa castellana,
al destierro, con doce de los suyos
–polvo, sudor y hierro–, el Cid cabalga.

Cerrado está el mesón a piedra y lodo.
Nadie responde. Al pomo de la espada,
y al cuento de las picas el postigo
va a ceder... ¡Quema el sol, el aire abrasa!
   A los terribles golpes,
de eco ronco, una voz pura, de plata
y de cristal responde... Hay una niña
muy débil y muy blanca
en el umbral. Es toda
ojos azules y en los ojos lágrimas.
   Oro pálido nimba
su carita curiosa y asustada.
—«¡*Buen Cid, pasad...! El rey nos dará muerte,*
»*arruinará la casa,*
»*y sembrará de sal el pobre campo*
»*que mi padre trabaja...*
»*Idos. El cielo os colme de venturas...*
» *¡En nuestro mal, oh Cid, no ganáis nada!*»
Calla la niña y llora sin gemido...
Un sollozo infantil cruza la escuadra
de feroces guerreros,
y una voz inflexible grita: «¡En marcha!»
   El ciego sol, la sed y la fatiga.
Por la terrible estepa castellana,
al destierro, con doce de los suyos
—polvo, sudor y hierro—, el Cid cabalga.

Adelfos

Yo soy como las gentes que a mi tierra vinieron;
soy de la raza mora, vieja amiga del Sol...
que todo lo ganaron y todo lo perdieron.
Tengo el alma de nardo del árabe español.
   Mi voluntad se ha muerto una noche de luna
en que era muy hermoso no pensar ni querer.

Mi ideal es tenderme, sin ilusión ninguna...
De cuando en cuando un beso y un nombre de mujer.
En mi alma, hermana de la tarde, no hay contornos
...y la rosa simbólica de mi única pasión
es una flor que nace en tierras ignoradas
y que no tiene aroma, ni forma, ni color.
Besos, ¡pero no darlos! Gloria, ¡la que me deben!
que todo como un aura se venga para mí:
que las olas me traigan y las olas me lleven,
y que jamás me obliguen el camino a elegir.
¡Ambición! No la tengo. ¡Amor! No lo he sentido.
No ardí nunca en un fuego de fe ni gratitud.
Un vago afán de arte tuve... Ya lo he perdido.
Ni el vicio me seduce, ni adoro la virtud.
De mi alta aristocracia dudar jamás se pudo.
No se ganan, se heredan, elegancia y blasón.
...Pero el lema de casa, el mote del escudo,
es una nube vaga que eclipsa un vano sol.
Nada os pido. Ni os amo, ni os odio. Con dejarme,
lo que hago por vosotros hacer podéis por mí.
...¡Que la vida se tome la pena de matarme,
ya que yo no me tomo la pena de vivir!...
Mi voluntad se ha muerto una noche de luna
en que era muy hermoso no pensar ni querer...
De cuando en cuando un beso sin ilusión ninguna.
¡El beso generoso que no he de devolver!

Felipe IV

Nadie más cortesano ni pulido
que nuestro rey Felipe, que Dios guarde,
siempre de negro hasta los pies vestido.
    Es pálida su tez, como la tarde,
cansado el oro de su pelo undoso,
y de sus ojos, el azul, cobarde.

Sobre su augusto pecho generoso
ni joyeles perturban ni cadenas
el negro terciopelo silencioso.

Y en vez de cetro real, sostiene apenas,
con desmayo galán, un guante de ante
la blanca mano de azuladas venas.

Cantares

Vino, sentimiento, guitarra y poesía
hacen los cantares de la patria mía...
Cantares...
Quien dice cantares, dice Andalucía.
A la sombra fresca de la vieja parra,
un mozo moreno rasguea la guitarra...
Cantares...
Algo que acaricia y algo que desgarra.
La prima que canta y el bordón que llora...
y el tiempo callado se va hora tras hora.
Cantares...
Son dejos fatales de la raza mora.
No importa la vida, que ya está perdida.
Y, después de todo, ¿qué es eso, la vida?
Cantares...
Cantando la pena, la pena se olvida.
Madre, pena, suerte, pena, madre, muerte,
ojos negros, negros, y negra la suerte...
Cantares...
En ellos, el alma del alma se vierte.
Cantares, cantares de la patria mía...
Cantares son sólo los de Andalucía.
Cantares...
No tiene más notas la guitarra mía.

La saeta

I

«Mírale por dónde viene
el mejor de los nacidos»
Una calle de Sevilla
entre rezos y suspiros...
Largas trompetas de plata...
Túnicas de seda. Cirios
en hormiguero de estrellas
festoneando el camino
El azahar y el incienso
embriagan los sentidos...
Ventana que da a la noche,
se ilumina de improviso
y en ella una voz– ¡Saeta!
canta o llora, que es lo mismo;
«Mírale por dónde viene
el mejor de los nacidos»–

II

Canto llano... Sentimiento
que sin guitarra se canta.
Maravilla
que por acompañamiento
tiene..., la Semana Santa
de Sevilla
Cantar de nuestros cantares,
llanto y oración. Cantar,
salmo y trino.
Entre efluvios de azahares
tan humano y a la par,
¡tan divino!
Canción del pueblo andaluz:
...De cómo las golondrinas
le quitaban las espinas
al Rey del Cielo, en la Cruz.

Retrato

Esta es mi cara, y ésta es mi alma; leed:
Unos ojos de hastío y una boca de sed...
Lo demás... Nada... Vida... Cosas... Lo que se sabe...
Calaveradas, amoríos... Nada grave.
Un poco de locura, un algo de poesía,
una gota de vino de la melancolía...
¿Vicios? Todos. Ninguno... Jugador, no lo he sido:
no gozo lo ganado ni siento lo perdido.
Bebo, por no negar mi tierra de Sevilla
media docena de cañas de manzanilla.
Las mujeres... (sin ser un Tenorio, ¡eso no!).
Tengo una que me quiere, y otra a quien quiero yo.

Me acuso de no amar sino muy vagamente
una porción de cosas que encantan a la gente...
La agilidad, el tino, la gracia, la destreza,
más que la voluntad, la fuerza y la grandeza...
Mi elegancia es buscada, rebuscada. Prefiero
a lo helénico y puro lo chic y lo torero.
Un destello de Sol y una risa oportuna
amo más que las languideces de la Luna.
Medio gitano y medio parisién (dice el vulgo),
con Montmartre y con la Macarena comulgo...
Y, antes que un mal poeta, mi deseo primero
hubiera sido ser un buen banderillero.
Esta tarde... Voy de prisa por la vida. Y mi risa
es alegre, aunque no niego que llevo prisa.

Rimas

Sensual, epicúreo, decadente
–amigo de gozar y divertirse,
como dice la gente–,
he sabido poner en la alegría
el ajenjo de la melancolía,
y sé también sufrir alegremente.
Y... nada más. En mi conciencia inquieta
vigila el bien. Empero,
sin saber qué. Y, en tanto,
me anego en risa, disimulo el llanto...
Y voy viviendo, mientras no me muera.

Canto a Andalucía

Cádiz, salada claridad. Granada,
agua oculta que llora.
Romana y mora, Córdoba callada.

Málaga, cantaora.
Almería, dorada.
Plateado, Jaén. Huelva, la orilla
de las tres carabelas.
¡Y Sevilla!

MARIA EUGENIA VAZ FERREIRA
(1875–1924)

Unico poema

Mar sin nombre y sin orillas,
soñé con un mar inmenso,
que era infinito y arcano
como el espacio y el tiempo.
Daba máquina a sus olas,
vieja madre de la vida,
la muerte, y ellas cesaban
a la vez que renacían.
Salía el sol un instante,
la noche al punto nacía;
volvía a salir el sol,
noche al punto le seguía.

¡Cuánto nacer y morir
dentro la muerte inmortal!
Jugando a cunas y tumbas
estaba la Soledad...
De pronto un pájaro errante
cruzó la extensión marina;
«Chojé...Chojé», repitiendo
su quejosa marcha iba.
Sepultóse en lontananza
goteando «Chojé...Chojé...»;
desperté y sobre las olas
me eché a volar otra vez.

JULIO HERRERA REISSIG
(1875–1910)

Tríptico

EL CURA

Es el cura... Lo han visto las crestas silenciarias,
luchando de rodillas con todos los reveses
salvar en pleno invierno los riesgos montañeses
y trasponer de noche las rutas solitaries.

De su mano propicia, que hace crecer las mieses,
saltan como sortijas gracias involuntarias;
y en su asno taumaturgo de indulgencias plenarias
hasta el umbral del cielo lleva a sus feligreses...
El pasa del hisopo al zueco y la guadaña;
él ordeña la pródiga ubre de la montaña
para encender con oros el pobre altar de pino;
de sus sermones fluyen suspiros de albahaca;
el único pecado que tiene es un sobrino...
y su piedad humilde lame como una vaca.

LA IGLESIA

En un beato silencio el recinto vegeta.
Las vírgenes de cera duermen en su decoro
de terciopelo lívido y de esmalte incoloro;
y San Gabriel se hastía de soplar la trompeta...
Sedienta, abre su boca de mármol la pileta.
Una vieja estornuda desde el altar del coro...
Y una legión de átomos sube un camino de oro
aéreo que una escala de Jacob interpreta.
Inicia sus labores el ama reverente;
para saber si anda de buenas San Vicente,
con tímidos arrobos repica la alcancía...
Acá y allá maniobra después con un plumero,
mientras, por una puerta que da a la sacristía,
irrumpe la gloriosa turba del gallinero.

LA NOVICIA

Surgiste, emperatriz de los altares,
esposa de tu dulce Nazareno,
con tu atavío pavoroso, lleno
de piedras brazaletes y collares.

Celoso de tus júbilos albares,
el ataúd te recogió en su seno,
y hubo en tu místico perfil un pleno
desmayo de crepúsculos lunares.
    Al contemplar tu cabellera muerta
avivóse en tu espíritu una incierta
huella de amor. Y mientras que los bronces
    se alegraban, brotaron tus pupilas
lágrimas que ignoraron hasta entonces
la senda en flor de tus ojeras lilas.

NARCISO ALONSO CORTES
(1875–1972)

La bodega

Esta es la bodega, la noble bodega
que guarda en su fondo los vinos añejos;
calmante que todos los males sosiega,
locuaz dictadora de sanos consejos.
    A guisa de apuestos valientes soldados,
que airosos cabalgan en blancos corceles,
muy firmes y serios están alineados,
en poyos de yeso los anchos toneles.
    No están revestidos de petos ni escudos,
que el genio guerrero no late en sus fondos,
más bien, ostentando sus cuerpos panzudos,
parecen burgueses repletos y orondos.
    Discretos señores de grueso volumen,
de porte arrogante, de franca alegría,
que en pro de los hombres su sangre consumen
llevando a otras venas calor y energía.

¡Hidalgos eximios, preclaros varones
de sólida hechura y austera elegancia,
que sin pergaminos ni orlados blasones
venís a lo menos de cepa bien rancia!
　¡Sinceros amigos que, libres de penas,
las claras verdades decís sin rodeo!
¡Maestros insignes de ciencias amenas!
¡Heraldos de dicha! ¡Salud os deseo!
　¡A ver el más gordo! Tonel veterano
de recia epidermis y abdomen que abulta.
Me siento contigo, y aquí, mano a mano,
buscando tus luces, te haré una consulta.
　Así. Ya recibo tu mágico influjo;
ya en mi ánimo escribes tus mágicas letras;
ya, osado y travieso, con artes de brujo,
de mi ser al fondo vibrando penetras.
　¡Qué cosas me dices en tu hermoso idioma!
¡Qué charla en mi oído tan grata se siente!
Parece el arrullo de amante paloma,
rumor de floresta, goteo de fuente.
　De tu voz candente cediendo al conjuro,
la vida un oasis me ofrece sereno,
el cielo aparece más limpio y más puro
y todo a mis ojos es grande y es bueno.
　A tu dulce aliento, que el alma me quema,
las bellas estrofas trazará mi mano
del más admirable grandioso poema.
¡Recibe las gracias, tonel veterano!
　Aquí el infortunio sus armas entrega;
dolores y penas se marchan muy lejos.
Esta es la bodega, la noble bodega
que guarda en su fondo los vinos añejos.

ANTONIO MACHADO
(1875–1939)

A un olmo seco

Al olmo viejo, hendido por el rayo
y en su mitad podrido,
con las lluvias de abril y el sol de mayo,
algunas hojas verdes le han salido.
¡El olmo centenario en la colina
que lame el Duero! Un musgo amarillento,
le mancha la corteza blanquecina
al tronco carcomido y polvoriento.
No será, cual los álamos cantores
que guardan el camino y la ribera,
habitado de pardos ruiseñores.
Ejército de hormigas en hilera
va trepando por él, y en sus entrañas
urden sus telas grises las arañas.
Antes que te derribe, olmo del Duero,
con su hacha el leñador, y el carpintero
te convierta en melena de campana,
lama de carro o yugo de carreta;
antes que rojo en el hogar, mañana
ardas, de alguna mísera caseta
al borde de un camino;
antes que lo descuaje un torbellino
y tronche el soplo de las sierras blancas;
antes que el río hacia la mar te empuje,
por valles y barrancas,
olmo, quiero anotar en mi cartera
la gracia de tu rama verdecida.
Mi corazón espera
también, hacia la luz y hacia la vida,
otro milagro de la primavera.

Anoche, cuando dormía...

Anoche, cuando dormía,
soñé, ¡bendita ilusión!,
que una fontana fluía
dentro de mi corazón.
Di, ¿por qué acequia escondida,
agua, vienes hasta mí
manantial de nueva vida
en donde nunca bebí?
Anoche, cuando dormía,
soñé, ¡bendita ilusión!,
que una colmena tenía
dentro de mi corazón;
y las doradas abejas
iban fabricando en él,

con las amarguras viejas
blanca cera y dulce miel.
Anoche, cuando dormía,
soñé, ¡bendita ilusión!,
que un ardiente sol lucía
dentro de mi corazón.
Era ardiente porque daba
calores de rojo hogar,
y era sol porque alumbraba
y porque hacía llorar
Anoche, cuando dormía,
soñé, ¡bendita ilusión! ,
que era Dios lo que tenía
dentro de mi corazón.

Yo voy soñando caminos...

¡Yo voy soñando caminos
de la tarde! ¡Las colinas
doradas, los verdes pinos,
las polvorientas encinas!
¿Adónde el camino irá?
Yo voy cantando, viajero,
a lo largo del sendero...
−¡La tarde cayendo está!−
«En el corazón tenía
la espina de una pasión
logré arrancármela un día:
ya no siento el corazón.»

Y todo el campo un momento
se queda mudo y sombrío,
meditando. Suena el viento
en los álamos del río.
La tarde más se oscurece,
y el camino que serpea
y débilmente blanquea,
se enturbia y desaparece.
Mi cantar vuelve a plañir:
«Aguda espina dorada,
¡quién te pudiera sentir
en el corazón clavada!»

Daba el reloj las doce... y eran doce

Daba el reloj las doce... y eran doce
golpes de azada en la tierra ...
...¡Mi hora!–grité–, ... El silencio
me respondió: –No temas;
tú no verás caer la última
gota que en la clepsidra tiembla.
Dormirás muchas horas todavía
sobre la orilla vieja,
y encontrarás una mañana pura
amarrada tu barca a otra ribera.

Desde el umbral de un sueño me llamaron...

Desde el umbral de un sueño me llamaron...
Era la buena voz, la voz querida.
–Dime: ¿vendrás conmigo a ver el alma?...
Llegó a mi corazón una caricia.
–Contigo siempre... Y avancé en mi sueño
por una larga, escueta galería,
sintiendo el roce de la veste pura
y el palpitar suave de la mano amiga.

Tal vez la mano, en sueños

Tal vez la mano, en sueños
del sembrador de estrellas,
hizo sonar la música olvidada,
como una nota de la lira inmensa,
y la ola humilde a nuestros labios vino
de unas pocas palabras verdaderas.

Recuerdo infantil

Una tarde parda y fría
de invierno. Los colegiales
estudian. Monotonía
de la lluvia en los cristales.
  Es la clase. En un cartel
se representa a Caín
fugitivo, y muerto a Abel,
junto a una mancha carmín.
  Con timbre sonoro y hueco
truena el maestro, un anciano
mal vestido, enjuto y seco
que lleva un libro en la mano
  Y todo el coro infantil
va cantando la lección:
mil veces ciento, cien mil,
mil veces mil, un millón.
  Una tarde parda y fría
de invierno. Los colegiales
estudian. Monotonía
de la lluvia en los cristales.

Proverbios y cantares

XXIX

Caminante, son tus huellas
el camino, y nada más;
caminante, no hay camino,
se hace camino al andar.
Al andar se hace camino,
y al volver la vista atrás
se ve la senda que nunca
se ha de volver a pisar.
Caminante, no hay camino,
sino estelas en la mar.

XLIV

Todo pasa y todo queda,
pero lo nuestro es pasar,
pasar haciendo caminos,
caminos sobre la mar.

Señor, ya me arrancaste

Señor, ya me arrancaste lo que yo más quería.
Oye otra vez, Dios mío, mi corazón clamar.
Tu voluntad se hizo, Señor, contra la mía,
Señor, ya estamos solos mi corazón y el mar.

El mañana efímero

La España de charanga y pandereta,
cerrado y sacristía,
devota de Frascuelo y de María,
de espíritu burlón y de alma quieta,
ha de tener su mármol y su día,
su infalible mañana y su poeta.
El vano ayer engendrará un mañana
vacío y, ¡por ventura!, pasajero.
Será un joven lechuzo y tarambana,
un sayón con hechura de bolero;
a la moda de Francia realista,
un poco al uso de París pagano,
y al estilo de España especialista
en el vicio al alcance de la mano.
Esa España inferior que ora y bosteza,
vieja y tahúr, zaragatera y triste;
esa España inferior que ora y embiste,
cuando se digna usar de la cabeza,
aun tendrá luengo parto de varones,
amantes de sagradas tradiciones
y de sagradas formas y maneras;
florecerán las barbas apostólicas,
y otras calvas en otras calaveras
brillarán, venerables y católicas.
El vano ayer engendrará un mañana

vacío y, ¡por ventura!, pasajero,
la sombra de un lechuzo tarambana,
de un sayón con hechuras de bolero,
el vacuo ayer dará un mañana huero.
Como la náusea de un borracho ahíto
de vino malo, un rojo sol corona
de heces turbias las cumbres de granito;
hay un mañana estomagante escrito
en la tarde pragmática y dulzona.
Mas otra España nace,
la España del cincel y de la maza,
con esa eterna juventud que se hace
del pasado macizo de la raza.
Una España implacable y redentora.
España que alborea
con un hacha en la mano vengadora,
España de la rabia y de la idea.

Retrato

Mi infancia son recuerdos de un patio de Sevilla,
y un huerto claro donde madura el limonero;
mi juventud, veinte años en tierra de Castilla;
mi historia, algunos casos que recordar no quiero.

Ni un seductor Mañara, ni un Bradomín he sido
–ya conocéis mi torpe aliño indumentario–,
mas recibí la flecha que me asignó Cupido,
y amé cuanto ellas puedan tener de hospitalario.

Hay en mis venas gotas de sangre jacobina,
pero mi verso brota de manantial sereno;
y, más que un hombre al uso que sabe su doctrina,
soy, en el buen sentido de la palabra, bueno.

Adoro la hermosura, y en la moderna estética
corté las viejas rosas del huerto de Ronsard;

mas no amo los afeites de la actual cosmética,
ni soy un ave de esas del nuevo gay-trinar.

Desdeño las romanzas de los tenores huecos
y el coro de los grillos que cantan a la luna.
A distinguir me paro las voces de los ecos,
y escucho solamente, entre las voces, una.

¿Soy clásico o romántico? No sé. Dejar quisiera
mi verso, como deja el capitán su espada:
famosa por la mano viril que la blandiera,
no por el docto oficio del forjador preciada.

Converso con el hombre que siempre va conmigo;
–quien habla solo, espera hablar a Dios un día;
mi soliloquio es plática con este buen amigo
que me enseñó el secreto de la filantropía.

Y al cabo, nada os debo; debéisme cuanto he escrito.
A mi trabajo acudo, con mi dinero pago
el traje que me cubre y la mansión que habito,
el pan que me alimenta y el lecho en donde yago.

Y cuando llegue el día del último viaje
y esté al partir la nave que nunca ha de tornar,
me encontraréis a bordo ligero de equipaje,
semidesnudo el cuerpo, como los hijos del mar.

FRANCISCO VILLAESPESA
(1877–1936)

La rueca

La virgen hilaba,
la dueña dormía,
la rueca giraba
loca de alegría.
-¡Cordero divino,
tus blancos vellones

no igualan al lino
de mis ilusiones!
Gira, rueca mía,
gira, gira al viento,
que se acerca el día
de mi casamiento.

Gira, que mañana
cuando al alba cante
la clara campana,
llegará mi amante.
   Hila con cuidado
mi velo de nieve
que vendrá el amado
que al altar me lleve.
   Se acerca: le siento
cruzar la llanura
me trae la ternura
de su voz el viento.
   Gira, gira, gira,
gira, rueca loca,

mi amado suspira
por besar mi boca.
   —¡Cordero divino,
tus blancos vellones
no igualan al lino
de mis ilusiones!
   La niña cantaba
la dueña dormía,
la luz se apagaba
y sólo se oía
   la voz crepitante
de leña reseca
y el loco y constante
girar de la rueca.

La sombra de las manos

   ¡Oh, enfermas manos ducales,
olorosas manos blancas!
   ¡Qué pena me da miraros,
inmóviles y enlazadas
entre los mustios jazmines
que cubren la negra caja!
   ¡Mano de marfil antiguo,
mano de ensueño y nostalgia,
hecha con rayos de luna
y palideces de nácar!...
¡Vuelve a suspirar amores
en las teclas olvidadas!...
¡Oh, piadosa mano mística!
¡Fuiste bálsamo en la llaga
de los leprosos; peinaste
las guedejas desgreñadas
de los pálidos poetas;

acariciaste la barba
florida de los apóstoles
y de los viejos patriarcas;
y en las fiestas de la carne,
como una azucena pálida,
quedaste en brazos de un beso
de placer extenuada!
   ¡Oh manos arrepentidas!
¡Oh manos atormentadas!
   ¡En vosotras han ardido
los carbones de la Gracia!
¡En vuestros dedos de nieve
soñó amores la esmeralda;
fulguraron los diamantes
como temblorosas lágrimas
y entreabrieron los rubíes
sus pupilas escarlata!

Junto al tálamo florido
de la noche epitalámica
temblorosas desatasteis
de una virgen las sandalias.

¡Encendisteis en el templo
los incensarios de plata;
y al pie del altar, inmóviles
os elevasteis cruzadas,
como un manojo de lirios
que rezase una plegaria!

¡Oh, mano exangüe, dormida
entre flores funerarias!

¡Los ricos trajes de seda.
esperando tu llegada.
envejecen en las sombras
de la alcoba solitaria!...

¡En la argéntea rueca, donde
áureos ensueños hilabas,
hoy melancólicas tejen
sus tristezas las arañas!

Abierto te espera el clave,
y sus teclas empolvadas
aún de tus pálidos dedos
las blancas señales guardan.

En el jardín, las palomas
están tristes y calladas,

con la cabeza escondida
bajo el calor de sus alas.

Sobre la tumba el poeta
inclina la frente pálida,
y sus pupilas vidriosas
en el fondo de la caja
aún abiertas permanecen,
esperando tu llegada.

¡Blancas sombras, blancas sombras
de aquellas manos tan blancas,
que en las sendas florecidas
de mi juventud lozana
deshojaron la impoluta
margarita de mi alma!
¿Por qué oprimís en la noche
como un dogal mi garganta?
¡Blancas manos!... Azucenas
por mis manos deshojadas

¿Por qué vuestras finas uñas
en mi corazón se clavan?

¡Oh, enfermas manos ducales,
olorosas manos blancas!

¡Qué pena me da miraros,
inmóviles y enlazadas
entre los mustios jazmines
que cubren la negra caja!

Jardín de otoño

Corazón, corazón martirizado
por todos los dolores...
Un jardín otoñal abandonado,
sin aves y sin flores.

Las largas avenidas de las citas,
hoy mudas y desiertas,
recuerdan, con su olor a hojas marchitas,
un cementerio de esperanzas muertas.

E inmóviles, los árboles escuetos,
en el gris de la niebla amortajados,
parecen esqueletos,
en gestos de dolor petrificados.

Y el agua, que solloza desolada,
al salpicar el mármol de la fuente,
es un alma celosa, condenada
a llorar su traición eternamente.

Blancas manos de ensueños que cuidasteis
del jardín de mis últimos amores,
¿por qué, por qué dejasteis
secar las ramas y morir las flores?

¡Oh, pobre jardinera,
hoy vagas por el parque silenciosa,
como un fantasma de la Primavera,
sin tener una rosa
con que adornar tu negra cabellera!

Las flores que al invierno abandonaste,
cuando las pisas gimen apagadas...
−¿Por qué, por qué tan pronto nos dejaste
morir, bajo la lluvia deshojadas?

Y tal vez al cruzar una avenida
te quedarás temblando,
al contemplar bajo tus pies sangrando
la pálida cabeza de un suicida...

Corazón, corazón martirizado
por todos los dolores...
Un jardín otoñal abandonado,
sin aves y sin flores.

RICARDO LEON
(1877–1943)

Todo está en el corazón

No a conocer la vida, sino a amarla,
viniste al mundo; del amor naciste;
si es bella y es mujer, ¿quién a gozarla,
varón, mozo y poeta, se resiste?
Goza, como los niños y las aves,
del blando seno y el caliente nido;
no te apures jamás porque no sabes
de dónde vienes y por qué has venido.
Amor lo es todo, conocer no es nada:
¿quién la razón de la Razón conoce?
Deléitate en los brazos de tu amada
sin descender al fondo de tu goce.
Huye del triste, apártate del sabio,
de aquel que estruja la razón y el seso;
no se hizo la miel para su labio
ni su labio se hizo para el beso.
Nunca la duda el corazón te enfríe;
marchita su ilusión quien la razona:
no escudriñes el bien; goza y sonríe;
no te asombres del mal; ama y perdona.
No esquives los suavísimos regazos
del amor y la fe: ponte de hinojos,
que aquí está la verdad; tiende tus brazos,
abre tu corazón, cierra los ojos.
Huye de ese mortal desasosiego
que interroga a las sombras del Destino,
la vida es ciega y el amor es ciego,
pero nunca equivocan el camino.
Amalo todo, bebe de las rosas,
como la abeja, el zumo y la dulzura,

entrégate a la gracia de las cosas:
la vida, como el arte, es la ternura.
    No deslustres su cándido atavío,
ni levantes la punta de su velo;
¿qué logras con pensar que está vacío,
que no es cielo ni azul tu hermoso cielo?
    Renueva el corazón a cada hora
y aprende a renacer cada mañana,
como el paisaje al despuntar la aurora,
como el sol que amanece en tu ventana.
    Sé artista, sé poeta, sé el espejo
del ancho mundo; aunque después te roben
los años su esplendor, no serás viejo:
la poesía es el arte de ser joven.
    No te atraigan las sombras del abismo.
¿Qué importa adónde vas, de dónde vienes?
No busques nada fuera de ti mismo:
todo en tu propio corazón lo tienes.

JUANA BORRERO
(1877–1896)

Ultima rima

    Yo he soñado en mis lúgubres noches,
en mis noches tristes de penas y lágrimas,
con un beso de amor imposible,
sin sed y sin fuego, sin fiebre y sin ansias.
    Yo no quiero el deleite que enerva,
el deleite jadeante que abrasa,
y me causan hastío infinito
los labios sensuales que besan y manchan.
    ¡Oh, mi amado! ¡Mi amado imposible!
Mi novio soñado de dulce mirada,

cuando tú con tus labios me beses,
bésame sin fuego, sin fiebre y sin ansias.
¡Dame el beso soñado en mis noches,
en mis noches tristes de penas y lágrimas,
que me deje una estrella en los labios
y un tenue perfume de nardo en el alma!

ALVARO ARMANDO VASSEUR
(1878–1924)

Heroica

Otros talaron las selvas y escalaron las montañas;
otros cavaron las minas y roturaron el suelo,
otros forjaron metales y conquistaron naciones;
otros vencieron los monstruos y exploraron océanos.

Nosotros talamos mitos y escalamos tradiciones;
minamos hondos prejuicios, roturamos privilegios,
forjamos revoluciones y conquistamos enigmas;
vencemos monstruosidades y exploramos mundos nuevos.

Otros se armaron, un tiempo, para sangrientas batallas;
otros soplaron clarines con delirantes alientos,
y redoblaron tambores y enarbolaron banderas,
en el fragor de las cargas relampagueantes de aceros...

Nosotros nos armaremos de ardientes perseverancias
para más arduas empresas y laborares excelsos,
para fatigas más puras, para victorias más largas,
para heroísmos más nobles para ideales más bellos;
llenaremos nuestras vidas de centelleantes acciones;
¡creadores, no creyentes; siempre libres, siempre nuevos!

JOSE J. ESTEVES
(1878–1909)

El ladrón

Mientras la virgen rústica dormía
cercano el lecho a la ventana abierta,
y su hermosura, a la penumbra incierta,
un cisne en un remanso parecía:
    yo, que la contemplaba y que sentía
toda la sangre de mi ser despierta,
estuve a punto de gritar: «–¡Alerta! »,
cuando pasó un ladrón la celosía.
    Yo le vi penetrar por la ventana;
vile llegarse, de cautelas lleno,
al lecho de la virgen aldeana...
    ¡Era un rayo de luna que sereno,
besó su casta desnudez pagana,
tembló de amor y se durmió en su seno!

MANUEL MAGALLANES MOURE
(1878–1924)

«Apaisement»

Tus ojos y mis ojos se contemplan
en la quietud crepuscular.
Nos bebemos el alma lentamente
y se nos duerme el desear.
    Como dos niños que jamás supieron
de los ardores del amor
en la paz de la tarde nos miramos
con novedad de corazón.

Violeta era el color de la montaña.
Ahora azul, azul está.
Era una soledad el cielo. Ahora
por él la luna de oro va.

Me sabes tuyo, te recuerdo mía;
somos el hombre y la mujer.
Conscientes de ser nuestros, nos miramos
en el sereno atardecer.

Son del color del agua tus pupilas,
del color del agua del mar.
Desnuda, en ellas se sumerge mi alma
con sed de amor y eternidad.

ENRIQUE DE MESA
(1878–1929)

El poema del hijo

Cae la tarde dorada
tras de los verdes pinos.
Hay en las altas cumbres
un resplandor rojizo,
y el perfil de los montes
se recorta en un nimbo
de luz verdosa, azul, aurirrosada.
En el añil el humo está dormido.
Quieta la tarde y dulce.
–Ven al campo, hijo mío;
comeremos majuelas,
iremos al endrino,
te alcanzaré las bayas de los robles,
y, en aquel regatillo de los helechos,
cogerás las piedras,
y cortarás los lirios.

Entre mi mano, suave,
su manecita oprimo,
y avanzamos parejos
por el albo camino.
   Los cuencos y colodras
del viejo cabrerizo,
llenando va la ordeña
con blanco chorro mantecoso y tibio.
Y la leche, aromada
de menta y de tomillo,
sus fragancias esparce
por el verdor ya seco del aprisco.
   −¿Tienes hambre? Si vemos
al pastor de los chivos,
al que en las «Maribuenas»
la otra tarde te dijo:
«Vaya un zagal con los ojuelos guapos»
llámale, y le pedimos
una cuerna de leche
y el cantero de pan que te ha ofrecido.
   Es tarde, los trucheros
se recogen del río;
cubren con sucias ropas
los cuerpos denegridos
y entre la malla de la red platea
la pesca que rebosa del cestillo.
   De su pinar se tornan los hacheros;
aire lento y cansino;
en los hombros, las hachas,
y en sus gastados filos,
un reflejo fugaz, que a ratos hiere
los semblantes cetrinos.
   Se acercan. −Buenas tardes.
−Vayan con Dios, amigo...

–¿Pero no los conoces?
El de la aijada es Lino
el que la otra mañana
trajo al Paular el nido,
el que baja en el carro de sus bueyes
los troncos de los pinos...
–¿Te fatiga la cuesta?
Descansaremos, hijo.
Aquí, no; más arriba,
que ya se siente la humedad del río.
La espesura del roble
va cerrando el camino;
se oye el graznar de un cuervo
y un lejano silbido.
–¿Por qué te paras?... ¿Tiemblas?...
¿Acaso sientes frío?...
¡Ah, ya... Caperucita!
No temas; vas conmigo.
El lobo vive lejos
y es generoso y noble con los niños.
  Finge un céfiro blando
misterioso suspiro;
el pipiar de las aves
ha cesado en los nidos.
  –¿Que te lleve en mis brazos:?
¡Siempre acabas lo mismo!
Agárrate a mi cuello;
no sueltes y te caigas, hijo mío.
  No siento la materia;
es aire y luz mi pensamiento limpio.
De la carne desnudo,
llevo al viento el espíritu.
  –¿Vas bien?... No me responde.
Como el humo en el aire, se ha dormido.
¡Ay, deleitosa carga,
de mi cansancio alivio!

Tierra hidalga

Un molino,
perezoso a par del viento.
Un son triste de campana.
Un camino
que se pierde polvoriento,
surco estéril de la tierra castellana.
    Ni un rebaño
por las tierras. Ni una fuente
que dé alivio al caminante.
Como antaño,
torna al pueblo lentamente
triste y flaco sucesor de «Rocinante».
    Una venta.
Un villano gordo y sucio,
de miserias galeote.
Soñolienta
la andadura de su rucio.
No aparece en la llanada Don Quijote.
    Terruñero
de la faz noblota y ancha,
descendiente del labriego castellano.
Escudero,
ya no tienes caballero;
ya no templas, con prudencia de villano,
las locuras del hidalgo de la Mancha.

Sed en la tierra

    El campo, sediento;
la nube, de paso;
un cielo azul, desesperante y limpio,
y un rojo sol en el ocaso.

Llegará la noche,
lucirá la estrella...
Y el campo seco balará, soñando:
¿Dónde la nube aquella?

A una niña

Si te conocí capullo
quiero conocerte flor:
alborada que así ríe
promete espléndido sol.

Romperá la primavera
de tus gracias el botón;
serás, en tu mediodía,
gaya pompa de color.

Contemplarás verdecido
lo noble del corazón;
sabrás que lo bello brota
por influjo del amor.

Y si al llegar al ocaso
te ves triste, como yo,
sueña en ver al sol abierto
el capullo de otra flor.

Un Papa del siglo XV

Manchó con la pasión de lo terreno
la santa albura del Pastor Divino
y fue el poder papal, bajo su sino,
más que canto de amor, fúnebre treno.

La Sacra Forma en impureza y cieno
arrojó por sus manos el destino,
y de la Cristiandad purpúreo vino,
sangre del Hijo, convirtió en veneno.

Para Cristo su nombre fue una injuria;
para la Humanidad, firme peñasco
en que estrelló su queja, atribulada.

Y si en paz héroe fue de la lujuria,
en guerra transformó la tiara en casco
y el báculo blandió como una espada.

Un galán del siglo XVII

Acuchilla los toros del Jarama
como a los alguaciles de la ronda,
y en su rizada cabellera blonda
prendió su corazón más de una dama.
    Si del amor, en la agridulce trama,
desvío y burla halló su pasión honda,
es bien que en rimas su despecho esconda
y en madrigal convierta un epigrama.
    Y cuando en duelo, por amor reñido,
rueda a sus pies el contrincante herido,
y en tierra dice: «¡Confesión, que muero!»,
    a la luz del farol que débil brilla
doblegando, cristiano, la rodilla,
le da a besar la cruz: la de su acero.

Deseo

Un día así para mi muerte:
el cielo azul, caliente el sol.
Y al darme tierra gozaré la suerte
de ser cadáver español.

ENRIQUE DIEZ–CANEDO
(1879–1944)

Crepúsculo de invierno

La muerte lenta de la tarde fría
llena la estancia de melancolía.
Los leños, encendidos de reflejos,
salpican muebles y tapices viejos.

Un reloj soñoliento da la hora:
las cinco, y cada campanada llora.

Junto al hogar un galgo; no se mueve:
sus costillas se acusan en relieve.

Alza de pronto la cabeza fina:
se ha movido el carmín de una cortina.

Da paso la cortina blasonada
a un hidalgo de ascética mirada.

Se sienta en un sillón de tonos rojos;
el perro fija en él sus vítreos ojos.

¿Qué viejas cosas recordarle quiere?...
Se carboniza un leño. El día muere.

Cantares rimados

Flor de romero:
todo el campo es olor cuando te miro,
mañanita, venir por el sendero.

Flor de clavel:
cuando te ríes parece que el Sol
te hace más tersa y dorada la piel.

Flor de dondiego:
no sé por dónde voy ni lo que hago
cada vez que te ríes cuando llego.

Flor de reseda:
con tu hermosura estás envanecida
como el pavo real que hace la rueda.

Flor de azahar:
un príncipe tu rostro quiere ver
y sus galeras vienen por el mar.

Flor de azucena:
bañada está la huerta por la Luna,
y el alma está de tu hermosura llena.

Flor de jazmín:

tu sueño arrulla con su blando son
los árboles floridos del jardín.
Flor de retama:
quiero dejar en tu balcón un ramo;
despierta: lo verás desde la cama.
Flor de amapola:
la estrellita del alba está en el cielo
y tú descansas en tu lecho, sola.
Ramo de flores:
para ti son amores los cantares;
para ti son cantares los amores.
Botón de oro:
vas a la fuente, y ríe el agua clara;
vuelves a casa, y se deshace en lloro.

EDUARDO MARQUINA
(1879–1946)

Votos floridos

En lo tibio del soto,
levantando las piedras,
esquivando las zarzas, apartando las hojas,
buscabas violetas.
Por tu inclinarte noble
sobre las claras yerbas,
tocándolas con gracia, moviéndolas sin daño,
que encuentres violetas.
Por tu mirar sereno
cuando, irguiéndote dejas
todo, a tu lado, el soto encendido y riente,
que encuentres violetas.
Para tus manos suaves
donde tienen las venas

el color delicado de las flores menudas,
que encuentres violetas.

Para adornarte el pecho
en el día de fiesta,
porque adoras su gracia acabada y oculta,
que encuentres violetas.

Porque al pasar, las zarzas,
revolviéndose tercas,
en la nieve del cuello te arañaron con sangre,
que encuentres violetas.

Porque nunca maldigas
de la piadosa tierra,
y el buscar no te canse y el sufrir te consuele
que encuentres violetas
¡un montón de olorosas violetas!

El sendero

Tú, que andas este sendero
    conmigo, hijo mío,
tan suave y tan hacedero
    en el soto umbrío,
con el humilde madero
    de puente, en el río,
que va al molino harinero
    desde el caserío,
¿no piensas en el primero
que lo abrió, hijo mío?
Fué un mozo que pasaría
    por aquí saltando;
las yerbas no miraría
    que aplastaba andando;
la guija que se salía
    de sus pies botando,
o el césped, donde se hundía

    su pisada en blando,
¡le eran igual aquel día
    que pasó saltando!
Fué un tiempo en que tuvo amores
    el mozo, hijo mío;
quería llegar con flores
    hasta el caserío;
buscó los sitios mejores
    en el soto umbrío;
Ya ellos le eran guiadores
    y no su albedrío
—y así empezaron amores
    la senda, hijo mío!—
Fué un tiempo en que los deberes
    su paso acuciaron;
y al ir para sus quehaceres,
    sus plantas buscaron

la horma aquella en que placeres
de amor le empeñaron;
ocasos y amaneceres
pasar le miraron.
Y así afanes y deberes
la senda trillaron.
Fué aquel tiempo en que los años
pesan, hijo mío;
cuidados y desengaños
menguaron su brío;
el viejo, en días huraños
de un diciembre frío,
tendió un puente en que, sin daños
traspasar el río
—¡y así acabaron los años
la senda, hijo mío!—
—Tú, que andas este sendero
de mi mano, cuida
de pensar en el primero
que le dió medida;
¡viejecito molinero!,
la harina molida
que te cayó del arnero
no será perdida:
la encuentro en este sendero,
que es toda una vida.

Hijo mío, espera bueno
y suelta mis manos;
¡anda!, que en todo terreno
hay dejos humanos:
recorres un mundo lleno
de muertos hermanos;
buscan tu mano, en tu seno,
millares de manos.
Porque esta tierra, en contienda
con lo violento,
recoge como una ofrenda
todo humilde aliento;
los imperios de leyenda
traga en un momento,
¡pero conserva esta senda
como un monumento!
—Busca, hijo mío, la fuente
de las maravillas;
aprende a inclinar tu frente,
a hincar tus rodillas,
¡y Dios quiera, en tu poniente
de hojas amarillas,
que tus manos—o tu mente—
las tablas sencillas
puedan colocar de un puente
entre dos orillas!

FERNANDO VILLALON
(1881–1930)

Diligencia de Carmona

I

Diligencia de Carmona,
que por la vega pasas

caminito de Sevilla con
siete mulas castañas,
cruza pronto los palmares,
no hagas alto en las posadas,

mira que tus huellas huellan
siete ladrones de fama.
Diligencia de Carmona
la de las mulas castañas.

II

Remolino en el camino.
Siete bandoleros bajan
de los alcores del Viso
con sus hembras a las ancas.
Catites, rojos pañuelos,
patillas de boca de hacha.
Ellas, navaja en la liga;
ellos, la faca en la faja;
ellas, la Arabia en los ojos;
ellos, el alma a la espalda.
Por los alcores del Viso
siete bandoleros bajan.

III

Siete caballos caretos
siete retacos de plata,
siete chupas de caireles,

siete mantas jerezanas.
Siete pensamientos puestos
en siete locuras blancas.
Tragabuches, Juan Repiso,
Satanás y Mala-Facha,
José Candio y el Cencerro
y el capitán, Luis de Vargas
de aquellos más naturales
de la vega de Granada.
Siete caballos caretos,
los Siete Niños llevaban.

IV

—Echa vino, montañés,
que lo paga Luis de Vargas,
el que a los pobres socorre
y a los ricos avasalla.
Ve y dile a los milicianos
que la posta está robada
y vamos con nuestras novias
hacia Ecija la llana.
Echa vino, montañés,
que lo paga Luis de Vargas.

Don Juan Fermín de Plateros

Don Juan Fermín de Plateros
baja la sierra en su jaca,
los luceros en los ojos
y una zozobra en el alma.
Una garrocha en el hombro,
cuatro herraduras de plata
y en la sombra del caballo
una acollarada galga.

No contesta a la perdiz
que tartamudea en las matas,
ni al arroyo que se ríe
sobre las chinas lavadas.
Don Juan Fermín de Plateros
cesa en esta cabalgada,
que del mundo se retira
cuando se apee de su jaca.

Ni a Bailén de guerrillero,
ni a la plaza a quebrar cañas,
ni a la fuente a robar besos
de colmeneruelas mansas.
Ni a derribar toros bravos,
ni a reñir en las posadas
entre una jarra de vino

y una mesonera en jarras
que en la curva de su vida
puso un punto. Voz le llama.
De esquila voz. De süave
divina esquila afilada,
que tañe entre sus pecados
en la torre de su alma.

Veinte pesos, niña

Veinte pesos, niña,
tengo juntos ya:
quince para el cura,
dos pa el sacristán
y los tres que sobran
te los voy a dar
cuando nos veamos
en el retamar,
    Si te pasa algo,
malo no será.
    Anoche he soñado
—¡si fuera verdad! —
las cintas saltaban
de tu delantal,
y dos mariposas
de alas de coral

bebían en mis labios...
—¡Si fuera verdad!—
    Si te pasa algo,
malo no será.
    Tu madre me ha dicho
que no venga más,
que tú eres muy chica
y yo muy zagal;
pero veinte pesos
tengo juntos ya,
y cuando a tu madre
la sientas roncar,
te espero esta noche
en el retamar.
    Si te pasa algo,
malo no será.

EMILIO CARRERE
(1881–1947)

La musa del arroyo

I

Cruzábamos tristemente
las calles llenas de luna,
y el hambre bailaba una

zarabanda en nuestra mente.
al verla triste y dolida,
yo le besaba la boca.
¿Por qué aborreces la vida,
risa loca?

No llores, rosa carnal,
que yo robaré el tesoro
de la tiara papal
para tus cabellos de oro.
Y un espíritu burlón
que entre las sombras había,
al escuchar mi canción,
se reía, se reía...

II

De la vieja fuente grata
en el sonoro cristal,
la luna brillaba igual
que una moneda de plata.
Temblaba su mano breve,
de blanca y sedeña piel.
... ¡Qué bonita cae la nieve...
y qué cruel! ...
–No tiembles, yo haré un corpi-
para tus senos triunfales   [ño
con la pompa del armiño
de los mantos imperiales.
Y un espíritu burlón
que entre las frondas había,
al escuchar mi canción,
se reía, se reía...

III

Noche de desolaciones,
eterna, que llamé en vano
con la temblorosa mano

en los cerrados mesones.
Lloraba un violín distante
con tanta melancolía
como nuestra vida errante.
–Reina mía,
da tu dolor al olvido:
yo te contaré la historia
de una princesa ilusoria
y un reino que no ha existido.
Y un espíritu burlón
y cruel que en la calle había,
al escuchar mi canción,
se reía, se reía...

IV

¡Triste voluntad rendida
al dolor de la pobreza!
¡Oh, la infinita tristeza
de la amada mal vestida!
Palabras de amor que esconde
la llaga que va sangrando
y andar, siempre andar...
[¿Adónde?
¿Y hasta cuándo?
–Ya apunta la claridad...
Ya verás cómo se muestra
propicia y mágica nuestra
madre, la Casualidad.
Y en la encrucijada umbría
de la suerte impenetrable,
la Miseria, la implacable,
se reía, se reía...

Schopenhauer

Viejo Schopenhauer, doloroso asceta,
siniestro filósofo y amargo poeta:
¿Por qué me dijiste
que el amor es triste, que el bien es incierto?
¿Por qué no callaste que el mundo es tan triste?
     ...¡Aunque sea cierto!
Yo amé a las mujeres. ¡Oh carne fragante,
senos en flor, dulce misterio sensual!
¡Yo amaba la gloria, divina y radiante,
envuelta en un áureo fulgor de ideal!
     Yo amaba la vida;
pero tú dijiste que todo es dolor,
que el amor es carne sensual y podrida,
¡y ya nunca tuve ni gloria ni amor!
Y ya por el mundo voy igual que un muerto.
Tu voz emponzoña todo lo que existe.
Dime, viejo horrible, aunque sea cierto:
     ¿Por qué no mentiste?
Agreste filósofo de las negaciones,
yo era soñador, y crédulo, y fuerte;
tú has roto el encanto de mis ilusiones
y me das la fría verdad de la muerte.
Dice tu profunda y amarga verdad:
Vivir es dolor y angustia el amor.
¡Triste Humanidad,
amar es hacer eterno el dolor!
¡Oh sabiduría cruel, dolorida!
¿Amor es dolor?
Pero sin amor,
¡qué importa la vida!
Viejo Schopenhauer, triste enamorado
de la muerte, ¿acaso tú nunca has amado?

¿No lloraste nunca de excelsa emoción,
o es que amaste demasiado
y aún sangra tu lacerado
corazón?
Amargo poeta: ¿Por qué me dijiste
que el mundo es dolor, que el bien es incierto?
¡Ya toda la vida mi alma estará triste!
Dime, horrible viejo: ¿Por qué no mentiste?
...¡Aunque sea cierto!

Los hijos

Perdonadme, hijos míos, si os di esta dolorida
existencia en un ciego minuto de placer,
acaso presentíais el dolor de la vida
cuando llorabais al nacer.
Era en la primavera; florecían las rosas
y soñaba con el laurel.
En la armonía de las cosas
libaba mi lírica miel.
Yo amé la estrofa eterna de amor, del universo;
a la flor, a la estrella, a la mujer:
la inquietud de mi vida, la emoción de mi verso
erais vosotros que queríais ser.
Fue una sed de infinito y de belleza
la que encendía mi canción;
pero hoy siento la vida y la amarga pobreza
como una losa sobre el corazón.
Nada puedo brindaros de cuanto soñé,
pobre funámbulo del ideal;
el oro de mi sueño se ha convertido en cobre,
¡y el hambre acecha siempre en el umbral!
Yo quisiera que fuera vuestra senda florida,
y que nunca gustaseis la cicuta y la hiel;

que fueseis vencedores del Dragón de la vida
y que también amaseis las rosas y el laurel.
    Y que sintieseis la inquietud del verso
ebrios de melodía y de emoción;
que escuchaseis el ritmo cordial del Universo
en la caja de música de vuestro corazón.
    Que os gustase volar, y cantar, y soñar,
y las rosas mejor que las espigas;
que mirando al azul no vieseis caminar
a ras de tierra a las hormigas.
    Perdonadme, hijos míos, si os traje a esta podrida
vieja bola del Mundo, por mi propio placer.
Vosotros presentíais la angustia de la vida,
y por eso llorabais al nacer.

Ocaso sentimental

Plazuela del Alamillo;
¡cuánto te recuerdo yo,
con tus floridas ventanas
todas doradas de Sol!
Aún existe la casita
del anchuroso portón,
con su escudo en la fachada
y el alegre mirador;
flores, lo mismo que entonces
y el mismo rayo de Sol,
y otros novios que se dicen
dulces nonadas de amor.
En la moruna plazuela
sólo faltamos tú y yo.
    Con el vaivén de los años
la vida nos separó.
Dios sabe en dónde tú cuidas
a los hijos de otro amor.
Yo sigo tejiendo sueños,
araña de mi rincón,
y si me miro al espejo
parece que no soy yo.
Desde entonces, ¡cuántas sombras
cayeron sobre los dos!
Sólo nuestra vieja plaza
sigue dorada de Sol;
mas yo no rondo tu calle,
ni estás tú en el mirador.
    Novia a quien no besé nunca,
el azar nos separó,
¡toda vestida de blanco
te guardo en mi corazón!
¿Qué habrá hecho con tu belleza
este tiempo que pasó?

¿Tendrá la misma dulzura
la música de tu voz?
¡Veinte años que no nos vemos,
y acaso sea mejor
que no veas mi crepúsculo

ni tu ocaso vea yo!
Novia mía: ¡cuando paso
por nuestro antiguo rincón,
el gris que hay en mis cabellos
me duele en el corazón!

JUAN RAMON JIMENEZ
(1881–1958)

Adolescencia

En el balcón, un instante
nos quedamos los dos solos.
Desde la dulce mañana
de aquel día, éramos novios.
    –El paisaje soñoliento
dormía sus vagos tonos,
bajo el cielo gris y rosa
del crepúsculo de otoño–
    Le dije que iba a besarla;
bajó serena, los ojos

y me ofreció sus mejillas,
como quien pierde un tesoro.
    –Caían las hojas muertas,
en el jardín silencioso,
y en el aire erraba aún
un perfume de heliotropos–
    No se atrevía a mirarme;
le dije que éramos novios,
...y las lágrimas rodaron
de sus ojos melancólicos.

La tristeza del campo

Tristeza dulce del campo.
La tarde viene cayendo.
De las praderas segadas
llega un suave olor a heno.
    Los pinares se han dormido.
Sobre la colina, el cielo
es tiernamente violeta.
Canta un ruiseñor despierto.

Vengo detrás de una copla
que había por el sendero,
copla de llanto, aromada
con el olor de este tiempo:
    copla que iba llorando
no sé qué cariño muerto,
de otras tardes de septiembre
que olieron también a heno.

Desnudos

Nacía, gris, la luna, y Beethoven lloraba
bajo la mano blanca, en el piano ella...
En la estancia sin luz, ella, mientras tocaba
morena de la luna, era tres veces bella.
Teníamos los dos desgranadas las flores
del corazón, y acaso llorábamos sin vernos...
Cada nota encendía una herida de amores...
...El dulce piano intentaba comprendernos.
Por el balcón abierto a brumas estrelladas,
venía un viento triste de mundos invisibles...
Ella me preguntaba de cosas ignoradas
y yo le respondía de cosas imposibles...

¿Nadie?

–No era nadie. El agua. –¿Nadie?
¿Qué no es nadie el agua? –No
hay nadie. Es la flor. –¿No hay nadie?
Pero, ¿no es nadie la flor?
–No hay nadie. Era el viento. –¿Nadie?
¿No es el viento nadie? –No
hay nadie. Ilusión. ¿No hay nadie?
¿Y no es nadie la ilusión?

Canción

Me colmó el sol del poniente
el corazón de onzas doradas.
Me levanté por la noche
a verlas. ¡No valían nada!
De onzas de plata, la luna
de madrugada llenó mi alma.
Cerré mi puerta, en el día,
por verlas. ¡No valían nada!

Las tardes de enero

Va cayendo la noche: la bruma
ha bajado a los montes el cielo:
una lluvia menuda y monótona
humedece los árboles secos.
　　El rumor de sus gotas penetra
hasta el fondo sagrado del pecho,
donde el alma dulcísima esconde
su perfume de amor y recuerdos.
　　¡Cómo cae la bruma en el alma!
¡Qué tristeza de vagos misterios
en sus nieblas heladas esconden
esas tardes sin sol ni luceros!
　　En las tardes de rosas y brisas,
los dolores se olvidan, riendo,
y las penas glaciales se ocultan
tras los ojos radiantes de fuego.
　　Cuando el frío desciende a la tierra,
inundando las frentes de invierno,
se reflejan las almas marchitas
a través de los pálidos cuerpos.
　　Y hay un algo de pena insondable
en los ojos sin lumbre del cielo,
y las largas miradas se pierden
en la nada sin fe de los sueños.
　　La nostalgia tristísima arroja
en las almas su amargo silencio,
y los niños se duermen soñando
con ladrones y lobos hambrientos.
　　Los jardines se mueren de frío;
en sus largos caminos desiertos
no hay rosales cubiertos de rosas,
no hay sonrisas, suspiros, ni besos.

¡Cómo cae la bruma en el alma
perfumada de amor y recuerdos!,
¡cuántas almas se van de la vida
estas tardes sin sol ni luceros!

Criatura afortunada

Cantando vas, riendo, por el agua:
por el aire silbando vas, riendo,
en ronda azul y oro, plata y verde,
dichoso de pasar y repasar
entre el rojo primer brotar de abril,
¡forma distinta, de instantáneas
igualdades de luz, vida,
color, con nosotros, orillas inflamadas!
¡Qué alegre eres tú, ser,
con qué alegría universal eterna!
¡Rompes feliz el ondear del aire,
bogas contrario al ondular del agua!
¿No tienes qué comer ni qué dormir?
¿Toda la primavera es tu lugar?
¡Lo verde todo, lo azul todo,
lo floreciente todo es tuyo!
¡No hay temor en tu gloria;
tu destino es volver, volver, volver,
en ronda plata y verde, azul y oro,
por una eternidad de eternidades!
Nos das la mano, en un momento
de afinidad posible, de amor súbito,
de concesión radiante;
y, a tu contacto cálido,
en loca vibración de carne y alma,
nos encendemos de armonía,
nos olvidamos, nuevos, de lo mismo,
lucimos, un instante, alegres de oro.

¡Parece que también vamos a ser
perennes como tú,
que vamos a volar del mar al monte,
que vamos a saltar del cielo al mar,
que vamos a volver, volver, volver,
por una eternidad de eternidades!
¡Y cantamos, reímos por el aire,
por el agua, reímos y silbamos!
    ¡Pero tú no tienes que olvidar
tú eres presencia casual perpetua,
eres la criatura afortunada,
el mágico ser sólo, el ser insombre,
el adorado por calor y gracia,
el libre, el embriagante robador,
que, en ronda azul y oro, plata y verde,
riendo vas, silbando por el aire,
por el agua cantando vas, riendo!

Los niños tenían miedo...

Los niños tenían miedo...,
yo no sé lo que soñaban...,
y la noche de diciembre
era cada vez más larga.
    Los niños pidieron besos,
más tarde pidieron agua,
más tarde lloraron, y
la noche no se acababa.
    Todo era sed; todo era
fiebre y frío...
                La campana
del pueblo llamaba entonces
a misa de madrugada.

    Hubo un suspiro... La madre
abrió un poco la ventana...
La penumbra de la alcoba
se endulzó de luz de alba.
    Era una nieve dormida,
una paz triste y de plata,
un claror de lirios, una
luz melancólica y plácida:
traía las azucenas
de todas las alas albas,
todos los nardos de Dios
y todas sus rosas blancas...
    En su corral, el vecino

andaba hablando a las vacas...
Por la calle pasó un hombre,
luego una mujer que iba
a misa de madrugada...
   Era como un vuelo de ángeles..,
una música lejana...,

yo no sé qué acariciares
de manos y de miradas...
   Los niños se iban durmiendo...
el pueblo se despertaba...
Dulcemente, dulcemente
iba entrando la mañana...

Octubre

Estaba echado yo en la tierra, enfrente
del infinito campo de Castilla,
que el otoño envolvía en la amarilla
dulzura de su claro sol poniente.
   Lento el arado, paralelamente
abría el haza oscura, y la sencilla
mano abierta dejaba la semilla
en su entraña partida honradamente.
   Pensé arrancarme el corazón y echarlo,
lleno de su sentir alto y profundo,
al ancho surco del terruño tierno,
   a ver si con partirlo y con sembrarlo
la primavera le mostraba al mundo
el árbol puro del amor eterno.

RAMON PEREZ DE AYALA
(1881–1964)

Castilla

Cruzan por tierra de Campos desde Zamora a Palencia
–que llaman tierra de Campos lo que son campos de tierra–.
Hacen siete la familia: buhonero, buhonera,
los tres hijos y dos burras, flacas las dos y una ciega.

En un carricoche renco, bajo la toldilla, llevan
unas pocas baratijas y unas pocas herramientas
con que componer paraguas y lañar vajilla en piezas:
tres colchoncillos de estopa, tres cabezales de hierba
y tres brazadas de borra: toda su casa y hacienda.
Cae la tarde. La familia marcha por la carretera.
Dan rostro a un pueblo de adobes que sobre un teso se otea.
Dos hijos, zagales ambos, van juntos, de delantera.
Uno, bermejo, en la mano sostiene una urraca muerta.
El padre rige del diestro las borricas, a la recua.
Viste blusa azul y larga que hasta el tobillo le llega,
la tralla de cuero al hombro, derribada la cabeza.
A la zaga del carrillo, despeinada, alharaquienta,
ronca de tanto alarido, las manos al cielo abiertas,
los pies desnudos a rastras, camina la buhonera.
Pasa la familia ahora junto al solar de las eras.
este trilla, aquél aparva, tal limpia y estotro ahecha.
Un gañán, riendo, grita: «¿Hubo somanta, parienta?»
La familia sube al pueblo y acampa junto a la iglesia.
«¿Qué ocurre, buena señora? ¿Por qué así gime y reniega?»
«Mi fija, que se me muere, mi fija la más pequeña.»
«¿Dónde está que no la vemos?» «Dentro del carrito pena.
Anda más muerta que viva.» Nunca tal cosa dijera.
Van las mujeres de huida, clamando: « ¡Malhaya sea!
La peste nos traen al pueblo. Echalos, alcalde, fuera.
Suban armados los mozos. Llamen al médico apriesa.»
El médico ya ha llegado. Mirando está ya a la enferma:
una niña de ocho meses, que es sólo hueso y pelleja.
«Vecinas, ha dicho el médico, no hay peste, esto es epidemia.
La niña se ha muerto de hambre... Y al que se muere, lo entierran.»
«Lleva la bisutería; alma, vida, princesa.
Lleva la bisutería contigo bajo la tierra.
Pendientes de esmeralda en las orejas.
Al cuello el collar de turquesas.

En el pelo dorado, las doradas peinas.
Llévalo todo, todo. Nada, nada nos queda.»
Campanas tocan a gloria. Marchan por la carretera
cruzando tierra de Campos, desde Zamora a Palencia.

PEDRO LUIS DE GALVEZ
(1882–1942)

Don Quijote

Desdichado poeta, genial, aventurero;
con la facha grotesca, de cartón la celada:
sin razón, sin camisa, sin gloria, sin dinero,
bajo el sol de Castilla por la encendida estrada...
Le traicionaron todos: el Cura y el Barbero,
la Sobrina y el Ama. Y en la venta encantada,
dos mozas del partido le armaron caballero:
le calzaron espuelas y ciñeron espada.
Luego que el Posadero le dio el espaldarazo,
salió a probar el temple de su acero y su brazo,
retando a los gigantes a singular pelea.
Tuvo por solo premio la burla y la derrota;
y, en tanto que el buen Panza se abrazaba a la bota,
Don Quijote moría, ¡de amor!, por Dulcinea.

PEDRO DE REPIDE
(1882–1948)

De doña Mencía a doña Belisa (Letrilla)

Amor que es niño y travieso,
me mata con sus mercedes.
Hame tendido sus redes
y hame preso.

Pedisme, dueña y amiga,
que os diga
mis bienandanzas de bella
y la cuitada cantiga

sólo oiréis de mi querella.
Ya no río, ya no canto,
del arca en el fondo están
basquiña de veludillo,
pañizuelos y tontillo,
y la prenda de mi encanto,
aquel primoroso manto
de bordado tafetán.
Que Amor, que es niño travieso,
me mata con sus mercedes.
Hame tendido sus redes
    y hame preso.

  Y sabréis, doña Belisa,
que sólo salgo a la misa
de las madres Recoletas,
que ya no me regodeo,
ni bullo, ni me paseo
por San Blas ni por el Prado
que amo pláticas secretas
tenidas en el estrado,
y triste cilicio ciño
por la culpa de un doncel;
que Amor me llevó al cariño
de uno que es travieso y niño
    como él.

  Como él gracioso y avieso,
con perfil de Ganimedes,
hame tendido sus redes
    y hame preso,
el que sin mal ni dolor
el seso roba al discreto
y enturbia el sabio conceto
al letrado y al doctor.

  El Amor,
que no obliga con premáticas,
ni otras leyes mayestáticas,
de señor corregidor,
y a quien no rinden los reyes,
ni con él hay valimiento,
ni rigen con él las leyes
que llenan el aposento
de mi tío el oidor.

  Se trata, doña Belisa,
de un rapaz más que donoso
que en los diecisiete frisa.
    ¡Quién me viera!
Yo, aquella dama que fuera
la del gesto desdeñoso,
castigo de los galanes.
Que desprecié los afanes
postreramente de tres: [loco
don Gil, que ahora en Indias
padece por sus desmanes.
Un mayorazgo por poco,
y por harto a un ginovés.
No juguéis con el cariño,
mirad quién así os lo avisa.
No sabéis, doña Belisa,
cómo me tiene ese niño.

  Dejadme, dueña y amiga,
    que no siga
con tan plañidero son.
A vos os digo el secreto
a que me obliga el afeto
de nuestra vieja afición.

Pero no es bien que mi lengua
al viento diga mi mengua,
y mi escándalo predique
    mi canción.
Y pues mi mal conoscedes,

si halláis afrenta en mi exceso,
no preguntéis por mi seso,
que la deidad que sabedes
hame tendido sus redes
    y hame preso.

EUGENIO D'ORS
(1882–1954)

Sensación de madrugada

EN EL TREN

Hoy la luna persiste y se viste
de un oro que el día le envía.
Alba equívoca: Yo no diría
lo que tiene de agudo y de triste.
Mi alma hace un alto en el salto
que proyectan, esquivos, los chivos
desde el gris de unos vagos olivos
sobre el cielo de un tenue cobalto.
Y duele pasar sin saber
el secreto que en la hora indecisa
dice, acaso con risa, la brisa.
Agil brisa del amanecer;
ni despiertas ni dejas dormir,
no consientes soñar ni vivir.

LUIS DE OTEYZA
(1882–1960)

La vuelta de los vencidos

Por la estepa solitaria, cual fantasmas vagorosos,
abatidos, vacilantes, cabizbajos, andrajosos,
se encaminan lentamente los vencidos a su hogar,

y al mirar la antigua torre de la ermita de su aldea,
a la luz opalescente que en los cielos alborea,
van el paso retardando, temerosos de llegar.
    Son los hijos de los héroes que, en los brazos de la gloria,
tremolando entre sus filas el pendón de la victoria,
regresaron otras veces coronados de laurel.
Son los hijos, la esperanza de esa raza poderosa
que, los campos fecundando con su sangre valerosa,
arrastraba siempre el triunfo amarrado a su corcel.
    Son los mismos que partieron entre vivas y clamores,
son los mismos que exclamaron: ¡Volveremos vencedores!...
Son los mismos que juraban al contrario derrotar,
son los mismos, son los mismos, sus caballos sudorosos
son los potros impacientes que piafaban ardorosos
de los parches y clarines al estruendo militar.
    Han sufrido estos soldados los horrores de la guerra,
el alud en la llanura y las nieves en la sierra,
el ardor del rojo día, de las noches la traición;
del combate sanguinario el disparo, la lanzada
—el acero congelado y la bala caldeada—
y el empuje del caballo y el aliento del cañón.
    Pero más que esos dolores sienten hoy su triste suerte,
y recuerdan envidiosos el destino del que muerte
encontró en lejanas tierras. Es mejor, mejor morir,
que volver a los hogares con las frentes abatidas,
sin espadas, sin banderas y ocultando las heridas,
las heridas que en la espalda recibieron al huir.
    A lo lejos el poblado ya percibe su mirada:
¿Qué dirá la pobre madre? ¿Qué dirá la enamorada
que soñaba entre sus brazos estrecharle vencedor?
¿Qué dirá el anciano padre, el glorioso veterano,
vencedor en cien combates? ¿Y el amigo? ¿Y el hermano?
¡Callarán avergonzados, si no mueren de dolor! ...
    Y después, cuando a la lumbre se refiera aquella historia
del soldado, que al contrario disputando la victoria,

en los campos de batalla noble muerte recibió;
y los viejos sus hazañas cuenten luego, entusiasmados,
se dirán los pobres hijos del vencido, avergonzados:
¡Los valientes sucumbieron y mi padre regresó! ...
Tales cosas van pensando los vencidos pesarosos,
que, abatidos, vacilantes, cabizbajos y andrajosos,
caminando lentamente, se dirigen a su hogar;
y al mirar la antigua torre de la ermita de su aldea,
a la luz opalescente que en los cielos alborea
van el paso retardando, temerosos de llegar.

LUIS MARTINEZ KLEISER
(1883–1947)

Castellana

Eres, moza garrida,
como la ruda tierra castellana
que te ha visto nacer: altiva y llana;
noble, fuerte, cabal, brava y sufrida.
Eres como tu tierra
lago de luz de limpios horizontes
que recortan los montes
de la vecina sierra.
Retratas a Castilla;
al color de sus campos se compara
el color de centeno de tu cara,
teñido de amapola en tu mejilla;
copia su trigo el oro de tu pelo;
pone el duelo en tus ojos su rocío;
miro en ellos el fuego de su estío
y el azul de su cielo.
Es tu anchurosa frente
trasunto fiel de la feraz llanura;
tu aliento, que de aromas me satura,

es la cálida brisa de su ambiente;
en la expresión conciertas
la paz de sus apriscos,
el ceño de los riscos
la risa de sus huertas,
la triste opacidad de sus neblinas,
la luz de sus alegres alboradas,
el frío de sus húmedas heladas,
el calor de sus lumbres campesinas;
su miel, que, en la colmena de tus labios,
el aguijón punzante
defiende amenazante
de posibles agravios,
su ciega sumisión a lo prescrito,
su calma dócil, su bondad severa,
la blandura asequible de su cera
y la hosca solidez de su granito.
   Espejo de la tierra castellana
que, siendo moza, ya en tu pecho abrigas
un corazón labrado por fatigas,
con surcos de besana;
dulce como el albillo,
agria como la negra zarzamora,
eres la castellana, la señora
de tu propio castillo.

JUAN PUJOL
(1883–1960)

Pastorela de abanico

Pastorcita, pastorcita,
¿en dónde tu amor quedó?
Tus ojos tienen la sombra de una tristeza infinita
adorable pastorcita
de las selvas de Watteau.

* * *

Verdes ojos de esmeralda,
¿quién os entristece así?
¿Qué soñáis, oh manos lánguidas, inertes, sobre la falda?
¿Qué te apena, pastorcita de los ojos de esmeralda,
pastorcita de los labios de rubí?

* * *

Dice el agua de la fuente una estrofa cristalina,
el jardín del abanico tiene una luz ambarina
de tarde primaveral...
En el azul transparente
se pierde una golondrina...
En el mármol dice el agua rumorosa de la fuente
una estrofa de cristal.

* * *

Pastorcita, pastorcita,
¿en dónde tu amor quedó?
Tus ojos tienen la sombra de una tristeza infinita
adorable pastorcita
de Watteau.

LEON FELIPE
(1884–1968)

Romero sólo...

Ser en la vida
romero,
romero sólo que cruza
siempre por caminos nuevos;

ser en la vida
romero,
sin más oficio, sin otro nombre
y sin pueblo... ;

ser en la vida
romero..., romero...,
sólo
romero.
Que no hagan callo las cosas,
ni en el alma ni en el cuerpo...
pasar por todo una vez,
una vez solo y ligero, ligero,
siempre
ligero.
  Que no se acostumbre el pie
a pisar el mismo suelo,
ni el tablado de la farsa
ni la losa de los templos,
para que nunca
recemos
como el sacristán
los rezos,
ni como el cómico
viejo
digamos
los versos.
La mano ociosa es quien tiene
más fino el tacto en los dedos,
decía Hamlet a Horacio
viendo
cómo cavaba una fosa
y cantaba al mismo tiempo
un sepulturero.
  –No sabiendo
los oficios
los haremos
con respeto–

Para enterrar
a los muertos
como debemos
cualquiera sirve, cualquiera...
menos un sepulturero.
  Un día
todos sabemos
hacer justicia;
tan bien como el rey hebreo
la hizo,
Sancho el escudero
y el villano
Pedro Crespo...
Que no hagan callo las cosas
ni en el alma ni en el cuerpo...
pasar por todo una vez,
una vez solo y ligero, ligero,
siempre
ligero.
  Sensibles
a todo viento
y bajo
todos los cielos,
poetas
nunca cantemos
la vida
de un mismo pueblo
ni la flor
de un solo huerto...
Que sean todos
los pueblos
y todos
los huertos nuestros.

Como tú...

Así es mi vida,
piedra,
como tú. Como tú,
piedra pequeña;
como tú,
piedra ligera;
como tú,
canto que ruedas
por las calzadas
y por las veredas;
como tú,
que en días de tormenta
te hundes
en el cieno de la tierra
y luego
centelleas

bajo los cascos
y bajo las ruedas.
Como tú que no has servido
para ser ni piedra
de una lonja,
ni piedra de una audiencia,
ni piedra de un palacio,
ni piedra de una iglesia.
Como tú,
piedra aventurera.
Como tú,
que tal vez estés hecha
sólo para una honda,
piedra pequeña y
ligera...

¡Qué lástima!

¡Qué lástima
que yo no pueda cantar a la usanza
de este tiempo lo mismo que los poetas de hoy cantan!
¡Qué lástima
que yo no pueda entonar con una voz engolada
esas brillantes romanzas
a las glorias de la patria!
¡Qué lástima
que yo no tenga una patria!
Sé que la historia es la misma, la misma siempre, que
   pasa
desde una tierra a otra tierra, desde una raza a otra raza
como pasan
esas tormentas de estío desde esta a aquella comarca.

¡Qué lástima
que yo no tenga comarca,
patria chica, tierra provinciana!
Debí nacer en la entraña
de la estepa castellana
y fui a nacer en un pueblo del que no recuerdo nada;
pasé los días azules de mi infancia en Salamanca,
y mi juventud, una juventud sombría, en la montaña.
Después... ya no he vuelto a echar el ancla,
y ninguna de estas tierras me levanta
ni me exalta
para poder cantar siempre en parecida tonada
al mismo río que pasa
rodando las mismas aguas,
al mismo cielo, al mismo campo y a la misma casa.
¡Qué lástima
que yo no tenga un casal!
Una casa solariega y blasonada,
una casa
en que guardara,
a más de otras cosas raras,
un sillón viejo de cuero, una mesa apolillada
y el retrato de un mi abuelo que ganara
una batalla.
¡Qué lástima
que yo no tenga un abuelo que ganara
una batalla,
retratado con una mano cruzada
en el pecho, y la otra mano en el puño de una espada!
   Y, ¡qué lástima
que yo no tenga siquiera una espada!
Porque... ¿qué voy a cantar si no tengo ni una patria,
ni una tierra provinciana,
ni una casa

solariega y blasonada,
ni el retrato de un abuelo que ganara
una batalla,
ni un sillón viejo de cuero, ni una mesa, ni una espada?
¡Qué voy a cantar si soy un paria
que apenas tiene una capa!
Sin embargo...
                    en esta tierra de España
y en un pueblo de la Alcarria
hay una casa
en la que estoy de posada
y donde tengo, prestadas,
una mesa de pino y una silla de paja.
Un libro tengo también. Y todo mi ajuar se halla
en una sala
muy amplia
y muy blanca
que está en la parte más baja
y más fresca de la casa.
Tiene una luz muy clara
esta sala
tan amplia
y tan blanca...
Una luz muy clara
que entra por una ventana
que da a una calle muy ancha.
Y a la luz de esta ventana
vengo todas las mañanas.
Aquí me siento sobre mi silla de paja
y venzo las horas
leyendo en mi libro y viendo cómo pasa
la gente, al través de la ventana.
Cosas de poca importancia
parecen un libro y el cristal de una ventana

en un pueblo de la Alcarria,
y, sin embargo, le basta
para sentir todo el ritmo de la vida a mi alma.
Que todo el ritmo del mundo por estos cristales pasa
cuando pasan
ese pastor que va detrás de las cabras
con una enorme cayada,
esa mujer agobiada
con una carga
de leña en la espalda,
esos mendigos que vienen arrastrando sus miserias, de
    Pastrana,
y esa niña que va a la escuela de tan mala gana.
¡Oh, esa niña! Hace un alto en mi ventana
siempre y se queda a los cristales pegada
como si fuera una estampa.
¡Qué gracia
tiene su cara
en el cristal aplastada
con la barbilla sumida y la naricilla chata!
Yo me río mucho mirándola y la digo
que es una niña muy guapa...
Ella, entonces, me llama ¡tonto!, y se marcha.
¡Pobre niña! Ya no pasa
por esta calle tan ancha
caminando hacia la escuela de muy mala gana,
ni se para
en mi ventana,
ni se queda a los cristales pegada
como si fuera una estampa.
Que un día se puso mala, muy mala,
y otro día doblaron por ella a muerto las campanas.
Y una tarde muy clara,
por esta calle tan ancha,

al través de la ventana,
vi cómo se la llevaban
en una caja,
muy blanca...
que tenía un cristalito en la tapa.
Por aquel cristal se le veía la cara
lo mismo que cuando estaba
pegadita al cristal de mi ventana...
Al cristal de esta ventana
que ahora me recuerda siempre el cristal de aquella
   caja
tan blanca.
Todo el ritmo de la vida pasa
por este cristal de mi ventana...
¡Y la muerte también pasa!
¡Qué lástima
que no pudiendo cantar otras hazañas,
porque no tengo una patria,
ni una tierra provinciana,
ni una casa
solariega y blasonada,
ni el retrato de un mi abuelo que ganara
una batalla,
ni un sillón viejo de cuero, ni una mesa, ni una espada,
y soy un paria
que apenas tiene una capa...
venga, forzado, a cantar cosas de poca importancia.

Cristo

Viniste a glorificar las lágrimas... no a apagarlas...
no a enjugarlas... Viniste a decir:
Viniste a abrir las heridas... ¡Que corra el llanto,
no a cerrarlas. la sangre y el fuego...
Viniste a encender las hogueras... como el agua!

Oración

Señor, yo te amo
porque juegas limpio,
sin trampas–sin milagros–;
porque dejas que salga,
paso a paso,

sin trucos–sin utopías–,
carta a carta,
sin cambios,
tu formidable
solitario.

Ven con nosotros...

Cuando me han visto sólo y
al borde del camino   [recostado
unos hombres
con trazas de mendigos
que cruzaban rebeldes y afanosos
me han dicho:
–Ven con nosotros
peregrino.
Y otros hombres
con portes de patricios

que llevaban sus galas
intranquilos
me han hablado
lo mismo
–Ven con nosotros, peregrino.
Yo a todos los he visto
perderse a lo lejos del camino
y me he quedado sólo, sin des-
                    [pegar los labios,
en mi sitio

Más sencilla

Más sencilla, más sencilla.
Sin barroquismo,
sin añadidos ni ornamentos,
que se vean desnudos
los maderos,
desnudos
y decididamente rectos.
Los brazos en abrazo hacia la Tierra

el ástil disparándose a los cielos.

Que no haya un solo adorno
que distraiga este gesto,
este equilibrio humano
de los dos mandamientos.
Más sencilla, más sencilla;
haz una cruz sencilla, carpintero.

TOMAS MORALES
(1885–1921)

Balada del niño arquero

I

El rapaz de los ojos vendados golpea mi puerta
y su golpe atraviesa temblando la casa desierta:
Voy, Amor... ¡Con qué afán mis deseos bajaron a abrirte!
Entra, Amor; francas tengo mis puertas para recibirte.
  ¡Todo el día arreglando mi casa, desde muy temprano,
porque en todo resultara digna del gentil tirano!
  Las estancias recogen el ánimo de pulcras y olientes.
He colmado los viejos tibores de flores recientes,
  y por dar a su carne rosada reposo y provecho,
con plumón y con cándidos linos conforté mi lecho...
  ¡Como un ascua reluce esta noche mi vieja morada,
cual si llena la hubiesen de estrellas, toda iluminada!
  El rapaz de los ojos vendados golpea mi puerta
y su golpe estremece de gozo la casa desierta...
  –¡Te esperaba! A mi ruego devoto fue blando el Destino;
con las rosas primeras del año te alfombré un camino,
y en la arcada de piedra musgosa que marca el lindero,
bajo un verde festón de follaje colgué este letrero:
  « ¡Caminante que llevas por báculo un arco encantado
y a la espalda, supliendo a la alforja, tu carcaj dorado!
no prosigas tu viaje más lejos, que estás en tu casa.
Jovencito: si Eros o Cupido te llamases, ¡pasa! »
  El rapaz de los ojos vendados franqueó mi puerta;
¡su visita dejó, perfumada la casa desierta!

II

¡Cuatro veces fui muerto, cuatro veces, Amor, me has herido!
¡Más de cuatro pasaron tus flechas silbando a mi oído!
  ¡Cuatro heridas sangrientas que el arquero causó, envenenadas!

¡Oh, dolor! Cuatro duras saetas en mi alma clavadas.
La primera en la frente descargó su artificio violento.
¡Su ponzoña hizo presa en la llama de mi pensamiento!
La segunda, en los ojos. ¡Ciego soy, mas me sirve de guía
en la ruta, una mano que siento temblar en la mía!
La tercera en la boca. ¡Mi mal tiene delirio sonoro:
repetir de continuo las cifras de un nombre de oro!
Y la cuarta, en el pecho... ¡Oh, malhaya la punta homicida
que, a la par de causarme la muerte, dejóme la vida!
¡Cuatro veces fui muerto, cuatro veces, Amor, me has herido!
Más de cuatro pasaron tus flechas silbando a mi oído.
¡Oh, tristeza! Mi alma, que un pacífico sueño envolvía
por tu causa salmodia la pena de esta letanía:
«Duro Amor veleidoso... Simulacro de eternos ardores
¡te juzgamos propicio tan sólo para nuestras flores!
Breve Amor lisonjero... Decidor de una paz no turbada,
¡tu licor en mis labios sedientos fue sed renovada!
Cruel Amor fatalista... Olvidar tus cadenas no es dable;
¡tienes toda la inmensa amargura de lo irremediable!»
De tal modo mi queja a los aires lanzó sus rigores...
¡En mi ser batallaban conmigo los cuatro dolores!
¡Cuatro veces fui muerto, cuatro veces, Amor, me has herido!
Más de cuatro pasaron tus flechas silbando a mi oído.

III

¡He cerrado la verja de hierro que guarda la entrada
y he arrojado después al estanque la llave oxidada!
Por trocar en olvido apacible mis duros enojos
he atrancado las puertas del patio con dobles cerrojos,
y he clavado las altas ventanas que vieron al frente
los lejanos pinares dorados al sol del poniente...
¡Estoy solo; mi espíritu es lleno de un algo inefable!
Mal curado de amores, ya pronto estaré saludable...

De las viejas cenizas mis manos hurtaron el fuego,
y en el vivo y cruel sobresalto pusieron sosiego...
¡Oh, qué bien este encanto sereno que en mi alma se vierte!
¡Oh, cuán grande este dulce reposo, que es casi una muerte!
    ¡Oh temor! : En el harto silencio se escucha un rüido:
¡alguien anda crujiendo la arena del parque dormido!
    ¡Han hablado: oigo voces perdidas al pie de la fuente!
Voy a ver. ¡Es tan sólo un capricho de convaleciente!
    Abriré los maderos, no abriré los velados cristales.
¡Nadie puede forzar de mi empeño los firmes umbrales,
que he cerrado la verja de hierro que guarda la entrada
y he arrojado después al estanque la llave oxidada!
    ¡Nada veo! El misterio nocturno de mi alma se adueña.
¡El jardín en la noche de plata parece que sueña!
    Abriré; sólo vanos temores turbaron mi aliento.
Son fantasmas que fingen los pinos mecidos del viento...
    El silencio del alma al silencio del parque se aúna.
¡En el cielo se abrió, toda blanca, la flor de la luna!
En las sombras un pájaro arrulla quejosos remedos.
Un temblor que renueva mi angustia me llena de miedos.
    ¡Algo cruza en un rápido vuelo rozando mi oído!
Un silbido atraviesa la noche... ¡Gran Dios, me han herido!
¡He cerrado la verja de hierro que guarda la entrada,
y he arrojado después al estanque la llave oxidada!

ENVÍO

    ¡Otra vez, dura flecha, por matarme saliste traidora
de la aljaba de los ojos negros de la flechadora!
    ¡Otra vez en mi carne te clavaste con alevosía
y tu hierro gustó el dejo amargo de la sangre mía!
    Di a la mano de nieve que te lanza contra mi ventura
que al tú herirme respondió mi pecho con ciega locura:
    «¡Bien venida, saeta, mensajera de males de amor!
¡Si hay dolor en tu punta acerada..., divino dolor! ...»

ALFONSO HERNANDEZ–CATA
(1885–1965)

Camino, esperanza

Aún lo recuerdo; cada hora
tenía inconsciencia bullidora,
llanto risueño, luz, fragancia.
Cabía una vida en cada hora...
    Era la infancia.

Tras la feliz algarabía,
la carne y el mundo en un día
perdieron su clara inocencia.
Silencio tras la algarabía:
    adolescencia.

Con tal avidez y tal fuego
las rosas abriéronse luego,
que hasta en el sueño hubo in-
        [quietud
Devoradora como un fuego
    fue juventud.

Ya está cerca el *medio camino*
a largo paso me avecino
a la alta cumbre postrimera.
¡Ay, veré desde medio camino
    la otra ladera!

Desde allí será descender,
hondo y estéril comprender,
y nada acierto ya a esperar.
Melancólico descender:
    ¡río hacia el mar!

Viviré preso en el recuerdo,
ya sin locuras; triste, cuerdo,
de cuerpo frío y alma inerte.
Y a la salida de un recuerdo
    veré a la Muerte.

¿Y ha de ser esto todo?
¿Todo?
¿Por qué la ciencia no halla modo
de encender luz tras de la fosa?
¡No puede terminarse todo
    con la espantosa

risa de hueso!... La ternura
que repudió la vida dura
no ha de morir junto al ciprés.
¿Quién gozará de esa ternura
    allá..., después?

DELMIRA AGUSTINI
(1886–1914)

Mis amores

Hoy han vuelto.
Por todos los senderos de la noche han venido
a llorar en mi lecho.
¡Fueron tantos, son tantos!

Yo no sé cuáles viven, yo no sé cuál ha muerto.
Me lloraré yo misma para llorarlos todos.
La noche bebe el llanto como un pañuelo negro.
  Hay cabezas doradas a sol, como maduras...
Hay cabezas tocadas de sombra y de misterio,
cabezas coronadas de una espina invisible,
cabezas que sonrosa la rosa del ensueño,
cabezas que se doblan a cojines de abismo,
cabezas que quisieran descansar en el cielo,
algunas que no alcanzan a oler a primavera,
y muchas que trascienden a las flores de invierno.
Todas esas cabezas me duelen como llagas...
Me duelen como muertos...
¡Ah...!, y los ojos..., los ojos me duelen más: ¡son dobles...!
Indefinidos, verdes, grises, azules, negros,
abrasan si fulguran,
son caricias, dolor, constelación, infierno.
Sobre toda su luz, sobre todas sus llamas,
se iluminó mi alma y se templó mi cuerpo.
Ellos me dieron sed de todas esas bocas...
de todas esas bocas que florecen mi lecho:
vasos rojos o pálidos de miel o de amargura
con lises de armonía o rosas de silencio,
de todos esos vasos donde bebí la vida.
De todos esos vasos donde la muerte bebo...
El jardín de sus bocas venenoso, embriagante,
en donde respiraba «sus» almas y «sus» cuerpos.
Humedecido en lágrimas
ha rodeado mi lecho...
  Y las manos, las manos colmadas de destinos
secretos y alhajadas de anillos de misterio...
Hay manos que nacieron con guantes de caricia,
manos que están colmadas de la flor del deseo,

manos en que se siente un puñal nunca visto,
manos en que se ve un intangible cetro;
pálidas o morenas, voluptuosas o fuertes,
en todas, todas ellas puede engarzar un sueño.
    Con tristeza de alma
    se doblegan los cuerpos,
    sin velos, santamente
    vestidos de deseo.
Imanes de mi brazo, panales de mi entraña
como a invisible abismo se inclinan a mi lecho...
¡Ah, entre todas las manos, yo he buscado tus manos!
Tu boca entre las bocas, tu cuerpo entre los cuerpos,
de todas las cabezas yo quiero tu cabeza,
de todos esos ojos, ¡tus ojos sólo quiero!
Tú eres el más triste, por ser el más querido,
tú has llegado el primero por venir de más lejos...
¡Ah, la cabeza oscura que no he tocado nunca
y las pupilas claras que miré tanto tiempo!
Las ojeras que ahondamos la tarde y yo inconscientes,
la palidez extraña que doblé sin saberlo,
    ven a mí: mente a mente;
    ven a mí: ¡cuerpo a cuerpo!
Tú me dirás qué has hecho de mi primer suspiro.
Tú me dirás qué has hecho del sueño de aquel beso...
Me dirás si lloraste cuando te dejé solo...
    ¡Y me dirás si has muerto...!
    Si has muerto,
mi pena enlutará la alcoba lentamente,
y estrecharé tu sombra hasta apagar mi cuerpo.
Y en el silencio ahondado de tinieblas,
y en la tiniebla ahondada de silencio,
nos velará llorando, llorando hasta morirse
    nuestro hijo: el recuerdo.

BALDOMERO FERNANDEZ MORENO
(1886–1950)

Infancia

Tenía aquel huerto
muy altas las tapias,
muy llenas de broza
y escajos las bardas,
y todos sabíamos
que detrás estaba
mi abuela, el Civil,
como la llamaban,
las trentes al hombro,
ceñuda la cara,
en torno a sus árboles:
las ciruelas claudias
y las gordas peras
de muslo de dama,
y las garrafales
guindas coloradas...

Sí que lo sabíamos,
pero no importaba.
Y en cualquier desliz
de la adusta guardia,
ni hojas dejábamos
en las curvas ramas.
¿Entonces, Dios mío,
yo he tenido infancia,
y he tirado piedras
y he saltado vallas,
y he robado quimas
de fruta cargadas?
¿Y que esto ha pasado
en una lejana
aldehuela de oro,
allá, por España?

La herrada

En un rincón oscuro
de la cocina aldeana,
bajo el vasar sonoro
veo brillar la herrada.
Aun veo su madera
morena y rezumada

y los sólidos aros
lucientes como plata.
Yo me aproximo, cauto,
y levanto la tapa.
Doy un grito profundo
y se estremece el agua.

La torre más alta

—La torre, madre, más alta
es la torre de aquel pueblo,
la torre de aquella iglesia
hunde su cruz en el cielo.

—Dime, madre, ¿hay otra torre
más alta en el mundo entero?
—Esa torre sólo es alta,
hijo mío, en tu recuerdo.

JOSE DEL RIO SAINZ
(1886–1950)

Luz por la amura

Entre el ronco gemido de las olas,
única estrofa de la noche oscura
se oye clara la voz de los serviolas,
que anuncian una luz desde la amura.

Es un vapor; su luz no se confunde,
y en las nubes que velan su reflejo
tiembla sobre las olas y se hunde
cual si huyera de nuestro catalejo.

La soledad monótona del viaje
al surgir esa luz, al fin, se quiebra;
el corazón la rinde un homenaje.

¿De qué nación será? No importa nada,
y bebemos un vaso de ginebra
a la salud del nuevo camarada.

Las tres hijas del capitán

Era muy viejo el capitán y viudo,
y tres hijas guapísimas tenía;
tres silbatos, a modo de saludo,
les mandaba el vapor, cuando salía.

Desde el balcón, que sobre el muelle daba,
trazaban sus pañuelos mil adioses,
y el viejo capitán disimulaba
su emoción, entre gritos y entre toses.

El capitán murió... Tierra extranjera
cayó sobre su carne aventurera
festín de las voraces sabandijas...

Y yo sentí un amargo desconsuelo
al pensar que ya nunca las tres hijas
nos dirían adiós con el pañuelo.

ARTURO CUYAS DE LA VEGA
(1887–1942)

La Milana

A Pepe González Marín,
el aeda moderno.

—Madre, ya anochece...
Ya empiezan a estar los caminos borrosos;
cierre esa ventana,
tranque bien la puerta, échele el cerrojo...
—¿Y por qué, mi vida?
Deja que entre a chorros
ese aire que huele a cantueso y a juncia;
con él de tus males sanarás muy pronto
lo asegura el médico
y lo dicen todos
que no hay medicina
como este airecillo puro y oloroso.
¡Respira muy fuerte,
respira muy hondo!
—Madre, tengo miedo:
cierre esa ventana, que, aunque quiero el rostro
volver, la mirada se escapa a clavarse
en ese sendero que baja al arroyo,
y por él, lo mismo
que todas las tardes, camino del chozo,
vendrá la Milana, esa bruja maldita
que me hizo mal de ojo.
Siento que se acerca,
que viene... Lo noto
en estos extraños temblores de angustia
y en este sofoco.
Está a todas horas metida su imagen
dentro de esta frente, que es hielo y es horno.

¡Aquí está ! ¡La veo!... Cubierto de harapos
el cuerpo cenceño, desmedrado y corvo,
   los ojos sumidos
y en las cuencas cárdenas, brillando en lo hondo,
   dos puntos de fuego
como dos malignos chispazos diabólicos...
–Hijo, no te excites pensando tontunas:
   ¡si no hay brujas, tocho!
–Sí, madre, las hay... ¿Quién me tiene abrasados
   de llanto los ojos?
¿Quién me trajo este mal que así me consume,
este roe-roe cruel, angustioso,
como si tuviera en el pecho clavados
   los dientes de un lobo?
No valieron drogas, ni emplastos, ni unturas,
ni del señor cura latines ni hisopos,
ni vale esta bolsa colgada a mi cuello
con plumas de urraca y uñas de raposo...
La Milana, madre, leyó mi sentencia,
   respirando odio,
aquel día aciago que, por broma y juego,
como una bandada de pájaros locos
fuimos a cantarle coplas a su puerta...
Llegó de improviso, corrieron los otros;
yo, torpe, no supe escapar, y aturdido
   me quedé allí, solo.
   El frío zarpazo
de sus acerados dedos sarmentosos,
   que la ira crispaba,
cayó como garra de hielo en mi hombro,
y con voz silbante, quebrada, me dijo:
"Tú te acordarás de esta vieja, buen mozo."
Y bien lo vió, madre; desde aquel momento
   lo he perdido todo.

Gentes de justicia, ganados y tierras
nos fueron quitando, y así, poco a poco,
    vino la pobreza,
que cortó por siempre los tiernos coloquios
con aquella moza de los ojos claros,
    hoy espejos de otro.
Y mordió mis carnes este mal sin cura,
y aquellos amigos de antaño, ¡qué pronto
    de mi lado huyeron
igual que se huye de un perro sarnoso!
    Todo se ha perdido,
su dolor y el mío nos quedan tan sólo...
    Madre, madre, corra,
cierre esa ventana; échele el cerrojo
a la puerta, madre... ¡Ya llega, ya viene!
    ¡Me muero, me ahogo!...
−¡Hijo, no te angusties así!... ¿No respondes?
    ¡Toma, bebe un sorbo
de esta medicina!... ¡Hijo!... ¡Virgen santa!
    ¡Valedme! ¡Socorro!
... ...

    Pero nadie escucha,
ni nadie a las voces acude. ¡Qué sordo
silencio el del campo, que tiñe la tarde
de sombra y misterio !... Nadie llega... Sólo
    por la senda angosta
    que baja al arroyo
viene la Milana, cubierto de harapos
el cuerpo cenceño, desmedrado y corvo,
    los ojos sumidos,
y en las cuencas cárdenas, brillando en lo hondo,
    dos puntos de fuego
como dos malignos chispazos diabólicos...

ENRIQUE GEENZIER
(1887–1962)

Anatómica

–Pronto, pronto, doctor; abrid sin miedo.
¿No oís cómo palpita aquí, en el fondo,
la queja de un sollozo quedo, quedo?
Abrid, abrid, doctor, que está muy hondo.
   –¿Dónde le duele a usted? –Aquí escondido.
–Algún tumor, tal vez; un cuerpo, extraño...
–Es un dolor que ha tiempo lo he sentido.
Abrid, abrid, doctor, que aquí hay un nido,
y lo habita un reptil : ¡el Desengaño!
   –Enfermedad moral, pobre paciente,
no la cura la Ciencia en su adelanto...
¿Extraigo el corazón...?–Precisamente,
el corazón, doctor... ¡Me duele tanto!

ENRIQUE RUIZ DE LA SERNA
(1887–1956)

A ejemplo de los árboles desnudos...

   No es el otoño, no, quien a los árboles
arrebata sus hojas, que son ellos,
son los árboles mismos quienes ceden
sus hojas a los vientos...
   Los árboles desdeñan
la estéril pompa del follaje muerto,
y, con viril austeridad, aguardan
desnudos los rigores del invierno.
¡Saben que sólo así la primavera
los vestirá de nuevo!

Alma mía: estos árboles desnudos
sean para ti ejemplo.
Renuncia, como ellos, a lo vano;
despójate, como ellos, de lo viejo.
Si en ti muere una idea, para siempre
arráncala de ti y échala al viento.
¡Porque son los cadáveres de ideas
la estéril pompa del follaje muerto!
No finjas pensamientos que no pienses,
no sientas con fingidos sentimientos.
Antes que así, desnuda,
resiste los rigores del invierno.
¡Que al cabo tornará la primavera
y a ti también te vestirá de nuevo!

AGUSTIN ACOSTA
(1887–1965)

Los últimos instantes de la marquesa Eulalia
(Fragmentos)

I

Cerró los ojos, de mirar cansados
la sombra de la muerte por su alcoba,
espía que acechaba en los bordados
damascos de su lecho de caoba.
Quiso bajar hasta el jardín. Decía
cosas tan vagas, que ya nadie sabe
si en su palabra sin matiz había
algo que fuera humano. Limpia y suave,
el agua de la fuente discurría
entre hojas secas. Ella, sonriente,

fue más que luz bajo la luz del día.
Y con voz dulce de convaleciente,
mientras su boca blanca sonreía,
pidió que la llevaran a la fuente...

II

Pidió que la llevaran a la fuente,
junto al blanco jazmín de hojas marchitas,
y la envolvieron perfumadamente
las azucenas y las margaritas.
Estaba bella, como un taciturno
crepúsculo de sol, ágata y lila;
con mucho de sonata y de nocturno
en el piano sin voz de su pupila...
Pálida, como un pétalo guardado
en las hojas de un libro de pecado,
a sus últimos pajes sonreía...
Mientras sobre la linfa de la fuente
la anemia sofocada del Poniente
reflejaba su lánguida agonía.

III

Reflejaba su lánguida agonía
la peregrina del amor, en tanto
la fuente insinuadora discurría
como un dolor que se resuelve en llanto.
Dijo después con lentitud:«Deploro
no recordar, para consuelo mío,
el canto aquel en que Rubén Darío
comenta mi cruel risa de oro.»
Todos la contemplamos. De repente
un paje que mirábase en la fuente
volvió su rostro... Y como un canto de ave

en el jardín callado y vespertino,
vibró en la tarde dolorosa el trino
maravilloso de «Era un aire suave...»
... ...

VI

Así murió, junto a la fuente inquieta
en que como un dolor temblaba el agua,
la lírica y romántica coqueta
del inmenso cantor de Nicaragua.
Y pues quiso que al menos una lira
sus últimos instantes relatara,
mi lira es la devota que delira
por dejar esta flor sobre su ara.
Y si queréis saber dónde reposa
la que tan alto galardón tenía,
tomar una vereda misteriosa
hacia el jardín aquel... Y, sabiamente
arrancadle el secreto a la armonía
melancólica y cauta de la fuente.

RAMON BASTERRA

(1888–1930)

El establo

Sombra. El ambiente tibio que trasciende a la hierba
de pasto, el vaho de ubres que la noche conserva
difuso. Un raudal viene de sol, como una lanza
de querubín del vano del umbral. La luz danza.

La silueta paciente de dos vacas dibuja
el reflector solar, en la oscuridad bruja.
A sus pies, de tenderse, hay en el suelo un bache.
    Una es color de lumbre y la otra de azabache.
Como en el cuadro del arca de Noé, entre forrajes,
cintos al pecho, viven los más varios linajes
de bestias; una cabra barbuda y un pollino,
con un cerdo rosado cual caracol marino.
    Sobre un montón de estiércol el gallo sultanita,
para entonar su ronco clarín, se desgañita.
Un niño clama entonces: «¡Hala, negra; hala, roja!»,
y, dando con un ramo que tiene un pompón de hoja,
en las ancas de los bovinos pacienzudos,
hacia los verdes prados camina, pies desnudos.

MARCIANO ZURITA
(1889–1929)

Los ojos del huerfanito

    Más que sus pálidas carnes,
ateridas por el frío,
me causan honda amargura
los ojos del huerfanito.
    Son unos ojos azules
luminosos y tranquilos,
con inquietud de luceros
y solemnidad de cirios:
ojos llenos de sonrisas,
y llenos de regocijo,
como hechos para las cumbres
y no para los abismos;
para ser aurora, no
crepúsculos vespertinos.

Menos los ojos, todo es
muy triste en el pobre niño,
tristes son las manos blancas,
sus blancas manos de lino,
que no acariciaron nunca
con sus rosados deditos
el misterio de un juguete
ni las páginas de un libro.
Tristes sus labios, que nunca
gustaron agradecidos,
ni los besos de una madre
ni dulces como los niños;
y su frente donde nadie
puso ternuras y mimos,

y su corazón, que dentro
de su pecho es como un nido
donde jamás gorgojeara
el ruiseñor del cariño.
   ¿Por qué, pues, si todo es triste
en el pobre huerfanito,

sus grandes ojos azules
luminosos y tranquilos
están llenos de sonrisas
y llenos de regocijo?
¡Ay, cuánta pena me causan
los ojos del huerfanito!

MANUEL DE GONGORA

(1889-1953)

Cervantes, en sus últimos días, escribiendo
al conde de Lemos

I

ESCENARIO

   Desmayado en un sillón,
sus miembros agonizantes,
yace Miguel de Cervantes,
enfermo del corazón.
Manta raída en los pies
—fatigados peregrinos
de tantos duros caminos
y tanto fiero revés—,
cabezal que acomoda
bajo la testa cansada
la breve mano adorada
de su mañana de boda,
son callados pregoneros
de la sufrida pobreza
con que a declinar empieza
la luz de los caballeros.
Pared blanca, suelo frío,
lecho pobre y pobre ajuar,

que ni baja a popular
ni se encumbra en señorío;
menguada la librería,
que en breves plúteos avaros
sepulta en infolios raros
lances de caballería;
sucio velón lucentino,
talaverano tintero,
pócima en vidrio grosero
que resguarda un pergamino
en la pobre cabecera,
junto a un arnés olvidado,
un Cristo crucificado
en una cruz de madera...
¡Y la mano estremecida
del primer hombre de España,
que plasma su última hazaña
diciendo adiós a la vida! ...
¿Dónde la pluma que acierte
a eternizar este instante
de este caballero andante
abriendo plazo a la muerte?

II

MOMENTO

Gris era la tarde y fría
por más que en la primavera,
que en alas de abril venía
vertiendo aromas, pusiera
su beso en los encinares
del Pardo y refloreciera
la soledosa ribera
del sórdido Manzanares.
Y así la ventana estrecha
que, sin verse, se adivina
triste, emplomada, mezquina,
desvencijada y maltrecha
sobre la calle vecina,
para los oros del día
era tan pobre arcaduz,
que en la habitación sombría
a duras penas vertía
unos hilillos de luz
turbia, desmayada y fría...
Su amigo Marcilla ayer
le trajo la Extremaunción,
y él, entre el ser y el no ser,
apercibió el corazón
a saberla merecer;
y ya el alma pertrechada
para el combate postrero
se despide el caballero
de su existencia azotada
de pobre y aventurero.

III

EVOCACIÓN

Toda su vida vencida
vida en su cerebro toma:
las aventuras de Roma,
primera flor de su vida...
Nápoles... Valladolid...
Guadalupe... Talavera...
Tercio, mazmorra, galera...
Y en desesperada lid
con el ansia postrimera,
la tediosa carretera
desde Esquivias a Madrid,
donde la muerte le espera.
¡Toledo! ...¡Claro relumbre!,
materna entraña que estriba
sobre hispana piedra viva
«peñascosa pesadumbre».
Por toda norma, el acaso
y en cada azar un señuelo
concitador de un fracaso;
muchas alas, poco cielo,
corcusido ferreruelo,
hambre larga y pan escaso...
La cobranza de alcabalas,
razón de la sinrazón
que a su noble corazón
quiso cercenar las alas...
Corrales de comediantes,
tahúres galardonados,
monipodios disfrazados

de caballeros andantes...
Un mesón en un camino
y en el mesón una moza
que en talavereña loza
brindóle risas y vino...
¡Oh la oscura covachuela
donde a toda granjería
venal ambición abría
mano, zaguán y escarcela,
o la hostil mayordomía,
aula de marrullería
y de rábulas escuela,
en donde en vano pidió,
con humilde dignidad,
justicia a la manquedad
que contra el turco ganó
sirviendo a Su Majestad!...
¡Cuánta ilusión malograda
y cuánto llanto vertido!...
¡Qué generoso latido
para tan triste jornada!
¡Qué espuela tan bien calzada
para tan pobre corcel
y qué velero bajel
proa altiva y lona hinchada
para este vano laurel
de esta ceniza de nada!...
Sin nada que le remuerda
al toparse con la muerte
más hacia Dios se convierte
si más su vida recuerda:
la cárcel de Argamasilla
y el cautiverio de Argel
y un compás junto a un burdel

bajo el cielo de Sevilla...
La sonora pandereta
de Constanza la gitana...
la torpe urdimbre villana
del proceso de Ezpeleta...
¡Y entre el horrísono canto
con que del golfo las olas
a las naves españolas
dieron altar en Lepanto,
el resplandor de la luz
del *Homo misus a Deo,*
poniendo como trofeo
el tremolar de la cruz
del estandarte español,
en el firme estanterol
de una turquesca galera,
como si un sol pretendiera
cegar la luz de otro sol...

IV

DESPEDIDA

Cervantes sueña y suspira,
y aunque no perdió la fe
y más valiente se ve
si más caduco se mira;
y aunque al fin de la pelea
maltrecho cayó y vencido
de la gregaria ralea
¡y el corazón le flaquea
de tanto como ha latido!
y aunque la suerte está echada
y la partida perdida,

y de amargura empapada
y al desengaño rendida,
en su postrer oleada,
entre un libro y una espada
se le desmaya la vida,
de la vida en los extremos
aún tiene fuerzas bastantes
para decir al de Lemos
quién es Miguel de Cervantes
en los forzosos instantes
de los suspiros postreros...
Y al pensar: «Harto he vivido»,
concluye: –Bien es que muera;
ni gocé placer cumplido
ni hubo mal que no me hiriera.
Mas si mi firma postrera
fuese mi postrer latido,
gozosamente muriera;
y no ya por lo que espera,
sino por lo recibido;
que ésta, en hombre bien nacido
es la más noble manera
de mostrarse agradecido.
Esposo de la pobreza
y galán de la amargura,
ni me envejeció ventura
ni me salpicó bajeza.
Soñar, luchar, padecer,
sendero nunca acertado
fue ya el sendero trazado
para mí desde el nacer;
que cuando pude acrecer
fama y gloria, mutilado,
¡ni serví para soldado

de tanto saberlo ser!...
«¡Adiós, gracias y donaires,
regocijados amigos»,
de mis afanes testigos,
que volaréis en los aires
de lo futuro mis trigos!
    «Adiós, que muriendo voy»;
por la fe con que muero
en la congoja en que estoy,
en este instante no quiero,
mostrándome plañidero,
dejar de ser el que soy,
por cristiano y caballero.
En el huerto de agonía
que me depara mi suerte,
honda tristeza de muerte
me pasma y me escalofría.
Mirándola cara a cara
me siento desfallecer;
¡la vida me desampara
y la llego a comprender
limpia, alegre, noble y clara,
cuando la voy a perder!:
que, sintiéndome morir
viejo, incomprendido y pobre,
«aún llevo la vida sobre
el deseo de vivir»..,
¡Palenque de las templanzas,
hora de las despedidas,
«tiempo breve, ansias crecidas
y menguadas esperanzas»...!
¿Qué me importan mis heridas
si en inmutables balanzas
se pesarán mis partidas?

Con noble barro manchego
y en buen español troquel
–alma, carne, luz y fuego,
llanto y burla y risa y hiel–,
le di a mi patria el laurel
del libro más andariego.
Ya la *vieja peregrina*
que por mi amado Persiles
cruza, con dedos sutiles
está arrancando la espina
al corazón que declina
entre congojas seniles,
sin aquella fe pristina
milagrosa medicina
de los años juveniles...
A ti, pues, conde distante
primero entre los primeros,
doctrinal de caballeros
y de mis penas Atlante,
vuelen los rasgos postreros
–más tristes por más sinceros–
de este hidalgo agonizante.
Que, entre si muero o si vivo,
entre si duerma o despierte,

«puesto ya el pie en el estribo
con las ansias de la muerte,
gran señor, ésta te escribo».

V

SILENCIO

Cesó el largo rasguear
sobre el crujiente papel
y la mano de Miguel
volvió en reposo a quedar...
turbia la luz y cobarde,
en la estancia se vertía
más que nunca gris y fría
al declinar de la tarde.
Terció el manteo Marcilla,
y el franciscano salió;
su birrete requirió,
despidiéndose el golilla...
Y con la muda compaña,
de su esposa y de su suerte
quedó esperando la Muerte
el primer hombre de España.

GABRIELA MISTRAL
(Lucila Godoy Alcoyaga)
(1889–1957)

Balada

El pasó con otra.
¡Yo le vi pasar!
Siempre dulce el viento

y el camino en paz.
¡Y estos ojos míseros
le vieron pasar!

El va amando a otra
por la tierra en flor.
Ha abierto el espino,
pasa una canción.
¡Y él va con la otra
por la tierra en flor!
  El besó a la otra
a orillas del mar.
Resbaló en las olas
la luna de azahar.
¡Y no untó mi sangre
la extensión del mar!
  El irá con otra
por la eternidad.
Habrá cielos dulces.
(Dios quiera callar.)
¡Y él será con otra
por la eternidad!

Nocturno

  Padre nuestro, que estás en los cielos,
¿por qué te has olvidado de mí?
Te acordaste del fruto en febrero,
al llagarse su pulpa, rubí.
¡Llevo abierto también mi costado
y no quieres mirar hacia mí!
  Te acordaste del negro racimo
y lo diste al lagar carmesí,
y aventaste las hojas del álamo
con tu aliento, en el aire sutil.
¡Y en el ancho lagar de la muerte
aún no quieres mi pecho oprimir!
  Caminando vi abrir las violetas;
el falerno del viento bebí,
y he bajado, amarillos, mis párpados
por no ver más enero ni abril.
Y he apretado la boca anegada
de la estrofa que no he de exprimir.
¡Has herido la nube de otoño
y no quieres volverte hacia mi!

Me vendió el que besó mi mejilla;
me negó por la túnica ruin.
Yo en mis versos el rostro con sangre,
como Tú sobre el paño, le di;
y en mi noche del Huerto me han sido:
Juan, cobarde, y el Angel, hostil.

Ha venido el cansancio infinito
a clavarse en mis ojos, al fin;
el cansancio, del día que muere
y el del alba, que debe venir;
¡el cansancio del cielo de estaño
y el cansancio del cielo de añil.

Ahora suelto la mártir sandalia
y las trenzas pidiendo dormir.
Y perdida en la noche levanto
el clamor aprendido de Ti:
Padre nuestro, que estás en los cielos,
¿por qué te has olvidado de mí?

Meciendo

El mar sus millares de olas
mece divino.
Oyendo a los mares amantes,
mezo a mi niño.

El viento errabundo en la noche
mece los trigos.
Oyendo a los vientos amantes,
mezo a mi niño.

Dios padre sus miles de mundos
mece sin ruido.
Sintiendo su mano en la sombra,
mezo a mi niño.

Apegado a mí

Velloncito de mi carne
que en mi entraña yo tejí,
velloncito friolento,
¡duérmete apegado a mí!
　La perdiz duerme en el trébol
escuchándolo latir.
No te turben mis alientos,
¡duérmete apegado a mi!

Hierbecita temblorosa
asombrada de vivir,
no te sueltes de mi pecho:
¡duérmete apegado a mí!
　Yo que todo lo he perdido
ahora tiemblo de dormir.
No resbales de mi brazo:
¡duérmete apegado a mi!

ARTURO CAPDEVILA
(1889–1968)

Si la vida es un mal...

　Si la vida es un mal, ¿quién nos lo manda?
y el reiterado mal, ¿por qué sufrimos?
¿Por qué en agraz los vientos de la tierra
nos cortan los racimos?
　Si Dios es todo el Bien, ¿por qué cruzamos
la noche de su ausencia,
y ha de añadirse mal, como está escrito
en la Escritura, si se añade ciencia?
　Si Dios es bien por bien, si El es el campo
de siembra y de cosecha,
si El es el cien por uno, el mil por uno,
y la justicia y la razón derecha...
　¿Qué sembramos, qué cargos recogemos?
¿Qué vientos, qué tormentas nos van dando?...
¿Qué camino hice yo de espinas bravas,
que por espinas ando?...
　Sepa el hermano que conforme siembre
recogerá, sin duda.
Porque tú desnudaste espalda ajena,
tu espalda está desnuda.

El que ayer desgarraste y sofocaste,
ahora te desgarra y te sofoca:
palabras que te dicen, repetidas
palabras son que profirió tu boca.
　　Flecha que de tu cuerda silbadora
partió, no se clavó, que así no acaba.
En el aire no más quedó temblando,
y ahora se te vuelve y se te clava.
　　Hambre que diste, en tu cansancio es hambre.
¿Quién te mostró superfluos episodios?
¿Quién te enseña: Germinan las semillas?
¿Y quién te engaña: Pero no los odios?
　　Oye palabra sabia, hermano mío,
compañero de cárcel y de cieno:
Nunca te enorgullezcas de la vida
qué no estamos aquí por nada bueno.
　　Si abrir pudieras el vedado libro
que escribiste, viviente, en otros días,
¡con qué íntimo espanto, con qué negra
vergüenza temblarías!
　　Si pudieras multánime, de pronto
mirar todas tus ánimas sombrías,
¡Con qué helado estupor, hasta la muerte,
con qué helado estupor recularías!
　　Si buscando la justa herencia tuya
te mostraran despojos y despojos,
¡ah, mísero!, los dedos te clavaras...
¡ah, mísero!, tus dedos en tus ojos.
　　Mira la noche, ocúltate en la noche...
Porque he aquí palabra del arcano
que está por preguntarte en las tinieblas:
¡Caín! ¡Caín! ¿Qué hiciste de tu hermano?
　　Como un lago en la noche, así es el alma.
Por tu pesca vendrán. Mentir no puedes.
Desde las mismas afiladas rocas
hay pescador que te echará las redes.

Pagar, pagar, pagar. Tal el destino.
Cuando pasa el dolor–deuda que pagas–,
una estrella en el cielo se te enciende
por cada llama lúgubre que apagas.

RAFAEL LASSO DE LA VEGA
(1890–1958)

Canción del bosque más hondo

I

Detrás nosotros,
ellas delante,
las ninfas huyen
entre los árboles.
    Hacia el remanso
denso, escondido,
los eucaliptus
bajan al río.
    Allí se ocultan
entre lo verde.
Cuando llegamos
desaparecen.
    Hay una lancha
sin nadie, negra,
entre los juncos
de la ribera;
    vieja, sin remos,
rotas las tablas.

–(No la toquemos,
que está encantada).
    Labios de piedra
dicen la fuente
con verdes ramas
y musgo verde.
    Cielos se enseñan
en su agua clara.
–(No la bebamos,
que está encantada).
    Entre lo espeso
se halla una choza
blanca, escondida,
desierta, sola.
    Cerró sus puertas
y sus ventanas.
–(Oh, no llamemos,
que está encantada).

II

Silencio, sombras.
Llega la noche.

–Por Dios, salgamos
pronto del bosque.

–Lo que anduvimos,
desandaremos.
–Dame tu mano
que apenas veo.
La choza queda
detrás, extraña.
Luego la fuente
dice palabras.

La barca espera
por nuestros sueños.
Los eucaliptus
son sus espectros.
    Toda la vuelta
sin decir nada.
(Las ninfas vienen
a nuestra espalda.)

JOSE CARLOS DE LUNA
(1890–1965)

El Piyayo

    ¿Tú conoces al «Piyayo»:
un viejecillo renegro, reseco y chicuelo;
la mirada de gallo
pendenciero
y hocico de raposo
tiñoso...
que pide limosna por «tangos»
y maldice cantando «fandangos»
gangosos?
... ...

...¡A chufla lo toma la gente
y a mí me da pena
y me causa un respeto imponente!
    Ata a su cuerpo una guitarra,
que chilla como una corneja
y zumba como una chicharra
y tiene arrumacos de vieja pelleja.
Yo le he visto cantando,
babeando

de rabia y de vino,
bailando
con saltos felinos
tocando a zarpazos,
los acordes de un viejo «tangazo».
Y el endeble «Piyayo» jadea,
y suda, y renquea.
... ...

Y, a sus contorsiones de ardilla,
hace son la sucia calderilla.
¡A chufla lo toma la gente!
A mí me da pena
y me causa un respeto imponente.
Es su extraño arte
su cepo y su cruz,
su vida y su luz,
su tabaco y su aguardientillo...
y su pan y el de los nietecillos:
«churumbeles» con greñas de alambre
y panzas de sapos,
que aúllan de hambre
tiritando bajo los harapos;
sin madre que lave su roña;
sin padre que «afane»,
porque pena una muerte en Santoña;
sin más sombra que la del abuelo...
... ...

¡Poca sombra, porque es tan chicuelo!
En el Altozano
tiene un cuchitril
—¡a las vigas alcanza la mano!—,
y por lumbre y por luz, un candil.
Vacía sus alforjas

–que son sus bolsillos–,
bostezando, los siete chiquillos,
se agrupan riendo.
Y entre carantoñas les va repartiendo
pan y pescao frito,
con la parsimonia de un antiguo rito:
  –¡Chavales!
¡Pan de flor de harina!...
Mascarlo despasio.
Mejó pan no se come en palasio.
  Y este pescaíto, ¿no es ná?
¡sacao uno a uno del fondo der má!
¡Gloria pura é!
... ...
  Las espinas se comen tamié,
que tó es alimento...
... ...
  Así..., despasito.
Muy remascaíto.
¡No llores, Manuela!
Tú no pués, porque no tiés muelas.
¡Es tan chiquita
mi niña bonita!...
Así, despasito.
Muy remascaíto,
migaja a migaja–que dure–,
le van dando fin
a los cinco reales que costó el festín.
  Luego, entre guiñapos, durmiendo,
por matar el frío, muy apiñaditos,
la Virgen María contempla al «Piyayo»
riendo.
  Y hay un ángel rubio que besa la frente
de cada gitano chiquito.

¡A chufla lo toma la gente!...
¡A mí me da pena
y me causa un respeto imponente!

EVARISTO RIBERA CHEVREMONT
(1890–1976)

San Juan de la Cruz

Este santo de barbas armoniosas
todas las ciencias de los cielos sabe...
Dijo profundas y aromadas cosas
con un acento doctoral süave.
Cruzó la vida misterioso y grave
y le punzaron zarzas venenosas...
Y su espíritu puro se hizo ave,
y su cuerpo llagado se hizo rosas...
Las hierbas florecían a su paso;
miel y divinidad nos dio en su vaso
pulido por sutil filosofía...
A todos nos curó dolores viejos;
eran maravillosos sus consejos,
¡y se murió de santidad un día! ...

ALFONSO CAMIN
(1890–1982)

El bandolero de estrellas

Trémulo el anciano de barbas nevadas,
dueño en otro tiempo de toda armonía,
comenzó su historia:
                    —Son cosas pasadas

que tras de la clara y azul lejanía
miraron mis pobres pupilas cansadas.
Y es justo que ahora
vuelen en el potro de mi fantasía,
rumbo a los dominios del Sol y la Aurora...
   Para resguardarse del odio asesino
y ahuyentar los lobos que cruzan los llanos,
el buen peregrino
llevaba una estrella cautiva en sus manos.
Pero un bandolero de torva mirada
y rubia melena rizada
y daga en el cinto, que entonces
solía ser mago en el arte de la orfebrería,
y hacer de serpientes doradas pulseras
e incrustar diamantes en las calaveras,
después regias copas en las bacanales
de las cortesanas y los cardenales,
amado por damas de áureas cabelleras,
pálidos perfiles y grandes ojeras,
una de las damas, la más caprichosa,
dijo al bandolero:
                    —¿Amor?... Poca cosa
para tal peligro de amaros... Prefiero,
ya que sois artista y al par bandolero,
una áurea sortija por vos modelada,
y en ella un diamante, con tanto decoro,
que semeje una estrella engarzada
sobre la sortija de oro...
                    —Pues que sois tan bella,
y al par caprichosa, tendréis, no el diamante,
sino la sortija y la estrella.
Dijo el bandolero
y fuese camino adelante,
con los ojos fijos en el semillero

celeste, que ardía
pleno de luz, como su audaz fantasía...
   Así el florentino
iba entre las sombras buscando el camino,
cuando de repente
sintió como un golpe de luz en la frente...
   ¡Y el monje cristiano
sintió que la estrella temblaba en su mano!
Fue aquél un asalto de tigre en la sombra.
A un golpe de daga rodó el misionero,
y el cuerpo quedó entre una alfombra
de polvo y de sangre... Presto el bandolero
recogió la estrella, la engarzó en el oro
—oro y astro eran una sola llama—,
llegó ante la dama,
y altaneramente la entregó el tesoro,
que besó tres veces...
—¿Diole amor la dama?
                    —Le entregó a los jueces,
para dar al crimen su magnificencia...
—¿Y pagó en la horca su crimen?
                              —No había
horcas en Florencia
para bandoleros de tanta valía...
Que en aquellos tiempos en que las hermosas
damas ojerosas
amaban las artes de los caballeros,
hasta los Justicias de almas pavorosas
eran bandoleros
de estrellas y rosas.
Así el florentino de torva mirada
y rubia melena rizada
y daga en el cinto, más tarde, humillado,
delante del Papa bajó la cabeza...

–¡Perdón! He matado,
y ha tiempo me pesa la cruz del pecado
–En nombre del Padre de toda belleza,
conozco tu crimen, ya estás perdonado.
Y tendió al bandido su mano de flor,
y tembló en sus dedos la piedra amatista.
–¿Y besó sus manos?
          –El Papa era artista,
y el arte es amor.
   Amaba a los buenos y a los criminales,
como nobles hijos.
Encontraba el arte tanto en los puñales
como en los aceros de los crucifijos.
–Terminó la historia...
         –¿La dama?
           –Entre llanto
de remordimiento...
         –¿Y el Papa?
          –En la gloria,
junto al Padre Eterno y envuelto en su manto.
–¿Y el gran bandolero?
          –Más tarde fue santo...
–¿Y pasó en Florencia según vuestra ciencia...?
–Vano es otro punto que tu mente elija,
porque un bandolero, no siendo en Florencia,
no roba una estrella para una sortija.

ENRIQUE LOPEZ ALARCON
(1891–1948)

Soy español

Luzco del mundo en la gentil pavana,
sobre el recio tahalí de mi tizona,

una cruz escarlata que pregona
mi abolengo de estirpe castellana.

Llevo en los hombros ferreruelo grana,
guío el mostacho a usanza borgoñona,
y mi blanca gorguera se almidona
bajo mi crespa cabellera cana.

Tengo cien lanzas combatiendo en Flandes,
mil siervos en las faldas de los Andes,
calderas y pendón, horca y cuchillo,

un condado en la tierra montañesa,
un fraile confesor de la condesa,
cien lebreles, diez pajes y un castillo.

Un hidalgo

Ufano de su talle y su persona,
con la altivez de un rey en el semblante,
aunque rotas quizá, viste arrogante
sus calzas, su ropilla y su valona.

Cuida más que su hacienda su tizona,
sueña empresas que olvida en un instante,
reza con devoción, peca bastante
y en lugar de callarlo, lo pregona.

Intentó por su dama una quimera
y le mataron sin soltar la espada.
Sólo quiso al morir que se le hiciera,

si algo quedó en su bolsa malgastada,
una tumba de rey, donde dijera:
«Nació para ser mucho... y no fue nada.»

TOMAS BORRAS
(1891-1949)

La copla de "La Sarneta"

El colmao. Toscos claveles
pintados
orlando muros rosados.
Mesa vinosa. Rostros de hombría
desorbitados.　　　[y de sexo
Cuarto con unas flamencas
que se envuelven en manilas
de colores
porque quisieran ser flores.
Piedras falsas de tumbagas
y peinetas;
al gas, brillo aguardentoso,
talco sobre carnes prietas.
Humazo. Puros de sortija.
Pápiros del señorito.
Cartel de feria y de toros.
Las tapas y el pescao frito.
La cantaora se acuna,
que en las rodillas tendida
tiene, como a una chicuela,
a la guitarra dormida.
Apártase el bien fardado
guitarrista viejo
con el pañuelo de seda
se rubrica el pestorejo.
Turbia lengua, hace el relato
de la mujer de la vida
desnuda bajo su pelo
en la mesa poseída.

Manotón de torpe jaque
ha tirado la botella
y el vino desparramado
es la cabellera rubia
de la flamencona aquélla.
Tiene un pálpito, de pronto
la cantaora purí:
presentimiento de un hombre
que debe andar por allí.
El hombre: su hombre.
La hembra, encelada,
se apunta por lo bajini
su copla de abandonada:
Me acuerdo de cuando puse
sobre tu cara la mía
y suspirando te dije:
—Serrano, ya estoy perdía.

* * *

La copla: cuatro barrotes
de calabozo moreno
donde ella vive amarrada
a la argolla del recuerdo.
La historia: una noche olía
su cuerpo a jardín mojado
y una boca jadeante
la iba el aliento chupando.
Los ojos se le agrandaban,

y en sus dos pechos sudados
manos de palmas ansiosas
exprimen savia de nardo.
"La Sarneta" se retuerce
en el júbilo del tránsito,
y en quince rosas revientan
sus quince cándidos años.
Baja por todo su cuerpo
lenta sombra de cansancio
y zumban en sus oídos
los besos que allí han entrado.
Junto a la suya otra cara
con los ojos entornados:
—Serrano, ya estoy perdía,
dice la hembra suspirando.

* * *

El colmao. Se abre la puerta
y el aire fresco se cuela
en los aires de una capa
terciopelo que revuela.
Es su hombre. "La Sarneta"
escupe el gusto del cigarro,
se arregla las puntas del pañuelo
y carraspea un desgarro.
El hombre que entró la mira,
sombrero sobre la ceja,
le duele que esté tan tirada
y que esté tan vieja.
(Amante, aun llevas camisa
de chorrera almidonada
y el pantalón entallao
y los botitos de caña.

Amante, estás de buen ver
aunque te brillen las canas,
porque los hombres y el vino,
en reposándose, ganan.)
"La Sarneta" echa la suya
aunque él no quiere mirarla.
La copla: cuatro puñales
que no acaban de matarla.
Me acuerdo de cuando puse
sobre tu cara la mía
y suspirando te dije:
—Serrano, ya estoy perdía.
"La Sarneta" ve unos ojos
duros bajo el ala ancha.
Todas las ansias que la ahogan
son ahora una sola ansia.
Pero el hombre se embozaba
y, el ceño negro, salió.
-¡Le dé Undebé mal castigo
al que ha cortao la rosa
y se ha jartao de su oló!
"La Sarneta" quiere morirse.
Vive sin compaña.
La piel de su cuerpo
es una uva pasa.
¿Quién dice morirse?
-¡Tú, niño, por bulerías!
Para poder animarse
se jalea con palmitas.
¿Quién dice morirse?
Aun grita un jaque maduro
tirándola al pie el sombrero:
-¡"Sarneta", ven, que te quiero!
¡A cantar y a seguir rodando!...

MARIANO BRULL
(1891-1956)

Verdehalago

Por el verde, verde,
verdería de verde mar,
erre con erre.

Viernes, vírgula, virgen,
enano verde,
verdularia cantárida,
erre con erre.

Verdor y Verdin,
verdumbre y verdura.
Verde, doble verde
de col y lechuga.

Erre con erre
en mi verde limón
pájara verde.

Verde, verde un loro.
Un lagarto verde.
Algo siempre verde.

Por el verde, verde,
verdehalago húmedo
extiéndome. Extiéndete.
Vengo de Mundodolido
y en Verdehalago me tiendo.

LUIS FERNANDEZ ARDAVIN
(1891-1964)

Letanía

Se ha de ver tu calavera al final de este camino,
en las manos afiladas de un trapense o agustino...
Y donde hoy entran las locas alondras del pensamiento
por la fuerza del destino,
ha de entrar mañana el viento.
¡Memento!
Vamos tras de las mujeres, como si fueran eternas,
con la salvaje lujuria del hombre de las cavernas...
¡Y se pudren las mujeres como se secan las rosas! ...
¡Se mueren todas las cosas,

y hasta la tierra se muere! ...
¡Miserere!
El labriego de los siglos, en la tierra removida,
va enterrando la materia para darle nueva vida,
y el que estaba ayer arriba viene a estar luego debajo.
Es eterno este trabajo
y no tiene acabamiento.
¡Memento!
Van los eternos destinos de este modo encadenados,
impasibles al desfile de los hombres acabados...
Y florecen en los viejos pudrideros de las fosas,
azucenas olorosas...
Sólo la fuerza no muere.
¡Miserere!
El león del poderoso afilando está sus garras,
sin pensar que a las hormigas se las comen las cigarras
y luego son las cigarras carne para las hormigas...
¡No abomines ni bendigas,
porque todo es un momento!
¡Memento!
Recuerda que el tiempo corre y hacia ti no ha de volver.
Eres tú el que ha de tornar, hecho flor, a una mujer,
hecho agua clara, a una fuente y hecho rocío a una rosa...
Filtración maravillosa
de la impureza que muere.
¡Miserere!
Recuerda que por el bíblico Génesis de los hermanos,
el vientre que te ha parido será un nido de gusanos.
Hombres, gusanos y piedras son Fuerza y Evolución...
¡Eterna renovación
de lo que vive un momento!
¡Memento!
Y es en vano que queramos romper estas ligaduras
con el frágil estilete de nuestras pobres locuras...

El Todo preside al Todo, y somos nosotros nada.
    ¡La vida nace ligada
    con la muerte que nos hiere!
       ¡Miserere!
Deja que llegue hasta mí, pensador y pensativo,
el placer de este dolor en el que muriendo vivo...
Deja que llegue a nosotros el morir, que es el nacer...
    Quiero sufrir el placer
    de gozar el sufrimiento.
      ¡Memento!
Porque es locura querer acabar este tormento,
que en la eterna letanía de lo que nace y se muere,
    dice la Muerte: ¡Memento!,
    y la Vida: ¡Miserere!

ALFONSINA STORNI
(1892–1938)

Carta lírica a otra mujer

Vuestro nombre no sé, ni vuestro rostro
conozco yo, y os imagino blanca,
débil como los brotes iniciales,
pequeña, dulce... Ya ni sé... Divina.
En vuestros ojos, placidez de lago
que se abandona al sol y dulcemente
le absorbe su oro mientras todo calla.
Y vuestras manos, finas, como aqueste
dolor, el mío, que se alarga, alarga.
y luego se me muere y se concluye,
así como lo veis, en algún verso.
¡Ah!, ¿sois así? Decidme si en la boca
tenéis un rumoroso colmenero,

si las orejas vuestras son a modo
de pétalos de rosas ahuecados...
Decidme si lloráis, humildemente,
mirando las estrellas tan lejanas,
y si en las manos tibias se os aduermen
palomas blancas y canarios de oro.
Porque todo eso y más vos sois, sin duda,
vos, que tenéis al hombre que adoraba
entre las manos dulces, vos la bella
que habéis matado, sin saberlo acaso,
toda esperanza en mí... Vos su criatura.
Porque él es todo vuestro: cuerpo y alma
estáis gustando del amor secreto
que guardé silencioso... Dios lo sabe
por qué yo no alcanzo a penetrarlo.
Os lo confieso que una vez estuvo
tan cerca de mi brazo, que a extenderlo
acaso mía aquella dicha vuestra
me fuera ahora... ¡Sí!, acaso mía...
Mas ved, estaba el alma tan gastada
que el brazo mío no alcanzó a extenderse,
la sed divina, contenida entonces
me pulió el alma... ¡Y él ha sido vuestro!
¿Comprendéis bien? Ahora, en vuestros brazos
él se adormece y le decís palabras
pequeñas y menudas que semejan
pétalos volanderos y muy blancos.
Acaso un niño rubio vendrá luego
a copiar en los ojos inocentes
los ojos vuestros y los de él unidos
en un espejo azul y cristalino...
¡Oh, ceñidle la frente! ¡Era tan amplia!
¡Arrancaban tan firmes los cabellos
a grandes ondas, que a tenerla cerca
no hiciera yo otra cosa que ceñirla!

Luego, dejad que en vuestras manos vaguen
los labios suyos; él me dijo un día
que nada era tan dulce al alma suya
como besar las femeninas manos...
Y acaso alguna vez, yo, la que anduve
vagando por afuera de la vida
—como aquellos filósofos mendigos
que van a las ventanas señoriales
a mirar sin envidia toda fiesta—
me allegue humildemente a vuestro lado
y con palabras quedas, susurrantes,
os pida vuestras manos un momento
para besarlas yo, como él las besa...
    Y al recubrirlas lenta, lentamente,
vaya pensando; aquí se aposentaron
¿cuánto tiempo, sus labios, cuánto tiempo
en las divinas manos que son suyas?
¡Oh, qué amargo deleite, este deleite
de buscar huellas suyas y seguirlas,
sobre las manos vuestras tan sedosas,
tan finas, con sus venas tan azules!
¡Oh, que nada podría, ni ser suya,
ni dominarle el alma, ni tenerlo
rendido aquí a mis pies, recompensarme
este horrible deleite de hacer mío
un inefable, apasionado rastro.
Y allí en vos misma, sí, pues sois barrera,
barrera ardiente, viva, que al tocarla
ya me remueve este cansancio amargo,
este silencio de alma en que me escudo
este dolor mortal en que me abismo,
esta inmovilidad del sentimiento
que sólo salta, bruscamente, cuando
nada es posible!

CESAR VALLEJO
(1892–1938)

Heraldos negros

Hay golpes en la vida tan fuertes... Yo no sé.
Golpes como del odio de Dios. Como si ante ellos,
la resaca de todo lo sufrido
se empozara en el alma... Yo no sé.
Son pocos, pero son...
Abren zanjas oscuras
en el rostro más fiero y en el lomo más fuerte.
Serán tal vez los potros de bárbaros Atilas.
O los heraldos negros que nos manda la muerte.
Son las caídas hondas de los Cristos del alma.
De alguna fe adorable que traiciona el destino.
Son esos rudos golpes las explosiones súbitas,
de alguna almohada de oro que funde un sol maligno.
Y el hombre... ¡Pobre hombre! Vuelve los ojos como
cuando por sobre el hombro nos llama una palmada;
vuelve los ojos locos, y todo lo vivido
se empoza como un charco de culpa en la mirada...
Hay golpes en la vida tan fuertes... ¡Yo no sé!

España, aparta de mí este cáliz

Niños del mundo,
si cae España–digo, es un decir–,
si cae
del cielo abajo su antebrazo, que asen
en cabestro dos láminas terrestres;
niños, ¡qué edad la de las sienes cóncavas!
¡Qué temprano en el sol lo que os decía!
¡Qué pronto en vuestro pecho el ruido anciano!
¡Qué viejo vuestro dos en el cuaderno!

Niños del mundo, está
la madre España con su vientre a cuestas;
está nuestra madre con sus férulas,
está madre y maestra,
cruz y madera, porque os dio la altura,
vértigo y división y suma, niños.
¡Está con ella, padres procesales!

Si cae–digo, es un decir–, si cae
España, de la tierra para abajo,
niños, ¡cómo vais a cesar de crecer!
¡Cómo va a castigar el año al mes!
¡Cómo van a quedarse en diez los dientes,
en palote el diptongo, la medalla en llanto!
¡Cómo va el corderillo a continuar
atado por la pata al gran tintero!
¡Cómo vais a bajar las gradas del alfabeto
hasta la letra en que nació la pena!

Niños,
hijos de los guerreros, entre tanto,
bajad la voz, que España está ahora mismo repartiendo
la energía entre el reino animal,
las florecillas, los cometas y los hombres.
¡Bajad la voz, que está
en su rigor, que es grande, sin saber
qué hacer, y está en su mano
la calavera, aquella de la trenza;
la calavera, aquella de la vida!

¡Bajad la voz, os digo;
bajad la voz, el canto de las sílabas, el llanto
de la materia y el rumor menos de las pirámides, y aun
el de las sienes que andan con dos piedras!

Bajad el aliento, y si
el antebrazo baja;
si las férulas suenan; si es la noche;
si el cielo cabe en dos limbos terrestres;
si hay ruido en el sonido de las puertas;
si tardo;
si no veis a nadie; si os asustan
los lápices sin punta; si la madre
España cae–digo, es un decir–,
¡salid, niños, del mundo; id a buscarla!...

PEDRO SALINAS
(1892–1951)

Las cosas

    Al principio, ¡qué sencillo,
allí delante, qué claro!
No era nada, era una rosa
haciendo feliz a un tallo,
un pájaro que va y viene
soñando que él es un pájaro,
una piedra, lenta flor
que le ha costado a la Tierra
ese esmero de mil años.
¡Qué fácil todo al alcance!
¡Sí, ya no hay más que tomarlo!
Las manos, las inocentes
acuden siempre al engaño.
No van lejos, sólo van
hasta donde alcanza el tacto.
Rosa la que ellas arranquen
no se queda, está de paso.

Cosecheras de apariencias
no saben que cada una
está celando un arcano
Hermosos, sí, los sentidos,
pero no llegan a tanto.
    Hay otra cosa mejor,
hay un algo,
un puro querer; cerniéndose
por aires ya sobrehumanos
–galán de lo que se esconde–,
que puede más y más alto.
Un algo que inicia ya,
muy misterioso, el trabajo
de coger su flor al Mundo
–alquimia, birlibirloque–
para siempre, y sin tocarlo.

Sí, te quiero

Sí, te quiero,
no es porque te lo digo:
es porque me lo digo y me lo dicen.
El decírtelo a ti, ¡qué poco importa
a esa pura verdad que es en su fondo
quererte! Me lo digo
y es como un despertar de un no decirlo,
y como un nacer desnudo,
el decirlo yo solo, sin designio
de que lo sepa nadie, tú siquiera.
Me lo dicen
el cielo y los papeles tan en blanco,
las músicas casuales que se encuentran
al abrir los secretos de la noche.
Si me miro en espejos,
no es mi faz lo que veo: es un querer.
El mundo,
según le voy atravesando,
que te quiero me dice
a gritos o en susurros.
Y algunas veces te lo digo a ti;
pero nunca sabrás que ese «te quiero»
sólo signo es, final, y prenda mínima;
ola, mensaje–roto al cabo,
en son, en blanca espuma–
del gran querer callado, mar total.

ARMANDO BUSCARINI
(1892–1965)

Hospital de leprosos

Hospital de San Juan de Dios, triste edificio
que albergas en tus muros la carne corrompida,

yo he sentido mi cuerpo tatuado en el suplicio
de tus curas crueles en nombre de la vida.
   Como un sudario negro la tragedia en ti flota,
y rechinan los males lo mismo que cerrojos;
umbral de losa llena de vidas en derrota,
en donde a los gusanos se anticipan los piojos.
   Las pétreas hermanitas, salmodiando oraciones,
en silencio atraviesan los largos pabellones,
y con una sonrisa de cansancio o de unción
   consuelan al enfermo resignado, que siente
el fuego de la vida en la carne doliente
y el frío de la muerte dentro del corazón.

JORGE GUILLEN
(1893–1984)

Beato Sillón

¡Beato Sillón! La casa
corrobora su presencia
con la vaga intermitencia
de su invocación en masa
a la memoria. No pasa

nada. Los ojos no ven:
saben. El mundo está bien
hecho. El instante lo exalta
a marea, de tan alta,
de tan alta, sin vaivén.

Perfección

Queda curvo el firmamento,
compacto azul, sobre el día.
Es el redondeamiento
del esplendor: mediodía.
Todo es cúpula. Reposa,

central sin querer, la rosa,
y un sol en cenit sujeta.
Y tanto se da el presente,
que el pie caminante siente
la integridad del planeta.

Unos caballos

Peludos, tristemente naturales,
en inmovilidad de largas crines

desgarbadas, sumisos a confines,
abalanzados por los herbazales,
    unos caballos hay. No dan señales
de asombro, pero van creciendo afines
a la hierba. Ni bridas ni trajines
se atienen a su paz: son vegetales.
    Tanta acción de un destino acaba en alma.
Velan soñando sombras las pupilas,
y asisten, contribuyen a la calma
    de los cielos–sí a todo ser cercanos,
al cuadrúpedo ocultos–las tranquilas
orejas. Ahí están: ya sobrehumanos.

VICENTE HUIDOBRO

(1893–1948)

Basta...

    Basta, señora arpa de las bellas imágenes
De los furtivos cromos iluminados
Otra cosa otra cosa buscamos
Sabemos posar un beso como una mirada
Plantar miradas como árboles
Enjaular árboles como pájaros
Regar pájaros como heliotropos
Tocar un heliotropo como una música
Vaciar una música como un saco
Degollar un saco como una pingüino
Cultivar pingüinos como viñedos
Ordeñar un viñedo como una vaca
Desarbolar vacas como veleros
Peinar un velero como una cometa
Desembarcar cometas como turistas

Embrujar turistas como serpientes
Cosechar serpientes como almendras
Desnudar una almendra como un atleta
Leñar atletas como cipreses
Iluminar cipreses como faroles
Anidar faroles como alondras
Exhalar alondras como suspiros
Bordar suspiros como sedas
Derramar sedas como ríos
Tremolar un río como una bandera
Desplumar una bandera como un gallo
Apagar un gallo como un incendio
Bogar en incendios como en mares
Segar mares como trigales
Repicar trigales como campanas
Desangrar campanas como corderos
Dibujar corderos como sonrisas
Embotellar sonrisas como licores
Engastar licores como alhajas
Electrizar alhajas como crepúsculos
Tripular crepúsculos como navíos
Descalzar un navío como un rey
Colgar reyes como auroras
Crucificar auroras como profetas.

ANTONIO ESPINA
(1894–1970)

Concéntrica VI

Raro misterio insoluble.
Ultimo fin del saber.
La luz ignora que luce.

El agua no tiene sed.
Y en el fondo del espíritu
nuestro ser,
ignora el ser.

MAURICIO BACARISSE

(1895–1931)

Los Estados Mayores

Por la siena turbia de los mondos llanos,
sin gritos metálicos, sin voz de tambores,
van las cabalgatas de los soberanos
Estados Mayores.

Los grises capotes, los cascos bruñidos,
las caras de vieja de los mariscales
gotosos o hepáticos que lanzan gruñidos
breves y fatales.

Las gafas de oro de los comandantes
cercan los ojuelos verdosos y agudos;
brillan los monóculos de los ayudantes
que meditan mudos.

Fingen las espuelas luceros de oro
en la noche oscura de las medias botas;
los sables pronuncian un himno sonoro
de punzantes notas.

Se habla en un idioma de argucias complejas.
Lleva el polinomio el triunfo del fuerte.
Son las ecuaciones como las madejas
que urdían la muerte.

Del rito estratégico las palabras técnicas
–ataques en cuña, marchas envolventes–,
dichas con recuerdos de las Politécnicas
por los subtenientes.

Europa está herida. Hay sangre y destellos.
Por su inmensa llaga de rojos colores,
como unos gusanos ondulan los bellos
Estados Mayores.

Son tristes y trágicos. Dicen que son buenos
para dar victorias, tierras y cultivos,
no serán amables, pero por lo menos
son decorativos.

¿Qué importa el Decálogo ni la razón práctica,
si pueden servir de tema a un artista?
Son rosas de luz los sabios en táctica
para un colorista.

En napoleónicas visiones antiguas
vuelve la epopeya que hace un siglo fue...
¿Por qué reaparecen esas estantiguas
que con una lupa pintó Meissonier?

JUAN JOSE LLOVET
(1895–1940)

Rimas

El tiempo es oro, mujer;
yo no lo puedo perder
en pedir ni en esperar.
Sé mía si lo has de ser;
si no, déjame marchar,
que el tiempo es oro mujer.

¡El sol baja tan aprisa!
¡Llega tan pronto a su ocaso!
Hay que caminar de prisa,
hay que aligerar el paso.
¡El sol baja tan aprisa!

Me queda tanto que andar
y tanto por qué reír
y tanto por qué llorar.
¡Para lo que he de vivir,
me queda tanto que andar!

No te arrepientas después.
Piensa de qué vivirás
si dejas morir la mies.
¡Yo no ando nunca hacia atrás!
¡No te arrepientas después!

ADRIANO DEL VALLE
(1895–1958)

Huye el río, ciervo herido

Huye el río, ciervo herido,
de algún montero mayor,
sangrando rojas adelfas
por islas de fango y flor.
Ramoneando en los álamos,
va huyendo del cazador
ciervo con astas de chopos
que empapa el agua en sudor.
Juegos florales de pájaros
aún celebra el ruiseñor.
La incubadora del eco
incuba el trino al calor
del alba, gallina clueca,
y quiquiriquí del Sol.
Limosnas del cielo al río
van de la noria a la col,
en atanores que trotan
como asnillos de aguador.
De allí se lleva una rama,
de aquí se lleva un limón...
Y a través del calendario,
de su apostolado en flor,

en fruto, lluvia o rocío,
en viento, frío o calor,
regando va la esperanza
de un buen trigo al labrador.

JUANA DE IBARBOUROU
(1895–1979)

El fuerte lazo

Crecí
para ti.
Tálame. Mi acacia
implora a tus manos su golpe de gracia.
Florí
para ti.
Córtame. Mi lirio,
al nacer dudaba ser flor o ser cirio.
Fluí
para ti.
Bébeme. El cristal
envidia lo claro de mi manantial.
Alas di
por ti.
Cázame. Falena,
rodeó tu llama de impaciencia llena.
Por ti sufriré.
¡Bendito sea el daño que tu amor me dé!
¡Bendita sea el hacha, bendita la red,
y loadas sean tijeras y sed!
Sangre del costado
manaré, mi amado.

¿Qué broche más bello, qué joya más grata,
que por ti una llaga color escarlata?
En vez de abalorios para mis cabellos,
siete espinas largas hundiré entre ellos.
Y en vez de zarcillos pondré en mis orejas,
como dos rubíes, dos ascuas bermejas.
Me verás reír,
viéndome sufrir.
Y tú llorarás,
y entonces... ¡más mío que nunca serás!

La higuera

Porque es áspera y fea,
porque todas sus ramas son grises
yo le tengo piedad a la higuera.
En mi quinta hay cien árboles bellos,
ciruelos redondos,
limoneros rectos
y naranjos de brotes lustrosos.
En las primaveras
todos ellos se cubren de flores
en torno a la higuera.
Y la pobre parece tan triste
con sus gajos torcidos, que nunca
de apretados capullos se viste...
Por eso,
cada vez que yo paso a su lado
digo, procurando
hacer dulce y alegre mi acento:
«Es la higuera el más bello
de los árboles todos del huerto.»
Si ella escucha,

si comprende el idioma en que hablo,
¡qué dulzura tan honda hará nido
en su alma sensible de árbol!
   Y tal vez, a la noche,
cuando el viento abanique su copa,
embriagada de gozo le cuente:
   ¡Hoy a mí me dijeron hermosa!

JUAN LARREA
(1895–1980)

Centenario

Virgilio, ¿en dónde estás, Virgilio?
Mudando pluma a pluma de amor he aquí esta orilla
mía, este ahora no quererme ahogar. ¿Quién volará en mi auxilio?
Ya la espuma en tu ausencia va hallando un domicilio,
y en mis ojos todas las tardes se ve el fondo de arcilla.

   Sufriendo como el clima de una isla enclavada
hacia el sur, ¡qué bien huele a arboleda tu voz y a ola recién surcada!

   Alta la mar verde vereda,
baja la voz que aun es tiempo de vida,
baja la voz que cierra un ala a cada
lado del que escuchando queda.

   Virgilio, amigo mío,
ya se acerca el frío.

   La ilusión de la luz viene a llenar un vacío
en este cielo ensangrentado de pies de versos

que vagan al acaso
sobre espinas de nube y quejas de universo.

Virgilio, abre tus ojos de violeta lenta,
el tiempo es bueno aunque escaso.
Abre tus ojos de ese azul tan anterior a la invención de la imprenta,
tus ojos uniformes de ansiedad y mira
cómo la tinta que se desprende de mi pelo a cada temblor de lira,
oscurece el sentido de una imagen lejana.

La noche agranda el grito del navegante eterno
que anuncia: ¡tierra!, ¡tierra!, en toda carne, en todo hueso,
en toda ambición humana,
y en transportes de amor va llegando el invierno.

Virgilio Gómez, ¿qué esperas?
Ya otra luz siembra abejas en mis vegas ociosas,
y cargados de pólvora de sonrisas ligeras
ya nuevos astros quieren acusar mis ojeras
de fusil que ha soñado toda una noche con rosas.

Razón

Sucesión de sonidos elocuentes movidos a resplandor,
poema es esto
                y esto
                    y esto.
Y esto que llega a mí en calidad de inocencia hoy,
que existe
             porque existe
                   y porque el mundo existe,
y porque los tres podemos dejar correctamente de existir.

GERARDO DIEGO
(1896–1986)

Romance del Duero

Río Duero, río Duero,
nadie a acompañarte baja:
nadie se detiene a oír
tu eterna estrofa de agua.
  Indiferente o cobarde,
la ciudad vuelve la espalda.
No quiere ver en tu espejo
su muralla desdentada.
  Tú, viejo Duero, sonríes
entre tus barbas de plata,
moliendo con tus romances
las cosechas mal logradas.
  Y entre los santos de piedra
y los álamos de magia

pasas llevando en tus ondas
palabras de amor, palabras
  Quien pudiera, como tú,
a la vez quieto y en marcha,
cantar siempre el mismo verso,
pero con distinta agua.
  Río Duero, río Duero,
nadie a estar contigo baja,
ya nadie quiere atender
tu eterna estrofa olvidada,
  sino los enamorados
que preguntan por sus almas
y siembran en tus espumas
palabras de amor, palabras.

El ciprés de Silos

  Enhiesto, surtidor de sombra y sueño
que acongojas al cielo con tu lanza.
Chorro que a las estrellas casi alcanza
devanado a sí mismo en loco empeño.
  Mástil de soledad, prodigio isleño,
flecha de fe, saeta de esperanza.
Hoy llego a ti, riberas del Arlanza,
peregrina al azar, mi alma sin dueño.
  Cuando te vi, señero, dulce y firme,
qué ansiedades sentí de diluirme
y ascender como tú, vuelto en cristales

como tú, negra torre de arduos filos,
ejemplo de delirios verticales,
mudo ciprés en el fervor de Silos.

Angelus

Sentado en el columpio
el ángelus dormita.
Enmudecen los astros y los frutos.
Y los hombres heridos
pasean sus surtidores
como delfines líricos.
        Otros más agobiados
            con los ríos al hombro
    peregrinan sin llamar en las posadas.
La vida es un único verso interminable.
            Nadie llega a su fin.
        Nadie sabe que el cielo es un jardín.
Olvido.
            El ángelus ha fallecido.
        Con la guadaña ensangrentada
    un segador cantando se alejaba.

Insomnio

Tú y tu desnudo sueño. No lo sabes.
Duermes. No. No lo sabes. Yo en desvelo,
y tú, inocente, duermes bajo el cielo.
Tú por tu sueño y por el mar las naves.

En cárceles de espacio, aéreas llaves
te me encierran, recluyen, roban. Hielo,
cristal de aire en mil hojas. No. No hay vuelo
que alzo hasta ti las alas de mis aves.

Saber que duermes tú, cierta, segura
–cauce fiel de abandono, línea pura–,
tan cerca de mis brazos maniatados.

Qué pavorosa esclavitud de isleño,
yo insomne, loco, en los acantilados,
las naves por el mar, tú por tu sueño.

LUIS CHAMIZO
(1897–1945)

La nacencia

Bruñó los recios nubarrones pardos
la luz del sol que s'agachó en su cerro,
y las artas cogollas de los árboles
d'un coló de naranjas se tiñieron.
  A bocanás el aire nos traía
  los ruíos d'allá lejos
y el toque d'oración de las campanas
  de l'iglesia del pueblo.
Ibamos dambos juntos, en la burra,
  por el camino nuevo;
  mi mujé, mu malita,
  suspirando y gimiendo.
Bandas de gorriatos montesinos
volaban, chirriando, por el cielo,
y volaban pal sol, qu'en los canchales
daba relumbres d'espejuelos.
  Los grillos y las ranas
  cantaban a los lejos,
y cantaban también los colorines
sobre las jaras y los brezos
y roändo, roändo, de las sierras
llegaba el dolondón de los cencerros.
  ¡Qué tarde más bonita!
  ¡Qu'anochecer más güeno!

¡Qué tarde más alegre
si juéramos contentos! ...
–No pué ser más–meijo–; vaite, vaite
con la burra pal pueblo,
y güervete de prisa con l'agüela,
la comadre y el méico.
Y bajó de la burra poco a poco,
s'arrellanó en el suelo,
juntó las manos y miró p'arriba,
pa los bruñíos nubarrones recios.
¡Dirme, dejagla sola,
dejagla yo a ella sola com'un perro,
en metá de la jesa,
una legua del pueblo...
eso no! De la rama
d'arriba d'un guapero,
con los ojos reondos
mi miraba un mochuelo,
un mochuelo con los ojos vedriaos
como los ojos de los muertos...
¡No tengo juerzas pa dejagla sola,
pero yo de qué sirvo si me queo!
La burra, que roía los tomillos
floridos del lindero,
careaba las moscas con el rabo;
y dejaba el careo,
levantaba el jocico, me miraba
y seguía royendo.
¡Qué pensará la burra,
si es que tienen las burras pensamientos!
Me juí junt'a mi Juana,
me jinqué de rodillas en el suelo,
jice po recordá las oraciones

que m'enseñaron cuando nuevo.
No tenía pacencia
p'acé memoria de los rezos...
¡Quién podrá socorregla si me voy!
¡Quién va por la comadre si me queo!
Aturdío del tó golví los ojos
pa los ojos reondos del mochuelo;
y aquellos ojos verdes,
tan grandes, tan abiertos,
qu'otras veces a mí me dieron risa
hora me daban mieo.
¿Qué mirarán tan fijos
los ojos del mochuelo?
No cantaban las ranas,
los grillos no cantaban a lo lejos,
las bocanás del aire s'aplacaron,
s'asomaron la luna y el lucero,
no llegaba, roando, de las sierras
el dolondón de los cencerros...
¡Daba tanta quietú mucha congoja!
¡Daba yo no sé qué tanto silencio!
M'arrimé más pa ella,
l'abrasaba el aliento,
le temblaban las manos,
tiritaba su cuerpo...
y a la luz de la luna eran sus ojos
más grandes y más negros...
Yo sentí que los míos chorreaban
lagrimones de fuego.
Uno cayó roando,
y prendío d'un pelo,
en metá de su frente
se quedó reluciendo.
¡Qué bonita y qué güena,

quién pudiera ser méico!
Señó, Tú, que lo sabes
lo mucho que la quiero;
Tú que sabes qu'estamos bien casaos;
Señó, Tú, qu'eres güeno;
Tú que jaces que broten las simientes
qu'echamos en el suelo!
Tú que jaces que granen las espigas
cuando llega su tiempo;
Tú que jaces que paran las ovejas
sin comadres ni méicos...
¿Por qué, Señó, se va a morí mi Juana,
con lo que yo la quiero,
siendo yo tan honrao
y siendo Tú tan güeno?...
¡Ay, qué noche más larga
de tanto sufrimiento!
¡Qué cosas pasarían
que decilas no pueo!
Jizo Dios un milagro;
¡no podía por menos!

II

Toíto lleno de tierra
le levanté del suelo;
le miré mu despacio, mu despacio
con una miaja de respeto.
Era un hijo, ¡mi hijo!,
hijo de dambos, hijo nuestro...
Ella me le pedía
con los brazos abiertos.
¡Qué bonita qu'estaba
llorando y sonriyendo!

Venía clareando;
s'oían a lo lejos
las risotadas de los pastores
y el dolondón de los cencerros.
Besé a la madre y le quité mi hijo;
salí con él corriendo,
y en un regacho d'agua clara
le lavé tó su cuerpo.
Me sentí más honrao,
más cristiano, más güeno,
bautizando a mi hijo como el cura
bautiza a los muchachos en el pueblo.
Tié que ser campusino,
tié que ser de los nuestros,
que por algo nació baj'una encina
del caminito nuevo.
Icen que la nacencia es una cosa
que miran los señores en el pueblo;
pos pa mí que mi hijo
la tié mejor que ellos,
que Dios jizo en persona con mi Juana
de comadre y de méico.
Asina que nació besó la tierra,
que, agraecía, se pegó a su cuerpo;
y jué la mesma luna
quien le pegó aquel beso...
¡Qué saben d'estas cosas
los señores aquellos!
Dos salimos del chozo;
tres golvimos al pueblo.
Jizo Dios un milagro en el camino;
¡no podía por menos!

JAIME TORRES BODET
(1902–1984)

Nunca

Nunca me cansará mi oficio de hombre.
Hombre he sido y seré mientras exista.
Hombre no más: proyecto entre proyectos,
boca sedienta al cántaro adherida,
pies inseguros sobre el polvo ardiente,
espíritu y materia vulnerables
a todos los oprobios y las dichas...
Nunca me sentiré rey destronado
ni ángel abolido mientras viva,
sino aprendiz de hombre eternamente:
hombre con los que van por las colinas
hacia el jardín que siempre los repudia,
hombre con los que buscan entre escombros
la verdad necesaria y prohibida
hombre entre los que labran con las manos
lo que jamás hereda un alma digna
¡porque de todo lo que el hombre ha hecho
la sola herencia digna de los hombres
es el derecho a inventar su vida.

Ruptura

Nos hemos bruscamente desprendido
y nos hemos quedado
con las manos vacías, como si una guirnalda
se nos hubiese ido de las manos;
con los ojos al suelo,
como viendo un cristal hecho pedazos
el cristal de la copa en que bebimos
un vino tierno y pálido...

Como si nos hubiéramos perdido,
nuestros brazos
se buscan en la sombra... ¡Sin embargo,
ya no nos encontramos!
    En la alcoba profunda
podríamos andar meses y años,
en pos uno del otro,
sin hallarnos...

ANSELMO DE ANSELMO
(1898–1958)

Responso al Parque del Oeste de Madrid

   Campanillitas de sol
en las mañanas de plata.
¡Dulce Parque del Oeste,
con qué cariño te amaba!
   Te conocí como a ella,
mi novia de la alborada;
allí la di el primer beso
y ella me dió su medalla.
   Tenías las inocencias
de la fronda y de las ramas,
de la luz y de los cielos,
de los pájaros y el agua.
   Pero tenías también
esa picardía urbana
de las calles con farolas,
del asfalto y de los guardas.
   Y las horas de domingo
con gentes endomingadas,

con su cortejo de novios
en las veredas lejanas.
   Y en esos días tranquilos
en que duerme la semana,
aquella cita medrosa
del amante y la casada.
   Y el paseo solitario
con el banco y la cascada.
Cuatro hombres cuchichean
pistolas empavonadas.
   El tren que pasa colgado [rada
de un silbido; la mocita enamo-
que espera, bebiendo angustias,
aquella escena soñada.
   En la placeta tranquila
el corro de voces claras,
que pone más inocencia
en la inocente mañana

Y por sobre la arboleda
los áticos de las casas,
festón de un barrio que muestra
las mellas de sus ventanas.

Las agrias sierras azules
sobre las nubes grabadas
te llenan el horizonte
de chispitas de oro y plata.

Goya y Velázquez reviven
y te dan las pinceladas
de esos cárdenos ocasos
que, avaro, el Museo guarda.

En tus arrabales, reyes,
de sus bodas coronadas
te ofrecieron las primicias
como en los cuentos de hadas.

¡Jardines del Palacete!
Entre sus fuentes y albahacas
pasearon sus amores
Goya y la duquesa de Alba.

Y aquel gigante tozudo
mojó sus esponjas mágicas
en el sol de entre tus árboles
que su genio eternizara.

Dos torres te colocaron
para tu gloria y tu guarda
con la casa de Velázquez,
que son tus dos alabardas.

¿Quieres más? Madrid te dio,
porque nada te negara,
su ermita de San Antonio,
con su verbena y sus majas.

Y tú los tienes; son tuyos,
tuyos como las muchachas,
que, temblando de deseos,
la primera estrella aguardan.

Tuyos como los mozuelos
que en ti la alegre jornada
del primer amor vivieron;
tuyos como la emboscada.

Tan rica en fieros proyectos
como escasa de palabras
de aquellos hombres nerviosos
que de emoción tiritaban.

Tuya la ciudad entera,
su vida, su amor, su alma,
sus dichas y sus pesares.
que sólo tú consolabas.

¡Búcaro de alegres pinos
que las estrellas escarchan,
que olía, oliendo en la noche
la nariz del Guadarrama!

* * *

Sobre la arena cernida
del paseo, unas pisadas;
voces rotas, juramentos,
un grito, una risotada.

Entre los chopos lanceros
que tuertos kodaks guiñaban,
los chasquidos de fusiles,
los eruptos de granadas.

Luego cañones y escombros,
parapetos, barricadas,
trincheras entre raíces,
astillas, piojos, metralla.
　　Los palacios, derrumbados;
las torres, atravesadas;
los jardines, muladares
que el agua verdosa encharca.
　　Gusanos que van royendo
la calavera ignorada
cuentan, sin saberlo, el tiempo
porque la muerte lo manda.
　　Sangre seca en las paredes:
odio y temor; en las sábanas
verdes de jugosos prados,
la pólvora derramada.
　　Casas rotas en Madrid,
ayes en la madrugada,
pistolas llenas de sesos,
manos ladronas crispadas...
　　¡La guerra tejiendo lutos,
la guerra tejiendo infamias!

Los árboles que se incendian,
retorciéndose entre llamas.
　　Y luego, al fin, bajo el sol
esa tierra acribillada
que huele a podre y a muerte,
llena de trapos y ratas.
　　Donde hubo flores, yerbajos,
y donde hubo arena, balas;
donde se arrullaron novios,
montones de tierra parda.
　　Y aquellas veredas finas
que áureos chapines pisaran,
son ahora cementerios
borrados por la hojarasca.
　　¡Cómo te llora Madrid!
¡Cómo te recuerda España!
¡Cómo te veo y te vi
desde el fondo de mi alma!
　　¡Dulce Parque del Oeste!
¡Qué pena...! ¡Ya no eres nada!
Y mañana serás otro...
Pero eso: otro y mañana.

JUAN JOSE DOMECHINA
(1898–1959)

Siesta de junio

El agua de la alberca
acorda su rumor.
　　De la chicharra terca
se escucha el estridor.
　　Un abejorro acerca

su pertinaz hervor.
　　Con otro gallo alterca
un gallo reñidor.
　　Rezuman sombra cerca
dos árboles en flor.

JOSE MARIA PEMAN
(1898–1980)

Después de la corrida

Hay un bochorno de siesta.
Apenas se mueve el viento.
Queda en el aire un lamento
como un jirón de la fiesta:
Como un último vagido
del gran tumulto sonoro:
como un hilillo de oro
de un alhamar desprendido...
Silencio. En el redondel,
inmóvil, triste, callado,
un abanico olvidado
y un clavel...
En el pueblo, unos reflejos
de sol que se va. Unos dejos
de amarguras en las almas.
Y muy lejos, entre palmas,
un fandaguillo...
                    Muy lejos...

Primavera

¡Retrásate un instante, primavera!
Apacigua el anhelo impaciente de tus rosas.
Entretén con tu tibio y dulce engaño
la flor de tu alhelí.
¡Todavía este año,
primavera, es temprano para ti!
Todavía es temprano.
Todavía la tierra tiene un sollozo humano
junto al cual el arpegio
de tu soplo florido será vana armonía.
Los hombres todavía
tomarán, primavera, a sacrilegio
la desnuda y alegre pagana
de tus campos en flor.
Y todavía aquel abuelo
que ha perdido el amor
de su clavel florido, sentirá, con rencor,

como una burla de su duelo,
tu paso indiferente de cisne sin dolor.
   No vengas todavía.
Ven cuando vuelvan los enamorados:
cuando se llene, cual de sol, el día
de un asombro de gozos recobrados.
Cuando se canten cosas
que llenen de alborozo todo el aire español.
Ven cuando se sonrían las esposas:
y cuando las muchachas, coronadas de rosas,
salgan a los caminos floridos de alto sol.
   Ven cuando aquella dulce madre vieja
alce los ojos claros y deje de llorar:
y el padre de familia mande matar la oveja
y echar el mejor tronco de pino en el hogar.
Entonces: cuando todo florezca de alegría,
cuando enmudezca el aire, cuando se aclare el día;
cuando se llene, alegre, la blanca carretera
de mujeres, y niños, y soldados detrás...
¡Entonces, tú, adelante, primavera,
con la espiga, la rosa, el laurel... y la paz!

Romances del hijo

I

¡Yo he puesto mi eternidad
en un capullo tan tierno
que parece que se fuera
con solo verlo, a tronchar!
En una vida tan frágil
entera mi vida está.
Ya la fuente brava y turbia
de mi vida, no se pierde

por las breñas, al saltar.
Ya las recogió, entre flores,
un arroyo de cristal.
Ya se la lleva cantando
no sé qué canción de paz
¡Hijo de mi alma y de mi carne!
¡Vida nueva, arroyo claro,
capullo de mi rosal!
Toma en tus días que llegan
estos días que se van.

Unidas mis aguas turbias
a las tuyas de cristal,
vamos, como al mar los ríos
los dos a una eternidad.
Yo, el fuerte y el orgulloso,
no sé a solas caminar.
Se viene encima la noche,
se me acaban los caminos
y las fuerzas se me van.
¡Ven, rama nueva y florida
que se me acaba la senda
y yo la quiero alargar
apoyando mi cansancio
sobre tu fragilidad!
Ven, vida nueva, tesoro
de sol, de luz, de idea...
Dame un poco de esas cosas
que yo perdí por la senda
a fuerza de derrochar.
Volveré por ti a ser rico
cuando estaba pobre ya.
¡Vida nueva! ¡Arroyo claro!
¡Capullo de mi rosal!
Sin ti, que eres todo mío,
¿qué dejara yo detrás?
Yo soy aquel que soñaba
eternizarse y triunfar,
con no sé qué pobres cosas,
henchidas de vanidad;
versos, palabras, rumores,
olas que vienen y van...
¡Y ahora tengo en un capullo
cifrada mi eternidad!

II

Un hijo es como una estrella
a lo lejos del camino:
una palabra muy breve
que tiene un eco infinito.
Un hijo es una pregunta
que le hacemos al destino.
Hijo mío, brote nuevo,
en mi tronco florecido,
si no sé lo que será
de ti cuando me haya ido:
si no es mío tu mañana,
¿por qué te llamo hijo mío?
El Tiempo, como un ladrón,
quiere robarme a mi hijo
y llevárselo muy lejos,
hacia un mañana indeciso,
donde no pueda abrigarle
con el sol de mi cariño.
¡Es mío!–le grito al Tiempo,
y el Tiempo responde:–¡Es mío!
Y así me lo va llevando
poco a poco de mí mismo,
igual que a una rama el viento,
igual que a una flor el río.
¡Mano cerrada y cruel
del porvenir indeciso;
abre un poco, que yo vea
lo que traes a mi hijo!
El es en mi vida toda
lo que tengo por más mío,
¡y no puedo ni quitarle
una piedra en su camino!

¡Qué vana cosa es el hombre!
¡Qué vano es su poderío!
A eso que es toda su vida
y que es todo su cariño,

¿por qué con tan loco orgullo
le llama el hombre hijo mío?
¿Acaso es suyo el mañana?
¿Acaso es suyo el destino?

Soledad

Soledad sabe una copla
que tiene su mismo nombre:
Soledad.
   Tres renglones nada más:
tres arroyos de agua amarga,
que van, cantando, a la mar.
   Copla tronchada, tu verso
primero, ¿dónde estará?
   ¿Qué jardinerito loco,
con sus tijeras de plata,
le cortó al ciprés la punta,
Soledad?

-¿Qué ventolera de polvo
se te llevó la veleta,
Soledad?
   ¿O es que por llegar más pron-
te viniste sin sombrero,   [to,
Soledad?
   Y total:
¿qué más da?
Tres versos: ¿para qué más?
   Si con tres sílabas basta
para decir el vacío
del alma que está sin alma:
¡Soledad!

RICARDO E. MOLINARI
(1898–1979)

Poema como el desierto

Cuando el árbol del carbón cubre de hojas moradas
los arcos, y la gente salga a la calle a preguntar por sus muertos,
y golpeen sus víboras contra un viento triste,
ensordecido de barrer las lagunas, entonces
sabrán que yo he amado:
que mi rostro de perfil oscuro
está en un rincón, mirando al aire
que abandonan los brazos cuando duermen.

Cuando nazca la sombra como una piedra sobre laureles,
cuando el viento cierre toda una noche
sin doblar su cara de sangre de pescado,
cuando las islas lloren el espacio del amor, el destino,
cuando haya una desdicha igual a la mía:
una vida perdida
que vuelva a su desierto a llorar
su voz de ángel sordo, su cielo lleno de cascadas.
Cuando esto suceda, qué lengua, qué viento de río melancólico
moverá el polvo, la raíz, el jugo del olvido.

VICENTE ALEIXANDRE
(1898–1984)

El poeta

Para ti, que conoces cómo la piedra canta,
y cuya delicada pupila sabe ya del peso de una montaña
    sobre un ojo dulce,
y como el resonante clamor de los bosques se aduerme
    suave un día en nuestras venas;
para ti, poeta, que sentiste en tu aliento
la embestida brutal de las aves celestes,
y en cuyas palabras tan pronto vuelas las poderosas
    alas de las águilas,
como se ve brillar el lomo de los calientes peces sin
    sonido;
oye este libro que a tus manos envío
con ademán de selva,
pero donde de repente una gota fresquísima de rocío
    brilla sobre una rosa,
o se ve batir el deseo del mundo,
la tristeza que como párpado doloroso

cierra el poniente y oculta el sol como una lágrima
        oscurecida,
mientras la inmensa frente fatigada
siente un beso sin luz, un beso largo,
unas palabras mudas que habla el mundo finando.
    Sí, poeta, el amor y el dolor son tu reino.
Carne mortal la tuya, que, arrebatada por el espíritu,
arde en la noche o se eleva en el mediodía poderoso,
inmensa lengua profética que lamiendo los cielos
ilumina palabras que dan muerte a los hombres.
    La juventud de tu corazón no es una playa
donde la mar embiste con sus espumas rotas,
dientes de amor que mordiendo los bordes de la tierra,
braman dulces a los seres.
    No es ese rayo velador que súbitamente te amenaza,
iluminando un instante tu frente desnuda,
para hundirse en tus ojos e incendiarte, abrasando
los espacios con tu vida que de amor se consume.
    No. Esa luz que en el mundo
no es ceniza última,
luz que nunca se abate como polvo en los labios,
eres tú, poeta, cuya mano y no luna
yo vi en los cielos una noche brillando.
    Un pecho robusto que reposa atravesado por el mar
respira como la inmensa marea celeste,
y abre sus brazos yacentes y toca, acaricia
los extremos límites de la tierra.
    ¿Entonces?
    Sí, poeta, arroja este libro que pretende encerrar
        en sus páginas un destello de sol
y mira a la luz cara a cara, apoyada la cabeza en la
        roca,
mientras tus pies remotísimos sienten el beso postrero
        del poniente

y tus manos alzadas tocan dulces la luna,
y tu cabellera colgante deja estela en los astros.

Ciudad del Paraíso

Siempre te ven mis ojos, ciudad de mis días marinos.
Colgada del imponente monte, apenas detenida
en tu vertical caída a las ondas azules,
pareces reinar bajo el cielo, sobre las aguas,
intermedia en los aires, como si de una mano dichosa
te hubiera retenido, un momento de gloria, antes de hundirte
      para siempre en las olas amantes.
Pero tú duras, nunca desciendes, y el mar suspira
o brama por ti, ciudad de mis días alegres,
ciudad madre y blanquísima donde viví, y recuerdo,
angélica ciudad, que, más alta que el mar, presides sus
      espumas.
Calle apenas, leves, musicales. Jardines
donde flores tropicales elevan sus juveniles palmas gruesas.
Palmas de luz que sobre las cabezas, aladas
mecen el brillo de la brisa y suspenden
por un instante labios celestiales que cruzan
a las islas remotísimas, mágicas,
que allá en el azul índigo, libertadas, navegan.
Allí también viví, allí, ciudad graciosa, ciudad honda.
Allí, donde los jóvenes resbalan sobre la piedra amada
y donde las rutilantes paredes besan siempre
a quienes siempre cruzan, hervidores, en brillos.
Allí fui conducido por una mano materna.
Acaso de una reja florida una guitarra triste
cantaba la súbita canción suspendida en el tiempo,
quieta la noche, más quieto el amante,
bajo la luna eterna que instantánea transcurre.
Un soplo de eternidad pudo destruirte,
ciudad prodigiosa, momento que en la mente de Dios
      emergiste.

Los hombres que por un sueño vivieron, no vivieron,
eternamente fúlgidos como un soplo divino.
Jardines, flores. Mar alentando como un brazo que
anhela
a la ciudad voladora entre monte y abismo,
blanca en los aires, con calidad de pájaro suspenso
que nunca arriba. ¡Oh ciudad no en la tierra!
Por aquella mano materna fui llevado ligero
por tus calles ingrávidas. Pie desnudo en el día.
Pie desnudo en la noche. Luna grande. Sol puro.
Allí el cielo eras tú, ciudad que en él morabas
Ciudad que en él volabas con tus alas abiertas.

Despedida

Antes de que tu cuerpo finalmente
rodara dulce entre la mar dichosa
quisiste reposar tu luz graciosa,
mezclarla acaso con mi luz ardiente.
Cañada y sombras. Más que amor... La fuente
en su exquisita paz se hizo morosa,
y un beso largo y triste, a la hora umbrosa,
brilló en lo oscuro, silenciosamente.
Ay la dicha que eterna se veía
y en esta orilla crudamente mana
un tiempo nuevo para el alma mía.
Todo lo presentí: la luz lejana
la lágrima de adiós, la noche fría
y el muerto rostro al despertar mañana.

Llueve

En esta tarde llueve, y llueve pura
tu imagen. En mi recuerdo el día se abre. Entraste.

No oigo. La memoria me da tu imagen solo.
Sólo tu beso o lluvia cae en el recuerdo.
Llueve tu voz, y llueve el beso triste,
el beso hondo,
beso mojado en lluvia. El labio es húmedo.
Húmedo de recuerdo el beso llora
desde unos cielos grises,
delicados.
Llueve tu amor mojado en mi memoria,
y cae y cae. El beso
al hondo cae. Y gris aún cae
la lluvia.

DAMASO ALONSO
(1898–1990)

Evocación

Son las rachas de marzo. Son el viento
y las puertas... El aire, golpeando,
doblado y en los muros remachando...
Tiene luz de marfil el aposento.
Esa luz la difunde un macilento
cadáver en un túmulo acostado
y, entre sus cuatro velas, mal velado
por su envidiosa luz de amarillento.
Hachas al viento son–hachas al viento
de la muerte, en la caja amortajado–
los blandones de duro temblamiento.
Y en los cristales choca el aire airado
de fuera, ante el despojo y yacimiento
de un hombre que fue viento huracanado.

Morir

Por un sahara de nieblas,
caravana de la noche,
el viento dice a la noche
tu secreto.
Y el eco, búho a intervalos,
te lo trae de vuelta ciego
–paños de la noche–, ciego.
Mundos fríos bajo lunas,
de saberlo a eternidades
y niebla, se están muriendo.

De niebla que poco a poco
te va parando a ti yertos
pies y manos, corazón
–farolillo de tu pecho,
verbena de junio, al río–
De niebla que un hoyo negro
engualdrapado de espantos
–martillo del eco, viento–,
cuévano de claridades,
sombrante está construyendo.

Insomnio

Madrid es una ciudad de más de un millón de cadáveres
    (según las últimas estadísticas)
A veces en la noche yo me revuelvo y me incorporo
    en este nicho en el que hace 45 años que me pudro,
y paso largas horas oyendo gemir el huracán, o ladrar
    los perros, o fluir blandamente la luz de la luna.
Y paso largas horas gimiendo como el huracán, ladrando
    como un perro enfurecido, fluyendo como la leche
    de la ubre caliente de una gran vaca amarilla.
Y paso largas horas preguntándole a Dios, preguntándole
    por qué se pudre lentamente mi alma,
por qué se pudren más de un millón de cadáveres
    en esta ciudad de Madrid,
por qué millones de cadáveres se pudren lentamente
    en el Mundo.
Dime ¿qué huerto quieres abonar con nuestra podredumbre?
¿Temes que se te sequen los grandes rosales del día,
las tristes azucenas letales de tus noches?

FEDERICO GARCIA LORCA
(1899–1936)

La casada infiel

Y que yo me la llevé al río
creyendo que era mozuela,
pero tenía marido.
Fue la noche de Santiago
y casi por compromiso.
Se apagaron los faroles
y se encendieron los grillos.
En las últimas esquinas
toqué sus pechos dormidos,
y se me abrieron de pronto
como ramos de jacintos.
El almidón de su enagua
me sonaba en el oído,
como una pieza de seda
rasgada por diez cuchillos.
Sin luz de plata en sus copas
los árboles han crecido,
y un horizonte de perros
ladra muy lejos del río.

* * *

Pasadas las zarzamoras,
los juncos y los espinos,
bajo su mata de pelo
hice un hoyo sobre el limo.
Yo me quité la corbata.
Ella se quitó el vestido.
Yo el cinturón con revólver.
Ella sus cuatro corpiños.
Ni nardos ni caracolas
tienen el cutis tan fino,
ni los cristales con luna
relumbran con ese brillo.
Sus muslos se me escapaban
como peces sorprendidos,
la mitad llenos de lumbre,
la mitad llenos de frío.
Aquella noche corrí
el mejor de los caminos,
montado en potra de nácar
sin bridas y sin estribos.
No quiero decir, por hombre,
las cosas que ella me dijo.
La luz del entendimiento
me hace ser muy comedido.
Sucia de besos y arena,
yo me la llevé del río.
Con el aire se batían
las espadas de los lirios.

Me porté como quien soy.
Como un gitano legítimo.
La regalé un costurero.
grande, de raso pajizo,
y no quise enamorarme
porque teniendo marido
me dijo que era mozuela
cuando la llevaba al río.

Prólogo

Mi corazón está aquí,
Dios mío.
Hunde tu cetro en él, Señor.
Es un membrillo
demasiado otoñal
y está podrido.
Arranca los esqueletos
de los gavilanes líricos
que tanto, tanto le hirieron,
y si acaso tienes pico
móndale su corteza
de hastío.

Mas si no quieres hacerlo,
me da lo mismo,
guárdate tu cielo azul,
que es tan aburrido,
el rigodón de los astros
y tu Infinito,
que yo pediré prestado
el corazón a un amigo.
Un corazón con arroyos
y pinos,
y un ruiseñor de hierro
que resista
el martillo
de los siglos.

Además, Satanás me quiere
fue compañero mío   [mucho,
en un examen de
lujuria, y el pícaro

buscará a Margarita
—me lo tiene ofrecido—
Margarita morena,
sobre un fondo de viejos olivos,
con dos trenzas de noche
de estío,
para que yo desgarre
sus muslos limpios.

Y entonces, ¡oh Señor!
seré tan rico
o más que tú,
porque el vacío
no puede compararse
al vino
con que Satán obsequia
a sus buenos amigos.
Licor hecho con llanto.
¡Qué más da!
Es lo mismo
que tu licor compuesto
de trinos

Dime, Señor,
¡Dios mío!
¿Nos hundes en la sombra
del abismo?
¿Somos pájaros ciegos
sin nidos?

La luz se va apagando
¿Y el aceite divino?

Las olas agonizan.
¿Has querido
jugar como si fuéramos
soldaditos?
Dime, Señor,
¡Dios mío!
¿No llega el dolor nuestro
a tus oídos?

¿No han hecho las blasfemias
Babeles sin ladrillos
para herirte, o te gustan
los gritos?
¿Estás sordo? ¿Estás ciego?
¿O eres bizco
de espíritu
y ves el alma humana
con tonos invertidos?

   ¡Oh Señor soñoliento!
¡Mira mi corazón
frío
como un membrillo
demasiado otoñal
que está podrido!

  Si tu luz va a llegar
abro los ojos vivos;
pero si continúas

dormido,
ven, Satanás errante,
sangriento peregrino,
ponme la Margarita
morena en los olivos
con las trenzas de noche
de estío,
que yo sabré encenderle
sus ojos pensativos
con mis besos manchados
de lirios.
Y oiré una tarde ciega
mi ¡Enrique!, ¡Enrique!,
lírico,
mientras todos mis sueños
se llenan de rocío.
Aquí, Señor, te dejo
mi corazón antiguo,
voy a pedir prestado
otro nuevo a un amigo.

Corazón con arroyos
y pinos;
corazón sin culebras
ni lirios.
Robusto, con la gracia
de un joven campesino
que atraviesa de un salto
el río.

Romance de la luna, luna

  La Luna vino a la fragua
con su polisón de nardos.

El niño la mira, mira.
El niño la está mirando.

En el aire conmovido
mueve la Luna sus brazos
y enseña, lúbrica y pura,
sus senos de duro estaño.
Huye Luna, Luna, Luna.
Si vinieran los gitanos,
harían con tu corazón
collares y anillos blancos.
Niño, déjame que baile.
Cuando vengan los gitanos,
te encontrarán sobre el yunque
con los ojillos cerrados.
Huye Luna, Luna, Luna,
que ya siento sus caballos.
Niño, déjame, no pises
mi blancor almidonado.
    El jinete se acercaba
tocando el tambor del llano.

Dentro de la fragua el niño,
tiene los ojos cerrados.

    Por el olivar venían,
bronce y sueño, los gitanos.
Las cabezas levantadas
y los ojos entornados.

    ¡Cómo canta la zumaya,
ay, cómo canta en el árbol!
    Por el cielo va la Luna
con un niño de la mano.

    Dentro de la fragua lloran,
dando gritos, los gitanos.
El aire la vela, vela.
El aire la está velando.

Reyerta

    En la mitad del barranco
las navajas de Albacete,
bellas de sangre contraria,
relucen como los peces.
Una dura luz de naipe
recorta en el agrio verde,
caballos enfurecidos
y perfiles de jinetes.
En la copa de un olivo
lloran dos viejas mujeres.
El toro de la reyerta
se sube por las paredes.

Angeles negros traían
pañuelos y agua de nieve.
Angeles con grandes alas
de navajas de Albacete.
Juan Antonio el de Montilla
rueda muerto la pendiente,
su cuerpo lleno de lirios
y una granada en las sienes.
Ahora monta cruz de fuego,
carretera de la muerte.

* * *

El juez, con guardia civil,
por los olivares viene.
Sangre resbalada gime
muda canción de serpiente.
Señores guardias civiles:
aquí pasó lo de siempre.
Han muerto cuatro romanos
y cinco cartagineses.

La tarde loca de higueras
y de rumores calientes
cae desmayada en los muslos
heridos de los jinetes.
Y ángeles negros volaban
por el aire del poniente.
Angeles de largas trenzas
y corazones de aceite.

* * *

Prendimiento de Antoñito el Camborio
en el camino de Sevilla

Antonio Torres Heredia,
hijo y nieto de Camborios,
con una vara de mimbre
va a Sevilla a ver los toros.
Moreno de verde luna
anda despacio y garboso.
Sus empavonados bucles
le brillan entre los ojos.
A la mitad del camino
cortó limones redondos,
y los fue tirando al agua
hasta que la puso de oro.
Y a la mitad del camino,
bajo las ramas de un olmo,
guardia civil caminera
lo llevó codo con codo.

El día se va despacio,
la tarde colgada a un hombro,
dando una larga torera

sobre el mar y los arroyos.
Las aceitunas aguardan
la noche de Capricornio,
y una corta brisa, ecuestre,
salta los montes de plomo.
Antonio Torres Heredia,
hijo y nieto de Camborios,
viene sin vara de mimbre
entre los cinco tricornios.

Antonio, ¿quién eres tú?
Si te llamaras Camborio,
hubieras hecho una fuente
de sangre con cinco chorros.
Ni tú eres hijo de nadie,
ni legítimo Camborio.
¡Se acabaron los gitanos
que iban por el monte solos!
Están los viejos cuchillos
tiritando bajo el polvo.

A las nueve de la noche
lo llevan al calabozo,
mientras los guardias civiles
beben limonada todos.

Y a las nueve de la noche
le cierran el calabozo,
mientras el cielo reluce
como la grupa de un potro.

Muerte de Antoñito el Camborio

Voces de muerte sonaron
cerca del Guadalquivir.
Voces antiguas que cercan
voz de clavel varonil.
Las clavó sobre las botas
mordiscos de jabalí.
En la lucha daba saltos
jabonados de delfín.
Bañó con sangre enemiga
su corbata carmesí,
pero eran cuatro puñales
y tuvo que sucumbir.
Cuando las estrellas clavan
rejones al agua gris,
cuando los erales sueñan
verónicas de alhelí
voces de muerte sonaron
cerca del Guadalquivir.

Antonio Torres Heredia,
Camborio de dura crin,
moreno de verde luna,
voz de clavel varonil:
¿Quién te ha quitado la vida
cerca del Guadalquivir?
Mis cuatro primos Heredias
hijos de Benamejí.
Lo que en otros no envidiaban
ya lo envidiaban en mí.
Zapatos color corinto,
medallones de marfil,
y este cutis amasado
con aceituna y jazmín.

¡Ay, Antoñito el Camborio,
digno de una Emperatriz!
Acuérdate de la Virgen
porque te vas a morir.
¡Ay, Federico García,
llama a la Guardia Civil!
Ya mi talle se ha quebrado
como caña de maíz.

Tres golpes de sangre tuvo
y se murió de perfil.
Viva moneda que nunca
se volverá a repetir.
Un ángel marchoso pone
su cabeza en un cojín.
Otros de rubor cansado,
encendieron un candil.
Y cuando los cuatro primos
llegan a Benamejí,
voces de muerte cesaron
cerca del Guadalquivir.

Romance de la Guardia Civil Española

Los caballos negros son.
Las herraduras son negras.
Sobre las capas relucen
manchas de tinta y de cera.
Tienen, por eso no lloran,
de plomo las calaveras.
Con el alma de charol
vienen por la carretera.
Jorobados y nocturnos,
por donde animan ordenan
silencios de goma oscura
y miedos de fina arena.
Pasan, si quieren pasar,
y ocultan en la cabeza
una vaga astronomía
de pistolas inconcretas.

* * *

¡Oh ciudad de los gitanos!
En las esquinas banderas.
La luna y la calabaza
con las guindas en conserva.
¡Oh ciudad de los gitanos!
¿Quién te vio y no te recuerda?
Ciudad de dolor y almizcle,
con las torres de canela.
Cuando llegaba la noche,
noche que noche nochera,
los gitanos en sus fraguas
forjaban soles y flechas.

Un caballo malherido
llamaba a todas las puertas.
Gallos de vidrio cantaban
por Jerez de la Frontera.
El viento vuelve desnudo
la esquina de la sorpresa,
en la noche platinoche
noche, que noche nochera.

* * *

La Virgen y San José,
perdieron sus castañuelas
y buscan a los gitanos
para ver si las encuentran.
La Virgen viene vestida
con un traje de alcaldesa
de papel de chocolate
con los collares de almendras.
San José mueve los brazos
bajo una capa de seda.
Detrás va Pedro Domecq
con tres sultanes de Persia.
La media luna, soñaba
un éxtasis de cigüeña.
Estandartes y faroles
invaden las azoteas.
Por los espejos sollozan
bailarinas sin caderas.
Agua y sombra, sombra y agua
por Jerez de la Frontera.

***

¡Oh ciudad de los gitanos!
En las esquinas banderas.
Apaga tus verdes luces
que viene la benemérita.
¡Oh ciudad de los gitanos!
¿Quién te ve y no te recuerda?
Dejadla lejos del mar,
sin peines para sus crenchas.

***

Avanzan de dos en fondo
a la ciudad de la fiesta.
Un rumor de siemprevivas
invade las cartucheras.
Avanzan de dos en fondo.
Doble nocturno de tela.
El cielo se les antoja
una vitrina de espuelas.

***

La ciudad libre de miedo
multiplicaba sus puertas.
Cuarenta guardias civiles
entran a saco por ellas.
Los relojes se pararon,
y el coñac de las botellas
se disfrazó de noviembre
para no infundir sospechas.
Un vuelo de gritos largos
se levantó en las veletas.
Los sables cortan las brisas

que los cascos atropellan.
Por las calles de penumbra
huyen las gitanas viejas
con los caballos dormidos
y las orzas de monedas.
Por las calles empinadas
suben las capas siniestras,
dejando detrás fugaces
remolinos de tijeras.

***

En el portal de Belén
los gitanos se congregan.
San José, lleno de heridas,
amortaja a una doncella.
Tercos fusiles agudos
por toda la noche suenan.

La Virgen cura a los niños
con salivilla de estrellas.
Pero la Guardia Civil
avanza sembrando hogueras,
donde joven y desnuda
la imaginación se quema.
Rosa la de los Camborios
gime sentada en su puerta
con sus dos pechos cortados
puestos en una bandeja.
Y otras muchachas corrían
perseguidas por sus trenzas,
en un aire donde estallan
rosas de pólvora negra.
Cuando todos los tejados

eran surcos en la tierra,
el alba meció sus hombros
en largo perfil de piedra.

    * * *

¡Oh ciudad de los gitanos!

La Guardia Civil se aleja
por un túnel de silencio
mientras las llamas te cercan.
  ¡Oh ciudad de los gitanos!
¿Quién te vio y no te recuerda?
Que te busquen en mi frente.
Juego de luna y arena.

Tarde

Tarde lluviosa en gris cansado,
y sigue el caminar.
Los árboles marchitos.
    Mi cuarto, solitario.
Y los retratos viejos
y el libro sin cortar...
 Chorrea la tristeza por los muebles
y por mi alma.
   Quizá,
no tenga para mí Naturaleza
el pecho de cristal.
 Y me duele la carne del corazón
y la carne del alma.
    Y al hablar,
se quedan mis palabras en el aire
como corchos sobre agua.
Sólo por tus ojos
sufro yo este mal.
Tristezas de antaño
y las que vendrán.
 Tarde lluviosa en gris cansado,
y sigue el caminar.

Hora de estrellas

El silencio redondo de la noche
sobre el pentágrama
del infinito.

Yo me salgo desnudo a la calle,
maduro de versos
perdidos.
Lo negro, acribillado
por el canto del grillo,
tiene ese fuego fatuo,
muerto,
del sonido.
Esa luz musical
que percibe
el espíritu.
Los esqueletos de mil mariposas
duermen en mi recinto.

Hay una juventud de brisas locas
sobre el río.

El camino

No conseguirá nunca
tu lanza
herir al horizonte.
La montaña
es un escudo
que lo guarda.

No sueñes con la sangre de la luna
y descansa.

Pero deja camino,
que mis plantas
exploren la caricia
de la rociada.

¡Quiromántico enorme!
¿Conocerás las almas
por el débil tatuaje
que olvidan en tu espalda?
Si eres un Flammarión
de las pisadas,
¡cómo debes amar
a los asnos que pasan
acariciando con ternura humilde
tu carne desgarrada!
Ellos solos meditan dónde puede
llegar tu enorme lanza.
Ellos solos, que son
los Bhudas de la Fauna,
cuando viejos y heridos deletrean
tu libro sin palabras.

¡Cuánta melancolía
tienes entre las casas
del poblado!
¡Qué clara
es tu virtud! Aguantas
cuatro carros dormidos,
dos acacias,
y un pozo del antaño
que no tiene agua.

Dando vueltas al mundo
no encontrarás posada.

No tendrás camposanto
ni mortaja,
ni el aire del amor renovará
tu substancia.

Pero sal de los campos
y en la negra distancia
de lo eterno, si tallas
la sombra con tu lima
blanca, ¡oh, camino!
¡Pasarás por el puente
de Santa Clara!

EMILIO PRADOS
(1899–1962)

Fuente de la noche

Estoy sintiendo tus pasos
en los bordes de mi cuerpo,
pero bien puedes pisarme
que, a tu pie, yo no le temo.
Muerte, tan cerca te escucho,
y, a mi, tan lejos me veo,
que pienso que quizás viva
porque ya ni lo deseo.
Tanto anduve ya contigo
y tan constante me pierdo
a mí mismo, por buscarme
sin ti, por la vida, eterno,
que nada tendrás conmigo
cuando solo y sin remedio
vuelva a ser carne de tierra

entre tus sombras deshecho.
Nada tendrás: nada tiene
quien hoy se acerca a mi cuerpo,
que ni me encuentro en mis labios
ni detrás de mí, en el sueño...
Continuamente me llaman;
continuamente me acerco;
continuamente me empujan,
continuamente me alejo
y continuamente herido
a mi soledad me vuelvo...
La herida que en ella nace,
manándome está hacia adentro.

JORGE LUIS BORGES
(1899–1986)

Antelación de amor

Ni la intimidad de tu frente
clara como una fiesta
ni la privanza de tu cuerpo,
aún misterioso y tácito y de niña,
ni la sucesión de tu vida
situándose en palabras o acallamiento
serán favor tan persuasivo de ideas
como el mirar de tu sueño implicado
en la vigilia de mis ávidos brazos.
Virgen milagrosamente otra vez
por la virtud absoluta del sueño,
quieta y resplandeciente como una dicha
en la selección del recuerdo,
me darás esa orilla de tu vida
que tú misma no tienes.
Arrojado a quietud
divisaré esa playa última de tu ser
y te veré por vez primera quizá,
como Dios ha de verte,
desbaratada la ficción del Tiempo
sin el amor, sin mí.

Casa como ángeles

Donde San Juan y Chacabuco se cruzan
vi las casas azules,
vi las casas que tienen colores de aventura.
Eran como banderas

y hondas como el naciente que sueltan las afueras.
Las hay color de aurora y las hay color de alba.
Su resplandor es una pasión ante la ochava
de la esquina cualquiera, turbia y desanimada.
Yo pienso en las mujeres
que buscarán el cielo en sus patios fervientes.
Pienso en los claros brazos que ilustrarán la tarde
y en el negror de trenzas; pienso en la dicha grave
de mirarse en sus ojos, hondos como parrales.
Es una pena altiva
la que azula la esquina.
Empujaré la puerta cancel que es hierro y patio
y habrá una clara niña, ya mi novia, en la sala.
Y los dos callaremos, trémulos como llamas,
y la dicha presente se aquietará en pasada.

El remordimiento

He cometido el peor de los pecados
que un hombre puede cometer. No he sido
feliz. Que los glaciares del olvido
me arrastren y me pierdan, despiadados.
Mis padres me engendraron para el juego
arriesgado y hermoso de la vida,
para la tierra, el agua, el aire, el fuego.
Los defraudé. No fui feliz. Cumplida
no fue su joven voluntad. Mi mente
se aplicó a las simétricas porfías
del arte, que entreteje naderías.
Me legaron valor. No fui valiente.
No me abandona. Siempre está a mi lado
la sombra de haber sido un desdichado.

FRANCISCO LUIS BERNARDEZ
(1900–1987)

Estar enamorado

Estar enamorado, amigos, es encontrar el nombre justo de la vida.
Es dar con la palabra que para hacer frente a la muerte se precisa.
Es recobrar la llave oculta de la cárcel en que el alma está cautiva.
Es levantarse de la tierra con una fuerza que reclama desde arriba.

Es respirar el ancho viento que por encima de la carne se respira.
Es contemplar desde la cumbre de la persona la razón de las heridas.
Es advertir en unos ojos una mirada verdadera que nos mira.
Es escuchar en una boca la propia voz profundamente repetida.

Es sorprender en unas manos ese calor de la perfecta compañía.
Es sospechar que, para siempre, la soledad que nos pesaba está vencida.
Estar enamorado, amigos, es descubrir donde se juntan cuerpo y alma.
Es percibir en el desierto la cristalina voz de un río que nos llama.

Es ver el mar desde la torre donde ha quedado prisionera nuestra infancia.
Es apoyar los ojos tristes en un paisaje de cigüeñas y campanas.
Es ocupar un territorio donde conviven los perfumes y las armas.
Es dar la ley a cada rosa y al mismo tiempo recibirla de su espada.

Es confundir el sentimiento con una hoguera que del pecho se levanta.
Es gobernar la luz del fuego y al mismo tiempo ser esclavo de la llama.
Es entender la pensativa conversación del corazón y la distancia.
Es encontrar el derrotero que lleva al remo de la música sin tasa.

Estar enamorado, amigos, es adueñarse de las noches y los días.
Es olvidar entre los dedos emocionados la cabeza distraída.
Es recordar a Garcilaso cuando se siente la canción de una herrería.

Es ir leyendo lo que escriben en el espacio las primeras golondrinas.
Es ver la estrella de la tarde por la ventana de una casa campesina.
Es contemplar un tren que pasa por la montaña con las luces encendidas.
Es comprender muy bien que no hay fronteras entre el sueño y la vigilia.

Es ignorar en qué consiste la diferencia entre la pena y la alegría.
Es escuchar a medianoche la vagabunda confesión de la llovizna.
Es divisar en las tinieblas del corazón una pequeña lucecilla.
Estar enamorados, amigos, es padecer espacio y tiempo con dulzura.

Es despertarse una mañana con el secreto de las flores y las frutas.
Es libertarse de sí mismo y estar unido con las otras criaturas.
Es no saber si son ajenas o son propias las lejanas amarguras.
Es remontar hasta la fuente las aguas turbias del torrente de la vida.

Es compartir la luz del mundo y a un tiempo compartir su noche oscura.
Es asombrarse y alegrarse de que la luna sea todavía luna.
Es comprobar en cuerpo y alma que la tarea de ser hombre es menos dura.
Es empezar a decir siempre y en adelante no volver a decir nunca.

Y es además, amigos míos, estar seguro de tener las manos puras.

LEOPOLDO MARECHAL
(1900–1988)

Del amor navegante

Porque no está el Amado en el Amante
ni el Amante reposa en el Amado,
tiende Amor su velamen castigado
y afronta el ceño de la mar tonante.

Llora el Amor en su navío errante
y a la tormenta libra su cuidado,
porque son dos: Amante desterrado
y Amado con perfil de navegante.
Si fuese uno, Amor, no existiría
ni llanto, ni bajel ni lejanía,
sino la beatitud de la azucena.
¡Oh amor sin remo, en la unidad gozosa!
¡Oh círculo apretado de la rosa!
Con el número Dos nace la pena.

ANGEL LAZARO
(1900–1969)

La hija del tabernero

La hija del tabernero
está sentada a la puerta.
Es un sensual avispero
su aire de mosquita muerta.

Porque ella sabe..., ¡canalla!,
y sabe que cuando paso
voy librando una batalla
con esas piernas de raso

Yo sé que una noche habrá
en la taberna alboroto,
y un hombre maldecirá
lívido y el pecho roto.

Y sé que al día siguiente
ella seguirá en la puerta
con su carita inocente
y su aire de mosca muerta.

ANTONIO ARJONA MARTINEZ
(1901–1951)

Sardina en tierra

No daba pena mirarte;
te he visto muerta en el barro.
... ...

Golondrina submarina,
saeta de raros cielos
verdes, azules y blancos y negros.

Corcel de loca carrera
de la más llana llanura;
de puñal de hoja brillante
y oscura
   ¿Viste los soles de Oriente,
viste la vela latina
y del seno de los mares la serpiente
diamantina?

Algas y cuerdas cortaron
tu libertad tan querida
y diste tu plata al viento
con la vida.
   No daba pena mirarte;
te he visto muerta en el barro.
En cara de celuloide,
pupilas de catedrático.

La enamorada del obispo

I

   Fue una tarde. Cruzó por la carretera
brillante como una estrella
bajo la luz del ocaso.
   Fue una tarde. Llevaba la mano fuera.
¡Ay, qué amatista tan bella
sobre aquella piel de raso!
   Como una saeta
pasó el automóvil
del obispo, ante la vieja.

II

   Con brincos de cabra coja
va a confesarse la vieja
de su terrible pecado.
   Hincada de hinojos, roja,
va desgranando el rosario
de su sueño no soñado.
   ¡Qué larga la penitencia
para un daño tan enorme
pecado de irreverencia!

III

Se pone el Sol tras los chopos del camino;
raudo cruza el automóvil
de monseñor.
Brillante, refulgente, cual pupila de felino;
la vieja le mira inmóvil
con amor.
Panderos de la ilusión:
—¡Es mío, mío, el obispo;
le tengo en mi corazón!

ENRIQUE JARDIEL PONCELA
(1901–1952)

Nueva York

Una ciudad con dos ríos,
chinos, negros y judíos
con idénticos anhelos.
Y millones de habitantes,
pequeños como guisantes
vistos desde un rascacielos.
En invierno, un cruel frío
que hace llorar. En estío,
un calor abrasador
que mata al gobernador [lentes)
(que es siempre un señor con
y a los doce o trece agentes
que lleva a su alrededor.
Soledad entre las gentes.
Comerciantes y clientes.
Un templo junto a un teatro.
Veintitrés o veinticuatro
religiones diferentes.
Agitación. Disparate.
Un anuncio en cada esquina.
Jazz-band. Jugo de tomate.
Chicle. Whisky. Gasolina.
Circuncisión. Periodismo:
diez ediciones diarias,
que anuncian noticias varias
y todas dicen lo mismo.
Parques con una caterva
de amantes sobre la hierba
entre mil ardillas vivas.
Oficinas sin tinteros:
con kalamazoos, ficheros,
con nueve timbres por mesa
con patronos groseros
con caras de aves de presa.

Espectáculos por horas.
Sandwichs de pollo y pepino.
Ruido de remachadoras.
Magos y adivinadoras
de la suerte y del destino.
    Hombres de un solo perfil,
con la nariz infantil
y los corazones viejos;
el cielo pilla tan lejos
que nadie mira a lo alto.
Radio. Brigadas de asalto.
Sed. Coca-Cola. Sudor.

Cemento. Acero. Basalto.
Limpiabotas de color.
Garajes con ascensor.
Prisa. Bolsa. Sobresalto.
Y dólares. Y dolor;
un infinito dolor
corriendo por el asfalto
entre un Chevrolet y un Ford.
Suciedad junto a limpieza.
Miseria junto a riqueza.
Junto al lujo, mal olor.
Dicho y no va más, señor.

JOSE MARIA QUIROGA PLA
(1902–1955)

Ciudades de mi España en el destierro

¡Ay, ciudades, ciudades de mi lejana España
–lienzos de sombra, cubos de fría cal de luna–,
cuando cantan los gallos y gira la guadaña
de la alta noche, y surgen las torres, una a una,
    para ofrecer sus cirios de oro, marfil y rosa
a la matutinal neblina en que descubre
el ojo del viajero una gracia borrosa
de abril nuevo, esfumado en matices de octubre!
    Avila, Salamanca... ¡Y mi Madrid! ¡Y, acaso,
tal lugarón dormido en el alba, al ocaso,
entrevisto un momento desde la ventanilla
    del tren! Ciudades mías, panales de mi España,
cuya miel al secano de mi destierro baña
como un llanto que baja, lento, por la mejilla.

ANGELA FIGUERA
(1902–1983)

San poeta labrador

Yo era poeta labrador.
Mi campo era amarillo y áspero,
Todos los días yo sudaba
y lloraba para ablandarlo.
Tras de los bueyes, lentos, firmes,
iba la reja de mi arado.
Mis surcos eran largos, hondos.
(Mis versos eran hondos, largos)
Por el otoño lo sembraba
sin desmayar, año tras año.
Iba un puñado de belleza
por cada puñado de grano.
Y un puñadito de verdad.
(Esto sin que lo viera el amo.)
Año tras año lo segaba
bajo los fuegos del verano:
de hambre y de dolor era la siega,
de hambre y de dolor y desengaño

Por san poeta labrador,
a mediados del mes de mayo,
cuando en la Iglesia Catedral
arden las velas del milagro,
me arrodillé sobre la piedra
antes de que cantara el gallo
y estuve así, reza que reza,
la frente humilde, en cruz los brazos
A Dios el Padre, a Dios el Hijo
y a Dios el Espíritu Santo,

con toda urgencia les pedía
que nos echaran una mano.
Pedía por todos los buenos,
por los que dicen que son malos.
Por los sordos con buen oído
y por los ciegos de ojos sanos.
Por los soldaditos de plomo
y por el plomo de los soldados.
Por los de estómago vacío
y por los curados de espanto.
Por los niños de culo al aire
y por las niñas de ojos pasmados.
Por las madres de pechos secos
y por los abuelos borrachos.
Por los caídos en la nieve,
por los quemados del verano,
por los que duermen en la cárcel
por los que velan en el páramo,
por los que gritan a los vientos,
por los que callan asustados,
por los que tienen sed y esperan
y por los desesperanzados.
Ardientemente, largas horas
estuve así pidiendo, orando.

Con las rodillas desolladas,
sabor a incienso entre mis labios,
yo, San Poeta Labrador,
cuando ya el Sol estaba en alto,
salí en el nombre de Dios Padre,
del Hijo y del Espíritu Santo,
con ojos anchos de esperanza,
salí al encuentro del milagro.

(Angeles a la tarea
sobre mi tierra arando, arando.
Bajo la sombra de sus alas,
altas espigas, rubio grano.
Pan de justicia para todos.
Amor y paz desenterrados.)

Miré. Miré. Los ángeles no estaban.
Inmóviles los bueyes, solo el campo.
Dejé secar la sangre en mis rodillas
Miré de frente y empuñé el arado.

NICOLAS GUILLEN
(1902–1989)

Fusilamiento

I

Van a fusilar
a un hombre que tiene los brazos atados;
hay cuatro soldados
para disparar.
Son cuatro soldados
callados,
que están amarrados,
lo mismo que el hombre amarrado que van a matar.

II

–¿Puedes escapar?
–¡No puedo correr!
–¡Ya van a tirar!
–¡Qué vamos a hacer!
–Quizás los rifles no estén cargados...

—¡Seis balas tienen de fiero plomo!
—¡Quizá no tiren esos soldados!
—¡Eres un tonto de tomo y lomo!

III

Tiraron.
(¿Cómo pudieron tirar?)
Mataron.
(¿Cómo fue que pudieron matar?)
Eran cuatro soldados
callados,
y les hizo una seña, bajando su sable, un señor oficial;
eran cuatro soldados
atados,
lo mismo que el hombre que fueron los cuatro a matar.

José Ramón Cantaliso

José Ramón Cantaliso,
¡canta liso!, canta liso,
José Ramón.
Duro espinazo insumiso:
por eso es que canta liso
José Ramón Cantaliso,
José Ramón.

En bares, hachas, bachatas,
a los turistas a gatas,
y a los nativos también,
a todos, el son preciso
José Ramón Cantaliso
les canta liso, muy liso,
para que lo entiendan bien.

Voz de cancerosa entraña,
humo de solar y caña,
que es nube prieta después:
son de guitarra madura,
cuya cuerda ronca y dura
no se enreda en la cintura,
ni prende fuego en los pies.

El sabe que no hay trabajo,
que el pobre se pudre abajo,
y que tras tanto luchar,
el que no perdió el resuello,
o tiene en la frente un sello,
o está con el agua al cuello
sin poderlo remediar.

Por eso de fiesta en fiesta
con su guitarra protesta,
que es su corazón también,
y a todos el son preciso,
José Ramón Cantaliso
les canta liso, muy liso,
para que lo entiendan bien.

RAFAEL ALBERTI
(1902–1999)

El Bosco

El diablo hocicudo,
ojipelambrudo,
cornicapricudo,
perniculimbrudo
y rabudo
zorrea,
pajarea,
mosquiconejea,
humea,
ventea,
peditrompetea
por un embudo.

Amar y danzar,
beber y saltar,
cantar y reír,
oler y tocar,
comer, fornicar,
dormir y dormir,
llorar y llorar.

Mandroque, mandroque,
diablo palitroque.

¡Pío, pío, pío!
Cabalgo y me río,
me monto en un gallo
y en un puercoespín,
en burro, en caballo,
en camello, en oso,
en rana, en raposo
y en un cornetín.

Verijo, verijo,
diablo garavijo.

¡Amor hortelano,
desnudo, oh verano!
Jardín del Amor.
En un pie el manzano
en cuatro la flor
(y sus amadores,
céfiros y flores
y aves por el ano).

Virojo, virojo
diablo trampantojo.

El diablo liebre,
fiebre,
notiebre,
sepilitiebre,
y su comitiva,
chiva,
estiva,
sipilipitriva,
cala,
empala,
desala,
traspala,
apuñala
con su lavativa.

Barrigas, narices,
lagartos, lombrices,
delfines volantes,
orejas rodantes,
ojos boquiabiertos,
escobas perdidas,
vómitos, heridas,
muertos.

Predica, predica,
diablo pilindrica.

Saltan escaleras,

corren tapaderas,
revientan calderas,
En los orinales
letales, mortales,
los más infernales
pingajos, zancajos,
tristes espantajos
finales.

Guadaña, guadaña,
diablo telaraña.

El beleño,
el sueño,
el impuro,
oscuro,
seguro botín,
el llanto,
el espanto
y el diente
crujiente
sin fin.

Pintor en desvelo:
tu paleta vuela al cielo,
y en un cuerno
tu pincel baja al infierno.

A un capitán de navío

Sobre tu nave –un plinto verde de algas marinas,
de moluscos, de conchas, de esmeralda estelar–,
capitán de los vientos y de las golondrinas,
fuiste condecorado por un golpe de mar.

Por ti los litorales de frentes serpentinas
desenrollan al paso de tu arado un cantar:
–Marinero, hombre libre, que las mares declinas
dinos los radiogramas de tu Estrella Polar.
    Buen marinero, hijo de los llantos del norte,
limón del mediodía, bandera de la corte,
espumosa del agua, cazador de sirenas;
    todos los litorales amarrados, del mundo,
pedimos que nos lleves en el surco profundo
de tu nave, a la mar, rotas nuestras cadenas.

Los ángeles muertos

Buscad, buscadlos:
en el insomnio de las cañerías olvidadas,
en los cauces interrumpidos por el silencio de las basuras.
No lejos de los charcos incapaces de guardar una nube,
unos ojos perdidos,
una sortija rota
o una estrella pisoteada.
    Porque yo los he visto:
en esos escombros momentáneos que aparecen en las neblinas.
Porque yo los he tocado:
en el desierto de un ladrillo difunto,
venido a la nada desde una torre o un carro.
Nunca más allá de las chimeneas que se derrumban
ni de esas hojas tenaces que se estampan en los zapatos.
    En todo esto.
Más en esas estrellas vagabundas que se consumen en el fuego,
en esas ausencias hundidas que sufren los muebles desvencijados,
no a mucha distancia de los nombres y signos que se enfrían
en las paredes.

Buscad, buscadlos:
debajo de la gota de cera que sepulta la palabra de un libro
o la firma de uno de esos rincones de cartas
que trae rodando el polvo.
Cerca del casco perdido de una botella,
de una suela extraviada en la nieve,
de una navaja de afeitar abandonada al borde de un precipicio.

De ayer para hoy

Después de este desorden impuesto, de esta prisa,
de esta urgente gramática necesaria en que vivo,
vuelva a mí toda virgen la palabra precisa,
virgen el verbo exacto con el justo adjetivo.
   Que cuando califique de verde al monte, al prado
repitiéndole al cielo su azul como a la mar
mi corazón se sienta recién inaugurado
y mi lengua el inédito asombro de crear.

Se equivocó la paloma

Se equivocó la paloma.
Se equivocaba.

Por ir al norte, fue al sur.
Creyó que el trigo era agua.
Se equivocaba.

Creyó que el mar era el cielo,
que la noche, la mañana.
Se equivocaba.

Que las estrellas, rocío;
que el calor, la nevada.
Se equivocaba.

Que tu falda era su blusa;
que tu corazón, su casa.
Se equivocaba.

(Ella se durmió en la orilla.
Tú, en la cumbre de una rama.)

XAVIER VILLAURRUTIA
(1903–1950)

Nocturno miedo

Todo en la noche vive una duda secreta:
el silencio y el ruido, el tiempo y el lugar.
Inmóviles dormidos o despiertos sonámbulos
nada podemos contra la secreta ansiedad.
Y no basta cerrar los ojos en la sombra
ni hundirlos en el sueño para ya no mirar,
porque en la dura sombra y en la gruta del sueño
la misma luz nocturna nos vuelve a desvelar.
Entonces, con el paso de un dormido despierto,
sin rumbo y sin objeto nos echamos a andar.
La noche vierte sobre nosotros su misterio,
y algo nos dice que morir es despertar.
¿Y quién entre las sombras de una calle desierta,
en el muro, lívido espejo de soledad,
no se ha visto pasar o venir a su encuentro
y no ha sentido miedo, angustia, duda mortal?
El miedo de no ser sino un cuerpo vacío
que alguien, yo mismo o cualquier otro, puede ocupar,
y la angustia de verse fuera de sí viviendo
y la duda de ser o no ser realidad.

CESAR GONZALEZ RUANO
(1903–1966)

Sobre quién era aquel que dijo...

Alguien, cuando pase el tiempo,
y encuentre mi calavera
el tiro que no me he dado
buscará en la sien entera.

Y en las cuencas de mis ojos
querrá adivinar tal vez
lo que vi... cuando veía
y que yo nunca miré.

A ese piadoso erudito
que busque el paso borrado
—¡un débil paso terreno!—
de la vida de un cansado
de sí mismo, quiero dar
esta confesión tardía
resuelta en un epitafio,

pues que puedo todavía.
   Vino, venció. Fue vencido
en lo que quiso vencer.
Escribió, y en el tintero
dejó lo que quiso hacer
por hacer lo que quisieron.
Y se fue.

LUIS CERNUDA
(1904–1963)

Góngora

El andaluz envejecido que tiene gran razón para su orgullo,
El poeta cuya palabra lúcida es como diamante,
Harto de fatigar sus esperanzas por la corte,
Harto de su pobreza noble que le obliga
A no salir de casa cuando el día, sino al atardecer, ya que las sombras,
Más generosas que los hombres, disimulan
En la común tiniebla parda de las calles
La bayeta caduca de su coche y el tafetán delgado de su traje;
Harto de pretender favores de magnates,
Su altivez humillada por el ruego insistente,
Harto de los años tan largos malgastados
En perseguir fortuna lejos de Córdoba la llana y de su muro excelso,
Vuelve al rincón nativo para morir tranquilo y silencioso.

Ya restituye el alma a soledad sin esperar de nadie
Si no es de su conciencia, y menos todavía
De aquel sol invernal de la grandeza
Que no atempera el frío del desdichado,
Y aprende a desearles buen viaje
A príncipes, virreyes, duques altisonantes,

Vulgo luciente no menos estúpido que el otro;
Ya se resigna a ver pasar la vida tal sueño inconsistente
Que el alba desvanece, a amar el rincón solo
Adonde conllevar paciente su pobreza,
Olvidando que tantos menos dignos que él, como la bestia ávida
Toman hasta saciarse la parte mejor de toda cosa,
Dejándole la amarga, el desecho del paria.
  Pero en la poesía encontró siempre, no tan sólo hermosura, sino ánimo,
La fuerza del vivir más libre y más soberbio,
Como un neblí que deja el puño duro para buscar las nubes
Traslúcidas de oro allá en el cielo alto.
Ahora el reducto último de su casa y su huerto le alcanzan todavía
Las piedras de los otros, salpicaduras tristes
Del aguachirle caro para las gentes
Que forman el común y como público son árbitro de gloria.
Ni aun esto Dios le perdonó en la hora de su muerte.
Decretado es al fin que Góngora jamás fuera poeta,
Que amó lo oscuro y vanidad tan sólo le dictó sus versos.
Menéndez y Pelayo, el montañés henchido por sus dogmas,
No gustó de él y le condena con fallo inapelable.

  Viva pues Góngora, puesto que así los otros
Con desdén le ignoraron, menosprecio
Tras el cual aparece su palabra encendida
Como estrella perdida en lo hondo de la noche,
Como metal insomne en las entrañas de la tierra.
Ventaja grande es que esté ya muerto
Y que de muerto cumpla los tres siglos que así pueden
Los descendientes mismos de quienes le insultaban
Inclinarse a su nombre, dar premio al erudito,
Sucesor del gusano, royendo su memoria.
Mas él no transigió en la vida ni en la muerte
Y a salvo puso su alma irreductible
Como demonio arisco que ríe entre negruras.

Gracias demos a Dios por la paz de Góngora vencido;
Gracias demos a Dios por la paz de Góngora exaltado.
Gracias demos a Dios que supo devolverle (como hará con nosotros),
Nulo al fin, ya tranquilo, entre su nada.

PABLO NERUDA
(1904–1973)

Puedo escribir los versos...

Puedo escribir los versos más tristes esta noche.
Escribir, por ejemplo: «La noche está estrellada,
tiritan, azules, los astros, a lo lejos».
El viento de la noche gira en el cielo y canta.

Puedo escribir los versos más tristes esta noche.
Yo la quise, y a veces ella también me quiso.
En las noches como ésta la tuve entre mis brazos.
La besé tantas veces bajo el cielo infinito.
Ella me quiso, a veces yo también la quería.
Cómo no haber amado sus grandes ojos fijos.

Puedo escribir los versos más tristes esta noche.
Pensar que no la tengo. Sentir que la he perdido.
Oír la noche inmensa, más inmensa sin ella.
Y el verso cae al alma como al pasto el rocío.
Qué importa que mi amor no pudiera guardarla.
La noche está estrellada y ella no está conmigo.

Eso es todo. A lo lejos alguien canta. A lo lejos.
Mi alma no se contenta con haberla perdido.
Como para acercarla mi mirada la busca.
Mi corazón la busca, y ella no está conmigo.
La misma noche que hace blanquear los mismos árboles.

Nosotros, los de entonces, ya no somos los mismos.
Ya no la quiero, es cierto, pero cuánto la quise.
Mi voz buscaba el viento para tocar su oído.
De otro. Será de otro. Como antes de mis besos.
Su voz, su cuerpo claro. Sus ojos infinitos.

Ya no la quiero, es cierto, pero tal vez la quiero.
Es tan corto el amor, y es tan largo el olvido.
Porque en noches como ésta la tuve entre mis brazos,
mi alma no se contenta con haberla perdido.
Aunque éste sea el último dolor que ella me causa,
y éstos sean los últimos versos que le escribo.

Ah vastedad de pinos...

¡Ah vastedad de pinos, rumor de olas quebrándose
lento juego de luces, campana solitaria,
crepúsculo cayendo en tus ojos, muñeca,
caracola terrestre, en ti la tierra canta!

En ti los ríos cantan y mi alma en ellos huye
como tú lo desees y hacia donde tú quieras.
Márcame mi camino en tu arco de esperanza
y soltaré en delirio mi bandada de flechas.

En torno a mí estoy viendo tu cintura de niebla
y tu silencio acosa mis horas perseguidas,
y eres tú con tus brazos de piedra transparente
donde mis besos anclan y mi húmeda ansia anida.

¡Ah tu voz misteriosa que el amor tiñe y dobla
en el atardecer resonante y muriendo!
Así en horas profundas sobre los campos he visto
doblarse las espigas en la boca del viento.

En la mañana llena...

Es la mañana llena de tempestad
en el corazón del verano.
Como pañuelos blancos de adiós viajan las nubes,
el viento las sacude con sus viajeras manos.

Innumerable corazón del viento
latiendo sobre nuestro silencio enamorado.
Zumbando entre los árboles, orquestal y divino,
como una lengua llena de guerras y de cantos.

Viento que lleva en rápido robo la hojarasca
y desvía las flechas latientes de los pájaros.
Viento que la derriba en ola sin espuma
y sustancia sin peso, y fuegos inclinados.

Se rompe y se sumerge su volumen de besos
combatido en la puerta del viento del verano.

Me gustas cuando callas...

Me gustas cuando callas porque estás como ausente
y me oyes desde lejos, y mi voz no te toca.
Parece que los ojos se te hubieran volado
y parece que un beso te cerrara la boca.

Como todas las cosas están llenas de mi alma
emerges de las cosas, llena del alma mía.
Mariposa de sueño, te pareces a mi alma,
y te pareces a la palabra melancolía.

Me gustas cuando callas y estás como distante.
Y estás como quejándote, mariposa en arrullo.

Y me oyes desde lejos, y mi voz no te alcanza:
Déjame que me calle con el silencio tuyo.

Déjame que te hable también con tu silencio
claro como una lámpara, simple como un anillo.
Eres como la noche, callada y constelada.
Tu silencio es de estrella, tan lejano y sencillo.

Me gustas cuando callas porque estás como ausente.
Distante y dolorosa como si hubieras muerto.
Una palabra entonces, una sonrisa bastan.
Y estoy alegre, alegre de que no sea cierto.

La canción desesperada

Emerge tu recuerdo de la noche en que estoy.
El río anuda al mar su lamento obstinado
Abandonado como los muelles en el alba.
Es la hora de partir. ¡Oh abandonado!

Sobre mi corazón llueven frías corolas.
¡Oh, sentina de escombros, feroz cueva de náufragos!
En ti se acumularon las guerras y los vuelos.
De ti alzaron las alas los pájaros del canto.

Todo te lo tragaste, como la lejanía.
Como el mar, como el tiempo. ¡Todo en ti fue naufragio!
Era la alegre hora del asalto y el beso.
La hora del estupor que ardía como un faro.

Ansiedad de piloto, furia de buzo ciego,
turbia embriaguez de amor, ¡todo en ti fue naufragio!
En la infancia de niebla mi alma alada y herida.
Descubridor perdido, ¡todo en ti fue naufragio!

Te ceñiste al dolor, te agarraste al deseo,
te tumbó la tristeza, ¡todo en ti fue naufragio!
Hice retroceder la muralla de sombra,
anduve más allá del deseo y del acto.

Oh carne, carne mía, mujer que amé y perdí,
a ti en esta hora húmeda evoco y hago canto.
Como un vaso albergaste la infinita ternura,
y el infinito olvido te trizó como a un vaso.

Era la negra, negra soledad de las islas,
y allí, mujer de amor, me acogieron tus brazos.
Era la sed y el hambre, y tú fuiste la fruta.
Era el duelo y las ruinas, y tú fuiste el milagro.

¡Ah mujer, no sé cómo pudiste contenerme
en la tierra de tu alma, y en la cruz de tus brazos!
Mi deseo de ti fue el más terrible y corto,
el más revuelto y ebrio, el más tirano y ávido.

Cementerio de besos, aún hay fuego en tus tumbas,
aún los racimos arden picoteados de pájaros.
Oh la boca mordida, oh los besados miembros,
oh los hambrientos dientes, oh los cuerpos trenzados.

Oh la cópula loca de esperanza y esfuerzo
en que nos anudamos y nos desesperamos.
Y la ternura, leve como el agua y la harina.
Y la palabra apenas comenzada en los labios.

Ese fue mi destino y en él viajó mi anhelo,
y en el cayó mi anhelo, ¡todo en ti fue naufragio!
¡Oh, sentina de escombros, en ti todo caía,
qué dolor no exprimiste, qué dolor no te ahoga!

De tumbo en tumbo aún llameaste y cantaste.
De pie como un marino en la proa de un barco.
Aún floreciste en cantos, aún rompiste en corrientes.
Oh, sentina de escombros, pozo abierto y amargo.

Pálido buzo ciego, desventurado hondero,
descubridor perdido, ¡todo en ti fue naufragio!
Es la hora de partir, la dura y fría hora
que la noche sujeta a todo horario.

El cinturón ruidoso del mar ciñe la costa.
Surgen frías estrellas, emigran negros pájaros.
Abandonado como los muelles en el alba.
Sólo la sombra trémula se retuerce en mis manos.

Ah más allá de todo. Ah más allá de todo.
Es la hora de partir. ¡Oh abandonado!

Niña morena

Niña morena y ágil, el Sol que hace las frutas,
el que cuaja los trigos, el que tuerce las algas,
hizo tu cuerpo alegre, tus luminosos ojos
y tu boca que tiene la sonrisa del agua.
Un Sol negro y ansioso se te arrolla en las hebras
de la negra melena, cuando estiras los brazos.
Tú juegas con el Sol como con un estero
y él te deja en los ojos dos oscuros remansos.
Niña morena y ágil, nada hacia ti me acerca.
Todo en ti me aleja, como del mediodía.
Eres la delirante juventud de la abeja,
la embriaguez de la ola, la fuerza de la espiga.

Mi corazón sombrío te busca, sin embargo,
y amo tu cuerpo alegre, tu voz suelta y delgada.
Mariposa morena dulce y definitiva
como el trigal y el Sol, la amapola y el agua.

Era mi corazón...

Era mi corazón un ala viva y turbia.
Un ala pavorosa llena de luz y anhelo.
Era la primavera sobre los campos verdes.
Azul era la altura y era esmeralda el suelo.
Ella–la que me amaba–se murió en primavera.
Recuerdo aún sus ojos de paloma en desvelo.
Ella–la que me amaba–cerró los ojos. Tarde.
Tarde de campo, azul. Tarde de alas y vuelos.
Ella–la que me amaba–se murió en primavera.
Y se llevó la primavera al cielo.

Cuerpo de mujer

Cuerpo de mujer, blancas colinas, muslos blancos,
te pareces al mundo en tu actitud de entrega.
Mi cuerpo de labriego salvaje te socava
y hace saltar el hijo del fondo de la tierra.
Fui solo como un túnel. De mí huían los pájaros,
y en mí la noche entraba su invasión poderosa.
Para sobrevivirme te forjé como un arma,
como una flecha en mi arco, como una piedra en mi honda.
Pero cae la hora de la venganza y te amo.
Cuerpo de piel, de musgo, de leche ávida y firme.
¡Ah los vasos del pecho! ¡Ah los ojos de ausencia!
¡Ah las rosas del pubis! ¡Ah tu voz lenta y triste!
¡Mi sed, mi ansia sin límite, mi camino indeciso!
Oscuros cauces donde la sed eterna sigue,
y la fatiga sigue, y el dolor infinito.

Para que tú me oigas

Para que tú me oigas mis palabras
se adelgazan a veces
como las huellas de las gaviotas en las playas.
Collar, cascabel ebrio
para tus manos suaves como las uvas.
Y las miro lejanas mis palabras.
Más que mías son tuyas.
Van trepando en mi viejo dolor como las yedras.
Ellas trepan así por las paredes húmedas.
Eres tú la culpable de este juego sangriento.
Ellas están huyendo de mi guarida oscura.
Todo lo llenas tú, todo lo llenas.
Antes que tú poblaron la soledad que ocupas,
y están acostumbradas más que tú a mi tristeza.
Ahora quiero que digan lo que quiero decirte
para que tú me oigas como quiero que me oigas.
El viento de la angustia aún las suele arrastrar.
Huracanes de sueños aún a veces las tumban.
Escuchad otras voces en mi voz dolorida.
Llanto de viejas bocas, sangre de viejas súplicas.
Amame, compañera. No me abandones. Sígueme.
Sígueme, compañera, en esa ola de angustia.
Pero se van tiñendo con tu amor mis palabras.
Todo lo ocupas tú, todo lo ocupas.

Te recuerdo como eras

Te recuerdo como eras en el último otoño.
Eras la boina gris y el corazón en calma.
En tus ojos peleaban las llamas del crepúsculo.
Y las hojas caían en el agua de tu alma.

Apegada a mis brazos como una enredadera,
las hojas recogían tu voz lenta y en calma.
Hoguera de estupor, en que mi sed ardía.
Dulce jacinto azul torcido sobre mi alma.
Siento viajar tus ojos y es distante el otoño:
boina gris, voz de pájaro y corazón de casa
hacia donde emigraban mis profundos anhelos
y caían mis besos alegres como brasas.
Cielo desde un navío. Campo desde los cerros:
¡Tu recuerdo es de luz, de humo, de estanque en calma!
Más allá de tus ojos ardían los crepúsculos.
Hojas secas de otoño giraban en tu alma.

Abeja blanca, zumbas

Abeja blanca, zumbas, ebria de miel, en mi alma
y te tuerces en lentas espirales de humo.
Soy el desesperado, la palabra sin ecos,
el que lo perdió todo, y el que todo lo tuvo.
Ultima amarra, cruje en ti mi ansiedad última.
En mi tierra desierta eres la última rosa.
¡Ah silenciosa!
Cierra tus ojos profundos. Allí aletea la noche.
¡Ah, desnuda tu cuerpo de estatua temerosa!
Tienes ojos profundos donde la noche alea,
frescos brazos de flor y regazo de rosa.
Se parecen tus senos a los caracoles blancos.
Ha venido a dormirse en tu vientre una mariposa de sombra.
¡Ah silenciosa!
He aquí la soledad de donde estás ausente.
Llueve. El viento del mar caza errantes gaviotas.
El agua anda descalza por las calles mojadas.
De aquel árbol se quejan, como enfermas, las hojas.

Abeja blanca, ausente, aún zumbas en mi alma.
Revives en el tiempo, delgada y silenciosa.
¡Ah silenciosa!

Amor

Mujer, yo hubiera sido tu hijo por beberte
la leche de los senos como un manantial,
por mirarte y sentirte a mi lado y tenerte
en la risa de oro y la voz de cristal.
Por sentirte en mis venas como Dios en los ríos
y adorarte en los tristes huesos de polvo y cal
porque tu ser pasara sin pena al lado mío,
y saliera en la estrofa–limpio de todo mal–.
Cómo sabría amarte, mujer, cómo sabría
amarte. Amarte como nadie supo jamás.
Morir y todavía amarte más.
Y todavía amarte más, y más.

JUAN SOLANO

(1905–1983)

Umbral florido

¿Qué ventana de pronto se ha entreabierto,
en este corazón medio dormido?
¿Qué pájaros volaron a este nido,
en la rama desnuda de mi huerto?
   La yema es un apunte, en el incierto
esbozo del rosal; aún no ha nacido
y ya tiene de gozo estremecido
al capullo, anunciado y no despierto.

Dulce temblor del aire, en la mañana;
enamorado de la luz primera,
ya sueña con su boda, al mediodía.
Abre de par en par esa ventana,
corazón, que está aquí la primavera,
en el umbral florido de este día.

AGUSTIN DE FOXA
(1906–1959)

Las seis muchachas tras el mirador

Las seis mujeres de maridos ricos.
Las seis, sentadas en el mirador.
Las seis, haciendo con ganchillo
—madeja blanca o rosa–su labor.
Una piensa en el mar, otra en los trenes,
dos en jardines, y una en luna clara.
La más pequeña sueña por el aire
hombres de fuego y besos de enramada.
Los seis maridos–leontina de oro,
sortija y puro–van por los caminos
comprando encinas de carbón y ovejas,
roncando en los hoteles pueblerinos.
Cuando apuntan un árbol, en sus libros,
entre el Debe y Haber, no ven las hojas
que mayo exalta de ardorosos nidos
y la hermosura del rocío ignoran.
Ellas siguen calladas y sumisas
celebrando una boda imaginaria
con capitanes rubios como arcángeles,
poetas o marinos de otras playas.
Los seis maridos van trocando en cheques
los trigos, el rebaño, el olivar.

Las seis muchachas ven la lluvia amarga
un día y otro día en el cristal.
Péndulo provincial; pasan años,
vendrá un abril y no hablará el amor.
Ese día veréis seis viejecitas,
las seis sentadas en el mirador.

Alegría de las vendimias

¡Al alba, moza,
que me voy a vendimiar!
Volveré lleno de sangre
lo mismo que un capitán.
Ya se rebullen las mulas,
ya gallo y lucero están
disputándose las luces.
Ya se rosa el olivar,
nata y manzana, que anoche
pusieras a refrescar,
huelen a noche y a luna
entre geranio y cristal.
Dame el sombrero pajizo
con su cinta; corta el pan,
enciende el farol y baja
a abrirme, al alba, el portal.
¡Oh qué hermosura de noche!
Dios nos la deja gozar...
Ya entra la luz en las cuadras.

¡Cómo aletea el corral!
Sueña amapolas el pozo.
¡Al alba y a madrugar!
Mozas en colchas de novia
y cómodas con fanal.
Al alba, que está el racimo
ansioso de derramar
su dulce sangre; ¡a los carros
entre relincho y cantar!
Ya pisan niñas descalzas
la sangría del lagar,
ya por la orilla del río
se oye a los mulos trotar.
Te traeré para la noche
garnacha, para cenar.
¡Al alba, moza,
que me voy a vendimiar!
Volveré lleno de sangre
lo mismo que un capitán.

MANUEL ALTOLAGUIRRE
(1906–1959)

Mi sueño no tiene sitio

Mi sueño no tiene sitio
para que vivas. No hay sitio.

Todo es sueño. Te hundirías.
Vete a vivir a otra parte

tú que estás viva. Si fueran
como hierro o como piedra
mis pensamientos, te quedarías.
Pero son fuego y son nubes,

lo que era el mundo al principio
cuando nadie en él vivía.
No puedes vivir. No hay sitio.
Mis sueños te quemarían.

El alma es igual que el aire

El alma es igual que el aire.
Con la luz se hace invisible,
perdiendo su honda negrura.
Sólo en las profundas noches
son visibles alma y aire.
Sólo en las noches profundas.

Que se ennegrezca tu alma,
pues quieren verla mis ojos.
Oscurece tu alma pura.
Déjame que sea tu noche,
que enturbie tu transparencia.
¡Déjame ver tu hermosura!

Ojos de puente los míos

Ojos de puente los míos,
por donde pasan las aguas
que van a dar al olvido.
  Sobre mi frente de acero
mirando por las barandas
caminan mis pensamientos.

Mi nuca negra es el mar
donde se pierden los ríos,
y mis sueños son las nubes
por y para las que vivo.
  Ojos de puente los míos,
por donde pasan las aguas
que van a dar al olvido.

Crepúsculo
Canción de alma

  ¡Ven, que quiero desnudarme!
Ya se fué la luz, y tengo
cansancio de estos vestidos.
¡Quítame el traje! Que crean
que he muerto, porque, desnuda
mientras me velan el sueño,
descanso toda la noche;
porque mañana temprano,

desnuda de mi desnudo,
iré a bañarme en un río,
mi traje con traje
lo guardarán para siempre.
Ven, muerte, que soy un niño
y quiero que me desnuden,
que se fué la luz y tengo
cansancio de estos vestidos.

RAFAEL DUYOS
(1906–1983)

Poeta

Lo he sentido en la música del viento,
y en las voces del mar que me llamaba.
Lo he visto en el velero que arrullaba
la espuma de mi sueño. En el tormento
 de esconder el amor y el sentimiento
por lo que más se quiere. Cuando hablaba
la mano en el teclado. Cuando alzaba
los ojos, con rubor, mi amor contento.
 Cuando la puerta se abre sola y gira
una mano en la llave y alguien mira
y se acerca hacia mí volcando rosas
 bajo la luna de la noche inquieta.
No los hombres, mujer, sino estas cosas
me dicen que he nacido y soy poeta.

Ya no hay islas

Ya no hay islas...
Hemos llegado tarde...
Ya no hay climas.
Hemos nacido ausentes,
de nuestra propia vida...
Todo está cerca. No hay distancias.
Dondequiera que vayamos nos miran
y nos escuchan en todos los rincones
y nos llaman desde las más lejanas esquinas...
Por querer que todo sea paraíso,
es un infierno toda la geografía.
No hay quien pueda ocultar un deseo,
ni escribir una carta a escondidas.

No hay iceberg ni bosque tropical
donde esperar la fecha de una cita...
El calendario se ha suicidado,
embriagado de monotonía.
Hielo en agosto. Rosas en diciembre.
Todo es igual: Noruega o Argentina.
Hemos llegado tarde.
La Tierra es más redonda cada día...
Todo está descubierto.
Todo tiene su nombre y su consigna.
Aviones y barcos navegan
demasiado de prisa...
Ha desaparecido el *esperar,* el *llegar tarde,*
el *estar lejos,* el *no tener noticias...*
todo ese mundo de matiz en flor,
sin cheques, pero con sonrisas...
Sólo hay una esperanza.
Mi silencio de fuego y tu mirada fría
y el pensamiento alerta de los dos,
en medio de este mundo que agoniza,
pero con una cosa que no cambia:
tú y yo solos, abajo. Dios, arriba...
Y tu amor, tan callado, junto al mío, hablador
–al margen del asfalto y de la telegrafía–,
descubriendo en nosotros, dentro mismo
de nuestro propio corazón... ¡La isla!

CARMEN CONDE
(1907–1989)

Amante

Es igual que reír dentro de una campana:
sin el aire, ni oírte, ni saber a qué hueles.
Con gestos vas gastando la noche de tu cuerpo
y yo te trasparento: soy tú para la vida.

No se acaban tus ojos; son los otros los ciegos.
No te juntan a mí, nadie sabe que es tuya
esta mortal ausencia que se duerme en mi boca,
cuando clama la voz en desiertos de llanto.
Brotan tiernos laureles en las frentes ajenas,
y el amor se consuela prodigando su alma.
Todo es luz y desmayo donde nacen los hijos,
y la tierra es de flor y en la flor hay un cielo.
Solamente tú y yo (una mujer al fondo
de ese cristal sin brillo que es campana caliente),
vamos considerando que la vida..., la vida
puede ser el amor, cuando el amor embriaga;
es sin duda sufrir, cuando se está dichosa;
es, segura, la luz, porque tenemos ojos.
Pero ¿reír, cantar, estremecernos libres
de desear y ser mucho más que la vida...?
No. Ya lo sé. Todo es algo que supe
y por ello, por ti, permanezco en el Mundo.

Revelación

Mi sangre me golpetea
resucitándome erguida.
Temía vivir sin sueños
y es mi sangre la que grita:
no vas a retroceder,
mantén tu antorcha encendida.
Por si creyera que no,
su voz airada me grita:
que sí, que sí, que ya vas
desbordadamente viva.
Afuera dolores viejos;
se han secado las heridas
de tanto penar a solas
para dejarte vencida.
No sé si es la primavera
que se siente ya venida
o es que me ofrece Dios
en vez de espinas, celindas.
Canto porque soy dichosa,
en milagro conseguida
junto a la luz de una tarde
que me ha devuelto a la vida.

LEOPOLDO PANERO
(1909–1962)

Por donde van las águilas

Una luz vehemente y oscura, de tormenta,
flota sobre las cumbres del alto Guadarrama,
por donde van las águilas. La tarde baja, lenta,
por los senderos verdes, calientes de retama.
Entre las piedras brilla la lumbre soñolienta
del sol oculto y frío. La luz, de rama en rama,
como el vuelo de un pájaro, tras la sombra se ahuyenta.
Bruscamente, el silencio crece como una llama.
Tengo miedo. Levanto los ojos. Dios azota
mi corazón. El vaho de la nieve se enfría
lo mismo que un recuerdo. Sobre los montes flota
la paz, y el alma sueña su propia lejanía.
Una luz vehemente desde mi sueño brota
hacia el amor. La tarde duerme a mis pies, sombría.

César Vallejo

¿De dónde, por qué camino había venido,
soplo de ceniza caliente,
indio manso hecho de raíces eternas,
desafiando su soledad, hambriento de alma,
insomne de alma hacia la inocencia imposible,
terrible y virgen como una cruz en la penumbra;
y había venido hasta nosotros para gemir, había venido
para gemir, aunque callaba tercamente en su corazón ilusorio,
agua trémula de humildad
y labios que han besado mucho de niños?
Callaban, llenas de miedo, sus palabras,
lo mismo que al abrir una puerta golpeando en la noche;
trasparente, secretamente vivo en la Tierra;
transido en las mejillas de palidez y de tempestad en los huesos;

y el eco cauteloso de sus plantas desnudas
era como la hierba cuando se corta; y su frente de humo gris,
y sus mandíbulas dulcemente apretadas.
Indio bravo en rescoldo y golondrinas culminantes de tristeza,
había venido, había venido caminando,
había venido de ciudades hundidas y era su corazón
como un friso de polvo,
y eran blancas sus manos todavía,
como llenas de muerte y espuma de mar;
y sus dientes ilesos como la nieve,
y sus ojos en sombra, quemados y lejos,
y el triste brillo diminuto de su mirada infantil.
Y siempre estaba solo aunque nosotros le quisiéramos,
ígneo, cetrino, doloroso como un aroma,
y estaba todavía como una madre
en el rincón donde envejecen las lágrimas,
escuchando el ebrio galope de su raza
y el balar de las ovejas recién paridas,
y el sonido de cuanto durmiendo vive
en el sitio de la libertad y el misterio.
¡Ay!, había venido sonriendo,
resonando como un ataúd, hondamente,
descendiendo de las montañas, acostumbrado al último rocío,
y traía su paisaje nativo como una gota de espuma,
y el mar y las estrellas llegaban continuamente a su abundancia,
y lejos de nosotros, no sé dónde,
en un rincón de luz íntimamente puro.
Después hizo un viaje hacia otra isla,
andando sobre el agua, empujado por las brisas de su espíritu,
y un día me dijeron que había muerto,
que estaba lejos, muerto,
sin saber dónde, muerto,
sin llamar nunca, muerto,
en su humildad para siempre rendida,
en su montón de noble cansancio.

VICTORIANO CREMER
(1909–2009)

Canto total a España

Te necesito a ti, España, toda.
Con tu Sol desmigado o tus flotantes nieblas.
  (¡Ay el sollozo oscuro que quema las guitarras!
¡Ay de tu voz, España, entre furiosas cuerdas!...)
  Con la roja pasión de tus hombres
y tus hondas ojeras
a las que látigos y besos y palabras
acendran.
                    Te necesito a ti;
                    España misionera,
                    arrebatada España,
                    áspera y espléndida.

  Con tu sangre de cobre y aceituna
y tus Cristos de tierra,
derrotados, como cardos violentos, de tu sed de Dios vivo.
–Pueblo que con los dientes ama y reza–
              España de milagros olorosos,
              de monjas andariegas,
              de frailes guerrilleros
              y de navajas lentas
              abriéndose camino como bueyes,
              entre venas.
              España de anarquistas y de obispos;
              –Armonía completa–
              gran España, insaciable de sí misma;
              más corazón que cabeza.

  Te necesito a ti, España, toda,
con tus cantares de arrebato y muerte y el seco abismo de tu pena

Con tu pan y tu vino, como la sangre, ácido
y el cerco de estameña
con que el monje-labriego de Castilla
–tierra, sudor y sangre–, se pule la pelleja.
  Con los falsos molinos demudados
–¡gigantes son! –y las fingidas ventas
sosteniendo tu mágica cordura,
España quijotesca.

Te necesito así;
entera.
No España tuya o mía.
¡España nuestra!

  Como la gran voz de Dios; de Dios ibero
para toda la tierra.

GABRIEL CELAYA

(1911–1991)

La poesía es un arma cargada de futuro

  Cuando ya nada se espera personalmente exaltante,
más se palpita y se siente más acá de la conciencia,
fieramente existiendo, ciegamente afirmando,
como un pulso que golpea las tinieblas.
Cuando se mira de frente
los vertiginosos ojos claros de la muerte,
se dicen las verdades;
las bárbaras, terribles, amorosas crueldades;
se dicen los poemas
que ensanchan los pulmones de cuantos, asfixiados,
piden ser, piden ritmo,
piden ley para aquello que sienten excesivo.
Con la velocidad del instinto,

con el rayo del prodigio,
como mágica evidencia, lo real se nos convierte
en lo idéntico a sí mismo.
Poesía para el pobre, poesía necesaria
como el pan de cada día,
como el aire que exigimos tres veces por minuto,
para ser, y en tanto somos, dar un sí que glorifica.
Porque vivimos a golpes, porque apenas si nos dejan
decir que somos quien somos,
nuestros cantares no pueden ser sin pecado un adorno.
Estamos tocando el fondo.

Maldigo la poesía concebida como un lujo
cultural por los neutrales
que, lavándose las manos, se desentienden y evaden.
Maldigo la poesía de quien no toma partido hasta marcharse.
Hago mías las faltas. Siento en mí a cuantos sufren
y canto respirando.
Canto y canto, y cantando más allá de mis penas
personales, me ensancho.
Quisiera daros vida, provocar nuevos actos,
y calculo por eso con técnica, que puedo.
Me siento un ingeniero del verso y un obrero
que trabaja con otros a España en sus aceros.

Tal es mi poesía: Poesía-herramienta
a la vez que latido de lo unánime y ciego.
Tal es, arma cargada de futuro expansivo,
con que te apunto al pecho.
No es una poesía gota a gota pensada.
No es un bello producto. No es un fruto perfecto.
Es algo como el aire que todos respiramos
y es el canto que espacia cuanto llevamos dentro.

Son palabras que todos repetimos sintiendo
como nuestras y vuelan. Son más que lo mentado.
Son lo más necesario: lo que no tiene nombre.

Tú por mí

Si mi pequeño corazón supiera
algo de lo que soy;
si no fuera, perdido por los limbos,
cantando otro ser, otra voz,
¡ay, sabría qué me duele!

¡ay, sabría lo que busco!
sabría tu nombre, amor.
Sería todo mío, todo tuyo, y unidos
diría yo lo que quieres,
dirías tú quien soy yo.

MIGUEL HERNANDEZ
(1910–1942)

Aceituneros

Andaluces de Jaén,
aceituneros altivos,
decidme en el alma: ¿quién,
quién levantó los olivos?

No los levantó la nada,
ni el dinero, ni el señor,
sino la tierra callada,
el trabajo y el sudor.

Unidos al agua pura
y a los planetas unidos,
los tres dieron la hermosura
de los troncos retorcidos.

Levántate, olivo cano,
dijeron al pie del viento.
Y el olivo alzó una mano
poderosa de cimiento.

Andaluces de Jaén,
aceituneros altivos,
decidme en el alma: ¿quién
amamantó los olivos?

Vuestra sangre, vuestra vida,
no la del explotador
que se enriqueció en la herida
generosa del sudor.

No la del terrateniente
que os sepultó en la pobreza,
que os pisoteó la frente,
que os redujo la cabeza.

Arboles que vuestro afán
consagró al centro del día
eran principio de un pan
que sólo el otro comía.

¡Cuántos siglos de aceituna,
los pies y las manos presos,
sol a sol y luna a luna,
pesan sobre vuestros huesos!
  Andaluces de Jaén,
aceituneros altivos,
pregunta mi alma: ¿de quién,
de quién son estos olivos?

  Jaén, levántate brava
sobre tus piedras lunares,
no vayas a ser esclava
con todos tus olivares.
  Dentro de la claridad
del aceite y sus aromas,
indican tu libertad
la libertad de tus lomas.

Querer, querer...

Querer, querer, querer,
esa fue mi corona:
Esa es.
      *
Entre las fatalidades
que somos tú y yo, él ha sido
la fatalidad más grande.
      *
De la contemplación
nace la rosa;
de la contemplación
el naranjo y el laurel:
Tú y yo del beso aquel.
      *
Escribí en el árbol
los tres nombres de la vida:

vida, muerte, amor.
Una ráfaga de amor,
tantas claras veces ida,
vino y los borró.
      *
Llegó con tres heridas:
la del amor,
la de la muerte,
la de la vida.
Con tres heridas viene:
la de la vida.
la del amor.
la de la muerte.
Con tres heridas yo:
la de la vida,
la de la muerte, la del amor.

Silbo de la llaga perfecta

Abreme, amor, la puerta
de la llaga perfecta.
Abre, amor mío, abre
la puerta de mi sangre.

Abre, para que salgan
todas las malas ansias.
Abre, para que huyan
las intenciones turbias.

Abre para que sean
fuentes puras mi venas,
mis manos cardos mondos,
pozos quietos mis ojos.
Abre, que viene el aire

de tus palabras... ¡Abre!
Abre, amor, que ya entra...
¡Ay!
Que no salga... ¡Cierra!

El silbo de las ligaduras

¿Cuándo dejarás, yegua,
el rigor de la rienda?
¿Cuándo, pájaro pinto,
a picotazo limpio
romperás tiranías
de jaulas y de liga,
que te hacen imposibles
los vuelos más insignes
y el árbol más oculto
para el amor más puro?
¿Cuándo serás, cometa,
pura función de estrella,
libre por fin del hilo
cruel de otro albedrío?

¿Cuándo dejarás, árbol,
de sostener, buey manso,
el yugo que te imponen
climas, raíces, hombres,
para crecer atento
sólo al silbo del cielo?
¿Cuándo, pájaros, yegua,
cuándo, cuándo cometa,
¡ay!, cuándo, cuándo árbol?
¡Ay! ¿Cuándo, cuando?...
Cuando mi cuerpo vague,
¡ay!
Asunto ya del aire.

El silbo del dale

Dale al aspa, molino,
hasta nevar el trigo.
Dale a la piedra, agua,
hasta ponerla mansa.
Dale al molino, aire,
hasta lo inacabable.
Dale al aire, cabrero,
hasta que silbe tierno.
Dale al cabrero, monte,
hasta dejarle inmóvil
Dale al monte, lucero,

hasta que se haga cielo.
Dale, Dios, a mi alma
hasta perfeccionarla.
Dale que dale, dale,
molino, piedra, aire,
cabrero, monte, astro,
dale que dale largo.
Dale que dale, Dios,
¡ay!
Hasta la perfección.

Mis ojos sin tus ojos...

Mis ojos sin tus ojos no son ojos,
que son dos hormigueros solitarios,
y son mis manos sin las tuyas, varios
intratables espinos a manojos.

No me encuentro los labios sin tus rojos,
que me llena de dulces campanarios,
sin ti mis pensamientos son calvarios,
criando cardos y agostando hinojos.

No sé qué es de mi oído sin tu acento,
ni hacia qué polo yerro, sin tu estrella,
y mi voz sin tu trato se afemina.

Los olores presagio de tu viento
y la olvidada imagen de tu huella,
que en ti principia amor y en ti termina.

Canción última

Pintada, no vacía:
pintada está mi casa
del color de las grandes
pasiones y desgracias.

Regresará del llanto
adonde fue llevada
con su desierta mesa,
con su ruinosa cama.

Florecerán los besos
sobre las almohadas.
Y en torno de los cuerpos
elevará la sábana
su intensa enredadera
nocturna perfumada.

El odio se amortigua
detrás de la ventana.
Será la garra suave.
Dejadme la esperanza.

Umbrío por la pena...

Umbrío por la pena, casi bruno,
porque la pena tizna cuando estalla,
donde yo no me hallo no se halla
hombre más apenado que ninguno.

Sobre la pena duermo solo y uno,
pues es mi paz y pena mi batalla,
perro que, ni me deja ni se calla,
siempre a su dueño fiel, pero importuno.
Cardos y pena llevo por corona,
cardos y penas siembran sus leopardos
y no me dejan bueno hueso alguno.
No podrá con la pena mi persona
rodeada de penas y de cardos:
¡cuánto penar, para morirse uno!

Elegía a Ramón Sijé

Yo quiero ser llorando el hortelano
de la tierra que ocupas y estercolas,
compañero del alma, tan temprano.
Alimentando lluvias, caracolas
y órganos mi dolor sin instrumento,
a las desalentadas amapolas
daré tu corazón por alimento.
Tanto dolor se agrupa en mi costado
que por doler me duele hasta el aliento.
Un manotazo duro, un golpe helado,
un hachazo invisible y homicida,
un empujón brutal te ha derrumbado.
No hay extensión más grande que mi herida,
lloro mi desventura y sus conjuntos
y siento más tu muerte que mi vida.
Ando sobre rastrojos de difuntos,
y sin calor de nadie y sin consuelo
voy de mi corazón a mis asuntos.
Temprano levantó la muerte el vuelo,
temprano madrugó la madrugada,
temprano estás rodando por el suelo.

No perdono a la muerte enamorada,
no perdono a la vida desatenta,
no perdono a la tierra ni a la nada.

En mis manos levanto una tormenta
de piedras, rayos y hachas estridentes,
sedienta de catástrofes y hambrienta.

Quiero escarbar la tierra con los dientes,
quiero apartar la tierra parte a parte
a dentelladas secas y calientes.

Quiero minar la tierra hasta encontrarte
y besarte la noble calavera
y desamordazarte y regresarte.

Volverás a mi huerto y a mi higuera:
por los altos andamios de las flores
pajareará tu alma colmenera

de angelicales ceras y labores.
Volverás al arrullo de las rejas
de los enamorados labradores.

Alegrarás la sombra de mis cejas,
y tu sangre se irán a cada lado
disputando tus novias las abejas.

Tu corazón ya terciopelo ajado,
llama a un campo de almendras espumosas
mi avariciosa voz de enamorado.

A las aladas almas de las rosas
del almendro de nata te requiero,
que tenemos que hablar de muchas cosas,
compañero del alma, compañero.

Canción del esposo soldado

He poblado tu vientre de amor y sementera,
he prolongado el eco de sangre a que respondo
y espero sobre el surco como el arado espera:
he llegado hasta el fondo.

Morena de altas torres, alta luz y ojos altos,
esposa de mi piel, gran trago de mi vida,
tus pechos locos crecen hacia mí dando saltos
de cierva concebida.

Ya me parece que eres un cristal delicado,
temo que te me rompas al más leve tropiezo,
y a reforzar tus venas con mi piel de soldado
fuera como el cerezo.

Espejo de mi carne, sustento de mis alas,
te doy vida en la muerte que me dan y no tomo.
Mujer, mujer, te quiero cercado por las balas,
ansiado por el plomo.

Sobre los ataúdes feroces en acecho,
sobre los mismos muertos sin remedio y sin fosa
te quiero, y te quisiera besar con todo el pecho
hasta en el polvo, esposa.

Cuando junto a los campos de combate te piensa
mi frente que ni enfría ni aplaca tu figura,
te acercas hacia mí como una boca inmensa
de hambrienta dentadura.

Escríbeme a la lucha, siénteme en la trinchera:
aquí con el fusil tu nombre evoco y fijo,
y defiendo tu vientre de pobre que me espera,
y defiendo a tu hijo.

Nacerá nuestro hijo con el puño cerrado
envuelto en un clamor de victoria y guitarras,
y dejaré a tu puerta mi vida de soldado
sin colmillos ni garras.

Es preciso matar para seguir viviendo.
Un día iré a la sombra de tu pelo lejano,
y dormiré en la sábana de almidón y de estruendo
cosida por tu mano.

Tus piernas incansables al parto van derechas,
y tu implacable boca de labios indomables,
y ante mi soledad de explosiones y brechas
recorres un camino de besos implacables.

Para el hijo será la paz que estoy forjando.
Y al fin en un océano de irremediables huesos
tu corazón y el mío naufragarán, quedando
una mujer y un hombre gastados por los besos.

VICENTE BALAGUER
(1910–1994

¿Y quién es el poeta?

¿Y quién es el Poeta?
preguntas, candorosa, Laura mía.
Si quieres que responda a tu discreta
voz, oye la mía.
No es aquel que tus ensueños borda,
no es aquel gerifalte que, atrayente,
viste de oro y azul las que en tu frente
quimeras vanas con placer acorda;
no es el príncipe rosa; no es el gentil
mancebo caballero en la blanca hacanea
de gárrulas gualdrapas, que pasea,
tu florido y fantástico pensil.
No, Laura mía, éste no es el poeta.
Es aquel otro, ¡el otro!...

el que miente en un beso;
el que jura un amor en un exceso;
el que se burla de lo más sagrado;
el que adivina lo que no has pensado;
el que llora contigo, y luego ríe;
el que te habla y se calla;
el que maldices tú, y es él,
y no sabes, y crees, y no conoces;
el que tiene cien caras y cien voces.
    Aquél es el Poeta, ¡aquél!...
Y luego, a solas con su faz mentida
se postra de rodillas ante la pena inmensa de la vida.

DIONISIO RIDRUEJO
(1912–1975)

Cementerio

    Negar la muerte es imposible. Viene
por todas partes. Como hielo crudo
que desdora el otoño y como rayo
que raja el tronco de la primavera.
Como secreta podredumbre viva
que deja de comer o como bruto
que desde fuera rasga. La llevamos
en las horas contadas o nos tiende
su trampa en el descuido. Es nuestra casa
originaria donde volveremos
sin remedio a dormir. No hay quien la oculte.
Cabe disimularla. Para todo
tiene industrias el hombre y hay estudios
de repintar cadáveres con suave
música celestial y hasta con discos
donde el muerto agradece los favores.

Aunque al fin es preciso devolverlo
a su dueña. Sembrarlo o reducirlo
a vago polvo estéril. Pero es terco
en su residuo. Al fin y al cabo el hombre
se ha hecho labrando su esperanza sorda
en urnas y pirámides. No puede
de un golpe separarse de sus muertos,
separarse del sueño de ser sueño
de tierra inacabable. Su gastada
resistencia ha inventado estos jardines
donde la muerte late con los pájaros,
negada, distraída. Donde un niño,
el más medroso de los niños, puede
quedarse con sus juegos, pues ninguno
de los parques sonríe mejor hierba
ni en octubre se encienden tantos cobres,
púrpuras, oros, ocres, verdes suaves
de ala tenida, como en su arboleda.
Los hermosos jardines de la muerte
sobrentendida, entre los hitos pulcros
sin patetismo, chicos como el ara
de alguna ninfa, donde queda impresa
la cruz, la estrella, el nombre, como un llanto
de manantial sin énfasis que enjuga
la piadosa alegría de las flores.

Cargado estoy de escombros...

Cargado estoy de escombros...
   Me engañaron
las rosas lentamente conseguidas
minando la paciencia de los siglos
con su final esencia.
Me engañaba la paz de las campanas

al caer de la tarde, sobre la parva de oro,
cuando pasa el Arcángel y la oración lo sigue.
Me engañaron la espada y el palacio,
diente y vasija de perpetua sangre,
de cuerpo en cuerpo, de alma en alma, fieles.
Me engañaba la piedra labrando con reposo
para ley de los siglos la figura de un templo.
Y la obra brotando completa de las manos
del artífice humilde como una flor del alma.
Y me engañó el tejido de honor y de justicia
en que vi flamear a las banderas.
Y hasta tú me engañaste espíritu del hombre,
rasgando las entrañas donde está la belleza,
emproando a la estrella de la verdad el vuelo
y empuñando la tierra como un ramo de lirios.
Cargado estoy de escombros.»

RAMON GARCIASOL
(1913–1987)

Romancillo de la libertad creadora

No fuerces el verso,
criatura libre,
donde violencias
para nada sirven.
Vela, vela, vela,
la cabeza firme,
corazón sin nubes,
el oído lince,
el amor despierto,
hasta que te dicte
un soplo de gracia.
Entonces escribe
según sople el viento
y melancolice,
exalte, sosiegue,
revele raíces
con sus criaturas
alegres, terribles.
No desprecies nunca
el esfuerzo humilde,
diario, constante,
tan imprescindible:
hallan los que buscan,
merece quien vive.
Quiere, quiere, quiere
sin parar, insiste,

aguanta, rodea,
da más vueltas, pide,
apiada al destino
con trabajos, sigue
tenso de atenciones
a ver lo que dicen
la voz de la sangre
el signo que inscribe

la ola en la arena,
el silencio insigne.
(Si repica llanto,
acepta, prosigue:
si no puedes, llora;
si puedes, sonríe.
No hay escrito nada,
nada de felices.)

Poemas y poemas

No se sabe cómo se llega,
ni cómo se torna del poema,
si se va a salir de su selva
o a quedarse para pasto de fieras,
rota la razón, la tiniebla
derramada en la tinta o en la lengua.
Porque hay quienes se pasean
por las establecidas alamedas,
por las tardes burguesas
con sol y orden que les proteja.
Mas otros van con el hacha a cuestas,
para no volver si se tercia
para regresar con una luz honesta,
humilde brillo de luciérnaga,
con un rugido de caverna,
mientras la sangre hace su reguera.
Por eso hay versos donde tiembla
la tierra,
donde hermosea
el grito de la madre parturienta,
y composiciones donde nada se arriesga,
vestidas para la fiesta
de las imágenes más bellas
y más frías. Pero la piedra
es preciosa para la carne que la ostenta.

EDUARDO CARRANZA
(1913–1989)

Soneto con una salvedad

Todo está bien: el verde en la pradera,
el viento con su silbo de diamante
y, en el aire, la rama dibujante,
y por la luz, arriba, la palmera.
Todo está bien: la fuente que me espera,
el agua con su cielo caminante,
el rojo húmedo en la boca amante
y el viento de la patria en la bandera.
Bien que sea entre sueños el infante,
que sea enero azul y que yo cante.
Bien la rosa en su clara palafrén.
Bien está que se viva y que se muera.
El sol, la luna, la creación entera,
salvo mi corazón, todo está bien.

JOSE GARCIA NIETO
(1914–1994)

S o n e t o

Qué quieto está ahora el mundo. Y tú, Dios mío,
qué cerca estás. Podría hasta tocarte.
Y hasta reconocerte en cualquier parte
de la tierra. Podría decir: río,
y nombrar a tu sangre. En el vacío
de esta tarde, decir: Dios, y encontrarte
en esas nubes. ¡Oh Señor, hablarte,
y responderme Tú en el verso mío!

Porque estás tan en todo, y yo lo siento,
que, más que nunca, en la quietud del día
se evidencian tus manos y tu acento.
Diría muerte, ahora, y no se oiría
mi voz. Eternidad, repetiría
la antigua y musical lengua del viento.

MANUEL PINILLOS
(1914–1998)

Un impertinente ha muerto

A punto de morir estaba un hombre
pobre como la voz que aun frío escucha
pidiendo un pan, pidiendo amor. Su lucha,
tal que nieve cayó. Nadie se asombre.
Antes de ser «lo que la muerte escombre»,
quiso advertir que iba a su fin. No es mucha
la osadía. Más grande fue la ducha
que, heladamente, le caló hasta el nombre.
Le dijeron. «Despojo, no te quejes,
no nos tires tu lágrima; es molesto.
Acaba ya, no importa que te alejes.
Pero hazlo bien, sé fino en ese gesto.
Que esté correcto el muerto que nos dejes.»
Vomitando murió, torpe hasta en esto.

OCTAVIO PAZ
(1914–1998)

Primavera a la vista

Pulido cielo azul de invierno puro
como la frente, como el pensamiento

de una muchacha que despierta, frío
como sueño de estatua sin memoria.
El mar respira apenas, brilla apenas,
sueña la luz dormida en la arboleda
y sueñan prado y flor. Mas nace el viento
y el espacio se puebla de banderas.
Del mar dormido sube a la colina
y su invisible ser es un océano
que gira y canta, esbelto suspendido
sobre los eucaliptus amarillos.
De la colina baja al mar de nuevo
y en su rumor de hojas unos labios
sobre un desnudo cuerpo adormecido
sobre la transparencia del silencio.
El día abre los ojos y despierta
a una primavera anticipada,
rosa amarilla abierta al aire frío,
lienzo en el aire o suelta cabellera.
La roja flor se mece y se deshoja,
el día se deshoja como flor,
y abierto en luz, en vibraciones cae,
húmeda sal dispersa, sobre el mar.
El viento gira y canta y se detiene,
dulce huracán, sobre los eucaliptos.
Todo lo que mis manos tocan, vuela.
Está lleno de pájaros el mundo.

BLAS DE OTERO
(1916–1979)

Hija de Yago

Aquí, proa de Europa preñadamente en punta;
aquí, talón sangrante del bárbaro Occidente;
áspid en piedra viva que el mar dispersa y junta;
pánica Iberia, silo del Sol, haza crujiente.

Tremor de muerte, eterno tremor escarnecido,
ávidamente orzaba la proa hacia otra vida,
en tanto que el talón, en tierra entrometido,
pisaba, horrible, el rostro de América adormida.

¡Santiago y cierra, España! Derrostran con las uñas
y con los dientes rezan a un Dios de infierno en ristre,
encielan a sus muertos, entierran las pezuñas
en la más ardua historia que la Historia registre.

Alángeles y arcángeles se juntan contra el hombre.
Y el hambre hace su presa, los túmulos su agosto.
Tres años: y cien caños de sangre Abel, sin nombre...
(Insoportablemente terrible en su arregosto.)

Madre y maestra mía, triste, espaciosa España,
he aquí a tu hijo. Ungenos, madre. Haz
habitable tu ámbito. Respirable tu extraña
paz. Para el hombre, paz. Para el aire, madre, paz.

Pido la paz y la palabra

Escribo
en defensa del reino
del hombre y su justicia.
la paz
y la palabra. He dicho
«silencio»,
«sombra»,
«vacío»,
etcétera.
Digo
«del hombre y su justicia»,
«océano pacífico»,
lo que me dejan.
     Pido
la paz y la palabra.

RICARDO MOLINA
(1917–1968)

Poeta árabe

Los hombres que cantaban
el jazmín y la Luna
me legaron su pena,
su amor, su ardor, su fuego.

La pasión que consume
los labios como un astro,

la esclavitud a la
hermosura más frágil.

Y esa melancolía
de codiciar eterno
el goce cuya esencia
es dudar un instante.

LEOPOLDO DE LUIS
(1918–2005)

Patria de cada día

Cada uno en el rumor de sus talleres
a diario la patria se fabrica.
El carpintero la hace de madera
labrada y de virutas amarillas.
El albañil de yeso humilde y blando
como la luz. El impresor de tinta
que en el sendero del papel se ordena
en menudas hormigas.
De pan y de sudor oscuro el grave
campesino. De fría
plata húmeda y relente
el pescador. El leñador de astillas
con forestal aroma cercenada.

De hondas vetas sombrías
el minero. De indómitas verdades
y hermosura, el artista.
Cada uno hace la patria
con lo que tiene a mano: la sumisa
herramienta, los vivos materiales
de su quehacer, un vaho de fatiga,
una ilusión de amor y, en fin, la rosa
de la esperanza, aun en la sonrisa.

SUSANA MARCH
(1918–1991)

A m o r

¡Porque yo sé que tengo tanto amor en los brazos!
Así me pesan, hondos, graves como la vida.
Un hijo o un amante o un ramo de jazmines
o un retazo de viento o el talle de una amiga.
Aquí en los brazos siento gravitar las estrellas,
el pecho de Dios mismo, la dorada gavilla,
el vuelo de los pájaros, el corazón del Mundo,
el peso inagotable de mi melancolía.
Aquí en los brazos todo. Los hombres y los astros,
el fuego de la tierra quemándome a mí misma,
las ilusiones rotas, los sueños consumados,
y las generaciones que arrancan de mi vida.
Aquí en los brazos todo. El peso de los años,
el peso misterioso de mi propia semilla,
la sinrazón del Mundo pesando su mortaja,
¡y el peso obsesionante, mortal, de la ceniza!

GLORIA FUERTES
(1918–2000)

Silencio de nieve

Ante postura amorosa,
ante paciencia rebelde,
silencio de nieve.
Ante mi entrega diurna,
ante mi herida reciente,
silencio de nieve.

Cuando grito la injusticia,
silencio de nieve.

Cuando grito que te quiero,
nadie me entiende.

Llamo al amor por su nombre
llamo a la puerta de enfrente;
no me importa que me queme,
llamo a tu llama,
silencio de nieve.

Oración

Que estás en la tierra, Padre Nuestro,
que te siento en la púa del pino,
en el torso azul del obrero,
en la niña que borda curvada
la espalda mezclando el hilo en el dedo.
Padre nuestro que estás en la tierra,
en el surco,
en el huerto,
en la mina,
en el puerto,
en el cine,
en el vino,
en la casa del médico.
Padre nuestro que estás en la tierra,
donde tienes tu gloria y tu infierno
y tu limbo que está en los cafés
donde los pudientes beben su refresco.
Padre nuestro que estás en la escuela de gratis
y en el verdulero,

y en el que pasa hambre
y en el poeta, ¡nunca en el usurero!
Padre nuestro que estás en la tierra,
en un banco del Prado leyendo,
eres ese Viejo que da migas de pan a los pájaros del paseo.
Padre nuestro que estás en la tierra,
en el cigarro, en el beso,
en la espiga, en el pecho,
en todos los que son buenos.
Padre que habitas en cualquier sitio.
Dios que penetras en cualquier hueco.
Tú que quitas la angustia, que estás en la tierra,
Padre nuestro que sé que te vemos
los que luego te hemos de ver,
donde sea, o ahí en el cielo.

JOSE LUIS HIDALGO
(1919–1947)

Por qué voy a llorarme

¿Por qué voy a llorarme? Los árboles no lloran
cuando el hacha implacable les hiere la madera.
Yo sólo he preguntado si tu mano sombría
con nuestros troncos lívidos enciende sus hogueras.
Lloro a los que han caído porque son de mi bosque,
pero yo sigo erguido cantando en las tinieblas.
Pisando las cenizas heladas de su ruina
avanzo hacia ese fuego soñado en que me esperas.
Soy joven como el Mundo, mas lloro desde siempre
aunque todas mis hojas huelan a primavera.
Pero a mí no me lloro, porque tengo mi vida
y su efímera carne por Ti también se quema.

Vivir doloroso

No quiero morir nunca, no resigno mi cuerpo
a ser un vano tronco de enrojecida savia,
a ser sobre la tierra algo que no la sabe
cuando el mundo, a los vivos, bajo los cielos canta.
Vivir es como flor que entre dos negros vientos
una ardiente belleza sobre lo incierto alcanza.
Vivir es un relámpago que enciende cuanto toca,
es una luz terrible que un mar extraño apaga.
Señor: yo quiero verte, quiero que mi relámpago
me deje, eternamente, mirarte cara a cara,
y que el mar de la muerte en cuyas aguas bebes
seque, infinitamente, la sed de tu garganta.

Muerto en el aire

Murió en el aire cuando creía a Dios
más cerca de su ser, cuando la tierra
no sentía su peso y le llamaba
con su mano rugosa entre la niebla.
Venció la muerte. Murió en la zona pura
donde el odio es amor y la tristeza
parece azul, porque los hombres, lejos,
dejan sola la luz de las estrellas,
donde el silencio nace y sólo tiembla
cuando el latir de un corazón se para
y a su eterno vivir el alma vuela.
Murió en el aire, cuando la tierra
no sentía su peso y le llamaba
con su mano rugosa entre la niebla...

VICENTE GAOS
(1919–1980)

La tristeza

Si no fuera por ti,
si no fuera por ti, que cada tarde
tuyo me haces cuando el Sol declina,
cuando todo es tan bello porque es triste,
y hundes más mis raíces
de hombre en la tierra, de hombre inmensamente
solo bajo el poniente en que Dios huye,
¿qué sería de todo, qué sería
de nosotros? Ah, nunca,
nunca hubiéramos visto
el secreto misterio de las cosas.
Oh, tú, tristeza, madre
de toda la hermosura que ha creado
el hombre en el dolor que da tu mano
con su dulce castigo.
No te apartes de mí, ven cada día
a hacerme triste, a hacerme hombre, hijo tuyo.
Visítame.

Luzbel

Arcángel derribado, el más hermoso
de todos tú, el más bello, el que quisiste
ser como Dios, ser Dios, mi arcángel triste,
sueño mío rebelde y ambicioso.
Dios eres en tu cielo tenebroso.
Señor de la tiniebla en que te hundiste
y de este corazón en que encendiste
un fuego oscuramente luminoso.

Demonio, Señor mío, haz que en mi entraña
cante siempre su música el deseo
y el insaciable amor de la hermosura,
te dije un día a ti, ebrio de saña
mortal. Y, luego a Dios también: No creo.
Pero velaba Dios desde la altura.

SALVADOR PEREZ VALIENTE
(1919–)

Deliberado homenaje a Rafael Alberti

Nosotros éramos los mediopensionistas,   [padres
los que empezábamos a odiar con cada día la historia de nuestros
y uncidos mansamente, siempre de dos en dos, rezábamos las tris-
en la capilla. Eramos los de en medio.   [tes oraciones.
Seríamos
serios opositores, con el tiempo
empleados de banca.
Cantando torpemente, inútilmente,
íbamos aprendiendo Preceptiva.
Nos dijeron que el Mundo estaba bien hecho.
(¡Aquel pan del recreo, sucio de chocolate y de periódico!)
amábamos a Dios sobre todas las cosas,
nosotros, los de en medio.
¡Oh, los tristes pupitres,
los últimos pupitres de la sombra
donde el pecado habita
y un beso se recuerda!
¡Y aquel olor a orín, a col y a tinta!
Manejábamos
negros devocionarios,
largas jaculatorias milagrosas,
refulgentes estampas.

¿Podrías recordar quién escupía en todos los rincones?
De rodillas,
olvidando el rencor
–jóvenes, seamos buenos–,
implorábamos humilde, tercamente,
mientras alguien cerraba las ventanas.
Asistíamos
al grito de los pobres.
Nosotros, los de en medio.
Maravilloso pasmo de una mosca, de un ala,
sobre la obstinación de los tinteros,
la terca contumacia de las cifras.
Y los últimos bancos, sin remedio posible.
Ibamos ya subiendo
desesperadamente.
Conocíamos, en los prohibidos libros,
la tristeza de nostálgicas vírgenes besadas por dinero,
la habitación donde se dejaría, a la hora de los trenes,
un pañuelo manchado.
Amábamos
la imposible sonrisa de una mujer casada y la muerte gloriosa
de un deseo imposible.
De rodillas,
de rodillas nacieron nuestros padres.
Por los claustros llegaba la memoria de los asesinos a traición.
Ya empezaba a indignarnos
la mansa servidumbre de las cosas domésticas.
Un día,
cuando el miedo asomase tras las puertas,
poblando los pasillos de la casa,
el cuarto de los juegos,
cuando ya casi nadie
se atreviese a cantar violentamente
y el llanto acompañase las comidas
bajo una luz de miedo, de peligro,

alguien nos pediría que olvidásemos.
Mas éramos de cera, de pecado mortal,
adolescentes tímidos curados de locura,
pobres abandonados,
los hijos de familias bondadosas.
Es preciso
la cobardía de siglos,
la fiebre y el olor de las alcobas,
tanto tiro oxidado en las negras recámaras,
tanto sordo fusil,
para olvidar la historia.
Pero éramos los mediopensionistas,
los cuñados de los procuradores,
los hermanos
de aquellas jovencitas temerosas
guardadas por un ángel.
Nos hicieron del centro
de los que no saben odiar,
de los que siempre pierden en la lucha.
Nosotros, los de en medio,
muertos tranquilamente en nuestra cama,
mientras el Mundo gira
y algo primaveral, turbio, potente,
avanza.

JAVIER BENGOECHEA
(1919–1997)

Pequeño relato

Llegó la guerra. Izamos
los buenos la esperanza.
Después tres años. Luego,
más años y más lágrimas.

Que aunque los buenos ganen,
la muerte es la que gana.
Para matar no importa
el color de la bala.

Sobre colores, mucho
hay escrito en mi patria,
pero a mí se me han ido
los colores del alma.
 (Señor, aquellos ayes...
y aquellas madrugadas

Que no hablen las cunetas.
Que se callen las tapias.)
Llegó la paz. Y era
una paloma blanca,
con un millón de muertos
colgando de sus alas.

RAFAEL MORALES
(1919–2005)

Suburbio

De repente, en la noche, tres tímidas farolas
han puesto sus tres lunas temblando en las aceras,
tres limones de oro sobre las piedras solas,
heladas y redondas igual que calaveras.
Aquí los vidrios rotos de olvidadas botellas,
que se agrupan en sucios, solitarios rincones,
se convierten en tiernas, derribadas estrellas,
en agrupadas, mansas, leves constelaciones.
Tristes membranas frías levanta el barro oscuro
que luego se derrumban con un leve gemido.
Tras su caída queda solo un silencio puro,
tendido en las aceras como un perro dormido.
Qué doloroso eres, viejo barrio nocturno,
sonoro de zapatos que arrastran su pobreza.
Desde tu frío asfalto, manchado y taciturno,
sube negra una ola de callada tristeza.

El toro

Es la negra cabeza negra pena,
que en dos furias se encuentra rematada,

donde suena un rumor de sangre airada
y hay un oscuro llanto que no suena.
En su piel poderosa se serena
su tormentosa fuerza enamorada
que en los amantes huesos va encerrada
para tronar volando por la arena.
Encerrada en la sorda calavera
la tempestad se agita enfebrecida,
hecha pasión que al músculo no altera:
es un ala tenaz y enardecida,
es un ansia cercada, prisionera,
por las astas buscando la salida.

LUIS LOPEZ ANGLADA
(1919–2007)

Cuenta cómo sucedió...

Sucedió que aquel año se decía
que los tiempos cambiaban. Cierto era.
Aquel año empezó la primavera
cuando apenas enero se moría.
Aquel año la tarde convertía
en campos de pasión la tierra entera,
que, por cazar, el alma fue campera
y la caza le hirió que perseguía.
Sucedió que era invierno, que el Destino
preparaba un asombro campesino
de manos blancas y sandalia breve.
Y me encontré en Castilla deslumbrado
con todo el corazón enamorado
como una antorcha en medio de la nieve.

Mendigo

Triste, macilento, analfabeto
áspero de miseria y de montaña;
agrio de soledad, triste alimaña
que alarga por las manos su esqueleto.
Mendiga calderilla y el secreto
cardenillo del odio le acompaña.
Larvada pena de una triste España
que hace bárbaro y triste mi soneto.
¿Por qué tanto destierro? Encadenado
hay dentro un hombre a la carroña atado,
maldito hasta la punta de los dedos.
Mientras nosotros, sanos de la tierra,
jugamos al amor bajo la sierra
y vela Dios sobre la luz de Gredos.

Vuelvo otra vez

Vuelvo otra vez al alto Guadarrama.
No hay sangre. Viento y pinos
apagan el recuerdo. De una rama
vuela un jilguero. Duermen los caminos.
Vuelvo a pisar la entraña de la sierra.
No hay dolor. No hay dolor. Cubre, dorada,
la luz del Sol el pecho de la tierra
dulcemente callada.
Vuelvo otra vez. ¡Oh pinos de un sangriento
sino de julio! El corazón me duele,
pero ya no hay dolor. Fragante, el viento
a hierba nueva y a retama huele.
Y está mi juventud en la ladera
dejada con amor de sangre y fuego

apasionadamente. ¡El tiempo era
tan de vida y de juego!
Vuelvo a pisar la peña que tenía
una mancha de sangre. El Sol, bajando,
enciende el horizonte. El alma mía
se me asoma a los ojos recordando.
Es el mismo. Es el mismo Guadarrama.
Soy el mismo. La sombra tiende el vuelo.
Es ya la noche.
       Y una voz me llama,
hecha de amor y sombra, desde el cielo.

JULIO MARURI
(1920–)

Estoy en medio de la vida...

Estoy en medio de la vida,
contemplando sus turbias fuentes.
Arbol herido soy. Las aguas
no podrán rejuvenecerme.
Yo pedía cielos hermosos
libertad que en la estrella esplende,
sabiduría que Dios guarda
para los hijos de la muerte.
Yo pedía claras mañanas,
primaveras que nadie enciende;
mares que fuesen recorridos
por el desnudo pie inocente.
Yo pedía la muerte incierta,
no la que llega de repente;
la que permite ver los días
tal como sueños por la frente.
Quise un amor que no acabara..
y estoy en medio de la muerte.

Me desconocen quienes me recuerdan...

Me desconocen quienes me recuerdan.
Me ven pasar. Otoño me ha reñido.
Soy el de ayer, pero la tarde es triste.
Soy para todos el desconocido.

Si me preguntan, hablo de la muerte;
si del amor, responde mi gemido
si de la vida, digo que recuerdo
alguna noche que sufrí contigo.
Paso entre todos. Soy el solitario.
Yertas, mis manos rozan el olvido.
Por la tristeza paso, voy, me pierdo.
Todos me dicen el desconocido.

MIGUEL LABORDETA
(1921–1969)

1 9 3 6

Fue en la edad de nuestro primer amor
cuando los mensajes son propicios al precoz embelesamiento
y los suaves atardeceres toman un perfume dulcísimo
en forma de muchacha azul o de mayo que desaparece,
cuando
unos hombres duros como el sol del verano
ensangrentaban la tierra blasfemando
de otros hombres tan duros como ellos;
tenían prisa por matar para no ser matados
y vimos asombrados con inocente pupila
el terror de los fusilados amaneceres,
las largas caravanas de camiones desvencijados
en cuyo fondo los acurrucados individuos
eran llevados a la muerte como acosada manada;
era la guerra, el terror, los incendios, era la patria suicida,
eran los siglos podridos reventando;
vimos las gentes despavoridas en un espanto de consignas atroces;
iban y venían, insultaban, denunciaban, mataban,
eran los héroes, decían golpeando
las ventanillas de los trenes repletos de su carne de cañón;

nosotros no entendíamos apenas el suplicio
y la hora dulce de un jardín con alegría y besos;
fueron noches salvajes de bombardeo, noticias lúgubres,
la muerte banderín de enganche cada macilenta aurora;
y héteme aquí solo ante mi vejez más próxima
preguntar en silencio
¿qué fue de nuestro vuelo de remanso,
por qué pagamos las culpas colectivas
de nuestro viejo pueblo sanguinario;
quién nos resarcirá de nuestra adolescencia destruida
aunque no fuese a las trincheras?
  Vanas son las preguntas a las piedras
y mudo el destino insaciable por el viento;
mas quiero hablarte aquí de mi generación perdida,
de su cólera, paloma en una sala de espera con un reloj parado siempre;
de sus besos nunca recobrados,
de su alegría asesinada
por la historia siniestra
de un huracán terrible de locura.

JOSE HIERRO
(1921–2001)

El indiferente

Ahora seremos felices,
cuando nada hay que esperar.
  Que caigan las hojas secas,
que nazcan las flores blancas,
¡qué más da!
  Que brille el sol o que arpegie
la lluvia sobre el cristal,
que todo sea mentira
o que todo sea verdad;

que reine sobre la tierra
la primavera inmortal
o que decline la vida,
¡qué más da!
  Que haya músicas errantes,
¡qué más da!
  Para qué queremos músicas
si no hay nada que cantar.

Caballero de otoño

Viene, se sienta entre nosotros
y nadie sabe quién será,
ni por qué cuando dice *nubes*
nos llenamos de eternidad.
Nos habla con palabras graves
y se desprenden al hablar
de su cabeza secas hojasque con
que con el viento vienen y van.
Jugamos con su barba fría.
Nos deja frutos. Torna a andar
con pasos lentos y seguros
como si no tuviera edad.
El se despide. ¡Adiós! Nosotros
sentimos ganas de llorar.

Las nubes

Inútilmente interrogas.
Tus ojos miran al cielo.
Buscas, detrás de las nubes,
huellas que se llevó el viento.

Buscas las manos calientes,
los rostros de los que fueron,
el círculo donde yerran
tocando sus instrumentos.

Nubes que eran ritmo, canto
sin final y sin comienzo,

campanas de espumas pálidas
volteando su secreto,

palmas de mármol, criaturas
girando al compás del tiempo,
imitándole a la vida
su perpetuo movimiento.

Inútilmente interrogas
desde tus párpados ciegos.
¿Qué haces mirando a las nubes,
José Hierro?

Canto a España

... tierras tristes,
tan tristes que tienen alma.
ANTONO MACHADO

Oh España, qué vieja y qué seca te veo.
Aún brilla tu entraña como una moneda de plata cubierta de polvo
Clavel encendido de sueños de fuego.
He visto brillar tus estrellas, quebrarse tu luna en las aguas, [dientes
andar a tus hombres descalzos, hiriendo sus pies con tus piedras ar-

¿En En dónde buscar tu latido: en tus ríos
que se llevan al mar, en sus aguas, murallas y torres de muertas ciudades?
¿En tus playas, con nieblas o sol, circundando de luz tu cintura?
¿En tus gentes errantes que pudren sus vidas por darles dulzor a tus frutos?

   Oh España, qué vieja y qué seca te veo.
Quisiera talar con mis manos tus bosques, sembrar de ceniza tus
arrojar a una hoguera tus viejas hazañas,   [tierras resecas,
dormir con tu sueño y erguirme después, con la aurora,
ya libre del peso que pone en mi espalda la sombra fatal de tu ruina.

   Oh España, qué vieja y qué seca te veo.
Quisiera asistir a tu sueño completo,
mirarte sin pena, lo mismo que a luna remota,
hachazo de luz que no hiende los troncos ni pone la llaga en la piedra.

   Qué tristes he visto a tus hombres.
Los veo pasar a mi lado, mamar en tu pecho la leche,
comer de tus manos el pan, y sentarse después a soñar bajo un álamo,
dorar con el fuego que abrasa sus vidas, tu dura corteza.
Les pides que pongan sus almas de fiesta.
No sabes que visten de duelo, que llevan a cuestas el peso de tu acabamiento,
que ven impasibles llegar a la muerte tocando sus graves guitarras.

   Oh España, qué triste pareces.
Quisiera asistir a tu muerte total, a tu sueño completo,
saber que te hundías de pronto en las aguas, igual que un navío maldito.

   Y sobre la noche marina, borrada tu estela,
España, ni en ti pensarías. Ni en mí. Ya extranjero de tierras y días.
Ya libre y feliz, como viento que no halla ni rosa, ni mar, ni molino.
Sin memoria, ni historia, ni edad, ni recuerdos, ni pena...
...en vez de mirarte, oh España, clavel encendido de sueños de llama,
cobre de dura corteza que guarda en su entraña caliente
la vieja moneda de plata, cubierta de olvido, de polvo y cansancio...

TORCUATO LUCA DE TENA
(1923–1983)

Madrigalillo triste a una mujer casada

¿Es tu hija, verdad? La he conocido
por la estrella fugaz que hay en sus ojos,
la cabeza inclinada y esa manera
—¡tan tuya! –de mirar, llena de asombro.
  ¿Es tu hija, verdad? Lo han presentido
desde tan hondo
unos vientos callados que dormían
bajo las aguas quietas, en el pozo
de los tiempos perdidos donde guardo
las hojas que cayeron
de los sauces remotos.
  Tiene luz en la cara tu misma luz,
y el gesto melancólico.
Tiene el cuello tan frágil como tú lo tenías
y en la frente los mismos
pájaros locos.
  Tiene un viento de ayer entre los dedos
y en el rostro...
¡Tu firma escrita
con otra sangre
que no conozco!

Preludio de diálogo con un poeta muerto

A Leopoldo Panero.
«Temblor de ti mi pensamiento tiene
al fluir por el verso gota a gota
la sorpresa, el dolor de recordarte
trágicamente ahora.»

«Temblor de ti mi pensamiento tiene»
distante y dulce amigo muerto

que en soledumbre bogas por las aguas
que están fuera del tiempo.
«Al fluir por el verso gota a gota»
luminoso el dolor de tu recuerdo;
si lloramos, ¿te llega nuestra lluvia?;
si te hablamos, ¿te alcanza nuestro aliento?
Si en tu mar no hay orillas, ¿en qué costas
rompen las altas olas su misterio?
¿Cómo es la arena, dime, dónde escriben
sus versos los poetas que estáis muertos?
¿Es más amargo el mar o ocaso es dulce?
¿Susurra la corriente, o el silencio
cubre la eterna espuma como nieve
que amordaza el murmullo y mata el eco?
Aunque sangre mi oído al escucharte,
¿por qué no habláis los muertos?
¿Se hunden las plantas en el agua blanda
como en el Tiberíades las de Pedro,
o se hace duro el mar a vuestros pies
tan leve es vuestro peso?
Aunque sangre mi piel al aprehenderte,
¿por qué no habláis los muertos?
«La sorpresa, el dolor de recordarte»
ha anegado de luz este silencio
que amordaza la voz de los que son
al grato dialogar con los que fueron.
¿Mas es que acaso «somos» si vivimos
y ya «no son» aquellos que vivieron?
Decidles la verdad, sin callar nada
a los que un día, amigos, irán a veros.
Aunque sangre mi voz al contestarte,
¿por qué no habláis los muertos?
¿Eres tú mismo, el mismo que eras antes?
¿No eres el mismo? Dime: ¿sigues siendo

«trágicamente ahora», o ya no eres
trágicamente tú, más que en tus versos?
Aunque me sangre el alma al comprenderte
hablad, hablad, los muertos.

EUGENIO DE NORA
(1923–)

Antipoema del cansancio

Viendo ahora, mirando el triste mundo,
el putrefacto mundo humano
que conocemos, que hemos visto,
«inquietante» y «crucial», «predestinado»
(según nos dicen los periódicos),
en el que nos sentimos más bien presos, como algo
–nosotros, ello, todo–, algo que se devora
y se amontona y sigue sobre sus propios huesos blancos...
Teniendo en cuenta las banderas colgadas,
arrugadas y pálidas como palabras de un discurso falso;
anotando los números que indican «ración»
y «30 días», correlativamente, o «dividendos» y «salarios»
(bien sé que no son cosas versificablcs, pero
es lo que encuentro y no voy a ocultarlo;
lo anoto pues y sigo...).
Parándose a pensar en lo que han dicho
–entre otros varios–
los «Excelencias» y los «Líderes»,
los fariseos y los publicanos,
mi zapatero, Einstein
y Mr. Dulles–sucesor de Mr. Acheson... –
sin olvidar, por otra parte, el cielo azul,
el movimiento grácil de los álamos,

y la anarquía de la primavera, y la situación caótica
que provocaría el crac de tanto verde o blanco
piojo (perdón,
pero está claro
que no son más que símbolos poéticos
todas las cosas de que vengo hablando...).
   Al mirar esto, al considerar esto, sí, ¿para qué engañarse
ni para qué exponer personalmente lo que experimentamos...?
(Unos lectores se indignarán, castizamente;
otros habrán de avergonzarse, y sentirán toda su vida
como un sueño pesado;
muchos, en fin, es lo seguro,
dirán: «esto no es arte», o bien: «¡qué prosaísmo!», y pondrán
en la radio
un fox o un vals; o la emisión «Juerga en el aire»
o algo,
dulce de todos modos y más lírico.
Entretanto
llega la hora de acostarse, o–si es por la mañana–
del vermú y del aperitivo acostumbrado...)
Pues como ya dijimos antes–pero ahora va de veras–: «en fin»,
en fin, sí; ¿para qué engañarnos?
Amigos míos, poetas, nuestro oficio
es inútil, pensadlo.
Los que nos oyen no comprenden, y los que entenderían...
no tienen tiempo de escucharnos.

Patria

   La tierra, yo la tengo sobre la sangre escrita.
Un día fue alegre y bella como un cielo encantado
para mi alma de niño. Oh tierra sin pecado,
sobre cuyo silencio sobre la paz gravita.

Pero la tierra es honda. La tierra necesita
un bautismo de muertos que la hayan adorado
o maldecido, que hayan en ella descansado
como sólo ellos pueden, haciéndola bendita.

Fui despertado a tiros de la infancia más pura
por hombres que en España se daban a la muerte.
Aquí y allá, por ella. ¡Mordí la tierra, dura,

y sentí sangre viva, cálida sangre humana!
Hijo fui de una patria. Hombre perdido: fuerte
para luchar, ahora, para morir, mañana.

CARLOS EDMUNDO DE ORY
(1923–)

Silencio extraño

O.V. de Milozs
Tous les morts sont ivres de pluie vieille et sale

Qué ruido hace el mundo en esta parte
donde están los que son del mismo paño
como ánimas vivientes en su apaño
rindiendo culto a Eros culto a Marte
   Mientras la muchedumbre aquí comparte
su miel su hiel con desengaño y daño
los muertos duermen qué silencio extraño
al otro lado en un eterno aparte
   Tantos sedientos entre hambrientos van
ya sea tras el oro o tras el pan
los buitres por encima de los bueyes
   Y allí sin la codicia ni la acucia
están ebrios de lluvia vieja y sucia
los dulces muertos del reposo reyes

Racimo y ramo

Soy amo del amor pues cuando llamo
al lado mío a la mujer es por
un impulso lo mismo que la flor
se activa viva cuando el sol es amo
De toda la ternura que reclamo
en la mujer encuentro la mejor
que si busco la fruta del amor
la cojo yo como racimo y ramo
Y quien sepa coger a la mujer
con gran cuidado aparte de ser hombre
será un dios de la vida soberana
Cuerpo con cuerpo somos ser con ser
y al darnos juntos ambos damos nombre
a la existencia y la ilusión no es vana

LORENZO GOMIS
(1924-2005)

León triste

Es mejor, a menudo, rugir
que esperar disciplinadamente la carne de las doce.
Más vale rugir,
más vale arrugar un poco el aire de la jaula
como un papel de periódico odioso,
al aire ese, rosado,
culpable, al fin y al cabo, de nuestra pereza
cada mañana.
de nuestra delicia, ah,
cada mañana.
Es mejor, a menudo, rugir

que esperar modestamente
a que nos traigan el agua indispensable
en la latita azul de la costumbre.
Más vale rugir, con gruñidos antiguos,
que somos leones, fieras.
Bah,
la verdad es que cansa.
Nos cansa ya girar nerviosos como actores
en una jaula pública,
frente a niños que aplauden
y niñeras que chirrían explicaciones falsas
mientras nos señalan (y ríen) con el dedo
como si fuéramos tontos.
La verdad es que ser león es triste,
es triste comer carne,
es triste beber agua en una lata excesivamente limpia,
es triste,
es triste charlar con el guarda, cada tarde,
cuando resbala el Sol a la charca fangosa
y anaranjada.
Es triste ver los niños,
es triste contemplar las chimeneas
y comer panecillos
y beber alguna vez, a escondidas,
un poco de vino.
Es triste desgarrar este periódico
del aire sonrosado de la jaula,
culpable
de nuestro tamaño cada vez más pequeño,
de nuestras nuevas costumbres familiares,
de nuestra pereza, ah,
nuestra delicia
medible y manejable y vergonzosa,
al despertar a la vista de todos,

cada mañana,
en un mundo de escobas y de niños,
en un mundo de agua y de niñeras,
en un mundo de Sol y de barrotes,
en un mundo de gaseosa y no sangre.
Hay que rugir,
es mejor, a menudo, rugir,
que reconocer que sabemos que es ridículo
rugir;
ridículo y tonto
porque nadie nos teme.
Sólo en sueños;
en sueños, ah, en sueños hay silbidos,
cacerías brillantes, carniceras,
gacelas hermosísimas
para morder en su cuello con dulzura;
hay selva y noche y Luna y esperanza,
hay sangre tan reciente
que nos arranca lágrimas de dicha;
hay mordiscos y besos enredados
debajo de la hierba;
en sueños bebe bosque nuestra boca,
bebemos muerte, sollozamos muerte,
con amor de profetas
en la persecución nocturna del futuro.

Así fueron desde siglos nuestros sueños.
Pero es triste,
ahora cada día el sueño es más triste;
a veces encontramos en la selva
biberones, a veces panecillos,
incluso carne cortada y preparada.
Es triste.
La selva cada vez es más pequeña

y cada vez más ordenada;
a veces vemos jaulas,
y niñeras y niños paseando.
Y nosotros, entonces, rugimos,
rugimos...
Pero es por costumbre.

ANGEL GONZÁLEZ
(1925–2008)

Mensaje a las estatuas

Vosotras, piedras
violentamente deformadas, rotas
por el golpe preciso del cincel,
exhibiréis aún durante siglos
el último perfil que os dejaron:
senos inconmovibles a un suspiro,
firmes
piernas que desconocen la fatiga,
músculos
tensos
en su esfuerzo inútil,
cabelleras que el viento
no despeina,
ojos abiertos que la luz rechazan.
Pero
vuestra arrogancia
inmóvil, vuestra fría
belleza,
la desdeñosa fe del inmutable
gesto, acabarán

un día.
El tiempo es más tenaz.
La tierra espera
por vosotras también.
En ella caeréis por vuestro peso,
seréis,
si no ceniza,
ruinas,
polvo, y vuestra
soñada eternidad será la nada.
Hacia la piedra regresaréis piedra,
indiferente mineral, hundido
escombro,
después de haber vivido el duro, ilustre,
solemne, victorioso, ecuestre sueño
de una gloria erigida a la memoria
de algo también disperso en el olvido.

JOSE MARIA VALVERDE
(1926-1996)

Vida de esperanza

Basta de *razas ubérrimas, sangre de hispania fecunda,*
nada de *marcha triunfal,* ni *cortejo,* ni *viejas espadas;*
en *espíritu unidos,* en *miseria* y *en ansias y lengua,*
siervos dispersos, rumiando, lo más, un pasado de mito.
Bajo los ojos de Dios, los de la lengua española, ¿qué somos?
¿Qué hemos dejado en su libro, qué cuentas, qué penas?
Si algo supimos cantar de su gloria en el Mundo,
mucho pecamos alzando la cruz como espada (gritaba
el obispo del Cid, al galope: *Ferid, caballeros,*

por amor de... el Criador, dice el texto Pidal, *caridad,*
Per Abbat; ¿qué es peor?), y hasta hoy día retumban Cruzadas.
Pague, Señor, cada cual su pecado, y el pueblo,
víctima siempre, se libre de deuda y castigo.
¿De qué sirve el destello del Siglo de Oro al cansado?
¿Y Don Quijote y el buen gobernador Sancho Panza,
de qué, al que no sabe leer ni esperar en un ensueño?
Nuestra gente habla y dice: «trabajo», «mañana», «pues claro»,
«los chicos», «es tarde», «el jornal», «un café», «no se puede»;
no hay ni cultura europea ni estirpe latina en sus bocas,
sólo el escueto ademán del que afianza la carga en los hombros.
El que es siervo no habla español, ni habla inglés, ni habla nada;
su palabra es la mano de un náufrago que agarra a las olas,
las cuales le pesan y embisten sin volverse lenguaje.
Nadie cree ya en pueblos–Mesías, «destinos», «valores»;
la Tierra es un solo clamor, y el niño en Vietnam o en el Congo
llora lo mismo que el niño en Jaén y en los Andes.
Pero el rico es más fuerte que nunca, y su miedo le hace
más hábil y duro, y pretende cerrar el mañana;
se arman los créditos, vuelan alarmas por radio, y, en tanto,
se amontona la cólera sacra de pueblos y pueblos.
Y algo se mueve también, con palabra española,
y suena a menudo: «esto no puede seguir así», o algún viejo
proverbio con nuevo sabor como: «no hay mal que cien años dure».
Y hasta si fuera a valer para un poco de paz y justicia,
más valdría borrar nuestra lengua, nuestro ser, nuestra historia.
La esperanza nos llama a poner nuestra voz en el coro
que para todos exige la escasa ración que nos debe la vida,
en la historia del hombre, en su ambiguo avanzar, malo y bueno,
trabajando y cayendo, pero acaso ayudando a los pobres,
hasta estar bajo el juicio secreto, el amor enigmático,
la memoria de Dios donde un día las lenguas se fundan...

ANGEL CRESPO

(1926–1995)

Un vaso de agua para la madre de Juan Alcaide

Te recuerdo callando entre mujeres
mientras tu Juan, metido en una caja
aguardaba los puentes de la tierra.

Yo no le quise ver porque me daba miedo.
No porque la muerte me estremezca
ni un muerto me dé espanto,
sino porque era Juan con su calva y su frente
y con sus labios gordos y sus manos helándose.

Entonces me dio miedo de estar en Valdepeñas,
de haber llegado en tren por la mañana
y haber bebido vino antes de verte.
Porque tú estabas quieta en una silla
sin pronunciar un verbo
y con gesto de no importarte nada
ni yo, ni el tren, ni Valdepeñas,
ni tu hermana, ni el cura, ni los salmos,
ni el maestro que vienc y te saluda.

Apenas si sabías donde estabas,
si en tu casa, en la iglesia con las monjas,
o en el Ayuntamiento pronunciando
un discurso pidiendo que arreglen una calle.
Transitaba la gente por la alcoba,
y tú, entonces, pensabas
en que aquel lleva sucia la camisa,
el hilo azul para zurcirla, en niños

que van en aeroplano, en Juan corriendo,
en reparar el mueble de las mantas,
en sentarte en el suelo para morir de prisa.

Cerca estaba tu hijo
y hacían fuerza para alzarle algunos.

JOSE AGUSTIN GOYTISOLO
(1928–1999)

Bécquer en Veruela, Julio de 1864

Como destello en la superficie del agua desabrida
    que sus manos todavía no tocaron
inclinado ante la monacal y espeluznante
    palangana golpeada floreada
cree que aún le persiguen las imágenes
    del sueño bruscamente interrumpido
y ve el perfil la sonrisa dios los gestos
    de una mujer increíblemente bella
que no es Casta ni Julia ni tampoco Elisa
    ni la otra la sin nombre la señora
a la que algunos llaman con rencor soriano
    la dama rica de Valladolid.

Extraños son pero no incomprensibles los delirios
    de un poeta con duelo y desamor
porque el rostro que está en el agua quieta
    es el de Dorotea la muchacha bonita
sobrina por más señas del cura mosén Gil
    con sus ojos chispeantes divertidos
que habla y habla deprisa cuenta historias fantásticas
    de aquelarres y sangre y sacrilegios
entre fornicaciones de grito y dentellada

que practica en las noches sin luna
con el mismísimo diablo sobre la hierba húmeda
del miserable pueblo de Trasmuz.

Mejor no continuar: sus dedos al fin rompen
la superficie tersa del espanto
lava aparta las huellas de tos y de fatiga
hemotisis y fiebre de horas altas
mientras aún sigue oyendo la risa de las brujas
mezclarse con el llanto de su hijo
y en su cabeza bullen enanos escribientes
endriagos con furor de velocípedo
que registran ensueños milagreros para la Carta Octava
que ha de salir mañana hacia Madrid.

La toalla en los hombros se mira se contempla con miedo
—nada existe peor que estos instantes—
en el pequeño espejo de marco amarillento anaranjado
que alguien clavó en la jamba del postigo
amaña gestos firmes se palpa las mejillas
se pellizca con rabia ah el color
hay que seguir más vale esto sin duda que el empleo
de fiscal de novelas no no quiere
eso nunca no desfallecerá no hay rendición
es verano y el día está hermosísimo.

En tiempos de inclemencia

Tal mercader que huyendo del saqueo
busca lugar donde esconder sus bienes
así quise hacer yo:
salvar lo mío en tiempos de inclemencia.
Y enterré en lo más hondo horas e imágenes
sueños guardé.
Pero después la lluvia
borró el camino y no encontré el tesoro.

Como los trenes de la noche

Si alguna vez estás pensando:
no sé qué pasa tengo frío
desearía irme de aquí
es que el pájaro negro vuela
sobre tus horas y tu casa.
Podrás notar un aire alto
un alear de escalofrío
pero no debes asustarte

ni te ampares en otros brazos.
Atraviesa la soledad
como los trenes de la noche:
la luz que huye es más hermosa
cuando el ave la sobrevuela.

El viaje termina pronto
y después ya no ocurre nada.

GREGORIO SAN JUAN
(1928–2006)

Mientras dura escribimos al dictado

Lo nuestro es ir durando hasta Dios sabe
cuándo Dios sabe cómo
cómo te lo diré para que entiendas
que me dirijo a ti y a ti y a ti
tapia redonda rostro verdadero
de un pueblo que agoniza de hambre sed
y bienaventuranza
oh sed quién puede ser que no haya sido
antes o no esté siendo
contra el grito invasor de la corriente
corrientes aguas puras cristalinas
quién puede hoy sin rubor mirarse en ellas
mientras se escucha el himno y van cayendo
heridos de amargura los mejores
mejores no hay después de Dios se entiende
y de la Casa de Quirós si acaso
qué confusión de veinte años y un día
digo diré mejor cuando me dejen

llenar la andorga y calla lo demás
son ganas de buscar tres pies al toro
ibérico despacio y buena letra
un dos un dos y oído a la pisada
se abre interrogación tras del paréntesis
porque soy hijo de una patria triste
lo ha dicho Blas amén punto redondo
podrá faltarme el aire el agua el pan
lo nuestro es trabajar con be de burro
y amar amar y amar que en el futuro
se ha de escribir no más con hache de hombre
yo nunca supe mucha ortografía
rectitud de intención siempre la tuve
y en cosas de opinión a las disputas
de los hombres lo dejo ésta no es copia
que yo no sé escribir más que al dictado
del corazón.

JUAN MOLLA
(1928)

Universo

He amado el fuego, el sol y las estrellas.
He amado el mar, las islas y la arena,
las montañas en pie, las cordilleras
y las viejas llanuras de la Tierra.
He amado el cielo azul, la masa de la piedra,
la joya de la sal y el agua que serpea;
la nieve y el carbón, la Luna llena,
la lluvia, ciertas nubes, ciertas nieblas,
amaneceres lentos, largas puestas
de sol. Y las tormentas.

He adorado los bosques y la hiedra,
las amapolas mágicas, la esfera
universal de la naranja
y las hojas de hierba.
    Amé el metal gastado y la madera
limada por las manos; y las huellas
de las generaciones en las sendas;
y el fósil genital de las cavernas
con el filo del hacha y la silueta
mineral del bisonte. Amé la rueda
y el eje y la palanca. Amé las cuerdas
que sujetan los vientos y las velas.
    He amado una alta torre, una escalera,
una campana, una ventana abierta,
canciones recordadas y banderas.
Y un reloj. Y una llave. Y una puerta.

El pozo

    Algo se te cayó, cuando eras niño,
dentro del viejo pozo.
    Te asomaste al brocal. Nada veías
sino los culantrillos y la cuerda
que iba a hundirse en lo negro
del abismo redondo;
sino la boca abierta del dragón, de la sierpe
rumorosa del agua agazapada
en la caverna vertical
que horadaba la tierra,
con las voces del eco, hasta el negro infinito.
    Quizá tu cuerpo vaciló. Caíste
pozo abajo en silencio para hundirte
interminablemente hacia lo oscuro.
    Algo se te cayó, cuando eras niño,
y aún te espera en la hondura.

No en vano tantas veces con inquietud te asomas
y miras largamente sin recordar. Un día
descenderás, seguro, a recobrarlo.

Las palabras

I

Cuando silben los pájaros primeros.
Cuando surja la luz y nazca el aire.
Cuando el hielo se talle en rosas libres
y la palabra brote con la sangre.
   Si de pronto los pájaros cantaran.
Si volviera a cuajar de nuevo el cuarzo.
Si se encendiera el ritmo de las olas
y recobraran su furor los astros.
   Si no anduviera el mar tan torpe y lento
y la savia del árbol no durmiera.
Si no languidecieran los metales.
Si las palabras no nacieran muertas.

II

Cada vez más silencio.
Cada vez más estrépito lejano.
Cada vez más dormidos los recuerdos.
Cada vez menos cantos.
   Se van perdiendo las palabras vivas
y los pasos de ayer se van perdiendo.
Las llamadas del bosque se amortiguan.
Cada vez menos ecos.
   Casi no queda huella en la memoria
de una larga impaciencia.
De una pregunta que vibró en la aurora
y aún espera respuesta.

Llanura

Llegas al alto. Miras la llanura
que se pierde a lo lejos. Atardece
y en la bruma lejana te parece
de pronto el mar. Cruje tu arboladura
y dices: No es el mar.
    Desde la altura
ves que un faro lejano resplandece
y dices: No es el mar. Pero se mece
ya tu bajel soñando su aventura.
    No es el mar todavía. No es un faro.
Sólo el llano a los pies de la ladera.
El oscuro espejismo se retira.
    Ya todo en el crepúsculo está claro
Es sólo la llanura lo que espera
La tarde cae. Ya la mar te mira.

JAIME GIL DE BIEDMA
(1929–1990)

Vals de aniversario

Nada hay tan dulce como una habitación
para dos, cuando ya no nos queremos demasiado,
fuera de la ciudad, en un hotel tranquilo,
y parejas dudosas y algún niño con ganglios,
si no es esta ligera sensación
de irrealidad. Algo como el verano
en casa de mis padres, hace tiempo,
como viajes en tren por la noche. Te llamo
para decir que no te digo nada
que tú ya no conozcas, o si acaso

para besarte vagamente
los mismos labios.
    Has dejado el balcón.
Ha oscurecido el cuarto
mientras que nos miramos tiernamente, incómodos
de no sentir el peso de tres años.
    Todo es igual, parece
que no fue ayer. Y este sabor nostálgico,
que los silencios ponen en la boca,
posiblemente induce a equivocarnos
en nuestros sentimientos. Pero no
sin alguna reserva, porque por debajo
algo tira más fuerte y es (para decirlo
quizá de un modo menos inexacto)
difícil recordar que nos queremos,
si no es con cierta imprecisión, y el sábado,
que es hoy, queda tan cerca
de ayer a última hora y de pasado
mañana
por la mañana ...

Las hojas muertas

> *C'est une chanson*
> *qui nous ressemble.*
> *KOSMA Y PRÉVERT:*
> *Les feuilles mortes*

    Os acordais: Europa estaba en ruinas.
Todo un mundo de imágenes me queda de aquel tiempo
descoloridas, hiriéndome los ojos
con los escombros de los bombardeos.
En España la gente se apretaba en los cines
y no existía la calefacción.
    Era la paz–después de tanta sangre–
que llegaba harapienta, como la conocimos

los españoles durante cinco años.
Y todo un continente empobrecido,
carcomido de historia y de mercado negro,
de repente nos fue más familiar.
    ¡Estampas de la Europa de postguerra
que parecen mojadas en lluvia silenciosa,
ciudades grises adonde llega un tren
sucio de refugiados: cuántas cosas
de nuestra historia próxima trajisteis, despertando
la esperanza en España, y el temor!
    Hasta el aire de entonces parecía
que estuviera suspenso, como si preguntara,
y en las viejas tabernas de barrio
los vencidos hablaban en voz baja...
Nosotros, los más jóvenes, como siempre esperábamos
algo definitivo y general.
    Y fue en aquel momento, justamente
en aquellos momentos de miedo y esperanzas
–tan irreales, ay–que apareciste,
¡oh rosa de lo sórdido, manchada
creación de los hombres, arisca, vil y bella
canción francesa de mi juventud!
    Eras lo no esperado que se impone
a la imaginación, porque es así la vida.
tú que cantabas la heroicidad canalla,
el estallido de las rebeldías
igual que llamaradas, y el miedo a dormir solo,
la intensidad que aflige al corazón.
    ¡Cuánto enseguida te quisimos todos!
En tu mundo de noches, con el chico y la chica
entrelazados, de pie en un quicio oscuro,
en la sordina de tus melodías,
un eco de nosotros resonaba exaltándonos
con la nostalgia de la rebelión.

Y todavía, en la alta noche, solo,
con el vaso en la mano, cuando pienso en mi vida,
otra vez más *sans faire du bruit* tus músicas
suenan en la memoria, como una despedida:
parece que fue ayer y algo ha cambiado.
Hoy no esperamos la revolución.
  Desvencijada Europa de postguerra
con la luna asomando tras las ventanas rotas,
Europa anterior al milagro alemán,
imagen de mi vida, melancólica!
  Nosotros, los de entonces, ya no somos los mismos,
aunque a veces nos guste una canción.

De vita beata

En un viejo país ineficiente,
algo así como España entre dos
               [guerras
civiles, en un pueblo junto al mar,
poseer una casa y poca hacienda
y memoria ninguna. No leer,
no sufrir, no escribir, no pagar
               [cuentas,
y vivir como un noble arruinado
entre las ruinas de mi inteligencia.

JOSE ANGEL VALENTE
(1929–2000)

Poeta en tiempo de miseria

  Hablaba de prisa.
Hablaba sin oír ni ver ni hablar.
Hablaba como el que huye,
emboscado de pronto entre falsos follajes
de simpatía e irrealidad.
  Hablaba sin puntuación y sin silencios,
intercalando en cada pausa gestos de ensayada alegría
para evitar acaso la furtiva pregunta,

la solidaridad con su pasado,
su desnuda verdad.
   Hablaba como queriendo borrar su vida ante un testigo
incómodo,
para lo cual se rodeaba de secundarios seres
que de sus desperdicios alimentaban
una grosera vanidad.
   Compraba así el silencio a duro precio,
la posición estable a duro precio,
el derecho a la vida a duro precio,
a duro precio el pan.
   Metal noble tal vez que el martillo batiera
para causa más pura.
Poeta en tiempo de miseria, en tiempo de mentira
y de infidelidad.

Serán ceniza

   Cruzo un desierto y su secreta
desolación sin nombre.
El corazón
tiene la sequedad de la piedra
y los estallidos nocturnos
de su materia o de su nada.
   Hay una luz remota sin embargo
y sé que no estoy solo;
aunque después de tanto y tanto no haya
ni un solo pensamiento
capaz contra la muerte,
no estoy solo.
   Toco esta mano al fin que comparte mi vida
y en ella me confirmo
y tiento cuanto amo,
lo levanto hacia el cielo

y aunque sea ceniza lo proclamo: ceniza.
Aunque sea ceniza cuanto tengo hasta ahora,
cuanto se me ha tendido a modo de esperanza.

ELENA ANDRES
(1929–)

Cada ser tiene, abierta o precintada
su Caja de Pandora.

La Caja de Pandora

Cofre de alas plegadas,
　　　　　paloma negra.
Ambigua y voladora;
　　　　　fosforescencias
y olor sobre su piel
　　　　　de pluma o ébano,
de un perfume que mata
　　　　　toda pureza.
¿No estaba aquí, o ya estaba?,
　　　　　negra paloma.
¡Oh, cofre amenazante,
　　　　　joya con perlas
de unas lágrimas sólidas
　　　　　de inicua pena.
No te vayas. Ay, vete;
　　　　　que yo te vea!
¡Qué ardor sobre la mano,
　　　　　posada, inquieta!
y ese fulgor suave
　　　　　de su tiniebla.
Me arroba, me enloquece
　　　　　cuando se acerca.
En su entraña maldita
　　　　　algo genera:
tabú-música, matas
　　　　　toda inocencia.

Capullo de luz roja,
            qué flor tan bella
adivino en tu dentro,
            paloma negra.
Cofre con alas, vuelas,
            giras. Me cercas...
¡El terror!..., mi osadía
            me desintegra.

Oh magia de su música

A la familia Coria Garín

Su eco,
oíd su eco,
va acercándose.
Sentid su vuelo,
su sonido puro,
impoluto cruzando lo celeste;
sobre vuestras cabezas...
en la altura...
Va volando, volando,
sola, etérea, flotante:
¡Flauta de lo sufriente!
y suavísimamente se desprenden

–¡Oh magia de su música!–
las sombras en silueta
de cada criatura,
¡Y qué danza de sombras
o de fundas
brillantes, blancas, vivas
en ritual sobre el confín lunado!
Una tímida corza
transparente
se acerca, en holocausto
se diluye
entre las aguas de aquel manantial.

LUIS LOPEZ ALVAREZ
(1930–)

Puede

Puede que falte, amor, puede que falte.
Puede que vaya, amor, puede que vaya.
Puede que cambie el sayo por la malla.
Puede que ataque, amor, puede que asalte.

Puede que llegue, amor, puede que salte.
Que salte con que sólo oiga la tralla.
Puede que pase, amor, pase la raya,
y puede que tu amor me sobresalte.
   Poder lo puedo todo si imagino,
poder lo puedo todo si te evoco,
si me aventuro, amor, por tu camino.
   Impaciente lebrel que salta loco,
es mi oficio cazar y es mi destino
buscar lo mucho para hallar lo poco.

A falta

A falta de la luz, venga la llama.
Venga la llama, sí, que nos consuma
en tronco que se tuerce y que rezuma;
a falta de la flor, venga la rama.
   A falta del trinar, venga la trama.
Nada que asome, no, todo de bruma.
Nadie que sume, no, nadie que asuma;
sólo el aroma, sí, sólo la fama.
   Si a falta de querer vamos quedando,
a falta de surgir, vamos surgiendo,
y a falta de creer, vamos creando.
   A falta de rayar, vamos royendo;
a falta dc caber, vamos cavando,
y a falta de vivir, vamos muriendo.

MANUEL MANTERO
(1930–)

"Silencio y horror vano." F. de Rioja

Catedral

La sombra funda telarañas
de hielo.

Silencio.
Tus pies desnudos en las losas. Templo
nunca de paz: de miedo.
Tan alto el techo
que no podía verlo.
Vidrieras de colores carceleros
vedando libertad a los misterios.
Dolencias, indolencias de los cuerpos.
Columnas, siglos que conservan ecos
siniestros.
Entras y sales del silencio,
del gigantesco enloquecer espeso.

El aire te recibe en movimiento.

Cipriano de Valera

A Antonio Burgos

Que maravilla, escapar
de nuestra ciudad confusa.
Ellos querían quemar
mucho más que nuestros cuerpos
tus ideas–por ser puras–
y–por distintos– mis versos.

Salve ciudad de la muerte
¿Preservas en luto, ocultas
otra Sevilla celeste,
una Sevilla inmortal
que no veremos ya nunca
por no saberla mirar?

Lamentación de Ariadna (Con Nietzsche)

Buscando al dios
me he desvestido
de mi pasado,
de mi destino.
Buscando el centro

del laberinto.
Hoy sé que el centro
no era Dionisos,
sino yo. Y él,
el laberinto.

Muerto legítimo

(A Camus, 1960)

No debiera morir quien no supiera.
Hay que morir así, flecha madura,
carne joven y rápida que dura
lo que dura una pena en primavera.

Hay que morir con gesto de frontera,
de golpe, como empieza la locura,
como se entra, de oro, en la hermosura.
La muerte: un árbol, una carretera.

Hay que morir con todo puesto,
intacta la noble pluma de angel disidente,
el corazón sangrando de ironía,

la boca sin sabor a la hora exacta,
arañando lo eterno uña y diente,
los ojos preguntando todavía.

FRANCISCO BRINES
(1932–)

La última costa

Habia una barcaza, con personajes torvos,
en la orilla dispuesta. La noche de la tierra,
sepultada.
    Y más allí aquel barco, de luces mortecinas,
en donde se apiñaba, con fervor, aunque triste,
un gentio enlutado.
    Enfrente, aquella bruma
cerrada bajo un cielo sin firmamento ya.
Y una barca esperando, y otras varadas.

Llegábamos exhaustos, con la carne tirante, algo seca.
Un aire inmóvil, con flecos de humedad,
            flotaba en el lugar.
Todo estaba dispuesto.
            La niebla, aún más cerrada,
exigia partir. Yo tenía los ojos velados por las lágrimas.
Dispusimos los remos desgastados
y como esclavos, mudos,
empujamos aquellas aguas negras.

Mi madre me miraba, muy fija, desde el barco,
en el viaje aquel de todos a la niebla.

Lamento del distinto

La vida es un atajo
para nada, sólo para llegar,
y no hay razón aquí para el trabajo
de vivir junto al mar
    copiando su reposo.
Ya tampoco es un bien mirar la huerta
crecida de anchas hojas, si un acoso
al corazón le acierta
    con la flecha del hombre,
su ley dura. Gimiendo va el amor,
crece en la arena un lirio, que os asombre
lo puro de su ardor.

CLAUDIO RODRIGUEZ
(1934–1999)

Alto jornal

Dichoso el que un buen día sale humilde
y se va por la calle, como tantos

días más de su vida, y no lo espera
y, de pronto, ¿qué es esto?, mira a lo alto
y ve, pone el oído al mundo y oye,
anda, y siente subirle entre los pasos
el amor de la tierra, y sigue, y abre
su taller verdadero, y en sus manos
brilla limpio su oficio, y nos lo entrega
de corazón, porque ama, y va al trabajo
temblando como un niño que comulga
mas sin caber en el pellejo, y cuando
se ha dado cuenta al fin de lo sencillo
que ha sido todo, ya el jornal ganado,
vuelve a su casa alegre y siente que alguien
empuña su aldabón, y no es en vano.

Espuma

Miro la espuma, su delicadeza
que es tan distinta a la de la ceniza.
Como quien mira una sonrisa, aquella
por la que da su vida le es fatiga
y amparo, miro ahora la modesta
espuma. Es el momento bronco y bello
del uso, el roce, el acto de la entrega
creándola. El dolor encarcelado
del mar, se salva en fibra tan ligera;
bajo la quilla, frente al dique, donde,
existe amor surcado, como en tierra
la flor, pace la espuma. Y es en ella
donde rompe la muerte, en su madeja
donde el mar cobra ser, como en la cima
de su pasión el hombre es hombre, fuera
de otros negocios: en su leche viva.

A este pretil, brocal de la materia
que es manantial, no desembocadura,
me asomo ahora, cuando la marea
sube, y allí naufrago, allí me ahogo
muy silenciosamente, con entera
aceptación, ileso, renovado
en las espumas imperecederas.

ANTONIO GALA
(1936–)

Soneto

Cuándo tendré, por fin, la voz serena,
sencillo el gesto, la ansiedad cumplida,
sigilados los labios de la herida,
mi pleamar cansada por tu arena.
Cuándo mi sangre trazará en la vena
su ronda acostumbrada y consentida,
y unánimes irán–corta la brida–
el fiero gozo y la dorada pena.
Cuándo estará mi boca sosegada,
suave el aliento, el beso compañero,
compartida la gracia de la almohada.
Cuándo llegará el día verdadero
en que me suelte ya de tu mirada...
para poder decirte que te quiero.

Playa de El Palo

Aún eres mío, porque no te tuve.
Cuánto tardan, sin ti,
las olas en pasar...

Cuando el amor comienza, hay un momento
en que dios se sorprende
de haber urdido algo tan hermoso.
Entonces, se inaugura
—entre el fulgor y el júbilo—
el mundo nuevamente,
y pedir lo imposible
no es pedir demasiado.

Fue a la vera del mar, a medianoche.
Supe que estaba dios,
y que la arena y tú
y el mar y yo y la luna
éramos dios. Y lo adoré.

Soneto

Hoy vuelvo a la ciudad enamorada
donde un día los dioses me envidiaron.
Sus altas torres, que por mí brillaron,
pavesa sólo son desmantelada.
De cuanto yo recuerdo, ya no hay nada:
plazas, calles, esquinas se borraron.
El mirto y el acanto me engañaron,
me engañó el corazón de la granada.
Cómo pudo callarse tan deprisa
su rumor de agua oculta y fácil nido,
su canción de árbol alto y verde brisa.
Dónde pudo perderse tanto ruido,
tanto amor, tanto encanto, tanta risa,
tanta campana como se ha perdido.

FELIX GRANDE
(1937–)

Boda de plata

Señora: desque el tiempo nos derriba,
conforme el yelo avanza a nuestros huesos
y en nuestra edad nos vamos yendo presos
con este esfuerzo de barranco arriba;
  hoy que el violento calendario criba
todos nuestros asuntos y sucesos
y apenas si nos quedan unos besos
donde, no la pasión, la alma está viva;
  ahora, señora, compañera vieja,
cuarto de siglo hablando en esta reja,
por entre tantas lágrimas riyendo,
  ahora, de vuelta de tan grandes daños
como nos entregaron tantos años,
ahora es por fin cuando el amor comprendo.

CARLOS SAHAGUN
(1938–)

Cosas inolvidables

Pero ante todo piensa en esta patria.
en estos hijos que serán un día
nuestros: el niño labrador, el niño
estudiante, los niños ciegos. Dime
qué será de ellos cuando crezcan, cuando
sean altos como yo y desamparados.
Por mí, por nuestro amor de cada día,
nunca olvides, te pido que no olvides.
Los dos nacimos con la guerra. Piensa

lo mal que estuvo aquella guerra para
los pobres. Nuestro amor pudo haber
sido bombardeado, pero no lo fue.
Nuestros padres pudieron haber muerto
y no murieron. ¡Alegría! Todo
se olvida. Es el amor... Pero no. Existen
cosas inolvidables: esos ojos
tuyos, aquella guerra amarga, el tiempo
en que vendrán los pájaros, los niños.
Sucederá en España, en esta mala
tierra que tanto amé, que tanto quiero
que ames tú hasta llegar a odiarla. Te amo,
quisiera no acordarme de la patria,
dejar a un lado todo aquello. Pero
no podemos amarnos donde un día
murieron tantos juntos, tantos pobres...
Aun a pesar de nuestro amor, recuerda.

Deseo de la madrugada

Ahora la madrugada trae un ramo
de rosas blancas. Pero no las quiero.
Yo no he venido aquí para estas rosas,
sino para el aroma de tu cuerpo.
Despierto estoy. Tu cuerpo inolvidable
se precipitará hacia mi recuerdo.
Tú misma estás junto a la aurora triste
y te levantas firme sobre el tiempo.
Vienes a mí con la orfandad del día,
abrazadoramente hacia mi lecho.
Igual que el despertar de un largo olvido
o como la llegada del invierno.
Y yo, ciego y mortal, hacia tu carne,
hacia las soledades de tu pecho
pongo mi corazón y escucho. Tierra,
tierra de nadie el corazón se ha vuelto.

Lo que fue una noticia de relámpagos,
una mano entregada desde un sueño.
Ahora no estás y un alba de jardines
abre sus flores para mi deseo.
Te amé tal vez por las doradas hojas
que iba en tu corazón reconociendo.
Pero hoy ya no. Que toquen los clarines.
Es la resurrección de nuestros cuerpos.
Nos alzaremos con la madrugada.
Desnuda estás y blanca. Es el momento,
el tiempo del abrazo. Y te vas. Queda
la noche gris sobre mi pensamiento.
No encontraré otro cuerpo de más
vida ni dentro de lo vivo, más sereno.
Es la serenidad del alba. Vamos.
Al monte más distante subiremos.
Pero nos llaman a olvidar, hoy hace
sombra en todas las calles y en mi pecho.
Como una torre de cristal vacía
se me derrumban todos los ensueños.

JOSE MARIA GIMENEZ RAMOS
(1939-)

Llamada

Cuanto añoro la voz que me hablaba
sensible al oído!

¡Cómo siento las manos que un día
me fueron testigo!

¡Cuánto muero viviendo en mis noches
de fuego y de frío!

¡Cómo ruego a los cielos, llorando
que el corazón mío
descanse en la tierra...!

Y que tu alma me lleve, volando
a ese sitio
desde el cual se contempla mi pena!

¡No tardes... no tardes!
ven pronto conmigo,
que siento en el alma que acaba
la gracia del cielo que tengo
de soñar contigo!

Distancia

Crecí como crece el trigo
pero no llegue a ser pan.

Corrí como corre el agua
pero no llegué a ser mar

Escribí como un poeta
sin dar a nadie que hablar.

Sentí tanto cuanto digo
que no pude sentir más.

Y soñe... ¡Lo soñe todo,
y no lo supe expresar!

La sequía

¡Tierra de mi cuenca seca!
¡Lágrimas de nube llena,
que rechaza los amores
de mis cantos que sin flores
nacen de humana guerra!

Pozo seco, seca huerta,
seca la entraña y el verbo,
seco el hogar y la senda
de la casa ... ¡Viento seco!

Tierra huérfana de de hierba,
verde que duerme en silencio;
Hierba de melancolía,
de añoranza, de deseo!

Tierra que seca se muere
lentamente como el tiempo
contando cada minuto,

cada segundo, latiendo
sin razón ni corazón
que vaya el latir sintiendo!

Tierra estremecida, tierra
que agoniza bajo el suelo;
Sobre la piedra reseca,
gris y agonizante el cielo.

CLARA JANES
(1940–)

Poemas

Yo no sé si tu mano es pétalo de rosa,
tu cabeza de espigas no penetra mi seno.
Exangües palidecen mis labios de deseo.
Entre el rojo de cráter y la blanca mordaza,
amada ausencia, muero,
llena la mente toda
de la memoria desconocida de tu cuerpo.

* * *

Mas el manto de noche
rubor esconde y lágrima,
y la cabeza ardiente
de un solo tajo corta tu guadaña,
dejando tinta en sangre la cascada
que todo espacio arrolla
desde el interior cauce a la garganta.

* * *

* * *

Ese manante cauce
en las entrañas...
Y tu filo implacable
entre dos luminarias
parte el torso en dos trozos
de pétalos ardientes.

Y si fuera de hielo
mano pálida sobre el rostro,
carne de amor mi carne,
a tientas te convoca todavía
por brazos erizados
en la fiebre,
desatando agonía.

* * *

A Jitka

El manso regresar de los rebaños
en el azul atardecer...
Una a una las cabras
van llenando de motas movedizas las laderas,
dando vida al camino
que avanza hacia la noche.
Es sabio en su gesto el animal
y conocedor de identidad de acción y tiempo.
Jamás se empeña en ir contra su ser
ni exige de sí mismo el acto heroico.
Con precisión cumple su arco
sumiso a las potencias,
y cuando ya las tinieblas se anudan,
cruza sin vacilar las puertas del corral.
Nosotros, sin embargo, a la hora del sueño,
salimos casi a tientas
y nos perdemos bajo los castaños bañados por la luna.

* * *

Entre el rojo que abrasa y la blanca mano helada,
no dueña de mi misma,
lloro por las encinas,
la tierra azul y calcinada,
la fugaz oropéndola,
mi gozo de ser hoy sin esperanza,
y me derrumbo como charco de agua.

PERE GIMPFERRER
(1945–)

A Héléne y Gonzalo Suárez

Mazurca en este día

Vellido Dolfos mató al rey
a las puertas de Zamora.
Tres veces la corneja en el camino, y casi
color tierra las uñas sobre la barbacana,
desmochadas, oh légamo, barbas, barbas, Vellido
como un simio de mármol más que un fauno en Castilla,
no en Florencia de príncipes, brocado y muslos tibios.
¡Trompetas del poniente!
Por un portillo, bárbaro,
huidiza la capa, Urraca arriba, el cuévano
se teñía de rojo entre sus dedos ásperos,
desleíase el cetro bordado en su justillo,
quieta estaba la luz en sus ojos de corza
sobre el rumor del río lamiendo el farellón.
Y es, por ejemplo, ahora
esta lluvia en los claustros de la Universidad,
sobre el patio de Letras, en la luz charolada
de los impermeables, retenida en la piel
aún más dulce en el hombro, declinando en la espalda

como un hilo de bronce, restallando en la yerta
palmera del jardín, repicando en la lona
de los toscos paraguas, rebotando en el vidrio.
                              Guantes grises, rugosos,
pana, marfil, cuchillos, alicates o pinzas
sobre el juego de té o baquelita y mimbre.
Dios, ¿qué fue de mi vida?
                              Cambia el color del agua,
Llegan aves de Persia.
                    Kublai Khan ha muerto.

Ausencia

Despertarse a media noche con el furor de las rosas
envuelto en la maciza y húmeda oscuridad otoñal
con los jinetes heridos en las armas del crepúsculo   [un rubí
y para decir tu nombre cerrar los ojos despacio como oprimiendo
y ver en el cuadro negro de la ventana vacía la luz de los antifaces
la noche, sólo una gota de sangre para mis labios,   [corazón.
para el fulgor de tu cuerpo un talismán silencioso. Callad: es mi

ANTONIO COLINAS
(1946–)

Nacimiento al amor

"Traes contigo una música que embriaga el corazón",
le dije. Y en mis ojos rebosaban las lágrimas.
Llenos de fiebre tuve mis labios que sonaban
encima de su piel. Por la orilla del río,
trotando en la penumbra, pasaban los caballos.
De vez en cuando el viento dejaba alguna hoja
sobre la yerba oscura, entre los troncos mudos.

"Mira, con esas hojas comienza nuestro amor.
En mí toda la tierra recibirá tus besos",
me dijo. Y yo contaba cada sofoco dulce
de su voz, cada poro de su mejilla cálida.
Estaba fresco el aire. Llovían las estrellas
sobre las copas densas de aquel soto de álamos.
Cuando la luna roja decreció, cuando el aire
se impregnó del aroma pesado de los frutos,
cuando fueron más tristes las noches y los hombres,
cuando llegó el otoño, nacimos al amor.

Novalis

Oh noche, cuánto tiempo sin verte tan copiosa
en astros y en luciérnagas, tan ebria de perfumes.
Después de muchos años te conozco en tus fuegos
azules, en tus bosques de castaños y pinos.
Te conozco en la furia de los perros que ladran
y en las húmedas fresas que brotan de lo oscuro.
Te sospecho repleta de cascadas y parras.
Cuánto tiempo he callado, cuánto tiempo he perdido,
cuánto tiempo he soñado mirando con los ojos
arrasados de lágrimas, como ahora, tu hermosura.
Noche mía, no cruces en vano este planeta.
Deteneos, esferas, y que arrecie la música.
Noche, Noche dulcísima, pues que aún he de volver
al mundo de los hombres, deja caer un astro,
clava un arpón ardiente entre mis ojos tristes
o déjame reinar en ti como una luna.

LUIS GARCIA MONTERO
(1958–)

Pasear contigo

Con una lentitud
de luces y de vientos que nunca conocí,
han crecido los plátanos
y las casas antiguas de estas calles.
Detrás de sus balcones se vivieron
fiestas que no eran mías,
guerras que no sufrí,
ambiciones que no me dominaron,
muertes que no he sentido.

Cruza la gente y habla
en un hermoso idioma que me cuesta
trabajo comprender.

    Y sin embargo
esta ciudad es mía,
pertenece a mi vida como un puerto a sus barcos.

Sin duda es la memoria
de algunos novelistas y un poeta.

Y sin duda, también, es la importancia
de pasear contigo,
de tu mano en mi mano, de nuevo adolescente,
tu cabeza en mi hombro,
tu silencio en el mío.

Canción india

El collar en rojo
sobre tu desnudo.

Deja que tu pelo
se convierta en humo,
igual que la luz
—al abrigo tuyo—
se vuelve penumbra
sobre tu desnudo.

La piel en desorden,
los ojos sin rumbo,
pero el viento lleva
a lugar seguro,

cuando se desata
sobre tu desnudo.

Deja que la prisa
detenga tus muslos,
que tiemble en tus pechos
un halo de orgullo,
aceite de luna
sobre tu desnudo.

Cabalga la india.

El silencio impuro
y el collar en rojo
sobre tu desnudo.

Da vergüenza decirlo

Con los ojos vendados,
para que no pudieses recordar el camino,
intenté conducirte
al refugio sereno donde guardé mi vida.
Da vergüenza decirlo,
pero a veces los años construyen una casa
de medios sentimientos,
de verdades medianas,
de pasiones dormidas como animales viejos,
cenizas y sueños humillados.
Y el cuerpo se acostumbra,
y las sombras apoyan su cabeza
en un pecho de sombra,
y el corazón se siente en paz o se doblega
a una derrota cómoda sin heridas mortales.

Da vergüenza decirlo.

Con los ojos vendados
para que no pudieses recordar el camino.
intenté conducirte
a mi mundo sereno de verdades a medias.
No me ha sido posible.

Esta noche insegura,
que mueve los relojes con la prisa
de tu pulso más vivo,
me envuelve y me repite:
no te ha sido posible.

Esta noche de viento,
que fue soltando amarras hasta quedarse tuya
como un delirio de melena negra,
me llama y me confirma:
no te ha sido posible.

Esta noche de gente
que pasa por las calles con tus ojos,
con la forma que tienes de vestirte,
con tu sonrisa de país lejano,
esta noche me empuja y me convence:
no te ha sido posible.

Y aquí estoy yo,
que voy soltando amarras hasta quedarme tuyo
y camino hacia el mar
con los ojos cerrados,
como una barca deja su refugio,
una barca feliz que se repite:
no me ha sido posible,
porque nada me importa,
sólo tu piel,
　　　　　la piel de una tormenta.
Da vergüenza decirlo..

BLANCA ANDREU
(1959-)

En el viejo Mississipi

Toma mi amor como rescate de tu tristeza oculta
mi pasión como deuda
de mi dicha contigo
pero dame
de beber, amor mío
la estrofa que recita
la rosa de tu pecho.

Eres como un naranjo en mitad del invierno
un naranjo encendido
tu voz un cauce de oro, un océano de oro.

Una lluvia celeste late en tu sangre y suenan
nuestras reunidas
repiraciones
igual que grandes pétalos cayendo sobre el mar
y al oirlas me vuelvo
avara de tus manos
y codicio tus labios
ambiciosa
de ti.

Por eseo no me niegues
las palabras que laten parecidas a besos
en tu pecho constante
ay, dame
de beber, amor mío
la estrofa que recita como un mensaje rojo
esa rosa nocturna
que palpita en tu pecho.

INDICE ALFABETICO DE AUTORES
(A), poeta americano; (M) selección Meléndez Pelayo.

LACRITICALITERARIA.COM

LaCriticaLiteraria.com

Juan Bautista Bergua nació en España en 1892. Ya desde joven sobresalió por su capacidad para el estudio y su determinación para el trabajo. A los 16 años empezó la universidad y obtuvo el título de abogado en tan sólo dos años. Fascinado por los idiomas, en especial los clásicos, latín y griego, llegó a convertirse en un célebre crítico literario, traductor de una gran colección de obras de la literatura clásica y en un especialista en filosofía y religiones del mundo. A lo largo de su extraordinaria vida tradujo por primera vez al español las más importantes obras de la antigüedad, además de ser autor de numerosos títulos propios.

SU LIBRERÍA, LA EDITORIAL Y LA "GENERACIÓN DEL 27"

Juan B. Bergua fundó la Librería-Editorial Bergua en 1927, luego Ediciones Ibéricas y Clásicos Bergua. Quiso que la lectura de España dejara de ser una afición elitista. Publicó títulos importantes a precios asequibles a todos, entre otros, los diálogos de Platón, las obras de Darwin, Sócrates, Pitágoras, Séneca, Descartes, Voltaire, Erasmo de Rotterdam, Nietzsche, Kant y los poemas épicos de La Ilíada, La Odisea y La Eneida. Se atrevió con colecciones de las grandes obras eróticas, filosóficas, políticas, y la literatura y poesía castellana. Su librería fue un epicentro cultural para los aficionados a literatura, y sus compañeros fueron conocidos autores y poetas como Valle-Inclán, Machado y los de la Generación del 27.

EL PARTIDO COMUNISTA LIBRE ESPAÑOL Y LAS AMENAZAS DE LA IZQUIERDA

Poco antes de la Guerra Civil Española, en los años 30, Juan B. Bergua publicó varios títulos sobre el comunismo. El éxito, mucho mayor de lo esperado, le llevó a fundar el Partido Comunista Libre Español que llegaría a tener mas de 12.000 afiliados, superando en número al Partido Comunista prosoviético oficial existente. Su carrera política no duró mucho después que estos últimos le amenazaran de muerte viéndose obligado a esconderse en Getafe.

LA CENSURA, QUEMA DE LIBROS Y SENTENCIA DE MUERTE DE LA DERECHA

Juan B. Bergua ofreció a la sociedad española la oportunidad de conocer otras culturas, la literatura universal y las religiones del mundo, algo peligrosamente progresivo durante esta época en España.

En el 1936 el ejército nacionalista de General Franco llegó hasta Getafe, donde Bergua tenía los almacenes de la editorial. Fue capturado, encarcelado y sentenciado a muerte.

Mientras estuvo en la cárcel temiendo su fusilamiento, fueron quemados miles de sus libros por encontrarlos contradictorios a la Censura, todas las existencias de las colecciones de la Historia de Las Religiones y la Mitología Universal, los libros sagrados de los muertos de los Egipcios y Tibetanos, las traducciones de El Corán, El Avesta de Zoroastrismo, Los Vedas (hinduismo), las enseñanzas de Confucio y El Mito de Jesús de Georg Brandes, entre otros.

Aparte de los libros religiosos y políticos, se perdieron otras colecciones como Los Grandes Hitos Del Pensamiento. Ardieron 40.000 ejemplares de La Crítica de la Razón Pura de Kant, y miles de libros más de la filosofía y la literatura clásica universal. La pérdida de su negocio fue un golpe tremendo, el fin de tantos esfuerzos y el sustento para él y su familia...fue una gran pérdida también para el pueblo español.

PROTEGIDO POR GENERAL MOLA Y EXILIADO A FRANCIA

Cuando General Emilio Mola, jefe del Ejército del Norte nacionalista y gran amigo de Bergua, recibe el telegrama de su detención en Getafe intercede inmediatamente para evitar su fusilamiento. Le fue alternando en cárceles según el peligro en cada momento.

–El General y "El Rojo"–Su amistad venía de cuando Mola había sido Director General de Seguridad antes de la guerra civil. En 1931, tras la proclamación de la Segunda República, Mola se refugió durante casi tres meses en casa de Bergua y para solventar sus dificultades económicas Bergua publicó sus memorias. Mola fue encarcelado, pero en 1934 regresó al ejército nacionalista y en 1936 encabezó el golpe de estado contra la República que dio origen a la Guerra Civil Española. Mola fue nombrado jefe del Ejército del Norte de España, mientras Franco controlaba el Sur.

Tras la muerte de Mola en 1937, su coronel ayudante dio a Bergua un salvoconducto con el que pudo escapar a Francia. Allí siguió traduciendo y escribiendo sus libros y comentarios. En 1959, después de 22 años de exilio, el escritor regresó a España y a sus 65 años comenzó a publicar de nuevo hasta su fallecimiento en 1991. Juan Bautista Bergua llegó a su fin casi centenario.

Escritor, traductor y maestro de la literatura clásica, todas sus traducciones están acompañadas de extensas y exhaustivas anotaciones referentes a la obra original. Gracias a su dedicado esfuerzo y su cuidado en los detalles, nos sumerge con su prosa clara y su perspicaz sentido del humor en las grandes obras de la literatura universal con prólogos y notas fundamentales para su entendimiento y disfrute.

Cultura unde abiit, libertas nunquam redit.
Donde no hay cultura, la libertad no existe.

TODO SOBRE LITERATURA CLÁSICA, RELIGIÓN,
MITOLOGÍA, POESÍA, FILOSOFÍA…

La Crítica Literaria es la librería y distribuidor oficial de Ediciones Ibéricas, Clásicos Bergua y la Librería-Editorial Bergua fundada en 1927 por Juan Bautista Bergua, crítico literario y célebre autor de una gran colección de obras de la literatura clásica.

Nuestra página web, LaCriticaLiteraria.com, es el portal al mundo de la literatura clásica, la religión, la mitología, la poesía y la filosofía. Ofrecemos al lector libros de calidad de las editoriales más competentes.

LEER LOS LIBROS GRATIS ONLINE
WWW.LACRITICALITERARIA.COM

La Crítica Literaria no sólo está dedicada a la venta de libros nacional e internacional, también permite al lector la oportunidad de leer la colección de Ediciones Ibéricas gratis online, acceso gratuito a más que 100.000 páginas de estas obras literarias.

LaCriticaLiteraria.com ofrece al lector un importante fondo cultural y un mayor conocimiento de la literatura clásica universal con experto análisis y crítica. También permite leer y conocer nuestros libros antes de la adquisición, y tener la facilidad de compra online en forma de libros tradicionales y libros digitales (ebooks).

COLECCIÓN LA CRÍTICA LITERARIA

Nuestra nueva "Colección La Crítica Literaria" ofrece lo mejor de los clásicos y análisis de la literatura universal con traducciones, prólogos, resúmenes y anotaciones originales, fundamentales para el entendimiento de las obras más importantes de la antigüedad.

Disfrute de su experiencia con nosotros.

www.LaCriticaLiteraria.com

s títulos de la Colección La Crítica Literaria con prólogos, traducciones y
tas por el célebre crítico literario Juan Bautista Bergua de Ediciones Ibéricas:

Las Mil Mejores Poesías de la Literatura Universal
ISBN 978-84-7083-197-3

Mil Frases Célebres De La Literatura Clásica, Juan B. Bergua
ISBN 978-84-7083-150-8

Los Mil Mejores Epigramas de la Literatura Española, Juan B. Bergua
ISBN 978-84-7083-189-8

978-84-7083-137-9 El Bardo Thodol: El Libro Tibetano De Los Muertos, Juan B. Bergua
978-84-7083-138-6 El Mito de Jesús, Georg Brandes
978-84-7083-140-9 Fedón, Platón
978-84-7083-142-3 Los Estoicos: Marco Aurelio "Pensamientos"
978-84-7083-144-7 Los Estoicos: Boecio "De La Consolacion Por La Filosofia"
978-84-7083-143-0 Los Estoicos: Epicteto "Maximas"
978-84-7083-134-8 El Libro de Los Muertos de los antigüos Egipcios
978-84-7083-136-2 LOS CUATRO LIBROS DE CONFUCIO, Confucio y Mencio
978-84-7083-135-5 EL LIBRO CANÓNICO DE LA HISTORIA DE CONFUCIANISMO
978-84-7083-147-8 Flores de Almendro, Valle-Inclán
978-84-7083-146-1 Las Leyes De Manú, Manava-Dharma-Sastra
978-84-7083-139-3 El Banquete, Platón
978-84-7083-175-1 Humor Picante de Antaño: Volumen 1, Juan B. Bergua
978-84-7083-176-8 Humor Picante de Antaño: Volumen 2, Juan B. Bergua
978-84-7083-177-5 Humor Picante de Antaño: Volumen 3, Juan B. Bergua
978-84-7083-178-2 Humor Picante de Antaño: Volumen 4, Juan B. Bergua
978-84-7083-179-9 Humor Picante de Antaño: Volumen 5, Juan B. Bergua
978-84-7083-180-5 El Avesta: Zoroastrismo y Mazdeísmo
978-84-7083-181-2 Lope de Vega: Pastores De Belén: Prosa Varia Volumen 1
978-84-7083-182-9 La Galatea de Cervantes
978-84-7083-183-6 Jean-Jacques Rousseau: El Contrato Social
978-84-7083-145-4 La Divina Comedia de Dante
978-84-7083-141-6 El Paraiso Perdido de John Milton
978-84-7083-184-3 Filosofía Elemental: Ética, Jaime Balmes
978-84-7083-185-0 Filosofía Elemental: Lógica, Jaime Balmes
978-84-7083-186-7 Filosofía Elemental: Metafísica, Jaime Balmes
978-84-7083-187-4 Las Bucólicas y Las Geórgicas de Virgilio
978-84-7083-188-1 Virgilio: La Eneida
978-84-7083-190-4 Volney: Las Ruinas De Palmira
978-84-7083-191-1 Blaise Pascal: Pensaminetos (o Pensées)
978-84-7083-192-8 Blaise Pascal: Cartas Provinciales o Lettres Provinciales
978-84-7083-193-5 Viaje Al Parnaso y Poesías Sueltas, Cervantes

978-84-7083-194-2   Moisés, Jesús y Mahoma, Barón de Holbach
978-84-7083-195-9   Lope de Vega: La Dorotea
978-84-7083-196-6   Lope de Vega: Poesía Épica
978-84-7083-198-0   Manchas De Tinta, Luis Royo Villanova
978-84-7083-199-7   Los Cantores de la Sierra: Antología de la Poesía de las Montañas
978-84-7083-950-4   Anécdotas Históricas Para Todas Las Ocasiones
978-84-7083-951-1   General Emilio Mola: Memorias De Mi Paso Por La Dirección
General De Seguridad
978-84-7083-952-8   Física de Aristóteles
978-84-7083-953-5   General Emilio Mola: El Pasado, Azaña y El Porvenir: Las Tragedias
de Nuestras Instituciones Militares
978-84-7083-954-2   500 Chistes De Antaño
978-84-7083-955-9   Karl Marx: Crítica de la Economía Política (Grundrisse) y Miseria de
la Filosofía
978-84-7083-956-6   Karl Marx: El 18 Brumario, Revolución y Contrarrevolución, y
Crítica del Programa de Gotha
978-84-7083-957-3   Anti-Duhring de Friedrich Engels: La Ciencia y Las Teorías Marxistas
978-84-7083-958-0   Lessing: Laocoonte (Laocoön o Sobre Los Límites de la Pintura y de
la Poesía), y Cartas Sobre La Literatura Moderna y Sobre El Arte Antiguo
978-84-7083-959-7   Poema Del Cid o Cantar de Mio Cid: Texto Original y Transcripción
Moderna Con Prólogo y Notas
978-84-7083-960-3   Los Evangelios Apócrifos Tomo 1
978-84-7083-961-0   Los Evangelios Apócrifos Tomo 2
978-84-7083-962-7   Los Evangelios Apócrifos Tomo 3

La Colección Clásicos Bergua con traducciones, prólogos y notas por Juan Bautista Bergua:

LOS VEDAS, el libro sagrado del Brahamanismo, Vyasa 9788470830938
EL CORAN, Mahoma 9788470830600
Grupo Historia de las Religiones completo 9788470832031
Tomo I: LAS RELIGIONES PRIMITIVAS 9788470830372
Tomo II: RELIGIONES INDOEUROPEAS Y PRECOLOMBINAS 9788470830365
Tomo III: LAS GRANDES RELIGIONES 978847083038
Tomo IV: EL CRISTIANISMO. Religión y herejías. 9788470830815
Tomo V: JESCHUA. El nasoreo. Historia de la Iglesia Cristiana. 9788470830907
VIDA DE JESUS, Renán. Exégesis histórica de Jesús y su época. 9788470831270
MITOLOGIA UNIVERSAL 9788470830877
EL RAMAYANA, Valmiky. 2 Tomos. 9788470830488
EL KALEVALA 9788470830495
LA ILIADA, Homero 9788470830402
LA ODISEA, Homero 9788470830440
LA EROTICA ORIENTAL. LIBROS DE AMOR DEL ORIENTE. 9788470830846
LA EROTICA ROMANA 9788470830419
LA EROTICA DEL RENACIMIENTO 9788470830822
LA EROTICA POSTROMANTICA 9788470830280

EL ROMANCERO ESPAÑOL 9788470831072
LAS MIL MEJORES PAGINAS DE LA LENGUA CASTELLANA 9788470830266
DON QUIJOTE DE LA MANCHA, Cervantes 9788470830662
LA CELESTINA, Fernando de Rojas 9788470830532
PROSA COMPLETA, Quevedo 9788470831249
TEATRO ESCOGIDO, Calderón de la Barca 9788470830501
LA NOVELA ROMANA 9788470830341
LA NOVELA GRIEGA 9788470830310
LA NOVELA BIZANTINA 9788470830211
LA GRECIA CLASICA 9788470830594
PITAGORAS, el fundador de la Matemática y LOS VERSOS DE ORO, comentados por
    Hierocles. 9788470831232
SOKRATES, Xenofón 9788470830570
EL LIBRO DE ORO y el TRATADO DE LOS BENEFICIOS, Séneca 9788470830044
EL DISCURSO DEL METODO, MEDITACIONES FILOSOFICAS, REGLAS PARA LA
    DIRECCION DEL ESPIRITU, Descartes 9788470830198
ELOGIO DE LA LOCURA, Erasmo de Rotterdam 9788470831096
ETICA y TRATADOS MENORES, Spinoza 978847083011
DICCIONARIO FILOSOFICO, Voltaire 9788470830136
CRITICA DE LA RAZON PURA, Kant 9788470830679
EL ORIGEN DE LAS ESPECIES POR LA SELECCION NATURAL 9788470830037
EL ORIGEN DEL HOMBRE, Darwin 9788470830785
EUDEMONOLOGIA, Schopenhauer 9788470830174
ASI HABLABA ZARATHUSTRA, Nietzsche 9788470830648
Grupo Platón Obras Completas. Traducción Juan B. Bergua. 9 tomos. 9788470832116
Platón I: APOLOGIA DE SOKRATES, KRITON, EUTIFRON, PRIMER HIPPIAS,
    CHARMIDES, LACHES, LISIS, ALKIBIADES e ION 9788470830150
Platón II: SEGUNDO HIPPIAS o «Sobre la mentira» PROTAGORAS, EUTIDEMOS,
    GORGIAS 9788470830143
Platón III: MENEXENOS, MENON, KRATILOS, FAIDROS 9788470830051
Platón IV: EL BANQUETE o «Sobre el amor», FAIDON 9788470830983
Platón V: LA REPUBLICA 9788470831034
Platón VI: PARMENIDES, TEAITETOS, SOFISTA, POLITICO 9788470831027
Platón VII: FILEBOS, TIMAIOS, KRITIAS. Apéndice: EL ALMA DEL MUNDO de Timaios
    de Lokres. DE LA CREACION DEL ALMA EN EL TIMAIOS, Plutarco 9788470831010
Platón VIII: LAS LEYES, EPINOMIS. 2 Tomos. 9788470831003
Platón IX: DIALOGOS DUDOSOS, DIALOGOS APOCRIFOS, CARTAS, DEFINICIONES
    y EPIGRAMAS 9788470831119
LEYENDAS Y TRADICIONES ESPAÑOLAS 9788470830334
EL PRINCIPE, Maquiavelo 9788470830747
TRAGEDIAS, Shakespeare 9788470831201
COMEDIAS, Shakespeare 9788470831195
FAUSTO, WERTHER, HERMAN Y DOROTEA, Goethe 9788470831102
FABULAS COMPLETAS 9788470830976
EL CRITERIO y la HISTORIA DE LA FILOSOFIA, Balmes 9788470831188
CUENTOS DE LA ALHAMBRA, Washington Irving 9788470830228
HISTORIAS DE LOCOS, Vladimiro U. Pschitt 9788470830297
MAXIMAS, La Rochefoucauld. LOS EPIGRAMAS, Goethe. LOS CARACTERES DE
    TEOFRASTOS, La Bruyère. 9788470830013